I0294650

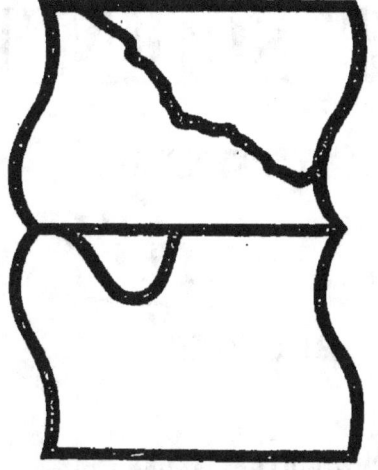

Texte détérioré — reliure défectueuse

NF Z 43-120-11

VALABLE POUR TOUT OU PARTIE DU DOCUMENT REPRODUIT

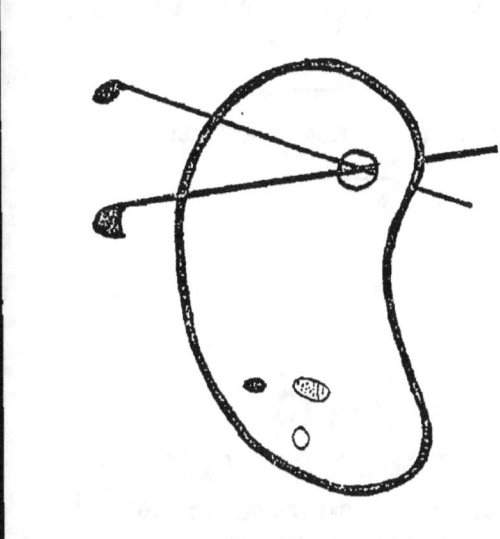

DEBUT D'UNE SERIE DE DOCUMENTS EN COULEUR

BIBLIOTHÈQUE
DE PHILOSOPHIE CONTEMPORAINE

NATURE ET SCIENCE

ÉTUDES, CRITIQUES ET MÉMOIRES

PAR

LE DR LOUIS BUCHNER

TRADUIT SUR LA TROISIÈME ÉDITION ALLEMANDE

Par le Dr GUSTAVE LAUTH
De Strasbourg

DEUXIÈME ÉDITION FRANÇAISE

PARIS
LIBRAIRIE GERMER BAILLIÈRE ET Cie
108, BOULEVARD SAINT-GERMAIN, 108
Au coin de la rue Hautefeuille.

1882

BIBLIOTHÈQUE DE PHILOSOPHIE CONTEMPORAINE

FORMAT IN-8

Volumes à 5 fr., 7 fr. 50 et 10 fr. Cart., 1 fr. en plus par vol. ; reliure, 2 fr.

Jules Barni.
La morale dans la démocratie. 1 vol. in-8. 5 fr.

Agassiz.
De l'espèce et des classifications, traduit de l'anglais par M. Vogeli. 1 vol. in-8. 5 fr.

Stuart Mill.
La philosophie de Hamilton, traduit de l'anglais par M. Cazelles. 1 vol. in-8. 10 fr.
Mes mémoires. Histoire de ma vie et de mes idées, traduit de l'anglais par M. E. Cazelles. 1 vol. in-8. 5 fr.
Système de logique déductive et inductive. Exposé des principes de la preuve et des méthodes de recherche scient., trad. de l'anglais par M. L. Peisse. 2 vol. in-8. 20 fr.
Essais sur la religion, traduits de l'anglais par M. E. Cazelles. 1 vol. in-8. 5 fr.

De Quatrefages.
Ch. Darwin et ses précurseurs français. 1 vol. in-8. 5 fr.

Herbert Spencer.
Les premiers principes. 1 fort vol. in-8, traduit de l'anglais par M. Cazelles. 10 fr.
Principes de psychologie, traduit de l'anglais par MM. Ribot et Espinas. 2 vol. 20 fr.
Principes de biologie, traduit par M. Cazelles. 2 vol. in-8. 1878. 20 fr.
Principes de sociologie, traduit par MM. Cazelles et Gerschel. 2 vol. in-8. 17 fr. 50
Essais sur le progrès, traduit de l'anglais par M. Burdeau. 1 vol. in-8. 1877. 7 fr. 50
Essais de politique. 1 vol. in-8, traduit par M. Burdeau. 1878. 7 fr. 50
Essais scientifiques. 1 vol. in-8, traduit par M. Burdeau. 1879. 7 fr. 50
De l'éducation physique, intellectuelle et morale. 1 vol. in-8. 2e édition, 1879. 5 fr.
Introduction à la science sociale. 1 vol. in-8. 5e édition. 6 fr.
Classification des sciences. 1 vol. in-18. 2 fr. 50
Les bases de la morale évolutionniste. 1 vol. in-8. 6 fr.

Auguste Laugel.
Les problèmes (Problèmes de la nature, problèmes de la vie, problèmes de l'âme). 1 fort vol. in-8. 7 fr. 50

Émile Saigey.
Les sciences au XVIIIe siècle, la physique de Voltaire. 1 vol. 5 fr.

Paul Janet.
Histoire de la science politique dans ses rapports avec la morale. 2e éd. 2 vol. 20 fr.
Les causes finales. 1 vol. in-8. 1876. 10 fr.

Th. Ribot.
De l'hérédité. 1 vol. 10 fr.
La psychologie anglaise contemporaine (école expér.). 1 vol. in-8. 2e éd. 1875. 7 fr. 50
La psychologie allemande contemporaine (école expér.). 1 vol. in-8. 1879. 7 fr. 50

Henri Ritter.
Histoire de la philosophie moderne, traduction française, précédée d'une introduction par M. P. Challemel-Lacour. 3 vol. 20 fr.

Alf. Fouillée.
La liberté et le déterminisme. 1 vol. 7 fr. 50

De Laveleye.
De la propriété et de ses formes primitives. 1 vol. in-8. 2e édit. 1877. 7 fr. 50

Bain.
La logique déductive et inductive, traduit de l'anglais par M. Compayré. 2 vol. 20 fr.
Les sens et l'intelligence. 1 vol. in-8, traduit de l'anglais par M. Cazelles. 10 fr.
L'esprit et le corps. 1 vol. in-8. 3e édit. 6 fr.
La science de l'éducation. 1 vol. in-8. 2e éd. 6 fr.

Matthew Arnold.
La crise religieuse. 1 vol. in-8. 1876. 7 fr. 50

Bardoux.
Les légistes et leur influence sur la société française. 1 vol. in-8. 1877. 5 fr.

Hartmann (E. de).
La philosophie de l'inconscient, traduit de l'allemand par M. D. Nolen, avec une préface de l'auteur écrite pour l'édition française. 2 vol. in-8. 1877. 20 fr.

Espinas (Alf.).
Des sociétés animales. 1 vol. in-8, 2e éd., précédée d'une Introduction sur l'histoire de la sociologie. 1878. 7 fr. 50

Flint.
La philosophie de l'histoire en France, traduit de l'anglais par M. Ludovic Carrau. 1 vol. in-8. 1878. 7 fr. 50
La philosophie de l'histoire en Allemagne, traduit de l'anglais par M. Ludovic Carrau. 1 vol. in-8. 1878. 7 fr. 5

Liard.
La science positive et la métaphysique. 1 vol. in-8. 7 fr. 50

Guyau.
La morale anglaise contemporaine. 1 vol. in-8. 7 fr. 50

Huxley.
Hume, sa vie, sa philosophie, traduit de l'anglais avec préface par M. G. Compayré. 1 vol. in-8. 5 fr.

E. Naville.
La logique de l'hypothèse. 1 vol. in-8. 1880. 5 fr.

E. Vacherot.
Essais de philosophie critique. 1 vol. in-8. 1864. 7 fr. 50
La religion. 1 vol. in-8. 1869. 7 fr. 50

H. Marion.
De la solidarité morale. 1 vol. in-8. 1880. 5 fr.

E. Colsenet.
La vie inconsciente de l'esprit. 1 vol. in-8. 1880. 5 fr.

Schopenhauer.
Aphorismes sur la sagesse dans la vie. 1 vol. in-8, traduit par M. J.-A. Cantacuzène. 5 fr.

Bertrand.
L'aperception du corps humain par la conscience. 1 vol. in-8°. 5 fr.

Louis Büchner.
Nature et science. 1 vol. in-8. 2e édit. 7 fr. 50

James Sully.
Le pessimisme. 1 vol. in-8. 7 fr. 50

V. Egger.
La Parole intérieure. 1 vol. in-8°. 5 fr.

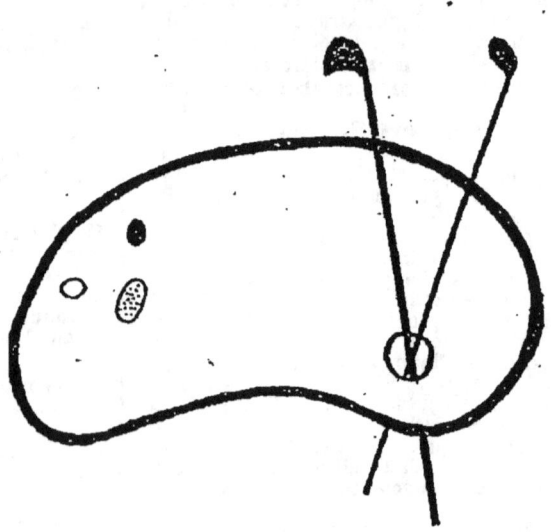

FIN D'UNE SERIE DE DOCUMENTS
EN COULEUR

NATURE ET SCIENCE

AUTRES OUVRAGES DU Dr LOUIS BUCHNER

TRADUITS EN FRANÇAIS

Conférences sur la théorie darwinienne de la transmutation des espèces et de l'apparition du monde organique. Traduit de l'allemand sur la 2e édition, par Aug. Jacquot, in-8, 1869 (Reinwald). 5 fr.

Force et matière. Études populaires d'histoire et de philosophie naturelles. 3e édition française d'après la 9e édition allemande, in-8, 1868. 5 fr.

L'homme selon la science, son passé, son présent et son avenir. Traduit de l'allemand, par le Dr Letourneau, 2e édition, 1874, vol. in-8. 7 fr.

NATURE ET SCIENCE

ÉTUDES, CRITIQUES ET MÉMOIRES

PAR

LE Dʀ LOUIS BUCHNER

TRADUIT SUR LA TROISIÈME ÉDITION ALLEMANDE

Par le Dr GUSTAVE LAUTH

De Strasbourg

DEUXIÈME ÉDITION FRANÇAISE

PARIS
LIBRAIRIE GERMER BAILLIÈRE ET Cⁱᵉ
108, BOULEVARD SAINT-GERMAIN, 108
Au coin de la rue Hautefeuille

1882

TABLE DES MATIÈRES

I. Lumière et vie 1
II. La notion de Dieu et sa signification pour l'époque actuelle. 6
III. Les positivistes ou une nouvelle religion 13
IV. Plus de philosophie spéculative 32
V. La circulation de la vie 36
VI. L'immortalité de la force 46
VII. Frantz contre Schleiden 59
VIII. Terre et éternité 67
IX. Sur Schopenhauer 85
X. Sur l'histoire naturelle de l'homme 129
XI. Sur la philosophie humanitaire 151
XII. Matérialisme, idéalisme et réalisme 154
XIII. M. le professeur Agassiz et les matérialistes 173
XIV. Sur la vie de l'âme chez le nouveau-né 201
XV. Sur l'histoire de la création et sur la destinée de l'homme.. 206
XVI. Sur la philosophie du temps présent 218
XVII. Volonté et loi naturelle 228
XVIII. Une nouvelle théorie de la création 235
XIX. Esprit et corps 244
XX. L'échelle graduée organique ou le progrès de la vie 259
XXI. Le gorille 269
XXII. Matérialisme et spiritualisme 279
XXIII. Éternité et développement 288
XXIV. Philosophie et expérience 297
XXV. Sur l'origine de l'âme 315
XXVI. Héritages physiologiques 327
XXVII. Instinct et volonté libre 346
XXVIII. Une voix venue de la France sur le spiritualisme et le rôle actuel de la philosophie 356
XXIX. Matière, organisation et esprit 360
XXX. Sur l'origine et l'unité de la vie 376
XXXI. M. Arnold Ruge et le matérialisme 389
XXXII. Physiciens et métaphysiciens 394
XXXIII. Les sciences et la philosophie 400
XXXIV. Force et matière. Une critique de l'auteur par lui-même ... 406

ÉPIGRAPHES

« La philosophie est l'amour que l'on ressent pour la vérité et non celui qu'on éprouve pour un système. »

« Die Philosophie ist Liebe zur Wahrheit und nicht zu einem System. »
Bacon de Verulam.

« La philosophie est l'affaire de la liberté ; mais la nature humaine a quelque chose de servile qui lui est propre. »

« Die Philosophie ist Sache der Freiheit ; aber der menschlichen Natur ist etwas Knechtisches eigen. »
Aristote.

« La vérité est un chien qui doit rentrer dans le trou et qu'on en fait sortir à coups de fouet, tandis que Mme Bichon a le droit de rester au coin du feu et d'empester. »

« Wahrheit ist ein Hund, der in's Loch musz und hinaus gepeitscht wird, während Madam Schoszhündin am Feuer stehen und stinken darf. »
Shakespeare.

« En toutes choses le mensonge marche constamment en avant, tirant les imbéciles derrière lui, à la corde de leur incurable vulgarité ; mais la vérité arrive toujours la dernière, marchant lentement, en boitant, avec le temps pour appui. »

« In Allem geht stets die Lüge voran, die Dummköpfe hinter sich ziehend am Seil ihrer unheilbaren Gemeinheit ; die Wahrheit aber kommt immer zuletzt, langsam heranhinkend am Arme der Zeit. »
Baltasar Gracian.

« La vérité est comme le rocher roulant de Sisyphe ; chaque siècle est obligé de nouveau de le faire remonter en roulant vers le sommet de la montagne. »

« Die Wahrheit ist wie der rollende Felsen des Sisyphus ; jedes Jahrhundert mutsz ihn wieder von Neuem zur Spitze des Berges emporwälzen. »
F.-A. Pouchet.

« Mais c'est de la philosophie surtout que l'on peut dire qu'elle est une science pour tous. Elle seule donne sa signification à chaque branche isolée des connaissances. Sans le flambeau de la pensée philosophique, les recherches restent à l'état de métier et l'érudition à celui de polymathie. »

« Von der Philosophie aber gilt es hauptsächlich dass sie eine Wissenschaft für Alle ist. Sie erst gibt dem einzelnen Wissensgebiet seine Bedeutung. Ohne die Leuchte des philosophischen Denkens bleibt die Forschung Handwerk und die Gelehrsamkeit Vielwisserei. »
W. Wundt.

« L'empirique ordinaire peut se perdre dans les choses particulières ; le sage voit toujours la connexion à travers le vaste labyrinthe du détail. »

« Der gemeine Empiriker mag sich im Besonderen verlieren, der Weise sieht durch das weite Labyrinth des Details hindurch immer den Zusammenhang. »
Grenzboten, 1860, n° 29.

PRÉFACE

DE LA PREMIÈRE ÉDITION

Les articles, études critiques et mémoires qui suivent — à l'exception de ceux qui datent des deux dernières années (1861 et 1862) — ont paru dans différents journaux dans les années 1856-1860 et doivent leur origine en partie aux luttes et discussions philosophiques dans lesquelles l'auteur s'est trouvé impliqué par des publications antérieures. Le désir de les faire connaître sous forme d'ensemble à un cercle plus étendu de lecteurs et de contribuer ainsi pour sa part non seulement au progrès de l'instruction générale, mais également à l'éclaircissement d'une série de sujets dont l'intérêt et l'importance sont clairement prouvés par les luttes philosophiques du passé le plus récent non moins que par l'objet des travaux qu'ils ont provoqués; — ce désir engage l'auteur à en faire un choix spécial et à le publier dans un travail d'ensemble, en y ajoutant une série de travaux encore inédits, après avoir encore une fois relu chacun des articles déjà publiés et y avoir ajouté les corrections et annotations devenues nécessaires par des publications nouvelles faites dans l'intervalle. Ces travaux sont reliés et unis entre eux par une pensée fondamentale d'ensemble, non encore rongée par l'hypocrisie officielle de l'époque actuelle, pensée dont le temps et l'avenir apprécieront la valeur et la signification tout autrement que les querelles de partis et la vue courte du moment actuel.

L'exposition est faite, ainsi que pour tous les écrits antérieurs de l'auteur, de telle façon que chaque personne cultivée peut la suivre avec facilité et comprendre ce qui est dit aussi bien que l'auteur lui-même ; l'ordre dans lequel sont présentés les différents articles est le même que celui dans lequel ils ont été composés et publiés successivement dans les journaux hebdomadaires et mensuels : *Jahrhundert, Zeitschrift für Politik und Litteratur* (1856 et 1857), *Anregungen für Kunst, Leben und Wissenschaft* (1857-1861) et *Stimmen der Zeit* (1860). L'article : *Frantz contre Schleiden* était, dans la première publication, intitulé : *Monsieur le professeur Schleiden et les Théologiens* (*Herr Professor Schleiden und die Theologen*). Si l'auteur obtient, auprès du public qui le lira, le succès nécessaire à son entreprise, qui peut être regardée en même temps comme le complément et l'éclaircissement de ses travaux antérieurs, notamment de son mémoire : *Force et matière* (*Kraft und Stoff*), répandu maintenant dans une *septième édition* [1], et traduit dans les principales langues vivantes, dans ce cas il se propose de faire suivre ce volume d'un autre, dans lequel il traitera, entre autres, les sujets et thèmes suivants : Histoire naturelle de l'homme, — Sur l'âme des bêtes, — Sur la vie nocturne de l'âme, — Nouvelles pensées sur la création, — Philosophie et sciences naturelles, — Sur l'idéalisme vrai et l'idéalisme faux, — Sur l'origine du genre humain, — Sur la liberté, — Sur la philosophie de la procréation, — L'instinct, — Homme et animal, — Corps et âme, — Sur l'expérience, — Locke et sa théorie de l'entendement, — La chose en soi, — Le champ de bataille de la nature, ou la lutte pour l'existence, — Sur la téléologie, — Nature et Bible, — Spinoza, — etc.

Darmstadt, août 1862.

1. Maintenant dans une douzième édition. (*Rem. pour la 3ᵉ édit.*)

NATURE ET SCIENCE

I

LUMIÈRE ET VIE

(1856)

Lumière et vie sont deux notions corrélatives, très souvent rapprochées l'une de l'autre, sans que celui qui emploie ces termes ait la plupart du temps plus qu'un vague soupçon ou un sentiment confus de leur rapport réciproque. Là où il y a lumière, il y a également vie; là où il y a vie, il y a également lumière; voilà ce que chacun dit, et aucun poète ou rimailleur ne néglige de faire résonner très souvent dans ses rimes ces deux belles paroles. Mais combien en est-il, parmi ceux qui écrivent ou lisent ainsi, dont l'esprit songe à saisir le rapport intime et scientifique existant entre ces deux notions, ce rapport que l'on peut à bon droit appeler la base fondamentale de toute existence organique! Sans lumière, point de vie! sans lumière, la terre serait une masse obscure, morte, au lieu d'être le séjour riant d'innombrables créatures qui se réjouissent de leur existence. De même que la « première lumière », après avoir pénétré, il y a des millions et des millions d'années, à travers cette masse épaisse de vapeurs qui enveloppait la terre en voie de formation, a éveillé la « première vie » à la surface de cette terre, de même la lumière est restée, depuis, la compagne inséparable de la vie et la cause principale de la circulation et de la transformation incessante de la matière, grâce auxquelles les mouvements éternels de soulèvement et d'abaissement jettent à sa surface des êtres innombrables et des formes de toutes espèces, pour les engloutir de nouveau après une courte existence. Ce que le sentiment du poète soupçonne, l'œil de l'observateur le reconnaît et le trouve, en suivant dans leur profondeur les rapports existant entre la lumière et la vie et en découvrant ces rapports dans leurs particularités. Il faut avoir depuis longtemps étouffé en soi tout penchant pour la science, si l'on ne trouve aucun intérêt à ces particularités et si l'on n'éprouvait pas le désir d'apprendre un peu quelque chose de ce que la science, toujours occupée, toujours à la recherche, a déjà mis au jour en ce qui concerne ce merveilleux rapport de la lumière et de la vie.

Jacob Moleschott, ce savant expulsé de Heidelberg et appelé par des penseurs libres à une nouvelle activité professionnelle dans la libre Suisse, a eu l'heureuse inspiration de choisir le sujet de « Lumière et Vie » pour son discours d'ouverture académique (le 21 juin 1856) et de faire imprimer simultanément ce discours accompagné d'une dédicace à son père [1]. Quinze jours à peine s'étaient écoulés depuis sa publication, et nous avions déjà sous les yeux une deuxième édition. Dans ce discours, Moleschott décrit « l'influence de la lumière sur la vie organique », avec sa méthode claire, si connue, aussi intéressante qu'instructive, bien qu'il s'appuie le plus souvent sur des faits déjà connus. L'appauvrissement en oxygène constitue, pour lui, la nature chimique de l'organisation « végétale », et cet appauvrissement ne s'effectue que sous l'influence de la « lumière ». L'oxygène devenu libre par l'action vitale des plantes s'échappe dans l'air et sert alors à la respiration et à la nutrition des animaux. Les plantes ne dégagent de l'oxygène que lorsque le soleil les éclaire, en absorbant l'acide carbonique contenu dans l'air et en rendant la liberté à l'oxygène. Dans la lumière elle-même, telle que nous la connaissons à l'état de « lumière blanche » et qui, on le sait, se trouve « composée de plusieurs » espèces ou rayons de lumière, il est remarquable que, d'après les observations les plus récentes, quelques-uns de ces rayons, ceux qu'on appelle les « rayons lumineux », soient les seuls qui accélèrent la nutrition chimique des plantes. Pendant la « nuit » et les « éclipses de soleil », les choses se passent

1. *Licht und Leben;* Rede beim Antritt des öffentlichen Lehramtes zur Erforschung der Natur des Menschen an der Züricher Hochschule, gesprochen von Jakob Moleschott. Erste und zweite Auflage. Frankfurt, Meidinger Sohn u. Comp. 1856.

d'une façon « inverse » ; les plantes absorbent de l'oxygène et dégagent de l'acide carbonique. La plante est donc, dans le vrai sens du mot, un enfant de la lumière, se trouvant sous sa dépendance pour sa naissance, sa nutrition et sa croissance.

L' « animal » se comporte autrement ; sa respiration reste, chimiquement, toujours la même ; mais, dans cette fonction ou dans cet acte, il dépend absolument de l'existence de la plante. Sans l'oxygène que les plantes dégagent dans l'air, l'animal ne pourrait pas vivre, tandis que lui-même, lors de sa respiration, il produit l'acide carbonique dont les plantes ont un besoin indispensable pour leur existence ; et c'est ainsi que s'effectue cette réciprocité d'échange, si connue et si intéressante, entre la respiration des animaux et celle des plantes, dont nous avons déjà fait mention. Cependant on se tromperait si l'on voulait admettre que la lumière n'exerce pas d'influence sur la respiration et par suite sur l'action vitale des animaux. Cette influence, pour n'être pas aussi éclatante que chez les plantes, n'en est pas moins importante et riche en conséquences. D'après les recherches faites à ce sujet, le phénomène de la respiration, chez les animaux, s'accomplit « plus lentement » dans l'obscurité que sous l'influence de la lumière. Plus il y a de lumière, plus il y a dégagement d'acide carbonique ! Mais, comme tout le travail d'assimilation et d'élimination se trouve lié de la façon la plus intime à l'acte de la respiration, la lumière du soleil accélère cet échange moléculaire chez les animaux et par là agit d'une façon stimulante sur l'activité organique tout entière, notamment sur les fonctions des nerfs et de l'esprit. Aussi est-il plus facile d' « engraisser » les animaux dans des écuries obscures que sous l'influence de la lumière, puisque celle-ci excite et consume. L'activité organique, normale et conforme à la santé, de l'organisme animal, mais particulièrement de celui de l'homme, a absolument besoin de cette influence stimulante et vivifiante de la lumière. Chacun sait quelle influence fâcheuse le manque de lumière exerce sur la santé de l'homme et quelles misérables créatures naissent et sont élevées dans les habitations obscures et humides des prolétaires dans les grandes villes [1].

---

1. Le crétinisme, cette plaie hideuse de l'humanité, n'est pas seulement, d'après les observations les plus récentes, une maladie des « montagnes », où elle apparaît dans des vallées humides et profondes, difficilement accessibles au soleil, mais

Et qui n'aurait pas encore éprouvé, par expérience personnelle, quelle triste influence une journée sombre et pluvieuse exerce sur notre disposition d'esprit, en comparaison de la vigueur et de l'entrain que nous ressentons dans tout notre être, lors d'une journée florissante bien éclairée par le soleil!

Cette intéressante exposition conduit Moleschott très naturellement à la restriction imposée par la nature extérieure à ce que l'on appelle la « volonté libre » de l'homme, qui, d'après lui, est un produit de la nature, et non un être dont l'existence était imprévue; et il part de là pour réfuter les attaques, parfois misérables, que l'on dirige de tous côtés contre une certaine direction imprimée à l'observation philosophique de la nature. Il représente Liebig comme un savant « de cour », qui s'efforce, devant une « troupe de courtisans », « non de réfuter » ses adversaires scientifiques, mais « de les mettre en état de suspicion ». Les matérialistes, dit Moleschott, « ne nient point » l'esprit; ils ne veulent pas non plus « expliquer » l'esprit ou la vie. Car le lien indissoluble qui unit entre eux l'esprit et la matière n'est pas une « explication », mais un « fait réel ». On peut tout aussi peu « expliquer » l'unité naturelle de force et matière; on peut seulement dire que c'est une unité naturelle nécessaire, destinée à un mouvement éternel, et qui se meut éternellement. Les impressions erronées de notre enfance sont seules cause de ce qu'au lieu de cette « unité » nous avons toujours devant les yeux la « désunion » de ces deux choses. Les philosophes peuvent tout aussi peu expliquer l'esprit que les naturalistes; mais ces derniers en savent assez pour ne pas même essayer de fournir cette explication. Ceux-ci ne « nient » pas l'esprit, puisqu'ils montrent que le mouvement ascensionnel et descensionnel du cerveau correspond à un mouvement ascensionnel et descensionnel de la vie intellectuelle, et parce qu'ils savent qu'une modification dans la matière doit avoir aussi pour conséquence une modification dans ses fonctions. Admettre un esprit placé vis-à-vis de la matière comme un être indépendant et organisateur, c'est se mettre en contradiction avec toute expérience.

Telle est, à grands traits, la substance du discours de Moleschott, qu'il faut lire en entier si l'on ne peut se contenter de

---

aussi une maladie des « grandes villes », dans lesquelles des logements obscurs, humides, abritent toute une classe de créatures misérables qui sous le rapport du corps et de l'esprit présentent la plus complète analogie avec les crétins.

cette indication sommaire. Nous voudrions, quant à nous-même, ajouter encore ceci à la partie polémique du discours : il est impossible de se figurer l'ignorance, la grossièreté et la trivialité de langage que déploient, dans cette discussion, les innombrables adversaires de la direction empirique donnée à l'étude de la philosophie naturelle à l'égard des défenseurs de cette dernière, et plus ils sont ignorants, absolument incapables de juger les questions dont il s'agit ici, plus ils croient devoir ouvrir la bouche. Mais, certes, ces gens et avec eux malheureusement la plupart des personnes cultivées soupçonnent à peine le chemin parcouru avec ses conclusions par l'étude des sciences naturelles, chemin que dans l'avenir devront parcourir « toutes » les sciences, et ils se croient en droit de mépriser la réalité la plus éclatante au moyen de quelques notions *à priori* qu'ils ont sucées avec le lait maternel. Malgré tout cela, nous avons la conviction que « les faits triompheront en fin de compte » et que le temps viendra où l'esprit humain puisera dans les sciences « naturelles et historiques » les seules règles qui dirigeront sa pensée d'une façon immuable. Les hommes liront alors avec étonnement l'histoire de notre époque actuelle et pourront à peine admettre comme possible qu'une telle somme d'ignorance et de monstruosité ait pu régner en maître parmi leurs ancêtres.

II

LA NOTION DE DIEU ET SA SIGNIFICATION POUR L'ÉPOQUE ACTUELLE

(1856)

Nous vivons à une époque de contradictions raides, irréconciliables, qu'on pousse de plus en plus vers leur plus haut degré d'acuité. De quelque côté que nous tournions nos regards, nous rencontrons partout le même spectacle. État, société, religion et science présentent la même division, et chaque nouvelle année semble vouloir rendre cette division plus profonde et rendre l'entente ou l'accord de plus en plus impossible. Sans doute les contradictions qui remuent et excitent l'époque actuelle ne sont pas absolument nouvelles; elles ont existé de tout temps dans leurs traits fondamentaux et ont donné lieu à des luttes, des bouleversements, des révolutions de toute espèce; mais à aucune époque de l'histoire on ne les a vues face à face avec une telle violence et une telle généralité, avec une acuité et un caractère d'intransigeance pareils à ce que nous observons de nos jours. Réaction à outrance à côté de progrès décisif; absolutisme extrême à côté de démocratie intransigeante; la différence la plus considérable entre les diverses classes à côté d'un effort non moins considérable pour arriver à l'égalité; la richesse la plus colossale à côté de la misère la plus illimitée; la culture la plus élevée à côté de la plus profonde ignorance; l'indépendance la plus complète des esprits à côté de l'esclavage le plus absolu; orthodoxie, piétisme et fanatisme sous toutes les formes d'un côté, de l'autre incrédulité, athéisme et tolérance absolue des opinions; progrès inouïs de la science à côté de la négation et du mépris le plus effronté de ses résultats; production de clarté à côté d'abrutissement; résolution à côté de routine; recherches incessantes à côté de compression permanente; lumière à côté d'obscurité! En un mot, partout des ennemis, et des adversaires bien déterminés à lutter, à se combattre sans merci. Celui qui considère cet état des choses ne peut pas sérieusement croire à la paix de l'avenir. Nous croyons n'être plus trop éloignés de l'époque future où les forces ennemies, poussées à leur état de tension suprême, en arriveront à se livrer le combat le plus acharné et décideront si le monde futur devra devenir « grec ou barbare ». Sans doute, les hommes qui se disent « pratiques » hausseront les épaules en face d'une semblable prédiction et penseront que le monde, n'étant pas autre aujourd'hui qu'il n'était jadis, continuera à suivre son cours sans grandes interruptions. Mais les hommes « pratiques » ont appris par expérience personnelle à se tromper tout aussi souvent que les rêveurs et les penseurs, et, avec leur habitude de regarder tout ce qui existe comme pratique, ils semblent ne pas voir que les conditions dans lesquelles nous vivons actuellement méritent la qualification de « pratiques » moins que toute autre. Nous croyons même que les gens « pratiques » sont précisément cette fois-ci le moins en mesure de saisir la nature et l'esprit de leur temps, parce que cette nature ne réside pas dans la politique pratique, mais bien dans le domaine de la pensée. Il paraîtra peut-être étrange et paradoxal, dans les rapports actuels, de soutenir : « Ce ne sont pas les diplomates qui de nos jours font l'histoire, mais les penseurs », et cependant la vérité de cette assertion doit sauter aux yeux de quiconque juge autrement que d'après l'apparence extérieure. Les diplomates tirent seulement les fils et font l'histoire de quelques années; mais derrière eux se trouvent d'autres puissances, prêtes à jouer le dernier atout. Les jeux de soldats autour de Sébastopol, les guerres de plume et les conférences, qu'est-ce que tout cela en comparaison des luttes qui sont engagées actuellement dans le domaine de l'esprit! Il nous est donné de pouvoir jeter un regard profond dans l'intérieur de cette lutte spirituelle qui remue le monde entier, en lisant un petit ouvrage publié cette année par un auteur anonyme sous le titre de : *Critique de la notion de Dieu d'après les différentes manières de concevoir l'univers à l'époque actuelle (Kritik des Gottes-begriffes in den gegenwärtigen Weltansichten)* [1]. C'est avec un sentiment d'angoisse que nous suivons l'exposition claire et approfondie de l'auteur, et nous sommes obligés de le suivre jusqu'au bord d'un abîme vers lequel il nous pousse et où toute issue nous paraît impossible à première vue. La « notion de Dieu », dans les conceptions actuelles de l'univers et dans ses diverses formes, est le sujet important dont il s'occupe; et en considérant les effets produits sur l'Église et l'État par les dissensions spéculatives et philosophiques relatives à cette notion, notamment entre le « théisme » et le « panthéisme », il arrive à ce résultat surprenant que le secret de l'avenir politique et social de l'humanité se trouve caché dans la question suivante : « Trouvera-t-on, ou ne trouvera-t-on pas le mot de ce problème spéculatif ? » On ne peut certes méconnaître que l'auteur, comptant peut-être au nombre des philosophes de profession, a été souvent conduit trop loin dans ses conclusions par sa tendance philosophique à construire et à schématiser; nous ne pouvons néanmoins pas rejeter ce qu'il y a de foncièrement vrai dans ses appréciations, et nous devons rester convaincus que la grosse question de l'époque actuelle se trouve renfermée dans un problème philosophique. Or, la perspective que l'auteur nous ouvre pour l'avenir, à ce point de vue, est tout simplement triste et sans consolation, et, si nous étions forcés d'y croire, nous devrions presque désespérer de nous-mêmes et de l'histoire. Après avoir montré que logiquement il est tout à fait impossible d'admettre les notions unitaires de la divinité telles qu'on les avait présentées jusqu'ici, et qui se résument dans les deux grandes divisions du « théisme » et du « panthéisme », l'auteur s'exprime ainsi à la page 90 : « La situation actuelle forme donc une accumulation de problèmes politiques et moraux, qui tous ensemble vous ramènent plus ou moins à une question fondamentale. Si cette question fondamentale ne reçoit pas de solution, la perspective qui s'ouvre au regard de l'observateur est incontestablement la plus difficile qui se puisse imaginer. Le radicalisme panthéiste triomphe-t-il? c'est la rupture du lien qui nous rattachait jusqu'à présent à l'histoire, et, comme conséquence, l'humanité livrée à une ruine morale et à une anarchie sociale, dont elle ne pourrait être sauvée, dans le cas le plus heureux, que par un despotisme absolu. Est-ce l'ab-

---

1. Nördlingen, Verlag der C. H. Beck'schen Buchhandlung. 1856.

solutisme théiste qui remporte la victoire? c'est alors l'anéantissement de tous les efforts que l'humanité fait depuis la Réformation, en vue de conquérir la liberté et la majorité ainsi que l'émancipation sociale et politique, efforts dont il faudrait alors rejeter l'histoire tout entière. Par contre, si la lutte persiste, comme nous l'avons vu depuis soixante-cinq ans, si nous devons assister à une série de secousses sans fin et sans résultats provenant des deux extrêmes, et cela serait humainement à prévoir si des deux côtés les forces sont égales, nous finirons par être écorchés par une telle persistance de fluctuations (« Aufreiben »).

Ainsi, toutes les contradictions spirituelles du temps présent dont nous avons parlé plus haut, l'auteur les résume en une seule, mais prodigieuse, résultant de la diversité dans les manières de concevoir la divinité, et, du jugement qui sera prononcé à cet égard, il fait dépendre l'avenir politique et social de tous les peuples, mais particulièrement du peuple « allemand ». Pour l'Allemagne, ce pays de la spéculation et de la philosophie, il considère cette question comme une question vitale dont dépend la continuation de son existence ou bien sa destruction. De pareilles vues, émises par un penseur doué d'une profonde intelligence, établissent pour l'avenir le pronostic le plus triste qu'on puisse prononcer; et cependant, à une époque aussi remplie de contradictions semblables à celles que nous avons citées plus haut, et qui fournissent matière aux intuitions et aux prévisions les plus tristes, ces vues méritent assurément d'être bien pesées et soumises à l'examen le plus sérieux. Nous l'avons déjà dit : si nous étions forcés d'être sur tous les points d'accord avec l'auteur, il ne nous resterait plus qu'à étudier une façon convenable de mourir; et il ne pourrait d'ailleurs plus être question du tout de perpétuité ou de destruction, puisque les trois possibilités que l'auteur réserve en général à l'avenir ne sont toutes trois que des possibilités de destruction. Mais, déjà de ce qu'un pareil résultat ressort de ses conclusions terminales, nous devons avoir un indice qu'un défaut doit être contenu quelque part dans les prémisses. Une époque, comme la nôtre, qui lutte pour son existence avec une activité si infatigable et des ressources matérielles aussi puissantes, une époque qui, sur un nouveau continent plus favorisé de la nature que tous les autres pays, nous montre un mouvement politique et social dans des progressions énormes telles qu'on ne les avait encore constatées jusqu'ici nulle part, une époque pareille ne peut pas, au moins pour un avenir prochain, être destinée à la destruction. L'erreur capitale commise par l'auteur consiste en ce qu'il accorde un caractère trop exclusif et une valeur manifestement exagérée à la notion de Dieu et à la contradiction qu'il lui oppose lorsqu'il s'agit de l'appliquer à la vie pratique. Si cette notion était pour cette vie réellement ce que déclare l'auteur, et si de sa décision devaient dépendre le sort et l'existence des peuples, on ne voit pas pourquoi ces peuples n'auraient pas déjà depuis longtemps trouvé leur destruction. Aussi longtemps qu'il y a eu des hommes qui pensent, aussi longtemps cette notion les a préoccupés; et jamais entre les vues et les systèmes les plus contradictoires ils ne sont parvenus à résoudre un problème qui dans ses dernières conséquences ou conclusions équivaut en général au dernier des problèmes. Cependant le monde a continué et continuera toujours à marcher. Et il faut qu'il continue sa marche, puisqu'il ne peut pas faire dépendre son existence de la solution exacte d'une question à laquelle on n'est pas en mesure de répondre et qui par conséquent ne recevra jamais de réponse. L'auteur, qui, nous venons de le voir, est sur tous les points pessimiste dans ses pensées, devient tout à coup optimiste à la fin de son opuscule, en ce qu'il accorde réellement à l'esprit humain la faculté de résoudre le problème et s'attend que cette solution nous délivre de toutes ces confusions exposées plus haut. Il se trompe dans sa croyance, nous n'en doutons pas un seul instant. Mais nous ne doutons non plus un seul instant qu'en aucune façon cela puisse ou doive décider la destruction de l'État, de l'Église et de la Société. Nous acceptons les points de vue généraux de l'auteur sous lesquels il considère le présent et l'avenir; nous accordons la même valeur aux intérêts spirituels dont il fait dépendre le bien de l'humanité; nous sommes bien loin de méconnaître l'étendue et l'importance de la contradiction ou antithèse exposée par lui; et nous comprenons toute l'importance de la lutte spirituelle et scientifique qui est engagée sur la notion de Dieu en tant que principe fondamental de toute la lutte du développement du présent et de l'avenir; — mais, dans toutes nos conséquences philosophiques, nous n'irons pas assez loin pour faire dépendre de la solution de cette question unique la perpétuité ou l'anéantissement des nations. D'ailleurs la solution « dernière » de cette question est une solution impossible, et la « seule » chose que l'on puisse faire dans les recherches de l'esprit humain relatives à cet objet, c'est de voir « jusqu'à quel point l'on peut se rapprocher de la vérité ». Et ici nous arrivons au deuxième point sur lequel l'auteur de *Critique de la notion de Dieu* commet une autre erreur, grâce à ses idées philosophiques préconçues. Nous admettons avec lui comme possible que l' « absolutisme théiste » triomphe et que par suite l'humanité soit, peut-être pour toujours, ensevelie dans un état de barbarie spirituelle ; mais nous n'admettons pas comme possible que si le contraire a lieu, et si les hommes reconnaissent que pour trouver Dieu il faut le chercher non « en dehors » de l'univers, mais « dans » l'univers et en soi-même, « l'humanité soit livrée pour cela à une ruine morale et à une anarchie sociale dont elle ne pourrait être sauvée, dans le cas le plus favorable, que par un despotisme absolu. » Ce que l'auteur met en face de l' « absolutisme théiste » sous le nom de « radicalisme panthéiste » équivaut à liberté, éclaircissement, progrès et connaissance exacte de la nature et de l'histoire ; or, on n'a encore jamais vu dans l'histoire que de pareils biens aient rendu un peuple malheureux et cela d'une façon durable. L'auteur a certainement raison quand il dit que par là « le lien serait rompu qui nous rattachait jusqu'à présent à l'histoire » ; mais soutenir que ce serait là un malheur pour l'humanité n'appartient qu'à celui qui considère l'histoire à travers la lunette colorée *à priori* des philosophes et qui la connaît principalement d'après des systèmes et des suscriptions. Mais ici également nous croyons avec l'auteur que « ces fluctuations finiront par nous user et nous écorcher », si la lutte entre les contradictions que nous avons appris à connaître doit encore longtemps persister d'une façon indécise et sans résultat. De même que l'homme isolé, engagé dans une lutte intellectuelle qui ne lui laisse aucun repos et ne le conduit à aucun résultat, finit par s'user et tomber épuisé, de même en arrive-t-il à l'ensemble de l'humanité. Cependant nous croyons que précisément cette troisième possibilité admise par l'auteur est celle dont la réalisation est le moins probable ; au contraire, tous les symptômes sont en faveur d'une solution imminente. Nous croirions à la possibilité d'une issue « pacifique », si les autorités de l'État et de l'Église quittaient la route suivie jusqu'ici et prenaient une voie de « conciliation » entre les deux extrêmes. Mais ici se présentent des difficultés insurmontables.

Préparons-nous donc à un avenir qui prononcera sur la lutte la plus formidable que l'histoire ait peut-être jamais enregistrée.

Enfin, nous donnons notre assentiment à l'auteur, quant au jugement qu'il prononce sur la « philosophie scolastique » (« Philosophie der Schulen »). « C'en est fait, déclare-t-il lui-même, de la philosophie scolastique. Son obscurité, son esprit de secte, son jeu composé d'expressions artificielles à moitié claires, inintelligibles ou absolument vides de sens, l'ont brisée dans l'esprit de la nation. » D'après l'auteur, elle a, dans ses parties « panthéistes », reculé bien au delà de Spinoza; par contre, dans ses parties « théistes », elle n'a pas dépassé Leibnitz. « Ce qu'il nous faut, s'écrie-t-il, c'est de la lumière, une lumière claire et pure, la lumière pour tous ceux dont les yeux supportent la lumière. » Sans doute, et c'est précisément pour cela qu'il nous faut une tout autre philosophie que celle qui régnait jusqu'ici : car celle-là ne pouvait prospérer que dans l' « obscurité ». On en veut, de nos jours, si colossalement aux sciences naturelles de ce qu'elles cherchent à combattre la philosophie ou du moins à la rejeter dans des limites déterminées. Mais, lorsque les philosophes eux-mêmes ne savent pas juger autrement leurs propres écoles, que dire ? Des tendances philosophiques de l'auteur et de sa manie de tirer des conséquences dont il ne pouvait pas se rendre maître, nous avons conclu qu'il est lui-même philosophe, bien que, peut-être précisément à cause de cela, il n'eût pas le courage de se nommer. Il faut d'autant plus reconnaître son absence de jugement préconçu sur les écoles philosophiques, ainsi que sa clarté naturelle. Pour en revenir encore une fois aux sciences naturelles, elles ne combattent pas la « philosophie », mais bien les « philosophes » et leur orgueil spéculatif, qui ne se soucie pas de faits et d'expérience, ainsi qu'on peut s'en bien convaincre à chacune de leurs pages. Au reste, leur rapport avec la philosophie en général appartient aux questions scientifiques les plus intéressantes et les plus importantes du temps présent, et nous essayerons, dans un article ultérieur, d'exprimer notre opinion sur ce sujet.

III

LES POSITIVISTES

ou

UNE NOUVELLE RELIGION

(1856)

> « L'amour pour principe et l'ordre pour base ;
> le progrès pour but. »

« Réflexions synthétiques faites au point de vue positiviste sur la philosophie, la morale et la religion. Court aperçu de la « religion positive » ou de la « religion de la philanthropie », de la plus religieuse et la plus sociale des religions, de la seule qui soit susceptible de devenir universelle, et qui par conséquent le deviendra un jour ; présentée sous forme de système et fondée par Auguste Comte. Deuxième édition, La Haye, 1856, ou dans la soixante-huitième année de la grande crise. » Tel est le titre remarquable d'un livre écrit en français et portant comme devise la sentence suivante : « *Diis extinctis, Deoque, successit humanitas* » (« Après l'extinction des dieux, et de Dieu, est arrivée l'humanité ») ; il a pour but de faire connaître les vues et les doctrines des soi-disant « positivistes » et d'en faire l'apologie. Il a pour auteur M. Willem Baron de Constant-Rebecque, dont le nom se trouve sous la préface, domicilié à La Haye (Hollande), et neveu de l'illustre écrivain français et conseiller d'État Henri-Benjamin Constant. Son livre a paru en 1857, chez les frères Van Cleef, à La Haye, également traduit en hollandais ; mais ce qu'il renferme est assez intéressant, pour mériter, quant au fond, d'être également connu dans des cercles plus étendus, et cela d'autant plus que le système philosophique et religieux dont il traite paraît être à peine connu de nom, précisément « en Allemagne ». L'auteur même range, d'après Comte, les cinq grandes nations civilisées de l'Europe : France, Italie, Espagne, Angleterre et Allemagne, dans un ordre déterminé qu'elles occupent au point de vue du positivisme, et, dans cette distribution, le rang « le plus inférieur » est attribué à l'Allemagne protestante. Néanmoins il a dû se laisser guider, dans ce travail, par une autre considération que le dédain de l'esprit allemand, puisqu'il se montre comme un ami très familiarisé avec la littérature allemande, et que dans son livre il cite très souvent des poètes et des écrivains allemands. Si les nations catholiques occupent en général le premier rang de la série, cela tient peut-être à ce que le catholicisme est considéré par les positivistes comme étant plus organique et, par là, plus d'accord avec le positivisme que le protestantisme. Le fondateur du « positivisme », ou de la « religion positive », ou de la « religion de la philanthropie » (terme que nous préférons au terme d' « humanité »), c'est Auguste Comte, Français, né à Montpellier le 19 janvier 1789 et mort à Paris le 5 septembre 1857, après une vie remplie de souffrances et de persécutions. Le mot « positif » doit être pris ici dans un sens plus étendu que le sens ordinaire de « certain, utile, réel »; il doit signifier surtout social, sympathique, être ainsi un adjectif qualificatif de la philanthropie universelle, et avait été choisi pour désigner son système, faute d'une meilleure expression, par Comte, qui sans contredit cherche à fonder sa philosophie entière sur la réalité. Comte lui-même, dont le portrait se trouve en tête du livre ci-dessus mentionné et auquel ce livre est dédié, est considéré par ses partisans comme le plus grand homme du siècle, après Gall, celui qui a découvert les fonctions du cerveau. Comte a écrit des ouvrages nombreux et sur des sujets variés : un *Cours de philosophie positive*, en six volumes, 1830-1841 ; un système de *politique positive*, en quatre volumes, 1851-1854 ; un *Aperçu général sur tout ce que renferme le positivisme*, en un volume, 1848; un *Catéchisme positiviste*, en un volume, 1852 ; et beaucoup d'autres choses, parmi lesquelles également des ouvrages sur la « géométrie analytique » et l' « astronomie populaire ». Sa spécialité paraît avoir été les « mathématiques », et c'est peut-être pour cela que tout le système porte un caractère un peu mathématique et numérique. Il existe à Paris une « société positiviste » qui a publié un certain nombre de rapports, dans lesquels, entre autres, la République française de 1848, la question du travail, etc., sont traitées au point de vue positiviste, et l'école elle-même est déjà en mesure de présenter une littérature spéciale assez riche. En Italie, en Angleterre, en Hollande et en Amérique, une partie des ouvrages de Comte a été traduite ou se trouve en voie de traduction, et, dans tous ces pays, le système positiviste compte des partisans et des sectateurs. En France même, l'illustre académicien Littré (savant naturaliste et très versé dans les choses de l'antiquité) a publié dans les années 1844-1850 une série d'articles sur le positivisme, qui ont paru plus tard (1852), réunis en un volume [1]. Néanmoins Comte vécut de longues années sans être remarqué ni connu dans sa propre patrie, attendu que (comme cela était arrivé au philosophe allemand Schopenhauer), ni les théologiens, ni les savants, ni les métaphysiciens ne lui étaient sympathiques, et que le peuple ne le connaissait pas.

Parmi les principaux précurseurs d'A. Comte qui doivent surtout avoir contribué à préparer son système, on cite : Aristote, saint Paul, saint Thomas d'Aquin, Roger Bacon, Dante, Bacon de Verulam, Descartes, Leibnitz, Fontenelle, Diderot, Hume, Kant, Condorcet, Joseph de Maistre, Bichat, Gall, une réunion d'hommes assez mélangée, qui au moins a cet avantage que de son sein ne pourra plus sortir aucune dispute sur la supériorité de rang. D'après Constant-Rebecque, cette liste devrait proprement être close par le nom du comte de Saint-Simon, dont Comte avait été un certain temps au nombre de ses élèves les plus intimes, jusqu'à ce qu'en 1824 il se fût séparé de lui, et qu'à partir de cette époque il lui eût voué

---

[1]. Une exposition détaillée sur le système et la vie d'A. Comte est donnée dans le livre de son médecin et l'un de ses treize exécuteurs testamentaires, sous le titre : *Notice sur l'œuvre et sur la vie d'Auguste Comte*, par le docteur Robinet, Paris, Dunod, 1860, livre dans lequel sont également mentionnés les événements survenus après sa mort, ainsi que ses rapports avec Saint-Simon et le saint-simonisme. « La théologie et la métaphysique, est-il dit dans ce livre, ne seront pas supprimées, l'ancien régime ne sera pas détruit, la révolution ne sera pas terminée, tant que les opinions, les mœurs et l'économie sociale n'auront pas été renouvelées par le positivisme et tant que le culte de Dieu n'aura pas été remplacé pour toujours par celui de la philanthropie. D'après Robinet, Comte était même un homme dont la culture était aussi vaste que la bonté de son cœur était grande. Au reste, on peut également comparer les articles de M. de Lombrail : *Sommaire exposition du positivisme*, dans la *Revue philosophique et religieuse*, 1857, dans les livraisons de juin à septembre, et de A. Erdan dans *la France mystique*, Amsterdam, 1858, tome II, p. 248, sous le titre : *Les positivistes*.

une inimitié formelle et attaqué sa doctrine. L'histoire de l'esprit humain parcourt, au point de vue des positivistes, trois grandes phases ou gradations philosophiques, qui doivent également se répéter dans le développement intellectuel et l'éducation de chaque homme pris isolément; on le verra du reste au grand rôle que joue la division en trois parties de tout le système présenté sous forme de tableau synoptique. Ces trois phases sont : 1° la « religion proprement dite » ou « théologie »; 2° la « métaphysique »; 3° le « positivisme » ou la phase de la science exacte. C'est dans cette dernière phase que nous nous trouvons nous-mêmes. Il est dans la nature des choses que cette phase ne pouvait être atteinte que tardivement et peu à peu, puisque la découverte des lois qui constituent sa base fondamentale suppose des observations nombreuses et difficiles, ainsi que le développement de la science positive, qui ne pouvait pas exister au commencement. De même, toutes les notions, en général, que nous pouvons nous approprier, doivent passer par ces trois phases. L'esprit de la dernière phase ou l'esprit positiviste se développe déjà, depuis que les hommes se sont constitués et rapprochés en familles. Il est susceptible d'un développement illimité et n'est au fond pas autre chose que la simple « extension du sens commun ou du bon sens ». L'homme a pour mission de consacrer toutes ses forces au perfectionnement physique, intellectuel et moral de son espèce, et cela « à un point de vue purement terrestre ». Comte n'entend pas, d'après Rebecque, créer une doctrine « nouvelle »; mais il a seulement trouvé les moyens de guérir l'état d'anarchie morale et intellectuelle de notre siècle, de clore la révolution et de terminer l'état de grande crise dans laquelle se trouvent les nations civilisées de l'Europe depuis la Révolution française, ou plutôt déjà à partir du commencement de la décadence du catholicisme, il y a cinq siècles. Cette guérison s'opère par une renaissance intellectuelle et sociale des peuples, et cela dans la « religion de la philanthropie, dans la religion positive », ou de la religion universelle de l'avenir; ici, le mot « religion » doit s'écarter du sens ordinaire et être pris dans un sens beaucoup plus large : il doit désigner l'unité ou harmonie de notre être, universelle, personnelle et sociale, originairement indépendante de toute croyance spéciale et renfermant ce qu'il y a de généralement bon dans « toutes » les religions. L'idée même n'est pas nouvelle : elle est, au contraire, extrêmement ancienne ; et beaucoup de grands hommes que Comte a rassemblés dans un *Calendrier positiviste* spécial, dans lequel sont cités presque tous les hommes marquants de l'histoire, ont travaillé et travaillent en vue de la développer et de la réaliser. Une fois que le positivisme aura triomphé, la métaphysique et la théologie ne formeront plus « qu'une » classe avec l'astrologie et l'alchimie ; elles ne posséderont plus qu'une valeur « historique », en ce sens qu'elles auront aidé à préparer la voie au positivisme. Il existe, par exemple, un livre dans lequel le positivisme semble être caché déjà depuis des siècles, un livre précieux que l'on connaissait autrefois dans les Pays-Bas sous le nom de *Livre d'or* et dans lequel, au dire de Rebecque, Comte et beaucoup de positivistes lisent chaque jour un chapitre. C'est la célèbre *Imitation de Jésus-Christ* (*Nachfolge Christi*, von Thomas a Kempis). En général, on rencontre assez souvent un mélange du système avec des dénominations et des images « chrétiennes ». Ainsi par exemple, il y est proposé de donner, à ce qu'on appelle l'humanité subjective ou philanthropie, à l'amour du prochain en un mot, le nom de la sainte Vierge, ce qui doit se faire, d'après Rebecque, en partie par reconnaissance pour les services qu'a rendus le catholicisme, en partie parce que ce nom est simultanément masculin, féminin et nom de famille. Néanmoins le rapport entre le positivisme et le christianisme ne semble pas être des plus amicaux. On polémise vivement contre l'égoïsme chrétien, qui dit, avec saint Pierre : « Considérons-nous sur la terre seulement comme des étrangers et des exilés », et soutient que sous l'empire de la religion théologique-métaphysique le sentiment religieux a conduit à la bigoterie et au fanatisme ; qu'il a produit l'orgueil, l'hypocrisie, le mensonge, la haine, la jalousie, la paresse, et que de plus il a été la cause de crimes, de guerres, de forfaits, etc., sans nombre. Le positivisme n'admet pas non plus de « dogmes religieux » comme le christianisme, et se trouve d'accord avec le mot de Kant : « La mort des dogmes, c'est la naissance de la morale. » Ce que le positivisme possède en fait de dogme, ne s'appuie pas sur la religion ou la métaphysique mais doit être considéré comme basé sur les sciences positives ; il en résulte que sa morale repose sur ces connaissances et non sur un simple sentiment ou un simple empirisme. La Bible est un livre qui n'a de valeur que pour son temps, mais qui du reste est nuisible et ne doit être lu, dans l'État positiviste, que par le clergé.

A ce point de vue le protestantisme est un grand événement historique rétrograde vis-à-vis du catholicisme ; le positivisme doit reprendre le programme du moyen-âge, pour le renouveler dans un sens meilleur, comme aussi en général il résume en un tout l'ensemble des conquêtes physiques, intellectuelles et morales de l'espèce humaine.

Pour ce qui concerne maintenant le rapport de la « religion positiviste » avec les idées religieuses et philosophiques actuellement régnantes, on peut, — et c'est là son côté le plus remarquable et le plus digne d'être pris en considération, si on la met en regard avec les courants spiritualistes de l'époque actuelle, — on peut, disons-nous, la qualifier d' « athée », de « matérialiste », de « sensualiste ». Et d'abord, ce que l'on appelle « Dieu, Créateur, Providence », ce sont, pour elle, des acceptions théologico-métaphysiques, des procédés de logique artificiels, des hypothèses, qui étaient nécessaires dans les commencements pour expliquer toute l'organisation qui nous entoure, mais ne le sont plus à l'heure actuelle. Déjà Laplace et Lalande ne sentaient plus la nécessité d'une pareille explication. Ce qui était Dieu autrefois est aujourd'hui « l'humanité » ou « la philanthropie universelle » (amour et vérité); c'est d'elle que provient tout ce que nous avons de bon, la vie, la fortune, les aptitudes, la culture, la tendresse, le courage, etc., etc., principalement par l'intermédiaire de nos aïeux. Dieu, c'est seulement une image que se fait l'homme, revêtue d'attributs humains qu'il faut rendre à l'humanité. Ce qui parle avant tout contre l'existence de Dieu est ce qu'on appelle la « loi de causalité » ou la question touchant la « cause » de Dieu, ensuite cette circonstance, que tout est ordonné par des lois immuables. « Tandis que la croyance théologique ne cessait d'expliquer l'univers et l'homme, comme dus à une intervention divine, unique ou multiple, la croyance « positiviste » enseigne au contraire que tous les phénomènes concernant l'univers et les hommes se produisent d'après des conditions ou rapports immuables qu'on appelle « lois ». (Robinet.) L'homme n'est pas une créature de Dieu, mais Dieu est une création de l'homme[1]. Dieu est désigné comme un être « imaginaire », auquel les positivistes substituent un être « réel ». L'être le plus élevé que nous

---

[1]. Un écrivain allemand s'exprime plus récemment d'une façon analogue : « Ce n'est pas le Dieu théiste qui crée le monde, mais bien le théiste qui crée le Dieu. »

puissions concevoir, c'est l'humanité elle-même en rapport avec la philanthropie universelle (Menschenliebe), et ce qu'on appelle athéisme n'a aucun rapport avec l'irréligion ou l'impiété [1]. Néanmoins les positivistes admettent un soi-disant « Grand-Être », mais qui, naturellement, n'a guère de rapport commun avec ce que nous avons l'habitude de comprendre sous le nom de l'être le plus grand, l'être le plus supérieur. Ce Grand-Être est plutôt d'une nature « humaine » et paraît, si nous avons bien compris le rapporteur, devoir désigner l'ensemble de tous les êtres pensants, ou bien aussi de toutes les grandes pensées, impressions et actions des hommes, aussi bien dans le passé que dans le présent et l'avenir. Le « Grand-Être » se rajeunit continuellement dans chaque nouvelle génération et les créatures prises isolément ne sont que ses organes ou serviteurs passagers. Cependant, au moyen de grandes pensées ou actions, l'on peut devenir également son organe durable ou « permanent ». « Chaque serviteur vrai du « Grand-Être », dit Robinet, possède en réalité deux existences successives : l'une, l'existence proprement dite, est temporaire, mais immédiate ; l'autre, qui ne commence qu'après la mort, est permanente et médiate. » Ainsi l'existence corporelle, temporaire de tous les grands hommes est limitée à un très petit point dans l'espace et le temps, tandis que leur vie immatérielle, permanente, s'étend à l'infini, en proportion de l'influence qu'ils ont exercée par leurs œuvres ou leurs actions. Le « Grand-Être » semble donc représenter une notion tirée de l'ensemble des œuvres accomplies par la philanthropie dans tous les temps et c'est simultanément une idée de personnification. « La terre est en quelque sorte son théâtre. La terre, l'espace dans lequel elle se meut et le « Grand-Être » sont les seules choses réellement accessibles à notre connaissance, et ne laissent aucun espace libre, aucune

---

1. L'exactitude de cette assertion a été, comme on sait, prouvée par le Français Bayle, il y a déjà longtemps, et cela d'une façon remarquable. Bayle raconte que, du temps des guerres de religion en France, des hommes connus « pour leur conduite d'une moralité rigoureuse », étaient soupçonnés d'hérésie et d'athéisme et étaient regardés comme de mauvais catholiques. D'un autre côté, Alexandre Büchner, dans ses *Esquisses de littérature française* (*Französische Litteraturbilder*, 1858), rapporte, en parlant des encyclopédistes français du dix-huitième siècle, que, « tout en niant dans leur théorie l'existence matérielle de Dieu, ils tenaient cependant, dans leur vie pratique ainsi que dans les réformes sociales et politiques qu'ils proposaient, à un « enseignement sévère et souvent très idéaliste », ce qui constitue un contraste singulier, mais bienfaisant avec la corruption morale de la société française contemporaine. » (*Observ. de l'auteur.*)

place pour une intervention extérieure ou surnaturelle. » (Robinet.) Le tout consiste donc à ramener d'une façon péremptoire et décisive le « divin » à l' « humain », et cela non pas seulement au point de vue « théorique », mais aussi, comme nous le verrons plus bas plus en détail, d'une manière tout à fait « pratique ». Gall, quelque supérieur qu'il soit aux yeux des positivistes, a cependant commis beaucoup de fautes, ainsi notamment celle d'élever un organe cérébral à l'état de Dieu et de religion ! Il n'en existe pas de semblable, et Comte appelle cette idée « une transcendance absurde ».

La religion des positivistes est « matérialiste », en ce sens que tous les phénomènes spirituels qui se passent sur la terre, même « la conscience », elle les considère comme inséparables de la matière. Ce qui se trouve hors de la matière, ce qui est ailleurs, ou ce qui existait avant elle, nous ne le savons pas, et par conséquent ne nous regarde pas. Le monde n'a pas été créé pour l'homme ; au contraire l'homme est dominé par le monde et par ce qui l'entoure. On peut se représenter le monde sans la présence de l'homme, mais pas l'homme sans le monde.

Enfin, au point de vue « sensualiste », le positivisme rejette tout ce qui est surnaturel et abstrait, et déclare comme les deux plus grandes lois qu'on ait découvertes, en ce qui concerne l'esprit humain : 1° celle qui a été trouvée par Aristote et confirmée par Gall et Broussais, à savoir : « Nihil est in intellectu, quod non fuerit in sensu » ; 2° et l'autre qui a été trouvée par Comte, à savoir : que toutes nos notions doivent passer par les trois phases de la théologie, de la métaphysique et du positivisme.

En ce qui concerne la « continuité d'existence », la religion positive semble n'en admettre une pareille que par les bonnes œuvres accomplies pendant la vie et qui sont transmises des êtres vivants aux êtres à venir, de la même manière qu'elles ont été transmises aussi des morts aux vivants. Prises isolément elles sont les organes de la philanthropie, et dans ce sens elles sont immortelles. Leur deuxième existence durera aussi longtemps que notre planète et l'ordre de notre système solaire. L'existence isolée n'est rien pour elle-même, mais seulement une partie de l'existence universelle, qui est incessamment animée d'un mouvement de progression, puisque les êtres vivant actuellement seront de plus en plus dominés par ceux des êtres morts qui représentent la meilleure partie de la philanthropie universelle ou du « Grand-Être ». — « C'est là cette noble continuité d'existence que le positivisme reconnaît à l'âme humaine ou à l'ensemble des aptitudes morales, intellectuelles et pratiques, qui caractérisent tout serviteur de la philanthropie ». (Robinet.) En général, l'existence isolée ou la vie individuelle n'est rien de réel, correspondant à la nature, mais seulement une abstraction ; on en voit un exemple chez les enfants, qui en parlant d'eux-mêmes ne se servent pas de la première personne et n'apprennent à s'en servir que peu à peu. La mort n'est qu'une métamorphose de la matière, et une métamorphose indispensable pour perpétuer les organes du « Grand-Être ».

Ce n'est pas dans un « ciel illimité et glacial », une chose déjà impossible dans le sens de la doctrine de l'immortalité, puisque, d'après les observations astronomiques, nous nous y trouvons déjà ; mais c'est en nous-mêmes que nous devons chercher et que nous trouvons le contentement, ainsi que dans le rapport spirituel qui pour toujours nous unit aux morts et aux êtres futurs. « On comprend comment cette conception positive de la vie future, abstraction faite de ce qu'elle est la seule vraie, deviendra extraordinairement féconde et bienfaisante, parce qu'elle seule peut servir de récompense aux morts et de consolation aux vivants, et cela, bien mieux que ne peut le faire jamais la croyance théologique nécessairement égoïste et chimérique ». (Robinet.) Le « but » de la vie est d'arriver à la perfection physique, intellectuelle et morale, afin de vivre au commencement « pour » les autres, après la mort « dans » et « par » les autres. Il n'y a pas de buts « extérieurs » dans le monde : chaque existence est par elle-même un but.

Si maintenant nous nous demandons en quoi consiste la nature essentielle de la « religion positive », nous croyons pouvoir la caractériser en quelques mots de « morale pratique », cependant avec certaines dispositions sacerdotales déterminées et une forme sociale de société ou d'état, de telle sorte que science, philosophie et religion viennent de nouveau se fondre en une unité, comme c'était en partie le cas dans les premiers commencements de la civilisation. Le but de cette morale consiste à reconnaître et à pratiquer la « philanthropie universelle », après avoir préalablement réglementé et transformé les penchants égoïstes dans l'homme ; et le principe fondamental de la morale des positivistes, la base de tous leurs devoirs réside dans cette belle parole : « Vivre pour autrui » (« Leben für Andere »). Parmi toutes les aspirations de l'esprit humain, la « morale » est la première et la plus élevée, et tout le reste ne sert qu'à les perfectionner. Aussi la véritable grandeur de l'homme se trouve également dans le « cœur », et dans l'éducation de celui-ci dans le sens d'une philanthropie qui représente l'ensemble de nos instincts sympathiques ou de nos tendances sociales. Or, l'homme possède en lui-même « sept instincts égoïstes » et seulement « trois » instincts sociaux. Le positivisme, par ses dispositions et son système d'éducation, doit précisément transformer la nature humaine relativement à ses fonctions cérébrales, et cela peu à peu, de telle façon que les instincts égoïstes perdent leur suprématie et se convertissent finalement en leur contraire, c'est-à-dire en vertus et tendances sociales. Ce résultat une fois obtenu, on verra l'homme cesser d'être égoïste et peu généreux pour devenir l'être le plus actif, le plus intelligent et le plus aimant. Nous devons incessamment nous efforcer de vaincre les instincts égoïstes par les instincts sociaux, et lorsque nous serons arrivés à ce résultat, nous arriverons à une harmonie intérieure de toutes nos actions, de toutes nos facultés, et par là à un état de bien-être incomparable, qui trouvera sa confirmation dans la jouissance que nous trouverons dans « l'amour ». Le plus grand plaisir qu'il puisse y avoir, c'est le sacrifice pour autrui (« l'altruisme ») ; on ne se fatigue jamais à aimer. Aimer, c'est plus qu'être aimé ; donner, c'est plus que recevoir. L'homme le plus religieux est celui qui est le plus rempli d'amour, qui agit dans le sens de l'amour et qui assigne à toutes ses actions un but social et « humain ». Aussi l'idéal dans la vie, pour le positiviste, c'est « aimer », « penser » et « agir » simultanément. « En résumé, — c'est ainsi qu'à la fin d'un chapitre sur la théorie de la philanthropie Robinet s'exprime en termes inspirés à l'égard de cet idéal supérieur du positivisme, — la philanthropie (« Menschenliebe ») est un être bien réel, dont la nature composée a fait méconnaître pendant longtemps l'existence, mais qui aujourd'hui est scientifiquement prouvé ; c'est le seul être vrai, le seul être réellement grand ou l'être suprême ! Infini, parce qu'il couvre le monde ; éternel, parce qu'il embrasse à la fois le passé, le présent et le futur ; tout-puissant, parce qu'aucune activité spirituelle ne peut se comparer à la sienne. De la philanthropie dépend notre destinée ; c'est elle qui nous protége contre les désastres extérieurs et intérieurs ; c'est elle qui nous défend contre le mal physique et nous rend forts contre le mal moral. C'est elle qui nous fait moins sentir le poids de l'imperfection naturelle et nous en adoucit l'amertume ; c'est elle dont la main protectrice, la seule providence existant sur terre, nous a tirés peu à peu de la misère de l'animalité pour nous élever aux attraits et à la grandeur de la vie sociale. C'est en elle que nous trouvons notre appui, notre force, notre consolation, notre espérance et notre dignité ! C'est elle qui constitue la base fondamentale de notre devoir, la condition de notre bonheur, et le salut du monde dépend de son avènement prochain ».

Mais la religion positive ne veut pas être exclusivement la « morale » ; au contraire, elle embrasse en général (dans le sens plus élargi des positivistes) le domaine entier des pensées et des sentiments de l'homme, et elle les réunit en trois grands groupes : 1° morale et poésie, ou le domaine du beau ; 2° philosophie et science, ou le domaine du vrai ; 3° politique et industrie ou le domaine du bon, — correspondant aux trois grandes fonctions cérébrales : « sentiment », « intelligence » et « volonté », ou aux notions fondamentales de « amour », « pensée », « action », qui constituent les fonctions des trois grandes divisions ou groupes d'organes du cerveau, ayant leur siège « au milieu-en haut », « en haut-devant » et « en bas-derrière ». La religion positive connaît deux « révélations », « manifestations » de son principe ou de la philanthropie universelle, l'une par la voix du « Grand-Être » ou de l'ensemble des âmes mortes, l'autre par la « Femme », la représentation la plus vraie et la plus gracieuse de la philanthropie, ou la meilleure et la plus gracieuse personnification de l'idéal suprême que l'homme puisse se figurer. En général, la « Femme » semble être destinée à jouer un rôle très important dans la société positiviste ; elle est le seul être devant lequel s'agenouille le positiviste. Comme l'expression la plus pure de la philanthropie, elle formera le meilleur anneau intermédiaire entre l'Être suprême et l'homme pris isolément.

La société positiviste repose sur une base fondamentale « sociale ». Sa mission consiste à « régénérer l'éducation » et à « organiser le travail ». Dans l'éducation, il faut que les trois phases connues de l'histoire se répètent ; elle doit être « théologique » jusqu'à sept ans, « métaphysique » jusqu'à quatorze ans, et ensuite « positiviste » jusqu'à vingt et un ans. A cet effet il faut, « au moyen de l'expérience, » rechercher et établir les lois qui président aux actes de l'esprit, du cœur et du caractère, afin de chercher sûrement la vérité, d'attendrir le cœur et d'ennoblir le caractère, et par là de pouvoir trouver la seule base fondamentale, solide et durable, devant terminer la grande crise, ainsi que l'anarchie qui en est la conséquence. « Tous nous avons un droit égal à la culture générale jusqu'à un certain degré ». Ce qui dépasse ce degré est du ressort du « sacerdoce » qui se voue au service de l'humanité et du genre humain, et qui a pour mission de tout enseigner et de tout expliquer quand on le lui demande. Un pareil sacerdoce est nécessaire, puisque dans l'opinion des positivistes aucune société ne peut se développer avec l'absence absolue d'un sacerdoce et que sans un pareil sacerdoce aucune religion ne peut subsister. Cependant il faut que ce sacerdoce renonce absolument aux richesses et à toute grandeur personnelle ; il ne doit agir que pour le tout ; il est l'interprète et l'organe immédiat du « Grand-Être », et sa fonction principale, c'est l'éducation. « Les prêtres de la philanthropie ne possèdent pas et n'héritent pas, pas même de leur propre famille ; il leur est même interdit de tirer aucun avantage de leurs travaux, de leurs leçons ou de leurs livres. Leurs services ne sont pas payés, et ils ne reçoivent de la communauté que leurs moyens d'existence ». (Robinet.) A l'égard des membres lépreux, ils se servent d'exhortations et ont recours à toutes sortes de peines qui peuvent aller jusqu'à l'expulsion. Ils sont sous la direction d'un chef supérieur, du grand-prêtre de la philanthropie, dont le siège permanent est à Paris, etc. (Le même.)

La religion positive ne veut pas se contenter d'être seulement une morale pratique, mais elle veut être également une religion réelle et une Église, ou du moins elle vise à une position semblable au moyen d'une croyance commune de nombreux adhérents ; c'est ce qui est aussi prouvé par le fait qu'elle possède un culte en partie privé, en partie public, qui, d'après Robinet, « est une idéalisation permanente de la vie humaine, une culture incessante de la sociabilité et qui développe notre « altruisme » (*die Liebe Anderer*) depuis le berceau jusqu'à la tombe. » On peut « adorer » l'humanité comme on a adoré Dieu jusqu'ici, bien que d'une autre manière. « On ne peut demander au « Grand-Être » que des progrès spirituels, sans la moindre augmentation de richesses matérielles ou de pouvoir : réclamer de lui cette dernière serait aussi ridicule qu'immoral, etc., etc. » (Robinet.) En général, chaque idée peut être adorée; on peut même la personnifier dans une femme-Dieu ou dans un homme-Dieu quelconque, pour ceux qui ont encore besoin, dans leur adoration, d'une semblable expression extérieure. Le positivisme connaît aussi des « anges » et des « anges-gardiens »; ce sont les personnifications de notions idéales, comme par exemple, les notions du bon, du vrai, du beau, etc., et ces anges ont un culte particulier dans l'humanité. Les trois anges gardiens de notre cœur et esprit sont « l'amour », « le respect », « la bonté », qui équivalent ou correspondent aux trois instincts sociaux de la nature humaine que nous avons mentionnés plus haut. De là vient que les positivistes prient en invoquant leurs principaux anges gardiens. (A. Comte lui-même, au dire de Rebecque, priait trois fois par jour.) Un Français du nom de Longchampt a composé un « livre de prières positivistes [1] », qui contient à l'usage de la famille des prières spéciales pour chaque jour de la semaine. Ces prières sont d'abord dédiées aux cinq liens fondamentaux qui élèvent le cœur du positiviste à l'amour de l'Être suprême et de l'humanité, savoir : l'amour des enfants, l'amour fraternel, la tendresse entre les époux, la sainte paternité et l'exactitude dans l'accomplissement des devoirs domestiques. Les deux prières qui suivent sont consacrées à la femme et à la philanthropie. Outre cela, il y a encore un culte « personnel », mais dont les prières ne sont pas renfermées dans une formule générale, parce qu'elles diffèrent pour chaque personne et pour chaque âge. Le « but » de la prière est double : d'une part, elle doit servir au perfectionnement individuel, car elle développe nos tendances altruistes, tandis qu'elle refoule les tendances égoïstes; et de l'autre elle vient en aide au « Grand-Être ».

La « politique » positiviste est une politique de paix et d'amour, qui substitue à la notion surnaturelle du « droit » la notion naturelle du « devoir », l'industrie à la guerre, et porte comme devise : « Vivre ouvertement ou au grand jour ». Les

---

[1]. Joseph Longchampt, *Essai sur la prière*. Lyon, 1852.

peuples seront réunis par un lien commun, le lien de l'amour et
de la sympathie universels, ainsi que par le lien d'une croyance
commune basée sur la philosophie morale et naturelle ; alors on
verra disparaître et les guerres et toute lutte relative aux formes
politiques. Cependant les positivistes ne veulent ni démocratie,
ni révolution, ni suffrage universel, mais, comme il semble,
une suprématie de l'esprit ou du moins un effort universel incessant tendant à se rapprocher non seulement de la suprématie
sur ce que l'on appelle ordinairement « l'esprit », mais encore
d'un enseignement basé sur l'amour et la vérité positive. Il se
formera alors un gouvernement des peuples, spirituel et sacerdotal, analogue à celui des papes à l'époque de leur grande
puissance ; il est vrai que ce sera pour un tout autre but. Les
peuples doivent une obéissance et une soumission volontaires
tirant leur origine d'une croyance fondée sur la conviction et de
la confiance dans le désintéressement d'un état plus humain ou
plus cultivé, de la « suprématie » positive, ainsi que du respect
inspiré par la supériorité scientifique de ce dernier état. De cette
façon, l'esprit le plus médiocre et le plus faible peut, naturellement et sans grand effort, prendre part à toutes les conquêtes
spirituelles ou intellectuelles acquises par le travail des siècles
antérieurs, etc. Le positivisme reconnaît un droit égal pour tous
les hommes, c'est-à-dire le droit de remplir les « devoirs » proportionnés à leurs aptitudes. Car la notion du « droit », dans le
sens théologique et métaphysique, disparaîtra du domaine politique, comme la notion absolue de « cause » disparaîtra du
domaine philosophique. Sous l'influence de la doctrine positiviste, « tout » le monde arrivera à comprendre toutes choses
d'une façon claire, bien que souvent superficiellement, parce
que cette doctrine, ainsi qu'il a été déjà dit, n'est que le prolongement ou l'extension, l'élargissement du simple sens commun
ou du bon sens. La seule différence entre l'état sacerdotal et les
autres états ne résidera plus que dans le degré de culture scientifique et morale, et de cette manière se constituera, sur le terrain politique, une sorte de milieu entre l'aristocratie et la
démocratie, auquel Comte donne le nom de « Sociocratie ».
« L'humanité est actuellement encore dans son enfance ; elle
commence seulement de nos jours à s'émanciper partiellement.
Depuis son origine, on voit les instincts égoïstes et les besoins
individuels qui la guidaient jusqu'ici se transformer peu à peu

et d'une manière incessante en moteurs sociaux, et lorsqu'on pense à tout ce que le passé de l'humanité a produit jusqu'ici, notamment dans les derniers temps, malgré l'empire exercé par l'égoïsme, l'ignorance et la faiblesse, on est en droit de considérer d'avance comme incomparablement plus digne d'admiration ce que l'avenir de l'humanité promet et ce que l'on peut en prévoir ». (Rebecque.) Quand une fois le triomphe de l'humanité aura été décidé, « il n'y aura plus de haines déplorables, plus de préjugés trompeurs, plus d'agitations sans résultat, plus de défaillances; au contraire, on trouvera partout la sympathie, la clarté, la fermeté; partout on verra l'homme tendre à l'homme une main fraternelle, pour se rendre utile à la patrie commune; pour bénir cette main et contribuer à féconder cette terre dont dépend notre existence universelle; pour l'améliorer et l'embellir; pour en faire un séjour de bonheur et de paix, dans lequel chacun pourra accomplir sa véritable destinée, qui consiste à contribuer librement à la conservation et au perfectionnement de l'amour du prochain, ou de la philanthropie (*Menschenliebe*) ». (Robinet.)

Le livre de Rebecque se termine à la dernière page par la traduction en français d'un vers bien connu de Rückert, qui ne doit exprimer ici qu'une glorification de la philanthropie universelle :

So stark ist Liebesmacht, dass selber Gottliebeigen
Dahin, wo er geliebt sich fühlt, sich muss neigen.

Si forte est la puissance de l'amour, que Dieu même, amour suprême, est obligé de s'incliner là où il se sent aimé.

Il cite encore plus bas la strophe suivante, tirée d'une célèbre hymne latine (traduite en allemand par Schlegel) :

Ob Lieben Leiden sei	Aimer, est-ce souffrir?
Ob Lieden Liebe sei,	Souffrir, est-ce aimer?
Weiss ich zu sagen nicht ;	Je ne saurais le dire;
Aber ich klage nicht;	Mais je ne me plains pas;
Lieblich das Leiden ist	Agréable est la souffrance,
Wenn Leiden Liebe ist [1] !	Si souffrir c'est aimer!

1. L'hymne entière est ainsi conçue :

| Haüfet mir labende | Entassez des rameaux bienfaisants |
| Schlummerbegabende, | Qui procurent un doux sommeil : |

Tel est le cadre serré d'un système qui, d'après l'affirmation de son auteur, doit indiquer la route certaine à tous ceux qui sont en proie au doute ou ne croient plus à rien, pour atteindre bientôt à un bien-être incomparable, à une sérénité inconnue jusqu'ici et au repos de l'âme. C'est en nous servant du livre cité plus haut que nous avons cherché à présenter le cadre de ce système, autant que nous le permettaient les expositions souvent obscures et incohérentes qu'il contient, sans vouloir prétendre que nous ayons rendu l'opinion de l'auteur d'une façon absolument exacte partout. Néanmoins nous espérons que nos lecteurs auront suivi avec intérêt ce court aperçu. Quoique ce système renferme bien des choses étranges, il présente néanmoins, aussi, bien des côtés intéressants et dignes d'être remarqués, notamment à une époque dont les tendances philosophiques, sur tant de points, suivent la même direction que les idées contenues dans ce système. Pour ce qui concerne le jugement qu'il faut prononcer sur sa valeur positive ou négative, nous n'anticiperons pas sur l'opinion individuelle de nos lecteurs. Nous nous permettrons seulement les quelques petites observations suivantes : Nous sommes convaincus que, par une meilleure éducation dans l'esprit de l'humanité et de la philanthropie réelle, on pourra transformer l'homme en un être tout autre et meilleur qu'il n'est encore actuellement; nous croyons qu'on pourra l'affran-

Zweige zusammen auf,	A ce bûcher mettez le feu
Legt mich in Flammen drauf :	Et couchez-moi au milieu des flammes :
Als Phœnix sterb'ich so,	Ainsi je mourrai comme Phœnix.
Leben erwerb'ich so.	Ainsi je gagnerai la vie.
Liebe, was quälst du mich?	Amour, pourquoi me tourmentes-tu ?
Besser enteesist du mich.	Mieux vaudrait m'enlever la vie.
Zögernde Peinigung	Une torture qui se prolonge
Hemmt die Vereinigung :	Retarde la réunion ;
Jahr'aus Sekunden hier,	Les blessures de mon âme
Machen die Wunden mir.	Changent pour moi les secondes en années.
Ob Lieben Leiden sei	Aimer, est-ce souffrir ?
Ob Leiden Liebe sei	Souffrir, est-ce aimer ?
Weiss ich zu sagen nicht :	Je ne saurais le dire ;
Aber ich klage nicht :	Mais je ne me plains pas :
Lieblich das Leiden ist,	Agréable est la souffrance
Wenn Leiden Liebe ist.	Si souffrir c'est aimer !
Brich aus des Lebens Schoosz	O ma mort, ô mon âme !
O Seele, sterbend los!	Détache-toi du sein de la vie !
Das Feuer eilt hinauf,	La flamme monte rapidement,
Und nimmer weilt's im Lauf	Et dans sa course elle ne s'arrêtera plus
Bis an des Himmels Rand :	Avant d'avoir atteint le bord du ciel :
Dort ist mein Vaterland!	C'est là qu'est ma patrie !

chir des superstitions et des préjugés, et qu'on pourra lui inculquer l'amour de ses semblables, tandis qu'actuellement on le nourrit et le bourre d'erreurs, et que par l'école et la ligne de conduite on lui communique un caractère égoïste, sans générosité, qui dans cet égoïsme peut aller jusqu'à la cruauté ; nous accordons la plus grande estime au caractère noble et généreux dont est imprégné tout le système. Mais nous doutons fort qu'il puisse être exécuté complètement, parce que nous doutons précisément que les instincts égoïstes de l'homme, qui, après avoir été entretenus pendant des milliers d'années, se sont tellement développés et ont acquis une telle puissance, puissent être à ce point transformés par les tendances sociales, que chaque individu, pris isolément, trouvera sa satisfaction exclusivement dans l'accomplissement des devoirs vis-à-vis de la philanthropie universelle. Dans tous les cas, cela exigerait un temps extraordinairement long, et le commencement devrait se faire dans un siècle plus heureux que le nôtre, qui marche chargé de maux dans toutes les directions, et dont l'humanité n'a pu encore déraciner même les contradictions les plus grossières de la culture générale qui fermentent en elle. De même, le souffle de sensibilité et de sentiment chaleureux, qui parcourt tout le système, paraît s'accorder assez mal avec notre époque de fer, qui n'écoute que la voix menaçante du métal. Notre génération a les nerfs forts, et celui qui veut l'améliorer ne doit pas, pour construire, compter exclusivement sur sa philanthropie. Après avoir été, pendant de longues années, déroutée par un despotisme religieux et politique, ainsi que par des états de société égoïstes dans lesquels le malheur de l'un fait le bonheur de l'autre, l'espèce humaine aurait besoin d'une vigoureuse férule pour être délivrée de sa captivité d'Égypte, et pour être élevée par l'éducation à ce que le positivisme désire en fin de compte que l'on fasse d'elle, c'est-à-dire un être universel commun, paisible, heureux et social. Cependant les temps où un pareil état idyllique reparaîtra sur terre sont encore tellement éloignés, et cet état exigera encore tant de conditions préparatoires, possibles seulement par la propagation de la culture universelle, que l'on peut bien considérer comme une folie de vouloir déjà maintenant s'occuper de ses dispositions. De plus, les additions évidemment « mystiques » et « ésotériques » que contient le système, ainsi que l'arbitraire avec lequel il donne à certains mots ou à certaines désignations un sens plus étendu, si ce n'est un sens tout différent, formeront un obstacle considérable à sa propagation.

Notre époque veut l' « égalité des droits » et la « clarté », clarté dans les pensées et dans les actes, et se sent repoussée de dispositions qui rappellent la franc-maçonnerie, etc. En général, le genre humain ne se laisse pas éduquer par voie de « systèmes », parce qu'il n'a pas été créé par la nature d'après un système; et il paraît trouver dans la lutte incessante d'opinions, de directions, d'institutions, un des éléments nécessaires à son existence. Mais, quand cela ne serait pas, on pourrait appeler une entreprise singulière l'idée de vouloir transformer l'homme dans toute sa nature par le moyen d'influences et de dispositions semblables, en grande partie extérieures. Le côté le plus intéressant du système est peut-être sa direction « philosophique », notamment l'énergie avec laquelle il se met face à face vis-à-vis de la « théologie » et de la « métaphysique, » et cela déjà bien avant l'époque dans laquelle des forces scientifiques plus sérieuses ont engagé une lutte avec ces deux dernières [1]. C'est une chose

---

[1] Un article spirituel sur Auguste Comte dans les *Haym's Preussische Jahrbücher* (4e vol., 3e livr., 1859) fait aussi ressortir presque exclusivement ce côté du système. Aux yeux de cet auteur anonyme Comte a reconnu dans ses trois espèces ou degrés de la philosophie (Sciences : « théologique », « métaphysique » et « exacte ») la loi fondamentale du développement de l'esprit. Les deux premières sont, il est vrai, souvent et la plupart du temps en état d'hostilité réciproque; mais elles sont d'accord en ceci : c'est que toutes deux sont à la recherche des mêmes principes absolus ou d'un monde éternellement vrai derrière le monde de l'expérience et des sens, et par suite se confondent souvent l'une dans l'autre. En opposition avec elles se trouve placée la « philosophie de la science exacte » ou philosophie positive, qui s'appuie exclusivement sur le rapport intime existant entre les phénomènes réels, et au lieu d'une vérité « absolue » ne vise qu'à une vérité « relative ». « Nous ne pouvons rien savoir sur le fond et la nature des choses, rien sur leur « pourquoi? » mais seulement sur le « comment? » et les lois que nous avons trouvées en suivant cette voie sont les « dernières » bases d'explication. La philosophie positive ne tire pas son objet d'une spéculation creuse, mais bien des diverses sciences, et cherche à établir entre elles un lien d'unité systématique. La théologie et la métaphysique ont cessé d'exister dans leur signification générale; tandis que l'on constate partout une tendance d'autant plus prononcée de la vie intellectuelle vers la méthode positive : cette méthode est déjà suivie dans les sciences naturelles, et il faudra désormais qu'elle soit également suivie dans les sciences morales et sociales. La science, comme telle, n'est ni idéaliste ni matérialiste; elle ne cherche partout que des faits avec les rapports qui les lient entre eux, et la véritable base fondamentale de l'état futur ne sera plus une base « métaphysique », mais seulement une base anthropologique, etc. Mais l'homme qui, pour ses partisans, concentre tous les rayons de cette direction en un foyer lumineux commun, c'est A. Comte, presque inconnu en Allemagne, par contre

remarquable de voir comment il arrive souvent qu'une époque reçoit son caractère par des courants intellectuels qui, partis des directions les plus différentes, et au début tout à fait étrangers et inconnus les uns aux autres, arrivent en fin de compte à se rencontrer sur une « seule et même voie ». Aussi, malgré tout ce que l'on pourra penser au sujet du « positivisme », il faut cependant convenir que, lui également, il appartient « aux signes du temps ».

d'autant plus apprécié en Angleterre, dont les écrits font jaillir comme une lumière éclatante cette parole renfermant un sens si profond : « La véritable sagesse conduit à l'amour. »

IV

PLUS DE PHILOSOPHIE SPÉCULATIVE

(1857)

« Plus de philosophie spéculative ! » Telle est la conclusion, exprimée d'une façon tranchante et péremptoire, d'un écrit philosophique de O. F. Gruppe : *État présent et avenir de la philosophie en Allemagne* (*Gegenwart und Zukunft der Philosophie in Deutschland*, Berlin, 1855), qui ne paraît pas avoir trouvé, dans les cercles des personnes cultivées, l'accueil qu'il méritait et que nous voudrions faire connaître en y ajoutant notre petite obole supplémentaire. Nous disons : « dans les cercles des personnes cultivées », car c'est à elles que cet écrit est destiné; et pour ce qui concerne les cercles des philosophes et des spécialistes, ceux-ci se garderont bien de parler au public d'un écrit qui leur arrache aussi impitoyablement de la face le masque de l'hypocrisie; ils essaieront de passer l'auteur sous silence, de même qu'ils ont autrefois passé sous silence un philosophe bien connu, qui, il est vrai, leur avait donné le droit apparent d'observer une semblable attitude par l'absence de mesure qu'il avait montrée dans ses attaques. Tout le monde sait quelle lutte s'est engagée entre la philosophie scolastique et l'empirisme des sciences naturelles et comment l'argument principal dont se servent les philosophes contre leurs adversaires naturalistes aboutit toujours à ceci : « l'ignorance de la philosophie, » c'est-à-dire qu'on ne connaît pas la philosophie. Cet argument est un de ceux qui obtiennent l'assentiment des masses, parce qu'en apparence il s'entend de soi-même que celui qui consacre son temps aux études empiriques doit rester à l'état de dilettante dans la philosophie. Heureusement les dilettantes naturalistes n'ont pas besoin de s'en rapporter à eux-mêmes pour justifier le dédain que leur inspire la philosophie de systèmes et de scolastique ; car du camp philosophique lui-même ils voient sortir des partisans que ce reproche ne peut certes pas atteindre. Nous ne voulons nullement parler du philosophe Schopenhauer, qui donne à nos héros philosophiques postérieurs à Kant les épithètes d' « imposteurs », « charlatans », etc., et nous voulons seulement rappeler le jugement que nous avons tout récemment communiqué à vos lecteurs, jugement dû à la plume d'un philosophe anonyme, mais honnête. Il regarde la philosophie scolastique comme finie et trouve que depuis Spinoza et Leibnitz elle n'a pas avancé, mais au contraire reculé. Aujourd'hui, nous dénonçons à vos lecteurs un autre traître philosophique tout aussi honnête, qui prononce une condamnation bien plus sévère contre les systèmes et les philosophes spéculatifs de tous les temps, et qui se montre aussi impitoyable à l'égard d'Aristote et Kant, que vis-à-vis de Fichte, Schelling et Hégel. Il nomme « l'histoire de la philosophie », non pas l'histoire d'un progrès incessant, s'accomplissant d'après une loi intérieure, mais une « histoire de l'erreur avec des lueurs isolées », et arrache ainsi à la philosophie scolastique toute sa robe de pourpre râpée, qui sous sa large couverture permettait jusqu'ici à chaque nain philosophique de prétendre qu'il peut se tenir debout sur les épaules des géants, ses devanciers. L'auteur montre très exactement la contradiction existant entre l' « empirisme » et la « spéculation », comme étant la contradiction entre la « science » et la « philosophie », et décrit la victoire incessante de la première sur la seconde ou de la méthode « inductive » (Bacon) des sciences naturelles sur la méthode « déductive » de la spéculation. Il n'existe pas d'axiomes philosophiques, pas de vérités évidentes par elles-mêmes ou d'idées innées, pas de notions vraies en elles-mêmes ou abstraites, et tous les systèmes de philosophie idéalistes ou spéculatifs auxquels on a donné pour base fondamentale des notions générales pareilles, peu importe qu'elles soient idéalistes ou panthéistes, sont absolument insoutenables. Déjà Bacon a imposé une fin aux systèmes et fondé par là le commencement de la véritable observation de la nature. C'est en suivant cette voie que cette dernière est devenue féconde, puissante et considérée, tandis que la philosophie, au contraire, s'est abaissée à l'état de « mendiante ». En ce qui concerne notre philosophie plus récente, on peut faire dater de Fichte ce que Gruppe désigne sous le nom caractéristique de « période de l'improbité ». Cette improbité a été maintenant reconnue, la domination de la dialectique s'est évanouie, l'arbitraire de la construction ne trouve plus d'accueil, et « de tout l'éclat de cette philosophie il n'est plus rien resté que l'impression de la sophistique ». Le temps, dit l'auteur, a silencieusement prononcé une condamnation à mort contre Kant, Fichte, Schelling et Hégel, aussi bien contre leurs systèmes que contre leurs méthodes; la spéculation a perdu son aplomb, les voix ne s'élèvent plus pour riposter à « l'expérience », et toutes les opinions tombent d'accord pour déclarer qu'il faut abandonner la voie suivie jusqu'ici par la philosophie. Du reste, on commettrait une grande erreur si l'on voulait tirer de cet exposé la conclusion que l'auteur, riche d'esprit et de connaissances, est « en général » un ennemi de la philosophie. Au contraire, la philosophie, d'après lui, doit continuer à rester le cœur et le centre de toutes les connaissances humaines; mais elle ne peut obtenir ce résultat qu'à une seule condition : c'est de se soumettre à une « réforme » absolue dans le sens de l'expérience, de l'empirisme et de la méthode inductive. Ce doit être une réforme décisive, sans restriction, et pas seulement, ainsi que quelques-uns le veulent, un simple retour à Kant ou Locke, car Kant aussi est sujet aux maux incurables de la spéculation. L'auteur indique d'une façon très nette comment et de quelle manière il faut entreprendre cette réforme dans chaque discipline philosophique prise isolément, notamment dans la « logique », et il montre le rapport qui la relie à toutes les autres sciences. La « métaphysique » doit être délaissée; car elle s'occupe de choses qui dépassent notre intelligence. Par toute notre science et toute notre vie, nous avons pris racine dans « ce » monde; s'il existe un « autre » monde, cela regarde exclusivement la « religion », mais pas la philosophie. Ces deux domaines pourront dorénavant continuer à subsister paisiblement l'un à côté de l'autre, car il n'y aura plus de point de contact entre eux. La philosophie cessera de parler sur les causes dernières des choses, qui peuvent être accessibles à la foi, mais pas à la science; elle laissera de côté le « ciel » et restera sur la « terre ». Il n'y aura plus de systèmes spéculatifs, de systèmes en général ou de philosophie spéculative, et malgré cela la philosophie devra seulement aujourd'hui commencer sérieusement son rôle de nouvelle philosophie expérimentale et gagner de l'influence.

Quiconque est au fait de la situation et de l'objet des luttes philosophiques du temps présent dira volontiers en bloc : « Amen », en face de ces exigences de l'auteur ; nous voudrions seulement ajouter encore, de notre côté, le désir que la « philosophie expérimentale » ne reste pas cette fois à l'état de façon de parler, mais arrive à devenir une réalité. A toutes les époques on a opposé aux excès de la spéculation le renom de sobriété et « d'expérience », et, pour y suffire, on a vu la spéculation s'en rapporter à l'expérience, comme au reste elle le fait également de nos jours vis-à-vis de ses adversaires. Mais la philosophie expérimentale s'est aussi souvent égarée pour retomber dans la spéculation, et il suffit, par exemple, de jeter un regard sur nos « traités de la psychologie comme science expérimentale », écrits récemment par des philosophes, pour se rendre un compte exact de ce que ces messieurs entendent sous le nom d' « expérience ». On ne peut certes pas le leur prendre en mal ; car, si réellement ils voulaient tirer leurs conclusions de l'expérience, ils seraient obligés de se soumettre à l'étude des faits et des observations, peut-être même de faire des observations personnelles, ce qui naturellement serait pour eux beaucoup trop incommode ou vaste, peut-être aussi trop difficile ; ils aiment mieux laisser cela à la « médecine devenue cynique » ou aux observateurs de la nature matérialistes, qui n'ont pas le droit de parole dans la philosophie. Ainsi « Expérience », tel devra être dorénavant le mot de ralliement de la philosophie, mais une expérience réelle, reposant sur l'observation et sur des faits, et non une expérience semblable à celle qui ferait un petit détour pour retomber aussitôt dans la duperie de la spéculation pure. Nous terminons ces observations avec les belles paroles de Louis Feuerbach : « Ce que l'on appelle aujourd'hui philosophie spéculative est la plupart du temps la chose la plus fausse et la moins critique du monde. Il n'existe qu'une base, « une seule » loi pour la philosophie ; elle s'appelle « liberté de l'esprit » et « liberté du sentiment ! »

V

LA CIRCULATION DE LA VIE

(1857)

(*Physiologische Antworten auf Liebig's Chemische Briefe*, von Jakob Moleschott, Mainz, v. Zabern, 1e Auflage, 1852; 2e Auflage, 1855).

(*Réponses physiologiques aux Lettres sur la chimie de Liebig*, par Jacob Moleschott; Mayence, v. Zabern, 1re édition, 1852; 2e édition, 1855).

Nous vivons au milieu d'une époque que l'on doit regarder comme un « moment critique » dans le développement spirituel du genre humain, malgré le vide politique et sous beaucoup de rapports aussi intellectuel qui semble régner à l'heure présente. Sans doute, aux yeux de beaucoup de gens qui ont assisté personnellement aux grandes et multiples désillusions des années passées, une semblable manière de voir comptera au nombre des espérances sans fondement d'esprits à imagination vive ; et en réalité les expressions de « moment critique », « progrès », « développement », « veilles d'événements importants », ont été employées si souvent et dans des occasions si inopportunes, mais pour être chaque fois ou confondues ou changées en leur contraire, que peu à peu l'on est arrivé forcément à éprouver une profonde aversion pour des phrases semblables et pour ceux qui les prononcent. Mais, avec une pareille disposition d'esprit, on tombe trop facilement dans un autre extrême, et sans motif suffisant : on devient « pessimiste ». Si l'on veut bien comprendre son temps, il faut sortir du cadre étroit de la période contemporaine dans laquelle on vit et se placer sur l'observatoire plus élevé de l'histoire. On voudrait bien volontiers voir se réaliser devant ses yeux la prévision des évènements que l'on porte dans son sein, et l'on désespère en considérant la lenteur avec laquelle l'avenir approche, on désespère même de l'avenir. Or, l'histoire ne compte pas par générations d'hommes, mais bien par siècles, et marque ou indique même le plus petit de leurs pas au moyen de tombes innombrables. L'individu, pris « isolément », y trouve sans doute une maigre « consolation » ; mais qu'est aussi l'individu seul dans la circulation éternelle de la nature et de l'histoire ?

En nous plaçant à ce point de vue, il nous semble qu'il n'y ait pas lieu de justifier d'une façon spéciale cette assertion, que nous sommes arrivés à un moment critique dans l'histoire de l'esprit occidental et, avec lui, de l'histoire même. Il est certain que des situations et des catastrophes pareilles à celles de l'époque actuelle ont été observées dans l'histoire de tous les temps. Il suffit de penser, par exemple, à la période la plus récente, à l'époque de la Révolution française, qui dans ses courants spirituels et ses luttes philosophiques offre une remarquable analogie avec l'époque actuelle. Cela explique pourquoi l'on entend si souvent, non seulement comparer à cette époque le mouvement actuel qui s'accomplit sur le terrain de la philosophie réaliste, mais même le placer vis-à-vis d'elle sur un pied d'égalité parfaite ; or, c'est de nouveau méconnaître ainsi d'une façon absolue le caractère particulier du mouvement actuel. Ce caractère spécial, particulier qui lui donne une base absolument nouvelle, bien plus étendue et bien plus solide que celle du mouvement français, il le doit à la participation des « sciences positives ». Le mouvement intellectuel excité par Voltaire, Rousseau et les Encyclopédistes, était profond et suffisamment durable ; cependant on peut considérer leur influence comme petite en comparaison de l'influence que les sciences naturelles exercent aujourd'hui et exerceront encore sur les esprits ; car, si le premier mouvement s'appuyait principalement sur le λόγος, le dernier a pris racine sur le terrain des « faits », terrain inébranlable et triomphant de tous les doutes.

C'est donc aussi la participation des sciences naturelles aux luttes philosophiques du temps présent qui donne au livre dont nous voulons parler une grande partie de son intérêt et lui a procuré son succès dans les cercles des personnes cultivées. C'est un de ces livres qui sont placés à la frontière de la lutte actuelle du développement, et qui, dès son apparition, fit tomber de véritables rayons de lumière sur les rapports des sciences naturelles avec la philosophie, la théologie, la morale, comme en général avec toutes les questions scientifiques et sociales de l'époque actuelle. Jusqu'à son apparition, quiconque était au fait de la marche intellectuelle de son époque « soupçonnait bien » quelle influence les sciences naturelles pourraient exercer sur cette marche, mais personne ne le « savait ». Jusqu'alors les ouvrages populaires de ce genre avaient ou bien tourné autour de ces rapports ou les avaient seulement indiqués ; quelques phrases isolées, jetées au hasard ou disséminées ; quelques observations détachées, c'était tout ce que l'on se permettait.

Pour en revenir au livre de Moleschott, celui-ci prend une place particulière et proéminente, précisément parce que, tout en étant aphoristique dans son ensemble, il embrasse mieux ces rapports généraux et y pénètre plus profondément que tous les livres qui l'ont précédé. Sans doute la tendance de ce livre paraît avoir été originairement une tendance spéciale, et quant à sa nature même, limitée à une polémique personnelle contre Liebig ; mais, avec son esprit dirigé vers les questions générales, Moleschott ne pouvait se contenter de cela, et partout où l'occasion s'en présentait, notamment dans ses chapitres terminaux, il se tourna vers la masse des personnes cultivées. Moins ces choses étaient connues jusqu'alors, plus les allusions de Moleschott devaient les frapper ou les intéresser, et il ne paraissait guère de livre ayant trait aux questions en litige de la culture générale, sans que Moleschott ne le citât d'une façon ou d'une autre. Aussi, abstraction faite de sa valeur intrinsèque, peut-on attribuer une assez grande partie de son succès à la constellation des circonstances favorables du moment. La banqueroute de la philosophie théorique ou scolastique maintenant seulement arrivée avec un éclat presque complet, le désir ardent d'apprendre quelque chose de nouveau, et l'intérêt général porté à l'étude des sciences naturelles qui avait subi un élan tout particulier par le *Cosmos* de Humboldt, toutes ces circonstances réunies eurent pour effet d'assurer au livre sa place et son succès. Il faut encore ajouter à cela que le livre s'annonçait comme une polémique contre les « *Lettres sur la chimie* » (*Chemische Briefe*) de Liebig, qui de leur côté avaient, à un rare degré, attiré l'attention générale. Liebig, par ses allusions confuses et contradictoires entre elles sur la science et la foi, avait dérouté ses lecteurs, et la plupart de ces derniers se tournèrent avec précipitation du côté de Moleschott pour sortir de ce désaccord. C'est ainsi que le livre acquit dans la littérature une place et une importance que Moleschott lui-même ne pouvait ni prévoir ni espérer, surtout à ce degré, et cette place gagne encore journellement en crédit, à mesure que la lutte scientifique dont l'origine remonte en partie à son apparition, devient plus importante et plus sérieuse. Cette lutte n'est pas terminée, ainsi que le croient certains hommes à vue courte ; mais nous ne sommes qu'à la fin de son commencement. Veut-on savoir quelle sensation et même quelle inspiration le livre de Moleschott a produites chez certaines personnes qui pour la première fois furent, à sa lecture, mises au courant de la direction spirituelle représentée par l'auteur? On peut s'en rendre compte en lisant les lettres récemment parues de Mathilde Reichardt, adressées à Jacob Moleschott, et qui en fournissent un témoignage rempli d'un enthousiasme sans limite. La « *Circulation de la vie* » (*Kreislauf des Lebens*) a paru en 1852, et dans le courant de l'année a paru une « deuxième » édition augmentée [1].

Après avoir ainsi caractérisé, comme nous le devions, la place importante qu'un pareil livre a prise dans la littérature en partie par sa propre valeur, en partie par suite des circonstances, nous pouvons passer à quelques observations relatives à son contenu. Dans sa « Préface » Moleschott, dont les écrits sont tous pénétrés d'un amour profond et intime pour le « peuple », manifeste même son intention d'agir d'une façon stimulante sur le peuple, et cela au moyen de développements de pensées qui reposent sur le terrain des « faits » et « qui puisent à la source de la réalité ». Une allocution sincère à l'adresse de Justus Liebig, dans laquelle Moleschott se déclare de suite ouvertement comme son adversaire et comme un écrivain populaire, est suivie de la première lettre, qui met en opposition les contradictions les plus étranges existant dans la conscience générale de l'époque actuelle, la « révélation » et la « loi naturelle ». C'est en réalité un phénomène attristant de constater qu'après un travail de l'esprit humain durant plus de trois mille ans, et à la vue d'une époque qui croit avoir atteint le sommet le plus

---

[1]. Depuis il y a eu encore une troisième et une quatrième édition.

élevé, il soit encore nécessaire de s'efforcer sérieusement de rendre évident aux hommes l'incompatibilité de la révélation et des lois naturelles, et cela par-dessus le marché vis-à-vis d'hommes qui passent pour être les coryphées de la culture. Voilà ce que fait Moleschott, et il montre que le chemin de la « révélation » conduit non pas à l' « observation », mais bien à la « prière » ; il montre de plus que M. de Liebig possède des notions très obscures sur les chemins qui doivent conduire à une connaissance de la divinité et que sa tendance à la conciliation l'entraîne dans les contradictions les plus manifestes. Dans une « deuxième » lettre, ayant pour objet les « sources des connaissances humaines », Moleschott refoule la philosophie dans les limites de la réalité et de l' « expérience » de Paracelse, et montre comment toutes les connaissances de l'homme procèdent des « sens ». L'expérience et la philosophie doivent, d'après lui, se fondre l'une dans l'autre. La « troisième » lettre a pour objet l' « immortalité de la matière », une des vérités les plus grandes et les plus riches en conséquences, qui a été mise au jour par l'observation plus récente de la nature, et par laquelle cette dernière a prouvé sa supériorité de la façon la plus lumineuse à la philosophie spéculatrice et à la théologie. Les lettres « suivantes » contiennent des observations et déclarations nombreuses, intéressantes, bien que présentées sous une forme assez aphoristique, sur les lois de l'endosmose et de l'exosmose, sur la formation cellulaire, sur la nutrition et les échanges matériels chez les animaux et les plantes, sur une construction rationaliste du terrain, sur l'influence qu'exerce le sol sur lequel nous vivons sur notre degré de civilisation et notre disposition intellectuelle, etc. Le sujet le plus brûlant de la lutte entre Liebig et Moleschott est contenu dans la « neuvième » lettre, dans laquelle ce dernier proteste contre la division des aliments, établie par Liebig, en aliments « nutritifs » et aliments « respiratoires ». Quelque fondées que soient les observations de l'auteur, elles ne portent cependant pas un préjudice considérable à la valeur générale de cette division, qui a fait époque dans la physiologie des échanges de la matière, à condition qu'on ne prenne pas cette dernière dans un sens absolument strict et qu'on la dépouille des considérations téléologiques que Liebig y a ajoutées. La « dixième » lettre traite des transformations chimiques produites par la nutrition dans l'organisme des animaux et montre que la digestion est un acte à la fois chimique et mécanique. La « onzième » lettre parle de l'importance, jusqu'ici insuffisamment appréciée, des substances « inorganiques » dans le corps des plantes et des animaux ; la « douzième » lettre traite de l'importance de la « chimie » pour la connaissance des transformations de la matière qui s'opèrent dans l'organisme animal. C'est avec cette mesure qui appartient aux hommes de caractère, animés en même temps par l'amour de la vérité, que dans cette lettre et d'autres Moleschott rend la justice la plus entière aux mérites scientifiques incontestables de son adversaire Liebig, bien contrairement au procédé mesquin et prétentieux avec lequel ce dernier a récemment cherché à dénoncer son adversaire scientifique devant le public en le traitant de « dilettante et d'ignorant ». La « treizième » lettre traite des transformations chimiques de la matière dans les plantes, et montre comment à l'aide de la chimie l'on peut actuellement faire naître comme par enchantement les productions les plus gracieuses du règne végétal, en se servant partiellement de cornues et de lampes à esprit-de-vin ! L'auteur relève d'une façon très intéressante l'opposition existant entre les phénomènes qui se passent dans les métamorphoses régressives de la matière dans les « plantes » et chez les « animaux », et montre comment dans la plante le développement et le déclin, la vie et la décomposition sont bien plus rapprochés que chez l'animal. Ceci est une philosophie naturelle valable, si l'on veut absolument parler d'une philosophie semblable, mais non ce jeu vide de pensées auquel se livrent les rêveurs spéculatifs à l'aide d'analogies artificielles, jeu qui leur permet d'élever jusqu'au ciel de petites ressemblances, tandis qu'ils n'aperçoivent pas les plus grandes différences. Partout l'auteur nous montre que ce que nous appelons déclin, destruction, mort, n'existe pas pour la nature dans ce sens, mais que dans la circulation infatigable de la matière il n'y a ni commencement ni fin, et que les germes de vie les plus élevés se retrouveront en voie de transformation régressive et de destruction. La « quatorzième » lettre apprend à connaître les sources de la « chaleur » dans les corps organiques et montre que la chaleur n'est qu'une conséquence et une expression de la transformation de la matière. La « quinzième » lettre entre avec plus de précision dans le développement de la « matière », « depuis la terre, l'air, et l'eau jusqu'à la création de l'être qui croit et qui pense ; » et donne à la parenté de la matière le nom de « toute-puissance créatrice » (« Schaffende Allmacht »). Cet examen porté sur la circulation de la matière fonde, au dire de Moleschott, une nouvelle manière d'envisager l'univers, qui se trouvait déjà préparée dans les « profonds axiomes phophétiques » des « Encyclopédistes » et qui aujourd'hui recevra sa base fondamentale scientifique. La « seizième » lettre parle de la dépendance dans laquelle se trouve l'organisme, sous le rapport du corps et de l'esprit, vis-à-vis de la nourriture ou des substances qu'on lui administre, et par là l'opinion contraire de Liebig se trouve être réfutée d'une façon radicale. En ce qui concerne la question si souvent discutée de la nourriture la plus appropriée à l'homme, on y voit clairement que la nature a destiné l'homme à une nourriture « mixte », composée de végétaux et de viande, ce qui suffit pour apprécier à sa juste valeur le singulier mouvement auquel se livrent les soi-disant « végétariens ». Cette lettre contient en outre des observations intéressantes sur l'influence exercée par le café, le thé, les épices et les liquides spiritueux sur la nutrition, les transformations de la matière et la culture intellectuelle. La « dix-septième » lettre traite du rapport entre la force et la matière, question qui dans les derniers temps a été si diversement discutée, et cela par les partis les plus différents. C'est avec une profonde prévoyance que Moleschott aperçoit, dans la discorde qui sort de cette question, « une puissance qui ébranlera le monde », et il combat cette idée fausse, en rapport intime avec les notions absurdes de l'opportunité, que les propriétés des corps leur sont apportées du dehors. En même temps, on apprend dans cette lettre que les substances organiques et organisées peuvent tirer leur origine de substances élémentaires « inorganiques » et de combinaisons « inorganiques », ce qui porte le coup mortel à la notion du « principe vital ». Organique et inorganique ne se distinguent que par un « plus » ou un « moins » dans la complication de la combinaison matérielle. Dès que la matière a atteint un degré déterminé de combinaison, la vie prend naissance avec la forme organisée. Sur ce point également, Moleschott dévoile chez notre illustre Liebig des idées obscures, ainsi que des contradictions extraordinaires, contradictions que l'attitude récente de Liebig a mises en relief d'une façon encore plus tranchante. La « dix-huitième » lettre est intitulée : « La pensée » et applique les propositions générales, acquises dans les lettres précédentes, aux rapports de l'esprit et de la matière, du cerveau et de l'âme. Dans cette lettre, Moleschott se livre aussi à un examen excellent et frappant sur la fameuse lutte du phosphore cérébral, et cet examen portera la conviction dans l'esprit de quiconque veut se donner la peine de le lire. « Heureusement, dit Moleschott à l'adresse de Liebig, il n'est pas nécessaire de rappeler que les explications même des hommes les plus illustres expirent dans l'impuissance vis-à-vis de la voix sans prétention d'observations solides et faites à fond ». Plus bas l'auteur justifie, dans cette même lettre, « l'expérience par la voie des sens » comme base de toutes les connaissances humaines en regard des conceptions des philosophes idéalistes et de la doctrine des idées innées. Il montre aussi comment la notion même la plus élémentaire ne peut se développer que du monde réel des phénomènes. La « dix-neuvième » lettre a pour objet une des questions les plus saillantes dans les luttes philosophiques et théologiques de tous les temps, question dans laquelle aujourd'hui seulement on commence à trouver une lumière tant soit peu suffisante, grâce aux preuves réelles fournies par l'observation de la nature. C'est la question si colossalement importante de la « liberté de la volonté humaine ». Sans doute Moleschott va trop loin lorsqu'il appelle la volonté seulement : « l'expression d'un état du cerveau produit par des influences extérieures. » S'il en était ainsi, nous ne serions certainement guère plus que des automates. Mais s'il est bien certain que la vie spirituelle est, dans sa manifestation, intimement liée à des mouvements de la matière, il n'est pas moins certain, d'autre part, que cette vie spirituelle acquiert dans le cours de son développement matériel une spontanéité qui lui permet de choisir librement entre deux possibilités et de se décider en faveur de l'une ou de l'autre. Sans doute ce choix lui-même n'est pas libre d'une façon absolue, parce que, pour arriver à fixer ce choix, la réflexion suit une marche qui se trouve influencée par une quantité d'autres influences ; mais ce ne sont pas, le plus ordinairement, ces influences immédiates qui préoccupent Moleschott, mais des influences médiates, indirectes, qui laissent à la volonté au moins un certain champ libre. Comment pourrait-on, sans cela, parler de « volonté » et d' « arbitraire » ? et comment la physiologie pourrait-elle distinguer ce qu'on appelle les mouvements « réflexes » des mouvements « volontaires » ? Avec la belle parole de Mme de Staël : « Comprendre tout oblige à tout pardonner », Moleschott termine sa lettre en faisant allusion au point de vue élevé et véritablement « humain », celui qui permet à l'homme de se relever vis-à-vis de son semblable, en donnant pour bases à sa conception de l'univers la nouvelle philosophie et l'observation de la nature. Dans la « vingtième » et dernière lettre, Moleschott défend cette manière de concevoir l'univers contre ses adversaires et secoue les objections de ces têtes bornées qui d'un ton solennel déclarent voir tout ce qu'il y a de grand, de beau et d'élevé s'échapper hors du monde. Moleschott donne comme une preuve étroitement liée à cette conception, la conviction que la science sera un jour en mesure d'enseigner une « distribution de la matière » amenée artificiellement et telle « que la pauvreté dans le sens d'un besoin non assouvi deviendra une impossibilité », et que par conséquent la véritable solution de la grande « question sociale » se trouve dans la main du « naturaliste » !!

Tel est le contenu d'un livre qui devrait être lu par toutes les personnes instruites, en partie à cause de sa valeur intrinsèque, en partie par la place qu'il a définitivement prise dans la littérature. Grâce aux éloges sincères et impartiaux que nous lui avons décernés, nous croyons avoir acquis le droit de mentionner également quelques-uns de ses défauts. Le livre est présenté comme un « livre populaire »; mais en réalité il l'est aussi peu qu'un livre scientifique, car il est trop savant pour le peuple, et de longtemps pas assez pour le savant. Celui qui veut écrire pour le peuple doit laisser de côté l'« urate d'ammoniaque » (« harnsaures Ammoniak »), l'« acide choléique » (« organische Gallensaüre »), la « margarine » et la « base tirée du Chenopodium », (« Butterfett und Gänsefussbasis ») etc. ; par contre, il doit dessiner à grands traits et d'une façon nette les résultats, généraux et d'une grande importance pour la vie, fournis par de savantes recherches ; il doit indiquer ce que la science a trouvé et conquis, mais ce n'est qu'exceptionnellement qu'il doit parler des voies et moyens à l'aide desquels la science est arrivée à ces conquêtes. Il doit être de plus parfaitement clair et intelligible ; c'est une exigence que Moleschott ne remplit pas partout ; il doit enfin être « plus court » que celui-ci. Nous sommes presque convaincus qu'un grand nombre des lecteurs du livre de Moleschott en ont sauté une assez grande partie, soit pour ne l'avoir pas compris, soit pour n'avoir pas trouvé d'intérêt aux particularités qu'il contient, et qu'un certain nombre d'autres se sont arrêtés avec frayeur devant son « étendue ». Un deuxième reproche que nous avons à adresser à Moleschott dans ce livre, c'est son « style aphoristique ». Il ne poursuit pas sa pensée une fois commencée pour la développer ou l'épuiser, mais il saute d'une pensée à l'autre, d'une observation à une autre, d'un fait à un deuxième qui peut-être appartient à un tout autre ordre d'idées ; au moment où nous croyons obtenir un renseignement certain sur un objet déterminé, nous nous trouvons subitement transportés dans une région spirituelle tout à fait différente. Des phrases jetées sur le papier, des observations détachées sont quelquefois d'excellents moyens pour stimuler le lecteur et le pousser à réfléchir par lui-même; mais il n'est pas permis de traîner ainsi des chapitres entiers, traitant souvent des choses les plus importantes. Celui qui veut écrire pour le peuple, ou bien en général se contenter d'écrire d'une façon « efficace », doit se cramponner à l'objet qu'il a une fois saisi et ne pas le lâcher avant d'avoir instruit et convaincu le lecteur ou d'en avoir fait son adversaire. Moleschott s'entend à écrire de cette façon, il l'a prouvé dans d'autres occasions et nous espérons qu'il le prouvera encore bien souvent.

VI

L'IMMORTALITÉ DE LA FORCE

(1857)

Les grandes vérités scientifiques se reconnaissent généralement à deux espèces de signes. Premièrement à leur simplicité, en second lieu à l'époque relativement tardive de leur découverte, ce qui alors excite d'ordinaire l'étonnement général de ce qu'on ne les ait pas découvertes plus tôt. C'est ce qui a eu lieu à propos d'une des vérités les plus grandes et les plus importantes que l'observation plus récente de la nature ait mises au jour ; nous voulons parler de ce que l'on appelle l' « immortalité de la matière » et la même chose nous paraît devoir arriver à une autre vérité, destinée à prendre place à côté d'elle comme un pendant d'égale valeur, ou pour mieux dire, comme son complément, c'est-à-dire à l' « immortalité de la force ». Reconnaissons une fois pour toutes qu'il peut à peine y avoir une chose plus simple et même une chose qui s'entende davantage d'elle-même ; et cependant ce n'est que de nos jours que les physiciens y ont été rendus attentifs. Elle est tellement naturelle que chacun peut la voir, et que la plus simple réflexion sur le rapport de cause et effet doit la faire surgir dans ses traits les plus larges. La logique et l'expérience de tous les jours nous apprennent qu'aucun mouvement ou changement naturel, ainsi aucune manifestation de force ne peut avoir lieu sans avoir pour conséquence une chaîne sans fin de mouvements ou de changements, ainsi de manifestations de force, vu que chaque effet doit devenir immédiatement la cause d'un effet consécutif et que cela continue ainsi jusqu'à l'infini. L'état de repos de quelque espèce qu'il puisse être, est inconnu à la nature ; l'existence tout entière de celle-ci est une circulation sans le moindre repos, dans laquelle chaque mouvement issu d'un mouvement antérieur devient immédiatement la cause d'un mouvement consécutif et équivalent, de telle sorte que nulle part il ne peut se produire une interruption, nulle part une perte, mais aussi nulle part un gain. Aucun mouvement dans la nature ne sort de « rien », aucun mouvement ne passe au « néant », et de même que dans le monde matériel chaque individualité ne peut réaliser son existence qu'en puisant à une provision de matière immense, mais restant éternellement la même, quant à la quantité, de même chaque mouvement puise l'origine de son existence à une provision de force incommensurable, éternellement égale ; la quantité de force qu'il a empruntée à cette provision, il la rend à la masse tôt ou tard, d'une façon quelconque et cela non pas simplement en général, mais d'après les principes tout spéciaux de l'équivalence et de l'équilibre. Un phénomène de mouvement peut devenir « latent », c'est-à-dire passer momentanément à un état apparent d'obscurité ; mais il n'est pas perdu pour cela ; il n'a fait que passer à des états de force autres, différents au point de vue de la qualité, mais néanmoins équivalents, dont il sortira de nouveau plus tard sous une forme quelconque. Le frottement peut passer à l'état de chaleur, de lumière, d'électricité, s'arrêter dans cet état et en ressortir plus tard de nouveau comme frottement ou bien sous une autre forme quelconque de mouvement. Si l'on frotte l'un contre l'autre deux morceaux de bois, on produit de la chaleur. Par contre, si l'on chauffe une machine à vapeur, on produit d'une manière inverse du frottement et du mouvement par la chaleur ; on a, pour se servir de l'expression scientifique, « converti » la chaleur en mouvement, et l'on peut dire : La chaleur n'est pas autre chose qu'une forme du mouvement, ou bien : Le mouvement n'est pas autre chose qu'une forme de la chaleur. La pesanteur aussi se convertit en mouvement, comme on peut l'observer sur chaque pendule, et elle est liée intimement à ce qu'on nomme la force centrifuge, la cause de l'exemple de mouvement le plus grandiose que nous connaissions, du mouvement des corps célestes. Il semblerait, d'après cela, qu'il n'existe qu'une seule « force primordiale » éternelle, et que les forces isolées de la nature que nous connaissons sont seulement des manifestations diverses ou des états différents de cette force primordiale, dont elles émanent tantôt sous une forme, tantôt sous une autre, mais toujours équivalentes, pour y retourner plus tard. Qu'il en soit ainsi ou non, les quelques exemples que nous venons de citer suffisent déjà pour prouver qu'il existe entre toutes les forces de la nature un rapport et un lien qui méritent la plus haute attention des physiciens et des philosophes. Aussi les efforts des premiers se sont-ils en réalité de plus en plus dirigés vers cet objet dans les dernières années. Nous citerons comme exemples : les travaux de Helmholtz (*Ueber die Wechselwirkung der Naturkräfte : Sur l'action réciproque des forces de la nature*), de Grove (*The correlation of physical forces : La corrélation des forces physiques*), de Faraday (*On the conservation of force : Sur la conservation de la force*), de Baumgartner à Vienne et d'autres. Tous traitent des remarquables rapports de réciprocité qui lient entre elles les diverses forces de la nature, de leurs transformations et conversions réciproques, de leurs représentations équivalentes et ils s'efforcent tous d'établir une loi qu'on pourrait le mieux appeler, ainsi que nous le justifierons plus tard , « l'immortalité de la force ». Dans un opuscule tout récent intitulé : *Die neuere Naturwissenschaft : Les nouvelles sciences naturelles*, A. Helfferich remarque qu'aujourd'hui presque tous les physiciens admettent que la force n'est pas autre chose qu'une certaine espèce de travail; il rend attentif au rapport réciproque des forces de la nature entre elles, dans lequel la « chaleur » joue un rôle prépondérant, et il arrive ainsi à ce qu'il appelle l' « unité de la force ». L'auteur lui-même reçut ces jours derniers une lettre digne de reconnaissance de la part d'un homme qui possède un certain renom scientifique et qui, familiarisé avec les travaux de chimie et de physique, devrait être particulièrement capable de prononcer un jugement sur cet intéressant objet. Nous croyons rendre un service à vos lecteurs en leur communiquant ce que nous avons trouvé de plus intéressant dans ce petit travail, et cela d'autant mieux que précisément dans les derniers temps leur attention a été à différentes reprises attirée sur cet objet par l'un de vos honorés collaborateurs. L'article que monsieur le conseiller médical Mohr (actuellement professeur à Bonn) a eu la bonté de nous envoyer est long et contient des preuves et des éclaircissements sur une quantité de faits; mais nous en extrairons seulement ce qui peut servir à éclaircir notre thèse, et nous chercherons, en le traitant d'une façon populaire, à le rendre accessible à l'intelligence de tout le monde.

On ne peut pas plus produire qu'anéantir la « matière », et il en est absolument de même de la « force ». La force est en quantité infinie liée à la masse infinie de la matière ou des corps, et c'est par cette dernière qu'elle arrive à se manifester. Il faut admettre comme un fait d'expérience absolument établi qu'il n'existe pas un seul cas où une force ait été « produite » ou « détruite ». « Dans tous les cas où des forces arrivent à se manifester, on peut les ramener à leurs sources; c'est-à-dire, on peut montrer de quelles autres forces ou manifestations de forces une quantité déterminée de force a tiré son origine soit directement soit par transmutation. La forme la plus ordinaire sous laquelle se manifeste une force, c'est : « la lumière et la chaleur des corps célestes centraux ». Toutes les forces qui arrivent sur la terre peuvent être considérées comme dérivant du « soleil ». L'eau qui coule, le vent qui souffle, la chaleur du corps animal, la combustibilité du bois, de la houille, etc., peuvent être rapportés au soleil, sans aller plus loin. La « fraîcheur de la forêt » est due à ce qu'en se transformant la chaleur du soleil subit une différence chimique ; et, en brûlant le bois ou la houille dans lesquels le principe du soleil se trouve déposé, on peut de nouveau reproduire toute la quantité de la chaleur solaire qui un jour avait disparu. Nous trouvons en même temps dans cette transformation un moyen qui nous permet de transformer une chaleur modérée en une chaleur plus intense. Tandis que le rayon de soleil n'indique que 30° au thermomètre, on peut, en brûlant le charbon que ce même rayon avait produit, donner lieu à une chaleur de rouge blanc. Par contre, la chaleur produite « diminue » aussi d'intensité par sa transmission à des masses corporelles plus volumineuses ; mais la quantité de cette chaleur reste, malgré cela, toujours la même et ne change pas. Elle arrive par rayonnement de la terre à l'espace froid de l'univers, après s'être manifestée passagèrement sur cette terre; elle retourne ainsi dans le grand océan du monde et de la chaleur, jusqu'à ce qu'arrêtée, retenue par un corps privé de chaleur, elle se manifeste de nouveau comme chaleur sensible ou force mécanique ; mais, jamais par cette voie il ne peut se perdre quelque chose d'elle. Le rayon de chaleur isolé est-il absorbé par un soleil? il augmentera la quantité et l'intensité de sa masse calorifique jusqu'à ce qu'il soit de nouveau renvoyé par lui dans l'espace et destiné, de cette manière, à adopter d'autres formes quelconques, ou à se transformer en d'autres forces ou d'autres états. Ainsi, par exemple, la cohésion et les propriétés chimiques du fer métallique qui a été réduit de « l'oxyde de fer » par la force du « charbon » ne sont pas autre chose que les derniers effets de la chaleur arrivée du soleil par rayonnement ; car le charbon ayant été un jour, par le moyen de la vie végétative, détaché de l'acide carbonique par la lumière et la chaleur, toutes les propriétés du fer et de l'acier que l'on a mis sous les yeux au moyen du charbon doivent de nouveau, en dernière instance, dériver de la force élémentaire, primitive du soleil. Plus il y a de cohésion dans le corps que l'on a ainsi représenté, plus il a fallu aussi de chaleur pour le représenter, et dans les phénomènes qui ont ainsi eu lieu, la cause et l'effet se tiennent dans un équilibre parfait réciproque. La force qui précipite en avant la « locomotive » est une goutte de la chaleur solaire convertie en travail par une machine, absolument comme le travail qui crée des pensées dans le cerveau du penseur ou qui fabrique des clous avec les bras du forgeron.

Ceci nous amène à ce que l'on appelle la « transformation » ou « conversion des forces » (Umsetzen der Kräfte), qui a lieu d'une manière absolument analogue à celle dont on reproduit chimiquement les substances élémentaires, d'après des « équivalences » ou des nombres s'équilibrant, et il nous faut tout d'abord chercher à avoir une idée nette et précise de la manière dont il faut se représenter la transformation d'une force dans une autre.

Le premier et le plus élevé des principes fondamentaux de Newton appliqués à sa construction de l'univers, c'est qu'une force mécanique une fois existante ne peut jamais cesser d'agir, et qu'un corps céleste mis en mouvement doit rester éternellement en mouvement avec la force de l'impulsion qu'il a reçue, à moins, bien entendu, qu'il ne soit arrêté dans ce mouvement par d'autres forces plus puissantes. Nous ne connaissons qu' « un seul » exemple d'un pareil mouvement sans arrêt dans la nature, c'est le « mouvement des planètes », parce qu'ici n'existent pas les obstacles au mouvement qui, sur la terre, finissent par conduire chaque mouvement au repos. Cependant, sur la terre nous sommes aussi en mesure de nous rapprocher de ce qu'affirme cette loi, et cela d'autant plus que nous réussissons à lever ces obstacles qui s'opposent au mouvement. Un pendule suspendu très librement avec le plus petit frottement possible au point d'appui oscille pendant vingt-quatre à trente heures à la suite d'une seule impulsion ; une toupie de Busoll du poids de cinq livres tourne pendant toute une heure sur une surface unie d'agate ; une pierre jetée sur de la glace unie parcourt une distance vingt fois plus grande que celle à laquelle pourrait la lancer à travers l'air l'homme le plus vigoureux. Or, la force mécanique communiquée au pendule, à la toupie ou à la pierre, lorsque tous les trois sont arrivés au repos, n'est pas perdue comme on serait tenté de le croire d'après les apparences ; mais elle continue d'exister plus loin, seulement sous une autre forme ou dans d'autres combinaisons. Une partie de cette force a passé à d'autres corps mobiles, par exemple, à l'air ; une autre partie a été transformée, convertie en « chaleur » par le frottement, et une troisième partie enfin a été employée à annuler (« Abnützung ») la cohésion. Il résulte de là que sur notre terre chaque mouvement doit finalement cesser, si on ne lui communique pas une nouvelle force, puisque nous ne sommes pas en mesure de l'affranchir de ces obstacles naturels ; et l'on peut également reconnaître par là combien est insensée la croyance au mouvement perpétuel, au « perpetuum mobile ». Aucune force ou aucun mouvement ne peut se produire spontanément ; ce n'est toujours que la suite ou conséquence d'une impulsion reçue antérieurement, de même que cette force ou ce mouvement de son côté fournit une impulsion qui agit à l'infini pour des manifestations de force ou des phénomènes de mouvement consécutifs.

Si nous considérons de plus près la force avec laquelle nous soulevons d'un trait avec la main le poids d'une pendule, nous trouverons dans cet exemple ce qu'on appelle un « mouvement en masse », dans lequel toutes les molécules du corps pesant marchent en avant parallèlement à la position qu'elles occupaient primitivement dans l'espace. La force employée est calculée par la grandeur du poids et la hauteur de l'espace parcouru. Or, cette même quantité de force mécanique communiquée se trouve transformée ou « convertie » en mouvements plus petits et innombrables par la marche de la pendule. Une partie de cette force s'échappe dans l'air pour produire le son par le tic-tac de l'échappement ; une autre est transmise par le mouvement des rouages de la pendule à l'air environnant à l'état de repos ; une troisième partie enfin est employée à vaincre ou à annuler la cohésion. Mais tous ces petits effets, si on les ajoute les uns aux autres, forment une somme absolument égale à la quantité de force qui avait été employée pour monter la pendule.

Pour choisir un autre exemple nous pouvons poser cette question : Qu'est-ce que devient la force mise en mouvement lorsque deux corps élastiques ou non élastiques s'entre-choquent? Représentons-nous deux billes « élastiques », également pesantes, par exemple deux billes de billard, qui roulent directement l'une vers l'autre avec une vitesse donnée ; toutes deux rétrograderont après le choc avec une vitesse qu'elles auront échangée, absolument comme si elles s'étaient réciproquement traversées. Il est clair ici que la somme du mouvement, « après » le choc, sera la même qu'immédiatement avant ce choc. On ne remarquera, dans ce cas, aucune empreinte aux billes et pas d'échauffement des parties qui se seront trouvées en contact. Si au contraire ce sont deux billes « non élastiques » qui courent directement l'une contre l'autre, par exemple, deux billes en « plomb », elles s'arrêteront toutes les deux et resteront en place après le choc, « mais elles auront reçu une empreinte et seront devenues chaudes ». Cette empreinte équivaut à une augmentation de cohésion et à une partie de la force qui a été dépensée lors de l'entre-choquement. Le plomb condensé possède un plus grand poids ; il exige une force plus considérable pour être séparé mécaniquement et plus de calorique pour être fondu que le plomb non condensé, et la force mécanique a seulement adopté une autre forme, ici une cohésion plus grande ; mais elle n'a pas disparu. La portion de cette force qui n'a pas été dépensée pour l'augmentation de la cohésion s'est transformée en chaleur. S'il y avait des cas dans lesquels des forces peuvent être détruites, et pas de cas dans lesquels de nouvelles forces puissent être produites, il faudrait que l'univers arrivât peu à peu à l'état de repos, puisque la provision de forces une fois existante pourrait bien « subir une diminution, mais non être augmentée ». Dans le cas contraire, la lumière, la chaleur et le mouvement devraient augmenter continuellement. Mais aucun de ces cas n'existe dans la réalité ; au contraire, la somme de forces, une fois existante, reste invariablement la même, et il n'y a que les formes sous lesquelles elle apparaît qui soient variables.

Mais la force n'est pas seulement « immortelle », elle est aussi « unitaire » (einheitlich). Chaque force peut être transformée en une autre, et l'on peut également la faire rétrograder par la même voie. L'étude des transformations des forces s'appelle tout bonnement la « physique ». Un appareil de physique est un mécanisme à l'aide duquel on transforme des forces en d'autres forces. Il est certain qu'on est encore bien loin de connaître ou d'avoir découvert « toutes » ces transformations, « tous » ces passages ou « toutes » ces transitions; mais cependant on en connaît déjà beaucoup. Dans la « machine électrique », par exemple, la force mécanique du bras produite par la différence chimique dans l'acte respiratoire, et dérivant de la lumière et de la chaleur du soleil, est convertie en attraction électrique, en courant, en combustion, en cohésion annulée. Dans la « pile voltaïque, » la différence chimique (l'affinité du zinc pour l'oxygène de l'eau) passe à l'état de courant électrique, de chaleur, de lumière, de force productive (télégraphe électrique). Dans ce cas, l'effet produit est toujours « équivalent » à la quantité de zinc dissoute par le galvanisme ou à d'autres affinités saturées. Il résulte également de ce que nous avons exposé qu'il n'est plus possible d'admettre la « théorie du contact électrique » ou de « l'attouchement électrique ». Si le « contact » ou l'attouchement était la « cause » et non pas seulement la « condition » de la production d'électricité, l'électricité produite ne devrait son origine à aucune force et serait ainsi, en d'autres termes, née de « rien », car le contact n'est pas une force; ce n'est pas autre chose qu'un rapport relatif à l'espace. Une force née de rien est tout aussi contraire aux lois de la pensée qu'à l'expérience. La « theorie du contact » fait dériver deux effets de « rien », l'effet mécanique et l'effet chimique de la pile; par contre, la « théorie chimique » qui ramène tous les effets électriques à une différence chimique compensée explique tous les phénomènes de la pile de la façon la plus précise. Elle annonce d'avance la direction et la force du courant lors de chaque combinaison et nous apprend à connaître de prime abord les corps que nous pouvons produire à l'aide de courants électriques énergiques. Si le contact était la cause du développement de l'électricité, ce contact devrait, au moment où se produit l'électricité, s'affaiblir et cesser finalement, car il est impossible qu'un effet se produise et que cependant la cause continue à subsister sans avoir subi de modification; mais, comme ceci n'a pas lieu, le contact ne peut pas non plus être la cause du développement de l'électricité. On ne peut pas, en général, obtenir « l'électricité » de rien, et l'électricité est toujours équivalente à la cause qui l'a produite : c'est ce que démontre de la façon la plus évidente la comparaison de trois piles voltaïques qui avec un développement égal d'électricité sont destinées à produire des effets dissemblables. Prenons trois batteries de zinc ordinaires, de puissance égale, de volume égal et également remplies; réglons-les à l'aide de rhéostats et de galvanomètres, pendant qu'elles sont en activité, de manière à ce qu'elles produisent un courant d'égale puissance. Fermons maintenant le circuit de la première batterie A avec un fil de platine; faisons tourner un appareil de rotation de Stöhrer au moyen de la deuxième batterie B; fermons le circuit de la troisième C par un appareil destiné à la décomposition de l'eau; voici ce que l'on observera : le fil de A s'échauffera ou arrivera à une température rouge, tandis que les fils de B et de C resteront froids. Par contre, B produira une force de travail qui, utilisée par le frottement pour produire de la chaleur, fournira une quantité de chaleur égale à celle qui s'écoule du fil de A. Enfin le gaz détonant produit par C donnera, si on l'enflamme, absolument autant de chaleur que A en a produit directement et B par frottement. Enfin chaque batterie, prise isolément, produira exactement autant de calorique, A sous forme de chaleur, B sous forme de force de travail, C sous forme de différence chimique (gaz détonant), qu'il s'en serait produit, si l'on avait brûlé directement dans de l'oxygène la quantité de zinc transformée en oxyde dans la batterie, en supposant toujours, comme nous l'avons dit, qu'il y ait égalité de courant dans toutes les batteries. Il est parfaitement clair, d'après cela, que l'on n'obtient aucune électricité pour rien, et que, si on l'emploie sous une forme pour un effet déterminé, elle fait défaut sous une autre forme, ou bien que, pour nous exprimer d'une façon générale, l'effet et la cause sont éternellement équivalents l'un vis-à-vis de l'autre. Et comment pourrait-il en être autrement? Admettons que, dans la machine à vapeur, la combustion de la houille soit la cause productrice de la chaleur et de la force, comment pourrait-il en être autrement avec la machine électrique, où il se produit également de la force, de la chaleur et de la lumière? Une affinité chimique se convertit en force de travail, si ce n'est directement, au moins par des intermédiaires : ainsi dans la machine à vapeur par l'intermédiaire de la chaleur, dans la machine électrique au moyen de l'électricité. La manière dont a eu lieu cette transmission ou transposition de la force est tout à fait indifférente, et il importe peu qu'une force mécanique dérive de l'oxydation du zinc ou du charbon, ou de la chute du Niagara, ou d'un moulin à vent, ou du bras d'un homme ; elle est et reste toujours seulement une dérivation de la provision de forces existant dans l'univers et ne peut pas être produite de nouveau.

Nous trouvons l'exemple le plus frappant de ce qu'on appelle la conversion des forces dans les rapports réciproques existant entre le « travail » et la « chaleur ». Si, par le moyen d'une chute d'eau, nous mettons en mouvement une roue qui fait tourner un axe massif en bois dans un cône métallique creux fortement appliqué, la force de travail se convertira en chaleur par le frottement, et avec une chute d'eau (ou un courant, ou un moulin à vent), on peut « chauffer une chambre ». Lorsque, dans une machine à vapeur, nous brûlons du charbon (ou de la houille), nous convertissons une différence chimique en chaleur, et une partie de cette chaleur est convertie par la machine en force de travail. Une grande partie de la chaleur produite s'échappe avec les vapeurs et se trouve ainsi perdue pour l'effet de la machine. La force de travail de la machine à vapeur, convertie en chaleur par le frottement, « augmentée de » la chaleur qui s'est échappée, est « égale » à la chaleur fournie par la combustion du charbon, et la quantité de chaleur de la machine à frottement citée plus haut est « égale » à la chaleur solaire qui a vaporisé et dissipé l'eau chauffée en vue de produire la force, et aussi « égale » au calorique de combustion qui dans la machine à vapeur a fourni autant de force de travail qu'il en fallait pour produire par le frottement une quantité égale de chaleur. On réussit rarement à convertir, dans un but déterminé, toute la quantité d'une force en une autre, parce que le plus ordinairement une grande quantité de cette force se perd dans d'autres directions, c'est-à-dire se perd pour le but que l'on avait spécialement en vue; mais elle n'est pas perdue pour l'univers. Ainsi, dans une arme à feu, par exemple, une différence chimique qui se trouve sous forme de salpêtre, soufre et charbon réunis ensemble, est convertie en travail par l'intervention de la chaleur. Il s'agit ici de convertir en travail toute la chaleur développée à chaque coup, qui peut se produire par la combinaison du charbon avec l'oxygène pour former de l'acide carbonique et du potassium avec le soufre pour former du sulfure de potassium, moins le calorique de combinaison de l'azote et du potassium, nécessaire à la formation de l'acide nitrique et de la potasse. Mais une partie de cette chaleur est dépensée pour échauffer le canon du fusil, et une autre partie se perd dans l'air sous forme de « son ».

Un des plus beaux cas de remplacement des forces par compensation équivalente a été découvert récemment par Foucault. Si l'on fait tourner un disque métallique autour d'un axe central, on n'a à vaincre que le frottement de l'axe et la résistance de l'air. Mais, si l'on pose tout à coup au-dessus du disque de cuivre en rotation le pôle d'un aimant ou d'un électro-aimant puissant, le disque deviendra brûlant, et l'on constatera en même temps une augmentation considérable de la résistance du disque, dont la rotation sera alors bien plus difficile à effectuer. On sait que, dans un conducteur qui se trouve à proximité d'un aimant, il se produit un courant électrique perpendiculaire à la direction du mouvement. Puisque dans le disque mis dans un mouvement de rotation rapide ces courants électriques se reproduisent toujours de nouveau, il faut que le disque s'échauffe et même, dans certaines conditions, devienne brûlant. Mais l'apparition de cette nouvelle force doit dériver d'une autre force, et l'expérimentateur remarque de suite que c'est son bras qui fournit cette nouvelle force, puisqu'il éprouve beaucoup plus de peine qu'auparavant à tourner le disque. Dès que l'on éloigne l'aimant, le disque redevient froid, et il continue à tourner avec la plus grande légèreté. Ici, la force mécanique du bras a été convertie en électricité au moyen du magnétisme, et cette électricité convertie en chaleur par la résistance du conducteur. Nous avons, dans ce cas, l'expérience renversée d'Arago : si l'aiguille magnétique suspendue suit le disque en rotation, ce dernier restera froid, et, dès que l'on fixe l'aiguille, le disque devra s'échauffer.

Pour produire de la « lumière », nous avons besoin d'une production constante de chaleur que nous obtenons par la compensation d'une différence chimique. Nous pouvons retenir la chaleur au moyen de mauvais conducteurs, mais la lumière qui n'a pas de conducteur, non. On peut se demander maintenant ce qu'est devenue la lumière lorsque la lampe s'est éteinte? Eh bien, elle est contenue, sous forme de chaleur, dans les parois de la chambre qui vient d'être éclairée.

Telle est la substance du travail de M. Mohr! Tout ce qu'il avance ou présente peut se résumer dans cet axiome : « La force ne peut être ni créée ni détruite », axiome qui fournit à notre réflexion une base fondamentale aussi large et aussi sûre que cet autre axiome de l'immortalité de la matière que depuis longtemps l'on ne discute plus. Si cet axiome venait à être confirmé dans toutes les directions par les recherches continues des physiciens, ce dont nous ne pouvons guère douter, nous aurons gagné une expression scientifique bien définie pour une vérité naturelle, dont la connaissance promet un bénéfice égal à la physique et à la philosophie et qui jettera une lumière tout à fait inattendue sur une quantité de phénomènes jusqu'ici plus ou moins obscurs. Sans doute il existe dans la nature beaucoup d'exemples qui semblent prouver d'une façon indubitable, à l'intelligence du laïque, qu'une force est née de « rien » ou a passé dans le « néant » ; mais ceci n'est qu'« apparent », parce que pour l'œil non exercé scientifiquement la « transformation » de la force présente une grande analogie avec la « création » de la force. Un examen plus exact montrerait chaque fois de la façon la plus certaine que dans aucun phénomène naturel il ne s'est perdu un atome de force ou de mouvement, mais qu'il existe une chaîne sans interruption et sans fin de transformations qui se commandent les unes les autres. Lorsqu'une pierre tombe sur le sol, elle n'a pas, comme on pourrait le croire, perdu sa force motrice ; celle-ci n'est pas restée inefficace par son contact avec le sol ; elle n'a pas passé à l'état de néant ; seulement deux corps d'inégal volume, la pierre et la terre, ont été poussés l'un contre l'autre, et naturellement le mouvement de cette dernière, c'est-à-dire d'une masse colossale en comparaison du volume de la pierre, est tout à fait imperceptible à nos sens; la rencontre de ces deux corps doit produire des effets pareils à ceux que notre autorité, M. Mohr, a cités dans ses exemples. Ainsi, il ne s'est rien perdu de la force ni du mouvement de la pierre, puisqu'elle a arrêté ou retenu la terre dans son mouvement, de même qu'elle a été elle-même arrêtée ou retenue par celle-ci dans son propre mouvement.

Or, cette loi de l'indestructibilité de la force a reçu jusqu'à présent des noms bien différents. Faraday, dans son discours mentionné plus haut et prononcé à l'Institut royal de Londres, le 27 février de cette année, l'appelle la « conservation de la force » (the conservation of force), une expression que votre rapporteur traduit par « Erhaltung der Kraft ». Helmholtz aussi l'appelle précisément « principe de la conservation de la force » (« Princip der Erhaltung der Kraft »). Un autre traducteur, dans « l'Ausland », 1857, n° 16, traduit par « inviolabilité de la force » (« Unversehrbarkeit der Kraft »). D'autres l'appellent « équivalence des forces » (« Æquivalenz der Kräfte »), « équilibre de tous les mouvements » (« Gleichgewicht aller Bewegungen »), « unité de la force » (« Einheit der Kraft »), etc. Nous avons donné la préférence à l'expression de « immortalité de la force » (« Unsterblichkeit der Kraft »), parce que d'abord elle nous paraît désigner le plus exactement la nature essentielle de la chose, parce qu'ensuite elle forme la corrélation qui s'adapte le mieux à ce que l'on s'est généralement habitué à désigner sous le nom de « immortalité de la matière », et parce qu'enfin elle se recommande par ceci : c'est qu'elle fait pénétrer du regard non seulement l'importance physique, mais aussi immédiatement l'importance philosophique de cette nouvelle vérité naturelle. L'immortalité de la force indique, de la même manière que la permanence de la matière, un enchaînement sans fin et sans commencement de causes et d'effets, l'éternité, l'infinité et l'immortalité non pas, sans doute, des unités prise isolément ou des individualités, mais de la grande masse ou de tout l'ensemble. Plus les sciences naturelles avancent dans leurs recherches, plus elles apprennent à reconnaître que rien ne se produit et que rien ne disparaît, mais bien que tout réside dans un cercle éternel qui se porte lui-même, dans lequel tout commencement devient une fin, mais aussi toute fin l'origine d'un nouveau commencement.

VII

FRANTZ CONTRE SCHLEIDEN

(1857)

M. le professeur Schleiden à Iéna doit consentir à ce que son nom soit de temps à autre livré à la publicité à propos de choses qui lui sont très peu familières. C'est ainsi que tout récemment l'auteur du *Zendavesta* ou *Des choses de l'autre monde* a découvert un pareil rapprochement entre lui et la « lune », et en a fait le sujet d'un livre particulier, intitulé : *Le professeur Schleiden et la lune*. Quelque éloigné que puisse être ce rapport, il peut cependant à peine l'être plus que le rapport découvert par M. A. Frantz (« Doctor der Philosophie, Superintendant und Oberpfarrer zu St-Jacobi in Sangerhausen »), entre M. Schleiden et les « prétentions des sciences naturelles exactes », et qui le provoque à persécuter, à l'aide de ses terribles « commentaires polémiques », M. Schleiden, qu'il traite comme un champion du matérialisme (voyez : Dr A. Frantz, *Die Prätentionen der exacten Naturwissenschaft, beleuchtet und mit polemischen Glossen wider Herrn Professor D^r. Schleiden begleitet*, Nordhausen, 1857 ; Dr A. Frantz : *Les prétentions des sciences naturelles exactes, éclairées et accompagnées de commentaires polémiques contre M. le professeur Dr Schleiden*, Nordhausen, 1857). Pauvre Schleiden ! victime injustement persécutée ! Faut-il que je me sois absolument et complètement trompé ? ou bien n'es-tu pas, dans les « Livraisons mensuelles illustrées » de Westermann (« illustrirte Monatsheften »), audacieusement, et sans égard, entré en campagne contre les matérialistes avec leurs preuves « dignes d'élèves de troisième » ? N'as-tu pas montré que, pour prouver l'exactitude de leurs thèses, les matérialistes ont absolument tort de s'en rapporter aux résultats fournis par l'observation de la nature, et que cette dernière, sans doute, s'occupe de « corps », mais qu'elle n'a jamais rien à faire avec « l'esprit » ? « Oh! ne secoue pas contre moi tes boucles de cheveux sanglantes » ; c'est ainsi que tu peux, avec Macbeth, crier à ton terrible adversaire : « Tu ne peux pas dire que c'est moi qui l'ai fait »! Sans doute, cela ne te servira pas à grand'chose. Aux yeux des « Justes », tu ne vaux pas mieux que le plus inférieur des êtres enfouis dans le bourbier du matérialisme, et tu seras placé avec eux, horreur des horreurs! sur « un même gril » dans le feu éternel!

Mais de quoi s'agit-il en définitive ? se demanderont nos lecteurs, et qu'est-ce que M. Frantz a à reprocher à Schleiden? Eh bien, c'est une chose excessivement simple. Lorsque l'année dernière M. Westermann, à Brunswick, eut l'idée d'élever de plus en plus le niveau de l'intelligence en Allemagne, au moyen de ses « Livraisons mensuelles illustrées » (illustrirte Monatsheften), M. Schleiden, qui féconde avec ses idées tant de domaines scientifiques, n'hésita pas à communiquer dans ces feuilles son opinion sur la question brûlante du jour, sur le « matérialisme », et, au nom de ce qu'il appelle l'observation de la nature « orthodoxe », à rejeter sur leur propre terrain les assauts des philosophes et des théologiens d'un côté, de l'autre ceux des matérialistes. Dans cette campagne, il a fait la découverte remarquable, bien que formant un contraste avec toutes les expériences du temps présent, que les sciences naturelles n'ont absolument rien à faire avec les objets de la philosophie et de l'esprit, et qu'elles doivent s'occuper exclusivement du monde matériel!! « Tous ces terrains, dit-il textuellement dans un passage, se meuvent dans la vie de l'esprit humain, ET A CECI LES SCIENCES NATURELLES NE TOUCHENT PAS! » — « Oui vraiment, cela est réellement ainsi, il l'a écrit », et celui qui ne veut pas le croire, peut le lire lui-même à la page 42, dans la livraison d'octobre de l'année 1856; après avoir lu ce passage, il pourra hardiment fermer le livre, car le reste ne se compose que de variations sur ce thème unique, entremêlées des attaques les plus hargneuses, tantôt contre les philosophes, tantôt contre les matérialistes, tantôt contre tous et contre tout. « Bavardages de maisons de fous », « impuissance absolue »,

« ignorance brutale », ces expressions et d'autres analogues sont chez M. Schleiden aussi familières que l'est, chez d'autres écrivains moins haut placés que lui, l'emploi de l'article ou du petit mot « et »; trois personnes seulement sortent intactes. sans être atteintes par cette condamnation générale : Newton, Kant et Schleiden. S'il est possible, selon un vieux proverbe, que « la sagesse peut être avalée avec des cuillers », nous sommes certains que M. Schleiden a dû se trouver placé dans ce cas très agréable. Sa sagesse est tellement incommensurable que rien ne peut subsister en dehors d'elle et que l'époque où il vit ainsi que ses courants spirituels trouveront en lui non seulement un précepteur instruit, mais aussi un précepteur armé de férule.

Mais nous en avons assez provisoirement avec M. Schleiden et son article! Il n'est pas assez important pour qu'on en parle longuement, et le point de vue fondamental exposé dans ce livre est tellement en contradiction avec tout ce qui actuellement excite si vivement l'intérêt des contemporains qu'il doit paraître superflu de le réfuter au point de vue des sciences naturelles libres ou non « orthodoxes ». Il semble aussi que, précisément dans les cercles que ce livre concernait le plus spécialement, il a été le moins pris en considération, tandis que, chose remarquable, précisément là où il aurait dû recevoir l'accueil le plus chaleureux, il a provoqué le mécontentement le plus vif. Si en effet M. Schleiden avait raison, tout le mouvement se trouvait arrêté net, et le mysticisme, régnant en maître sur les terrains des sciences spirituelles, n'avait désormais plus rien à craindre des sciences naturelles ni de leur influence émancipatrice sur la culture générale. Mais le point de vue de M. Schleiden est tellement inadmissible, qu'il ne parvient pas à obtenir un accueil favorable, même de la part de ceux auxquels il devrait cependant procurer un si grand plaisir et qui considèrent ses concessions comme beaucoup trop faibles pour « leurs » désirs. Eux aussi, ils maintiennent, contradictoirement avec le naturaliste. le lien intime des sciences naturelles avec toute la vie spirituelle de l'humanité; eux aussi, ils veulent la lutte ou bien une soumission sans réserve de ces sciences vis-à-vis de l'autorité de la religion révélée. A « leurs » yeux, non seulement Schleiden, mais tout naturaliste qui travaille d'après les tendances modernes est un matérialiste, c'est-à-dire un homme qui élève des prétentions non justifiées, et dans « leur » opinion on ne peut pas réagir contre l'idolâtrie et le culte de Moloch du matérialisme au moyen de raisons puisées dans la logique ou dans les sciences naturelles, mais seulement par « une science religieuse et une vie religieuse », par la « sanctification du temps dans l'esprit du christianisme » et par l'assistance, encore à venir, d'un prophète Élie, « qui invoque le feu du Seigneur sur l'autel de ces railleurs actuels, afin de lui faire dévorer leurs holocaustes, leurs bois, leurs pierres, leur terre, et lécher l'eau jusque dans la fosse. » (1 Rois, XVIII, 38.) (Voy. Frantz, dans l'ouvrage cité, p. 7.).

« Bien rugi, lion ! » Ceci, au moins, on l'entend ! C'est là un point de vue pour lequel on peut avoir une certaine considération, car c'est surtout un point de vue, le point de vue de la foi solide et inébranlable dans la religion révélée et sa vérité éternelle, vis-à-vis de laquelle aucune science, aucune recherche de l'esprit humain ne peut s'élever, et à laquelle il faut se soumettre aveuglément. Bien que ce point de vue, considéré « scientifiquement », renferme un désaveu hardi et borné de tous les faits, même les plus prouvés, et de tous les principes fondamentaux des sciences exactes, notamment des sciences naturelles, on y trouve cependant, au moins du caractère, de la conviction, et cette honnêteté franche qui ne cherche pas à raccommoder quelque chose à l'observation de la nature en suivant les voies tortueuses de la théologie, mais reconnaît ouvertement les contradictions existantes et réclame une réforme complète de la science ennemie dans le sens de l'esprit religieux. Et comme M. Frantz, ainsi qu'on serait tenté de l'admettre, ne représente pas seulement sa personne et son opinion personnelle, mais encore un parti clérical nombreux et actuellement très influent en beaucoup de localités; comme il tire ses points de vue philosophiques — en tant qu'on peut les appeler philosophiques — non de lui-même, mais bien de la philosophie religieuse de Baader et de son école, actuellement très répandue; comme enfin tout son mémoire laisse partout tomber les traits de lumière les plus éclatants sur le rapport tant discuté de la théologie avec l'observation de la nature, il vaut bien la peine de reproduire les traits principaux de ses manières de voir, ne fût-ce que d'une façon générale et très concise. L'auteur va les communiquer aussi bien qu'il lui aura été possible de les rétablir à la suite d'une lecture rapide et plutôt superficielle.

car il ne pouvait trouver ni courage ni loisir pour arriver à faire « plus ».

Tout d'abord, M. Frantz proteste énergiquement contre toute séparation de la théologie et des sciences naturelles, et déclare que dans aucune circonstance la science religieuse ne pourra se décider à accepter la proposition d'arrangement de M. Schleiden. Les sciences naturelles mêmes, dit Frantz, seraient excessivement bornées, si elles permettaient qu'on rétrécisse leur domaine d'une façon pareille à celle qu'a tentée Schleiden ; elles doivent avoir un souci plus grand que le souci exclusif d'observer et de sonder le monde matériel, et elles se tiennent dans un rapport vivant avec toutes les sciences. Les attaques violentes de Schleiden contre ceux qui pensent autrement que lui ne sont que des signes de sa propre faiblesse ; et, lorsqu'il soutient que le « véritable » naturaliste n'est ni un partisan ni un adversaire du matérialisme, il exprime tout simplement une arrogance personnelle qui lui permet de se croire le fermier général de la science. La lutte engagée sur le matérialisme n'est pas aussi confuse et aussi ridicule que M. Schleiden le croit ; on y voit au contraire, face à face, des contradictions très prononcées et très importantes ainsi que des points de vue de principes opposés. Le matérialisme n'est pas le fruit de la science, mais le fruit de la répugnance contre l'esprit religieux, qui s'est emparée de notre époque corrompue sans participation volontaire de notre part. Toute notre existence actuelle a une tendance matérialiste qui est juste le contraire de l'esprit religieux ; et la lutte actuellement engagée contre le matérialisme est un nouveau réveil de cet esprit, une lutte entre le Christ et Bélial. On ne peut s'opposer à cet état de décadence de l'esprit religieux que par la religion elle-même ; elle constitue le lien unique qui rapproche entre elles toutes les sciences, et elles doivent toutes se tenir sous sa domination. En ce qui concerne les « sciences naturelles », ce sont elles qui ont le plus souffert sous cette décadence de l'esprit religieux, surtout la « physique », qui s'est dépouillée de son objet plus profondément religieux et a tout placé sous la domination des lois de la nature.

Mais la première et la plus injustifiable « prétention des sciences naturelles exactes » que la religion ait à rejeter, c'est l'assertion que les lois de la nature suffisent pour expliquer le monde matériel. « Prétention » est, de plus, tout ce que les sciences naturelles affirment aujourd'hui sur l'existence des atomes, sur l'indestructibilité de la matière, sur la validité des lois de la nature, sur la constitution du ciel, etc., etc. « La chimie ne comprend absolument rien de la matière et de la nature. Les substances qui fument se consument dans l'air et prouvent ainsi la destructibilité de la matière!! Dans les expériences chimiques, il se passe quelque chose de tout autre que dans la nature; la chimie est donc absolument dans l'impossibilité de prouver l'immortalité de la substance ou l'indestructibilité de la matière, qui n'est pas autre chose qu'une « fiction doctrinaire creuse ». « Ce qu'on appelle lois de la nature n'existe pas »; c'est un résultat de la pensée, mais rien de réel. Tout ce qui est accessible à nos sens n'a en général aucune véritable réalité; la seule chose qui possède une réalité d'existence immédiate, c'est « l'esprit ». La physique de Newton est fausse, de même qu'en général la manière mathématique d'envisager la nature est absolument erronée. Les mathématiques n'ont amené que la confusion dans la physique et ont enlevé à cette dernière son caractère personnel; elles ont transformé la profondeur mystique du ciel en un champ plat sur lequel elles déroulent la chaîne d'arpentage de leurs formules mathématiques, etc., etc.; en un mot, « toutes les sciences naturelles, dans leur ensemble, ont été entraînées dans les erreurs du matérialisme par la direction qui leur a été aujourd'hui imprimée; une malédiction est venue les frapper »! Ce qui actuellement s'appelle sciences naturelles exactes, basées sur les mathématiques, n'est pas autre chose que le matérialisme exact; tous les principes fondamentaux de ces sciences appelées exactes sont faux et doivent être rejetés. Le symbole unique des véritables sciences naturelles devra être désormais : « Je crois à Dieu le Père, le Créateur tout-puissant du ciel et de la terre. » Les sciences naturelles ont un rapport solidaire avec la religion, et les sciences naturelles religieuses sont les seules vraies et véritables, de même que désormais la philosophie aussi ne devra être qu'une philosophie « religieuse ». Jacob Böhme et Frantz Baader sont les coryphées de cette philosophie religieuse.

Son principal atout enfin, M. Frantz le joue dans un dernier chapitre dirigé contre les prétentions de « l'astronomie ». L'astronomie et la théologie se trouvent, d'après lui, séparées par une différence capitale qui ne peut être résolue d'après les principes des sciences naturelles modernes, et elles doivent cette situation au « système du monde de Copernic ». Tout ce système est faux, et, grâce à lui, l'astronomie moderne est devenue la véritable hôtellerie du matérialisme. C'est tout à fait, absolument contraire à la Bible que la terre ne soit qu'une étoile comme d'autres étoiles et qu'elle tourne avec elles autour du soleil ; et cette fausse doctrine provient tout simplement de ce que l'astronomie a été, par les mathématiques, corrompue et dépouillée de son spiritualisme. « La terre ne tourne pas comme une planète autour du soleil, elle est au contraire le centre et le but principal de l'univers ». Le vieux système appelé « système terrestre » est le seul vrai, et soutenir que les astres sont des corps célestes comme la terre, c'est admettre une des choses les plus insensées qui aient jamais existé. La terre est ferme ; c'est un corps opaque, tandis que les étoiles sont des lumières brillantes du ciel. Toute l'astronomie moderne repose sur un mécanisme sans esprit, et celui qui y croit est un matérialiste, de même qu'en général non seulement quelques naturalistes isolés, mais tous ceux qui suivent la direction nouvelle et absurde de l'observation de la nature ne sont pas autre chose que des matérialistes.

Telles sont, en résumé, les vues savantes de M. Frantz, « Doctor der Theologie, Superintendant und Oberpfarrer zu St-Jacobi in Sangerhausen, » vues puisées à l'école religioso-philosophique de MM. Baader, Hofmann, etc., qui sont considérés par leurs nombreux partisans comme de grands philosophes et des savants d'importance ! Tout commentaire est superflu et ne pourrait que nuire à l'effet drastique de ces expectorations sur le lecteur. On pourrait sans aucun doute y rattacher une série de considérations des plus intéressantes qui jetteraient une très vive lumière sur le rapport de la théologie avec l'observation de la nature, ainsi que sur les désirs et les espérances, mais aussi sur les craintes de la direction théologique et du parti clérical qui exercent aujourd'hui une telle prédominance. Nous dirons même plus, on pourrait peut-être montrer par là quelle tâche élevée et importante a été imposée, dans de pareilles conditions, précisément aux sciences naturelles, dans la lutte générale engagée contre l'ignorance et l'obscurcissement, et combien grand est le tort de ceux qui s'efforcent de vouloir couper court à une lutte semblable et de paralyser l'influence nécessaire que doit exercer sur la suite de notre développement spirituel une connaissance de la nature réglée par des principes scientifiques. Mais les opinions de M. Frantz sont exprimées si franchement et avec une telle absence d'arrière-pensée, elles se commentent tellement par elles-mêmes, que nous pouvons hardiment laisser à la réflexion de nos lecteurs le soin de faire toutes ces observations eux-mêmes. Quant à M. Schleiden et à ceux qui seraient peut-être tentés d'adopter sa manière de voir, ils n'ont qu'à prendre exemple à M. Frantz, et ils verront dans quelle situation fausse on se trouve forcément amené lorsqu'on soutient, comme M. Schleiden, des thèses contraires à sa propre science et à tout l'esprit de son temps. On peut bien plutôt dire, contrairement à ces thèses, qu'une des plus profondes divisions dont souffre notre époque actuelle, trouve sa source dans l'opposition radicale et irréconciliable existant entre la culture religieuse et la culture scientifique. C'est aussi l'opinion d'un écrivain plus récent, qui a envisagé précisément cette scission de la façon la plus exacte (*Mille voix d'une religion véritable contre l'Église : Tausend Stimmen wahrer Religion gegen die Kirche*, Gotha, 1860), et qui à ce sujet s'exprime ainsi : « Établir une unité entre l'étude de la nature et la culture religieuse et scientifique constitue une condition essentielle pour l'humanité et la civilisation de notre temps, et c'est l'absence de cette unité qui est la cause de toutes les directions anormales de l'esprit dans la science et la vie, la cause de toutes les divisions dans l'Église. Le rétablissement d'une unité organique entre les sciences naturelles et la culture religieuse et scientifique est, par conséquent, la tâche capitale imposée à l'humanité et à la civilisation de notre époque ».

VIII

TERRE ET ÉTERNITÉ

(1857)

(*Die natürliche Geschichte der Erde als kreisender Entwickelungsgang im Gegensatz zur naturwidrigen Geologie der Revolutionen und Katastrophen*. Von H. G. Volger, Frankfurt a. M., Meidinger John u. Comp.).

(*L'histoire naturelle de la terre présentée comme marche circulaire du développement en opposition avec la géologie contre nature des révolutions et des catastrophes*, par H. G. O. Volger, Francfort-sur-le-Mein, Meidinger fils et Comp.).

Rien dans le monde, — ainsi s'exprime Volger dans la préface de son remarquable livre, qui, destiné à mettre fin à la doctrine des révolutions géologiques, se propose même d'opérer une révolution dans la science et dans toutes nos conceptions actuelles sur le passé de la terre et de sa population, — rien dans le monde n'a de commencement ni de fin, bien qu'avec notre intelligence à courte vue nous ne puissions pas nous représenter quelque chose n'ayant ni commencement ni fin. Nous ne voyons pas la « nature », l' « essence », mais seulement l' « apparition » des choses, et nous croyons ainsi à une production et à une destruction, à une naissance et à une mort, alors cependant que la réalité ne connaît rien de tout cela, et qu'au contraire elle constitue une chaîne sans fin, circulaire, sans commencement, sans fin, unie, égale, et non troublée par tous les phénomènes qui se présentent à nos yeux comme un véritable kaléidoscope. Nulle part cette vérité ne se montre avec plus d'évidence ou de clarté que dans l'histoire de la terre, que du reste on appelle improprement une histoire de la terre, car elle n'est pas autre chose qu'une histoire de la « surface terrestre. »

Nous ne connaissons de la terre que la pellicule la plus extérieure, mais elle aussi nous permet de déchiffrer une histoire qui comprend des périodes de temps infinies, des « éternités ». Dans cette histoire, nous ne rencontrons nulle part des phénomènes différents de ceux qui s'accomplissent encore de nos jours, et « aucun des rapports accessibles à notre observation ne nous autorise à admettre que la chaîne des phénomènes qui se passent sur la surface de la terre ait jamais eu un commencement et trouve jamais une fin » (page 15).

Avant d'aborder son véritable thème, Volger commence par exposer la théorie bien connue de Laplace sur l'origine de notre système planétaire et par donner un tableau de la situation telle qu'elle était « avant » le commencement du monde qui nous entoure aujourd'hui. Cette théorie, dont la découverte est assez généralement attribuée au Français Laplace, a été émise déjà bien antérieurement par le philosophe allemand Kant dans son : « *Histoire naturelle générale du ciel* » (*Allgemeine Naturgeschichte des Himmels*, 1755); elle doit, à vrai dire, son origine aux philosophes « grecs » Leucippe, Démocrite et Épicure, qui déjà admettaient une « dispersion universelle, primordiale, de la matière première de la terre et de tous les corps célestes », et considéraient ces derniers comme ayant été produits « accidentellement » par des bouleversements semblables à des tourbillons. De même également sur la disposition des astres dans le ciel, telle que l'astronomie nous l'enseigne aujourd'hui, les Sages de la Grèce, notamment les « Pythagoriciens » possédaient les notions les plus exactes, jusqu'à ce que ces dernières fussent tombées dans l'oubli pendant le moyen-âge et sous l'influence du christianisme. La vérité ne put de nouveau se faire jour qu'avec Copernic (1543), Keppler et Newton, et cela malgré les persécutions incessantes que leurs idées eurent à supporter de la part de l'Église.

La théorie de Kant - Laplace est bien connue. La formation des corps célestes doit avoir eu pour cause un mouvement général de tourbillon produit par attraction et répulsion, et dirigé de l'ouest vers l'est dans la « nébuleuse du monde primitif » (« Urwelt-Nebel »). Volger admet comme possible que la « condensation » actuelle de la masse des corps célestes soit suivie un jour d'une nouvelle « dissolution » et « dispersion », et que dans cette masse dispersée il se passe des phénomènes égaux ou analogues à ceux qui ont eu lieu autrefois. Il existe réellement quelques observations astronomiques d'après lesquelles il est probable que les corps célestes et les systèmes de corps célestes sont soumis à une alternance de naissance, chute et formation nouvelle, absolument comme tous les êtres isolés de la nature, bien que dans l'intervalle de périodes de temps d'une durée incalculable et inaccessible à notre représentation. Ainsi nous rencontrons de nouveau ici cette loi universelle de la marche éternellement circulaire de la nature, dans laquelle rien ne subsiste comme individualité et où le tout, l'ensemble ou la matière éternelle est seule indestructible, invariable, sans commencement et sans fin ! Quelles analogies remarquables cette grande loi ne nous présente-t-elle pas dans tous les phénomènes de la nature que nous connaissons ainsi que dans ceux de la vie et de l'histoire, lorsque nous jetons un rapide regard sur les domaines de nos connaissances ! Ce n'est pas simplement chaque être isolé, chaque pierre, chaque cristal, chaque plante, chaque animal, chaque homme, chaque corps céleste, qui possède une existence composée d'ascension et de déclin, une naissance et une mort, un jeune âge et une vieillesse, mais la même loi tient aussi sous sa dépendance absolue chaque espèce, chaque système, chaque race, chaque peuple, chaque histoire, chaque opinion. Naître, vivre un certain temps, puis disparaître pour faire place à une existence autre, mais semblable, tel est le sort commun de tout ce qui est devenu quelque chose (« Gewordene »), et ni la mouche éphémère, ni les corps célestes dont les années d'existence se comptent par milliards, ni l'histoire de l' « homme » et de l' « humanité » ne pourront faire une seule exception ! Mais quittons ce vol rapide auquel vient de se livrer notre imagination ; retournons sur la « terre », dont Volger sait nous raconter des choses si remarquables, et reportons-nous à sa première enfance ; car elle aussi « vieillira » un jour et retournera, avec tout ce qu'elle renferme, dans le sein primitif éternel de l'existence pour fournir à l'aide de son corps décomposé la matière dont pousseront des formations nouvelles et plus jeunes.

De la façon dont a dû s'opérer la condensation de la matière lors de la formation de l'univers, Volger croit pouvoir conclure que chaque globe céleste est un « globe creux », de même aussi la « terre ». D'après cela, la densité de la matière, en vertu de la loi de la pesanteur, doit aller en progressant vers l'intérieur de la masse solide du globe terrestre, en partant de la limite extérieure aussi bien que de la limite intérieure. Il ne peut aussi en être autrement sur la « surface de la terre »; dans les couches les plus profondes se trouve la « terre ferme », au-dessus d'elle « l'eau » plus légère, au-dessus de celle-ci « l'air », qui est encore plus léger; et cet air atmosphérique lui-même est d'autant plus raréfié qu'il se trouve à une hauteur plus élevée. Dans les états les plus primitifs de la terre, ce rapport a pu être encore bien plus simple et plus clair, parce que la mer recouvrait la terre ferme d'une manière « uniforme ». D'après l'observation directe, nous ne pouvons dire que peu de chose ou rien du tout, relativement à la densité progressive de la masse terrestre vers l'intérieur, vu que la terre elle-même ne nous est connue que jusqu'à une profondeur excessivement petite; par contre, des raisons astronomiques nous permettent « d'affirmer avec certitude » que la densité de la terre doit être bien plus grande dans son intérieur qu'à sa surface. Quant à l'« étendue » de l'espace creux qui se trouve dans son intérieur, nous ne pouvons absolument rien en dire; cependant il est probable, d'après Volger, que le même rapport existe relativement à la progression de la densité en partant de l'intérieur, que pour la surface extérieure que nous habitons. « Là aussi » on trouverait de l'eau et de l'air, et même de la lumière et de la chaleur!!

Pour ce qui concerne la « chaleur intérieure de la terre », Volger se déclare catégoriquement contre les théories géologiques acceptées jusqu'ici, d'après lesquelles la terre se serait développée primitivement d'un état de fluide incandescent et serait arrivée aujourd'hui à représenter un globe de feu ardent recouvert d'une mince couche de refroidissement ou de congélation (« Erstarrungskruste »). Nous n'avons, dit-il, aucune connaissance des états de chaleur dans l'intérieur de la terre, et rien ne nous autorise à conclure, de ce que nous connaissons relativement à la progression de la chaleur sur la surface de la terre, qu'il doive y avoir quelque chose d'analogue à l'intérieur. Il est « possible », sans doute, qu'il se trouve à l'intérieur un petit noyau liquide; mais il est « impossible » que la terre soit une masse fondue recouverte d'une mince couche de congélation. Elle est peut-être « aussi fraîche jusqu'au cœur ». Toutefois, pour ce qui concerne les conditions du développement consécutif de la terre, admettre ou rejeter cette théorie de l'incandescence n'a pas la moindre importance. Même « sans » cet état d'incandescence, la terre n'aurait pu se développer autrement qu'elle ne s'est développée.

Dans le troisième chapitre, ou chapitre principal, intitulé : *Documents pour l'histoire de la terre*, l'auteur s'occupe du véritable domaine de la géologie ou de la géographie. Que trouvons-nous sur le sol sur lequel nous vivons? demande-t-il, et voici comment résonne la réponse : « des tombes, » rien que des « tombes »! Alors suit une description, vivante et inspirée, de toutes les merveilles et de toutes les choses remarquables que l'observation des roches nous dévoile au moyen des yeux de la science. Sur les Alpes les plus élevées, le roc fourmille de débris d'animaux marins. Dans les lignites de Salzhausen, on trouve des grappes de raisin parfaitement conservées et des restes de plantes qui n'ont jamais poussé dans la Hesse d'aujourd'hui. Il y a là des troncs qui ont atteint un âge de plus de trois mille années! Au cœur de l'Allemagne, il y avait autrefois des mers et des volcans, et la contrée peut avoir eu un aspect semblable à celui du littoral actuel de la mer Méditerranée dans le voisinage du Vésuve. Toutes les couches de notre terre montrent de la façon la moins douteuse qu'elles ont dû être produites par les eaux sous forme de dépôts sédimentaires et couche par couche; aussi leur a-t-on donné avec raison le nom de « couches ». Un très grand nombre de ces couches se trouvent encore aujourd'hui horizontales et dans leur position primitive; mais plus souvent encore cette position s'est modifiée dans le cours des temps, et les « couches » ont subi les déplacements les plus variés. Le sol même sur lequel nous vivons et que nous regardons comme si solidement fixé ne présente, comme tout dans la nature, aucune solidité, aucun repos, mais est continuellement soumis à des changements, soulèvements, affaissements, ébranlements dus à des tremblements de terre, etc., bien que souvent ces phénomènes se passent d'une manière insensible. Certains pays maritimes s'enfoncent continuellement dans la mer, d'autres au contraire en émergent constamment, ce dont nous possédons les exemples les plus nombreux. Il en est de même sur le continent et dans les montagnes où l'écroulement progressif et spontané de vieux bâtiments témoigne d'un mouvement incessant du sol. Enfin des tremblements de terre sans nombre, qui ont lieu tous les jours, travaillent continuellement au changement de la surface terrestre. Les « mêmes » parties de cette surface s'enfoncent dans « telle » période et se soulèvent de nouveau dans « une autre », etc. L'auteur continue en nous présentant ici la description suivante de la « série des couches » constituant les « terrains primitifs » exempts de fossiles, auquel succèdent le terrain de transition, le terrain houiller, le terrain schisteux, le terrain de sel gemme, les terrains jurassiques, les terrains molassiques, enfin les terrains de nouvelle formation. Volger trouve cette classification plus simple et meilleure que l'ancienne division en terrains primitifs, secondaires, etc., avec subdivisions, qui était le résultat de représentations erronées de la genèse de la terre. L' « épaisseur » de la portion stratifiée de l'écorce terrestre est évaluée par Volger à au moins « un mille » (allemand). Ces couches ont été formées dans des conditions qui n'ont jamais différé des conditions actuelles : jamais il n'y a eu, dans l'histoire de la terre, d'autres forces, d'autres lois! Ce qui aujourd'hui porte le nom de « terrain primitif », était autrefois une « formation récente » et dans le même état que nos formations récentes actuelles, qui à leur tour seront ultérieurement considérées comme des terrains primitifs. L'âge relatif de ces couches se détermine, comme on sait, d'après leur contenu organique, et la variété ou diversité de ces restes organiques, ainsi que la séparation entre les différentes couches avaient donné lieu à la pensée que la terre avait un jour subi des catastrophes et des révolutions terribles et subites. Il n'y a absolument rien de vrai dans cette pensée. Volger exprime l'intéressante supposition que « sous » le terrain primitif il peut se trouver des couches terrestres qui renferment des débris organiques semblables à ceux que nous connaissons. Il soutient que le terrain primitif lui-même a pu renfermer autrefois des animaux et des plantes, mais dont nous ne pouvons plus reconnaître les restes à cause des modifications profondes et intimes que ce terrain a subies dans le cours d'espaces séculaires infinis. Il en résulterait naturellement la conclusion infiniment importante, et qui jetterait complètement par-dessus bord toutes nos conceptions actuelles, que la vie sur la terre, aussi loin que nous pouvons pousser nos connaissances, « n'a jamais eu de commencement » ! Nous ne connaissons que le changement dans les

« formes » de la vie, mais non dans la vie elle-même, et notre regard étonné ne rencontre partout, dans n'importe quelle direction, que des « éternités » !

Nous avons déjà mentionné plus haut que la « chaleur terrestre » est plus considérable dans la profondeur de la terre qu'à sa surface, bien que la progression en soit très variable et irrégulière ; nous n'avons plus maintenant qu'à nous demander : Quelles en sont les sources ? Comme telles Volger désigne : la « condensation », le « mouvement » et la « transformation de la matière ». Nous ignorons comment la chaleur se trouve constituée dans les plus grandes profondeurs. Les « sources thermales » et les « volcans » prouvent qu'au moins dans certaines régions la chaleur terrestre a dû s'élever à des degrés très considérables, mais rien ne nous autorise à admettre que l'augmentation de la chaleur suit une progression constante et régulière vers l'intérieur jusqu'à l'état de liquide incandescent. Si la terre produit continuellement de la chaleur dans son intérieur, elle n'en perd pas moins continuellement aussi vers l'extérieur ; mais elle en produit en proportion de ce qu'elle en perd. Il en résulte qu'il n'y a pas à songer à un refroidissement continu de la terre, et telle qu'elle est actuellement, telle elle a éternellement été, telle aussi elle sera éternellement ! Toute l'histoire de la terre se compose d'une « éternelle construction » et d'une « destruction éternelle ». C'est l' « eau » qui, on le sait, travaille avec une activité incessante à la destruction des montagnes. Le granit le plus solide finit par être brisé, broyé, désagrégé par l'eau qui pénètre dans ses interstices et s'y congèle. Nous ne connaissons pas moins bien la manière dont les « glaciers » travaillent incessamment à cette œuvre de destruction, phénomène que nous pouvons surtout bien observer sur « les Alpes de la Suisse » qui ont dû être autrefois beaucoup plus élevées. Ce que l'on appelle l' « efflorescence » des roches est le résultat des eaux de pluie saturées d'acide carbonique. La force mécanique et l'efficacité des torrents et rivières ne sont pas moins importantes, et la quantité de matières continuellement entraînées par les fleuves est véritablement colossale. Ils finiraient, dans un temps donné, par démolir et aplanir la surface terrestre tout entière, si d'un autre côté des forces égales ou analogues n'étaient pas continuellement appliquées à une reconstruction. Ce que nous nommons le colossal, l'immensité, la puissance, ne se trouve donc pas dans les activités de la nature « grandioses » et qui frappent nos regards, mais dans la poussière à laquelle nous ne faisons pas attention et que le ruisseau entraîne tous les jours devant nous. Aucune roche ne résiste à la force de l'eau ; le « basalte » lui-même et le « silex » nous offrent dans leur intérieur des petites cavités remplies d'eau résultant de la confluence de l'eau renfermée dans la roche. Dans les mines, l'eau suinte de toutes les parois, et, lorsqu'on dit que la « montagne sue », on se sert d'une expression parfaitement caractéristique. L'eau est continuellement occupée à laver une grande partie du sol, à la lessiver, à lui enlever les matières solubles. C'est ce qui arrive notamment dans les couches « salines » et « calcaires », et cela va tellement loin qu'il en résulte souvent des écroulements considérables. Ces écroulements se remplissent avec l'eau des rivières et des fleuves et forment ainsi des « lacs ». Tous les lacs de la Suisse doivent leur origine à la dissolution de puissantes couches calcaires, dissolution qui a mis des millions et millions d'années à s'effectuer. Ce lavage continu et cet affaissement du sol sont si considérables, que des contrées entières peuvent s'affaisser au fond de la mer.

Les « éboulements de montagnes » et les « tremblements de « terre » ne sont également pas autre chose que le résultat du lessivage du sol que nous venons de décrire. Les tremblements de terre ont lieu lorsque des cavités formées par ce lessivage dans l'intérieur du sol viennent à s'écrouler subitement. Il est absolument impossible que les tremblements de terre puissent être produits par des « vapeurs d'eau » ; l'eau ne pourrait absolument pas pénétrer jusque dans l'intérieur du foyer incandescent, en supposant que celui-ci existe. Les « volcans » peuvent tout aussi peu amener au jour une partie de ce contenu, par la raison que, dans le parcours de cette voie longue et étroite, il devrait depuis longtemps être arrivé à congélation. Les volcans n'appartiennent pas à l'intérieur de la terre, mais seulement à l'édifice de couches de la surface terrestre, et la lave n'atteint probablement le degré le plus élevé de sa chaleur qu'au moment où elle est exprimée par le frottement, la combustion des gaz, etc. S'il se produit une « destruction » continuelle de la surface terrestre par le fait de l'eau, celle-ci d'un autre côté travaille avec une force non moins grande à son « rajeunissement » éternel. Tout lac qui n'a pas d'écoulement doit dans un temps donné devenir « salin »; c'est de là que provient la salure de la mer, le plus grand lac de la terre. Ce sel et les matières terreuses qui lui sont amenées par les fleuves se déposent de nouveau continuellement au fond de la mer et forment ainsi les couches de la terre. Volger calcule que, pour la formation du dépôt de couches terrestres formant l'édifice que nous connaissons, il a fallu au moins 648 millions d'années, et encore pense-t-il que son évaluation reste au-dessous de la vérité. La nature n'est liée à « l'espace » et au « temps » que pour notre imagination, et non pour la nature ou l'essence des choses. La « destruction » donne lieu à une « nouvelle formation », de même que chaque « formation nouvelle » a été précédée nécessairement d'une « destruction »; la nature est sans commencement et sans fin.

L'auteur indique ensuite comment l' « air », à son tour, participe à la construction de l'écorce terrestre, par le fait de ce que le vent amène continuellement à la mer de la poussière et de la terre, qui tombent au fond et entrent dans la formation des couches. Une cause encore plus puissante de la formation de la terre se trouve dans ce qu'on appelle l' « atterrissement » des fleuves, qui est capable de faire émerger de vastes étendues de terre du fond de la mer. La plaine de la Lombardie, la Hollande, la Belgique sont des contrées d'atterrissement, et le Rhin autrefois se jetait dans la mer près de Cologne. Le Nil, le Mississipi sont également cause d'alluvions considérables.

Mais le plus puissant de tous les moyens employés à la formation du sol, nous le trouvons sous nos yeux dans l' « activité » lente, mais ininterrompue du « monde végétal » et du « monde animal ». Tandis que les substances « insolubles » dans l'eau et amenées à la mer tombent continuellement d'elles-mêmes au fond de cette dernière, les plantes et les animaux séparent de la mer les substances « solubles ». Tout d'abord, en soutirant l' « acide carbonique » à l'eau, ils lui enlèvent la faculté de retenir la « chaux » à l'état de dissolution, et celle-ci tombe au fond. Mais il existe encore d'autres procédés et des plus variés, au sujet desquels Volger nous communique beaucoup de détails extrêmement intéressants et qui sont employés à la construction de l'écorce terrestre : ce sont les organismes qui vivent dans la mer, et particulièrement ceux des espèces microscopiques et le moins apparentes; et c'est ainsi que la nature, ici, comme partout, n'atteint au « grand » que par le moyen du « petit » et de l' « imperceptible ». Les couches formées au fond des eaux par l'intermédiaire des animaux et des plantes dépassent de beaucoup en puissance celles qui se sont formées sous l'influence exclusive de la pesanteur. La mer engloutit, comme nous l'avons vu, des montagnes entières ; mais des animalcules microscopiques et des plantes à peine visibles reconstruisent dans cette même mer des montagnes et des rochers qui formeront la base des continents de l'avenir.

La question la plus importante qui s'impose à une semblable direction de la géologie est naturellement la question relative à l' « origine des inégalités de terrain que présente la surface de la terre, autrement dit, des montagnes ou chaînes de montagnes », question à laquelle on avait répondu jusqu'ici en l'attribuant à la réaction du noyau de la terre incandescent contre son écorce congelée. Beaucoup de ces inégalités sont, d'après Volger, ainsi que nous l'avons déjà mentionné, indubitablement le résultat de simples « affaissements ou dépressions » ; mais ce mode ne suffit pas pour les expliquer toutes. La cause principale de l'origine ou formation des montagnes est « l'extension et le plissement des différentes couches terrestres » sous la pression des masses placées au-dessus d'elles, phénomène auquel s'associent une transposition intérieure et une formation de cristaux avec entraînement de substances similaires dans les couches mêmes. Dans chaque couche rocheuse, il se forme peu à peu une quantité innombrable de petits cristaux qui se trouvent dans un état de « croissance » continue et qui par leur extension arrivent lentement à séparer les couches l'une de l'autre et à les soulever. En général, les couches terrestres sont soumises à une transformation intérieure permanente dont les résultats sont d'autant plus frappants qu'une couche est située à une plus grande profondeur, et c'est ainsi que règne également dans le monde minéral un « échange de matières » dont on croyait autrefois, bien à tort, qu'il était exclusivement limité au monde « organique ». En se laissant pénétrer par la chaux dissoute et les carbonates terreux, la terre meuble se transforme peu à peu en pierre solide, et une tendance continue à la formation de cristaux modifie continuellement les couches de la terre de la façon la plus considérable. Dans les formations nouvelles dominent les formes de vie appartenant aux règnes végétal et animal ; dans les terrains primitifs par contre, ce sont les cristaux. Les roches primitives et les granits ne sont pas dus à un refroidissement d'une masse liquide incandescente, mais à une transformation cristalline de séries de couches qui, à leur époque, étaient des formations récentes, et ce phénomène s'est partout passé sur la terre de la « même » façon. Mais ce n'est pas simplement une modification de « forme » qui s'opère dans les roches, il s'y effectue également un changement dans la « substance » des roches, et à ce changement contribuent de la façon la plus active deux acides que nous connaissons, chose remarquable, comme les deux acides « les plus faibles » de la nature : ce sont l' « acide carbonique » et l' « acide silicique ». C'est ainsi que se produisent continuellement des mouvements de soulèvement et d'affaissement, alternant sans cesse, et l'équilibre entre la démolition et le soulèvement de la surface terrestre se rétablit par le moyen des « mêmes » puissances et des mêmes phénomènes. La nature meurt éternellement et se rajeunit éternellement; le monde « s'élève » éternellement et « s'affaisse » éternellement, et c'est dans cette circulation de la matière, qui n'est absente nulle part, que repose le dernier secret de toute existence.

Le dernier chapitre du livre de Volger, celui qui, si c'était possible, dépasse en intérêt les chapitres précédents, a pour objet l' « histoire des espèces éteintes appartenant aux règnes végétal et animal », sans laquelle le mot de « configuration » ou « constitution » de la terre aurait été tout aussi impossible, que l'existence même de ce monde végétal et animal sans le sol sur lequel il s'est développé. Toutes nos anciennes idées relatives à ce sujet ont été ébranlées de la façon la plus profonde, depuis que l'on considère les « terrains primitifs » pour ce qu'ils sont en réalité, c'est-à-dire comme des « formations récentes transformées », et depuis que l'on a bien saisi le mouvement éternellement circulaire entre les terrains primitifs et les nouvelles formations. Il n'est plus désormais possible d'admettre, comme conclusion, qu'à l'époque des terrains primitifs il n'existait aucune vie organique. Les terrains primitifs eux-mêmes n'eussent pu prendre naissance sans plantes ni animaux; car sans « chaux » il n'y a pas de feldspath ou de granit (puisque le processus chimique à l'aide duquel se forme le feldspath exige nécessairement l'existence de la chaux), et sans plantes ni animaux il n'y a pas non plus de chaux. Toute la chaux est produite par le monde organique. Aussi longtemps qu'a duré cette circulation de l'édifice des couches que nous venons de décrire, aussi longtemps il a également existé des plantes et des animaux. Mais notre ignorance relative au « commencement » des couches est aussi grande que celle qui concerne le commencement du monde organique. L'ancienne conception d'après laquelle ce monde organique doit avoir eu un commencement, Volger l'appelle une « foi de charbonnier ». C'est un fait d'observation qu'aujourd'hui encore des espèces animales « s'éteignent », et ce fait ne laisse, à l'auteur, pas le moindre doute sur l' « épanouissement d'espèces futures ». Les espèces n'existent pas depuis des éternités, comme l'admet Czolbe; mais elles arrivent et disparaissent, comme toutes choses sur la terre. Par l'extinction d'anciennes espèces et la naissance de nouvelles, le monde végétal et le monde animal se trouvent compris dans un changement graduel continu. Par contre, il règne une certaine constance dans le domaine de la vie « microscopique » ou chez certaines espèces similaires de végétaux rudimentaires et d'animalcules, qui dans tous les temps ont employé leur activité à la construction des couches de la terre. L'apparence extérieure seule nous a conduit à croire que des créations nouvelles, correspondant aux formations des couches, avaient eu lieu périodiquement. Il n'en est pas ainsi, et il n'y a jamais eu, dans l'histoire de la terre, de « divisions séparées ». La nature ne connaît pas de divisions, mais seulement un développement continu. Jamais les formes organiques n'ont été plus grandes ou plus bizarres qu'aujourd'hui; seulement la grandeur ou la bizarrerie s'est montrée dans d'autres « espèces » qu'aujourd'hui. De même, les conditions extérieures et climatériques de la terre, auxquelles on avait attribué une si grande influence sur le développement organique des temps anciens, n'ont jamais différé sensiblement des conditions actuelles; jamais une chaleur générale et uniforme n'était répandue sur la terre, et celle-ci n'était même pas, probablement, recouverte d'une quantité d'eau plus générale qu'aujourd'hui. Un grand nombre d'erreurs sur l'antiquité organique et sur son importance est dû à la grande insuffisance de nos connaissances paléontologiques. L'idée ancienne d'une histoire du développement progressif du monde organique est une idée qui doit être abandonnée. On a trouvé des lézards dans les terrains primitifs, ainsi que des mammifères et des oiseaux dans les terrains secondaires ; on découvre continuellement de nouvelles espèces, et même dans les terrains de transition on a trouvé récemment un lézard. De même, l'idée du déploiement ultérieur de créatures primitives composées est aussi une idée insoutenable. Il existe encore de nos jours des natures composées. Partout les nouvelles découvertes fournissent des faits en contradiction avec l'ancienne manière de concevoir les choses, ainsi qu'avec la croyance à une série et à un développement continus, progressivement ascensionnels. Des groupes « plus élevés » apparaissent « avant » des groupes « inférieurs », et, si de temps à autre on constate des « pas en avant », on remarque aussi d'un autre côté des « pas en arrière ». Des formes élevées diminuent de nombre avec le temps, des formes inférieures se multiplient ; chez d'autres enfin, l'on remarque une augmentation et une diminution irrégulières. Volger termine par cet aveu, que « la loi d'échange des formes organiques n'a pas encore été trouvée ».

Dans un chapitre final, intitulé : « *Pensées rétrospectives* », Volger consent à ce que l'on admette une marche de développement progressive pour la terre et les espèces qu'elle renferme, mais seulement pour certaines périodes isolées, et non pour le tout pris dans son ensemble. Dans celui-ci, nous ne remarquons qu'une circulation éternelle, un retour éternel, une répétition sans fin! Ce n'est pas dans les terrains de transition que nous trouvons le commencement du monde organique. Qu'y avait-il donc auparavant? Chaque espèce naturelle, organique ou inorganique, semble avoir sa « durée d'évolution » propre, plus longue ou plus courte, après l'accomplissement de laquelle elle fait place à une autre. Mais, en reparaissant, les espèces montrent qu'il n'y a rien de nouveau sous le soleil, et que tout ce qui arrive a déjà une fois existé. « Infini! » « Éternel! », ce sont les mots que la nature nous crie de tous les côtés, bien que notre intelligence, enchaînée à l'espace et au temps, parvienne si peu à saisir les notions qui se rattachent au temps et à l'espace !

> Steh, Du segelst umsonst, vor dir Unendlichkeit!
> Steh, Du segelst umsonst, Pilger, auch hinter Dir!
> Senke nieder, Adlergedank, dein Gefieder.
> Kühne Seglerin Phantasie,
> Wirf ein muthloses Anker hie!

Arrête-toi, tu navigues en vain ; devant toi l'infini !
Arrête-toi, tu navigues en vain, pèlerin, également derrière toi !
Dépose tes ailes, pensée d'aigle !
Imagination, qui navigues avec audace,
Jette ici une ancre découragée !

Tels sont, en résumé, les traits principaux d'un livre dont la lecture nous donne tant à penser et à sentir que le critique est obligé de se demander par où il doit commencer pour décrire ses propres pensées et sentiments. Aucun de nos lecteurs, tant soit peu au courant de la marche suivie et du sujet traité jusqu'ici par les théories géologiques, ne pourra s'empêcher de remarquer à quel degré les assertions de Volger sont en contradiction énorme et inconciliable avec ces théories, et comment ces assertions, si elles sont exactes, doivent faire table rase de tout ce qu'on avait jusqu'ici considéré comme vrai dans cette partie de la science. La formation de la terre issue d'une masse incandescente, la répartition autrefois uniforme de la chaleur sur la surface terrestre, le noyau central de la terre à l'état de liquide incandescent, la croûte de congélation, l'origine des montagnes attribuée à la réaction de l'intérieur de la terre contre l'extérieur, l'explication des tremblements de terre, des volcans et des sources thermales attribués aux mêmes circonstances, la formation des roches cristallines par des masses fondues et refroidies, l'opposition manifeste qui en résulte entre les roches cristallines et les roches stratifiées, le commencement du monde organique sur la terre ainsi que la série graduellement et progressivement ascensionnelle des espèces organiques : tout cela, et beaucoup d'autres faits semblables, étaient cependant, jusqu'ici, des articles de foi géologiques presque universellement admis et à peine discutés, bien que la tendance à considérer le passé de la terre comme le déroulement de son état présent devînt toujours plus grande et plus générale. La direction prise par Volger cherche à mettre une fin à tous ces axiomes, et il veut ainsi provoquer une révolution complète non seulement dans la géologie, mais encore dans une grande quantité d'opinions générales et philosophiques auxquelles ces axiomes avaient jusqu'ici servi de base. Mais toutes les conclusions de ce genre seront prématurées, tant qu'il ne sera pas certain que la direction de Volger sera suivie, qu'on n'en connaîtra pas la valeur scientifique, et qu'on ne saura pas enfin si c'est avec succès ou non qu'elle sera combattue par ses adversaires scientifiques incontestablement nombreux. D'ici là, on ne peut dire qu'une chose : c'est que la description de Volger produit sur le lecteur sans prévention et au courant des notions relatives aux sciences naturelles l'impression la plus extraordinairement convaincante. Cette impression trouve sa cause dans ce fait : c'est que la théorie de Volger qui se rapproche de nouveau beaucoup de l'ancien « Neptunisme » que l'on croyait bien enterré, et qui déclare la guerre au « Plutonisme » actuellement régnant, n'invoque pour expliquer l'histoire de la terre que les phénomènes les plus simples, les plus naturels et les plus accessibles à notre observation journalière. C'est un principe fondamental ancien et de premier ordre, pour l'observation de la nature, qu'on ne doit pas, pour expliquer les phénomènes de la nature invoquer des causes éloignées et hypothétiques, tant que des causes plus rapprochées et fournissant des exemples dans la réalité sont suffisantes pour cette explication. Or, la théorie « plutonienne » n'est manifestement pas autre chose qu'une hypothèse, et encore une hypothèse passablement risquée. Personne n'a vu la terre enflammée ou dans un état de liquide incandescent ; mais on l'accepta ainsi, parce que cette idée semblait pouvoir expliquer d'une manière satisfaisante tous les phénomènes qui se sont passés sur la surface de la terre. La théorie de Volger résout « également » le problème, mais d'une manière plus simple, moins forcée, plus palpable et plus naturelle ; elle explique tout à l'aide de procédés et de conditions qui, sous nos yeux, travaillent continuellement à la configuration ou constitution du sol, absolument de la même manière. Que dans ce travail de constitution la terre embrasse, d'après cette théorie, des espaces de temps infinis, ce ne serait pas une cause suffisante d'infirmation ; au contraire, l'action lente de plusieurs milliers d'années présente une probabilité intrinsèque bien plus grande que des catastrophes et révolutions subites ou violentes. En supposant que les arguments scientifiques sur lesquels s'appuie Volger soient exacts et applicables aux conditions actuelles, et en supposant que sa théorie soit réellement en mesure d'expliquer ce qu'elle doit expliquer, on ne peut, au point de vue des sciences naturelles, que lui souhaiter du succès, malgré toute la profonde désolation et les bruyantes lamentations de ceux qui y trouveront un nouveau point d'appui pour l'incrédulité qui nie tout ce qu'il y a de plus élevé, pour « cette théorie caduque du matérialisme ».

Une « contradiction » peut être trouvée chez Volger dans la marche qu'il a imposée à ses pensées; c'est lorsqu'au commencement de son livre, qui en somme doit prouver que le commencement de la terre a toujours été semblable à sa fin, il cite la théorie de Kant et Laplace sur le développement de la terre et lui accorde son assentiment. Il cherche bien à s'expliquer sur ce point à la page 16; mais cette explication ne suffit pas, et « l'éternité à marche circulaire dans l'histoire de la terre » est inconciliable avec l'origine de ce corps céleste sortant d'une nébuleuse universelle primitive. Toujours est-il que Volger, au lieu de son explication insuffisante, aurait pu en donner une autre qui provisoirement aurait satisfait chaque penseur : c'est du moins la conviction de l'auteur. Il aurait pu dire : « Si » l'astronomie et en harmonie avec elle tant d'autres considérations puisées dans les sciences naturelles paraissent rendre probable, pour ne pas dire certain, que les systèmes solaires et les corps célestes possèdent une existence temporaire-individuelle, composée de naissance, vie et destruction, absolument comme chacune des existences naturelles que nous connaissons jusqu'à présent ; « si » l'on arrive à pouvoir prouver que notre système solaire, y compris notre terre, a dû « prendre naissance » et que par conséquent il devra un jour aller au-devant d'une destruction finale ; « si » de tout cela il résulte que notre planète et ses habitants ont dû parcourir jusqu'à présent une marche de développement déterminée, naturelle; — la nouvelle géologie chimico-physique ne peut, en face de ces expériences, rien faire de plus que de dire qu'elle n'a pas réussi, jusqu'ici, sur son terrain d'observations, à rencontrer le point précis où le passé dans le développement historique de la terre se relie clairement au présent : ce qui du reste est d'autant moins surprenant que les connaissances que nous possédons sur l'écorce terrestre sont aujourd'hui encore limitées à sa couche la plus extérieure, c'est-à-dire à une pellicule. Les observations ultérieures nous fourniront peut-être là-dessus des renseignements plus précis; peut-être arriverons-nous aussi à voir que, même dans ce que nous pouvons reconnaître, il s'opère un changement lent et invisible à un premier regard ou à un regard superficiel, mais qui, sans doute à l'aide d'espaces de temps incommensurables, n'en conduit pas moins la terre de génération en génération, d'âge en âge et finalement au tombeau. En faveur d'une semblable marche de développement lent dans l'histoire de la terre et de ses habitants, parlent tant de raisons et de faits, malgré l'objection de Volger, et il se rencontre, pour l'admettre, un si grand nombre d'observateurs dans les directions les plus variées de la science, que la théorie de Volger se verra bien forcée, si elle veut obtenir un accueil durable, de se mettre en harmonie avec elle d'une façon quelconque. Les « faits », sans doute, finiront par avoir raison toujours et partout, et, quelque différentes que puissent être aussi leurs interprétations, ils constituent la seule règle qui puisse et doive guider notre pensée dans la science et la philosophie. Le fait domine ! « Un seul fait, dit Frauenstädt (*Der Materialismus*, etc., Leipzig, 1856), est capable de jeter par-dessus bord les systèmes de siècles entiers et de transformer des bibliothèques entières en maculature. Contre les faits il ne sert à rien de se hérisser et de protester, etc., etc. » Et si l'observation de la nature venait à découvrir aujourd'hui un seul fait qui renverse toutes les opinions générales considérées jusqu'ici comme vraies, il faudrait bien se soumettre sans murmurer, et le penseur de bonne foi se verrait obligé de recommencer du tout au tout le travail de ses pensées. Sans doute cette résignation entraîne avec elle un inconvénient : c'est que les opinions acquises de cette manière sont soumises à des alternatives constantes et à des oscillations perpétuelles en rapport avec l'état actuel des recherches empiriques, et cet inconvénient, les systèmes nés de la pensée philosophique ne le possèdent point ou du moins pas à un tel degré. Mais au fond cet inconvénient n'est qu'apparent, car il est la conséquence nécessaire de l'incertitude naturelle des connaissances humaines, et il peut avoir plutôt la valeur d'une pierre de touche pour une philosophie véritable, conforme à l'expérience et dirigée franchement vers la connaissance de la vérité. Une philosophie faisant à elle seule le bonheur de tous est aussi introuvable qu'une Église unique faisant le salut de tous. Peut-être la « philosophie de l'avenir » ne se proposera-t-elle plus d'autre tâche que celle d'enregistrer les résultats généraux obtenus chaque fois dans chacune des sciences isolées et de réunir ces résultats sous des points de vue généraux, ou d'en tirer des principes généraux touchant l'intérêt philosophique.

Elle ressemblera alors à un vêtement souple qui s'adapte au corps des sciences et laisse le champ libre à chaque contraction des muscles, à chaque pulsation des artères ; mais ce ne sera plus cette cotte de mailles d'acier qui autrefois étreignait et étouffait les membres libres de la science. Chaque branche d'enseignement isolée des connaissances humaines pourra désormais se mouvoir en toute liberté et sans entraves, et elle ne verra plus dans la philosophie un ennemi ou un despote, mais bien un ami et un serviteur dans l'illustration desquels elle retrouvera sa propre gloire personnelle. Le livre de Volger pouvait nous suggérer des considérations semblables par le fait de ce que, s'appuyant sur la recherche des faits, il cherche à renverser une quantité d'opinions qui nous étaient jusqu'ici devenues chères, dans une science en rapport si étroit et presque immédiat avec une des questions générales les plus importantes dont puisse s'occuper l'esprit humain. Sans doute, cette révolution n'est pas absolument nouvelle, comme on serait tenté de le croire, mais elle avait été déjà préparée en substance par les travaux de l'illustre Bischof ; et toute la direction de Volger n'est proprement pas autre chose que l'expression la plus pure et la plus catégorique des efforts scientifiques commencés d'abord par l'Anglais Lyell, pour éloigner autant que possible de l'histoire de la terre toute la partie romanesque, et pour expliquer cette histoire à l'aide de phénomènes et de forces naturelles, semblables à ceux qui encore aujourd'hui travaillent continuellement sous nos yeux à la construction de l'écorce terrestre. Il est clair ici, que l'avenir seul pourra nous apprendre jusqu'à quel degré se laissera justifier son anti-plutonisme poussé par trop loin. En attendant, contentons-nous du résultat obtenu jusqu'ici: c'est que chaque direction « nouvelle » dans les recherches scientifiques touchant l'histoire de la terre en refoule le surnaturel et la légende pour les mettre à une distance de plus en plus grande : « Les anciens mythes s'évanouissent, et l'isolement dans les phénomènes naturels disparaît de nouveau lorsqu'on reconnaît que quelques grandes lois naturelles, en nombre restreint, relient entre eux et régissent tous les phénomènes si variés qui se passent dans l'univers. » (Girard.)

IX

SUR SCHOPENHAUER

(1859)

> La question de savoir si une philosophie est athée paraît à un philosophe absolument aussi étrange, qu'à un mathématicien, par exemple, la question de savoir si un triangle est vert ou rouge.
>
> (A. Schopenhauer.)

La philosophie de Schopenhauer a eu un sort tout particulier. Née et entrée dans le monde il y a déjà plus de quarante ans, elle est restée presque complètement inaperçue en Allemagne au milieu de l'animation bruyante des grandeurs philosophiques de la première moitié de ce siècle, et seulement en l'année 1853 une voix de l'étranger fut, dans une revue anglaise (*Wesminster Review*), la cause principale qui attira l'attention sur un homme que cet article représentait comme un martyr de la vérité et une victime de la philosophie scolastique. Dans ses lettres sur la philosophie de Schopenhauer, le docteur Frauenstädt se donna alors pour tâche de rendre cette philosophie intelligible également au gros du public. Les idées de Schopenhauer ont depuis lors conquis un cercle de partisans, restreint sans doute, mais, paraît-il, très enthousiaste, et l'intérêt qu'on leur porte semble encore plutôt augmenter que diminuer[1]. Ab-

---

[1] Depuis que les lignes précédentes ont été écrites, les travaux de Schopenhauer, peu considérés au début, ont eu plusieurs éditions, et son système a donné lieu à la naissance de toute une littérature. Ces succès tardifs embellirent encore les derniers jours de cet homme, qui vivait à Francfort-sur-le-Mein comme un philosophe solitaire et mourut dans cette ville en septembre 1860. (Obs. pour la deuxième édition.)

straction faite de leur valeur positive ou négative, il est certain qu'elles doivent cet intérêt en partie à la perplexité philosophique dans laquelle nous sommes tombés depuis le passage de la dernière « période d'éclat » philosophique. On a renoncé à l'ancien, et l'on soupire après quelque chose de nouveau, sans savoir encore exactement en quoi doit consister ce nouveau. Dans une pareille disposition d'âme on s'attaque à tout, mais le plus volontiers à un système qui se présente avec un degré de confiance en soi aussi élevé que celui de Schopenhauer et qui affirme avoir enfin trouvé la quintessence de la vérité. Il est certain qu'on s'y serait intéressé encore bien davantage, si les écrits de Schopenhauer ne se présentaient pas sous une forme peu accessible à l'intelligence commune et si son système n'offrait pas un aspect par trop singulier et répugnant pour le sens commun auquel Schopenhauer au reste s'entend peu, précisément à cause de cela, à parler clairement. Toutes les critiques sur la philosophie de Schopenhauer publiées dans des livres ou dans des journaux mirent naturellement cet aspect sur le premier plan et l'accompagnèrent d'un commun accord de commentaires tels, que le plus grand nombre des lecteurs aura jugé inutile de connaître plus intimement les détails d'un pareil système par la lecture de l'ouvrage original. Et réellement, si toute l'importance de Schopenhauer reposait sur la pensée fondamentale de son système, le lecteur, en le négligeant, y aurait à peine perdu quelque chose. Mais les côtés intéressants et les plus significatifs de Schopenhauer se trouvent ailleurs que là où il cherche lui-même sa force principale, et les accessoires de son système pèsent plus lourdement que son système même. Ce n'est pas dans sa pensée fondamentale, mais dans le « développement » de cette pensée qu'il révèle un génie philosophique et une abondance de connaissances qui, employées ou appliquées d'une autre manière, eussent peut-être fait de Schopenhauer ce réformateur de la philosophie après lequel notre époque soupire avec tant d'ardeur. C'est avec regret que l'on voit une telle puissance philosophique se consumer elle-même sans profit dans le travail de construction d'un système de pensées qui, à son origine déjà, porte en lui-même le germe de la destruction, et l'on se demande ce qu'il serait peut-être advenu de cette puissance si elle avait été conduite dans une voie plus exacte et plus correcte. Il est probable que, dans un cas pareil, nous nous trouverions dans une situation autre que la situation actuelle, et que nous ne serions plus obligés de nous efforcer, à l'heure qu'il est, de digérer encore le vieux levain. Malgré cela, tel que Schopenhauer est en définitive, notre époque peut apprendre chez lui tant de choses, et de choses importantes précisément pour la crise actuelle du développement philosophique, qu'il vaut réellement la peine pour le gros du public, d'apprendre à le connaître encore autrement que par de simples critiques de son système ou bien d'après des écrits qui eux-mêmes exigeraient à leur tour une étude spéciale. Au surplus, si l'un ou l'autre de nos lecteurs éprouvait, après avoir lu le présent article, le désir d'étudier les écrits de Schopenhauer lui-même, nous croyons pouvoir lui déclarer en toute certitude qu'il ne regrettera pas le temps consacré à cette étude. Les galeries qu'un mineur spirituel comme Schopenhauer creuse dans les profondeurs du monde des pensées sont très remarquables et fécondantes pour celui qui y plonge ses regards, quand bien même elles devraient l'éloigner de la grande route à de grandes distances. Pour cette grande route, décidément Schopenhauer, en sa qualité de penseur indépendant et qui recherche la vérité à sa manière, a une répugnance profonde et instinctive, et, lorsqu'on se souvient de notre dernier passé philosophique, il faut bien convenir que cette répugnance reconnaît pour cause plus qu'une cause simplement subjective. La « forme » sous laquelle Schopenhauer attaque ses prédécesseurs et ses contemporains philosophiques blesse incontestablement les règles de la convenance ; mais, quant à la « chose elle-même », l'opinion qu'il a exprimée il y a déjà bien des années, et alors que ces hommes jouissaient encore de la plus haute considération, est la même que celle qui est devenue presque générale à l'époque actuelle. Mais, outre la direction de critique négative contre le passé philosophique, Schopenhauer, malgré l'origine subjective-idéaliste de son système, présente encore tant de points communs avec les efforts modernes de réforme dans la philosophie, que déjà cette circonstance seule devrait rendre recommandable l'étude de son système, quand même il ne serait pas par lui-même aussi intéressant qu'il l'est réellement. Si l'on veut se donner la peine de séparer, autant que possible, le vrai du faux dans sa philosophie, il faut que Schopenhauer exerce encore aujourd'hui une influence considérable sur la marche de notre développement philosophique actuel. Le présent article a pour but de faire une tentative de ce genre et de chercher à opérer cette séparation au moyen d'une critique sobre et puisée principalement dans les expériences fournies par les sciences naturelles. Le lecteur acquerra ainsi sur la substance de la philosophie de Schopenhauer une connaissance suffisante pour lui permettre de s'en former au moins un jugement approximatif. Sans doute Schopenhauer lui-même serait très peu satisfait d'un procédé semblable, si cet article venait à lui tomber sous les yeux ; car son opinion bien arrêtée et exprimée d'une façon assez crue, c'est que dans soixante ou cent ans son système sera le seul système véritablement exact, régnant en maître dans la philosophie et dans la vie. Une opinion semblable pourra faire sourire, et cependant, après l'avoir lu, on comprendra la conscience élevée de Schopenhauer, sa confiance en lui-même, et l'on verra qu'elle n'est pas due à une simple vanité. Il possède, avant tout, la conviction ferme et à bon droit enracinée dans tout son être, c'est qu'il n'écrit pas en vue d'acquérir des avantages extérieurs ou pour se conformer aux us et coutumes, mais que sa préoccupation, comme doit l'être celle de chaque philosophe « véritablement » sérieux et de bonne foi, c'est la recherche de la « vérité » pleine et entière ; il possède ce désir impétueux, irrésistible, qui pousse le véritable observateur à chercher la lumière et les éclaircissements, et il méprise profondément toute espèce de « manque de loyauté philosophique » qui malheureusement avait dominé si longtemps en Allemagne. Jouer avec de grands mots qui au fond sont vides lui répugne au plus haut degré, bien qu'il ne puisse pas lui-même être déclaré absolument exempt d'un défaut qui malheureusement s'est niché dans notre philosophie allemande comme un chancre incurable. Son inflexibilité à l'égard de l'erreur et de la fausseté s'exprime dans cette excellente parole : « Il résulte de là qu'il ne peut pas y avoir d'erreurs privilégiées, à plus forte raison d'erreurs sanctionnées ; le penseur a le devoir de les attaquer, quand même l'humanité jetterait les hauts cris, à l'instar d'un malade dont le médecin touche la plaie » ; et son attachement à la « vérité » est exprimé par ce passage vigoureux : « La vérité n'est pas une fille publique qui se jette au cou de ceux qui ne la désirent point ; elle est bien plutôt une beauté tellement prude, que celui-là même qui lui sacrifie tout ne peut se considérer comme assuré de ses faveurs ». Si Schopenhauer se montrait, là où il édifie, aussi perspicace, aussi exempt de prévention, aussi implacable contre toute vaine parade de mots, que là où il critique ou « nie », nous n'aurions sans doute pas obtenu de lui un système de l'idéalisme subjectif, mais par contre une somme de « vérités » qui pèseraient probablement d'un poids bien plus lourd que la « vérité » qu'il prétend avoir découverte. C'est donc moins vers le système que l'exposition suivante dirigera son attention principale, que vers le mode de son développement et vers les accessoires qui, séparés de lui, se présentent s- un jour tout différent.

Chercher à découvrir quelque part un principe fondamental dont on puisse faire dériver tous les phénomènes du monde qui nous forme et nous entoure comme d'une cause supérieure ou suprême, ou bien qui permette de les expliquer tous d'une façon satisfaisante, tel a été de tout temps le but vers lequel se sont portés les efforts de la philosophie et des philosophes. Schopenhauer a trouvé récemment ce principe dans un « quelque chose », auquel il donne le nom singulier de « volonté ». « Singulière » en effet doit être appelée cette désignation ; car jamais auparavant ce mot n'avait été employé dans ce sens, et en réalité il ne renferme absolument rien qui puisse justifier un pareil mode d'emploi. Demande-t-on tout d'abord ce qu'il faut comprendre et ce qui avait été jusqu'à présent compris sous le mot « volonté », le physiologiste, qui est ici le plus compétent, répondra qu'on désigne par là une manifestation particulière de la vie dite « animale », et par-dessus le marché une manifestation qui, comparée aux fonctions psychiques plus élevées, occupe un rang assez subordonné et se trouve placée sur le même degré physiologique que la « sensation », laquelle n'est pas même répandue sur tout le monde « organique » et n'existe absolument pas dans le monde « inorganique ». Si les découvertes les plus récentes des sciences naturelles ont rendu extrêmement difficile la séparation absolue ou rigoureuse entre le « règne animal » et le « règne végétal », cette difficulté ne s'applique qu'aux formes les plus simples et établissant la transition entre ces deux règnes de la nature, tandis que dans le « grand tout » l'existence ou la non-existence d'une véritable manifestation de la volonté a toujours la valeur du signe distinctif le plus sûr qui sépare l'animal de la plante ; et les tentatives auxquelles Schopenhauer se livre pour démontrer également dans le règne végétal l'existence de la volonté sont tout aussi infructueuses que l'ont été les tentatives répétées à diverses reprises pour rechercher dans la plante l'existence d'une « âme » semblable à celle des animaux ou présentant avec elle un degré de parenté. Il ne peut donc pas, à plus forte raison, être question de fournir la preuve d'une volonté dans le monde « inorganique », bien que Schopenhauer en cherche encore une « semblable », à moins qu'on ne veuille se contenter d'une façon de parler. On aura beau se tourner et se retourner dans quel sens l'on voudra, on n'arrivera jamais à découvrir une raison soutenable et évidente aux yeux du bon sens, qui puisse autoriser quelqu'un à généraliser de « cette façon » cette notion restreinte et à l'élargir au point d'en faire le principe fondamental de toutes choses, ainsi que l'a fait Schopenhauer. Si on l'essaie malgré cela, on abandonne du premier coup la notion précise d'où l'on était parti, et l'on ne se sert du mot qui la désigne accidentellement que pour expliquer une chose non expliquée par une deuxième chose qui ne l'est pas davantage. Car la « volonté », telle que la considère Schopenhauer, n'est plus la volonté, mais quelque chose de tout autre, « un quelque chose » plus élevé, plus général et plus obscur, qui, parce qu'on la nomme « volonté », ne gagne pas pour cela en clarté ni en signification. Schopenhauer aurait pu tout aussi bien l'appeler X Y Z, et il n'en serait résulté qu'un inconvénient, sans doute désagréable pour lui : c'est que, à la place de ce qu'il croyait « avoir trouvé », il y aurait de nouveau une chose « à chercher ». Sans doute Schopenhauer, qui à côté de sa préoccupation systématique n'abandonne jamais complètement le sentiment qui le porte à la vérité vraie, a bien prévu des objections de ce genre et a cherché à les écarter, mais il n'y a pas réussi. Des choses auxquelles l'expérience et le sens commun disent d'emblée : « non », ne peuvent pas être sauvées, même par les développements philosophiques les plus subtils, et permettent bien d'admirer la sagacité et la dialectique de leur défenseur, mais ne sont pas de force à convaincre. Les attaques de Schopenhauer contre le « sens commun » des hommes, sur lequel cependant il est obligé si souvent de s'appuyer pour d'autres choses, ne peuvent donc qu'éveiller le soupçon. De plus, Schopenhauer lui-même est forcé d'avouer textuellement que la notion de « volonté » a reçu de lui une extension plus grande qu'elle n'avait jusqu'à présent. Cet aveu suffit pour représenter comme un « abus » tout l'emploi qu'il a fait du mot : volonté. Car où en arriverions-nous, s'il était permis à chaque philosophe de s'emparer de certains mots, que l'on s'était une fois habitué à lier à des notions déterminées, pour les élargir à volonté au-delà de cette notion et pour les employer dans un sens tout autre ou plus étendu que ne le tolère la langue usuelle ! La confusion des langues babyloniennes ne tarderait pas à se produire, l'arbitraire serait placé sur le trône, et ce charlatanisme philosophique que Schopenhauer attaque lui-même avec tant de véhémence relèverait la tête encore plus haut qu'il ne l'avait fait jusqu'ici. On peut d'autant moins tolérer un pareil procédé précisément chez Schopenhauer, qu'il s'entend parfaitement à blâmer la même chose chez d'autres, et cela d'une façon très dure. C'est ainsi qu'il reproche textuellement à Spinoza d'avoir abusé des mots pour désigner des notions qui dans le monde entier ont un autre nom, tels que « Dieu » pour « univers », « droit » pour « force », « volonté » pour « jugement ». Spinoza avait eu la « main forcée » en partie par les circonstances extérieures, tandis que Schopenhauer était en position de pouvoir désigner les choses par leur véritable nom.

Élever la « volonté » à la hauteur de principe fondamental du monde, ce n'est déjà pas mal ; mais là où Schopenhauer s'écarte encore bien davantage de la voie tracée par une observation réfléchie, c'est dans la « deuxième » partie principale de son système, autrement dit dans la manière d'envisager le monde « comme représentation ». Comme, selon lui, il n'y a rien de réel en dehors de la volonté et que le monde visible n'est qu'une objectivation ou incarnation de cette volonté, nous ne reconnaissons pas non plus ce monde comme étant « en dehors », mais seulement comme une chose existant « au-dedans » de nous, ou comme la représentation que nous nous en faisons. Il nous est absolument impossible de distinguer l'objet de sa représentation, mais nous trouvons que les deux ne forment qu'une seule et même chose, puisque tout objet suppose toujours et éternellement un sujet et que tout objet n'est que la représentation du sujet. Il n'y a pas d'objet sans sujet, et le monde, tel que nous le connaissons, n'existe pas « par lui-même », mais seulement dans la représentation des êtres qui pensent. « Le monde est ma représentation », en d'autres termes un phénomène cérébral. Il tient à un fil unique, et ce fil c'est chaque conscience isolée dans laquelle il se trouve à tout instant. Le premier œil qui s'est ouvert dans ce monde, fût-ce celui d'un insecte, tient, selon Schopenhauer, l'existence du monde entier sous sa dépendance. « Le soleil, dit-il, a besoin d'un œil pour briller. » Le monde objectif n'existe par conséquent que comme représentation; si personne ne se le représentait, il n'existerait pas. La conséquence toute simple et nécessaire d'une pareille manière de voir, dont la précédente exposition se compose exclusivement des propres termes employés par Schopenhauer, serait la « négation de la réalité du monde extérieur », et, si Schopenhauer reconnaissait cette conséquence, il n'aurait pas fait autre chose que d'exprimer de nouveau un paradoxe qui s'est répété de temps à autre dans la philosophie comme une émanation de l'idéalisme subjectif le plus élevé et qui pourrait se passer d'une réfutation sérieuse. Mais cette conséquence, Schopenhauer ne la tire pas, et il rend ainsi très difficile de comprendre clairement ce qu'il veut dire en définitive. Il reconnaît formellement la réalité du monde extérieur, il se livre à la polémique la plus violente contre Fichte, qui, selon lui, fait sortir l'objet du sujet et va jusqu'à appeler la négation de la réalité du monde extérieur « un égoïsme théorique et un acte de folie ». D'un autre côté, il attaque de nouveau le « matérialisme », qui est, selon lui, en contradiction absolue avec Fichte, puisqu'il fait sortir le sujet de l'objet, et il élève la prétention, lui Schopenhauer, de tenir le milieu entre les deux, attendu qu'il ne part ni du « sujet » ni de « l'objet », mais bien de la « représentation ». Si, en s'exprimant ainsi et en reconnaissant la réalité du monde extérieur, Schopenhauer n'avait pas voulu dire autre chose que ceci : « Ce monde extérieur, existant par lui-même et indépendant, a besoin de la représentation de créatures qui pensent pour être connu subjectivement, ou bien il faut qu'il se reflète dans une représentation comme dans un miroir pour être connu », il aurait exprimé une vérité aussi simple que naturelle, qui, autant que nous sachions, n'a encore été sérieusement contestée par personne, et qui par conséquent n'est pas de nature à pouvoir servir de principe fondamental à un nouveau système philosophique. Mais Schopenhauer veut manifestement dire plus que cela, attendu que, comme nous l'avons vu, il place le monde réel, malgré la réalité qu'il lui accorde, dans une condition déterminée de « dépendance » vis-à-vis de la représentation que s'en font les êtres pensants. « Le soleil a besoin d'un œil, pour briller ». Or, rien ne peut être plus désagréable pour l'observation expérimentale qu'un pareil abus de la source subjective des connaissances et qu'une pareille confusion contre nature entre celui qui cherche à reconnaître et l'objet que l'on cherche à reconnaître. A chaque pas que les sciences naturelles font en avant, elles nous apprennent à reconnaître avec plus de clarté que l'existence cosmique est absolument indépendante de l'existence des formations vivantes, en quelque sorte parasites, qui se sont produites çà et là dans son sein, et elles montrent comment le monde et la nature, dans leur cours éternel et invariable, ne se préoccupent pas plus de l'existence d'êtres semblables qu'ils ne se trouvent sous leur dépendance; et, quand même sans elles l'univers ne se refléterait sûrement nulle part dans une représentation quelconque, cet univers n'en serait pas moins forcément présent. Non seulement nous savons qu'il existe des mondes qui ne peuvent être habités par des êtres semblables à nous en quoi que ce soit, des êtres doués comme nous de la faculté de comprendre; mais nous savons aussi que notre propre demeure, la terre, a existé, pendant des périodes de temps infinies, probablement sans la présence d'une créature quelconque douée de la volonté ou de la faculté de représentation, et que d'après la loi naturelle de la périodicité de chaque existence individuelle, loi générale et désormais admise également pour les mondes astronomiques, il devra revenir et il reviendra, pour la terre, une époque à laquelle elle entraînera dans sa propre destruction et mort la perte des êtres vivant à sa surface, pour en disperser sans ordre les atomes dans l'espace universel. Vouloir, en face d'une connaissance pareille, faire dépendre l'existence du monde de la représentation que s'en font les êtres qui s'y trouvent accidentellement, ne peut être absolument que le résultat d'une spéculation qui se renverse d'elle-même. Il est vrai que Schopenhauer est bien loin d'ignorer ces faits; il s'efforce en vain de mettre d'accord avec sa théorie l'existence, prouvée par les sciences naturelles, de périodes de temps primitives, et notamment de périodes où « l'homme n'existait pas », et, en séparant le « monde en soi » du « monde comme représentation », il cherche à rendre la chose plausible. Toute cette période primitive pendant laquelle aucun œil ne s'était encore ouvert, il la déclare inadmissible sans la conscience qui la reconnaît ; bien plus, il n'y avait pas même alors ce que nous appelons un « temps », attendu que, selon Kant-Schopenhauer (nous y reviendrons), le « temps » n'est qu'une des formes *à priori* de la conscience. Ici néanmoins, comme d'ailleurs pour plus d'une autre de ses assertions, Schopenhauer paraît avoir été battu par sa propre conscience. Du moins trouvons-nous dans : *Parerga und Paralipomena* (2ᵉ vol.), au chapitre intitulé : *Gleichnisse, Parabeln und Fabeln*, un passage remarquable relatif à ce sujet, dans lequel, contradictoirement avec d'autres assertions, il reconnaît formellement l'indépendance de l'existence cosmique vis-à-vis de la représentation que s'en font les êtres pensants, et que nous nous permettons de citer ici comme un exemple du langage plein d'imagination dont se sert Schopenhauer. « À l'époque, est-il dit dans ce passage, où la surface de la terre était encore constituée par une écorce de granit uniformément plane et ne présentait aucune disposition capable de donner naissance à un être vivant quelconque, à cette époque le Soleil se leva un matin. La messagère des Dieux, Iris, qui sur un appel de Junon accourait en ce moment d'un vol rapide, apostropha le Soleil en passant et lui dit : « Pourquoi te donnes-tu donc la peine de te lever ? Il n'existe cependant aucun œil pour t'apercevoir et aucune statue de Memnon pour retentir »! La réponse fut : « Mais! je suis le Soleil, et je me lève parce que je le suis ; qui le peut n'a qu'à me voir! » Ainsi voilà un soleil qui n'a besoin d'aucun œil pour briller, ni d'aucune représentation pour s'y refléter ! Plus loin, dans le deuxième volume de *Parerga et Paralipomena*, Schopenhauer accorde formellement, que les phénomènes naturels ont dû exister et ont existé même « avant » l'entrée en jeu de la conscience ; mais il croit cependant que ces phénomènes ne sont rien « en-dehors » d'une conscience, qu'ils ne se laissent même pas concevoir ! Ces phénomènes doivent avoir eu tout aussi peu une existence « en soi » que les phénomènes actuels. On ne peut répondre à cela qu'une chose : depuis que la science croit avoir démontré l'existence d'anciennes époques géologiques « sans » créatures vivantes, les hommes ont imaginé ces époques un nombre de fois incalculable, ils les ont admises et connues, ils les ont représentées, ils les ont même reproduites sur des tableaux qu'ils ont promenés partout dans les foires et sur les théâtres, et le moment où le monde s'est miré pour la première fois dans une « conscience » n'a pas eu la moindre importance pour lui ; bien plus, il n'a même pas existé du tout dans la réalité, mais seulement dans l'idée philosophique de M. Schopenhauer, attendu que le développement de la conscience animale et humaine a dû être absolument graduel et n'a dû arriver à la clarté que peu à peu. Mais, si Schopenhauer réplique qu'il n'attache lui-même aucune importance à ce moment, qu'il veut seulement prétendre qu'en fin de compte les périodes de temps passées et présentes ont cependant toujours besoin de notre représentation pour être reconnues, ou bien qu'il faut constamment la présence d'un être pensant pour que le monde objectif puisse devenir une représentation, il ne reste plus absolument rien de toute sa sagesse qu'une vérité, à notre sens très triviale et qui n'a pas besoin d'être éclaircie. Mais avec cette vérité l'état de « dépendance » que Schopenhauer réclame pour l'existence du monde représenté, vis-à-vis de celui qui se le représente, n'est rien moins que prouvé, tandis que le contraire ne souffre plus aucun doute, grâce à la science empirique [1].

Mais chez Schopenhauer, ainsi que nous l'avons vu, la « représentation » n'épuise pas toute l'existence ; la nature ou l'essence propre et intime du monde se trouve, selon lui, d'un tout autre côté que la représentation, c'est-à-dire dans la « volonté » : « La volonté est tout ce qui constitue encore le monde en dehors de la représentation ». Le monde comme représentation n'est qu'une objectivation de la « volonté » et son côté « extérieur », tandis que la « volonté » est le côté « intérieur » de l'existence et en constitue la « base fondamentale ». Vie, monde visible, phénomène, tout cela n'est que le « miroir » de la volonté, qui accompagne cette dernière comme l'ombre accompagne le corps ; en eux, selon l'expression de Schopenhauer, la volonté voit se dresser son miroir, dans lequel elle se reconnaît elle-même, et cela au plus haut degré chez l'homme qui pense.

1. « Il est évident, dès la première vue, qu'un objet de la réalité et la représentation qui s'y relie dans notre esprit sont deux choses absolument hétérogènes ; qu'il peut dans la réalité exister des objets qu'il nous est impossible de nous représenter, mais que réciproquement nous pouvons aussi nous former bien des représentations qui pourraient à la rigueur exister, mais qui peuvent tout aussi bien ne pas avoir une existence réelle. Dans tous les cas entre la représentation d'un objet possible et la nécessité de son existence il n'y a absolument aucun lien « logique. » (H. Scheffler, *Körper und Geist*, etc., Braunschweig, 1862 : *Corps et esprit*.)

Toute cette distinction, ainsi que le cercle d'idées dont elle est issue, trouve son origine propre et en même temps son explication partielle dans la distinction bien connue, faite par Kant, entre ce qu'on appelle « phénomène » et ce qu'on appelle la « chose en soi ». Schopenhauer déclare lui-même que sa propre distinction est parfaitement identique à celle de Kant, seulement qu'elle sort d'autres prémisses ; il déclare de plus, qu'elle a pour conséquence un progrès qui, à la vérité, va plus loin que Kant, mais qui repose cependant sur le principe fondamental posé par ce dernier. Le «phénomène » de Kant est identique au « monde comme représentation » de Schopenhauer, et la « chose en soi » est identique au « monde » comme « volonté ». Enfin, là où Schopenhauer se caractérise comme un disciple de Kant et comme un idéaliste subjectif, c'est lorsqu'il déclare que « temps », « espace » et « causalité » ne sont que des formes *à priori* de nos connaissances subjectives, c'est-à-dire indépendantes de toute expérience et existant au-dedans de nous avant toute expérience : et il se pourrait bien, d'après cela, selon la juste remarque de Gruppe, « qu'il porte en lui cependant plus de philosophie scolastique que ne veulent lui accorder ses partisans rhétoriciens ». Selon Kant et Schopenhauer, la « nature » ou l' « essence des choses » est indépendante de ces formes de notre intelligence et par conséquent inaccessible à notre réflexion. Mais la nature des choses est la « chose en soi » pour Kant, et pour Schopenhauer, la « volonté ». Ainsi donc, les deux reconnaissent une distinction entre l'idéal et le réel, et tous les deux soutiennent que le monde se compose de deux parties absolument différentes, dont une seule est accessible à notre connaissance, tandis que l'autre reste pour nous dans une éternelle obscurité. Eh bien, la même contradiction, qui a été fatale à la distinction de Kant, devra naturellement le devenir aussi à celle de Schopenhauer. Ils franchissent tous deux violemment l'abîme « qui dans leur propre théorie les sépare de la chose ou du monde en soi », et ils suivent ainsi un procédé absolument semblable à celui dont se servit un jour le baron de Münchhausen pour se tirer d'un marais au moyen de son propre toupet. Mais si malgré cela, en se plaçant au point de vue empirique, on ne peut nier qu'il n'y ait au moins quelque chose de vrai au fond de la distinction de Kant, il faut avouer que Schopenhauer s'est lui-même enlevé

« cette » supériorité par ses nouvelles et singulières dénominations, et, loin de perfectionner Kant, il n'a fait que l' « altérer ».

Nous pouvons maintenant nous contenter de ces courtes indications sur la substance du « système de Schopenhauer » : en face de la direction moderne imprimée à la science dans le sens de l'expérience, on ne peut plus désigner ce système que comme l'une de ces inventions spéculatives dont nous sommes si riches en Allemagne. Nos lecteurs s'intéresseront « davantage » à Schopenhauer, dès que nous le suivrons sur d'autres terrains, qui ne se trouvent pas dans un rapport par trop direct avec son système. Ici également, nous tomberons souvent sur des idées baroques, mais nous rencontrerons aussi souvent des vues très justes, des vues nouvelles et des vues toujours ingénieuses. C'est surtout dans la manière dont il critique l' « histoire de la philosophie » telle qu'elle a été faite jusqu'ici, que nous reconnaissons l'esprit du véritable philosophe que son système n'a pas rendu exempt de prévention, mais qui n'en est pas moins puissant, profond, et envisageant toujours les choses dans leur grandeur et dans leur ensemble. Des regards profonds et des conceptions grandioses s'unissent aux connaissances les plus étendues pour communiquer à notre époque quelques enseignements très dignes d'être pris en considération. Avant toutes choses, Schopenhauer cherche à rendre à la « sagesse de l'Inde ancienne », méconnue et proscrite par la philosophie chrétienne, la faveur qu'elle mérite ; il faut du reste considérer ici que la disposition d'âme philosophique propre à Schopenhauer possède une très grande sympathie avec le caractère mélancolique et fataliste que la conception du monde revêt chez les Indiens, et que cette dernière paraît n'avoir pas exercé une médiocre influence sur son développement philosophique intérieur : car les écrits de Schopenhauer ramènent à tout instant des réminiscences de ce genre. Ainsi, dans le célèbre « Prakriti » indien, il retrouve sa « volonté », et il compare l'état de l'homme qui s'est bien pénétré de « sa propre » philosophie à celui que les « Indiens » attribuent à l'homme qui a atteint à la sagesse terrestre la plus élevée. La première de toutes les religions est, selon Schopenhauer, la célèbre et sublime religion de « Bouddha », du grand docteur de la sagesse, qui surpasse toutes les autres religions, tant sous le rapport de sa constitution intime et de sa substance que par le nombre de ses adhérents ; ainsi notamment le principe fameux de « l'amour », attribué de préférence au christianisme, est porté par la « morale » (Ethik) des Hindous à un degré bien plus élevé que dans ce dernier. Amour du prochain, bienfaisance, patience, devoir de rendre le bien pour le mal, chasteté, ascétisme, etc., sont les vertus que cette morale enseigne à pratiquer, et cela par amour pour le prochain lui-même et non en vue d'une récompense ou par crainte d'un châtiment.

La sagesse « grecque » et la sagesse « chrétienne » tirent leur origine de sources « indiennes », et cela par l'intermédiaire de l' « Égypte ». Aussi Schopenhauer trouve-t-il très singulier que l'on s'imagine faire quelque bien aux « Indiens » par des tentatives de conversion, alors que ceux-ci possèdent de temps immémorial, sur la religion, des vues qui surpassent les nôtres en substance et en profondeur, et que l'on croie leur apprendre quelque chose de nouveau avec l'incarnation du Christ, alors qu'eux-mêmes ne possèdent pas moins de « neuf » incarnations de « Vichnou ». Après une excellente description de l'ancien mythe indien sur les châtiments et les récompenses, il est dit, par exemple, dans un passage qui surtout à ce moment sera doublement intéressant pour nos lecteurs : « C'est donc avec admiration que Pythagore et Platon ont recueilli la description de ce mythe « par excellence », arrivé de l'Inde ou de l'Égypte, et qu'ils l'ont adoré, mis en pratique, etc... « Nous autres », au contraire, nous envoyons désormais aux brahmines des « clergymen » anglais et des frères moraves tisserands, pour leur enseigner par compassion quelque chose de meilleur. Mais nos religions ne prennent et ne prendront jamais racine dans l'Inde : « La sagesse primitive de l'espèce humaine ne sera pas « supplantée par les faits qui se sont passés en Galilée, etc. » Toutes les tentatives de conversion que les Anglais ont faites dans l'Inde ont échoué jusqu'à présent, selon Schopenhauer, et échoueront toujours. En général, la manie des missions des Anglais, leur bigoterie judaïque, leur culte du dimanche et autres choses semblables trouvent dans Schopenhauer une critique très sévère, et souvent un distributeur de vigoureux coups de fouet; à chaque occasion il manifeste son impossibilité de concevoir comment une nation occupant une place si élevée sous le rapport de l'intelligence, et précédant d'autres peuples comme un phare lumineux, peut, sous le rapport religieux, rester encore fidèle à des principes aussi absurdes. Quant aux « idées platoniciennes » et au « Prakriti » des Indiens, Schopenhauer croit pouvoir démontrer leur identité avec la « chose en soi » de Kant (qui, nous l'avons vu, équivaut à la « volonté » de Schopenhauer). Leur image reflétée, c'est le monde comme « phénomène » ou (selon Schopenhauer) comme « représentation ».

Or, c'est avec les « Platoniciens », selon Schopenhauer, que commence cette dégénération bien connue de la philosophie qui s'est étendue jusqu'à nos jours, et contre laquelle on a déjà tant lutté, toujours en vain. « Depuis la scolastique et même, à proprement parler, depuis Platon et Aristote, est-il dit dans un passage de l'ouvrage principal, la philosophie n'est plus, en grande partie, qu'un « abus constant des notions générales », comme, par exemple : substance, base fondamentale, cause, le bien, la perfection, la nécessité, la possibilité, le fait d'exister, le fait de devenir, etc. ; et de cette façon elle est arrivée peu à peu et finalement à n'être plus qu'un « simple verbiage », qui tout d'abord a pris son plus fort développement chez les scolastiques. Spinoza lui-même opère ainsi avec ces notions, sans les examiner et en leur donnant un sens beaucoup trop étendu. « La tendance à opérer de cette façon, dit Schopenhauer avec beaucoup de justesse, tient peut-être finalement à une certaine paresse de l'intelligence, pour laquelle c'est trop fatigant de contrôler constamment la pensée par l'observation ou l'examen ». Locke a été, selon Schopenhauer, le premier qui ait mis de l'insistance à examiner, à rechercher l'origine de ces notions philosophiques, et qui ramena ainsi cette origine à l'évidence et à l'expérience. La même chose a été faite par Bacon, et plus tard également, dans un certain sens, par Kant ; mais ce dernier était encore, au début, enfermé dans la scolastique, et, en s'occupant trop exclusivement de ce qu'on appelle l' « intuition pure », il négligea trop l' « observation empirique ». C'est Kant néanmoins qui, selon Schopenhauer, a renversé à la fin la philosophie scolastique et effectué par là dans la philosophie la plus grande de toutes les révolutions. La scolastique commence, d'après Schopenhauer, avec le Père de l'Église saint Augustin, et finit avec Kant : « Elle a pour caractère fondamental la philosophie mise en tutelle par la religion d'État chaque fois dominante dans les pays ». Nous rencontrons sans doute par intervalle des exceptions, telles que Descartes, Bruno et Spinoza ; mais ces philosophes n'exercèrent pas d'influence, attendu que les deux derniers étaient trop isolés et que le premier était encore complètement ancré à l'oppression scolastique. L'apparition la plus saillante dans l'histoire de la philosophie est, pour Schopenhauer, naturellement son maître Kant, qu'il couvre d'éloges autant qu'il traîne ses successeurs dans la poussière. Nous rencontrons néanmoins, dans un appendice spécial de l'ouvrage principal de Schopenhauer, une « critique de la philosophie de Kant », très détaillée, dans laquelle il découvre les défauts de Kant avec tant de sagacité et avec une telle absence de prévention, qu'elle devient tout simplement écrasante pour lui et éveille le soupçon que Schopenhauer n'est pas absolument sérieux avec ses éloges décernés à Kant, et qu'il a plutôt voulu l'utiliser comme une base historique nécessaire pour sa propre doctrine, que le désigner sous le nom de grand philosophe. Ainsi Schopenhauer rejette toute la doctrine des « Catégories » de Kant, comme étant une doctrine confuse, sans fond, en contradiction avec elle-même ; il appelle sa théorie de l'Entendement un galimatias obscur, toujours recouvert d'un voile profond ; sa doctrine de l'Antinomie est paradoxale et indique le point où l'intelligence doit rester muette ; Kant lui-même, il le trouve singulier, incompréhensible, confus, illogique, en contradiction avec lui-même, disputant sur les mots, violent, souvent tellement obscur que personne ne peut en sortir ; il l'accuse enfin de prendre souvent, pour point de départ de ses expositions les plus profondes, des hypothèses tout à fait arbitraires et fausses, et de ne pas avoir éclairci, mais bien embrouillé et altéré la notion concernant la nature de la raison. Il ne reste donc, à proprement parler, plus rien que la célèbre « distinction entre le phénomène et la chose en soi », dans laquelle sans doute, selon Schopenhauer, le grand et immortel mérite de Kant doit trouver son point le plus élevé. Mais ce mérite lui-même disparaît comme tel, lorsqu'on voit comment Schopenhauer découvre la contradiction grandiose dans laquelle s'est empêtré Kant et qui, on le sait, a été fatale à toute sa théorie. En effet, d'après Schopenhauer, Kant est arrivé à la « chose en soi », en concluant que le phénomène doit néanmoins avoir une cause qui n'est pas elle-même phénomène, tandis que cependant il désigne lui-même le rapport de cause à effet comme n'étant qu'une forme de notre intelligence et par conséquent « applicable seulement au phénomène » !! Ainsi Kant est arrivé, par une voie fausse et à l'aide de prémisses fausses, à un résultat qui, exact en lui-même, doit recevoir de Schopenhauer une base nouvelle et plus solide.

Il ne reste donc plus, en fin de compte, à Kant, même selon son disciple et admirateur Schopenhauer, à recevoir plus de louanges que ses trois illustres successeurs, que Schopenhauer appelle « les trois illustres sophistes de la période postérieure à Kant », et qu'il poursuit d'un mépris aussi impitoyable que d'une ironie sanglante. Tout ce que le sarcasme peut renfermer d'intelligence, d'esprit, de malice et de grossièreté, il le verse à flots sur ces malheureux qui, d'après lui, ont empêché et rendu impossible le développement ultérieur de la philosophie de Kant ; en même temps, il efface du terrain de la philosophie vraie et luttant pour la vérité, tout ce qu'ils ont fait et écrit, comme étant une chose inutile, misérable, ne reposant absolument que sur le charlatanisme et la fanfaronnade. Contre le dernier d'entre eux surtout, contre Hégel, il se livre, chaque fois qu'il a l'occasion de parler de lui, à une colère telle, qu'il arrive à oublier les règles même les plus ordinaires de la bienséance littéraire. « Fanfarons », « charlatans », « sophistes », « misérables ergoteurs », telles sont les désignations les plus douces dont Schopenhauer se sert à l'égard de Fichte, Schelling et Hégel. Hégel, il le nomme « grossier charlatan », « patron absolument pitoyable », « creature ministérielle en philosophie », « faiseur de philosophie sans esprit, ignorant, barbouillant des choses absurdes, désorganisant les cervelles de fond en comble et pour toujours, au moyen d'un verbiage creux dont on ne connaît pas d'exemple » ; sa philosophie, il l'appelle « un verbiage vide, creux et par-dessus le marché nauséabond ». La philosophie de Schelling est une « évolution de cavalerie, audacieuse et visant à l'effet », un « bavardage frivole et sans la moindre réflexion » ; toute la philosophie postérieure à Kant, une « philosophie de vieilles femmes et de quenouilles ». Ces gens « habitués à prendre des mots pour des pensées, ont amené le mépris sur la philosophie ». Au lieu de continuer à développer Kant, ses successeurs l'ont ou dédaigné, ou mal compris, ou même transformé tout simplement en son contraire, comme par exemple, lorsqu'ils ont transformé la séparation établie par Kant entre l'idéal et le réel en ce qu'ils ont appelé la « philosophie de l'identité ». C'est Descartes qui a ouvert la voie à la contradiction entre l'idéal et le réel; c'est Kant qui l'a portée à son sommet le plus élevé; et c'est Schelling qui l'a tranchée comme un nœud gordien, en affirmant de nouveau l'« identité » du réel et de l'idéal. Il faut par conséquent effacer toute la littérature philosophique postérieure à Kant et la recommencer de fond en comble à partir de ce dernier. Abstraction faite, même, de la contradiction fondamentale dans laquelle cette littérature se trouve vis-à-vis de Kant, elle n'est qu'un jeu de notions et de mots, vide, sans esprit et sans résultat, dans lequel « ce qui n'a pas de sens se cache derrière une exposition obscure », et dans lequel, dès que l'on dépouille les soi-disant mystères de la pensée absolue du voile qui les recouvrait, « le jour se fait sur ce secret, consistant à cacher derrière ce croque-mitaine d'expressions des pensées très ordinaires ». — « Cette manie indicible de se contenter de mots, est-il dit dans le deuxième volume de l'ouvrage principal, à propos de la mauvaise philosophie, est parfaitement caractéristique pour les cerveaux mal organisés; elle repose, en effet, sur leur incapacité d'arriver à des notions claires, dès que celles-ci doivent aller au-delà des relations les plus triviales et les plus simples; elle tient donc à la faiblesse et à la paresse de leur intelligence, nous dirons même à la conscience secrète de cette situation intellectuelle, qui chez des « savants » s'unit à la dure nécessité, reconnue de bonne heure, de passer pour des êtres pensants ou des penseurs, et c'est là ce qui les oblige à tenir toujours à leur disposition un pareil arsenal de mots tout préparés ». Cette « philosophie de mots », pour laquelle Schopenhauer se montre, avec raison, encore bien plus impitoyable que les philosophes empiriques modernes, il la reproche, encore avec raison, avant tout aux « Allemands », nation pour laquelle il ne semble pas, bien qu'Allemand lui-même, éprouver une prédilection prononcée. Il les appelle des gens qui « cherchent dans les nuages ce qui se trouve à leurs pieds », ou qui « sont habitués à prendre des mots pour des notions », et il se déclare d'accord avec Wieland, qui considère comme un malheur d'être né « Allemand »!

Mais ce n'est pas seulement contre Fichte, Schelling et Hégel, c'est aussi contre toute la corporation des professeurs de philosophie que Schopenhauer dirige ses traits les plus acérés. Il les accuse d'écrire et de parler plus en vue d'acquérir des avantages extérieurs ou de soigner leur position que de travailler dans l'intérêt de la vérité et de prendre pour recette : « *Primum vivere, deinde philosophari :* Vivre d'abord, ensuite seulement philosopher », tandis qu'au contraire les philosophes « vrais » et « honnêtes » ou bien sont d'ordinaire persécutés, ou bien n'arrivent à la célébrité qu'après leur mort. En parlant de sa propre personne, il dit « qu'il prend la philosophie trop au sérieux pour pouvoir en devenir professeur »; et il considère en général comme un caractère du penseur indépendant, se livrant à la recherche de la vérité, d'être réduit à sa propre individualité et de n'être à la solde de personne. « En somme, est-il dit d'une façon aussi crue que conforme à la vérité, la stabulation permanente des professeurs est le régime le plus approprié aux ruminants. Par contre, ceux qui reçoivent leur propre nourriture des mains de la nature se trouvent bien mieux au grand air ». En général, le portrait que Schopenhauer trace de « celui qui pense par lui-même » comparé à ceux qui se contentent d'élaborer les pensées des autres et de recueillir les fruits qui reviendraient à ces derniers, ce portrait, disons-nous, est fait de main de maître et dans certains passages d'une vérité frappante. En mentionnant les professeurs de philosophie, il retrouve une nouvelle occasion de flageller d'une façon impitoyable leur manière d'écrire obscure et inintelligible, et de se livrer, avec des notions abstraites, larges, générales, perdant de leur valeur concrète en proportion de ce qu'elles s'élèvent à une plus grande hauteur, un jeu où la pensée fait absolument défaut. Plus on s'élève dans l'abstraction, dit Schopenhauer, moins on se livre au « travail de la pensée ». Les dernières notions, les notions les plus élevées, les plus générales ou les plus nues sont également les plus pauvres, comme, par exemple, « être, nature ou essence, chose, devenir, etc. »; ce sont des cosses vides. A quoi peuvent aboutir des systèmes philosophiques, qu'on s'est évertué à dérouler de pareilles notions? A une semblable philosophie, Schopenhauer applique souvent le joli proverbe arabe : « J'entends bien le moulin faire tic-tac, mais je n'aperçois pas la farine ».

Dans de pareilles conditions, on s'explique parfaitement l'attitude hostile et dédaigneuse que les collègues, en philosophie, de Schopenhauer, ont observée jusqu'à présent à son égard, et on peut à peine leur en vouloir, si, dans leur propre intérêt, ils l'ont systématiquement couvert d'un « silence de mort » aussi prolongé. Ils pouvaient le faire d'autant plus facilement que Schopenhauer n'écrit pas pour le grand public, mais exclusivement pour des philosophes, et que la plupart du temps son mode d'exposition est, pour les non-philosophes, d'une digestion assez difficile. Si l'on ajoute à cela sa position isolée dans la philosophie, qui n'obligeait proprement personne à s'occuper de lui, on comprendra sans peine comment tant d'années ont pu s'écouler avant que Schopenhauer arrivât à être connu. Et cependant il mérite précisément de l'être à un plus haut degré que beaucoup d'autres dont le nom se trouve dans toutes les bouches. Aujourd'hui, les rapports d'autrefois se sont un peu modifiés ; les luttes philosophiques ont à se décider sur un terrain un peu élargi, et un homme de la taille de Schopenhauer ne peut plus passer tout simplement inaperçu. Mais l' « histoire de la philosophie » que nous avons jusqu'ici considérée sous les points de vue de Schopenhauer, le regardera lui-même toujours plutôt comme une curiosité philosophique et comme le dernier défenseur des conceptions subjectives-idéalistes de la philosophie spéculative, que comme un champion des nouveaux temps, dans l'étoffe duquel se trouvent, malgré cela, tant d'éléments [1]. Le temps des « systèmes » semble être passé et ne reviendra peut-être plus jamais.

Si nous avons trouvé, plus haut, très exact le portrait de « celui qui pense par lui-même » tracé par Schopenhauer, il en est de même, mais à un degré bien plus élevé encore, de la description qu'il fait du « génie ». C'est un sujet sur lequel il revient volontiers et très souvent, et celui qui lit sa description et qui, dans le cours de son existence, a reçu de notre mère nature, ne fût-ce « qu'une seule » étincelle de ce qu'on appelle génie, est obligé de s'y reconnaître. Que Schopenhauer se trouve dans ce cas, cela ressort pour l'homme impartial de la façon la

1. Ed. Lœwenthal (*System und Geschichte des Naturalismus*, Leipzig, 1862) l'appelle : « un indicateur bâtard placé au moment critique le plus récent de la philosophie, naturaliste d'un côté, de l'autre transcendantaliste », et sa doctrine : « une tentative manquée de rétablir un idéalisme réaliste normal ». — « Considéré dans son ensemble, y est-il dit plus loin, Schopenhauer a poussé le transcendantalisme de Kant tellement loin, qu'en suivant cette direction il a fini par retomber en arrière sur le spinozisme ; mais d'un autre côté il a donné plus de développement à l'élément empirique de Kant, et cela d'une façon digne d'être prise en considération, de telle sorte que sous ce rapport il arrive involontairement à poser un pied sur le terrain du naturalisme moderne, empirique-pragmatique ».

plus indubitable. Car celui-là seul qui a lui-même du génie est capable d'aussi bien connaître et aussi bien dépeindre ses particularités les plus secrètes. Ses souffrances intérieures, ses luttes, ses contrariétés, sa sauvagerie, son isolement, sa guerre perpétuelle avec le monde environnant qui le comprend rarement ou pas du tout, sa disposition psychique avoisinant le dérangement d'esprit et la folie, — tout cela trouve dans Schopenhauer un artiste qui sait peindre avec les couleurs les plus vives et assaisonner ses tableaux au moyen d'une quantité d'excellentes anecdotes puisées dans la vie des hommes de génie. Schopenhauer démontre, notamment, d'une façon excellente que la rage de persécution, que d'ordinaire le génie a subie, trouve sa source précisément dans sa supériorité intellectuelle, car cette supériorité « isole plus que tout le reste et fait détester, au moins en silence ». Par contre, les imbéciles arrivent généralement à se faire aimer, parce qu'ils permettent aux autres de faire montre, en leur présence, de leur supériorité intellectuelle. « Pour certains hommes, dit Lichtenberg, un homme de tête est une créature plus fatale que le coquin le plus déclaré ». Il y a plus ; le génie, d'après Schopenhauer, est d'ordinaire privé, même, de la reconnaissance la plus nécessaire toute sa vie durant et ne devient manifeste qu'après la mort. « Le simple savant, dit-il en se servant d'une comparaison très spirituelle, considère le génie comme un lièvre dont on ne peut jouir que lorsqu'il est mort et susceptible d'être apprêté, et sur lequel par conséquent, tant qu'il vit, on doit se contenter de tirer ». Dans tous les temps, et sur toute la terre, il existe, selon Schopenhauer, une conjuration de toutes les cervelles médiocres, mauvaises et stupides, ourdie par la nature elle-même contre l'esprit et l'intelligence. « Et ne voyons-nous donc pas à toutes les époques, est-il dit dans un passage des *Parerga et Paralipomena*, les grands génies soit dans la poésie, soit dans la philosophie ou dans les beaux-arts, être là comme des héros isolés qui, seuls, soutiennent debout la lutte du désespoir contre les assauts d'un corps d'armée ? Car l'hébétement de la grande majorité du genre humain s'oppose éternellement à leur action et forme ainsi cette armée hostile sous les coups de laquelle ils finissent cependant par succomber ». Et dans son mémoire, couronné, sur la liberté de la volonté : « La nature n'a pas seulement, de tout temps, produit un nombre très restreint de véritables penseurs comme de rares exceptions, mais ces quelques penseurs même ont aussi toujours existé pour un très petit nombre. Mais de là vient que l'aveuglement et l'erreur continuent à vouloir exercer la suprématie ». Malheureusement, personne ne sera en mesure de donner un démenti à ce cri poussé du plus profond du cœur par cet homme de génie qui a lutté si longtemps et en vain pour être reconnu ; et cette vieille expérience, que les grands hommes sont persécutés pendant leur vie et reçoivent des monuments après leur mort, ne restera jamais en défaut de nouveaux exemples.

D'accord avec sa polémique contre la philosophie scolastique telle qu'elle a été enseignée jusqu'ici et avec la tendance de celle-ci à passer par-dessus l'expérience, Schopenhauer, en ce qui concerne la philosophie et sa méthode, se déclare à toute occasion très nettement dans le sens de la « philosophie dite expérimentale » ; mais ici il ne faut certainement pas songer à « ce » qui, dans les toutes dernières années a été désigné sous ce nom comme but spécial de la philosophie. Ainsi que beaucoup de ses prédécesseurs ou contemporains, Schopenhauer a assez d'entendement et de perspicacité pour reconnaître dans l' « expérience » le seul point d'appui solide sur la mer houleuse des opinions philosophiques, mais il ne possède pas assez de courage ou de conséquence pour se jeter franchement tout à fait dans les bras de l'expérience et pour lui sacrifier volontairement celles de ses opinions qui ne sont pas d'accord avec elle. Au contraire il est, à la vérité, constamment à la recherche de faits, et surtout de faits touchant les sciences naturelles ; mais, ou bien il les embrasse et les recueille d'une façon telle, qu'ils ne peuvent donner que du « relief » à son système sans pouvoir lui servir « d'appui », ou bien ils sont absolument mal compris. Il semblerait que celui qui a été une fois élevé dans la philosophie spéculative et a été nourri de son lait dès l'enfance n'est pas capable de développer le sens des choses réelles et empiriques autant qu'il faut l'exiger d'un philosophe véritablement expérimental ; il n'y a qu'une éducation réelle dans les sciences naturelles ou en général dans les connaissances empiriques qui puisse combler cette lacune. De là vient que tout ce que les philosophes avaient jusqu'ici mis sur pied comme philosophie dite expérimentale méritait généralement peu ce titre et ne tarda pas à verser de nouveau de sa position primitive dans des constructions spéculatives [1]. Ainsi donc Schopenhauer lui-même n'est un philosophe véritablement expérimental que dans certaines choses isolées ; mais cependant ce qu'il dit sur l'application de l'expérience dans la philosophie est très exact et dans la bouche d'un philosophe idéaliste doublement remarquable. Une véritable philosophie, tel est le raisonnement de Schopenhauer, ne se laisse pas dérouler simplement de notions abstraites, mais elle doit avoir pour base l'observation et l'empirisme. La philosophie de tous les temps oscille, d'après lui, alternativement entre l'emploi de la source, dite « subjective », et celui de la source dite « objective » de nos connaissances. Les « scolastiques » et « Kant » croyaient qu'il est absolument interdit à la métaphysique d'appeler à son aide l'expérience, et par là ils se sont eux-mêmes barré le chemin de la vérité. Mais, « pour résoudre le problème du monde, il faut avant toute chose comprendre le monde lui-même ». La métaphysique ne doit pas passer en volant par-dessus l'expérience, elle doit au contraire la comprendre de fond en comble. L' « expérience », extérieure et intérieure, est, selon Schopenhauer, la source principale de toute connaissance. Son propre système, il le nomme un système dérivé de l'expérience, — assertion qu'on peut certainement qualifier de plus qu'audacieuse. Aussi lui donne-t-il le nom de « dogmatisme immanent », par opposition au « dogmatisme transcendant » de Kant, qui s'étend au-delà du monde, tandis que ses aphorismes à lui, Schopenhauer, tout en étant dogmatiques, sont cependant puisés dans l'expérience et ne vont pas au-delà du monde que nous fournit cette expérience. Sa philosophie, dit-il, a pris naissance sur la voie de l' « analyse » et non sur celle de la « synthèse ». Il ne peut pas, quant à lui, se contenter de mots ou de notions générales, mais il cherche, au contraire, partout à arriver au fond des choses. Nous sommes, selon l'expression de Schopen-

---

1. L'expérience « seule » ne peut naturellement fonder aucune philosophie, mais il faut que l'expérience et le syllogisme se complètent réciproquement. Jamais la méthode empirique n'arrivera à prouver qu'il n'existe plus de faits qui se contredisent, attendu que la nature est plus riche que l'expérience. Bacon lui-même se servait de la spéculation, là où sa méthode empirique ne lui suffisait plus. La connaissance du « tout » ou de l' « ensemble » est le dernier but de toute science ; un simple amoncellement de matériaux a peu de valeur. Néanmoins les théories ont une valeur non « définitive », mais seulement « provisoire ». La philosophie doit marcher en avant avec le temps et se laisser porter par son courant. (Obs. de l'auteur.)

hauer, assis dans le monde comme dans une prison ; ce qui est au-delà, nous ne le connaissons pas, et il nous est impossible de résoudre le grand problème du monde qui est constamment devant nous comme un sphinx menaçant, ou de trouver ce qu'on appelle l' « absolu » par le moyen des opérations de la raison. Au lieu de parler de l' « absolu », de l' « infini », du « transcendant », etc., on ferait tout aussi bien, selon Schopenhauer, de parler du « pays de l'utopie ». Aussi Schopenhauer nie-t-il formellement, en certains endroits, la possibilité d'une « métaphysique », bien qu'il se contredise lui-même en l'admettant de nouveau dans d'autres et en disant que c'est la métaphysique qui nous apprend à connaître le fond des choses dans la « volonté ». Réellement sa « volonté » est une chose qui, sous le rapport de la substance métaphysique, ne le cède en rien à aucune autre. Il faut qu'il y ait une métaphysique, mais d'une nature particulière, qui ne se laisse jamais détacher de l'expérience ; elle reste « immanente », ne devient pas « transcendante » et ne parle jamais de la « chose en soi » autrement que dans ses rapports avec le phénomène. Plus loin, dans sa lutte contre la philosophie transcendantale, Schopenhauer s'oublie au point d'avouer que « les systèmes doivent toujours être exclusifs ». « Il n'y a que le point de vue le plus élevé, est-il dit dans *Parerga et Paralipomena*, le point de vue qui embrasse tout et tient compte de tout, qui puisse fournir une vérité absolue ». C'est parfaitement vrai ! et l'on s'étonne après cela, avec raison, de voir comment Schopenhauer, après avoir acquis une connaissance pareille, pouvait encore persister dans « son » système.

De même que l'expérience en général, Schopenhauer tient également en très-haute estime les « sciences naturelles », et il leur reconnaît (autrement bien entendu que ses ennemis les « professeurs de philosophie ») une haute importance pour la philosophie ; et il ne se contente pas de la reconnaître formellement, mais il la confirme à tout instant en y revenant chaque fois qu'il s'agit de questions touchant la philosophie naturelle. Si l'on rencontre encore ici beaucoup d'erreurs et de conceptions singulières, il faut cependant prendre en très haute considération les efforts que se donne Schopenhauer pour s'instruire dans ces choses et reconnaître que sa richesse en connaissances positives est considérable en comparaison de ce que d'ordinaire les philosophes ont l'habitude de savoir sur la nature. Il devait arriver ainsi que plus d'une fois ses idées s'accordent beaucoup et souvent d'une façon remarquable avec les idées des écoles matérialistes modernes. Néanmoins il ne néglige aucune occasion d'attaquer le « matérialisme », qu'il appelle la conséquence nécessaire du « réalisme », et qui de son temps n'était pas encore devenu, comme aujourd'hui, la question à l'ordre du jour ; mais la façon dont il s'y prend montre que vis-à-vis de sa propre conception du monde aucune autre direction philosophique ne lui cause autant de tourments intérieurs que la direction matérialiste et qu'il est loin d'en déprécier la force intérieure. Sa principale objection contre le matérialisme découle de sa théorie du monde comme représentation et de son axiome : « Pas d'objet sans sujet » ! Selon Schopenhauer, le matérialisme prend l'objet comme point de départ, sans raison, et au moyen d'une énorme « pétition de principe » ; car, sans la connaissance, qu'il édifie comme une émanation de la matière, nous n'aurions en général rien connu du tout, pas même le point de départ du matérialisme, c'est-à-dire la « matière ». Cependant, comme au fond, le but et l'idéal de toute science naturelle forment un matérialisme complètement poursuivi d'un bout à l'autre, il en résulte que la « science tout entière », au sens propre du mot, n'arrivera jamais à atteindre au dernier but ni à connaître la nature la plus intime des choses ; tout ce que nous savons n'est que « relatif ». Cette exposition de Schopenhauer peut d'autant plus satisfaire les matérialistes qu'ils embrassent eux-mêmes « tout d'abord » leur objet comme une chose indépendante de la représentation. Par contre, Schopenhauer se montre parfaitement d'accord avec les matérialistes, ou pour mieux dire, avec toute l'observation de la nature, lorsqu'il s'agit de « l'immortalité de la matière ». Ce ne sont pas des raisons « chimiques », mais déjà des raisons purement philosophiques, qui font trouver à Schopenhauer souverainement absurde de mettre en doute une vérité aussi claire et aussi solidement établie et il remarque à l'adresse de Hégel : « Nier ce fait, c'est tout simplement renoncer à toute intelligence ». — « La substance persiste, est-il dit dans un autre passage, c'est-à-dire, elle ne peut pas prendre naissance ni disparaître ; par conséquent la quantité de matière existant dans le monde ne peut être ni augmentée ni diminuée ». Schopenhauer va même jusqu'à lui donner le nom d'« absolu », et il la nomme la seule chose à laquelle, en général, cette désignation puisse s'appliquer. Il va même encore plus loin, en attribuant à la matière également la faculté de « penser », et il déclare textuellement que le « travail ou l'action de penser » est une fonction organique du cerveau. « Du moment que la matière peut tomber à terre, est-il dit dans un passage, elle peut aussi penser »! Il n'existe rien de contraire entre l'esprit et la matière. Descartes a été le premier, suivant Schopenhauer, qui ait fait une distinction entre la substance « pensante » et la substance « étendue », et cet axiome resta très longtemps, jusqu'à ce que Spinoza vînt réunir de nouveau les deux espèces et déclarer qu'elles ne forment qu'une seule et même substance. Il en fut de même plus tard avec la distinction entre l' « idéal » et le « réel ». De même que le matérialisme, la « théorie atomistique » se trouve également en butte aux attaques de Schopenhauer; et ici, comme partout où des philosophes luttent contre des notions touchant aux sciences naturelles, nous voyons se montrer au jour de singuliers malentendus. Les deux hypothèses connues sur la « lumière », Schopenhauer les rejette toutes les deux, et ici de nouveau l'on ne peut apercevoir où il puise le droit qu'il s'arroge de rejeter, pour des raisons philosophiques, des choses que la physique seule peut nous faire connaître. Lorsqu'il parle de la « persistance de la chaleur », nous rencontrons de nouveau, chose remarquable, un pressentiment de cette grande vérité naturelle, découverte de nos jours, que l'auteur du présent article a désignée sous le nom d' « immortalité de la force ». Cependant, pour ce qui concerne la « lumière », il croit qu'elle peut disparaître, car il ne sait pas que les forces de la nature « ne disparaissent pas », mais revêtent seulement des formes différentes. Aussi reste-t-il conséquent en s'attachant solidement à la doctrine si souvent exprimée, que, par suite du rayonnement du calorique, le monde entier doit peu à peu s'ensevelir dans le froid, la nuit et la congélation. Dans l' « astronomie », il se tourmente avec cette question inutile : L'espace peut-il avoir une limite, et existe-t-il une étoile fixe qu'on puisse, pour sa position, considérer comme la dernière? Or, nous savons aujourd'hui parfaitement, que déjà, d'après les lois de la gravitation, une limite à l'étendue du monde stellaire est une chose impossible. En général, Schopenhauer, à l'imitation de tous les philosophes spéculatifs, croit devoir parler de toutes et sur toutes choses, à quelque distance qu'elles se trouvent placées de son horizon, et donner à sa propre conscience philosophique le droit de prononcer sur ces matières un jugement définitif. Ainsi, malgré toute l'énergie qu'il déploie à faire front à la « téléologie », on rencontre cependant par-ci par-là, dans ses développements de philosophie naturelle, un certain nombre d'idées d'un caractère téléologique très prononcé. Dans la « géologie », Schopenhauer ne se fait aucun scrupule d'exprimer sur l'origine chimique du « granit » des idées très peu d'accord avec nos connaissances actuelles. Pour lui, « l'histoire de la terre » n'est pas autre chose qu'une objectivation graduellement ascensionnelle de la « volonté », dans laquelle l' « homme » constitue le dernier et suprême degré !! A côté de semblables bizarreries on rencontre cependant de nouveau quelques idées très saines et doublement remarquables chez un philosophe sur l'origine graduelle des espèces organiques, de l'homme, etc. De plus, Schopenhauer croit encore à de grandes révolutions terrestres, mais seulement à « trois » points d'origine de l'humanité dans le monde « ancien » etc. Jamais, selon lui, il n'a dû exister une race « blanche » à son origine, mais celle-ci n'a dû se développer que par suite d'influences climatériques, — une théorie qu'il aura élevée probablement en l'honneur de son Hindou à peau brune. Schopenhauer méconnaît ici complètement l'influence bien connue et puissante des différences originelles des races sur le développement corporel et intellectuel des peuples. Il est encore partisan de la fausse doctrine d'après laquelle l'homme est destiné par la nature à une alimentation « végétale ». Ici se rattachent quelques élucubrations « physiologiques », mais d'une nature très peu physiologique, qui rappellent beaucoup les temps de la philosophie naturelle. Ainsi, par exemple, Schopenhauer s'intéresse avec beaucoup de chaleur à cette pauvre « force vitale », aujourd'hui de plus en plus tombée dans l'oubli, et trouve qu'il faut être « stupide » pour faire de la polémique contre elle ! Nous pouvons laisser à la force vitale le plaisir de se retourner dans sa tombe et de lui adresser des remercîments. S'il n'existe pas de force vitale, ainsi pense Schopenhauer, il faut que le « hasard », ou bien, « Dieu » ait créé les êtres organiques ; mais comme aucune de ces deux hypothèses n'est admissible, il faut qu'il existe une force vitale. Réellement, voilà une preuve singulièrement convaincante ! Au reste, elle n'est encore pas plus mauvaise que la logique dont nos champions les plus modernes se servent en faveur de la force vitale ! D'accord ici avec ces « philosophes d'école » tant haïs par lui, Schopenhauer se déclare opposé au système qui consiste à ramener la vie organique à des procédés chimiques, ainsi qu'aux physiologistes électriques, chimiques et mécaniques qui veulent, avec opiniâtreté, expliquer la vie par la forme et la combinaison de ses éléments constitutifs. Tous les phénomènes qui se passent dans le corps ne sont pas autre chose, dans son opinion, que des phénomènes de la « volonté ». Les dents, le pharynx et le canal intestinal sont la faim à l'état objectif; les organes génitaux sont l'impulsion sexuelle à l'état objectif. Il en est de même de la vie dite « latente » dans le sens le plus exagéré, des crapauds renfermés dans la pierre, du blé de momies datant de plusieurs milliers d'années et autres choses semblables qui trouvent en Schopenhauer un croyant de bonne volonté. Mais, là où ce philosophe s'égare manifestement le plus en contemplant la nature à la lumière de son système, c'est lorsqu'il arrive sur le terrain physiologique à parler des phénomènes de ce qu'on appelle la « vie nocturne de l'âme ». Tous les innombrables contes sur le magnétisme animal, même les plus invraisemblables, Schopenhauer les prend pour de l'argent comptant, et il regarde comme des faits démontrés les phénomènes des visions de spectres, de la clairvoyance, des songes des somnambules, de la seconde vue, des cures sympathiques, etc., etc. Comme preuves à l'appui, il s'en rapporte à Kieser, Jung Stilling, Just. Kerner; et leurs adversaires, il les appelle tout simplement des « ignorants ». Schopenhauer appelle le magnétisme animal la découverte la plus féconde qui ait jamais été faite en philosophie et en métaphysique pratique, et il va même jusqu'à concéder que le Christ a fait des miracles au moyen du magnétisme animal !! Dans cette voie, il s'aventure aux expressions les plus extraordinaires sur les courants magnétiques, les directions polaires, la force vitale, etc.; et, pour confirmer la doctrine de Kant de la « chose en soi », il cite les sentences stupides de la « visionnaire de Prévorst », qui oblige un esprit à attendre jusqu'à ce qu'elle ait mangé sa soupe ! Il n'y a pas jusqu'à la « magie » du moyen-âge qui ne trouve grâce devant ses yeux, et ceci naturellement par la seule raison qu'il croit y trouver des confirmations réelles de sa doctrine et de celle de Kant. En effet, comme, d'après Kant et Schopenhauer, le temps et l'espace ne sont pas « réels », mais seulement « subjectifs », il faut qu'une personne somnambule puisse être affranchie de ces barrières, et par conséquent elle doit acquérir le moyen de voir dans le lointain et dans l'avenir ! Par contre, les cures sympathiques, ainsi que beaucoup d'autres phénomènes du magnétisme animal, trouvent leur explication dans une action immédiate de la « volonté », et ici Schopenhauer trouve à souhait un appui naturel dans les impostures et les supercheries sans nombre des « magnétiseurs de la volonté ». On connaît les scènes comiques qui se sont produites il y a quelques années à l'occasion de la présence, à Francfort-sur-le-Mein, du célèbre magnétiseur Regazzoni, qui fut alors démasqué par des médecins de cette ville comme un franc imposteur, scènes que Schopenhauer en personne provoqua par son enthousiasme pour les duperies de ce personnage. Par contre, on peut pleinement approuver ce qu'il dit sur l'hérédité physiologique des particularités psychiques. C'est de la « mère », selon Schopenhauer, que l'on hérite l' « esprit » ou l' « intelligence », et du « père » le « caractère » ou la « volonté ».

Dans l'année 1836, Schopenhauer a publié un opuscule intitulé : *Sur la volonté dans la nature* (*Ueber den Willen in der Natur*, etc.) ; dans cet opuscule tout spécial, il expose les prétendues confirmations que sa philosophie a dû recevoir par les découvertes faites, depuis, dans les sciences « empiriques ». Si l'on veut se convaincre avec une complète évidence qu'en réalité ces confirmations font absolument défaut, on n'a qu'à lire cet opuscule. L'autorité principale de Schopenhauer est une sommité parfaitement inconnue, un Dr Brandis, dans le Danemark, qu'il appelle par-dessus le marché, et à tort, un « empirique ». S'il est permis de tirer une conclusion, au moins des pages qui nous ont été communiquées, nous dirons qu'elles ne caractérisent pas M. Brandis comme un empirique, mais comme un partisan de l'ancienne philosophie naturelle ; que, de plus, elles ne fournissent absolument aucune preuve en faveur de Schopenhauer, ou bien que ce sont seulement des pages détachées de l'ensemble, ou bien enfin qu'elles ont reçu une interprétation forcée, etc. Quant aux noms plus célèbres de Meckel et de Burdach, Schopenhauer ne peut les citer qu'aux passages où ils adhèrent encore aux idées de l'ancienne « philosophie naturelle », idées bien vieilles, bien connues, mais aujourd'hui complètement tombées dans le discrédit.

Enfin, dans une dernière question trouvant sa place ici, dans la question de l' « âme des bêtes », Schopenhauer se place à

un point de vue qui se distingue sans doute avantageusement
des idées de la philosophie spéculative, mais qui cependant reste
en arrière de la philosophie expérimentale moderne. En face
des souffrances des animaux, Schopenhauer est pris d'un profond sentiment de compassion, sortant en partie de son propre
cœur, en partie de sa philosophie, et il démontre parfaitement
que parmi les philosophes ce sont précisément les « idéalistes »
qui abaissent l'animal au-dessous de lui-même et par une fausse
conséquence philosophique arrivent à des principes de dureté
et de cruauté à son égard. L'animal, d'après Schopenhauer,
n'a pas seulement de l'intelligence, de la sensibilité, de la
mémoire, etc.; il a également la connaissance de son « moi »,
ou cette conscience que quelques philosophes insensés lui refusent sans « l'ombre » même d'une raison. Un pareil philosophe,
s'écrie Schopenhauer, devrait seulement se trouver une fois
entre les griffes d'un tigre; il constaterait bien vite, à ses dépens, que ce dernier sait parfaitement faire la distinction
entre le « moi » et le « non-moi » ! L'homme et l'animal sont,
d'après lui, identiques dans leur nature et doivent être appelés
« frères ». Les religions « indiennes », selon Schopenhauer,
comparées à la religion chrétienne, ont ce grand avantage, de
ne pas, comme cette dernière, présupposer une séparation radicale entre l'homme et l'animal et de ne pas regarder ce dernier
comme une « chose », mais de reconnaître au contraire entre
les deux une parenté étroite et de recommander également
« l'amour » à son égard. Aussi l'animal jouit-il encore aujourd'hui, dans l'Inde, de la plus haute considération, tandis que la
froide cruauté des Européens à son égard doit blesser tout
cœur sensible. Néanmoins, suivant Schopenhauer, l'homme se
distingue de l'animal d'une façon « essentielle », notamment par
la « raison » ou la faculté de former des notions. L'animal doit
avoir de « l'intelligence », mais seulement pour ce qui concerne
« l'observation », tandis qu'il ne possède pas la « raison » qui
est toujours nécessaire pour la « formation d'idées », et de cette
manière se trouve nettement différenciée la nature intellectuelle
des deux. La « raison » doit être la faculté des représentations
« abstraites », l' « intelligence » celle des représentations « objectives » ou « visuelles » (*Anschaulich*). Abstraction faite de
ce qu'il n'est même pas besoin de s'appuyer sur des raisons
philosophiques pour admettre cette séparation, Schopenhauer

néglige aussi les innombrables degrés intermédiaires ou de transition, corporels et intellectuels, dont les sciences empiriques ont démontré l'existence entre l'homme et l'animal, et qui effacent chaque différence essentielle de la même manière que pour les autres délimitations des règnes de la nature établies seulement par l'intelligence systématisante de l'homme. Aussi n'aurait-on pas de peine à trouver dans la nature une quantité de cas auxquels cette catégorie philosophique de Schopenhauer serait absolument inapplicable, bien qu'il faille accorder que la nature, lorsqu'elle a une fois franchi une limite, est en mesure de développer chez des êtres supérieurs des facultés toutes nouvelles et des états différents des états antérieurs.

En fin de compte, si nous jetons un coup d'œil rétrospectif sur ce qui a été dit en dernier lieu, il en résulte que le rapport de Schopenhauer avec les sciences naturelles est un rapport passablement stérile, malgré toute la considération dont il les entoure ; la « seule » chose digne de remarque qui subsiste, c'est que même un philosophe idéaliste ne se contente pas de reconnaître aux sciences naturelles le droit formel de prendre la parole en philosophie, mais qu'il prend également leur défense de la façon la plus vive. Mais là où Schopenhauer se présente de nouveau sous des dehors encore bien plus brillants, c'est lorsqu'il se meut spécialement sur le terrain de la théorie et lorsqu'il distribue les coups de fouet de sa critique aux erreurs « théologiques », comme il l'avait fait auparavant pour les erreurs philosophiques.

Cette critique frappe de la façon la plus destructive la notion théologico-philosophique de l' « absolu », qu'il appelle le « titre décerné par la nouvelle mode au bon Dieu », et qu'il fait dériver seulement des efforts que se donne la philosophie pour être agréable à la théologie. La philosophie ne peut pas, d'après lui, cesser de rechercher une « causa efficiens » ou une « causa finalis » pour le monde; elle ne cherche pas à savoir « d'où » le monde provient, ni « pourquoi » il existe, mais seulement « en quoi consiste le monde »; il en résulte qu'elle n'a pas du tout à s'occuper de ce qu'on appelle l' « absolu ». « Si ces messieurs veulent absolument avoir un absolu, s'écrie Schopenhauer dans un passage caractéristique, je leur en mettrai un en main, qui répond à toutes les exigences bien mieux que leurs nébulosités fantastiques : c'est la « matière » ! Aucune des « anciennes » philosophies ou religions, dit Schopenhauer, ne connaît quelque chose de Dieu ou de l'absolu, pas plus qu'un commencement du temps ; et il est scandaleux que dans les écrits des savants les mots « théisme » et « religion » soient pris d'ordinaire dans un sens identique, vu que la philosophie jusqu'à présent n'a su que se mettre au service de la théologie et de la politique. Le bouddhisme, qui compte 300 millions d'adhérents, est absolument athée. Les deux systèmes de religion chinois, celui de Taossee et celui de Confucius, sont également athées, et la langue « chinoise » ne possède pour les notions de « Dieu » et de « création » aucun mot ou aucune expression. Dans l'antiquité, les « Juifs » ont été le seul peuple qui a eu l'idée d'une révélation et d'un Dieu créateur, unique, ou le « monothéisme », et c'est d'eux seulement que cette idée s'est transmise au christianisme et au mahométisme. — Chez Schopenhauer, le « panthéisme » est tout aussi bien traité que le « monothéisme ». Un Dieu impersonnel n'est pas un Dieu, mais un non-sens, un abus de mots, une *contradictio in adjecto*. Les panthéistes croient avoir fait une grande chose, parce qu'ils décernent le titre de « Dieu » à la nature intérieure du monde, qu'ils ne connaissent pas. Mais, dans son opinion, un Dieu qui aurait pu consentir à se transformer en un monde aussi mauvais, aurait dû certainement être bien tourmenté par le diable. Faudrait-il que Dieu, comme il s'écrie avec ironie, se transforme en 6 millions de nègres esclaves recevant 60 millions de coups de fouet par jour, ou bien en 3 millions de tisserands européens ? Spinoza, aussi, a donné au monde le nom de « Dieu », mais seulement par des raisons philosophiques et dans la crainte de subir le sort d'un Bruno ou Vanini. Ce que les panthéistes appellent « Dieu » n'est pas autre chose que la « volonté », une thèse dont l'adoption peut seule nous sauver du déterminisme. La marche du monde ressemble au mouvement d'une « montre », qui continue à marcher une fois qu'elle a été montée. Il n'y a donc pas de choix : ou bien il faut considérer le monde comme une simple machine qui marche sous l'influence d'une nécessité, ou bien il faut reconnaître la « volonté » comme étant sa nature, son essence. Il est hors de doute que dans de pareilles conditions la philosophie particulière de Schopenhauer, considérée au point de vue « théologique », n'est ni monothéiste, ni panthéiste, mais très manifestement

« athée ». Sans doute le rôle que Schopenhauer permet à sa « volonté » de jouer rappelle assez souvent celui que joue le Dieu des monothéistes ou le Dieu des panthéistes, mais il s'en distingue néanmoins d'un autre côté d'une façon assez essentielle pour qu'on ne puisse pas le confondre avec lui. La volonté de Schopenhauer n'a rien de « divin » en elle, et d'après son inventeur lui-même, elle agit sans « conscience » aussi bien que sans « intention ». Elle est un effort sans plan, sans fin, sans but; il en résulte que son objectivation, la « vie », ainsi que chaque phénomène, n'est que désolant et également sans but et sans fin. La vie n'est susceptible d'aucune véritable félicité; elle n'est au contraire que souffrance et constitue un état partout et toujours misérable. « Ce que l'histoire raconte n'est que le rêve prolongé, pénible et confus de l'humanité ». L' « histoire » montre que ce monde de l'humanité est le règne du hasard et de l'erreur, que dans ce monde c'est la folie, la méchanceté et l'absurdité qui conduisent le régiment, et que le bien n'arrive à se frayer un passage que péniblement ou même pas du tout. « La volonté, est-il dit, joue la grande tragédie et la grande comédie à ses propres dépens et elle est également son propre spectateur ». Après avoir ainsi exprimé sa manière de concevoir le monde, si empreinte de mélancolie, Schopenhauer ajoute quelques considérations profondes et véritablement émouvantes sur les misères de la vie, sur les détails desquelles il semble avoir exercé de la façon la plus tranchante son regard pénétrant.

Avec ce caractère foncièrement athée de la philosophie de Schopenhauer, l'attitude générale observée par celle-ci vis-à-vis de la religion et du christianisme ne peut pas être particulièrement amicale. Dans un chapitre plus long des *Parerga und Paralipomena*, écrit sous forme de « dialogue », Schopenhauer s'étend sur la valeur positive et négative des religions, et il montre sous quel point de vue impartial il sait se placer dans des questions qui n'ont pas de rapport immédiat avec son système [1]. Néanmoins c'est son sentiment anti-religieux qui

1. Schopenhauer emploie souvent la forme « dialoguée », si appropriée à la discussion des questions philosophiques en litige, et il la manie d'ordinaire d'une façon très habile. Il exprime son opinion à ce sujet dans les termes suivants : « La forme dialoguée, par le fait de ce qu'elle fait saillir et met en lumière, de fond en comble, la différence des opinions, doit être véritablement dramatique; il faut qu'il y ait réellement « deux » personnages qui parlent. Autrement, ce n'est qu'un badinage oiseux, comme cela arrive la plupart du temps. »

domine. « Les religions, dit-il, sont comme les vers luisants ; elles ont besoin de l'obscurité pour luire ». La religion et la philosophie, selon Schopenhauer, n'ont rien à faire ensemble, et jusqu'à présent la philosophie s'est presque toujours, à très peu d'exceptions près, ravalée en se laissant influencer par les idées religieuses dominantes. « Croire » et « savoir » sont deux choses parfaitement distinctes, dont chacune doit suivre sa voie propre ; elles sont « comme les deux plateaux d'une balance ; au fur et à mesure que l'un s'abaisse, l'autre s'élève ». La révélation est un non-sens ; il n'y a pas d'autre révélation que les pensées des sages. Il en résulte que ceux qu'on appelle « rationalistes » dans la théologie n'ont aucun soupçon du véritable esprit du christianisme. La vérité que cherchent les rationalistes exerce leurs efforts non dans la « religion », mais dans la « philosophie ». Celui qui veut devenir un rationaliste doit être un philosophe ; on ne peut pas servir deux maîtres à la fois. « Ou bien croire ou bien philosopher » ! C'est dans la religion « chrétienne » surtout que Schopenhauer sait découvrir des défauts extérieurs et intérieurs, et il affirme son infériorité en comparaison de la religion des Grecs, des Romains, des Indiens, etc. Ce qu'il y a de bon en elle doit sortir du sang « indien », mais tous les autres systèmes religieux doivent être préférés à « Jéhovah », au Dieu des Juifs et des chrétiens. Schopenhauer cherche surtout à mettre sur le compte du christianisme ce qu'on appelle ses fautes « historiques » et à comparer la morale chrétienne avec ce qu'en ont « fait » les chrétiens. Les horreurs du fanatisme que nous fait connaître l'histoire sont, d'après lui, le fait exclusif des religions « monothéistes », telles que le judaïsme, le christianisme et l'islamisme. Le « fanatisme » reçoit de Schopenhauer le nom de « monstruosité redoutable », qui dans la seule ville de Madrid a envoyé aux bûchers, pour les faire périr au milieu des plus affreux tourments, 300,000 êtres humains dans l'espace de trois cents ans, et il donne une description saisissante de l'âge d'or de « Périclès », comparé au sombre fanatisme du moyen-âge (plus d'un de nos lecteurs se rappellera également ici, involontairement, ce que de nouveau les Anglais pratiquent actuellement dans « l'Inde », ce berceau de la sagesse religieuse, et cela au nom de la religion et de la civilisation chrétiennes).

Plus loin, le dogme de la « continuité d'existence personnelle » trouve en Schopenhauer un adversaire aussi résolu que dangereux. Avancer, dit-il, qu'une chose, après avoir été un temps infini sans existence, puisse continuer à exister pour toute l'éternité, c'est admettre une hypothèse singulièrement audacieuse. Il n'y a que ce qui par soi-même est sans commencement ou éternel, qui puisse être indestructible. Aussi notre conception religieuse commet-elle la grande faute d'admettre simultanément une origine tirée de rien et une continuité d'existence éternelle, tandis que les Hindous, très conséquents, en admettant aussi la durée d'existence après la mort, reconnaissent également une vie avant la naissance et déclarent « éternel » tout ce qui existe en général. Une création qui crée avec rien est incompatible avec la doctrine de l'immortalité; car ce qui ne peut pas être détruit doit aussi nécessairement avoir toujours existé. Toutes les preuves en faveur de la continuité d'existence après la mort peuvent donc tout aussi bien être transformées en preuves favorables à la vie « avant la naissance ». Il en résulte que nous sommes sans doute immortels, non comme des personnes, des individualités qui ne sont qu'un mode d'apparition passagère, dans l'homme, de la force universelle, mais seulement comme des éléments constitutifs de cette force primordiale. La « mort », que Schopenhauer caractérise, avec un sens profond, de raison fondamentale de toute philosophie, ne concerne pas, d'après lui, notre nature en elle-même, qui est impérissable. Elle nous replace dans l'état de la « chose en soi », dans cet état primitif où la distinction entre « objet » et « sujet » est supprimée, et où n'existent pas les défectuosités de ce monde des phénomènes. Ce qui disparaît dans la mort, ce n'est pas la nature ou l'essence de l'homme en soi, qui ne connaît ni commencement ni fin, pas plus que des limites assignées à une individualité donnée, mais c'est seulement la conscience individuelle, qui n'est pas la « cause », mais la « conséquence » de la vie organique. Aussi la mort ressemble-t-elle absolument au sommeil profond ou à la syncope, et ne peut-elle pas du tout en être distinguée! Il en résulte encore que la mort, pas plus que ces deux états, ne doit être l'objet d'une crainte ou considérée comme un mal; car ne pas être n'est pas une douleur, ainsi que les philosophes de tous les temps l'ont démontré en s'appuyant sur d'excellentes raisons. Sénèque dit : « Mors est non esse » : « La mort, c'est n'être pas; » et Épicure : « La mort ne nous regarde pas; car, si nous existons, la mort n'est pas, et, si la mort existe ou arrive, c'est nous qui n'existons pas ». C'est pourquoi la crainte de la mort est la plus grande folie ; on doit au contraire la souhaiter, attendu que, suivant Schopenhauer, la perte de cette individualité n'est pas une « perte », mais constitue un « gain ». « Je ne sais pas, dit Voltaire, ce que c'est que la vie éternelle ; mais celle-ci est une mauvaise plaisanterie. » Mais, suivant Schopenhauer, l'existence proprement dite se rattache à cette conscience individuelle qui disparaît dans la mort. Ce qui disparaît dans un homme pris isolément et retrouve sa place dans un autre est au fond absolument la même chose et ne fait que tourner dans un cercle éternel. « Où sont les morts ? » demandes-tu. Réponse : « Chez toi-même. » Malgré la mort et la décomposition, nous sommes cependant réunis tous ensemble. Rien ne disparaît. « Ex nihilo nihil fit, et in nihilum nihil potest reverti » ! (« Rien ne vient de rien, et rien ne peut retourner au néant »)! Schopenhauer déplore profondément que le christianisme et le mahométisme aient détruit par le glaive et le feu la foi primitive si consolante de l'humanité dans l'immortalité de notre nature « en soi » et l'aient remplacée par une origine tirée du néant avec une continuité éternelle de l'existence, inconciliable avec cette dernière.

En face de ces idées, plus d'un lecteur supposera que Schopenhauer s'érigerait également en apologiste du « suicide » ; il n'en est cependant rien ; il le rejette et se contente seulement de qualifier les raisons « théologiques » contraires au suicide, de « sophismes faibles, faciles à réfuter ». Il affirme, de plus, que les religions monothéistes ou judaïques sont les seules qui stigmatisent le suicide comme un crime et témoigne toute son estime pour les héros de l'antiquité qui le pratiquaient. Si dans la religion Schopenhauer se place nettement sous le point de vue de l'athéisme, il ne met pas moins de résolution, dans la question relative à la « liberté de la volonté humaine », à se placer sous le point de vue du « déterminisme », et ne dédaigne même pas de s'appuyer sur les nombreuses autorités ecclésiastiques favorables au dogme catholique de l' « absence de la liberté dans la volonté ». Le monde n'est libre que comme une « chose en soi », mais non comme phénomène, et les actions humaines appartenant au monde des phénomènes s'accomplissent d'une façon absolument nécessaire et sans choix libre. Schopenhauer a écrit, sur la liberté dans la volonté, un opuscule spécial qui a été couronné par l'Académie des sciences de Norwège, et dans lequel, à l'imitation de Kant, il enseigne que la « liberté » et la « nécessité » peuvent exister simultanément. Kant, en effet, fait une distinction entre le caractère « empirique » et le caractère « intellectuel », et il place le premier dans le phénomène, le second dans la chose en soi. Il y a donc, d'après Kant, une nécessité empirique de l'action et même une faculté de discernement à côté de la liberté transcendantale. La première est, en qualité de phénomène, soumise aux catégories de temps, d'espace et de causalité; la seconde, par contre, est libre, indépendante de ces formes et équivaut à la nature intime de l'homme en soi, ou à ce que Schopenhauer appelle « volonté ». Le fait seul que le phénomène est toujours soumis à la loi de cause et d'effet exclut déjà, suivant Schopenhauer, la liberté empirique de la volonté, qui naturellement sans cela formerait une exception à cette loi : la liberté est transcendantale. Toute la question, selon Schopenhauer, est donc de savoir ce que l'individu « est » ; ce qu'il « fait » en résultera comme une conséquence nécessaire ; on se sent par conséquent aussi responsable, suivant lui, de ce que l'on « est » (esse), mais non de ce que l'on « fait » (operari). Il est parfaitement clair que cette exposition est purement spéculative et arbitraire. Une liberté qui ne peut pas être exercée n'est pas une liberté, et un homme qui ne fait que les choses auxquelles sa nature empirique le pousse avec nécessité ne peut pas être déclaré capable de discernement ou responsable. Mais si, comme Schopenhauer, on transporte la liberté de l' « action » dans le fait d' « être » (sein), on a tout simplement changé l'ordre des expressions. Dire, enfin, que l'on doit se sentir responsable de l' « existence » et non de l' « action », c'est émettre une assertion absolument erronée, qui est contraire à l'expérience. On peut tous les jours faire l'expérience du contraire et entendre des hommes excuser certaines actions commises par eux-mêmes ou par d'autres hommes, en invoquant leur caractère, leurs dispositions, leur éducation, ou en disant d'un ton naturel : « Je suis ainsi fait » ; ou bien : « Il est ainsi fait ». L' « existence » (esse) est avec raison présupposée comme une chose qui se dérobe plus ou moins à la volonté libre, tandis que l' « action » est considérée comme une conséquence de cette volonté. La philosophie expérimentale moderne se trouve ici sur un terrain tout différent, plus solide et affranchi de toutes les confusions spéculatives. Elle aussi fait dériver l' « action » de l' « existence » et montre seulement, à l'aide de faits et de calculs empiriques, comment l' « existence », le « fait d'être » ressort comme une conséquence nécessaire de certaines conditions déterminées, de dispositions corporelles ou spirituelles, d'influences accidentelles, etc., et comment il transporte cette nécessité à l'action de telle façon que cette dernière oscille entre les limites les plus étroites. Mais avec cela la liberté du choix n'est pas niée d'une façon « absolue », et nous conservons l'espoir consolant qu'une amélioration dans la situation des hommes et du genre humain amènera également une amélioration dans le choix à faire.

En poursuivant ainsi le cours de ses pensées, Schopenhauer arrive à un des sujets les plus importants et les plus intéressants, la « morale », qu'il n'introduit plus dans la philosophie par une porte de derrière, comme Kant, mais qu'il analyse à l'aide d'un examen basé sur une réelle expérience. Cet examen est de nature à faire pencher très sensiblement le plateau de la balance du côté du sensualisme des sciences naturelles modernes. Celui-là seul pourra reprocher à Schopenhauer de manquer de sentiment moral, qui ne l'aura pas lu lui-même. Car, non seulement dans le cours de cet examen, mais partout où l'occasion s'en présente, il montre un sentiment si vrai et si chaud pour les plus nobles vertus humaines, pour la droiture, la justice, la pitié, l'amour pour ses semblables, et il exprime une si profonde compassion pour toute espèce de souffrances ou de douleurs subies par les autres, qu'on ne peut pas s'empêcher d'estimer son cœur autant que son intelligence, et de reconnaître cette vérité ancienne, que les qualités saillantes de l'esprit vont aussi presque toujours, la main dans la main, avec une vie remplie de sentiment. Ce qui se reflète dans les thèses de Schopenhauer, ce n'est pas de l'hypocrisie, ou cette sentimentalité superficielle que certains écrivains affectent plus qu'ils ne l'éprouvent réellement, mais c'est bien la douleur profonde du sage qui jette ses regards jusqu'au fond de l'existence ainsi que dans les dernières profondeurs de la misère humaine ou de la dégradation humaine. Dans son ouvrage capital, Schopenhauer nous offre une description classique de l'homme qui s'élève par la philosophie au-dessus de l'égoïsme général, et qui regarde comme siennes propres non seulement les souffrances de ses semblables, mais également

ment celles du monde entier. Si donc Schopenhauer, contradictoirement avec son maître Kant, rejette dans le domaine des contes ce qu'on appelle la « loi morale », ou la « conscience », ou la « notion innée du bien », et la qualifie de « morale faite pour les écoles d'enfants », ses calomniateurs ne pourront pas le mettre sur le compte de son manque de cœur ou de la suppression de son propre sentiment moral. Dans Kant, le principe « moral », au dire de Schopenhauer, est un principe transcendantal, indépendant de l'expérience et de l'instruction métaphysique, et forme ainsi un pont qui conduit au monde dit « intelligible » ou à la « chose en soi ». Ce que l'on appelle l' « impératif catégorique » est, chez Kant, le principe fondamental de la morale ; il doit se manifester chez tout homme, du dedans au dehors, avec une force de coercition immédiate, et « vertu » et « raison » ne doivent être qu'une seule et même chose. On pourra facilement accorder à Schopenhauer que cette théorie ancienne et caduque est très éloignée de la vérité et reconnaître avec lui, comme démontré, que le principe moral de Kant n'est au fond pas autre chose que l'ancienne morale « théologique ». D'après Schopenhauer, cette faute de Kant a aussi donné lieu aux radotages transcendantaux qui l'ont suivi, radotages basés sur une raison surnaturelle innée, en ce que l'on ne tarda pas à changer l'estampille de la « raison pratique » de Kant pour lui donner celle de cette « raison innée ». La raison est, d'après les philosophes radoteurs (Jacobi et autres), une faculté de saisir immédiatement le surnaturel ; elle est basée sur la métaphysique et permet de reconnaître les derniers principes de toutes choses d'une façon immédiate et par intuition. Tout cela est simplement une absurdité aux yeux de Schopenhauer et probablement aussi de quiconque veut se servir de son bon sens. Il n'existe pas de raison-intuition ; aussi ne peut-il rien sortir comme conséquence de la raison seule. S'il en était cependant ainsi, il faudrait qu'il y eût un accord entre toutes les vues métaphysiques, tandis que dans la réalité celles-ci constituent une réunion composée des opinions les plus contradictoires. Aussi la « conscience », que Kant considère comme une chose immédiate, puissante, solidement établie, ne l'est pas du tout de par l'expérience, mais est au contraire une notion très indéterminée, changeante et sous la dépendance du hasard. Sans autorité d'état, sans contrainte extérieure, la conscience ne servirait jamais à rien. Le « bien » n'est pas une chose absolue, mais l'expression de certaines relations puisées dans l'expérience; ce qu'on appelle « l'idée du bien » n'existe pas. Si l'on rencontre des traits inspirés par une « bonne conscience », on rencontre tout aussi souvent le contraire, des traits de jalousie, de joie maligne, de méchanceté, etc. Le ressort principal de toutes les actions humaines est, suivant Schopenhauer, l' « égoïsme » et la tendance à chercher en lui, avant tout et à toute occasion, l'explication d'une action donnée, avant de chercher d'autres raisons pour l'expliquer. En se laissant guider ainsi par cette pensée, Schopenhauer dévoile sans ménagement aucun, et avec une connaissance profonde de la nature égoïste de l'homme, les défaillances morales ainsi que la perversité des hommes individuellement et de la société; il trouve là une occasion suffisante pour donner satisfaction à son mépris des hommes et à sa disposition d'âme hypocondriaque. Malheureusement, on ne peut pas soutenir que sa peinture soit complètement contraire à la vérité lorsqu'il appelle le monde et la société une « mascarade », dans laquelle chacun veut paraître autrement qu'il n'est, et lorsqu'il découvre la contradiction criante qui existe entre la morale journellement « enseignée » et la morale journellement « pratiquée ». Dans bien des cas, la droiture, l'honnêteté et la justice ne sont au fond que des choses de convention; et quand même il n'en est pas toujours ainsi, et si l'on rencontre certainement des actions inspirées par l'amour désintéressé du prochain ainsi que par un sentiment de justice tout spontané, les actions de ce genre ne dérivent pas d'une conscience innée, mais seulement et uniquement du sentiment de la « pitié ». En général, Schopenhauer ne connaît que trois ressorts pour les actions humaines: l' « égoïsme », la « méchanceté » et la « pitié ». Les vertus cardinales, c'est-à-dire la « justice » et l' « amour du prochain », ont leur racine « exclusivement » dans la « pitié », qui certainement ne repose sur aucune connaissance innée, mais ne consiste qu'en ceci : c'est que l'on se transporte soi-même par la pensée dans la situation intérieure d'un autre être souffrant, et que l'on accomplit seulement ce que dans une telle situation on eût espéré obtenir ou exigé même de la part d'un troisième. Si Schopenhauer avait voulu être conséquent jusqu'au bout, il lui eût été facile de pousser plus loin sa construction dans la marche de ses pensées, et de démontrer que la « pitié » elle-même n'est, en fin de compte, pas autre chose qu'un égoïsme raffiné. Mais c'est ce qu'il ne fait pas, et il nomme la « pitié » le seul ressort réellement moral qui existe, la source unique des actions non égoïstes. Rien ne soulève plus, d'après lui, que le contraire de la pitié ou la « cruauté ». Le contraire de la pitié, c'est la « méchanceté », qui existe également dans le cœur humain et qui de son côté fait le mal, de la même manière que la pitié pratique le bien. Toutes deux ont ceci de commun ensemble, selon Schopenhauer, c'est qu'elles n'ont pas leur source dans l'égoïsme; par conséquent, tout ce qui ne se fait par « égoïsme » s'accomplit par « méchanceté » ou par « pitié ». Voilà une explication excellente, malgré quelques défauts de détail, basée sur une expérience réelle et de nature à renverser de fond en comble les objections tirées de la conscience innée contre le sensualisme!

Schopenhauer recevra sans doute, à notre époque, moins d'approbation avec ses idées paradoxales et un peu passées de mode, sur la « science du droit » et la « politique ». Il est l'adversaire de la liberté de la presse, l'adversaire de la république, l'adversaire de l'Amérique, l'adversaire de la cour d'assises, l'adversaire de l'émancipation des Juifs, l'adversaire même des barbes; par contre, il est l'ami du droit d'aînesse, des privilèges, de la noblesse, etc. Il donne une description très inexacte des avantages de la monarchie, et trouve que le morcellement de l'Allemagne est aussi convenable que naturel! Enfin, il n'est pas donné à tout le monde de tout faire, et le lecteur pourra peut-être se trouver satisfait en jetant un regard sur une citation tirée de Schopenhauer lui-même (dans *Parerga und Paralipomena*, 2ᵉ volume), d'après laquelle, « chaque homme, fût-il le plus grand génie, est un être nettement borné dans l'une ou l'autre sphère des connaissances [1]. »

[1]. Il résulte d'une description de la vie de Schopenhauer, publiée par W. Gwinner (Leipzig, 1862), qu'en général ce philosophe était « ennemi » de toute politique, parce qu'il trouvait que ce serait s'abaisser au-dessous de lui-même, « s'il devait diriger les forces de son esprit sur une sphère qui lui paraissait aussi petite et aussi étroite ». Un semblable point de vue est dans tous les cas l'émanation d'une arrogance d'esprit, qui à son tour est de nouveau la conséquence d'une certaine étroitesse d'esprit ou de sentiment. La maxime fondamentale du « véritable » philosophe sera au contraire toujours la maxime célèbre de Térence : *Nil humani a me alienum puto*. Dans tous les cas, pour le bien de l'humanité, la moindre activité politique aura toujours plus de valeur, et sera toujours plus utile, que l'élaboration minutieuse d'un système qui, en supposant qu'il ait des chances d'être admis généralement, ne pourrait conduire finalement qu'au désespoir pendant toute la vie, ainsi qu'à la résignation des Indiens et à l'engourdissement de la mort.

Il est encore une foule d'autres sujets que les précédents, sur lesquels le lecteur trouve, dans Schopenhauer, des observations ou des idées tantôt plus, tantôt moins exactes, mais toujours ingénieuses et révélant le travail du génie philosophique : ainsi sur la nature et l'usage de la raison, sur l'intelligence ou l'erreur, sur le principe et le rapport des sciences humaines entre elles, sur la sagesse dans la vie, sur l'honneur, sur la politesse, sur le duel (qui est de sa part l'objet d'une critique véritablement écrasante), enfin sur la nature de l'art. Ses idées sur la sagesse dans la vie sont souvent, d'un côté, empreintes d'un caractère machiavélique, d'un autre par trop dans le sens de l'homme érudit, disposé à la solitude et au mépris des hommes; mais à côté de cela elles trahissent cependant un grand talent d'observation. Ses idées sur l'art sont « idéalistes »; car, d'après elles, le génie tire les œuvres de l'art de son propre fond et d'une anticipation intellectuelle, et ne les produit pas en réunissant ensemble des beautés isolées, trouvées par empirisme.

Que notre jugement, au total, soit favorable ou défavorable à Schopenhauer, toujours est-il que nous aurons ainsi appris à connaître en lui une apparition tout à fait particulière et d'une importance considérable. Placé à la limite de deux grandes époques philosophiques, il indique avec l'une de ses mains le passé et l'avenir avec l'autre; ici, il est idéaliste, et là, réaliste; d'un côté, nous le voyons encore profondément enfoncé dans les confusions de la spéculation pure, et, de l'autre, il s'élève déjà d'un vol rapide vers ces hauteurs lumineuses sur lesquelles la philosophie marche à la rencontre d'un but nouveau en s'appuyant sur l'expérience. En supposant même qu'il soit donné à quelqu'un de démontrer qu'il n'en est pas ainsi et qu'on ne trouve pas dans Schopenhauer un rapport plus étroit et plus intime avec le développement philosophique de l'époque actuelle, le génie de l'homme, la richesse de ses pensées et de ses connaissances, sa personnalité remarquable comme philosophe n'en subsisteraient pas moins et suffiraient pour le recommander à l'attention du public. Nous voulons ajouter encore que l'on négligera plus facilement ou du moins qu'on trouvera plus compréhensibles certaines contradictions, certains passages désagréables, certaines singularités et irrégularités dans ses vues, lorsqu'on voudra ne pas oublier que chez Schopenhauer cette tendance particulière au « paradoxe », que l'on rencontre si souvent chez les esprits supérieurs, atteint un degré de puissance exceptionnel. Schopenhauer a assez de naïveté pour le reconnaître lui-même. « Il m'est arrivé très souvent, dit-il, de retrouver après coup, avec une surprise joyeuse, dans les ouvrages anciens de grands hommes, des thèses que je n'avais présentées au public qu'avec hésitation, à cause des paradoxes qu'elles renfermaient ». Le génie a une tendance au paradoxe, parce qu'il ne peut résister à la tentation de défendre avec ses ressources extraordinaires des thèses qui paraissent insoutenables à l'intelligence commune. Cette tendance a son bon côté, parce qu'en se plaçant à de nouveaux points de vue elle conduit facilement à la découverte de vérités nouvelles ou à l'éclaircissement de vérités anciennes ; mais, lorsqu'on « l'exagère » dans les choses scientifiques, elle devient dangereuse et rend finalement impossible toute régularisation de la pensée. On ne s'éloignerait peut-être pas trop de la vérité en supposant que Schopenhauer a pu se laisser séduire précisément par sa grande tendance au paradoxe, en élevant son dogme fondamental du monde comme volonté et comme représentation. Il y a encore une autre chose tout aussi blâmable et pénible pour la lecture : c'est le « style » de Schopenhauer. Lui aussi, il suit l'ancienne et désagréable manière dont se servent la plupart des écrivains philosophes, qui consiste à ne pas rester près du sujet une fois saisi, mais à sauter de suite d'une pensée à peine commencée à cent et mille autres pensées, et à parler sur tout et de tout, excepté précisément de ce qui est en question. Cette affreuse manière a pour conséquence d'empêcher de comprendre clairement ce que l'écrivain veut réellement dire. Le cerveau tout à fait lucide et conséquent, au contraire, cherche constamment à séparer et à distinguer aussi souvent que possible, et, après avoir bien enfermé une pensée dans un espace aussi étroit que possible, il ne la lâche pas avant de l'avoir épuisée ou complètement éclaircie.

A celui qui voudrait apprendre à connaître Schopenhauer, non au point de vue de son système, mais seulement d'une façon générale, nous recommanderions avant tout la lecture de son ouvrage intitulé *Parerga und Paralipomena*. Il s'y étend sur une foule de sujets divers et presque toujours intéressants, et celui qui connaît déjà maintenant les traits principaux de son système sera, à l'aide de ce livre (comme Schopenhauer aime beaucoup à se répéter), en mesure de composer par lui-même un tableau assez complet de sa philosophie. Dans tous les cas, il y trouvera tant de choses intéressantes et ingénieuses, qu'il n'aura pas à regretter le temps employé à sa lecture. Enfin, celui qui n'aura pas lui-même lu Schopenhauer, pourra bien, à l'aide de descriptions semblables à la nôtre, avoir une idée de ses opinions, mais il ne connaîtra pas cette individualité dans ce qu'elle a de hautement particulier. Mais cette individualité se trouve liée à sa philosophie d'une façon telle, que, pour porter sur lui un jugement d'une exactitude parfaite, il faut le lire soi-même. Que personne, surtout, ne s'imagine, s'il s'intéresse à Schopenhauer, qu'il pourra se contenter de descriptions pareilles à celle qu'a présentée Frauenstädt ! [1]

1. Il paraît que M. Frauenstädt s'est senti blessé de l'observation qui précède et qui est cependant très fondée. Du moins, après avoir écrit antérieurement contre moi quelques petits mémoires peu importants, mais cependant au total sur un ton convenable, et reconnaissant ce qu'il y a de bon et d'exact, il s'occupe maintenant de ma personnalité dans les *Blätter für litterarische Unterhaltung*, qu'il féconde actuellement de ses idées critiques aux frais de M. Brockhaus ; il ne laisse passer aucune occasion de dénoncer au public mon matérialisme ainsi que celui de MM. Vogt, Moleschott et autres, comme étant cru, superficiel, un matérialisme d'amateur, tandis qu'il lui oppose son propre galimatias (« Wischi-Waschi »), en s'efforçant de le représenter comme un matérialisme purifié et philosophiquement transfiguré. Des gens qui, comme M. Frauenstädt, sont tellement pauvres en fait d'idées philosophiques à eux propres, qu'ils ne peuvent se nourrir qu'à titre de porte-queue des autres, et qui ne sont eux-mêmes qu'une sorte d'êtres hybrides entre la philosophie et le dilettantisme littéraire, devraient cependant être plus modestes ou bien, s'ils ne connaissent pas la modestie, au moins plus prudents dans la manifestation de leurs critiques sur les autres. Ne voit-on pas cependant M. Rudolf Gottschall lui-même, l'éditeur des feuilles (« Blätter ») mentionnées plus haut, qui de temps en temps se croit obligé d'entonner le même air avec lui sans avoir sans la moindre connaissance de toute la chose, se trouver dans le cas de dire : « La fable des raisins verts se répète sans cesse ; rien n'est plus facile que de condamner ce que l'on sent trop au-dessus de soi. » On devrait croire, en lisant ce passage, que M. Gottschall a voulu se moquer de lui-même. M. Gottschall, M. Frauenstädt, comme en général tous leurs innombrables collègues dans le métier littéraire, qui se sentent appelés à corner aux oreilles du public leur sotte connaissance sur le matérialisme, ne peuvent pas recevoir de ma part un meilleur conseil que celui de lire tous les jours, avec un sérieux recueillement, les excellentes paroles, qui vont suivre, du professeur Huxley (et cette lecture devrait être continuée jusqu'à ce qu'ils se sentent convertis et se décident à apprendre ou à se taire) : « Il y a beaucoup de gens, c'est ainsi que s'exprime Huxley dans un passage de son livre sur les causes des phénomènes dans la nature organique, il y a beaucoup de gens qui, bien qu'ils ne comprennent absolument rien du sujet traité, voudraient cependant faire du tort à l'auteur, à cause d'une opinion qu'il ne leur plaît pas d'adopter. Ce qu'ils font alors, ce n'est pas aller vers lui et chercher à apprendre quelque chose sur le sujet, ce qui cependant serait la meilleure voie pour un honnête homme, mais ils démolissent, d'une façon générale, l'auteur de l'opinion contestée, etc., etc. (Observ. pour la deuxième édition.)

X

SUR L'HISTOIRE NATURELLE DE L'HOMME

I

Dr Theodor Waitz, *Anthropologie der Naturvölker*, I Theil : *Ueber die Einheit des Menschengeschlechts und den Naturzustand des Menschen* (Leipzig, 1859, Fleischer).
Dr Théodor Waitz, *Anthropologie des peuples primitifs*, 1re partie : *Sur l'unité de l'espèce humaine et l'état primitif de l'homme* (Leipzig, 1859, Fleischer).

(1859).

Voici un excellent livre, fournissant le témoignage d'un rare labeur, dans lequel l'auteur, professeur de philosophie à Marburg et connu par des travaux antérieurs sur la psychologie et la pédagogie, essaie d'édifier une anthropologie ou étude de l'homme basée sur l'« empirisme » ou l'« expérience »; 'est certainement une entreprise très digne d'être remarquée à une époque où l'on s'efforce avec tant d'ardeur d'acquérir dans la philosophie des connaissances conformes aux données de l'expérience et où, en même temps, on dirige ses regards particulièrement sur la nature de l'homme. Certainement l'auteur est d'avis, avec raison, que celles des sciences qui se sont jusqu'ici occupées spécialement de cette branche des connaissances, c'est-à-dire l'« anatomie » et la « physiologie », ne sont pas en mesure de déterminer à « elles seules » la nature de l'homme, et que pour cela il est nécessaire de recourir encore aux ressources de la philosophie; mais il est à regretter, cependant, qu'il ait pris son propre point de vue plus sur le terrain de la philosophie spéculative que sur celui de ces sciences empiriques. Malgré ses efforts dirigés formellement vers l'empirisme et l'acquisition de faits réels, et par là doublement dignes d'être constatés chez un philosophe, il considère cependant, dans l'ensemble aussi bien que dans le détail, toujours l'homme encore bien plus avec les yeux du philosophe qu'avec ceux du naturaliste, et il cherche dans les faits plutôt la confirmation d'une opinion déjà toute faite que la réalité sans voile. Cette opinion se rapporte à ce que Waitz appelle l' « unité » ou l' « unité d'espèce » du genre humain et se base sur la proposition première admise par la philosophie (mais non par l'empirisme) « qu'il existe une nature de l'homme universelle et invariable », qui doit servir de principe fondamental à toutes les recherches entreprises pour connaître ce dernier. Cette nature exclut, selon Waitz, la possibilité de différences dites « spécifiques » entre les hommes, et entraîne avec elle cette conséquence, que tous les hommes doivent être soumis aux mêmes lois de la pensée ainsi qu'à la même aptitude de développement moral et intellectuel. Or, bien que l'auteur, naturellement, s'efforce autant que possible de mettre d'accord avec sa théorie ce que les sciences empiriques ont fait connaître sur la nature et l'origine de l'homme, sur sa destination sous le rapport de l'histoire naturelle et de la psychologie, etc., ainsi que les nombreuses relations des voyageurs, il s'en faut de beaucoup qu'il y réussisse partout; et les matériaux empiriques fournis par lui-même sont souvent si contraires à sa théorie, qu'il est obligé ou bien de s'embrouiller dans des demi-contradictions ou même dans des contradictions entières, ou bien, à la fin d'une exposition isolée, de formuler le résultat d'une façon bien moins nette qu'il ne l'a fait au commencement de son livre et dans l'introduction, ou même enfin de laisser planer là-dessus le doute le plus complet. Ainsi, dès le début et après avoir terminé son « introduction », il cherche, mais sans obtenir le moindre résultat, à déterminer exactement une notion empirique qui forme, comme on sait, l'obstacle éternel des naturalistes, et qui, pour « sa » manière de concevoir la chose, doit naturellement exiger comme condition indispensable une formule précise, mais impossible. Car celui qui veut démontrer l' « unité d'espèce » de l'homme doit pouvoir dire, avant tout, ce que l'on doit entendre par « espèce ». Mais la nature, éternellement vivante, qui se moque de toutes les barrières et divisions, ne se préoccupe pas de la définition des idées philosophiques, et la nouvelle définition de la notion de l'espèce que Waitz ajoute aux innombrables essais de définition antérieurs, restés toujours sans résultat, ne rend pas la chose meilleure.

Waitz définit l' « espèce » : « un type permanent qui s'hérite par voie de propagation. » Mais il faut se demander d'abord : « Qu'est-ce qu'un type permanent? » Et cette seule question enlève à la définition toute sa valeur. Il ne réussit pas davantage à bien déterminer la différence existant entre l' « espèce » et la « race », de sorte qu'à la fin de son examen sur la notion de l'espèce, qui témoigne du reste de connaissances très étendues. il se voit obligé lui-même de laisser « provisoirement » sans réponse la question de l'unité d'espèce de l'homme.

Mais, dans le cours de son ouvrage, Waitz nous fait connaître, pour servir à l'étude de la nature de l'homme, une telle abondance de faits importants, d'un grand intérêt et rassemblés avec le labeur le plus fatigant, et il touche en même temps à un si grand nombre de questions concernant l'origine et la nature de l'homme, questions de la plus haute importance et actuellement l'objet des discussions les plus vives, que, même sans adopter partout ses opinions philosophiques, on est obligé de suivre ses expositions et ses récits avec le plus grand intérêt et qu'une courte esquisse critique doit certainement pouvoir compter sur l'approbation du lecteur cultivé. En essayant, dans ce qui va suivre, de présenter un travail de ce genre, nous pourrons de nouveau montrer clairement comment, en se plaçant à leur point de vue actuel, l'observation de la nature et la philosophie, tantôt se rencontrent sur une quantité de questions générales des plus importantes, tantôt se séparent de nouveau en deux, de la façon la plus profonde, et comment les gens instruits doivent ne plus concevoir aucun doute sur la nécessité qui s'impose de sortir enfin une bonne fois de la demi-obscurité actuelle pour arriver à la lumière et à la clarté.

L'auteur divise tout son examen en deux grandes parties, l'une appelée : l'examen de l' « histoire naturelle » de l'homme, et l'autre appelée : l'examen de sa « psychologie », dont l'une doit s'occuper du « corps » et l'autre de l' « esprit ». Or, si Waitz, en sa qualité de philosophe, ne voit pas assez dans quel rapport intime et nécessaire ces deux côtés de l'homme se trouvent entre eux, et comment une contemplation ainsi séparée offre ses inconvénients, on peut cependant, en se plaçant à « son » point de vue, qualifier sa division de pratique. Dans l'examen de l' « histoire naturelle », Waitz s'occupe tout d'abord des influences extérieures qui agissent sur l'homme d'une façon déterminante et modificatrice, telles que le climat, l'alimentation, la nature du sol, etc., et trouve qu'elles exercent sur le corps et sur l'esprit une influence encore plus étendue peut-être que ne l'admet d'ordinaire l'école matérialiste. L'Anglais, d'après Waitz, s'est transformé en Amérique en un type tout à fait différent, celui du Yankee. Des hommes qui vivent un temps assez long au milieu de populations ou de races étrangères finissent peu à peu par leur ressembler, ainsi qu'on a cru pouvoir l'observer notamment chez le célèbre missionnaire Gützlaff. Le nègre, au contact des Européens, non seulement s'améliore quant à la conformation du corps, mais encore il devient plus intelligent, et l'on sait que les nègres nés en Amérique, ou appelés nègres « créoles », possèdent des aptitudes bien meilleures que les nègres pris à l'état sauvage, et sont conséquemment payés aussi plus cher [1]. Les Allemands, les Hongrois et les Turcs doivent aux influences modificatrices de la civilisation les changements les plus considérables. Waitz trouve même que les différences individuelles dans la conformation du crâne augmentent avec la civilisation, et ses recherches doivent pleinement confirmer une assertion souvent reproduite, d'après laquelle la conformation du crâne dépend en partie de la culture intellectuelle, et se modifie et se perfectionne avec cette dernière. L'intérêt et l'importance de ce fait sont encore dépassés par ceux que présente un autre fait en rapport avec lui et dont Waitz a parfaitement reconnu la haute signification physiologique, fait qui jette une lumière très vive sur l'histoire de la civilisation et du progrès de l'humanité. Ce fait, observé chez l'homme aussi bien que chez l'animal, c'est la « production spontanée de particularités nouvelles », non seulement dans le corps, mais aussi dans l'esprit, qui, une fois produites, se transmettent d'une manière durable aux descendants par voie d'hérédité. Des particularités de ce genre peuvent aussi bien être « innées » chez l'individu que produites par hasard ou intentionnellement dans le cours de l'existence. On voit même parfois des mutilations extérieures se transmettre aux descendants d'une manière durable. Les descendants de bœufs de labour tirent mieux

---

1. Reclus dit que dans l'espace de cent cinquante ans les nègres ont, en Amérique, franchi un bon quart de la distance qui les sépare des blancs. On n'ignore pas non plus que, dans l'Australie, les Anglais se sont transformés en un type tout particulier, facilement reconnaissable. (Remarq. de l'auteur.)

que les bœufs sauvages, de même qu'en général de jeunes animaux issus de parents éduqués ou dressés surpassent de beaucoup en docilité les animaux sauvages. Il y a des instincts acquis, comme il y a des maladies héréditaires. De ces faits, ainsi que de beaucoup d'autres faits semblables, on a conclu que la culture de l'esprit acquise, autant que le permet la « prédisposition », peut aussi bien se transmettre par voie d'hérédité que celle de la conformation du corps. L'histoire de certaines familles prouve que des talents mécaniques et artistiques, ou des prédilections pour certains genres de travaux, se transmettent ainsi par héritage ; et, par la même raison, l'aristocratie de la noblesse n'est pas sans avoir une base physiologique. De tout cela Waitz conclut, que les différents types d'hommes ne restent pas partout invariablement les mêmes et que la discussion ne peut porter que sur les « limites » de cette variabilité. Ici, la culture « intellectuelle » semble jouer un rôle prépondérant.

De là, Waitz passe à la description des « différences anatomiques et physiologiques dans les diverses races humaines », qu'il cherche naturellement à présenter aussi peu que possible comme « spécifiques », pour sauver sa thèse de l'unité d'espèce. Mais si, d'un côté, il fait paraître ces différences aussi insignifiantes que possible, il fait ressortir avec d'autant plus de vigueur celles qui, dans son opinion, séparent l'homme du représentant du règne animal qui se rapproche le plus de lui, c'est-à-dire du « singe ». Il traite de fables les récits d'hommes ressemblant à des singes, dont il existe cependant des cas si nombreux et suffisamment authentiques et auxquels, tout récemment, « miss Pastrana » est venue ajouter un exemple visible dans le monde entier [1] ; et les illustres

1. Dans l'année 1857, on a fait voir à Londres un monstre humain, âgé de vingt-trois ans, « Julie Pastrana, » qui, par la conformation du corps, ressemblait parfaitement à un animal. Son corps ainsi que tout son visage étaient couverts de longs poils noirs ; elle avait avec cela un front étroit, obtus, un angle facial très aigu, une bouche boursouflée et en forme de gueule, une forte langue, un menton court. Dans l'année 1855, on présenta, dans le royaume d'Ava, à l'ambassade anglaise, une femme complètement couverte de poils, et l'on fit observer que des curiosités de ce genre ne sont rien de rare dans la Birmanie. Qu'on lise encore les récits des voyageurs sur les nègres de l'Afrique orientale, sur les Malais de Java, sur les hommes des bois du Brésil ou Botocoudos (Avé-Lallemant), sur les hommes sauvages de l'Inde, sur les Indiens de l'Amérique méridionale, sur les aborigènes de Sumatra, de la Nouvelle-Hollande, des Philippines, de Bornéo, etc., etc. (Remarq. de l'auteur.)

ethnographes américains Nott et Gliddon, qui, s'appuyant, comme on sait, sur des recherches et observations personnelles, soutiennent dans leurs écrits que le « Hottentot » et le « Boschiman » ne sont pas plus éloignés du « singe » que de l' « Européen », sont accusés par lui de s'être livrés à une « exagération impudente » ! Le désavantage du philosophe qui puise dans les jugements ou dans les descriptions des autres, vis-à-vis de ceux qui tiennent un langage basé sur des recherches et des observations personnelles, est dans des questions de ce genre beaucoup trop grand pour que l'attitude passionnée de M. Waitz en face des opinions de MM. Nott et Gliddon puisse enlever la plus petite parcelle à leur valeur. Cela peut être d'autant moins le cas que, dans le cours de son exposition, M. Waitz est obligé de reconnaître lui-même formellement la ressemblance notoire du nègre avec le singe, quand même il trouve, malgré cela, la différence entre le nègre et le singe bien plus grande que la différence entre le Nègre et l'Européen et déclare impossible de le comparer à ce dernier. Pour voir clair dans cette affaire, on n'a qu'à se rappeler les excellentes descriptions de Burmeister, qui, zoologiste lui-même et portant un nom très estimé dans la science, ne se laisse pas non plus influencer par l'intérêt de l'esclavage et parle également un langage basé sur l'observation personnelle ! Mais à côté des descriptions de Burmeister on peut en placer une centaine d'autres, faites dans le même sens par des témoins oculaires[1]. Waitz, au contraire, pour donner un appui à ses opinions, apporte des récits de toutes sortes, souvent sans la moindre garantie, sans choix dans ses critiques, et étouffe sous la masse des matériaux souvent plus qu'il n'est soulevé par elle. Néanmoins tous les faits qu'il cite ne peuvent en fin de compte pas le le conduire à une autre conclusion qu'à la suivante : c'est que ces faits sont plutôt favorables à l' « unité d'espèce » de l'homme qu'à sa « diversité d'espèce ». Mais avec cela sa théorie philosophique n'a pas encore gagné grand'chose. Un appendice à ce chapitre traite de la prétendue incapacité vitale des Américains, des Polynésiens et des Australiens, et qualifie de fausse, l'opinion fondée certainement sur des faits par trop frappants, que le

[1]. Dans le congrès des naturalistes de la Grande-Bretagne, qui s'est réuni tout récemment à Oxford en l'année 1860, le professeur Huxley, se posant comme adversaire d'Owen, a déclaré que la distance physiologique entre l'homme et le gorille est plus petite qu'entre le gorille et les singes inférieurs. (Remarq. de l'auteur.)

simple contact de la civilisation suffit pour conduire ces peuples à la dégradation.

Enfin un chapitre suivant qui vient s'y joindre a pour objet le thème très intéressant du « croisement » et des « métis ». Dans le croisement de différentes races, c'est d'ordinaire l'influence du père qui domine; mais ce n'est pas « toujours » le cas. De plus, les métis des différentes espèces d'hommes ne sont pas tous soumis aux mêmes lois; on rencontre parfois des phénomènes très anormaux. Des peuples entiers semblent être issus d'un croisement primitif de différentes espèces, et on pourrait les prendre pour des « peuples de métis ». De même, certains types d'hommes se conservent avec une plus grande ténacité que d'autres, par exemple les Mongols. Cette observation, si remarquable et plus exactement reconnue seulement depuis les derniers temps, de l'influence exercée par une fécondation antérieure d'une mère (animale ou humaine) sur une fécondation postérieure par un deuxième père, cette observation rencontre ici une mention telle qu'elle le méritait et qui témoigne des connaissances profondes de l'auteur. Une jument-cheval saillie par un étalon-âne produit, à la suite de fécondations ultérieures par un étalon-cheval, des poulains qui ont en eux quelque chose de l'âne, et des faits analogues ont été observés chez les porcs, les chiens, etc. Une négresse qui a eu une fois un enfant d'un blanc produit plus tard, même avec des nègres, des enfants qui portent en eux quelque chose du type du blanc, et réciproquement[1]. Il peut arriver de même, que des prédispositions morbides ou autres se transmettent d'un « premier » père aux enfants procréés par un deuxième avec la même mère. On peut admettre comme règle générale que lors du croisement entre différentes races le type inférieur se trouve ennobli par le type plus élevé dans l'individu pris isolément, bien que les faits contraires ne soient pas rares. Par contre, un croisement prolongé indéfiniment ne donne pas lieu, en général, à des populations de métis; mais la nature cherche à revenir peu à peu à la reconstruction de l'une ou l'autre des races primitives. Pour ce qui concerne le

---

1. Une négresse qui a fait une fois un enfant avec un blanc (mulâtre) produit plus tard, par son accouplement avec des « blancs », des enfants qui prennent une coloration toujours plus claire et ressembleront davantage au père, et par son accouplement avec des « noirs » des enfants qui ne seront plus jamais complètement noirs, mais « bruns ». (Rem. de l'auteur.)

« caractère » des peuples de métis, Waitz est cependant obligé de convenir, bien que cette observation soit très défavorable à sa théorie, que c'est en général un caractère « mauvais » et que les métis héritent plutôt des « vices » que des « vertus » de leurs parents. On connaît la mauvaise influence exercée dans les États libres de l'Amérique centrale par la population métisse, qui s'oppose à tout développement naturel et régulier de ces États. Néanmoins Waitz ne veut pas reconnaître toute la valeur de ces faits, et il cherche, d'une manière indigne, à faire suspecter les défenseurs des opinions opposées aux siennes, tels que Nott et Gliddon, en leur supposant l'arrière-pensée d'écrire sous l'inspiration de considérations touchant l'esclavage! Un tel procédé est certainement commode pour réduire au silence les raisons d'adversaires qui ne sont pas à réfuter, et a été malheureusement suivi trop souvent dans ces derniers temps, mais ce n'est certainement pas un procédé scientifique. Nott n'accorde pas une vitalité très durable aux métis et s'appuie, pour défendre cette opinion, sur les faits les plus connus, aussi loin qu'il s'agit du croisement de races très hétérogènes. Tous ceux qui ont vécu en Amérique et ont pris des informations sur ce sujet savent : que les mulâtres de race « germanique », s'ils ne reçoivent pas un nouvel apport de sang de race frais, s'éteignent dans la quatrième ou cinquième génération, tandis que les mulâtres de race « latine » possèdent seuls une vitalité plus longue, et persistante dans certaines conditions. Pour prouver cette dernière observation, Waitz ne peut aussi s'en rapporter qu'à des pays qui, comme le Brésil, sont situés dans la zone torride et peuplés par des races « latines » [1].

---

[1]. Le Portugais est celui qui éprouve le moins de répugnance à se croiser avec du sang africain, ce qui explique pourquoi au Brésil les quatre cinquièmes de la population libre se composent de métis à tous les degrés, ce qui du reste ne constitue pas un avantage pour le pays, attendu que cette race de nouvelle origine, outre l'orgueil d'une descendance blanche, ne connaît que la paresse, la volupté et la lâcheté. Par contre, les Anglo-Saxons et les Américains paraissent former une contradiction naturelle avec les nations de couleur, car ils ne sont pas en état de produire avec ces dernières une descendance d'une fécondité durable. Les mulâtres, dans l'Amérique du Nord, ont rarement des enfants, et dans le cas contraire, ceux-ci meurent à la troisième ou quatrième génération. Ces derniers sont également plus faibles que les nègres et se vendent moitié moins cher. Les quarterons sont pâles, maladifs, très faibles; les quinterons sont très rares et redeviennent des blancs parfaits. Aux Indes occidentales, les mulâtresses et les métisses sont en général stériles, et des mulâtres purs avec des mulâtresses pures perdent peu à peu toute fécondité. Au Canada, Kohl a vu sortir un très mauvais résultat du croisement entre les Français et les Indiens, qui se fait très fréquemment dans ce pays. Les métis sont certainement très

Dans ces conditions, les opinions sont aussi naturellement très divisées sur la question de l' « utilité » du croisement. Les uns y aperçoivent une amélioration, les autres une dégradation. Waitz s'incline, cela va sans dire, du côté de la première opinion ; cependant, exprimée d'une manière générale, elle paraît radicalement fausse, et les croisements entre des races très hétérogènes doivent être aussi funestes que les alliances entre des individus d'une parenté très étroite. Au total, Waitz prétend que les preuves en faveur de la diversité spécifique des principales races humaines doivent être considérées comme « ayant perdu de leur force » par le fait des expériences acquises sur les croisements ; mais les raisons qu'il en donne sont certainement insuffisantes !

En ce qui concerne, plus loin, l' « âge » et l' « origine » du genre humain, Waitz a beaucoup trop appris par ses études pour ne pas s'écarter résolûment des opinions banales de la grande masse sur ce point et pour ne pas s'associer aux idées générales fournies par l'observation empirique de la nature. Avant toutes choses, il admet, pour la première apparition du genre humain sur la terre, une date excessivement ancienne, et pour celui-ci, un âge qui dépasse de beaucoup les temps dits « historiques », quand même aussi les assertions si souvent reproduites, et fortifiées encore par la découverte récente d'ossements humains « fossiles », doivent, d'après lui, être encore provisoirement acceptées avec beaucoup de réserve [1]. Cependant, Waitz croit devoir répondre

---

bons dans la première génération, mais s'éteignent déjà à la deuxième ou troisième génération. La laideur la plus repoussante se rencontre chez les Zambos ou métis de nègres et d'Indiens, qui constituent au Pérou et dans le Nicaragua la classe la plus misérable de la population, et forment les quatre cinquièmes des habitants des prisons. Le missionnaire Livingstone raconte qu'un des indigènes, vivant sur les rives du Zambèze (Afrique), lui fit un jour cette singulière observation : « Dieu créa les hommes blancs, et Dieu créa des hommes noirs. Mais le diable a fait les demi-races. »

(*Rem. de l'auteur.*)

1. Il est certain que ces assertions reçoivent constamment des découvertes nouvelles un appui de plus en plus solide, et qu'ainsi l'apparition du genre humain sur la terre remonte à un lointain de plus en plus nébuleux. On sait que le grand savant Cuvier niait catégoriquement l'existence d'ossements humains « fossiles » ou pétrifiés, et que par son autorité considérable il refoula pour un long temps toute contradiction sérieuse. En réalité, on prit antérieurement pour des os humains fossiles beaucoup d'os qui se sont trouvés plus tard appartenir à des animaux. De plus, lorsqu'on trouva réellement des os humains dans des cavernes, souvent mêlés à des ossements d'espèces animales primitives et éteintes, cette circonstance pouvait être regardée comme « accidentelle », bien que les autres circonstances ne parlassent pas toujours en faveur d'une telle explication. Ainsi, les os humains trouvés par Lund

catégoriquement par un « non » à la question de savoir s'il a existé, dans les temps primitifs, un genre humain antérieur, organisé de façon à le faire ressembler au singe [1]. (Voir la note 1 de la page 141.)

mêlés à des os d'animaux primitifs dans une grotte de calcaire, au Brésil, présentent, en partie tous les caractères d'os fossiles, et, dans un discours prononcé à la section géologique du congrès de l'Association britannique tenu à Aberdeen le 15 septembre 1859, sir Charles Lyell mentionna une quantité d'os humains qui avaient été trouvés par Aymard en 1844 dans la région du Puy, au Velay (France centrale), renfermés dans une brèche volcanique et que la plupart des géologues considèrent comme fossiles. Plus tard, le Dr Chottin trouva dans les plâtrières de Köstritz, sur les bords de l'Elster, un certain nombre d'os humains très bien conservés et incontestablement fossiles, mêlés à des os d'animaux également calcinés ; des temps les plus récents date aussi la découverte extrêmement intéressante faite par le Dr Fuhlrott dans une grotte rocheuse de la vallée de Düssel (dans la partie appelée vallée de Néandre, « Neanderthal »), entre Düsseldorf et Elberfeld ; elle consiste dans le squelette d'un homme arrivé au dernier degré de développement humain, et ce squelette fut reconnu comme fossile en 1860 par Charles Lyell. Enfin, en examinant les ossements d'espèces animales éteintes (telles que cerf géant, rhinocéros, aurochs, corne d'antilope, etc.) mélangés avec des instruments humains, Lartet (*Compt. rend.*, 1860) crut reconnaître des traces et des signes de blessures produites par des instruments tranchants, ainsi que des signes d'essais de fabrication, de même qu'antérieurement déjà on avait cru avoir fait des observations analogues en Suède et en Islande sur les restes d'un bœuf primitif (« Bos priscus ») et d'un cerf gigantesque, dont une côte semblait perforée par un instrument pointu et présentait simultanément les traces de la formation d'un cal. De nombreuses découvertes semblables, faites antérieurement aussi bien que d'autres toutes récentes, que l'on avait cru devoir déclarer douteuses, comme par exemple celle de dents humaines fossiles, reçoivent naturellement, dans de pareilles conditions, une importance plus élevée et tout autre, et cela d'autant plus que la célèbre découverte d'instruments en silex faite récemment dans le nord de la France semble vouloir réduire à néant tous les doutes sur la haute antiquité du genre humain. Déjà en 1797 on avait trouvé à Hoxne, dans le comté de Suffolk (Angleterre), des pierres taillées, dans du gravier encore non retourné, mélangées avec des coquillages et des os d'animaux inconnus dans une couche de terre qui s'était déposée, avant que la surface du pays eût reçu sa constitution actuelle : mais on n'attacha pas d'autre importance à cette découverte. Lorsqu'on apprit les découvertes faites en France, Prestwich se rendit à Hoxne, et put encore en lieu et place se procurer deux de ces haches en silex ; on croit qu'elles ont été trouvées en grande quantité antérieurement. En l'année 1847 Boucher de Perthes publia la découverte qu'il avait faite dans la vallée de la Somme, entre Amiens et Abbeville ; c'étaient des instruments en pierre (haches en silex) faits par la main de l'homme, mêlés à des os d'animaux primitifs, qu'il avait trouvés dans des lits de gravier non remaniés et appartenant à ce qu'on appelle le diluvium. Néanmoins, Boucher de Perthes ne réussit pas à percer avec sa découverte, en face du préjugé général, jusqu'à ce que dans l'année 1859 A. Gaudry et l'Anglais Prestwich, qui était venu d'Angleterre exprès pour cela, prissent la chose au sérieux. Tous deux, ainsi que beaucoup d'autres encore après eux, confirmèrent, par leurs recherches personnelles, l'exactitude de la découverte de Boucher, et en tirèrent la conclusion que l'homme a dû être « contemporain » des animaux « primitifs », tels que le rhinocéros, l'hippopotame, l'éléphant et le cerf gigantesque. Il fut aussi parfaitement reconnu que « au-dessus » de la couche-mère du diluvium dans laquelle on trouva ce mélange de haches en silex et d'os d'ani-

Il se déclare aussi très catégoriquement contre la thèse des provinces botaniques et zoologiques ou des « centres de création », qui sont défendus surtout par Agassiz. Cependant Waitz trouve qu'admettre un « couple primitif unique », ce qui en dé-

maux primitifs, il existe encore trois autres couches stratifiées, dont la supérieure renfermait des tombes romaines encore bien conservées, de sorte qu'entre l'établissement de ces tombes et la fabrication de ces instruments en silex, il a pu s'écouler encore deux entr'actes géologiques. Le nombre des instruments en silex qu'on a trouvés à la suite de recherches ultérieures sur une étendue d'environ 15 milles anglais s'élève actuellement à quelques milliers. Le célèbre géologue anglais Lyell s'est également rendu dans cette localité et paraît s'être convaincu de l'exactitude des assertions précédentes. Son opinion est qu'une race d'hommes sauvages (de l'époque dite « âge de pierre ») a dû habiter cette contrée pendant un temps assez long, et que les instruments trouvés doivent être excessivement anciens, comparés aux temps établis par l'histoire et la tradition. Le Congrès des naturalistes anglais tenu à Oxford en 1860 déclara que les instruments en silex qui avaient été déterrés provenaient incontestablement de la main d'hommes, qu'ils avaient été recouverts par des dépôts tertiaires postérieurs, et que pour se former, cette superposition de couches a dû exiger un espace de temps incommensurable, qu'il est impossible de comparer à la chronologie historique. Dans l'intervalle, Noulet aussi (*Mémoires de l'Académie de Toulouse*) a trouvé, à Infernet, près de Toulouse, dans une couche de gravier inférieure à l'argile, des coins en silex, triangulaires, polis, mélangés avec des os de l'ours des cavernes, de l'éléphant primitif, et d'autres espèces animales éteintes, et Ed. Collomb (*Bibl. univers. Archiv.*, 1860) se prononce, en s'appuyant sur les découvertes faites en France, pour l'existence de l'homme « avant » les anciens glaciers des Vosges. D'après Bronn également, on a, dans les derniers temps, trouvé des restes fossiles de l'homme mêlés avec des animaux diluviens dans des conditions telles, que l'existence simultanée de l'homme avec ces animaux ne peut plus guère laisser place au doute. Bronn calcule, en même temps, l'âge de la période d'alluvion ou de la période de la formation terrestre qui a suivi en dernier lieu, immédiatement, le diluvium, période dans laquelle nous nous trouvons encore à l'heure qu'il est ; au lieu de 100 000 ans, comme on l'avait estimé jusqu'ici, il l'évalue à 158 400 ans, d'après la découverte faite de troncs d'arbres fossiles dans la Louisiane. Si cependant on ne veut pas admettre l'application d'un tel calcul à l'âge de ces instruments en silex et avec eux à celui du genre humain lui-même, attendu qu'il n'existe pas de limite précise entre le diluvium et l'alluvium et que l'existence des animaux cités et supposés primitifs s'étend peut-être jusqu'à une époque plus récente qu'on ne l'avait cru jusqu'à présent, il faut tout de même que les adversaires eux-mêmes (par exemple Nöggerath, dans son discours prononcé au Congrès d'histoire naturelle de la Prusse rhénane et de la Westphalie, tenu du 20 au 22 mai 1861) avouent que l'homme est incontestablement plus ancien que son histoire. Dans le même sens se prononcent aussi un nombre assez considérable de découvertes géologiques qui prouvent, non par voie de conclusion, mais d'une façon tout à fait immédiate, que l'âge du genre humain est excessivement ancien, comparé aux temps de l'histoire. « Des ossements et des instruments humains, ainsi s'exprime le géologue Volger, se rencontrent dans des couches de terrains dont la formation, d'après les calculs les plus modérés, a dû exiger plus de 50.000 années. » Ainsi on a découvert, pour ne parler que des faits les plus connus, à 30 pieds au-dessous du limon du Nil, des outils humains qui font remonter la civilisation égyptienne à 17 ou même 24.000 ans avant notre ère. Le comte Pourtalès a trouvé, dans un rocher au bord du lac Monroë (Floride), des portions de squelette humain qui doivent, d'après Agassiz, remonter à au finitive s'accorderait le mieux avec sa théorie, c'est admettre une chose invraisemblable, et cela pour des raisons téléologiques ; car dans son opinion, qui est certainement celle de tous les naturalistes non piétistes, il ne peut pas exister de « miracles ».

moins 10.000 ans. Une découverte semblable a été faite près de Natchez, dans l'Amérique du Nord. Dans le voisinage du golfe de Bothnie (Suède), on a découvert, à une profondeur considérable, une cabane de pêcheurs dont l'âge est évalué à 10.000 ans ou bien plus encore. Dans le delta du Mississipi même, en creusant pour les constructions de l'usine à gaz de la Nouvelle-Orléans, on a rencontré au-dessous de six couches de terrains différents des crânes et des os humains de la race américaine, dont il faut évaluer l'âge à 57 600 ans. Dans des fouilles ultérieures, le nombre de restes analogues augmentera certainement encore. En général, nous rencontrons aussi, d'après des témoignages « historiques », déjà 5000 ans avant notre ère, des hommes ayant vécu en Asie et en Afrique, et présentant un degré de civilisation tellement avancé, que nous pouvons y ajouter encore 5000 autres années sans lesquelles il eût été impossible aux hommes d'arriver à un pareil résultat (Schleiden). On peut également rappeler ici les « habitations lacustres », si remarquables, découvertes récemment en grand nombre dans les lacs de la Suisse, ainsi que les trouvailles du même genre faites dans l'archipel danois et dans le Jutland, qui, elles aussi, mettent hors de doute l'existence en Europe d'une population primitive, excessivement ancienne. Il doit également être très intéressant de rapprocher de ces expériences scientifiques obtenues sur l'antiquité du genre humain ce que nous savons des mythes ou des récits fabuleux de certains peuples relativement à leur propre âge ou à celui de leurs ancêtres. Ainsi l'histoire « mythique » des Chaldéens et des Egyptiens commence bien des milliers d'années avant leur ère historique, et cette dernière commence chez les Egyptiens avec Menès, le premier roi historique de ce peuple, 5000-3000 ans av. J.-Ch. Manetho, grand-prêtre d'Héliopolis, qui vivait 350 ans avant Jésus-Christ, compte pour 375 Pharaons une durée de règne de 6117 ans, qui ajoutés à l'ère actuelle jusqu'à nos jours forment un total de 8322 années. A propos des habitants primitifs de l'Espagne (Turdules et Turdétains), Strabon dit (d'après A. de Humboldt) : « Ils se servent de l'écriture et possèdent des livres de l'ancienne époque marquante ; ils ont aussi des poésies et des lois, auxquelles ils donnent un âge de 6000 ans. » On fait remonter à 1900 ans avant Alexandre le Grand la date des observations d'étoiles faites à Babylone et connues d'Aristote, etc. Les périodes « préhistoriques » de l'histoire des Chinois sont même évaluées à 129.600 ans. Voyez aussi le mémoire tout récent et détaillé : *Sur la présence des restes de l'existence humaine dans les terrains de la période diluviale* (Ueber das Vorhandensein von Resten menschlichen Daseins in Erdschichten der Diluvialperiode), publié par G. Zimmermann dans le Journal *Natur*, 1862, n°s 20 et suiv., ainsi que le rapport du Dr F. Stoliezka, sur les travaux et envois de Boucher de Perthes (actuellement président de la Société d'émulation d'Abbeville), rapport qui a été lu dans la séance de l'Institut impérial de géologie du 21 janvier 1862 et qui contient ce passage : « Pendant longtemps, on s'est raidi contre l'existence d'hommes fossiles ; cependant les faits se sont tellement accumulés, surtout dans les derniers temps, que tous les doutes à ce sujet nous paraissent être actuellement écartés » ; enfin un article populaire dans les *Grenzboten*, n° 25 (1862), qui, en s'appuyant surtout sur les découvertes de Lartet, déclare « que la preuve de l'existence de l'homme sur la terre simultanément avec des animaux dont nous trouvons des restes les plus récents dans le diluvium, cette preuve est complètement fournie. » (Rem. pour la 1re édit.)

Depuis que l'observation précédente a été écrite, Ch. Lyell a fait paraître son célèbre ouvrage intitulé : *L'âge du genre humain* (Das Alter des Menschen-

C'est seulement par une voie « naturelle » que l'homme a pu « naître », mais non « être créé ». Or, cette naissance a dû pouvoir avoir lieu partout où se sont trouvées réunies les conditions nécessaires à la production de ce phénomène, ce qui a été probablement le cas, selon Waitz, pour la zone « torride », mais ici dans bien des localités. Maintenant, « comment » cette naissance d'un premier homme s'est-elle effectuée? Là-dessus, Waitz ne peut, encore moins que d'autres, nous fournir des renseignements, attendu qu'il se déclare en même temps l'adversaire de ceux qui soutiennent que l'homme doit son origine à une transformation graduelle du règne animal qui se rapproche le plus de lui. Cependant, il admet de nouveau en général une loi de développement organique progressif et démontre d'une façon excellente comment les différentes races d'hommes sont partout reliées les unes aux autres par des passages et des degrés intermédiaires des plus manifestes. Il n'existe pas, d'après Waitz, de formes typiques assez solidement et nettement délimitées pour constituer des « espèces différentes », et la division en grandes classes principales n'a que la valeur d'un tableau synoptique. Si donc, dans l'intérêt de sa théorie, il se laisse aller jusqu'à regarder comme une « inconséquence grossière » le fait d'admettre les races comme des types parfaitement séparés, et cependant de se les représenter comme ayant dû leur origine à des circonstances extérieures et à des transformations graduelles, il est encore, lui-même, plus inconséquent, lorsqu'il laisse la plus grande liberté aux transformations et transitions « au dedans » du genre humain, et qu' « au dehors » il les repousse

---

geschlechts), que l'auteur a traduit lui-même en allemand (Leipzig, Thomas, 1864) et dans lequel le lecteur trouve rassemblés dans tous leurs détails tous les faits que nous venons de citer, ainsi que d'autres renseignements sur ce sujet. Il ne peut donc plus subsister le moindre doute sur la haute antiquité de l'homme sur la terre, antiquité qu'on ne peut absolument pas comparer avec des espaces de temps « historiques ». (Rem. de l'auteur pour la 2ᵉ édit.)

1. Cette affirmation est aussi sans fondement. Il ressort du moins, et cela suffisamment, des communications du professeur Schaaffhausen (« *Verh. der Niederrhein. Gesellschaft für Natur und Heilkunde zu Bonn* am 4 Febr. 1857), que presque tous les crânes humains qu'on a trouvés mélangés avec des os d'animaux éteints et qu'on a jusqu'ici considérés comme les traces les plus anciennes de l'existence du genre humain sur la terre présentent la même conformation primitive, peu développée et ressemblant au crâne des singes. On peut aussi comparer l'excellent mémoire de Schaaffhausen : *Zur Kenntniss der ältesten Rassenschädel*, ainsi que l'article de l'auteur : *Der Mensch und seine Stellung in der Natur*, etc., Leipzig, 1872, Zweite Auflage, in der ersten Abtheilung.

d'une façon absolue. Le genre humain n'est cependant pas autre chose qu'une particule du Grand Tout de la nature et tient à lui par les mêmes fils qui relient ses membres individuels les uns aux autres ! L'invariabilité absolue du type corporel n'est pas autre chose, d'après Waitz, qu'une idée préconçue ; et s'il existe, malgré cela, des types complètement différents de peuples et de races, cela s'explique, dans son opinion, par le fait que des troupes d'hommes vivant ensemble et en communauté pendant un temps prolongé finissent aussi par adopter peu à peu un type extérieur commun sous l'influence de conditions extérieures égales, les éléments dont elles sont issues originairement n'ayant ici pas d'importance ! Malgré tout ce qu'il peut y avoir de vrai et de réel dans cette manière de voir, il est cependant impossible d'en pousser aussi loin l'application pratique. Waitz reconnaît lui-même que ses raisons ne sont pas partout suffisantes, et, à la fin de tout son examen sur « l'histoire naturelle », il appelle la question de l'unité d'espèce de l'homme une question « ouverte » ; seulement l' « unité d'espèce » doit avoir en sa faveur plus de raisons que la « diversité d'espèce ». Il qualifie de « plus ouverte encore » la question de l' « unité d'origine », qui ne se confond pas avec l'unité d'espèce, mais a seulement avec elle de nombreux points de contact généraux. Waitz est lui-même, ainsi que nous l'avons vu, le défenseur de l'unité d'espèce et cependant le partisan de la pluralité d'origine, ce qui chez beaucoup de personnes provoquera, avec raison, bien des réflexions ou bien des hésitations.

Avant de passer de l'examen de l'histoire naturelle à celui de la psychologie, Waitz donne quelques indications sur la « classification du genre humain » que l'on peut essayer d'établir au point de vue de l' « histoire naturelle », de la « linguistique » et de l' « histoire ». Cependant aucun de ces points de vue n'est complètement suffisant, et l'on ne rencontre constamment qu'un parfait désaccord entre les auteurs, dès qu'on va au delà des trois formes principales : Nègres, Mongols et Européens. Au delà de ces trois, on a fait un nombre infini de distinctions de races différentes et qui s'écartent plus ou moins les unes des autres par le nombre de leurs délimitations. La linguistique, sous ce rapport, fournit des résultats un peu plus précis que l'observation de la nature ; néanmoins l'hypothèse d'une « langue primitive commune » est une chimère, et il existe un nombre indéterminé de langues radicalement différentes entre elles, et cela dès leur origine.

Or, comme, d'après Waitz, l'examen « physique » de l'homme fournit, sans doute, un plus grand nombre de raisons favorables que de raisons défavorables à l'unité d'espèce, mais qu'on ne doit cependant pas considérer ces raisons comme décisives, il faut absolument qu'on y ajoute l'examen « psychologique ». Cet examen débute par quelques attaques non justifiées contre les naturalistes qui, selon Waitz, ne prennent constamment en considération que le côté « corporel » de l'homme, et regardent les dons de l'esprit ainsi que la conformation du crâne comme choses analogues! Waitz est bien obligé d'accorder que les peuples « indogermaniques » et « sémitiques », qui se distinguent par le plus grand développement du cerveau, ont été également de tout temps les porteurs les plus essentiels de la civilisation; mais les faits contradictoires sont aussi loin de faire défaut. Puis vient une longue exposition sur la « capacité crânienne » et son rapport avec la puissance intellectuelle que Waitz aurait pu épargner au lecteur, s'il avait su que cette capacité donne sans doute une mesure corporelle des dons de l'esprit, mais qu'elle n'en constitue pas le seul élément, et qu'elle est au contraire unie à d'autres éléments corporels dont l'importance n'est pas moindre. Par contre, nous sommes complètement d'accord avec l'auteur, lorsqu'il soutient que tous les peuples ont vécu pendant un certain temps sans la moindre civilisation, et qu'en sortant de cet état ils se sont seulement développés les uns plus tôt, les autres plus tard.

Arrivant aux détails, cet examen s'étend avant tout sur une question importante, de nouveau souvent et diversement discutée, précisément dans ces tout derniers temps, c'est-à-dire, « la distinction psychologique de l'homme et de l'animal ». A quels résultats l'auteur arrivera-t-il? Étant donnée l'opinion de l'auteur sur l'unité d'espèce de l'homme et sur sa séparation rigoureuse du règne animal, nous pouvons d'avance préciser sa réponse : cependant, ces résultats ne s'accordent pas avec les faits et trahissent de la façon la plus manifeste le point de vue du philosophe qui s'avance vers les faits avec des idées préconçues et toutes préparées d'avance. Cependant, Waitz est obligé d'accorder beaucoup de choses qu'un partisan des écoles spéculatives a rarement consenti à accorder, ainsi par exemple :

que la perfectibilité, le moyen de s'instruire à l'aide de l'expérience et de la réflexion, la faculté de parler et d'autres choses semblables ne sont absolument pas la propriété exclusive de l'homme, et que ce mot fâcheux d' « instinct » masque une quantité de choses qui constituent réellement une vie psychologique chez les animaux. Par contre, Waitz exagère les facultés intellectuelles des races d'hommes les plus inférieures bien au delà de ce qu'elles sont en réalité, et mentionne comme signes distinctifs de séparation entre l'homme et l'animal une foule de choses qui sont toutes, non pas des attributs nécessaires de la nature primitive et naturelle de l'homme, mais seulement les produits d'une certaine civilisation et d'une situation policée, telles que : le salut, les signes de respect ou de mépris, de la concorde ou de l'inimitié, la parure, les bijoux, le sentiment du beau, le sens de la musique, le caractère social, le sentiment de la propriété, la séparation des classes, l'attachement à la famille, au pays et au peuple, etc. L'observateur, attentif et exempt de préjugés, de la vie psychologique des animaux, n'aura pas de peine à découvrir dans cette vie les traces, les indices et les rudiments manifestes de toutes les choses que nous venons de mentionner. Pour ce qui concerne enfin ce qu'on appelle l' « élément religieux », qui, selon Waitz, doit faire défaut chez les animaux, mais jamais chez l'homme, pas même chez l'homme dans l'état de nature le plus barbare, cette assertion ne fait que répéter l'opinion générale, qui donne bien à ce sujet les assurances les plus catégoriques, mais se garde absolument de fournir aucune preuve. Les faits mêmes que Waitz est obligé de citer parlent contre lui, bien que les plus frappants d'entre eux ne paraissent pas même être connus de lui. Pour maintenir sa thèse debout, il est obligé d'identifier avec l'élément religieux les « sorcelleries » et les « sorciers faisant fonction de médecins » que l'on rencontre chez certains peuples sauvages : c'est un procédé qu'imitera difficilement un penseur sérieux et éclairé. Mais il y a plus encore : à propos des autres peuples enfin, chez lesquels il est avéré qu'on n'a pu découvrir même ce peu de chose, et qui par conséquent n'ont pas montré la plus petite trace d'une croyance au surnaturel, il suppose avec la plus parfaite naïveté « que l'élément religieux ne doit probablement pas leur faire défaut » ! Un pareil genre de démonstration ne devrait cependant certes plus être rencontré de nos jours dans les ouvrages scientifiques !

En général, Waitz est obligé d'étendre l'idée religieuse d'une façon telle, qu'on peut en faire sortir tout ce qu'on veut, et il lui faut reconnaître lui-même que chez beaucoup de peuples la religion n'est pas autre chose qu'une croyance aux revenants. Si, après cela, Waitz croit devoir assurer, à la fin de son chapitre, qu'il a donné la preuve d'une différence essentielle entre l'homme et l'animal, nous ne pouvons pas, quant à nous, ajouter la moindre foi à cette assurance.

Un autre chapitre a pour objet ce qu'on appelle l' « état primitif de l'homme », qui est également de nouveau considéré au point de vue de la diversité ou de l'unité d'espèce de l'homme. L' « état de nature » réellement complet doit n'avoir été jamais rencontré chez l'homme, dont l'âge, ainsi que nous l'avons vu, remonte bien au delà des temps historiques; cependant il doit être possible de tirer des observations recueillies jusqu'à ce jour une conclusion approximative sur la constitution des « hommes primitifs ». Si, à côté de cela, Waitz ne veut accorder aucune valeur aux observations qu'on a faites d'hommes appelés « primitifs » qui se sont développés dans des forêts à proximité de la société civilisée, et qu'il les qualifie d' « idiots devenus sauvages », il va également trop loin, et l'on chercherait en vain une preuve positive en faveur de la dernière assertion. Mais Waitz accorde formellement qu'un « état de nature » a dû réellement exister pendant un long espace de temps pour tous les hommes, et que le « langage » de l'homme, ainsi que tout ce qui tient chez lui à la civilisation, ne doit son origine qu'à un phénomène de développement graduel. L'homme de la nature est, pour lui, un simple produit de la puissance de la nature, qui lui a donné le souffle de la vie; c'est par conséquent un être grossier, laid, sans culture, paresseux, privé de sens moral, sans tendance à s'instruire, d'un égoïsme effréné, sans empire sur lui-même, ne sachant pas distinguer le bien et le mal et, ainsi, absolument le contraire de cet idéal que Rousseau et ses successeurs se représentaient en lui. Les peuples de la nature ne connaissent que trois mobiles principaux pour leur conduite : le bien-être physique, le bien-être social, et la satisfaction donnée à leurs habitudes. Les traits distinctifs de leur caractère sont mauvais ; ils sont inclins à l'ivrognerie, au meurtre et à la débauche; ils n'ont aucun souci de l'avenir et sont sujets à une profonde perversité morale. On rencontre souvent chez eux une absence totale de toute idée morale, comme par exemple, chez les nègres du Soudan oriental. A cela vient se joindre un grand nombre de révélations très intéressantes sur les notions des peuples de la nature relatives au mariage, aux rapports sexuels, à l'amour, à la pudicité, à la manière de se vêtir, à la bienséance, à la politesse, aux rapports de société, au goût, à la notion du beau ou du laid, à la propreté, etc.; ces notions ne sont pas seulement, la plupart du temps, colossalement différentes des nôtres, mais elles en sont souvent juste le contraire, de même qu'il leur arrive de se contredire même entre elles. Celui qui croit encore aux idées innées du « bien », du « beau », etc., peut trouver ici des renseignements et se laisser raconter par Waitz comment un de ces hommes de nature auquel il avait demandé ce qu'il entendait par la différence entre le bien et le mal lui avoua, d'abord, son ignorance à ce sujet; mais comment il répondit alors, après avoir réfléchi quelque temps : Le « bien », c'est quand on prend aux autres leurs femmes; mais le « mal », c'est lorsqu'on nous enlève les nôtres. Il pourrait apprendre encore qu'il existe des peuples de nature chez lesquels presque toutes les choses qui, dans les pays civilisés, sont stigmatisées comme des péchés ou des crimes, passent pour des vertus ou des mérites et entraînent avec elles soit considération, soit récompense. Mais Waitz va encore plus loin, et démontre que, même dans la société civilisée de nos jours, il ne manque pas de contrées ni d'individus qui sont encore absolument sur le même degré que l'homme de la nature, comme par exemple en France, en Russie, en Irlande. Waitz cite également des exemples d'Européens devenus sauvages dans des pays étrangers et trouve que ces faits réfutent d'une façon absolue et complète l' « esprit inné du progrès chez la race blanche »; d'après lui, la race blanche n'est même pas privilégiée sous le rapport des dispositions morales. De tout cela Waitz conclut finalement, de nouveau, qu'il n'existe pas de différences spécifiques entre les hommes sous le rapport de leur vie spirituelle et que chaque peuple possède la faculté d'arriver par le progrès à une civilisation supérieure. Mais cette civilisation progressive produit aussi peu à peu une race d'hommes mieux doués sous le rapport des aptitudes extérieures et intérieures, corporelles et spirituelles, et ouvre ainsi la voie à un progrès sans fin. Waitz se déclare surtout très résolûment contre l'opinion selon laquelle certaines races particulières auraient exclusivement le privilège de pouvoir arriver à la civilisation, et trouve que la distinction connue de peuplades appelées « actives » et de peuplades « passives » est une opinion schématisante qui ne s'accorde pas avec les faits. Or, si d'un côté l'on est disposé à lui donner raison sous ce dernier rapport, on ne peut cependant pas méconnaître, d'un autre côté, que l'auteur lui-même se laisse entraîner, par son opinion schématisante, beaucoup trop au delà des limites de la réalité. Du moins, lorsqu'il soutient que « toutes » les races d'hommes possèdent la faculté absolue de pouvoir arriver à la civilisation, il se met en contradiction avec les faits jusqu'ici connus, qui montrent ouvertement : 1° qu'il existe des races d'hommes ne pouvant atteindre un certain degré de civilisation qu'à l'aide de secours étrangers, mais qui, abandonnées à elles-mêmes, ne tardent pas à retomber dans l'ancien état primitif; 2° qu'il est d'autres races pouvant sans doute tirer une civilisation de leur propre fond, mais qui, arrivées à un certain degré de cette civilisation, s'arrêtent et restent stationnaires ; 3° qu'il existe enfin une troisième sorte de races que nous voyons, au moins jusqu'à présent, comprises dans un mouvement de civilisation incessant et progressif. Mais il est à peine superflu d'ajouter également que ces races, comme partout ailleurs, ne forment pas des divisions rigoureusement séparées, qu'elles sont au contraire reliées entre elles par une quantité de transitions et de degrés intermédiaires, et qu'il faut par conséquent rejeter avec raison toute classification schématisante.

Enfin, l'auteur infatigable essaie de poursuivre la gradation depuis l'état de nature jusqu'à celui de civilisation à travers les différents états de civilisation de l'homme, et de découvrir les causes qui ont ici exercé une influence déterminante. Migrations, guerres, croisements entre différents peuples, agriculture, propriété, commerce et relations, religion et progrès dans les connaissances, tels sont les éléments qu'il fait surtout ressortir; mais, quant à la « religion », Waitz est cependant obligé de reconnaître que celle-ci agit sur le progrès intellectuel très souvent d'une façon très oppressive. Le passage de l'état de nature à celui de civilisation est, d'après Waitz, un passage tout à fait graduel et lent, et la tendance à la civilisation est plus une chose développée qu'une chose innée. Il n'y a pas de besoin d'instruction inné chez les nations privées de civilisation, et l'on ne constate nulle part une tendance originelle au progrès. L'opinion d'après laquelle, ainsi que l'enseigne l'école américaine d'Agassiz, Morton, etc., les races supérieures seraient destinées, par suite en quelque sorte d'une disposition divine, à refouler de la terre les races inférieures, cette opinion provoque de la part de notre auteur l'opposition la plus violente qui fait honneur à sa tête autant qu'à son cœur; cependant, que cette destination existe ou non, le résultat effectif n'en sera probablement pas moins le résultat désiré par l'école américaine. —

Dans un aperçu « rétrospectif » terminant son livre, l'auteur répète de nouveau que même les plus grandes différences de civilisation existant entre les hommes ne sont que « graduelles », et il demande si le but de l'humanité c'est une civilisation universellement uniforme sur toute la terre. L'auteur reconnaît, avec une absence de prévention dont il faut lui tenir compte, que la civilisation « n'augmente pas » la somme du bien-être, et rappelle d'une façon très intéressante les récits, suffisamment attestés, de certaines communautés ou agglomérations d'êtres, restreintes et séparées, heureuses et vivant en paix, chez lesquelles on ne connaissait ni crime, ni châtiment, ni malheur, ni misère. Néanmoins Waitz aperçoit avec raison dans la civilisation la destinée générale de l'homme, mais il ajoute qu'aucun peuple ou aucune race ne peut être originellement destinée à la civilisation ou originellement condamnée à la barbarie. Déjà les « tropiques » à eux seuls, par leur influence énervante, mettent les peuples qui les habitent dans l'impossibilité de s'élever à un haut degré de culture intellectuelle. Mais dans toutes les conditions un peuple est obligé de parcourir un nombre infini de degrés intermédiaires pour arriver à la civilisation; il est impossible de s'élever à elle par un bond.

Ainsi se termine le livre de Waitz, qui du reste, ainsi que l'indique le titre, est conçu sur un plan étendu et ne forme que le commencement d'un ouvrage plus vaste. Nous ne voulons plus ajouter que quelques remarques générales qui s'imposent encore à nous à la fin de cet article critique, ainsi que nous l'avons fait en commençant ce dernier : 1° Tous ceux qui ne s'occupent pas de charlatanerie, mais dont le seul souci est la « vérité », reconnaîtront avec la justice la plus entière la direction vers le côté expérimental qui, après que la « pensée pure » se fût montrée impuissante à résoudre les problèmes philosophiques, commence maintenant à montrer sa valeur dans la philosophie; ils reconnaîtront également que cette direction ressort d'une manière saillante dans l'ouvrage dont nous venons de nous occuper. Cette direction porte aussi ses fruits abondants dans le livre de Waitz, bien que son auteur soit encore profondément enfoncé dans les souliers philosophiques et qu'il cherche à reconnaître dans les faits plus ses opinions personnelles déjà toutes faites que la réalité sans voile; elle oblige l'auteur non seulement à reconnaître, il est vrai avec une sorte de résistance intérieure, comme exactes en substance, un grand nombre d'opinions de l'école dite « matérialiste » ou mieux « empirique », mais encore à fournir lui-même des matériaux de construction nouveaux pour la fondation philosophique de ces dernières. Mais, là où il se met en contradiction ouverte avec ces opinions, il est le plus souvent obligé de faire violence aux faits et de regarder plus avec les yeux du philosophe qu'avec ceux du naturaliste. — 2º Il est à regretter que M. Waitz ait été entraîné par sa qualité de philosophe à employer ou à adopter, pour sa manière de poser la question entière, une formule qui ne répond pas au besoin réel. La question de l' « unité d'espèce » de l'homme est et restera une question « oiseuse », et elle n'a aucune chance d'être résolue, aussi longtemps que la « notion d'espèce » n'aura pas été déterminée d'une façon précise. C'est pour cela aussi que jusqu'à présent du côté des « empiriques » dans la science la question ne fut jamais formulée de cette manière, tandis que la lutte se porta toujours exclusivement sur la question de « l'unité » ou « pluralité d'origine », plus pratique et éclairant davantage l'esprit de l'homme qui se sert de son bon sens. Il est vrai que Waitz sépare très bien ces deux questions, mais il ne pourra cependant pas empêcher qu'elles ne finissent par se confondre, et l'on ne trouve pas une véritable raison plausible pour laquelle il tient à unir ensemble « l'unité d'espèce » et « la pluralité d'origine ». Si les différences qui séparent les masses d'hommes ne sont réellement que d'une nature telle, qu'elles se laissent expliquer toutes par des modifications graduelles du même type corporel et spirituel, et si la théorie des provinces botaniques et géologiques est fausse, pourquoi admettre alors une pluralité d'origine? Mais si c'est le contraire qui est vrai, pourquoi ne pas accorder alors que le genre humain est issu de types multiples, originellement différents. Et, quand bien même cette question si souvent discutée de l'unité ou pluralité d'origine de l'homme présente encore, naturellement, aussi peu de chance que celle de l'unité d'espèce, d'obtenir une solution définitive et basée sur des preuves réelles, M. Waitz aurait cependant mieux fait, comme nous le croyons, et aurait davantage donné satisfaction au besoin réel, si, en posant la question, il avait conservé la forme ancienne. Au reste, nous ne voulons pas oublier, en terminant, de lui faire remarquer que, malgré les nombreux arguments rassemblés et fournis par lui avec un labeur aussi rare, les opinions des naturalistes proprement dits semblent incliner de jour en jour davantage du côté opposé à ses opinions personnelles et que notamment, comme l'observe Vogt, presque tous les naturalistes « voyageurs » se trouvent du côté de ceux qui défendent la « pluralité » du genre humain. Cela n'empêche cependant pas que tous ceux qui s'intéressent à la science doivent être très reconnaissants vis-à-vis de l'auteur pour tout ce qu'il a fourni, et peuvent constater que son ouvrage enrichit réellement et considérablement une partie de la science jusqu'ici négligée ou traitée en marâtre.

XI

SUR LA PHILOSOPHIE HUMANITAIRE

(1860)

La philosophie se trouve actuellement dans un état particulier de transition et par là aussi de perplexité, attendu que son ancienne manière a cessé de régner et que le mot de ralliement de la nouvelle ou bien n'a pas encore été trouvé, ou bien n'a pas encore suffisamment prévalu. Les vieilles formules n'attirent plus et n'étonnent plus personne, car on a fini par regarder derrière leur nudité, et les nouvelles ont besoin, pour se maintenir, de ressources qu'une jeune génération pourra seule posséder. Aussi, malgré tout le bruit fait par la littérature sur d'autres terrains, rencontre-t-on sur celui-ci un silence conventionnel qui n'est interrompu de temps en temps que par de hauts cris polémiques poussés contre des novateurs et des intrus audacieux, ou par des ouvrages qui ne produisent pas par eux-mêmes, mais se contentent de remanier ce qui existait déjà antérieurement. Voilà pourquoi, enfin, il faut aussi prendre en considération les moindres efforts faits dans le cours d'une semblable période en vue de faire avancer le développement resté stationnaire. Un effort de ce genre se laisse apercevoir dans un petit opuscule, paru tout récemment, du Dr Phil. Edouard Löwenthal, intitulé : « *La réformation sociale et intellectuelle du* XIXe *siècle, comme point de mire du mouvement de l'époque actuelle dans l'histoire de la civilisation. Die sociale und geistige Reformation des 19ᵉ Jahrhunderts, als naturhistorischer Zielpunkt der gegenwärtigen Zeitbewegung* »; (Frankfurt a. M., Bechhold). Sans doute cet opuscule promet avec son titre beaucoup plus qu'il ne peut tenir dans 52 pages in-8º ; mais il pourrait néanmoins n'être pas sans intérêt pour notre époque, comme un indicateur kilométrique de cette marche du développement philosophique, et peut-être plus encore à cause du profond sentiment de réformation qui s'y trouve exprimé. Si l'auteur voulait, dans des occasions futures, établir sa tâche d'une façon plus précise et plus restreinte, ou plus serrée, sa lutte loyale contre la superstition et l'abrutissement gagnerait certainement en efficacité. Lorsqu'il prouve que la morale n'est pas sous la dépendance de l'Eglise, et lorsqu'il témoigne son indignation contre l'affaire Mortara, il rencontrera du reste certainement l'approbation générale. Le but de l'humanité actuelle, l'auteur l'aperçoit dans l' « humanisme » et le « naturalisme », et il considère les communautés religieuses libres comme destinées à favoriser le passage du christianisme à ces manières d'envisager le monde. Il ne songe pas ici à un bouleversement violent, mais il veut seulement « arriver à l'humanité par l'humanité ». Sa polémique contre la peine de mort et contre la guerre mérite plus d'approbation que sa proposition un peu singulière de remplacer la perte, amenée par la philosophie, de la continuité d'existence après la mort, par une chronique personnelle exacte qu'on établirait dans chaque localité et qui serait divisée en une chronique d'honneur et une chronique d'infamie. En sa qualité de philosophe humanitaire, l'auteur aurait dû comprendre que sa division d'hommes « vertueux » et d'hommes « vicieux » appartient plutôt à une conception de théologie enfantine qu'à une conception de philosophie humanitaire[1]. Dans la philosophie proprement dite l'auteur est partisan des opinions matérialistes ; il ne reconnaît pas d'esprit sans corps et rejette comme infructueux tous les efforts auxquels se livre aujourd'hui la philosophie transcendan-

---

[1]. Dans une lettre que l'auteur m'écrivit en janvier 1863 à l'occasion de la critique qui précède, il retire la proposition que nous venons de mentionner ; il conserve debout, il est vrai, la division qui s'y ajoute, mais il la modifie dans le sens de « obéissance ou non-obéissance aux lois inflexibles de la nature et de la conservation de la société, dont la violation porte en elle-même le châtiment ; car quiconque n'observe pas cette règle se met lui-même hors la loi. »

(*Rem. pour la deuxième édition.*)

tale, pour réunir en une seule chose l'idéalisme et le réalisme. En réalité, la seule chose qui ressorte de tous ces efforts, c'est le vieux proverbe, qu'on ne peut pas servir deux maîtres à la fois. En attendant, s'il croit avoir lui-même découvert le pont qui relie l'esprit au corps, et s'il s'imagine avoir prouvé que le premier tire son origine et se développe du second, ce qui équivaudrait à avoir rempli une des tâches les plus considérables et restée jusqu'ici sans solution de la philosophie, l'auteur s'est certainement abusé, et nous pensons qu'une étude plus approfondie et un examen de conscience plus rigoureux le feront bien revenir de cette croyance. Dans quelques derniers chapitres sur la psychologie, l'auteur cherche à représenter l' « égoïsme » comme le ressort principal des actions et des vertus humaines, et recommande un « égoïsme humanisé » comme étant le but vers lequel chacun doit, dans la vie, diriger ses efforts.

L'auteur, qui possède une activité infatigable, a déjà fait paraître quelques petits volumes de poésies lyriques et dramatiques et produira certainement encore des œuvres dignes d'attention, si ses facultés conservent un pas égal avec ses aspirations.

XII

MATÉRIALISME, IDÉALISME ET RÉALISME

A. Cornill : *Materialismus und Idealismus in ihren gegenwärtigen Entwickelungskrisen*. Heidelberg, 1858.

A. Cornill : *Le matérialisme et l'idéalisme dans leurs crises actuelles de développement*. Heidelberg, 1858.

Le livre que nous allons analyser se donne pour tâche de concilier dans une troisième unité ou unité supérieure les oppositions, plus saillantes aujourd'hui que jamais, qui existent entre les deux directions fondamentales de la philosophie, entre le « matérialisme » et l' « idéalisme ». Si l'on peut supposer, déjà d'emblée, que l'importance et la difficulté d'une pareille tâche doivent épuiser et faire échouer les forces même de l'homme le plus capable, la « tentative seule » faite par l'auteur en vue de la résoudre offre un intérêt suffisant pour que l'on désire connaître ses opinions d'un peu plus près. Dans l' « introduction » de son livre, ce qui nous intéresse tout d'abord le plus, c'est l'aveu plein de franchise du philosophe, que la philosophie se trouve actuellement dans une crise qui se passe sans doute avec un calme extérieur, mais qui est d'une haute signification, — une crise que l'auteur de cet article a cru devoir expliquer antérieurement déjà comme étant la conséquence nécessaire du rapide épanouissement des sciences empiriques et surtout des sciences naturelles. D'un côté se trouve la philosophie « idéaliste », de l'autre la philosophie « matérialiste »; mais dans les deux camps on observe, selon Cornill, des « crises » visibles qui doivent conduire finalement à des débordements et à la réunion des deux dans une philosophie commune, la philosophie « réaliste ». Le « matérialisme » prend exclusivement, comme point de départ de la philosophie, l'expérience « extérieure », l' « idéalisme » exclusivement l'expérience « intérieure », et chacun des deux veut trouver dans son propre point de départ la vérité et la nature intime de toutes choses. Cette opposition trouve son point culminant dans les deux savants Lotze et J.-H. Fichte, qui, dans leurs expositions, tombent du matérialisme dans l'idéalisme et réciproquement, et dans ce mouvement de bascule c'est l'élément « réaliste » qui se montre bientôt comme étant le seul élément possédant de la vitalité. Faire ressortir cette explosion, cette irruption d'une manière de concevoir le monde au point de vue réaliste, et conduire la philosophie sur la voie de la méthode dite « inductive », telle est la tâche que Cornill s'est imposée. Une théorie des sciences inductives concilie, d'après lui, l'opposition entre le sensualisme et la spéculation. Quelques apparitions irrégulières dans l'histoire du développement de notre philosophie actuelle, comme par exemple Schopenhauer, doivent également être interprétées dans ce sens et être regardées comme une formation de passage d'une conception du monde idéaliste dans une conception réaliste.

Dans le premier des trois grands chapitres dans lesquels Cornill a divisé son livre, il cherche à présenter « brièvement la philosophie comme une science naturelle » et à démontrer que ni des principes sans supposition antérieure, ni des perceptions internes de notre esprit ou ce qu'on appelle des intuitions supérieures, ne peuvent nous aider à acquérir des connaissances philosophiques, ainsi qu'on l'a cru si longtemps. C'est sur cette croyance erronée que repose, selon Cornill, le défaut capital de la philosophie de Hégel. Même sur le terrain de la perception « interne », il n'y a de possible que la méthode inductive ; par elle seule, l'empirisme et la spéculation peuvent se réunir sans difficulté, raison pour laquelle aussi la philosophie doit être considérée désormais comme une science inductive ou comme une science naturelle.

Dans le deuxième chapitre principal, l'auteur entreprend de montrer en détail les crises de développement, indiquées par lui, dans lesquelles se trouvent le matérialisme et l'idéalisme, et pour cela il s'appuie sur les leçons bien connues de J.-B. Meyer ayant pour objet les discussions sur le corps et sur l'âme. Il s'adresse tout d'abord vigoureusement au matérialisme, et, après l'avoir très subtilement divisé en « matérialisme moniste-idéaliste » et en « matérialisme dualiste-spiritualiste », il lui fait répéter toutes sortes de choses singulières dont lui-même, comme nous le croyons, ne sait que peu ou rien du tout. Pour celui qui lit souvent des ouvrages de polémique contre le matérialisme, il est réellement divertissant de voir comment presque chacun de ses adversaires se fait une image particulière et divergente de cet horrible ennemi, et se compose d'après sa propre imagination une poupée arrangée de telle ou telle façon, sur laquelle il s'amuse à frapper jusqu'à ce qu'il n'en reste plus aucun lambeau. L'objection capitale contre le matérialisme, c'est encore ici la vieille objection, toujours répétée, que celui-ci ne peut pas expliquer par la matière les faits appartenant à la vie spirituelle, et qu'il est inconcevable que des substances inconscientes puissent produire une conscience. Mais cette explication, le matérialisme n'a jamais essayé ou voulu essayer de la donner, et, pour ce qui concerne la conscience, chaque médecin sait que quelques gouttes de chloroforme ou une saignée sont suffisantes pour la faire disparaître, de même qu'il suffit de quelques petits coups ou de quelques secousses pour la réveiller. « Comment » la matière s'y prend-elle pour produire la conscience ou même pour penser? Cela peut être parfaitement indifférent pour le matérialiste qui regarde la pensée comme une activité de la substance cérébrale. Au reste, quelles raisons sérieuses veut-on invoquer, en général, pour se donner le droit de refuser la faculté de penser à la matière lorsqu'elle se trouve dans certains états déterminés? « Si la matière peut tomber à terre, s'écrie Schopenhauer, elle peut aussi bien penser[1]. » Mais la « nature parti-

---

[1]. Dire que « la matière ne peut pas penser », c'est produire une assertion qui se trouve exprimée de nos jours dans presque tous les ouvrages de polémique contre le matérialisme, et cela avec la plus grande assurance, mais on n'entend jamais personne la « prouver ». En réalité, elle n'est pas autre chose qu'une simple assurance, issue d'un sentiment confus de dualisme qui trouve son origine dans notre fausse éducation. Il est absolument impossible de comprendre pourquoi la nature, étant douée de forces « physiques », ne devrait pas posséder également des forces « spirituelles », et pourquoi, la matière combinée et mise en mouvement d'une façon particulière dans le cerveau, ne serait pas capable de

culière » de l' « âme », dont il est toujours tant question chez les philosophes, les matérialistes peuvent tout aussi peu l'expliquer que ceux-ci. L'esprit et la matière, considérés en eux-mêmes, ne sont que des abstractions creuses; leur réunion seule nous fournit des objets d'observation. L' « idéalisme » n'explique pas mieux la nature de l'esprit, selon Meyer et Cornill, et dans la discussion de ces questions, de même que le matérialisme lorsqu'il s'occupe de problèmes idéalistes, il se trouve entraîné toujours de plus en plus vers des manières de voir matérialistes. Toute cette exposition prouve combien sont divergentes et combien manquent de consistance les opinions exprimées jusqu'ici par les philosophes sur la nature de l'esprit et son rapport avec le corps; elle montre de plus que ces opinions sont tantôt monistes, tantôt dualistes, tantôt matérialistes, tantôt spiritualistes, et que tous les essais d'explication tentés jusqu'à présent ne nous ont avancés en rien du tout. En fin de

---

penser et de sentir. De toutes les « productions ou manifestations de la matière », en général possibles, nous ne voyons à l'aide de nos faibles connaissances probablement que les plus imparfaites, et nous n'avons aucun soupçon de ce qu'elle est peut-être encore en mesure de produire en dehors de cela, selon les circonstances ou les conditions dans lesquelles il lui arrive de se trouver. Pour ne citer que quelques exemples connus, nous rappellerons que la foudre fond des fils de fer de deux lignes d'épaisseur dans un dix-millionième de seconde! Dans cet espace de temps, il faut que le fil ait parcouru toutes les températures jusqu'au point de fusion; c'est là un phénomène dont nous ne pouvons nous faire aucune idée. L'analyse spectrale, découverte récemment, nous permet de constater la présence dans l'air d'un trois-millionième de milligramme de substance (par exemple de sel). Mais un milligramme n'est que la millième partie d'un gramme, la plus petite unité de poids française. Eh bien, une pareille particule se trouve hors de toutes les limites de notre perception immédiate, quand même on pourrait donner à nos microscopes une puissance mille fois plus grande. Entre les dernières limites de l'observation microscopique et les particules réellement les plus petites de la matière ou les « atomes » hypothétiques, il y a encore un champ de dimensions plus petites si incommensurable ou infini que notre force d'imagination, en essayant de s'en faire une idée, nous abandonne absolument comme lorsque nous cherchons à nous représenter l'incommensurabilité des espaces célestes. Un grain de sel, par exemple, tellement petit que nous en percevons à peine le goût sur la langue, contient, selon l'expression du professeur Valentin, des milliards de groupes d'atomes qui ne seront jamais saisissables à aucun organe de la vision. Que l'on pense aussi aux effets surprenants, presque inconcevables de la lumière ou de l'électricité, qui parcourent dans une seconde une distance de 40, 60 milles, et tout cela seulement à l'aide ou comme expression d' « une matière mise en mouvement »; aux forces merveilleuses de la semence végétale ou animale; à ce fait remarquable que des rayons de lumière qui doivent devenir perceptibles, comme tels, à notre œil, doivent être occasionnés par au moins 450 « billions d'oscillations des plus petites particules d'éther » dans l'espace « d'une seconde »; à la finesse incompréhensible de cet éther lui-même! etc.

(*Rem. de l'auteur.*)

compte, M. Meyer est obligé d'avouer lui-même que nous n'apprendrons jamais « comment le corps et l'âme sont reliés l'un à l'autre, ni ce qu'ils sont au fond », et que le matérialiste a bien le droit de dire que la matière pense sans dire « comment » elle pense, alors que l'idéaliste comprend tout aussi peu comment « son » âme à lui, immatérielle, pense, exerce une influence sur le corps, souffre avec lui, etc. Au reste, si M. Meyer croit pouvoir présenter des faits de nature à réfuter l'opinion que la vie spirituelle se trouve sous la dépendance des conditions matérielles du cerveau, une croyance semblable ne peut trouver sans doute son explication que dans un manque de connaissances anatomiques et physiologiques.

Maintenant Cornill, fidèle à son rôle de médiateur, trouve que les deux directions sont exclusives ; il appelle le matérialisme l' « absolutisme de l'expérience », et l'idéalisme l' « absolutisme de la spéculation » ; il reproche à l'un, de ne pas pouvoir préciser la nature de la « matière en soi », à l'autre de ne pas pouvoir déterminer celle de l' « esprit en soi », et il veut réunir les deux dans le « réalisme » ou, pour mieux dire, dans le « monisme réaliste indéfini ». D'après cette théorie, l'esprit et la nature ne sont que des modes différents de la manifestation d'une substance unique absolue qu'il fait dériver, comme ce qu'il appelle une « hypothèse métaphysique », d'un dualisme d'expérience « externe » et « interne » basé sur la théorie de l'entendement. Par contre, nous ne savons pas quelles sont les conditions de l'esprit et de la nature dans cette substance, ou comment les deux se comportent entre eux dans la nature de l'homme ; c'est pour cela que le réalisme s'arrête à ce point et se nomme un « réalisme indéfini ». En partant de ce réalisme, Cornill trouve même un guide qui conduit à la foi, à la religion, au christianisme et à Dieu, et cela à l'aide d'un « procédé de conclusion qui s'accomplit d'une manière inconsciente ». Toutes les choses ne sont que des révélations ou manifestations d'une substance impénétrable en elle-même, réelle, absolue, qui doit recevoir dans son sein le mysticisme et la philosophie dogmatique, aussi bien que les résultats de l'observation inductive, tout cela mis dans un état de conciliation, et réunir ainsi ensemble les connaissances empiriques et spéculatives. Maintenant, ce qu'est en définitive et au fond cette « substance » qui doit répondre à des exigences aussi grandes, l'auteur ne peut le préciser; la seule chose qu'il puisse dire, c'est, comme nous l'avons vu plus haut, qu'il lui donne le nom d' « hypothèse métaphysique », et nous constatons qu'à la fin de son exposition nous ne sommes pas arrivés à une nouvelle acquisition scientifique, mais seulement à une nouvelle hypothèse à ajouter en plus aux hypothèses sans nombre de la philosophie spéculative. Dans tous les cas, les matérialistes « sans culture » peuvent considérer avec le plus grand calme cette substance merveilleuse, impossible à définir, dont la chimie ne possède pas encore la moindre connaissance. En ce qui concerne « la foi conciliatrice (religieuse) de tous les peuples », dont parle Cornill, nous pouvons bien admettre, sans crainte de nous tromper, que la connaissance a dû lui en arriver, non par l'expérience « externe, » mais uniquement par l'expérience « interne ».

Dans le troisième chapitre principal, et de beaucoup le plus étendu, Cornill nous décrit « les contradictions de l'anthropologie moderne », qu'il personnifie surtout dans les deux penseurs J. H. Fichte et Lotze, et fait ressortir spécialement l'œuvre de polémique de Lotze contre Fichte qu'il qualifie de caractéristique. Chez tous les deux, dit Cornill, les contradictions entre l'empirisme et la spéculation se continuent sur le terrain philosophique, mais de telle façon cependant, que tous les deux, après « la victoire remportée par les vues pénétrantes des sciences naturelles sur les anciens dogmes de la philosophie », se placent déjà formellement sur le terrain de l'observation inductive, et cherchent à fonder une science naturelle, en quelque sorte, de l'âme humaine. Tous les deux ne croient plus à l'existence de forces « non » liées à la matière. Cependant tous les deux sont en opposition avec le matérialisme, en ce sens qu'ils n'accordent à la matière qu'une valeur conforme à l'expérience, et ils sont en contradiction entre eux en ce sens que, dans la manière de concevoir le monde, Fichte se place du côté « dynamique », Lotze du côté « mécanique ». Quant à ce qui concerne le rapport de l'esprit et de la matière, ils sont tous les deux « dualistes ».

Dans la première subdivision de ce chapitre, il est question de la « théorie atomique » et de la tendance particulière de notre époque à expliquer les phénomènes de la nature par des théories atomiques. Mais la philosophie elle-même ne peut pas, suivant Cornill, renoncer à des théories semblables, plus que les sciences naturelles; elles constituent une nécessité empirique et spéculative. Cependant les atomes des philosophes se distinguent d'une façon essentielle de ceux des empiriques, et trouvent leur véritable raison d'être dans la distinction philosophique entre le « phénomène » et la « chose en soi ». En attendant, l'exposition qui suit démontre seulement combien peu les philosophes sont d'accord avec eux-mêmes et entre eux sur leurs atomes et sur « la nature du réel », et nous permet ici encore, de même que sur la question de l'âme, de constater très clairement l'insuffisance des méthodes spéculatives appliquées aux recherches de ce genre. C'est surtout chez Fichte que Cornill lui-même découvre des contradictions intérieures très frappantes, ainsi que des inconséquences et des « actes arbitraires » en philosophie. Lotze aussi est tellement obscur que Cornill est dans le doute, et se demande si ce dernier s'embrouille dans une contradiction réelle ou seulement apparente (p. 105). Nous n'avons donc également aucun bénéfice à retirer de ce chapitre, et nous pouvons passer à la deuxième subdivision qui a pour objet « le rapport du mécanisme et de la vie ». Ici encore nous voyons les deux conceptions du monde, « mécanique » et « dynamique », prendre l'une vis-à-vis de l'autre une attitude d'opposition raide; cependant, malgré tous leurs efforts, elles ne vont pas, suivant Cornill, au delà d'un dualisme empirique, que la théorie nous oblige à quitter pour arriver, en progressant, à un mode d'explication unitaire. On y pose la question suivante : la vie est-elle une cause inconnue des phénomènes mécaniques, ou bien, réciproquement, sont-ce les phénomènes mécaniques qui sont la cause de la vie? Naturellement le rôle principal est ici joué de nouveau par cette notion qu'antérieurement déjà la critique a si souvent décomposée et mutilée, mais qui est parvenue toujours à ressusciter, — la notion de la « force vitale ». Il semblerait réellement qu'elle est un enfant gâté des philosophes, qui ne veulent y renoncer à aucun prix. On y lance de nouveau à la face du matérialisme cette vieille accusation, de n'être pas en mesure d'expliquer d'une manière suffisante les phénomènes de la vie par l'action des forces inorganiques, accusation qui ne signifie absolument rien du tout, attendu que le matérialisme ne s'est jamais donné une tâche semblable. S'il pouvait fournir cette explication d'une façon complète, toute la discussion serait certainement terminée d'un seul coup; mais il peut prouver seulement, et ceci suffit parfaitement pour permettre de nier l'existence de la force vitale, que les forces naturelles pouvant agir et agissant aussi réellement, autant que nous le savons, dans l'intérieur de l'organisme ne sont pas différentes des forces qui agissent en dehors de cet organisme. La distinction établie entre la chimie « organique » et la chimie « inorganique », que le matérialisme veut à tort supprimer, au dire de Cornill, n'est plus de nos jours, pour le chimiste Schiel, « qu'un expédient conventionnel pour la classification, qui ne répond nullement aux phénomènes et que l'on ne conserve qu'en raison de sa commodité ». Dans la lutte engagée entre Lotze et Fichte sur la force vitale, on nous découvre de nouveau chez les deux des contradictions intrinsèques, et l'on reproche notamment à Fichte des antithèses qu'il ne concilie pas entre elles et une juxtaposition toute aussi artificielle de ces antithèses, ainsi qu'une oscillation mêlée d'hésitation entre des représentations tantôt monistes, tantôt dualistes. Tantôt l'on croit qu'il veut s'appuyer sur l'expérience, tantôt qu'il veut de nouveau prendre, pour point de départ exclusif, des prémisses établies *à priori*. Lotze également se met en contradiction avec lui-même, en ce que, d'un côté, il veut tout expliquer au point de vue empirique mécanique, et que de l'autre, en invoquant des moments abstraits, il se livre à des conceptions spéculatives et spiritualistes. Spiess également et Virchow entrent en scène, et, malgré leurs opinions matérialistes, on veut trouver chez eux, comme chez Lotze, des éléments et des tendances d'un idéalisme marqué. Cependant c'est Virchow qui semble concilier le mieux la contradiction entre le matérialisme et l'idéalisme. — Toute cette exposition devient un peu obscure par le fait que la question de la force vitale s'y trouve en partie confondue avec la question touchant la nature et l'origine de la « forme organique », que de plus elle commet la même faute que Liebig dans sa lutte contre le matérialisme et ne distingue pas suffisamment la « vie », de la « force vitale ». C'est à peine si le matérialisme lui-même est touché par elle dans ses appréciations; car, tout d'abord, il ne veut rien « expliquer », au dire de Cornill, mais il veut seulement prouver que l'existence d'une force organique particulière est une notion qui manque de consistance. Il ne connaît aucune contradiction entre la nature

« morte » et la nature « vivante »; car il sait très bien que la nature inorganique a, elle aussi, une vie qui ne se distingue de la vie organique que par une direction différente et une lenteur plus grande du mouvement intérieur; il sait que l'observation de la nature n'est pas même en mesure de déterminer une limite précise entre la nature morte et la nature animée, et qu'il existe des passages ou transitions de l'une à l'autre ainsi que nous le montrent les lithophytes, les madrépores et les coraux. La « vie » n'est pour lui qu'un mode, particulier et encore inconnu dans son essence, du « mouvement » qui est communiqué au commencement à la « cellule », et qui, en se transmettant d'une façon analogue au mouvement des corps célestes, issu, lui aussi, d'une impulsion inconnue, se propage désormais en toute éternité. Mais ce mouvement organique, une fois commencé, ne se continue pas autrement et ne peut pas se continuer autrement qu'avec le concours des forces ordinaires de la nature et des substances matérielles que nous connaissons. Il résulte de tout cela, comme conséquence, qu'il ne peut pas exister de « force vitale » !

A la fin Cornill reparaît de nouveau dans son rôle de médiateur à propos de cette question, et il veut réunir les deux directions opposées dans son « hypothèse réaliste », qui considère la vie extérieure comme une simple « apparition » ou « manifestation » de la vie inconnue en elle-même ou d'une « vie latente ». Ce que cela doit signifier en définitive, nous ne le comprenons pas, à moins que ce ne soit qu'une simple répétition des doctrines de Kant. Avec le mot de « vie latente », la physiologie entend une notion toute différente et bien déterminée; elle pense ici aux observations qui ont été faites depuis longtemps déjà sur la semence des végétaux, et, d'une manière plus frappante encore, sur certains animaux et végétaux même appartenant aux espèces inférieures; par contre, une vie latente dans le sens des hypothèses spéculatives lui est parfaitement inconnue.

Dans la « troisième » subdivision du troisième chapitre principal il est traité du rapport « de la vie et de la conscience », et la « conscience de soi-même » s'y trouve élevée dans le sens de la philosophie théorique au rôle de bouclier protecteur contre les assauts des conceptions matérialistes. Sur cette question l'auteur démontre de nouveau la présence, dans le matérialisme, de contradictions et de crises idéalistes, et à ce sujet il vise particulièrement les opinions de l'auteur de cet article, chez lequel il s'efforce avec un soin méticuleux de trouver non seulement une crise dans « la théorie de l'entendement » mais aussi une crise « métaphysique ». L'auteur renonce à une réfutation ; car il ressent une véritable fatigue à répéter éternellement la même chose, et à affirmer à ses adversaires qu'il n'avait pas l'intention d'élever un « système » du matérialisme qui pût dire de lui : « hors de moi, point de salut », ou de mettre à la place de l'ancien dogmatisme un dogmatisme nouveau. Seulement il ne peut s'empêcher de faire remarquer à M. Cornill que dans le passage où il est question du rapport de la conscience avec l'activité du cerveau, il n'a guère pu le mal comprendre, à moins que ce ne soit « avec intention », et que là il ne devait être question que de cette partie spéciale de l'activité du cerveau que M. Cornill sépare comme « psychologique » dans son sens, de la partie « physiologique ». Pour le matérialiste une pareille séparation, telle que l'établit M. Cornill, est certainement inadmissible ; car, pour lui, l'activité physiologique des parties supérieures du cerveau et de celles qui président à la fonction de la pensée équivaut à leur activité psychologique ; et il n'y a que la « nutrition » d'un organe, naturellement tout à fait indépendante de sa « fonction », qui puisse s'accomplir sans une manifestation d'activité visible. Le cerveau se trouve ici absolument dans les mêmes conditions que les autres parties du corps, et M. Cornill ne voudra cependant pas faire supposer à l'auteur, qu'il ne savait pas que le cerveau « se nourrit » également pendant le « sommeil » et dans les états d'inconscience, ou bien qu'il possède des parties qui ne sont que des organes d'actions nerveuses inconscientes. Par contre, l'existence d'une activité du cerveau réellement « psychique » sans conscience est certainement incompréhensible et les faits qui doivent prouver le contraire sont encore à produire. Du moins, dans l'opinion de l'auteur, tous les phénomènes de ce genre observés chez les somnambules, chez les personnes assoupies, chez les aliénés, chez les individus plongés dans le sommeil chloroformique, dans la fièvre, dans le délire, dans les lésions du cerveau, etc., peuvent bien être attribués à un affaiblissement ou à une direction pervertie de la conscience, mais non à une absence complète de cette dernière. En général, on ne peut guère justifier l'usage qu'ont constamment fait les philosophes, et cela avec beaucoup d'emphase, de l'existence réelle de la conscience et de ce qu'ils appellent son « unité » vis-à-vis des conceptions ou appréciations matérialistes. Car, s'il existe une seule faculté de l'âme qui démontre d'une façon inébranlable qu'elle est sous la dépendance des conditions matérielles du corps, c'est bien certainement « la conscience ». Le plus misérable animalcule même possède une conscience et une conscience de lui-même, et lorsque l'on coupe en morceaux un polype ou un ver, chacun de ces morceaux continue à vivre comme individu avec sa conscience de lui-même séparée. Un infusoire, qui se reproduit par voie de « division », a fait dans l'espace de quelques instants, par la séparation de son corps, une conscience « double » de celle qui était « simple » auparavant. Un coup sur la tête, quelques gouttes de chloroforme, une fièvre, enlèvent à l'homme sa conscience ou excitent celle-ci et la provoquent à commettre des écarts récalcitrants. Le « datura » ranime le courage des Indiens abattus et leur font voir les plus brillantes apparitions, tandis que le « champignon de Sibérie » rend l'homme insensible à la douleur et lui fait prendre un brin de paille pour un obstacle insurmontable. Le « haschich » chasse les soucis, rend gai, enjoué et produit, à doses plus élevées, le délire et la folie[1]. L' « opium » transporte les Orientaux dans les rêves les plus doux et le « vin » met les Occidentaux dans une disposition d'esprit telle, qu'ils sont dans le cas de perdre toute conscience de leur situation momentanée. La conscience, selon Spiess, n'est pas la véritable cause de toutes les activités de l'âme, mais les représentations, les pensées, les impressions des sens, n'apparaissent que « dans » la conscience. Schopenhauer appelle la conscience une chose excessivement simple et limitée. Il peut être assez indifférent au matérialiste de savoir « comment » la conscience se forme dans le cerveau, et il peut considérer la

---

1. H. Emmerich raconte que les Orientaux avalent le haschich, pour provoquer l'apparition de visages qui les transportent, comme par enchantement, dans le paradis. Il provoque la gaieté, une marche rapide dans les représentations, des apparitions fantastiques de l'espèce la plus agréable, et la tendance à divulguer les pensées les plus secrètes. Le Dr Berthault, en entendant une musique tout ordinaire, crut entendre une musique sublime, comme en général, pendant l'ivresse produite par le haschich, la musique fait l'effet d'une harmonie céleste des tons. On obtient un sentiment de l'infini, et l'on se sent tellement léger, qu'on croirait pouvoir être enlevé par un souffle du vent. Une personne de la société se figurait être transformée en locomotive, etc.

(*Rem. de l'auteur.*)

pensée ainsi que la conscience comme un mode particulier du mouvement de la matière, ici de la substance cérébrale, sans être obligé, d'une façon quelconque, d'expliquer comment ce mouvement est constitué dans son essence. Si donc, après avoir cru démontrer la présence, dans le matérialisme, de contradictions et de crises idéalistes, M. Cornill voulait considérer ce matérialisme comme devant se livrer à des recherches approfondies sur la nature de la conscience et de l'âme, on ne peut expliquer une pareille exigence que par une ignorance des points de vue matérialistes. En quoi la nature spéciale de l'âme et de la conscience peut-elle intéresser le matérialisme ? Il lui suffit d'avoir prouvé par des faits que les manifestations de la vie de l'âme sont sous la dépendance nécessaire et proportionnée de la matérialité du cerveau, comme aussi que le mode de développement de l'âme et de la conscience est objectif et graduel. Lorsqu'en prenant pour base cette connaissance une fois acquise la philosophie sera en mesure de nous présenter sur la nature de l'âme quelque chose de solide et qui ne soit pas en contradiction avec les faits, on peut être certain que « tous » les partis sans exception lui en seront reconnaissants. Malheureusement ce résultat nous paraît très problématique et le livre de M. Cornill nous le fait, à chaque page, ressentir très douloureusement. Lorsque, après être enfin parvenu, avec beaucoup de peine, à sortir de tout ce chaos d'opinions contradictoires, on se demande sérieusement, sincèrement, si l'on est devenu d'un point plus savant, on est obligé de répondre par « non », et l'on éprouve seulement cette impression pénible que sur toutes ces belles choses dont parlent avec tant d'érudition M. Cornill et les écrivains cités par lui, on ne peut absolument rien dire de bien précis. Quand on est une fois arrivé au point que le matérialisme a provisoirement bien établi, on ne pourra plus rien prouver, d'emblée, par des raisons réelles, et à partir de là les opinions se diviseront non plus sur le terrain de la science positive, mais suivant telles dispositions générales d'esprit et de croyance des individus pris isolément, et cela de telle sorte que les uns n'apercevront dans le cerveau que la « condition », mais les autres la « cause » des activités psychiques. Quant aux individus de la troisième catégorie qui, faisant abstraction des faits, persistent avec opiniâtreté dans les vieilles opinions spéculatives-idéalistes d'une nature de l'âme existant par elle-même, n'ayant aucune matérialité, il n'y a pas lieu d'en tenir compte ; or, s'il en est ainsi, et si la philosophie, dans cette question ainsi que dans tant d'autres, est désormais irrésistiblement forcée de descendre sur le terrain du « réel », le mérite en revient exclusivement à ce matérialisme si souvent outragé, auquel on ne pourra plus maintenant reprocher qu'en produisant ses preuves il ait fait quelque chose d'inutile ou qu'il ait répété des choses déjà connues. Il suffit de remonter de quelques dix années en arrière dans l'histoire de la philosophie et des recherches psychologiques, pour se mettre en mesure d'apprécier ce mérite d'une façon complètement satisfaisante.

On peut se sentir d'autant plus satisfait en examinant les choses avec calme, qu'après en avoir fini avec le matérialisme, on entend M. Cornill démontrer également la présence, dans l'idéalisme, de contradictions et de crises matérialistes dans la « question de la conscience », et dévoiler ici une confusion illimitée dans les opinions. Après avoir pleinement mis à jour la grande insuffisance des théories de Fichte, il découvre de nouveau des crises intérieures idéalistes chez Lotze qui pourtant, dans cette question, s'efforce de se placer davantage sous le point de vue matérialiste, et il reproche à ce dernier, dans ses opinions sur la conscience, « des hésitations, des incertitudes, des contradictions et un relâchement momentané dans la sagacité de ses recherches ». Chez Lotze il devient de nouveau parfaitement clair, qu'on ne peut pas servir deux maîtres à la fois.

La conciliation de M. Cornill est de nouveau cherchée dans la « substance réelle » qu'il nous a déjà fait connaître sans réussir à nous la faire comprendre, ou dans le « monisme indéfini-réaliste ». Au lieu d' « indéfini » il eût peut-être mieux fait de dire « indéfinissable ».

Dans ces conditions, nous ne trouvons rien de nouveau dans la « quatrième » et dernière subdivision du troisième chapitre principal, intitulé : « conscience et âme », qui traite le reste du sujet et forme la fin du livre ; elle ne fait que répéter, en substance, ce qui avait déjà été exposé ; ce sont des variations infinies sur le même thème, qui déjà n'amènent à aucun résultat par ce seul fait que la question y est posée constamment d'une façon beaucoup trop générale et indéterminée, et qu'il est toujours question plus du rapport général entre l'esprit et la matière que du rapport entre l'âme et le cerveau.

L'impossibilité d'expliquer la nature de la matière est ici de nouveau employée comme un cheval de parade pour monter à l'assaut du matérialisme et la théorie atomique de Redtenbacher vient s'y enchevêtrer, on ne sait trop pourquoi. D'autres empiriques aussi sont pris à partie et rapetissés, tels que Pflüger, Ludwig, Eckhardt, Spiess, etc. Mais tout ce qu'il fournit a d'autant moins d'importance que M. Cornill se voit obligé lui-même ici d'admettre également pour la matière une « dynamique psychique » (« psychische Dynamis »), et de se rallier à l'aveu de Virchow, que « nous sommes dans l'ignorance en ce qui concerne la nature de la conscience, et que la philosophie et les sciences naturelles ne sont pas encore arrivées plus loin que jusqu'à la reconnaissance de ce fait. » Partout M. Cornill s'en rapporte à des impossibilités d'expliquer et par là il ne prouve absolument rien ; car l'essence de la philosophie empirique consiste précisément, non à dépasser ces impossibilités d'expliquer, ainsi que le fait constamment la philosophie spéculative, mais bien à s'attacher tout d'abord aux faits acquis. Dans sa polémique contre l'auteur de cet article, à propos de la non-existence de l'âme chez l'embryon, M. Cornill oublie que la matière, pour produire des manifestations psychiques, ne doit pas simplement se trouver placée dans des états parfaitement déterminés, mais qu'elle doit encore être disposée d'une certaine façon par des influences extérieures. Si donc l'enfant à naître ou l'enfant nouveau-né ne pense pas encore, il faut l'attribuer à l'absence de ces conditions, et le travail de l'auteur fournit là-dessus des détails que M. Cornill avait suffisamment l'occasion de suivre à la lecture. Et, si sur ce point encore, ce dernier croit avoir démontré la présence de contradictions dans le matérialisme, les contradictions qui incombent ici à l'idéalisme et aux philosophes spéculatifs, d'après sa propre description, sont encore bien plus grandes et plus incurables. M. Cornill reproche notamment au professeur Lotze, considéré comme une autorité précisément sur ces matières, de s'être laissé complétement retomber dans l'idéalisme, malgré sa direction mécanique, et de se mettre tellement en contradiction avec lui-même ainsi qu'avec toute sa direction philosophique, qu'il ne se fait aucun scrupule d'appeler ce penseur « un apostat vis-à-vis de lui-même ». Lotze se tourmente dans de longs développements avec la question, non pratique, suivante : l'âme est-elle une substance n'occupant pas

d'espace, n'ayant pas de matière, ou bien un être étendu »?
A côté de Lotze se présentent encore quelques autres penseurs
spéculatifs dont les opinions, citées par Cornill, fourmillent de
nouveau de contradictions et d'obscurités ; et nous voyons ces
derniers n'opérer partout qu'avec ces notions générales et
creuses, contre l'abus philosophique desquelles Schopenhauer
est parti en guerre d'une façon aussi implacable et avec un sarcasme aussi foudroyant.

En fin de compte toutes les contradictions se résolvent de nouveau, pour M. Cornill, dans sa « substance réelle », ce qui ne décide pas pour cela s'il faut se figurer la substance réelle de l'âme
comme « matérielle » ou « idéale ». Cette substance merveilleuse
est-elle identique à la « substance de l'âme » de Wagner? cela
n'est pas clairement indiqué ; la seule chose qu'on apprenne à la
fin, c'est que l'hypothèse réaliste donne la solution de « tout »,
et fournit un point d'appui équivalent pour l' « empirisme », la
« spéculation » et la « foi ». Les « besoins religieux », comme
on les appelle (devenus à notre époque tellement pressants que,
sans eux, personne ne pourrait obtenir une place de professeur
de philosophie), se glissent ici également par-ci, par-là, et même
l' « immortalité de l'âme » trouve dans l' « hypothèse réaliste »
une ancre de salut. Une hypothèse qui « rend un si grand nombre
de services à la fois », est déjà suspecte rien que par ce fait, dût-
elle porter en elle moins de signes caractéristiques d'un manque
de réalité philosophique! Si maintenant, après avoir lu l'ouvrage en entier, on cherche à se représenter l'impression qu'il
doit laisser dans l'esprit du lecteur exempt de prévention, on est
amené à reconnaître que c'est de nouveau l'ancienne impression
si souvent ressentie et qu'on ne pourra pas ressentir assez souvent. Les philosophes se livrent constamment à des efforts inutiles pour trouver un « quelque chose » que nous ne pouvons
atteindre, c'est-à-dire « la nature ou l'essence intime des choses »,
et dans des efforts semblables ils deviennent forcément spéculatifs, obscurs, hypothétiques, malgré toutes leurs bonnes inten-
tions, tandis que les empiriques ne prennent toujours comme
point de départ que ce que nous connaissons à fond ou du moins
jusqu'à un certain degré, et laissent de côté ce que nous ne savons pas encore. On leur objecte sans doute : « c'est précisément
pour cela que vous n'avez pas le droit de vous mêler de nos affaires » ; mais on se délivre ainsi à soi-même un certificat peu

favorable, attendu qu'on repousse la philosophie en arrière sur le terrain de l' « ignorance ». Qu'on se demande ce que cette philosophie de l'ignorance a produit jusqu'à présent, en comparaison de cette autre philosophie qui élève son édifice sur la base fondamentale des choses accessibles, des choses non infinies, ou du matériel empirique? Rien, tandis que cette dernière a fourni au moins quelque chose. On conviendra volontiers que cette direction de la philosophie empirique, étant encore jeune, souffre également d'erreurs et de défauts; mais peut-il en être autrement au début? Elle augmentera chaque jour sa circonspection et sa sévérité envers elle-même, et les limites jusqu'auxquelles elle se croit autorisée à aller, à chaque moment donné, seront fixées par elle d'une façon toujours plus précise. L'empirisme se contente de nier l'existence de la force vitale, tandis que la philosophie a la prétention d'expliquer la vie ; l'empirisme admet les « atomes » comme degré de transition permettant l'étude de ses connaissances, tandis que la philosophie construit une théorie atomique qui doit lui servir à déterminer la nature du réel; l'empirisme admet comme des faits la constance de la matière et celle de la force, tandis que la philosophie se sert de son langage suranné pour les rejeter toutes deux en s'appuyant sur des raisons spéculatives; l'empirisme cherche à déchiffrer des rapports effectifs existant entre le corps et l'âme, et à les interpréter aussi loin que cela lui est possible, tandis que la philosophie s'abandonne à des rêves sur la nature de l'âme ; l'empirisme cherche à comprendre l'origine et la nature du monde organique et de l'homme en s'appuyant sur les faits et sur les conquêtes péniblement faites de la science, tandis que la philosophie connaît tout cela depuis longtemps déjà par une intuition intérieure, etc. En un mot, l'empirisme cherche la « vérité », la philosophie un « système ». L'intelligence cultivée par l'empirisme a depuis longtemps perdu le sens des expositions spéculatives sur la nature intime, avec leur élocution obscure et affectée qui plane constamment au-dessus d'elles comme une lueur crépusculaire et cache leur vide intérieur derrière l' « apparence » de l'érudition; elle n'éprouve qu'un sentiment de répulsion pour toutes ces expressions obscures et emphatiques, et ne comprend pas comment on peut toujours donner toute son attention à des choses pour lesquelles il n'y a pas la moindre perspective de réelle solution; par contre, elle s'occupe avec d'autant plus d'ardeur de ces questions qui sont devenues plus ou moins accessibles à notre entendement par suite des progrès des sciences empiriques. Mais il est clair qu'il y a infiniment à faire ici pour relier ces connaissances entre elles par la pensée philosophique et pour en donner une appréciation générale dans le sens philosophique. Il est certainement plus commode de faire son ménage dans le domaine de l'esprit absolu ; et, semblables à des essaims de mouches à la clarté du soleil, les philosophes se livrent gaiement à une danse en rond au soleil de la pensée pure, tandis que dans le camp des empiriques la sueur ruisselle du front des investigateurs. Où existe-t-il une psychologie animale comparée, suivant l'exemple des empiriques qui depuis longtemps ont créé une anatomie comparée? Où sont-ils les psychologues spécialistes qui s'emparent des expériences de l'anatomie et de la physiologie, ainsi que des observations faites par les médecins aliénistes et les médecins légistes, pour les suivre sur la voie de la méthode inductive et utiliser les connaissances que peuvent leur procurer ces observations et expériences pour tirer leurs conclusions? Où trouvons-nous une étude de l'homme ayant une base véritablement empirique? Le plus petit commencement d'une psychologie animale comparée, par exemple, mériterait plus de reconnaissance que toutes les spéculations philosophiques faites sur la nature de l'âme depuis le commencement de l'histoire [1].

Et maintenant, quels sont les résultats obtenus pour le progrès de la science par le livre de M. Cornill, malgré ses 420 pages, son genre d'élocution, et son attitude savamment philosophique? Pour l'objet même en question, autant que rien ; la seule chose précieuse, c'est l'aveu dans la bouche du philosophe, que la philosophie doit quitter le chemin suivi jusqu'à présent et entrer dans la voie de la « méthode inductive ». « Spéculation sans empirisme est chose incompréhensible », c'est ainsi que M. Cornill se voit obligé de s'exprimer ; et, même dans les sciences empiriques,

---

[1]. « Il est facile de comprendre, comme le dit très bien James Hunt, pourquoi un si grand nombre de philosophes restent encore collés à la philosophie pour résoudre les problèmes du monde. La raison en est que la méthode employée par la philosophie pour traiter toutes les questions est tellement plus facile que celle de l'observation immédiate de la nature et de la réunion laborieuse de faits qui doivent être systématiquement et patiemment utilisés pour permettre d'en tirer des conclusions, qu'il se trouvera toujours des hommes qui préféreront une philosophie bâtie sur des conclusions fausses, mais brillantes, et sur une dialectique éloquente, aux fatigues d'une méthode réellement scientifique ».

on voit, d'après lui, se présenter, faisant époque, des esprits surtout « spéculatifs », c'est-à-dire, des intelligences élevées qui savent interpréter les faits constatés par l'expérience. Certainement! Et pour quel motif poursuit-on alors des hommes, qui se livrent à de semblables essais, d'un fanatisme philosophique si infatigable? Il y a plus; M. Cornill, en contradiction avec lui-même, fait « plus » de concessions que ne l'exige la direction empirique elle-même, attendu qu'il demande que désormais la philosophie soit traitée comme une science naturelle. Cependant la philosophie ne pourra jamais devenir une science naturelle, dût-elle même en adopter la méthode; car son objet est plus vaste, ses buts plus lointains, toute sa tâche une tâche complètement différente. La seule chose vraie, c'est que, si elle continue à dédaigner les résultats des sciences empiriques, elle travaille elle-même à sa propre perte. M. Cornill ne désire certainement pas ce résultat, mais la volonté, chez lui, est meilleure que le fait; car ce n'est assurément pas en suivant la voie inductive, si vivement défendue par lui, qu'il a pu arriver à la découverte de sa « substance réelle, indéfinie ». S'il existe, ainsi que le prétend la philosophie, une « chose en soi » («ein Ding an sich»), elle ne peut cependant pas entrer en ligne de compte avec nos idées, attendu que nous ne pouvons pas la reconnaître, soit métaphysiquement, soit en nous appuyant, comme le veut M. Cornill, sur la « théorie de l'entendement ». Toute la différence qu'il fait entre l'expérience « interne » et l'expérience « externe », ne revient en fin de compte qu'à sauver et à rétablir une position spéculative en apparence abandonnée par lui-même, et la place de la « raison pure » est occupée maintenant par l' « expérience interne », à l'aide de laquelle désormais tout philosophe suivant les traces de M. Cornill n'opérera pas d'une autre manière qu'il n'avait fait auparavant avec sa pensée absolue. En général, sur cette question il ne s'agit plus de « systèmes », que M. Cornil distingue en systèmes si multiples et différenciés par des nuances si diverses, mais tout se résume seulement et uniquement dans une pensée philosophique, luttant pour la vérité et la réalité. Il faut accorder à M. Cornill, d'une façon absolue et complète, qu'ici une philosophie dite « réaliste » est la seule chose qui puisse sortir des luttes philosophiques de l'époque actuelle, et procurer à notre besoin philosophique une satisfaction durable. Mais il faut que cette philosophie réaliste tienne aussi ce qu'elle promet et qu'elle ne renie pas ses propres principes dès ses premiers pas, comme cela arrive à M. Cornill. C'est pour cela qu'on peut décerner à son travail un éloge : celui d'avoir exactement reconnu la tâche à remplir, mais en même temps aussi un reproche : celui d'avoir cherché à résoudre cette tâche d'une façon contradictoire avec son propre principe fondamental.

XIII

MONSIEUR LE PROFESSEUR AGASSIZ ET LES MATÉRIALISTES

(1860)

(*Contributions of the natural history of the United States of North America* by L. Agassiz. First volume, part. I : *Essay on classification*. Chapter first, section I-XXXII) [1].

[1]. (*Documents pour servir à l'histoire naturelle des États-Unis de l'Amérique du Nord*, par L. Agassiz. Premier volume, première partie : *Essai sur la classification*. Chapitre 1ᵉʳ, section I-XXXII).

Cet ouvrage dont l'auteur de cet article doit la possession à la gracieuseté spontanée de l'auteur lui-même (qui vit actuellement à Cambridge, près de Boston, aux États-Unis, et porte un des noms les plus retentissants dans les sciences naturelles), offre un intérêt particulier, non pas simplement pour les savants, mais aussi pour le monde cultivé en général; car, dans son premier chapitre, divisé en 32 sections et remplissant 136 pages, il discute d'une façon approfondie une question qui actuellement ne touche plus seulement les naturalistes et les philosophes, mais encore tous ceux qui prennent part aux intérêts scientifiques généraux de l'humanité; nous voulons parler de la question des « causes de l'origine et du développement du monde organique sur la terre, principalement du monde animal ». Depuis que les recherches sur l'histoire de la 'erre ont jeté une lumière inattendue sur les espaces de temps incommensurables que notre corps céleste a déjà parcourus dans son développement graduel, cette question est sortie de son ancien état d'énigme inextricable pour entrer dans l'éclairage de points de vue scientifiques et promet de fournir une solution, sinon définitive, au moins une solution qui se rapproche plus ou moins de la vérité. C'est donc un fait d'autant plus digne d'attention que des hommes appartenant à la science proprement dite commencent à s'occuper de cette question et avouent par là ouvertement que l'esprit de notre siècle ne peut plus se contenter de jeter simplement des regards de côté sur de pareils sujets ou bien d'en abandonner inactivement la cession à la théologie ou à une spéculation philosophique dominée par cette dernière. C'est peut-être pour la première fois qu'une autorité scientifique aussi considérée que M. Agassiz s'occupe, dans un ouvrage aussi sérieusement scientifique que celui-ci, de cette question qu'elle traite de la façon la plus approfondie en l'envisageant sous des points de vue généraux, et qu'elle exprime son opinion là-dessus d'une manière aussi précise. Cette opinion est certainement de telle nature, qu'elle se trouve en contradiction assez accentuée avec celles des opinions exprimées jusqu'ici par les naturalistes qui avaient le plus cours chez eux, et que, tout en ne s'appuyant nulle part sur la théologie dans sa démonstration, elle croit cependant obtenir finalement un résultat d'accord, pour les choses essentielles, avec les idées de l'Église sur l'histoire de la Création. Ce que vise le plus une attitude pareille, ce sont naturellement les doctrines de l'école appelée « matérialiste », ou pour mieux dire, « naturaliste », dont le principe fondamental supérieur repose sur le « naturel » des phénomènes terrestres dans le passé comme dans le présent, et sur leur indépendance vis-à-vis d'influences surnaturelles agissant d'une façon arbitraire. Cette école est tellement convaincue de l'exactitude de ce principe fondamental, qu'elle n'hésite pas à donner un démenti même à un homme tel qu'Agassiz, sur son terrain le plus spécial, et à lui démontrer ses erreurs, qui cette fois ne reposent certes pas sur une « ignorance » des faits dont il s'agit, mais cependant sur une manière inexacte de les interpréter. Toute l'exposition d'Agassiz peut être considérée en quelque sorte, comme une philosophie du monde animal vivant ainsi que du monde animal éteint; elle prouve tout au moins qu'une chose, considérée toujours encore par certains naturalistes comme une propriété des idéalistes et des fantaisistes parmi ceux qui étudient la nature, n'est pas seulement « susceptible » d'un examen réellement scientifique, mais qu'elle a encore « besoin » de cet examen, et que même du côté des hommes sérieusement scientifiques on commence à comprendre que dans l'étude de la nature il ne suffit pas d'accumuler sans cesse des matériaux et des pierres de construction, mais que le temps est de nouveau venu de réfléchir, d'examiner jusqu'à quel point ces matériaux accumulés peuvent être utilisés çà ou là par l'esprit de synthèse pour la construction d'un édifice. Malheureusement, les derniers résultats auxquels M. Agassiz est arrivé ici sont très peu philosophiques ; cependant il résulte au moins une chose de son travail, c'est qu'il n'appartient pas seulement aux naturalistes collectionneurs, mais aussi à ceux qui estiment et apprécient les faits rassemblés sous des points de vue plus élevés, et qu'un tel savant, même là où l'on est obligé de lui donner tort dans sa dernière opinion, fait cependant toujours quelque chose d'utile. En réalité, M. Agassiz nous présente un si grand nombre de points de vue intéressants et importants ; il nous offre, de plus, des aperçus si profonds et si ingénieux sur la nature des phénomènes organiques de la nature, qu'il faut lui en témoigner sa reconnaissance, quand même on ne peut adopter ses dernières conclusions. Bien qu'il prenne parti, très résolûment, contre les opinions matérialistes des derniers temps, le travail d'Agassiz n'en donne pas moins pour cela une satisfaction peu médiocre aux défenseurs de ces opinions, dont les adversaires se tiraient d'affaire jusqu'à présent en affirmant qu'ils étaient à peine dignes d'une réfutation sérieuse ou scientifique ; car la faiblesse des arguments qu'un homme aussi distingué et instruit qu'Agassiz est obligé de produire au jour dans cette lutte et dans son parti pris en faveur des appréciations théologiques dans l'étude de la nature, fournit la meilleure preuve de la force que possède l'opinion contraire. Cependant, avant d'engager un combat contre la démonstration d'Agassiz, l'auteur de cet article va essayer, dans les pages qui suivent, de présenter au lecteur une description aussi serrée que possible de la marche des idées que l'illustre savant a suivie.

Dans l' « introduction » M. Agassiz pose tout d'abord la question suivante : « Les classifications des animaux sont-elles « artificielles » ou « naturelles » ? Ne sont-elles, comme il se le demande, que des divisions issues des besoins de l'esprit humain, ou bien sont-elles introduites par une intelligence divine comme des catégories de sa manière de penser ? Et ne sommes-nous, nous-mêmes, que les interprètes inconscients d'une pensée divine? Agassiz n'hésite pas à se déclarer partisan de cette dernière manière de voir. Il cherche à prouver qu'à la production des êtres organiques a dû présider un plan de création unitaire, prémédité, indépendant de circonstances extérieures, issu, après réflexion, de la conception libre d'un esprit tout-puissant; un plan qui a dû exister déjà tout achevé dans la pensée, avant de se manifester dans des formes réelles, et qui finalement se termine dans sa réalisation par l'introduction de l'homme dans la Création. Or, l'esprit humain ne fait que traduire dans son langage, instinctivement et d'une manière inconsciente, la pensée divine exprimée dans la nature, et prouve par là sa parenté avec l'esprit divin. Comme l'homme a été créé à l'image de Dieu, nous nous rapprochons par les opérations de notre propre esprit des œuvres de la raison divine, et par la nature de notre propre esprit nous apprenons à mieux connaître l'esprit infini dont il tire son origine. Agassiz sait très bien que « pour certains investigateurs le nom de Dieu ne paraît pas convenable dans un ouvrage scientifique », mais il ne se laisse pas arrêter par cette considération, et il tient à exprimer sa conviction que, tant qu'on ne pourra pas prouver que des forces physiques peuvent produire la raison, il faudra considérer une révélation quelconque de la pensée, prouvant l'existence d'un être pensant, comme la cause même de cette pensée, etc.

Passant aux détails, Agassiz fait valoir, contre ceux qui trouvent dans les influences extérieures de la nature une des causes principales de la formation et de l'accroissement graduel de tout ce qui vit : 1° que l'on rencontre dans les mêmes conditions extérieures les types d'animaux et de végétaux les plus différents; et que, 2° dans les conditions extérieures les plus différentes, on rencontre des types identiques. Il n'y a pas de différence entre les harengs de la mer du Nord, ceux de la zone tempérée et ceux des contrées tropicales. Sous toutes les latitudes, les renards et les loups sont les mêmes, et il existe encore infiniment d'exemples de ce genre. Les conditions extérieures ne peuvent donc pas être considérées comme la cause de la différence des êtres organiques; tout montre, au contraire, que ceux-ci jouissent plutôt de la plus grande indépendance vis-à-vis des conditions physiques dans lesquelles ils vivent, et cette indépendance est tellement grande qu'elle ne peut être regardée que comme le résultat d'une puissance supérieure. Toutes les modifications produites par des influences extérieures sur les animaux n'ont rien à faire avec le caractère « essentiel » de ces derniers, mais seulement avec leur caractère « accessoire »; et même, il faut que ces animaux aient cependant existé avant qu'une influence semblable ait pu s'exercer. Dût-on même accorder cette influence dans la mesure la plus étendue, il resterait toujours encore la question de l'origine, de la première apparition des êtres organiques. Il y eut un temps où il n'existait pas d'êtres vivants. Comme nous connaissons ce temps par la géologie et comme on sait qu'alors il n'existait pas d'autres lois naturelles que les lois actuelles; comme, enfin, il n'y a pas aujourd'hui de lois naturelles qui puissent avoir donné lieu à cette origine, il est impossible que les influences extérieures aient pu appeler les animaux à la vie; ou bien « un Dieu a dû les avoir créés ». Les rapports entre les êtres organiques et les conditions physiques au milieu desquelles ils vivent sont déterminés, réglés et disposés par un être pensant suprême, et cela dès le commencement pour chaque espèce. Les poissons et les insectes « aveugles » de la grotte de Mammouth, dans le Kentucky, montrent, d'après Agassiz, l'influence immédiate que des conditions exceptionnelles exercent sur le développement organique. Mais le rudiment d'un œil trouvé là prouve que la disposition originelle a été créée par le Tout-Puissant d'après un plan général.

La sagesse divine se révèle encore, pour Agassiz, dans ce fait qu'un plan fondamental unitaire apparaît dans la structure de types du reste très différents. Comment, s'écrie-t-il, un système semblable pouvait-il entrer dans la vie sans un Créateur suprême de toutes choses? Comme un fait concordant avec cette opinion, nous observons aussi chez des animaux du reste tout à fait séparés certains détails de structure correspondants. L'aile de l'oiseau ressemble au bras de l'homme, ainsi que la nageoire pectorale du poisson, etc. Cependant cette unité du plan ne se fait valoir que dans « les mêmes » grandes divisions du règne animal, qui sont pour Agassiz (d'après Cuvier) au nombre de « quatre » : les « animaux vertébrés », les « animaux articulés », les « mollusques » et les « animaux rayonnés », et qui, d'après lui, ne se laissent pas facilement comparer entre eux. La tête d'un vertébré n'est pas la tête d'un insecte, le canal intestinal n'est pas le même ici que là, etc. Au contraire, le caractère fondamental de l'organisation est absolument différent dans ces quatre divisions principales du règne animal. Les naturalistes qui veulent démontrer ici également l'existence de similitudes et étendre leurs comparaisons au delà des limites de la nature elle-même, qui exagèrent en général le principe de l'anatomie comparée, « refusent, d'après Agassiz, au Créateur, dans l'expression de ses pensées, une somme de liberté dont l'homme jouit lui-même ». Tous les animaux, selon lui, sont formés d'après « quatre » plans de construction différents, ou bien expriment quatre grandes idées, entre lesquelles il n'existe pas d'autre lien que celui de la ressemblance avec la disposition de l'embryon dans l'œuf. Tout l'ensemble a néanmoins pour base une harmonie compliquée, et nous observons différents degrés de parenté même entre des animaux et des végétaux qui n'ont pas le moindre lien généalogique entre eux et qui vivent dans les parties du monde les plus éloignées les unes des autres. Ceux qui portent cette harmonie sont seuls individuellement périssables, tandis que cette harmonie elle-même est impérissable ; et, tandis qu'une espèce a une durée d'existence qui se continue souvent pendant de longues périodes de temps, les individus qui la représentent se modifient sans cesse. Ici également, selon Agassiz, se montre plus un esprit créateur que l'action de forces aveugles. La nature a un système, et les systèmes établis par l'esprit humain s'en rapprochent plus ou moins ; cependant, la coïncidence des deux prouve qu'il y a identité entre les opérations de l'esprit humain et celles de l'esprit divin ; et l'unité du plan dans la création des animaux prouve la « préméditation » de l'esprit qui a dû les avoir créés.

C'est également des conditions qui accompagnent la « distribution géographique des animaux » qu'Agassiz tire ses conclusions contre les opinions matérialistes. Certains animaux et végétaux sont répandus sur tous les continents ou dans toutes les mers, tandis que d'autres sont limités à certains continents, pays, localités, etc. Cependant, on rencontre partout des représentants des quatre grands « règnes » typiques établis par Agassiz, et cela aussi bien maintenant que dans les âges géologiques passés (les animaux « rayonnés » forment seuls une exception ; ils sont circonscrits à la mer). Par contre, les « classes » d'animaux sont déjà plus circonscrites. Mais, partout où elles peuvent se trouver, elles s'accommodent toujours peu à peu aux conditions extérieures. Il y a, suivant Agassiz, dans l'animal et le végétal, « un côté » de leur organisation qui se trouve dans un rapport immédiat avec les éléments qui les entourent, et un « autre côté » qui n'a pas ce rapport et qui détermine leur type ou caractère particulier. Ces éléments ne peuvent donc en aucune façon être considérés comme la cause de leur existence, mais ce rapport devait au contraire se trouver déposé déjà dans le plan de la création à l'époque de la formation des êtres organiques! Il existe, d'après Agassiz, des provinces, des contrées, des terrains zoologiques, etc. Presque chaque ile dans l'océan Pacifique possède son caractère organique particulier, et les faits prouvent qu'il existe dans des localités différentes une origine primitive pour des individus même de « la même » espèce ou d'espèces très parentes qui fournissent des représentants dans des parties du monde très différentes. Et ceci doit être, d'après Agassiz, un des arguments les plus puissants contre l'hypothèse que les agents physiques aient modifié le caractère particulier du monde organique. Il fait ressortir ici le fait que « des types répandus à des distances très éloignées les unes des autres montrent cependant une identité dans leur structure ». Les animaux et végétaux de l'Amérique du Nord ont une grande ressemblance avec ceux de l'Europe et de l'Asie septentrionale, tandis qu'au contraire la Nouvelle-Hollande diffère beaucoup, sous la même latitude, de l'Afrique et de l'Amérique méridionale. Pourquoi en est-il ainsi? demande Agassiz. La différence entre l'Amérique et l'Europe ou le nord de l'Afrique n'est pas plus petite qu'entre l'Australie et certaines parties de l'Afrique ou de l'Amérique méridionale, et cependant ici le rapport est tout différent. Tout prouve donc que les rapports supérieurs existant entre les végétaux et animaux d'une part, et le lieu de leur domicile de l'autre, doivent être déterminés par des influences autres que des influences physiques. Chaque espèce a eu son point d'origine ou de naissance, d'où elle est partie pour se répandre plus loin, et ce point on le reconnaît encore aujourd'hui là où l'espèce est plus particulièrement concentrée. Il est désormais parfaitement reconnu, suivant Agassiz, que ni les végétaux ni les animaux ne peuvent avoir pris naissance tous « au même » endroit ; ils ont fait leur apparition simultanée et séparée en Amérique, en Europe, etc., en grande quantité et d'ordinaire avec le nombre caractéristique de leur espèce. La distribution géographique des animaux ne peut donc pas être un effet du hasard. Mais, si l'on observe d'un côté, que des types répandus très au loin et très séparés les uns des autres présentent une similitude de conformation, on retrouve d'un autre côté une communauté de conformation entre des animaux qui vivent « dans les mêmes régions ». Un exemple de ce genre nous est fourni particulièrement par la Nouvelle-Hollande. Ici, les marsupiaux dominent, tandis qu'ils sont inconnus dans toute autre partie du monde. Là, il n'existe pas de quadrumanes, ni singes ni makis, pas plus d'insectivores que de carnassiers, ni une quantité d'autres animaux qui nous sont connus. Cependant les marsupiaux montrent entre eux une grande différence de conformation, et nous trouvons parmi eux des représentants analogues à ceux qui existent dans la plupart des ordres de mammifères. Malgré cela, tous ces animaux possèdent un certain nombre de caractères anatomiques très tranchés qui les distinguent de tous les autres mammifères. De plus, « chaque » partie de la terre contient certains groupes particuliers de végétaux ou d'animaux qui sont renfermés entre des limites géographiques déterminées, ce dont on pourrait citer un grand nombre d'exemples. Il résulte de tout ceci que l'organisation des animaux se conforme tout aussi bien aux conditions différentes qu'aux conditions identiques de leur existence et ne peut pas être considérée comme étant issue de ces conditions!! Agassiz joint ici une quantité d'autres faits qui doivent prouver que les êtres organiques sont indépendants des milieux dans lesquels ils vivent, en tant qu'il s'agit de leur origine, et il se présente comme un défenseur énergique de ce qu'on appelle l' « invariabilité » des espèces. Une fois créés, ces êtres s'accommodent sans doute, suivant lui, aux milieux dans lesquels ils vivent, mais ils ne sont pas produits par eux. Les êtres organiques sont faits pour s'assimiler les matériaux du monde inorganique; mais ils conservent leur caractère originel, malgré les influences extérieures physiques, et montrent dans cette circonstance une certaine permanence de leurs particularités spécifiques. Ni le temps ni les conditions extérieures ne modifient les caractères essentiels qui leur sont propres. Il y a plus : dans le cours des mêmes périodes géologiques les animaux ne se modifient pas du tout. Des animaux qu'on a trouvés dans les tombes égyptiennes ne montrent, d'après Agassiz, pas l'ombre d'une différence avec les animaux actuellement vivants, bien qu'un espace de 5000 ans se soit écoulé depuis, de sorte qu'on peut admettre avec certitude que l'espèce n'est pas modifiée par les influences du temps pendant les mêmes époques géologiques. La géologie nous apprend seulement qu'à des époques différentes il a existé des espèces différentes. Ici donc Agassiz cherche à infirmer de la façon suivante une remarque faite assez souvent par les écrivains du parti opposé : « D'une époque géologique à une autre, disent en effet ces écrivains, il se produit des modifications qu'on peut constater ; des espèces qui n'existaient pas à une époque antérieure existent à une époque ultérieure, alors que les autres ont disparu ; et, dût-on également pouvoir prouver que même chaque espèce a conservé pendant tout un espace de temps ses particularités intactes, ce fait prouve, malgré tout, que les espèces doivent finir par se modifier dans un temps très prolongé ». Toute cette conclusion est fausse, d'après Agassiz, attendu que les espèces qui sont censées avoir vécu à une époque antérieure peuvent avoir été exterminées et remplacées par d'autres ! D'après lui, il n'existe pas un seul fait permettant d'admettre que des espèces se transforment les unes dans les autres ; nous savons seulement qu'à des époques différentes elles sont différentes. Agassiz compare la succession des espèces organiques à un musée composé d'une succession d'écoles de peinture, et croit que les œuvres de la nature se modifient tout aussi peu sous l'influence du temps que les œuvres de l'art. Nous ne savons pas comment les animaux ont pris naissance, pas non plus d'où viennent les différences qu'ils présentent à différentes époques ; mais nous en savons assez pour rejeter l'idée de la « transformation ». On ne constate pas de passages entre deux époques, et chaque fait nouveau fourni par les recherches modernes est une preuve en faveur de l'invariabilité des espèces. On peut prouver que dans le cours d'une période de 5000 ans des végétaux et des animaux sont restés les mêmes ; bien plus, dans le voisinage de la Floride, il existe des bancs de coraux qui doivent avoir 30,000 ans d'âge, et cependant ces coraux appartiennent tous à la même espèce, actuellement encore vivante. Mais, à celui qui viendrait dire qu'une période encore plus prolongée « aurait pu » faire plus que 30,000 ans, il n'y a pas, d'après l'avis d'Agassiz, de réponse à donner. La variabilité des « animaux domestiques » ou des « végétaux domestiques » ne prouve rien contre l'opinion d'Agassiz, car elle a été produite à l'aide de moyens artificiels. Ainsi, d'après notre auteur, toutes les modifications subies par les êtres organiques dans le cours des temps apparaissent comme le résultat, non pas d'agents physiques, mais de l'action d'une puissance intellectuelle et réglées par cette intelligence suprême. Tout prouve en faveur de l'existence d'un Créateur et doit faire admettre que le monde ne peut pas être le produit de causes physiques.

Agassiz interprète encore de la même manière les rapports existant entre les animaux pris isolément, les observations fournies par l'embryologie, la durée d'existence des animaux et autres choses semblables. Par contre, en sa qualité de naturaliste en contradiction avec la théologie, il reconnaît de nouveau la parenté étroite qui existe entre l'homme et l'animal et la ressemblance du premier, dans les races inférieures, avec l' « orang-outang » et le « chimpanzé ». Notons, en passant, l'observation intéressante, faite par lui, que le refus de reconnaître cette vérité ne doit être attribué qu'à l'influence de l'ancienne philosophie « aristotélicienne »,qui était née à une époque où l'on ne connaissait pas encore ces deux singes. Le rapport bien connu entre le monde animal et le monde végétal, qui est intimement lié à leur existence par les conditions de la réciprocité d'action, ce rapport, Agassiz le regarde aussi comme une conséquence de l'arrangement disposé par un Créateur intelligent, de même qu'en général tous les rapports de ce genre existant dans la nature sont réglés, d'après lui, par une sagesse supérieure.

En ce qui concerne le rapport général entre la « matière » et la « forme », Agassiz admet que la « matière » reste éternellement la même, mais que par contre la « forme », modifiée et adoptée par les êtres vivants, change dans tous les temps : ce changement de formes doit cependant dériver, dans le monde « organique », de causes et de principes tout autres que dans le monde « inorganique ». « Il est certain, dit Agassiz, que la noble figure de l'homme ne doit pas son origine aux mêmes forces que celles qui s'unissent pour donner au cristal une forme définitive ». Les forces inorganiques montrent à toutes les époques géologiques toujours les mêmes effets qu'elles produisent encore aujourd'hui, tandis que dans le monde organique chaque période présente des rapports nouveaux et un échange éternel de nouvelles combinaisons, qui atteint enfin le degré le plus élevé de sa gradation dans la naissance de l'homme ! Ceci prouve, d'après Agassiz, que ces forces inorganiques n'ont pas pu produire ces changements du monde organique. Dans cet échange continuel, les espèces et les groupes chez les végétaux et les animaux ont, d'après lui, une durée d'existence tout aussi déterminée que les individus pris isolément, et, comme la terre s'est constamment transformée, des animaux et des végétaux ont aussi constamment disparu et de nouveaux ont pris naissance ; mais ces derniers ne peuvent devoir leur origine qu'à l'action immédiate ou à l'intervention d'un Créateur.

Enfin, Agassiz arrive à parler encore de la différence qui existe entre l' « action de penser chez l'homme » et la « pensée divine » ; il soutient que dans la première « cela se passe l'un après l'autre », tandis que la dernière embrasse à la fois le passé, le présent et l'avenir, et qu'en se manifestant par la création du monde organique elle fournit la preuve de sa prescience et de sa science universelle.

A la fin, Agassiz n'oublie pas de s'occuper d'une façon approfondie d'une question qui, sur ce terrain, doit être considérée comme l'une des questions les plus importantes et le plus souvent discutées, la question relative à la « gradation ascendante » ou « échelle graduée » du monde organique sur la terre. Autrefois, ainsi que l'expose Agassiz, on croyait que les animaux les plus inférieurs étaient nés « d'abord », et que cela s'était continué ainsi jusqu'à l'homme. Mais, d'après lui, cela n'est pas le cas. Au contraire, déjà dans les périodes géologiques les plus anciennes, ou tout au commencement, il a existé des représentants de toutes les « quatre » grandes divisions ou types du règne animal, c'est-à-dire des poissons, des animaux rayonnés, des mollusques et des animaux articulés. Chaque classe, même, des trois dernières divisions mentionnées, à peu d'exceptions près, était représentée dans les temps les plus reculés, et les vertébrés sont les seuls qui ne se présentent au début que dans leur forme la plus inférieure, les poissons. En présence de ce fait, Agassiz lui-même se voit sans doute obligé de poser la question de savoir si les restes organiques les plus anciens que nous connaissons sont aussi véritablement les restes des « premiers » habitants de la terre, ou bien, si les traces de ces tout premiers habitants de la terre n'ont pas pu se perdre, par suite des modifications survenues dans les roches qui les tenaient enfermées, ou par l'action du feu, etc. A cela répond le fait suivant: on connaît en Amérique des roches paléozoïques qui n'ont subi que peu ou pas de modifications du tout, et dans lesquelles on a trouvé cependant les représentants les plus anciens du monde organique, existant ensemble dès le commencement dans toutes les classes. Et même là où les roches ont subi de grandes modifications, il semble que les traces des habitants de la terre « les plus anciens » ne soient pas complètement effacées. Mais, abstraction faite même du fait que le monde organique a pris naissance sur la terre d'une manière successive, on peut se demander si tous les animaux du monde actuel, de même que ceux du monde primitif, forment une série non interrompue depuis les plus inférieurs jusqu'aux plus élevés. On le croyait également autrefois, et les noms de Lamark, Bonnet, de Blainville, se rattachent à l'histoire de cette opinion. Mais, d'après Agassiz, cette dernière est aussi en contradiction avec les faits. Certains échinodermes ont, d'après lui, une structure plus compliquée que n'importe quel représentant des mollusques ou des animaux articulés et peut-être même de certains vertébrés. Il n'existe pas d'infériorité « absolue » ou de supériorité « absolue » d'un type vis-à-vis des autres, et une infériorité ou supériorité « relative » est pour le moins douteuse ; car le monde animal a pour base quatre plans « différents », qui offrent peu l'occasion d'une comparaison entre eux. Dans chaque type, il y a des représentants d'une structure élevée et compliquée, comme aussi d'autres d'une structure très simple. Si donc on veut que les différents types se suivent dans une série « simple », on arrive à réunir ensemble des formes très hétérogènes et l'on rencontre une quantité de difficultés insurmontables. D'un autre côté, il est certain que l'on peut constater des gradations entre les séries ou classes prises isolément : ainsi la grande gradation des animaux vertébrés en « poissons », « amphibies », « oiseaux » et « mammifères », et d'autres gradations analogues dans les règnes inférieurs. Par contre, il y a de nouveau des insectes dont il serait difficile de démontrer la supériorité sur certains crustacés ; il y a des vers qui sous tous les rapports sont supérieurs à certains crustacés ; les acéphales les plus parfaits paraissent avoir une organisation supérieure à celle de quelques gastéropodes, etc. Ainsi donc, les « classes » elles-mêmes ne présentent pas partout la gradation dont nous venons de parler. Le cas est plus fréquent pour les « ordres », qui, d'après Agassiz, sont réellement basés sur une gradation. A cette occasion, Agassiz en appelle aux difficultés de l'observation « géologique », qui se répètent dans l'observation « zoologique », et il déplore avec raison que les géologues possèdent trop peu de connaissances zoologiques. Mais, malgré tout, il se voit cependant obligé d'avouer, en définitive, que l'idée d'une gradation ascendante dans le monde animal, jusqu'à une certaine limite, est une idée vraie, mais qu'il n'existe pas de série de création simple. Toute la création du monde animal doit avoir pour base un « plan d'ensemble ». Agassiz n'oublie pas non plus ici d'attirer l'attention sur l'analogie bien connue qui existe entre le développement embryonnaire des animaux actuels avec la série des espèces éteintes, et il parle de l'existence de « types » appelés « types embryologiques ». La ressemblance qui existe entre les petits d'animaux « supérieurs » avec des animaux adultes appartenant à des classes « inférieures » est, d'après lui, colossale, et ce point de vue poussé trop loin a donné lieu à la production de l'ouvrage bien connu, intitulé : *Vestiges of creation* (*Vestiges de la création*). Mais, outre ces types embryologiques, il existe encore des types appelés « types prophétiques » qui, dans le monde primitif, réunissaient en eux une quantité de caractères physiques, répandus aujourd'hui sur des animaux différents et qui, parfois, tombent plus ou moins d'accord avec les types embryonnaires. Ces types sont, pour Agassiz, une preuve « que le plan de la création dans son ensemble avait été mûrement pesé bien longtemps avant son exécution ». Un lien issu d'une pensée profonde unit tous les êtres vivants à travers tous les âges dans un système grandiose, intimement organisé depuis le commencement jusqu'à la fin. « En un mot, c'est ainsi qu'il s'exprime textuellement à la fin d'une récapitulation composée de trente et une propositions, tous ces faits dans leur réunion naturelle proclament à haute voix l'existence d'un Dieu unique que l'homme doit connaître, adorer et aimer ; et il faut que l'histoire naturelle devienne, un jour, l'analyse des pensées du Créateur de l'univers, manifestées dans le règne animal et dans le règne végétal » !!

Telle est la suite des idées de l'illustre savant, qui est, on le voit, guidé partout par le vif désir de démontrer, dans les phénomènes de la création organique, actuelle aussi bien que primitive, la main d'une puissance créatrice, organisatrice et réglant tous les rapports d'avance d'une manière très précise, puissance qui en même temps gouverne la nature absolument selon sa volonté; — cet effort, on pourrait le considérer moins comme le résultat d'une contemplation pure et impartiale de la nature que bien plutôt comme une interprétation des phénomènes naturels dirigée à dessein dans l'intérêt de dogmes religieux ou théologiques. Voyons si et jusqu'à quel point M. Agassiz a réussi avec son interprétation.

En ce qui concerne tout d'abord la question suivante : « Les classifications des animaux sont-elles « naturelles » ou « artificielles » ? Il faut avouer que la manière dont est posée la question est singulière et permet différentes interprétations. Mais, la question une fois posée ainsi, le mot « classification » semble indiquer déjà par lui-même qu'il ne peut être ici question que de divisions artificielles, issues des besoins qu'éprouve l'esprit humain à établir quelque distinction. La nature elle-même n'a pas besoin de semblables distinctions ou divisions ; elle forme un tout qui s'étend dans toutes les directions par un lien d'ensemble non interrompu et qui se dérobe à tous les systèmes ainsi qu'à toutes les restrictions artificielles. Par contre, l'intelligence de l'homme, pour pouvoir comprendre ce tout également dans ses parties isolées et se mettre d'accord là-dessus avec ses semblables, exige de pareilles séparations et distinctions, mais qui toutes sans exception ont le tort de ne pas pouvoir être poursuivies jusqu'au bout et d'être obligées, tantôt ici, tantôt là, de faire violence à la nature. M. Agassiz cherchera sans doute à expliquer cette circonstance en disant que l'esprit humain, en raison de son imperfection, n'est pas toujours ni partout en mesure de comprendre ou de pénétrer complètement la pensée divine exprimée dans la nature, mais que la science doit s'efforcer sans relâche de viser à ce but. A cela on peut répliquer que précisément dans la classification des animaux la science a produit ce qu'il y a de moins stable ou de moins certain, et que la « zoologie » dite « systématique » n'est constamment divisée qu'en camps ennemis. Au lieu de prendre les idées d'Agassiz et de viser tous ensemble au même but, c'est-à-dire de reconnaitre les limites et les emboîtements établis par la nature elle-même ; au lieu, dans ce travail, de rester forcément jusqu'à un certain point tous sur la même voie, les zoologistes systématiques professent au contraire les opinions les plus divergentes, admettent les principes de division les plus différents et avouent qu'il est absolument impossible de fixer des limites « très précises » entre les règnes de la nature, aussi peu qu'entre leurs diverses parties constituantes. Les zoologistes n'ont pas même réussi à se mettre d'accord sur la notion fondamentale de la zoologie systématique, dont cependant tout paraît dépendre, sur la notion de l' « espèce ». On voit se presser les unes les autres les définitions les plus diverses et souvent les plus singulières de cette notion, et celle-ci est un sujet de controverses sans fin, dont on peut lire le détail chez Giebel (*Tagesfragen aus Naturgeschichte*, 1857 : *Questions d'actualité sur l'histoire naturelle*, 1857). Chaque année, des espèces nouvelles sont créées, et chaque zoologiste possède sa manière particulière de distinguer des espèces, dont le nombre s'accroît peu à peu par légions. Ainsi, par exemple, Gemminger et Harold n'inscrivent pas moins de 9319 espèces de coléoptères appelés « carabes », tandis que Pfeiffer, dans la *Monographia Heliceorum*, distingue 3000 espèces d' « escargots » (*Schnirckelschnecken*). Dans des conditions semblables, on se décidera sans peine à admettre l'opinion que les classifications des animaux sont faites plus par l'intelligence systématisante de l'homme que par la nature elle-même. Agassiz lui-même, ainsi que nous l'avons vu, distingue, à l'exemple de Cuvier, « quatre » grandes divisions ou types du règne animal, qui lui font apercevoir, dès le début, une quadruple personnification de la pensée divine, et ces quatre personnifications permettent peu qu'on les compare entre elles ; ce sont : les « animaux vertébrés », les « animaux articulés », les « mollusques » et les « animaux rayonnés » ou « radiés » ; tandis que le professeur Giebel, à Halle, dans son *Histoire naturelle du règne animal*, publiée tout récemment, ne connaît que trois grands types semblables, sous le nom d' « animaux vertébrés », « animaux articulés » et « gastérozoaires » (Bauchthiere) ; quant aux « mollusques » et aux « radiés », il les réunit aux « polypes » et aux « infusoires » pour en former des subdivisions des gastérozoaires ou en faire des « classes ». D'autres zoologistes établissent encore d'autres divisions, — comme le professeur Kaup à Darmstadt, qui prend pour la base de ses cinq divisions la partie prédominante des animaux, la « tête », la « poitrine », le « tronc », le « système digestif » et le « bassin », — et ils croient tous, naturellement, avoir trouvé le véritable joint [1]. Si donc M. Agassiz a raison dans sa manière de concevoir les choses, il faut avouer du moins que la pensée divine de classification, en ce qui concerne le règne animal, a dû s'exprimer d'une façon assez obscure ou inintelligible ! La nature, selon Agassiz, doit suivre un plan fondamental d'unité ou d'ensemble, un système dans la construction de ses formes organiques. Il parle cependant constamment de la grande différence existant entre les quatre grands types, divisions ou plans fondamentaux, qui doivent se manifester dans la construction des quatre espèces d'animaux nommées, et il s'embrouille avec cela dans des contradictions évidentes. Car, tandis que d'un côté il voit partout briller, à travers la création du règne animal, la pensée divine d'ensemble qui a tout coordonné d'avance d'après un plan prémédité, il critique d'un autre côté ceux des investigateurs qui, en exagérant le principe de l'anatomie comparée, veulent démontrer l'existence d'analogies, même entre ces quatre grandes divisions fondamentales, ou bien exagèrent leurs comparaisons au delà des limites de la nature elle-même, et il pense que ces investigateurs refusent au Créateur, dans l'ex-

---

[1]. Bronn distingue « cinq catégories » : animaux amorphes, radiés, mollusques, insectes, vertébrés; Gegenbauer, ainsi que la plupart des zoologistes modernes, sept grands « groupes » : Protozoa, Cœlenterata, Echinodermata, Vermes, Arthropoda, Mollusca, Vertebrata; Weinland : Protozoa (Urthiere), Radiata (Strahlthiere), Mollusca (Weichthiere), Articulata (Gliederthiere), Vertebrata (Wirbelthiere). — Kner (*Zoologie*, 3. Aufl., 1862) distingue, ainsi que Giebel et Burmeister, trois séries : une « inférieure », une « médiane » et une « supérieure »; elles comprennent, la première les « gastérozoaires » (dont les subdivisions sont formées par les protozoaires, les radiés et les mollusques), la deuxième les « articulés » avec six classes ou subdivisions, et enfin la troisième les « vertébrés » avec les quatre classes connues. L'ancienne zoologie, comme on le sait, ne distinguait que les « vertébrés », les « insectes » et les « vers ». La diversité dans les divisions est encore bien plus grande dans les détails isolés et dans les parties plus circonscrites. Tout récemment, Owen est allé jusqu'à réunir ensemble les amphibies et les poissons, et l'anatomiste anglais Huxley distingue huit grands groupes d'animaux qu'il nomme : Vertebrata, Mollusca, Molluscoïda, Cœlenterata, Annulosa, Annuloïdea, Infusoria, Protozoa. Par contre, Häckel rejette les « Cœlenterata », établis en 1847 par Frey et Leuckart, et les sépare en « zoophytes » (Pflanzenthiere) et « Acalèphes », tandis qu'il appelle les « radiés » ou « rayonnés » une division tout à fait contre nature, qui n'est plus conservée aujourd'hui que par Agassiz. On pourrait facilement multiplier à volonté ces exemples de la diversité qui règne dans les classifications.

pression de ses pensées, une somme de liberté égale à celle dont l'homme jouit lui-même ! Avec une sortie pareille, « toute opposition sérieuse » à l'opinion de M. Agassiz se trouve certainement mise de côté, et à la place de la « loi naturelle », dont la recherche constitue la tâche du naturaliste consciencieux, on vient mettre l' « arbitraire personnel ». Un Créateur, tel que se le représente M. Agassiz, pouvait certainement exprimer ses pensées absolument comme il le voulait et pouvait se complaire à la création des formes les plus excentriques, sans avoir besoin de se lier à une loi quelconque de nature ou de formes ! Mais nous ne voyons pas ce qu'il resterait, alors, de valeur et de signification à ce plan de création d'ensemble, à cette harmonie compliquée, à ce principe de l'unité dans la diversité ; et nous ne voyons pas davantage comment on pourrait utiliser toutes ces choses pour en faire sortir la preuve de l'existence d'un Créateur de cette harmonie ; au contraire, un bon plaisir arbitraire, bien prononcé, affecté à la coordination, serait dans ce cas une preuve bien plus valable que l'harmonie la mieux réussie.

Cependant la principale preuve contre la souveraineté de la nature dans la production des êtres organiques, Agassiz la tire de ce qu'on appelle l' « invariabilité des espèces » et de l'impossibilité, soutenue par lui, que les influences extérieures de la nature aient pu être la cause de la naissance et de la modification de ces êtres dans le cours des époques géologiques. Ici, il se transporte évidemment sur un terrain qui renferme encore tant d'obscurités et de choses non éclaircies, que celui qui, à l'exemple d'Agassiz, veut formuler d'une manière précise son interprétation de la nature, n'éprouvera pas trop de peine à découvrir des preuves apparentes en faveur de cette opinion. Cependant, il ne peut arriver à ces preuves qu'à l'aide d'une fausse conclusion, énorme, et depuis longtemps condamnée par les recherches exactes faites sur des domaines plus circonscrits ; cette conclusion, en effet, c'est que des effets dont nos connaissances actuelles ne nous permettent pas encore de saisir les causes « naturelles » doivent être la conséquence de causes « contre nature » ou d'un « miracle ». Au lieu de confesser que les lois naturelles, qui sont intervenues lors de la naissance et du développement des êtres organiques dans les temps anciens et qui n'ont pas cessé d'intervenir, se dérobent encore à l'heure qu'il est complètement ou en partie à une connaissance précise de notre part, et au lieu d'exprimer l'espoir que la poursuite de nouvelles recherches répandra plus de lumière sur ce sujet, M. Agassiz se croit autorisé à revêtir, sans plus attendre, notre ignorance dans la forme d'une puissance contre nature, d'un *deus ex machina*. Mais il n'aura le droit de prendre une attitude semblable que lorsqu'il sera parvenu à démontrer que les phénomènes dont il s'agit ici n'ont pu se produire que d'une façon « absolument contradictoire » avec l'ordre dans la nature tel que nous le connaissons, et avec les lois naturelles telles que nous les avons découvertes. Or, une preuve de cette force, Agassiz ne la fournit pas, et, du reste, elle n'est pas à fournir. Partout il parvient seulement à démontrer que les phénomènes et les influences que nous connaissons dans le règne végétal ne suffisent pas pour fournir une explication satisfaisante de leur naissance et de leur développement, mais rien de plus. Ainsi, par exemple, lorsque, dans la question relative à la première apparition des organismes, Agassiz invoque ce fait que, par les recherches géologiques, on sait que dans les temps primitifs il n'existait pas d'autres lois naturelles que celles d'aujourd'hui et que cependant les animaux ont alors pris naissance, ce qui, par conséquent, ne peut avoir eu lieu que grâce à des puissances en dehors de la nature, il touche à une circonstance qui précisément aujourd'hui détermine avec la plus grande énergie la plupart des naturalistes à croire à la production des êtres organiques par la voie naturelle ; car, précisément cette circonstance, que la géologie est parvenue à comprendre les modifications survenues à la surface de la terre dans les temps primitifs comme ayant été produites par l'action de causes exclusivement naturelles, agissant encore aujourd'hui, cette circonstance, disons-nous, permet de conclure la même chose pour le monde organique qui s'est, dans l'intervalle, développé sur cette surface terrestre. Il y a eu une époque, encore peu éloignée de nous, où l'on se trouvait, en face des modifications « géologiques » de la terre, absolument dans le même embarras que celui dans lequel on se trouve aujourd'hui vis-à-vis des modifications « organiques », et où, là aussi bien qu'ici, on ne croyait pas pouvoir se tirer d'affaire sans avoir recours à des forces surnaturelles. Mais, grâce aux progrès de la science, ces rapports se sont rapidement modifiés, et peut-être le moment n'est-il plus très éloigné où les choses se passeront de même en ce qui concerne les phénomènes organiques. Ce n'est pas simplement dans le monde primitif que des organismes ont fait leur apparition, mais ils prennent naissance encore aujourd'hui; et, dussent même les adversaires les plus résolus de la « génération équivoque » continuer à gagner leur procès, il n'y aurait par là rien de prouvé de plus que ceci : ou bien, que ce phénomène n'est pas encore parvenu à la connaissance de nos investigateurs, ou que la loi d'après laquelle des êtres organiques prennent actuellement naissance se trouve dans le « temps présent » à l'état « latent » ou dans l'état d' « obscurité », tandis que dans les temps primitifs il a dû se produire un enchaînement de circonstances qui a permis à cette loi de manifester une activité passagère. Mais, partout où cet enchaînement de circonstances se produit de nouveau ou devrait se produire sur la base des lois naturelles que nous connaissons, il doit en résulter aussi les mêmes effets ; car les lois naturelles sont et demeurent toujours les mêmes et ne changent pas. Il est certain que M. Agassiz ne veut pas admettre cette analogie entre le monde « organique » et le monde « inorganique », et qu'il les fait dériver tous deux de causes et de principes différents. Mais avec cela il a trop peu en vue les progrès de la physiologie moderne qui s'efforce de plus en plus de démontrer que les différences entre « organique » et « inorganique », reconnues autrefois comme spécifiques, ne sont que des différences accessoires, et qui, dans le monde organique, n'admet pas d'autres forces actives que celles qui meuvent également le monde inorganique. C'est, pour M. Agassiz, une chose qui répugne à son sentiment, que les mêmes forces qui ont donné au cristal une forme définitive doivent avoir produit également la noble figure de l'homme ! Et cependant, il ne peut en être autrement ; et cependant, le naturaliste exempt de préjugés considère le cristal avec le même sentiment d'admiration que la forme organique la plus parfaite, et il sait que, là comme ici, toutes les productions de la nature sont également grandes, également précieuses, également significatives, et que l'impulsion créatrice de la nature se manifeste dans les deux directions avec une égale puissance.

C'est donc aussi cette impulsion créatrice que M. Agassiz ne voit pas ou ne veut pas voir et qu'il s'efforce de remplacer, de la façon la plus invraisemblable, par l'intervention immédiate de la puissance d'un Créateur agissant d'une manière continue. Que l'impulsion créatrice de la nature rencontre sur le chemin de sa réalisation les difficultés les plus diverses, produites par les circonstances extérieures; qu'elle se trouve, par ces difficultés, tantôt retenue, tantôt stimulée, tantôt rendue complètement impuissante, tantôt de nouveau dirigée vers des voies différentes, c'est là une idée qui concorde partout avec les faits et qui, étant admise l'action opposée de ces deux moments, permet difficilement, si l'on se place sous un point de vue plus élevé, de comprendre les phénomènes tantôt réguliers, tantôt irréguliers qui se passent dans l'accroissement du monde organique. Sans doute si, comme Agassiz, on n'envisage exclusivement qu'un de ces moments, sans consulter aussi le second, on s'embrouille dans des difficultés insurmontables. L'effort principal auquel Agassiz se livre dans son travail tend à démontrer, comme nous l'avons vu, que les circonstances et influences extérieures de la nature, ou ce qu'il aime le mieux appeler les agents physiques, ont été incapables soit de produire des êtres organiques, soit de les développer, de les transformer, etc., de la façon qui nous est connue par les recherches paléontologiques. On peut certainement lui donner raison jusqu'à un certain point dans cette manière de voir, sans adopter le moins du monde sa conclusion d'après laquelle une puissance surnaturelle seule peut, en conséquence, avoir réglé les rapports entre les êtres organiques et les conditions physiques dans lesquelles ils vivent. Les influences extérieures de la nature sont originairement plutôt une « condition » qu'une « cause »; mais les conditions posées par elles peuvent parfois et par une longue durée de temps devenir tellement puissantes qu'elles-mêmes deviennent la cause, à leur tour, de modifications déterminées. Les animaux « aveugles » de la grotte de Mammouth, dans le Kentucky, qu'Agassiz invoque, — on en a trouvé aussi dans d'autres grottes (en Europe), — montrent que le manque de lumière, ou bien n'a pas permis du tout de se développer à l'organe animal qui correspond à cet agent physique, ou bien l'a laissé disparaître s'il existait originairement. Et le « rudiment » d'un œil qu'on a trouvé ne prouve pas, comme le croit Agassiz, l'action d'un Créateur tout-puissant, dont la sagesse aurait refusé les yeux à un animal qui n'en avait pas besoin, mais seulement l'impulsion créatrice de la nature une fois présente qui se fraie une voie sans considération de plan ou de but, mais qui, à un moment donné, se trouve limitée ou arrêtée dans son développement ultérieur par les influences extérieures de la nature.

Sans doute, M. Agassiz ne nie pas d'une façon absolue l'influence de ces agents physiques sur les modifications subies par les animaux, mais il la restreint en ce sens qu'il fait une différence entre le caractère appelé « essentiel » et le caractère appelé « accessoire » des animaux, et ne veut admettre ces influences que pour ce dernier. Tout cela serait très bien s'il était possible, en général, de tirer une ligne de démarcation rigoureuse entre ce que l'on doit entendre par caractère « essentiel » et par caractère « accessoire » des animaux. Or, tout zoologiste reconnaîtra que cela est impossible. L'un déclarera accessoire ce que l'autre appelle essentiel ; et en accordant une fois, d'une façon générale, qu'il y a des caractères susceptibles d'être modifiés par des influences extérieures, on accorderait en définitive le tout, car il est impossible de tirer une ligne de démarcation où la force de cette influence doit cesser tout d'un coup ; et si nous-mêmes, dans le court espace de temps pendant lequel nous avons rassemblé et avons pu rassembler nos observations, nous constatons ne fût-ce que quelques modifications évidentes, nous sommes obligés de reconnaître pour le moins comme « possible » que la durée presque infinie des espaces de temps primitifs, jointe par-dessus le marché à des forces naturelles plus libres, ait produit des effets qui, aujourd'hui, n'arrivent « plus » ou ne sont « pas encore » arrivés à une observation immédiate. Les exemples qu'Agassiz tire des tombeaux égyptiens et des observations faites sur les bancs de coraux de la Floride ne prouvent rien de ce qu'ils doivent prouver ; car, de ce que dans une localité isolée et dans des conditions déterminées, restant toujours les mêmes, une espèce a conservé ses caractères essentiels intacts pendant une certaine série d'années, on ne peut pas en tirer la conclusion que cela a dû se passer ainsi toujours et partout, et là également où des conditions modifiées exerçaient leur influence. Au contraire, d'après la théorie même de la modification, l'on ne peut pas s'attendre à autre chose qu'à ce que, là où les conditions et les influences extérieures ne se modifient pas d'une façon essentielle, — comme par exemple c'était le cas en Egypte, — là aussi le caractère des habitants ne se modifiera pas d'une façon essentielle. Le temps « à lui seul » ne transforme pas, il ne le fait que s'il s'y joint encore d'autres causes. Au reste les espaces de temps cités, malgré leur étendue, sont « petits » en comparaison de seux du monde primitif. Et si, plus loin, Agassiz ne veut pas attacher de valeur à la grande variabilité que nous observons, comme on le sait, chez les animaux domestiques et les végétaux domestiques par suite d'influences artificielles, précisément parce que des « moyens artificiels » entrent ici en jeu, il résulte au moins une chose de ce fait : c'est que la disposition à la variabilité ou à sa possibilité ne fait pas défaut aux animaux de la part de la nature, et ce qui importe surtout ici c'est la puissance, ou la durée de l'influence extérieure, plus encore que d'autres moments. En général, partout, dans ses développements, Agassiz estime à une valeur trop faible les expériences qui parlent en faveur de la variabilité des animaux par suite de circonstances extérieures et accorde une valeur trop grande aux expériences contraires. Qu'on lise d'autres ouvrages sur la matière, par exemple, le livre de Waitz sur l' « unité du genre humain », dont l'auteur a publié tout récemment un compte rendu, et l'on s'apercevra que les opinions des naturalistes ne s'accordent absolument pas sur ce point et qu'aux raisons et expériences considérées comme valables par Agassiz on peut en opposer autant d'autres, sinon davantage, qui, « déjà dans l'intérieur des limites de nos observations », parlent en faveur d'une variabilité très étendue des êtres organiques due à des influences extérieures. On sait que depuis longtemps déjà deux écoles scientifiques se tiennent face à face en lutte ouverte sur cette question, et Agassiz compte parmi les représentants les plus décidés de l'école qui défend ce qu'on appelle la « permanence » ou l' « invariabilité » des espèces. Ce point de vue a déjà quelque chose de fâcheux pour lui : c'est que la notion de l' « espèce », ainsi que nous l'avons indiqué plus haut, peut être tout aussi peu déterminée d'une façon certaine que la différence entre les caractères essentiels et accessoires des animaux. Chaque zoologiste, ainsi que nous l'avons mentionné, se fait une représentation divergente de ce qu'il faut entendre par « espèce » et possède sa manière propre de distinguer des espèces. Chaque année, on crée une masse d'espèces nouvelles. « L'espèce n'est pas une notion solidement établie ; elle n'est pas donnée par la nature elle-même ». (Bronn.) Mais, si l'on ne sait pas en quoi consiste l' « espèce », il est aussi impossible de parler avec autant d'assurance qu'Agassiz de l' « invariabilité des espèces », et l'on est obligé d'accorder que de cette façon les limites jusqu'auxquelles doit aller la variabilité des animaux ne peuvent pas être fixées et que la nature elle-même dépasse les bornes qu'on lui a imposées. Mais, si l'on ne voulait cependant pas tenir compte de tout cela et admettre l'opinion d'Agassiz dans toute son étendue, on ne tarderait pas à se perdre dans des interprétations scientifiquement insoutenables à un autre point de vue. Comme en effet chaque espèce est permanente et qu'à chaque époque géologique nous voyons apparaître des espèces nouvelles et différentes dont on ne peut pas admettre, selon la théorie d'Agassiz, qu'elles se soient produites par suite d'une transformation d'espèces antérieures analogues, il ne reste plus dans le sens d'Agassiz, qu'une idée : c'est qu'après chaque époque géologique Dieu ou la Toute-Puissance créatrice a exterminé les espèces existantes et a mis à leur place des espèces nouvelles. Agassiz, ainsi que nous l'avons dit, n'hésite pas un instant à professer cette singulière opinion qui, avant toutes choses, a le défaut de ne plus s'accorder avec l'état actuel de nos connaissances « géologiques ». M. Agassiz se représente encore des périodes de temps géologiques rigoureusement séparées, sans lien de transition, comme celles qui régnaient dans l'ancienne géologie, mais qui aujourd'hui ont été de plus en plus supprimées par des conceptions plus saines et une interprétation des faits plus exacte. L'histoire de la terre, telle qu'elle est écrite maintenant, ne connaît plus de catastrophes et de révolutions générales, mais seulement une chaîne de changements naturels se poursuivant dans une série toujours continue, changements qui sont analogues à ceux que nous voyons se passer encore aujourd'hui sur la surface terrestre. Ainsi, d'après Agassiz, il faudrait dans cette histoire que de temps en temps, sans aucun motif suffisant, il se soit produit des « miracles », c'est-à-dire des créations d'animaux nouveaux, et ces miracles devraient encore continuer, attendu que les conditions de la surface terrestre ne se sont pas modifiées d'une façon essentielle par rapport aux conditions antérieures, de même qu'aujourd'hui encore des animaux s'éteignent et que des animaux nouveaux apparaissent à leur place. Mais la notion du « miracle » est une « abomination » qui fait frémir les sciences naturelles modernes ; et, ce qui ne peut pas encore être expliqué par la voie naturelle porte au moins en soi l'espoir de l'être plus tard, ainsi que beaucoup d'autres choses. Si cette idée de créations nouvelles périodiques, interrompues par des espaces de temps déterminés, ne concorde pas avec les faits géologiques, elle concorde encore moins avec ce que nous savons sur l'histoire du règne animal éteint. « La ressemblance surprenante, dit le professeur Giebel, de Halle, et même l'égalité parfaite d'un assez grand nombre d'espèces appartenant aux époques tertiaire et diluvienne avec des espèces de la création actuelle, l'harmonie fondamentale des rapports généraux d'organisation pendant le cours de ces temps de formation, s'opposent d'une façon absolue à ce que l'on puisse admettre une transformation péremptoire des conditions vitales depuis la création du règne animal et du règne végétal actuels ». Si M. Agassiz avait raison, la science de l' « anatomie comparée » perdrait toute sa profonde signification, et les naturalistes ne pourraient plus diriger leurs efforts que vers un seul but : rechercher quelles sont les espèces qui ont été créées originairement, quel en était le nombre, et quelles étaient les différences qui les distinguaient. Tout cela constitue une chose impossible. « Il est absolument impossible de déterminer, ainsi que Bronn le dit très justement, combien la force originaire a créé d'espèces, et en quoi consistaient leurs différences. L'espèce n'est pas une notion solidement établie, elle n'est pas donnée par la nature elle-même [1].

Ainsi donc, elle est très stérile, toute cette lutte que M. Agassiz a entreprise pour soutenir l'invariabilité des espèces en face d'influences extérieures, en tant du moins que cette dernière doit prouver l'activité déployée par la puissance d'un Créateur immédiat. Nous pourrons en dire autant des autres expositions de l'illustre auteur, que nous n'avons pas encore analysées. Car tout ce qu'Agassiz dit encore sur l'unité et l'harmonie de structure des différents types ou sur la différence existant dans les quatre divisions fondamentales du règne animal qu'il a établies,

---

1. C'est réellement, en se plaçant à un point de vue tout à fait général, exiger beaucoup de l'intelligence humaine, si l'on veut lui faire accroire qu'une puissance créatrice, à peu près tous les millions d'années une fois et sans aucune raison suffisante, a pris l'occasion de se livrer à des divertissements ou, pour mieux dire, à des exercices de création sur la surface modifiée de la terre; de régler et de coordonner les rapports de la nature extérieure avec ses créations nouvellement fabriquées, et avec cela, de s'améliorer elle-même d'une façon telle, qu'elle était obligée d'amener au jour chaque fois quelque chose de plus élevé et de plus parfait, — et tout cela après avoir déjà, comme le veut Agassiz, prémédité, coordonné, arrangé tout le plan avant le commencement de tout monde! Des idées semblables sont scientifiquement tout à fait insoutenables, dût-on même faire abstraction des contradictions intrinsèques qu'elles entraînent avec elles.

ce qu'il écrit sur la distribution géographique des animaux et leurs rapports spécifiques avec les éléments qui les entourent, ce qu'il avance sur l'identité de la structure dans des types très répandus et séparés les uns des autres par de grandes distances, ce qu'il produit sur l'existence de « provinces zoologiques » et de centres de création séparés, ce qu'il décrit enfin sous le nom de types « prophétiques » et « embryologiques » : tout cela doit, aux yeux d'un homme qui ne considère pas les faits sous la lumière d'une opinion préconçue, parler infiniment plus en faveur de la spontanéité de la nature dans la création de ses êtres organiques, que pour l'existence d'un plan de création divin, se manifestant par une intervention immédiate continue, et « mûrement pesé longtemps avant son exécution ». La nature connaît rien de « fait d'une pièce » (« Gemachtes »), mais seulement ce qui « a pris naissance » ou « s'est développé » (« Enstandenes » oder « Gewordenes »). Elle ne connaît rien de ce qui touche à l'arbitraire, mais seulement ce qui se passe d'après des lois éternelles, immuables. Les assertions d'Agassiz ne peuvent sembler fournir matière à réfutation qu'à celui-là seul qui voudrait soutenir que les « influences extérieures de la nature » sont la « seule » et « unique » cause de l'origine et du développement des êtres organiques ; par contre, aux yeux de celui qui reconnaît dans la nature entière une impulsion créatrice générale, incessante, et spécialement dans la nature organique une loi générale de développement, sans doute encore inconnue dans ses détails les plus intimes, qui trouve dans les conditions extérieures seulement des « barrières » ou des « conditions », ces assertions ne sont pas à réfuter.

En ce qui concerne finalement la question de la « gradation ascendante » ou de l' « échelle graduée » des animaux, on peut en substance se déclarer d'accord avec la manière de voir d'Agassiz, sans déroger à la théorie matérialiste. Et même, Agassiz fait en définitive plus de concessions qu'il ne devrait pour être conséquent avec sa théorie. Il pose avec beaucoup d'à propos la question de savoir si réellement nous connaissons les habitants les plus anciens de la terre, et si par suite nous sommes autorisés à tirer une conclusion « contre » la gradation, en nous basant sur la juxtaposition simultanée, contemporaine des restes appartenant aux quatre grands types fondamentaux dans les plus anciennes couches terrestres qui renferment des fossiles. Il est de fait que les recherches les plus récentes dans la géologie rendent toujours plus invraisemblable que nous connaissions ces plus anciens habitants, et font plonger notre regard étonné dans un passé encore plus lointain, qui remonte derrière nous à des milliards d'années; elles nous font même paraître douteux qu'il puisse être question seulement, en général, d'un commencement de la vie organique sur la terre. Ainsi donc, « cette » circonstance ne pourrait plus constituer un obstacle direct à la théorie de l'échelle graduée. Cette théorie trouve encore moins un obstacle dans ce qu'Agassiz fait valoir contre l'acceptation d'une « série de création simple ». Car l'impossibilité de soutenir une idée semblable est reconnue depuis longtemps, et par l'école matérialiste d'autant plus, que l'existence d'une pareille série simple parlerait presque plus en faveur de l'action d'une main ordonnatrice qu'en faveur d'une loi naturelle. La série de création des êtres organiques n'est pas une série simple, mais une série multiple, avec cela très compliquée, et embrouillée, modifiée, rendue confuse par des influences extérieures et intérieures, très diverses et en partie inconnues. Abstraction faite des influences extérieures de la nature qui partout ici devaient exercer une action perturbatrice et amener des irrégularités apparentes, il faut considérer également que les lois du progrès même se font sentir dans chaque catégorie ou chaque groupe pris isolément, de telle façon que les créatures les plus parfaites d'une catégorie inférieure atteignent un degré de développement plus élevé que les créatures les plus imparfaites d'une catégorie « supérieure » qui suit immédiatement la première. Il peut arriver, par exemple, que certains animaux d'une classe inférieure arrivent à un degré de développement bien plus élevé que certains autres d'une classe supérieure, sans qu'il en résulte pour cela un renversement de la loi générale de développement dont l'existence est incontestable et que reconnaissent aujourd'hui les naturalistes les plus compétents [1]. Si donc l'ensemble des animaux ne se

---

1. « Nous sommes intimement convaincus qu'il existe de semblables séries (de développement géologique), et nous sommes tout aussi convaincus qu'il en existe un « grand nombre ». La théorie d'après laquelle on peut faire entrer le règne animal tout entier dans « une seule et unique » série commençant aux animaux les plus inférieurs, peut-être les infusoires, et se terminant à l'homme, cette théorie a eu ses beaux jours. Mais avec elle on a eu le tort de laisser tomber,

laisse aussi pas comprendre comme une série simple, ascendante depuis la monade ou l'éponge de mer jusqu'à l'homme, on ne peut pas méconnaître, cependant, le progrès de développement graduel dans l'intérieur des grands types, notamment dans le plus important d'entre eux, « le type des vertébrés », et Agassiz lui-même le reconnaît d'une façon telle, que cela nous dispense d'entrer dans de plus longs développements. Si M. Agassiz entend utiliser cette circonstance, ainsi que l'ignorance dans laquelle nous nous trouvons encore quant à ses détails plus intimes, pour faire admettre à ses lecteurs l'intervention immédiate d'un Créateur, il pèche lui-même contre sa propre science, car il rabaisse cette dernière en lui faisant jouer le rôle de servante pour des buts extérieurs et qui lui sont complètement étrangers. Les notions de la théologie et des sciences naturelles s'embrouillent chez lui d'une façon telle, qu'il ne parvient plus à les distinguer les unes des autres et qu'il va jusqu'à vouloir ramener l'histoire naturelle en arrière, à des points de vue qui désignent la première enfance de celle-ci et qu'elle a depuis longtemps vaincus pour son propre bien ainsi que pour celui de l'humanité. L'histoire naturelle constitue la plus objective de toutes les sciences ; elle ne peut rendre de services « immédiats » qu'à elle-même, et ne peut pas avoir d'autre but que la recherche de la réalité. Mais, avec la tendance au contraire que M. Agassiz entend lui imposer dans les paroles que nous avons déjà citées et qui terminent sa récapitulation sous forme de conclusion, il arrive à lui faire méconnaître toute sa tâche d'une façon tellement complète que, si on l'adoptait, elle serait tout simplement forcée d'abdiquer. Les exigences de M. Agassiz prouvent seulement qu'on peut être un excellent naturaliste, et cependant se trouver

en général, le principe des séries. Le règne animal se compose en effet plutôt de nombreuses séries qui marchent l'une à côté de l'autre et qui, parties sans doute d'un point, se sont depuis ramifiées à l'infini. Fournir des renseignements sur ces différentes séries, c'est-à-dire montrer jusqu'à l'évidence comment les différentes espèces d'animaux (et aussi de végétaux), les différents groupes, genres, familles, etc., se rattachent les uns aux autres, de telle façon que chaque forme suivante se développe de celle qui la précède, seulement en quelque sorte comme une forme plus élevée ou déterminant quelque chose d'autre, tel nous paraît être le but final, et telle la gloire de toute classification dans l'histoire naturelle, car c'est ainsi que cette dernière deviendra l'histoire de la création même ». (Weinland, *Der zoologische Garten*, I, n° 3, 1859.) Kner aussi se déclare, non pour une série « unique », sans interruption, mais pour des séries « multiples » qui marchent parallèlement à côté l'une de l'autre, mais cependant de telle façon que dans l'ensemble une série occupe une place plus élevée que l'autre.

dans une erreur colossale en ce qui concerne les buts supérieurs ou philosophiques de l'étude de l'histoire naturelle. Cette erreur est heureusement dans notre cas si palpable, qu'elle peut à peine porter préjudice. Peut-être M. Agassiz reviendra-t-il de cette erreur à une époque moins remuée que la nôtre par les extrêmes ; peut-être aussi a-t-il cru seulement de son devoir d'opposer un extrême à un autre. Qu'il en soit comme on voudra, les extrêmes disparaîtront, et la science ne se laissera rebuter ni par les exhortations de M. Agassiz ni par les autres zélateurs plus énergiques du même genre ; elle continuera à suivre la voie des recherches objectives dans laquelle elle s'est jusqu'ici maintenue avec tant de gloire et de succès.

XIV

SUR LA VIE DE L'ÂME CHEZ LE NOUVEAU-NÉ

(1860).

Dr A. Kussmaul : *Untersuchungen über das Seelenleben des neugebornen Menschen.* Leipzig und Heidelberg, 1859.

Dr Kussmaul : *Recherches sur la vie de l'âme chez l'homme nouveau-né*, 1859.

« Plus la méthode inductive déploie de vigueur en se frayant un chemin également sur le domaine de la psychologie, — c'est ainsi que s'exprime l'auteur, professeur de médecine à Erlangen, à la page 5 de l'opuscule ci-dessus mentionné, — plus les lois de la physique nerveuse arrivent à être pénétrées d'une clarté lumineuse, plus les esprits marchent avec calme et sans se préoccuper d'hypothèses spéculatives dans la recherche de la réalité, plus aussi se dissiperont les brouillards qui nous cachent encore la vue sur les rapports et les lois de nos forces les plus élevées, de nos forces psychiques ». En partant de ce point de vue, l'auteur essaie de fournir un élément destiné à éclaircir une des périodes les plus obscures de la vie de l'âme chez l'homme, c'est-à-dire de la période pendant laquelle il se trouve à l'état de « nouveau-né », et il cherche par là à combler une partie des grandes lacunes qu'il a dû malheureusement rencontrer, lors de ses études psychologiques, dans ses recherches empiriques sur l'âme. « Après que tant de gros volumes ont été écrits sur la psychologie, est-il dit dans un autre passage, il est véritablement renversant et décourageant (« niederschlagend ») de rencontrer encore d'aussi grandes lacunes dans l'histoire du développement de l'âme ». Cette plainte n'est que trop fondée, et elle a sa véritable raison d'être dans ce fait que la philosophie et l'histoire naturelle ont toujours été jusqu'à présent tenues à distance l'une de l'autre et que les psychologues philosophiques nous fournissent constamment plutôt un portrait de leur nature psychique particulière qu'une description objective basée sur des recherches réelles. Même là où il leur arrivait parfois de se livrer à des recherches de ce genre, « l'homme impartial n'aura pas de peine à constater, ainsi que le remarque encore l'auteur, combien les têtes même les plus intelligentes tiennent souvent carrément les yeux fermés sur les faits les plus convaincants et arrangent les choses d'après des appréciations dogmatiques préconçues, d'une nature métaphysique ou théologique ».

Il est de fait que si les efforts des philosophes, quelque pénibles qu'ils aient aussi pu être, sont restés jusqu'ici plus ou moins inutiles ou infructueux, cela tient à leur manie éternelle de préférer la voie déductive à la voie inductive, et de prendre constamment pour point de départ plutôt des principes ou des hypothèses d'un caractère général et manquant de preuves qu'une appréciation impartiale de l'objet en question. Dans l'« histoire » de la psychologie, l'auteur assigne la première place à Aristote ainsi qu'au médecin et penseur anglais Locke; il trouve cependant que du reste, en ce qui concerne son sujet spécial, c'est-à-dire la vie de l'âme chez les nouveau-nés, on ne rencontre dans cette histoire que des allégations très contradictoires et la plupart du temps inexactes. Quant à des recherches expérimentales, telles que l'auteur les a instituées, il n'y en a de traces nulle part. Or, les expériences qu'il a faites sur les nouveau-nés se rapportent au goût, au toucher, au sentiment du chaud et du froid, à l'odorat, à la vue, à l'ouïe, au sentiment de la douleur, à la sensibilité musculaire, au besoin de respirer, au sentiment de la faim et de la soif. Malheureusement, ces expériences sont trop peu nombreuses et parfois trop peu concordantes entre elles, pour qu'on puisse en tirer des conclusions bien précises; et, dans des expériences de ce genre, il est extrêmement difficile, souvent même impossible de distinguer très nettement des mouvents dus à des impulsions de l'âme et à des perceptions conscientes, de mouvements dont la nature est plutôt « réflexe », c'est-à-dire de mouvements qui doivent leur origine à un phénomène nerveux mécanique, indépendant de la conscience et de la volonté. L'auteur se croit cependant autorisé à tirer de ses recherches des conclusions qui vont assez loin sur « l'intelligence » des nouveau-nés et même sur celle des enfants qui ne sont pas encore nés. Déjà dans le sein maternel, l'enfant a dû, malgré les conditions défavorables du milieu, recueillir quelques expériences, acquérir une certaine dextérité, et cela au moyen du sens du toucher excité par son contact avec les parois de la matrice, ainsi que du goût et du sentiment de la faim et de la soif qu'il provoque en avalant le liquide amniotique. On pourrait faire plus d'une objection à ces idées et à ces conclusions, et faire ressortir ici particulièrement que, chez un enfant auquel ne manque pas une nourriture suffisante et amenée à lui sans interruption, il peut à peine être question du sentiment de la faim et de la soif. On ne peut pas davantage tirer une conclusion de l'expérience dans laquelle des enfants endormis se réveillaient en sursaut dans leur lit, lorsque subitement et au milieu du profond silence de la chambre on frappait fort des mains sous le lit, attendu qu'on peut à tout instant faire une observation semblable non seulement chez des enfants, mais aussi chez des adultes, et que ce saisissement du corps qui se produit lors de cris subits, pendant le sommeil ou dans l'état de veille, peu importe, constitue un des mouvements réflexes les plus incontestables que nous connaissons. M. Kussmaul avoue lui-même, au commencement de son opuscule, que l'opportunité même la plus apparente ne fournit pas un témoignage sans réplique de l'origine psychique d'un mouvement, ce dont nous trouvons une preuve suffisante dans les discussions qu'on a récemment réveillées sur l'âme de la moelle épinière. Ainsi donc, en toutes circonstances, des expériences semblables à celles que M. Kussmaul a faites sur des nouveau-nés ne doivent être employées, pour servir de conclusions, qu'avec la plus grande circonspection et seulement avec l'adjonction d'un plus grand nombre de recherches comparatives.

Dans tous les cas, il est prouvé par l'expérience et l'observation de tous les jours, il est de plus confirmé par les recherches dont nous venons de parler, que la vie de l'âme chez l'homme nouveau-né se meut sur le degré le plus inférieur du sentiment ou de la sensation, de la représentation, de la pensée et du désir, et que, si l'on veut considérer la « conscience » comme le critérium d'une activité psychique libre, il peut à peine être question d'une vie de l'âme réelle chez le nouveau-né, dans le sens rigoureux du mot. M. Kussmaul raconte que certains nouveau-nés ne sont pas capables de trouver d'eux-mêmes le bout du sein de leur mère, qu'il faut le leur introduire dans la bouche; qu'ils sucent un doigt qu'on leur a mis dans la bouche aussi bien que le mamelon; qu'ils tettent au commencement avec assez de maladresse, se fatiguent aisément et n'apprennent qu'au bout de quelques jours à pomper le lait avec vigueur et avec succès; enfin, qu'il y a des enfants tellement maladroits qu'ils n'y arrivent jamais complètement. Ceci est un exemple très-instructif; il nous montre que des excitations de nerfs mécaniques n'éveillent chez l'enfant les premières traces obscures d'un sentiment et d'une notion, suivies d'un acte volontaire, que peu à peu, par suite d'une certaine expérience et d'impressions extérieures exercées sur son cerveau d'une manière continue, et que dans ce phénomène il peut bien être question de dispositions plus ou moins faciles à exciter, mais nullement de notions innées. Combien de points de vue semblables acquis à l'aide de considérations objectives ne s'éloignent-ils pas des opinions des philosophes, dont quelques-uns sont plaisamment traités par M. Kussmaul lorsqu'il a l'occasion de mentionner les cris des enfants nouveau-nés. C'est avec raison que l'auteur attribue les cris des nouveau-nés, de suite après la naissance, à l'impression pénible et inaccoutumée produite par l'air froid extérieur sur la surface cutanée de l'enfant; et, s'il existe dans ce fait « quelque chose » qui puisse être appliqué à la vie de l'âme, ce « quelque chose » n'est certainement que le sentiment de douleur ou de malaise le plus obscur et le plus immédiat. Par contre, le philosophe Hégel voit « dans les cris de l'homme nouveau-né une révélation de sa nature supérieure ». « Au moyen de cette activité idéale, l'enfant montre tout aussitôt qu'il est pénétré de la certitude qu'il a le droit d'exiger de la part du monde extérieur la satisfaction de ses besoins et que l'indépendance du monde extérieur à son égard n'existe pas. De là ces cris de révolte, ces vociférations impérieuses » ! Michelet, de son côté, partisan de Hégel, appelle les cris du nouveau-né « la terreur de l'esprit qui se sent soumis à la nature ». Le grand Kant même attribue au nouveau-né des considérations sur son abandon et son manque de liberté, et trouve qu'il s'emporte dans sa mauvaise humeur légitime. Il dit : « Les cris que fait entendre un enfant à peine né n'ont pas le ton des gémissements, mais celui de l'emportement et de la colère pleine d'indignation; non parce que quelque chose le fait souffrir, mais parce que quelque chose le contrarie; c'est probablement parce qu'il veut se remuer et qu'il sent de suite son impuissance à cet égard comme une chaîne qui lui enlève sa liberté ».

C'est ainsi que pensent d'un côté les philosophes « spéculatifs », de l'autre côté les philosophes « empiriques » ! Mais qui voudrait ne pas reconnaître, à un pareil rapprochement, quelle transformation extraordinaire s'est opérée en quelques années dans toute notre manière de penser philosophique sous l'influence des sciences empiriques et d'un changement dans la méthode imprimée aux recherches !

XV

SUR L'HISTOIRE DE LA CRÉATION
ET
SUR LA DESTINÉE DE L'HOMME

Professeur Baumgärtner in Freiburg : *Schöpfungsgedanken. Physiologische Studien für Gebildete. A. n. d. T. Blicke in das All.* Freiburg i. B., Wagner.

Professeur Baumgärtner : *Pensées sur la Création. Études physiologiques pour des gens instruits. Coup d'œil sur l'univers.* Fribourg, gr.-d. de Bade, Wagner.

Voici encore un livre qui, à côté de quelques explications physiologiques de nature plus populaire, se propose de comprendre sous des points de vue naturels et surtout physiologiques l'origine et le développement sur la terre du monde organique, spécialement du monde animal, et de faire sortir en même temps des résultats acquis une opinion sur la destinée de l'homme et du genre humain. M. Baumgärtner, professeur de médecine à Fribourg, dans le grand-duché de Bade, considère comme « un fait très solidement établi que le règne animal, dans le cours des différentes périodes de création, pendant un espace de temps qui se compte par millions d'années, est monté en différentes séries, marchant l'une à côté de l'autre, pour atteindre des degrés de développement de plus en plus élevés, et cela de telle façon que ce qui est le plus élevé a tiré son origine matérielle de ce qui existait auparavant ». Cette loi, d'après lui, ne s'est pas seulement réalisée dans le passé, mais elle agit encore aujourd'hui ; de sorte que, pour l'avenir, le genre humain qui vit aujourd'hui serait la base fondamentale sur laquelle se développeront peut-être des créatures d'une organisation encore plus élevée !

Ces idées, dans leur généralité, ne sont pas nouvelles, comme on sait. Par contre, ce qui est nouveau, c'est ce que, d'accord avec les opinions antérieurement déjà exprimées par lui en public, l'auteur présente comme documents sur le développement organique et sur ses lois « en particulier ». Il élève la prétention de fournir une réponse définitive, basée sur la physiologie, à une question qui, ainsi qu'on le sait, appartient toujours encore aux questions les plus controversées de l'histoire naturelle et à laquelle jusqu'à présent on n'a essayé de répondre que dans ses contours les plus généraux. Dans un chapitre intitulé « Histoire de la Création », il reconnaît comme la cause finale de ce développement organique des « transformations de germes » ou des « échanges continus de générations » tombant sur ce qu'on appelle les « jours de la Création ». D'après l'opinion de Baumgärtner, les animaux n'ont pas pu prendre naissance directement des éléments et pas davantage des substances organiques du règne végétal; on ne peut pas non plus trouver la cause de cette origine dans un accroissement progressif de l'intensité des forces créatrices (Bronn), ou dans une transformation et métamorphose graduelles (Lamark, Geoffroy Saint-Hilaire), par suite d'influences extérieures ou de lois formatrices intrinsèques, peu importe. La cause, d'après lui, réside bien plutôt dans des transformations de germes régulières, au moyen desquelles les animaux supérieurs ont pris naissance de germes provenant d'animaux inférieurs. Quant aux animaux les plus inférieurs eux-mêmes, ils sont sortis de ce qu'on appelle des « cellules primitives », ou de masses de formation communes destinées à fournir les germes de végétaux et d'animaux. Dans ces masses de formation, il s'effectua une scission ou polarisation, dont le résultat fut d'un côté la vie végétale, de l'autre la vie animale. Au début ne prirent naissance que des animalcules excessivement simples, d'une organisation à peine supérieure à celle de la « cellule »; mais plus tard, par suite des scissions de germes toujours nouvelles en germes doués d'une organisation constamment plus élevée à côté de masses originaires de formation se renouvelant sans cesse, le monde organique se constitua dans le cours des différentes périodes de Création ou des grandes révolutions terrestres (au nombre de 30-40, pour Baumgärtner) et s'éleva ainsi au degré de développement qu'il a atteint aujourd'hui. Dans la « première » période de Création ne vécurent probablement que les organismes les plus inférieurs ; dans la deuxième, des mollusques, tels que polypes, méduses, etc. Avec cela, il n'y eut pas simplement « une seule et unique » série de développements, mais plusieurs séries marchant l'une à côté de l'autre. De cette façon donc, les germes primitifs simples prirent, seuls, naissance directement des éléments, tandis que tous les végétaux et animaux proprement dits doivent leur origine à une transformation successive de ces germes. Les animaux et les hommes, dont la respiration est aérienne, doivent avoir vécu au commencement « à l'état de larves ». En ce qui concerne particulièrement l' « origine de l'homme », Baumgärtner regarde comme probable que les germes qui lui ont donné naissance proviennent d'animaux « différents », ce qui aura sans doute amené en même temps la différence des « races », et il ne trouve même pas du tout nécessaire, d'après sa théorie, de faire jouer au singe le rôle de « porte-germe » pour l'homme.

A l'époque actuelle, dit Baumgärtner, il n'y a plus de formation nouvelle d'animaux, d'où il faut conclure que les influences formatrices sont de nature « périodique ». Maintenant, d'où viennent-elles, ces influences ? A cette question, l'auteur ne répond que par des suppositions sur les détails du phénomène et veut que l'on considère les actes de la Création en général dans un sens de philosophie naturelle, en quelque sorte comme des « phénomènes de fécondation de la terre ».

L'auteur accorde à ce sens de philosophie naturelle un champ libre encore plus étendu dans un chapitre où il jette ses regards sur les « phénomènes de développement dans l'univers », et où il s'efforce de découvrir des analogies entre la formation des corps célestes et la formation des germes organiques. D'après lui, la transformation des masses nébuleuses informes en corps célestes doit s'effectuer d'après les mêmes lois que la formation et la métamorphose des cellules. L'univers dans son ensemble constitue un organisme, dans lequel les « étoiles » et les « cellules » jouent le même rôle ou un rôle analogue et parcourent les mêmes polarisations. Une grande partie des étoiles doit (ainsi que les corps organiques) avoir pris naissance de la scission de masses formatrices communes et de corps célestes déjà formés. Dans tout l'univers s'effectuent constamment des polarisations qui se renouvellent; s'il n'en était pas ainsi, le monde finirait, d'après Baumgärtner, par se prendre peu à peu en une seule masse informe. Or, comme ce fait ne s'est pas encore produit depuis près d'une éternité, et comme on ne peut pas non plus admettre qu' « au bord de l'édifice de l'univers » il se trouve des corps solides qui exercent une attraction sur les corps célestes et les maintiennent ainsi dans leur situation respective, il ne reste plus autre chose que l'hypothèse qui vient d'être émise! La marche du développement de notre terre elle-même est aussi un mouvement ascendant d'organisation, en rapport avec de grands courants de développement, qui ne s'étendent pas seulement sur la surface de la terre, mais doivent également se tenir en harmonie avec les mouvements généraux qui s'effectuent dans l'espace universel. La loi du développement domine tout l'ensemble. Sans doute cette théorie du développement entraîne, d'un autre côté, avec elle, comme une conséquence nécessaire, l'obligation d'admettre que les différents corps célestes, eux aussi, vont graduellement au-devant d'une dissolution finale, hypothèse qui trouve un point d'appui direct dans les observations astronomiques et dont notre terre ne peut naturellement pas former une exception.

L'auteur joint ici quelques considérations qui ne manquent pas d'intérêt sur la question, si souvent discutée, de savoir si des corps célestes autres que la terre peuvent être également un lieu d'habitation pour d'autres créatures. Il se décide tout d'abord à déclarer que Mercure, Vénus, la Terre et Mars, en raison de leur constitution physique, sont en état de porter des créatures identiques ou du moins très semblables. Le Soleil lui-même doit aussi offrir ces possibilités sur son noyau, bien que pour des créatures d'une organisation plus ou moins divergente; Jupiter et Saturne même, peut-être même Uranus et Neptune, doivent être habités, mais par des créatures d'une organisation absolument différente et composée de substances bien plus délicates et moins denses. Dans tous les cas, il faut, d'après Baumgärtner, qu'il existe là des « habitants », déjà par cette seule considération que, s'ils ne s'y trouvaient pas, il faudrait mettre en doute la conformité au but de la nature!!

L'auteur ajoute ici un certain nombre de calculs, empruntés

à Arago, sur l'étendue des espaces astronomiques, autant du moins que cette étendue est accessible à notre calcul. Ainsi, par exemple, la lumière qui, ainsi qu'on le sait, parcourt 42,000 milles en une seconde, devrait être en route depuis près « d'un million d'années » pour arriver jusqu'à notre terre et par là jusqu'à notre organe visuel, en partant d'un des anneaux nébuleux les plus distants que le télescope nous laisse apercevoir. Il n'est pas impossible qu'un tel anneau nébuleux ait cessé d'exister ou ait disparu depuis un million d'années ou plus récemment, sans que nous cessions de le voir, tant que le dernier rayon de lumière, envoyé par lui, n'aura pas accompli le trajet presque infini qu'il avait à parcourir pour arriver jusqu'à nous.

Tout cela conduit maintenant l'auteur à exprimer son opinion, très particulière, sur la « destinée de l'homme »; cette opinion doit mettre de côté la doctrine, contraire à toutes les espérances, d'après laquelle la destinée finale de l'homme n'est pas autre chose que celle de se décomposer en ammoniaque, acide carbonique et eau, et par là de servir à la nutrition de végétaux et d'animaux de nouvelle formation. La loi naturelle, d'après laquelle s'effectue un progrès constant dans la nature, du plus bas jusqu'au plus haut, et cela depuis des millions d'années, doit être, d'après Baumgärtner, une loi permanente et doit même faire valoir ses droits au delà de l'homme actuel. La période de Création actuelle sera suivie d'une période nouvelle semblable et avec elle d'un degré de développement plus élevé du genre humain. Il y a plus : ce développement doit pouvoir s'étendre même au delà des temps et de l'espace assignés à la terre, attendu que nous devons nous attendre, ainsi que cela a été dit déjà, à la possibilité et même à la probabilité d'un engourdissement et d'une destruction qui atteindront un jour la terre. Comme ce n'est pas seulement l'homme, mais aussi le genre humain et l'humanité tout entière qui meurent, il faut rechercher la destinée de l'homme absolument en dehors de la mort elle-même. Cette nécessité amène l'auteur à élever une théorie excessivement ingénieuse d'échanges réciproques de matière entre la terre et le reste des corps célestes, échanges dans lesquels certaines parties organiques doivent être extraites, si possible, de la surface de la terre, pour être employées ultérieurement sur d'autres corps célestes. Cependant, ce qui sera sauvé dans ces conditions, ce doit être non pas le « corps », mais bien l'« âme ». Ici se rattachent nécessairement les questions suivantes : L'âme peut-elle conserver une existence en dehors du corps qui lui a donné naissance et être amenée ainsi à un développement ultérieur? L'âme est-elle substantielle ou matérielle? En quoi consiste en définitive tout ce développement futur, et quel est le « but final » de tous ces mouvements? Sur toutes ces questions, l'auteur s'exprime plus par une demande que par une réponse. Mais, dans tous les cas, son opinion définitive est qu'il doit exister une force pensante à laquelle il faut ramener les lois de la nature elles-mêmes ainsi que la raison finale de toutes choses, et à laquelle nous donnons le nom de « Dieu ». Avoir ou donner là-dessus une notion précise, c'est chose impossible. Ajoutons encore que pour lui « Dieu » et « nature » ne sont pas synonymes, comme pour tant de naturalistes; pour lui, une « âme de l'univers » n'est pas un « Dieu ». Il règne partout dans la nature un plan qui prouve l'existence d'une force spirituelle embrassant tout l'ensemble. L'homme doit se livrer à une pure adoration de Dieu.

Il est difficile de prononcer succinctement un jugement sur un travail qui réunit en lui tant de nouveautés et tant de choses surannées, tant de points de vue nouveaux et stimulants pour l'esprit à côté de tant d'idées fantastiques et insoutenables. Mais le court résumé que nous venons d'en donner suffira au lecteur attentif pour lui permettre de constater que l'auteur se meut, en partie sous les points de vue de l'histoire naturelle moderne, particulièrement physiologique, en partie sous ceux de l'ancienne philosophie naturelle. Mais réunir ces deux points de vue aujourd'hui, c'est-à-dire à une époque où l'on a presque complètement sacrifié la philosophie naturelle aux sciences naturelles, est une chose assez scabreuse. L'auteur, sans doute, saisit avec un tact parfait précisément les points qui sont de la plus grande importance dans l'examen philosophique de la nature et qui, ainsi qu'on le sait, ont jusqu'à présent le plus donné matière à des controverses; mais dans ses réponses il va beaucoup plus loin que ne l'y autorise l'état actuel de nos connaissances dans les sciences naturelles. Sa théorie des scissions des germes est plus une théorie qu'un fait réel, et jusqu'à présent elle tient une place très isolée dans la littérature. La géologie moderne elle-même aurait également de la peine à s'accorder avec ce qu'il avance, attendu qu'elle ne reconnaît plus du tout les trente ou quarante grandes révolutions générales de la terre qui servent de base nécessaire à sa théorie entière. Dans tous les cas, l'idée que la métamorphose et la formation ascendantes du règne animal doivent leur origine à des échanges de génération ou à des transformations de germes continuels, tout en n'étant pas nouvelle si on la prend ainsi d'une façon aussi générale, n'en est pas moins une idée féconde, qui peut-être, dans un temps moins éloigné qu'on ne croit, recevra des recherches ultérieures des bases plus positives qu'elle n'en possède encore aujourd'hui et que M. Baumgärtner lui-même ne pouvait lui en donner [1]. Dans tous les cas, il y a plus de mérite à faire des efforts pour éclaircir autant que possible ces questions et ces rapports en partant de points de vue scientifiques, qu'à les abandonner tout simplement à une superstition mythique. Que parfois se fassent jour alors certaines idées prématurées ou non encore mûres, peu importe ; les recherches y trouvent cependant un stimulant, et la clarté se produit sur les contours généraux dans lesquels elles doivent se mouvoir pour marcher toujours en avant. Même sans cela, des naturalistes sérieux et exempts d'opinions préconçues devraient, à l'heure qu'il est, être à peu près d'accord sur ce fait que la naissance et le développement du monde organique ne peuvent devoir leur origine, dans le passé comme dans le présent, qu'à des causes et à des lois naturelles et inhérentes aux choses elles-mêmes. Chercher à approfondir ces lois doit donc, dans tous les cas, être considéré comme l'une des tâches les plus élevées de la science, et cela d'autant plus que les expériences des temps modernes, si remarquables et dont le nombre augmente de jour en jour, sur les lois de transformation dans le règne animal, semblent rapprocher toujours

---

[1]. Depuis que les lignes précédentes ont été écrites, un de nos savants les plus distingués en Allemagne, le professeur Kölliker, à Würzbourg, a en effet cherché à expliquer les transformations des organismes par des transformations qui s'étaient produites dans les œufs ou les germes en partie graduellement, en partie par bonds ; il avait été stimulé dans ce travail par la célèbre théorie de Darwin sur la transformation des organismes, et s'appuyait principalement sur les remarquables phénomènes qui se passent dans ce qu'on appelle l' « échange des générations » (Generations-Wechsel) des animaux. Il désigne sa théorie sous le nom de « théorie de la génération hétérogène », et admet qu'à la naissance de l'ensemble du monde organisé préside un grand plan de développement qui pousse les formes les plus simples vers des développements toujours plus variés. Consultez, pour le détail, l'opuscule lui-même : *Sur la théorie de la création, de Darwin*, par A. Kölliker (*Ueber die Darwin'sche Schöpfungstheorie*), Leipzig, Engelmann, 1864.

davantage le problème de sa solution définitive. Ce qu'on ne comprend pas trop bien, c'est la raison pour laquelle l'auteur cherche précisément une solution de ce genre avec tant d'ardeur, lui qui, à la fin de son livre, confesse ouvertement ses convictions religieuses et sa croyance en un Dieu en dehors du monde; car il eût été, cependant, certainement plus commode pour lui de suivre un chemin largement battu et d'aider son histoire de la Création à se débarrasser de toutes les difficultés en la renvoyant aux modèles connus de la théologie et des naturalistes théologiens. Mais ses efforts montrent que le besoin scientifique chez lui était plus fort que sa foi théologique.

C'est avec raison que l'auteur met une insistance particulière à parler des « lois de développement » dans le règne animal, qui, pendant une série infinie d'années et certainement par suite de circonstances que nous ne connaîtrons probablement jamais dans leur essence, ont fourni comme résultats des êtres constamment plus élevés et plus parfaits jusqu'à la création finale de l'homme; et s'il croit que ce développement n'a pas cessé, mais que dans son progrès ultérieur, au contraire, il fera surgir une espèce humaine encore supérieure à celle qui vit actuellement, tant sous le rapport de son organisation que sous celui de ses aptitudes, il exprime une supposition souvent émise déjà avant lui, qu'on sera d'autant plus disposé à admettre qu'elle donne une certaine satisfaction à l'homme dans les efforts auxquels il se livre pour arriver à se perfectionner. Mais, lorsque M. Baumgärtner va assez loin pour se permettre d'élever sur cette supposition toute une théorie de la « destinée de l'homme », il faut reconnaître que l'imagination joue ici un plus grand rôle que l'intelligence qui scrute. Car, abstraction faite, même, que la supposition émise n'est et ne restera toujours qu'une supposition, une destinée pareille dédommagerait difficilement l'homme, en tant qu'individu, de la doctrine désespérante d'après laquelle il est destiné à se transformer en acide carbonique, ammoniaque et eau; et, sur son lit de mort, il se soucierait probablement peu de savoir si l'espèce humaine à laquelle il appartient ressuscitera dans un million d'années avec une organisation plus élevée et plus parfaite. Ce que M. Baumgärtner regarde comme la destinée de l'homme n'est en réalité pas une « destinée de l'homme », mais plutôt une destinée du « genre humain », qui, outre cela, est rendue passablement illusoire, quant à ses buts ultimes et à ses buts les plus lointains, par ce seul fait que l'auteur se voit obligé d'admettre lui-même, pour l'avenir, un engourdissement graduel ou une décomposition de tous les corps célestes et par là également de notre terre. Il devient en réalité toujours plus probable pour le naturaliste que, dans l'univers, il n'existe rien qui dure, et que chaque existence, depuis la mouche éphémère jusqu'au corps céleste qui vit depuis des milliards d'années, n'a surgi du sein de l'univers que pour finir par retourner dans ce sein et lui rendre ses atomes éternels, indestructibles, afin qu'ils puissent servir à la construction de mondes nouveaux et à la production de nouveaux êtres dans la nature. Il s'entend de soi-même qu'une destinée semblable réservée à notre terre doit également entraîner avec elle la perte du genre humain qui vit sur elle, et la théorie ingénieuse de l'auteur d'après laquelle il pourrait se passer un échange d'actions entre la terre et d'autres corps célestes, échange par suite duquel les germes organiques ennoblis de la terre doivent recevoir un développement ultérieur dans d'autres endroits, cette théorie n'est absolument qu'une théorie, à laquelle manque toute base fondamentale conforme à l'expérience. En procédant de cette manière, on n'arrivera jamais à imaginer quelque chose de soutenable sur la destinée de l'homme, et des essais de ce genre prouvent seulement combien grand est le manque de points d'appui pour ceux qui croient devoir chercher la destinée de l'homme « en dehors de l'homme lui-même ». Celui qui n'est pas parfaitement pénétré de l'idée que la vie est un but à elle-même, et que chaque moment de l'existence accomplit sa destinée dans le moment même, trouvera certainement désespérant que l'homme n'existe ici que pour être transformé en acide carbonique, eau et ammoniaque! Mais celui qui sait que dans l'univers rien ne se perd, et que le secret de l'existence repose sur une circulation éternelle, dans laquelle l'individu ne forme qu'un anneau d'une chaîne sans fin, celui-là se réjouira peut-être de savoir que par sa vie il a rempli sa tâche naturelle, et que par sa mort il a rendu à l'ensemble ce qu'il lui avait pris pour un certain temps à titre de prêt. Or, ce capital rendu ne consiste pas simplement, d'après cette doctrine, ainsi que le pense M. Baumgärtner, en acide carbonique, en eau et en ammoniaque; mais il est encore constitué par toute la cotisation, corporelle et spirituelle, que l'homme, en tant qu'individu, a fournie par son existence même pour la conservation de l'humanité. Quelque grande ou quelque minime que puisse être cette cotisation, elle a servi à rendre possible cette conservation, cette durée d'existence de l'humanité, et par là elle a rempli sa destinée dans le moment même de son existence. Maintenant, quels peuvent bien être les buts ultimes de l'humanité dans la circulation des mondes? Cette humanité court-elle au-devant d'une destruction finale, avec tous ses trésors, avec toutes ses conquêtes physiques et spirituelles? ou bien, trouvera-t-elle des moyens qui lui permettront de sauver ces trésors pour l'éternité? Ce sont là autant de questions qui sont beaucoup trop éloignées de nos moyens de connaissances pour qu'on puisse les discuter sérieusement. Un seul fait est certain : c'est que l'humanité engagée dans la marche de la civilisation travaille de toutes ses forces à se perfectionner matériellement et spirituellement d'une façon continue pour son avenir temporel, et qu'une impulsion irrésistible pousse les natures nobles et grandes à consacrer leurs forces à atteindre ce but et à découvrir peu à peu la vérité. Des efforts de ce genre, plus que toute autre chose, feront comprendre à chacun que, dans l'intérieur de l'humanité également, rien ne se perd, et que la plus petite pensée, née dans le cerveau d'un de nos prédécesseurs ou dans notre propre cerveau, reste une pensée féconde pour tout l'avenir. L'humanité est, absolument comme l'homme individuel, un organisme dans lequel l'individu pénètre en quelque sorte comme un atome pour un temps limité, fournit sa quote-part pour la durée d'existence du tout, et l'abandonne à son tour pour céder la place à des atomes nouveaux et différents. Mais avec cela il a aussi donné à son existence, à l'égard du tout, une signification déterminée qui ne peut pas être perdue tant que ce dernier existe. « Où sont les morts? » demande Schopenhauer, et il répond : « En nous-mêmes! En dépit de la mort et de la décomposition, nous sommes cependant tous réunis ensemble! » Rien ne peut être plus vrai. Ce ne sont pas simplement les principes matériels du corps, mais encore les pensées de nos ancêtres qui sont en nous, près de nous, et qui agissent avec nous pour l'avenir. Et c'est précisément cette école, à laquelle on impute des opinions si desespérantes au sujet de la destinée de l'homme, qui devrait être le plus à même de nous rendre claires ces vérités. Car la circulation éternelle de la matière implique aussi pour elle la circulation éternelle de l'esprit, toutes les deux s'efforçant à acquérir, dans un temps donné, des formes constamment plus élevées et plus parfaites; et, de même que les produits de l'esprit se propagent par leur transmission à la postérité avec un accroissement continu de nombre et d'importance, de même les substances matérielles, par voie de propagation de génération en génération et conduites par les lois remarquables de l'hérédité des aptitudes ou dispositions intellectuelles, donnent naissance à des êtres mieux doués et plus capables de recueillir ces produits et de les développer. Il y a plus : ceux-là même qui croient fermement que nous continuons à vivre après la mort peuvent considérer, comme parfaitement suffisante pour la durée de leur existence ici-bas même, une pareille manière de comprendre leur destinée terrestre, et dans tous les cas cette interprétation dérive de motifs moins égoïstes que l'opinion de ceux qui veulent faire considérer la vie terrestre seulement comme une école préparatoire pour le développement de leur propre personnalité dans un autre monde.

En ce qui concerne, plus loin, les opinions de l'auteur sur la polarisation des corps célestes, ainsi que sur la question de savoir si le soleil et les autres planètes de notre système solaire sont habitables ou habités, nous trouvons qu'ici également il va bien au delà des limites accessibles à nos connaissances. On sait que quant à la possibilité, pour les planètes, d'être habitées, la plupart des astronomes précisément sont d'un tout autre avis, et en général la solution d'un pareil problème doit en tout cas être abandonnée aux gens du métier, attendu que le simple point de vue de la conformité au but ne peut certainement pas suffire pour donner ici une réponse péremptoire. L'astronomie a déjà fourni tant de résultats incroyables qu'il ne faut pas désespérer de l'avenir; il est permis au contraire d'espérer qu'avec le temps elle nous donnera ici également, pour nous permettre de compléter nos connaissances, des points d'appui plus positifs que ceux que nous possédons jusqu'à présent. Mais, quant à la preuve même que M. Baumgärtner invoque pour faire dériver des « rapports de l'univers » sa polarisation des corps célestes, il faut la considérer comme tout à fait malheureuse, et il serait réellement intéressant d'apprendre ce qu'au fond M. Baumgärtner veut faire entendre avec l'expression de : « au bord de l'édifice de l'univers ». Personne cependant ne peut croire sérieusement que l'édifice de l'univers, le système du monde a une limite ou un « bord » ; et cette circonstance, relevée par M. Baumgärtner, que le monde, bien qu'existant depuis une éternité, ne s'est pas encore pris en une masse unique informe (Klumpen) prouve précisément que l'univers est infini et peuplé de corps célestes qui à travers tous les espaces maintiennent l'équilibre en se contre-balançant d'après les lois de la gravitation.

Abstraction faite de ces critiques et des précédentes, on peut toujours recommander au lecteur cultivé le livre de M. Baumgärtner comme une lecture stimulante pour l'esprit et renfermant des aperçus ingénieux ; c'est pour le moins une nouvelle preuve de l'influence considérable que les sciences empiriques ont peu à peu acquise pour rectifier nos opinions générales et surtout nos opinions spéculatives sur les intérêts les plus élevés de l'humanité.

XVI

SUR LA PHILOSOPHIE DU TEMPS PRÉSENT[1]

« En somme, je suis disposé à croire que le nombre de beaucoup le plus grand, sinon la totalité de toutes les difficultés qui nous ont arrêtés jusqu'ici, nous autres philosophes, et nous ont barré le chemin de la science, ne provient absolument que de notre propre faute, en ce que nous avons commencé par soulever de la poussière devant nos yeux et que, après, nous nous plaignons de ne pouvoir pas voir. »
(BERKELEY.)

« Im Ganzen bin ich geneigt, zu glauben, dass bei weitem der grössere Theil, wenn nicht alle unsere Schwierigkeiten, welche uns Philosophen bisher behindert und den Weg zur Wissenschaft versperrt haben, ganz und gar unsere eigene Schuld sind, « dass wir erst einen Staub aufgestört haben und dann beklagen, wir konnten nicht sehen. »
(BERKELEY.)

Le vertige philosophique auquel l'Allemagne était en proie durant les dix dernières années a été suivi d'un désenchantement d'autant plus grand, peut-être trop grand, et « de tout l'éclat de cette philosophie il n'est rien resté que l'impression de la sophistique » (O. F. Gruppe, *Gegenwart und Zukunft der Philosophie in Deutschland* 1855 : Présent et avenir de la philosophie en Allemagne). Si les systèmes spéculatifs ont si rapidement fait leur temps, la faute n'en est certainement pas aux philosophes eux-mêmes ou aux esprits critiques parmi eux,

---

1. C. H. Kirchner : *Les systèmes spéculatifs depuis Kant et la tâche philosophique du temps présent*, 1860 (*Die speculativen Systeme seit Kant und die philosophische Aufgabe der Gegenwart*, 1860).
Allihn und Ziller ; *Journal de la philosophie exacte dans le sens du réalisme philosophique moderne*, 1860 (*Zeitschrift für exacte Philosophie im Sinne des neueren philosophischen Realismus*, 1860).

comme cela aurait dû arriver lorsqu'une science suit son cours naturel ; mais le caractère même de l'époque ainsi que sa tendance à chercher le réel et les choses conformes à l'expérience peuvent être considérés comme la véritable cause du phénomène. Cette tendance, à son tour, a pour base l'avancement, rapide et dépassant toutes les attentes, de celles des sciences qui suivaient dans les recherches une méthode tout opposée à la philosophie spéculative, c'est-à-dire des sciences naturelles ou inductives, avancement auquel sont venus s'ajouter les progrès extraordinaires de la vie matérielle même. Et cependant, quelques voix isolées, qui de ce côté-ci se firent entendre contre la philosophie spéculative et sa méthode, furent écartées jusqu'à présent avec un dédain tellement orgueilleux par leurs représentants, qu'aux yeux des profanes il pouvait sembler parfois qu'une grande injustice était ici commise à l'égard de la philosophie. Le doute n'est plus permis depuis que, dans le camp des philosophes même, se multiplient les voix qui, l'anathème une fois levé, signifient leur verdict au passé philosophique avec une résolution presque plus grande que le font les adversaires non philosophiques. Depuis que, il y a cinq ans déjà, O. F. Gruppe, dans son écrit dont nous avons antérieurement rendu compte, a impitoyablement arraché à la philosophie spéculative le masque d'hypocrisie qui recouvrait sa face et a défini la tâche qui incombe à la philosophie de l'avenir dans des termes aussi clairs que vigoureux, d'autres voix se prononçant dans le même sens se sont fait entendre assez souvent. Les auteurs des écrits ci-dessus mentionnés et leurs collaborateurs trouvent que la période « de l'idéalisme étrange depuis Kant jusqu'à Hégel a porté au loin le trouble dans tout ce qu'on savait sur l'essence et la tâche de la philosophie », que « le charme de ces systèmes a perdu peu à peu son efficacité », et que la confiance dans la philosophie est ébranlée, celle-ci n'étant plus qu'un « fatras de paroles creuses ». « N'est-on pas profondément dégoûté, est-il dit textuellement dans le journal d'Allihn et de Ziller, des affirmations audacieuses pareilles à celles qu'on a entendues pendant si longtemps dans la direction idéaliste-spinoziste imprimée à la manière de philosopher depuis la retraite de Kant jusqu'à Hégel et encore au delà ! On est obligé de rire des promesses fanfaronnes, on éprouve de la répugnance devant la verbosité creuse ainsi que devant le jeu frivole dans lequel se complaisent l'esprit et l'imagination, et l'on a cessé de considérer comme un progrès philosophique quelconque les violences faites, dans le tourbillon dialectique du « devenir absolu » (absolutes Werden), aux anciennes lois qui règlent la manière de penser juste ». Il serait difficile d'exiger des aveux plus francs, et ces aveux sont répétés en détail, car les quatre héros de l'idéalisme subjectif reçoivent une mention particulière. Kant est dans le vrai, selon Thilo, lorsqu'il dit que le savoir humain est limité dans son étendue à l'étendue même de l'expérience humaine, non pas comme le pense Kant, parce que l'organisation de l'esprit ne permet pas qu'il en soit autrement, mais bien « parce que les éléments nécessaires n'existent pas pour permettre d'acquérir des connaissances plus étendues ». Aussi en résulte-t-il que la foi religieuse n'a rien de commun avec la philosophie : c'est là une vérité sur laquelle Gruppe rend attentif avec la plus grande résolution, et qu'il faut reconnaître d'une façon absolue ; autrement, il ne peut pas être question d'une véritable philosophie. Malheureusement, les vérités de Kant furent paralysées, selon Thilo, par d'autres défauts dans sa manière de penser et par d'éclatantes erreurs. Son opinion, que l'expérience n'enseigne jamais les « choses nécessaires », mais seulement les « choses dues au hasard », a donné naissance à la philosophie sans expérience, au nihilisme, et à l'idéalisme absolu. Dans sa philosophie se trouvent les germes de toutes les dégénérations de la philosophie, quelque peu qu'il le voulût lui-même. Sa psychologie également est fausse. Sous l'influence de son successeur et disciple Reinhold, on s'accoutuma principalement à l'hypothèse fausse que toute la philosophie, dans son ensemble, doit être tirée d'un principe « unique », et les successeurs de Kant s'aventurèrent peu à peu jusqu'à prétendre que la philosophie n'est pas moins qu'une connaissance absolue, embrassant tout, issue d' « un seul » principe. Le « moi » pur de Fichte n'est pas une notion, mais un non-sens. Son opposition du « moi absolu » au « non-moi, » et la réunion finale des deux ne sont pas autre chose qu'un brillant non-sens. Dans la méthode de penser employée par Fichte se trouve le germe de la dialectique « décriée » de Hégel. La nature, dont une étude plus approfondie nous a permis jusqu'ici d'acquérir des résultats si extraordinaires pour le développement de l'esprit humain, n'était pour

Fichte qu'une masse sans valeur et morte, une barrière opposée à la liberté qu'il s'agissait de franchir. L'absurdité et la présomption chez Fichte allaient tellement loin que, dans sa théorie de la science (1794) il annonça fièrement, ainsi que Kirchner le raconte, que la science arriverait à dériver ou déduire la structure du brin d'herbe aussi bien que le mouvement des corps célestes du simple principe du savoir, en se maintenant dans une indépendance absolue vis-à-vis de toute observation, prédiction qui ne s'est pas accomplie, comme on le sait! Avec tout cela, Fichte aboutit à faire écrouler lui-même son système et tomba dans le mysticisme. D'après Allihn, chez Schelling même, « une logique renversée était la nouvelle règle appliquée à la manière de penser. Clarté et intelligibilité des notions, précision dans les termes étaient désignées comme un ennuyeux pédantisme d'esprits bornés ; par contre, se promener dans des paradoxes ou des discours transcendants était considéré et recherché comme la marque distinctive de ce qu'on appelle « esprits supérieurs ». (N'en est-il pas souvent de même encore de nos jours?) Kirchner appelle les systèmes de Fichte et de Schelling des tentatives faites pour créer librement l'univers en le faisant sortir du néant, c'est-à-dire, de la profondeur de son intimité propre. Grâce à eux et à Kant la philosophie devint la science de la pensée pure, qui trouve en elle-même son objet sans avoir absolument besoin de faire une expérience quelconque. Les deux systèmes finissent par aboutir au mysticisme le plus profond. A en croire Thilo, Fichte visait à l'impossible, Schelling faisait étalage d'élocutions élevées, mais creuses, et Hégel enfin créa le monde une deuxième fois en le tirant du néant. L'opinion générale a prononcé sur lui. D'après Kirchner, de sa célèbre *Phénoménologie de l'esprit* il ne reste plus rien d'intéressant aujourd'hui que la préface, à cause de la polémique contre Schelling ; tout le reste est absolument insupportable. En ce qui concerne la logique, il est dit textuellement : « Celui qui s'occupe pour la première fois de la logique de Hégel, n'arrive presque jamais au delà de l' « être pour soi », et j'ai même entendu des philosophes de profession confesser ouvertement que « quantité et mesure » étaient toujours restées pour eux de profonds mystères ». Mais là où Hégel s'est le plus découvert, c'est dans sa philosophie naturelle, où, par une conséquence nécessaire de ses directions spéculatives, il assigne à la nature une situation tout à fait subordonnée et la comprend comme la contradiction la plus radicale de l'idée, la chose irréfléchie et insipide par excellence, et comme un simple intermédiaire entre l'idée et l'esprit. Il se trouve donc ainsi partout en contradiction formelle avec les sciences naturelles modernes, qui, dans leurs résultats les plus importants, notamment dans ceux de l'astronomie, sont pour lui comme une épine enfoncée dans l'œil. Il aimerait bien mieux savoir que la terre est considérée, ainsi qu'autrefois, comme le centre de l'existence universelle, et en parlant des étoiles, il ne sait rien dire de mieux si ce n'est qu'elles sont une « gale » (Krätze) du ciel!! Il voudrait réintégrer les anciens quatre éléments pour les opposer aux corps simples des chimistes, dont il conteste la réalité, et ramener les siences naturelles, en général, aux points de vue ingénus qu'elles avaient adoptés dans l'antiquité. Dans la philosophie du droit, également, et dans la philosophie de l'histoire, branches d'enseignement dans lesquelles cependant son esprit peut encore se déployer le plus librement, il fait partout violence à la matière.

Ces jugements sur la philosophie du passé le plus récent sont à peine plus indulgents que ceux qui ont été prononcés bien antérieurement déjà, comme on le sait, par un homme resté inaperçu lorsqu'il était contemporain d'une partie de ces philosophes et qui, dans les dernières années seulement, obtint l'attention qu'il méritait : nous voulons parler d'Arthur Schopenhauer. Celui qui connaît ses écrits sait sur quel ton tranchant et avec quel sarcasme écrasant il est parti en guerre contre les « charlatans philosophiques ». Mais un jugement plus intéressant encore, au moment actuel, que celui de Schopenhauer, nous semble être celui d'un homme qui, n'étant pas Allemand, se trouve lui-même très éloigné de nos luttes philosophiques et auquel aucun de ceux qui connaissent son écrit ne contestera l'aptitude à prononcer un jugement pareil.

H. Th. Buckle, dans l'introduction de son *Histoire de la civilisation en Angleterre*, tout récemment parue (traduite en allemand par A. Ruge, 1860), traite de la métaphysique ainsi que de sa méthode pour découvrir les lois de l'esprit, et trouve que, bien que les métaphysiciens aient toujours une réponse toute prête, leurs explications n'ont en définitive aucune valeur, attendu que jamais par leur méthode on n'est arrivé à faire une découverte réelle. Le métaphysicien, suivant Buckle, n'étudie que son propre esprit à lui, et dans ce travail, son esprit est l'instrument aussi bien que la matière à laquelle l'instrument est appliqué. D'après lui, les métaphysiciens sont en général des gens qui croient que les lois de l'esprit humain peuvent n'être abstraites que des faits appartenant à la conscience individuelle. Ils ne possèdent qu'un petit nombre de moyens, et ils les emploient en suivant une méthode qui n'a jamais permis à aucune autre science de se développer ; ce que nous pouvons en attendre c'est donc autant que rien. « Nulle part on ne se donne autant de mouvement et l'on obtient aussi peu de progrès que dans la philosophie ». Du chaos illimité dans lequel elle se trouve et de la jalousie des écoles on ne voit rayonner aucun principe d'une certaine importance et en même temps d'une vérité incontestable ; on est plus éloigné que jamais de la vérité ; il faut donc qu'il existe un défaut quelconque à la base même de la méthode imprimée aux recherches. Ce n'est que par l'histoire et la nature que la philosophie peut être traitée avec succès. « Il est certain, comme dit Gruppe, que parmi nous autres Allemands, surtout des dernières générations, il y en a un très grand nombre qui ont perdu presque leur vie entière dans des spéculations qui ne pouvaient finir que par une banqueroute générale et ont été pour les sciences et encore davantage pour l'art un véritable sabot d'enrayure. » (« Hemmschuh ».)

Dans des conditions pareilles, la question la plus immédiate et la plus nécessaire, peut-être aussi la plus difficile, que la science du temps présent ait à résoudre, c'est naturellement la question des buts et moyens que la philosophie, pour échapper aux fautes du passé, doit poursuivre désormais, autrement dit la « philosophie du temps présent ». Autant cette tâche, prise dans sa généralité, plane avec clarté devant les esprits qui méditent, autant cependant la réponse devient difficile dès que l'on entre dans les détails de la question. Si l'on fait abstraction des rédacteurs du journal ci-dessus mentionné, qui, comme partisans de Herbart, veulent voir le réalisme philosophique moderne fondé dans le sens de ce dernier, Kirchner donne une caractéristique assez courte et n'entrant pas dans le détail de ce qu'il voudrait faire comprendre comme étant la tâche philosophique du temps présent. Le temps présent, dit-il, montre l'impulsion qui pousse l'humanité à retourner des conceptions régnant à l'époque de l'individualisme et du subjectivisme vers le caractère immédiat de la vie, la plénitude et la santé de l'existence réaliste. Il est temps de laisser de côté les questions de critique pour s'occuper de ce qui est réel, de cesser de s'enfoncer dans les profondeurs du « moi intime » pour envisager et considérer l' « être » dans sa totalité ou son ensemble. (« Ganzheit »). La science nouvelle ne traitera plus l'action de penser (« Denken ») et le fait d'être (« Sein »), l'idée et le phénomène, comme des puissances opposées l'une à l'autre ; elle les embrassera au contraire dans une unité immédiate. Il en résultera une manière complètement nouvelle d'envisager les choses ; le monde physique rentrera de nouveau dans ses droits, et les forces de l'esprit se déploieront dans une harmonie libre.

Tout cela ne dit certainement pas grand'chose. Gruppe désigne la tâche incombant à la philosophie du temps présent d'une façon plus précise et plus détaillée dans son mémoire cité plus haut et dont l'auteur de cet article a déjà antérieurement rendu compte au public. Il rejette tout d'abord résolûment toute « systématisation » dans la philosophie. Le temps des systèmes est passé ; la véritable philosophie doit maintenant seulement commencer. Cela concerne particulièrement les systèmes spéculatifs qui ont, tout à fait à tort, rendu suspect le témoignage des sens. Par lui-même, le sens ne fait pas illusion et ne trompe pas, et il n'existe absolument aucune certitude qui puisse jamais surpasser le témoignage des sens. Il ne peut plus y avoir de système spéculatif, attendu qu'il n'existe plus de philosophie spéculative. Le système est « notre » connexion à nous, c'est-à-dire une connexion établie par nous, obtenue par la force ; mais ce n'est pas la connexion de la nature. Le système est l' « enfance » de la philosophie ; sa « virilité », c'est l'investigation. Ces investigations ne peuvent se faire que sur la voie tracée par Bacon et sur laquelle la philosophie désormais se contentera modestement de ne plus vouloir donner « plus » que ne lui permettent ou permettront chaque fois les moyens dont elle dispose dans le moment actuel. Mais dans ce rôle, après comme avant, il lui restera sa position centrale au milieu de toutes les connaissances humaines ; elle constitue une puissance intellectuelle dans le centre, le cœur de l'ensemble, qui veille sur l'unité et la connexion de cet ensemble. Il restera de plus à sa disposition d'autres branches d'enseignement, telles que la logique, la psychologie, l'esthétique, l'étude de la morale, la philosophie du droit. Une philosophie naturelle doit également, suivant Gruppe, pouvoir vivre en harmonie avec l'esprit de l'époque. Enfin, elle trouve dans l'« histoire de la philosophie » sa branche d'enseignement la plus importante et qui n'a pas encore été traitée dans un esprit véritablement philosophique. La philosophie doit être séparée radicalement de la religion, car la foi et la science sont des sphères distinctes. La métaphysique est à éliminer irrévocablement du rang des branches d'enseignement philosophiques, parce qu'en suivant sa méthode on ne peut d'aucune façon jeter l'ancre dans les « notions », parce que, de plus, les causes et les derniers principes des choses ne sont pas ce qui est « donné », mais ce qui est « cherché ». La tâche de la philosophie ne réside pas dans un formalisme tout fait, mais au contraire, dans un travail de recherches et de méditations sur le terrain de la réalité qui est devant nos yeux.

Avec le fait d'être et l'action de penser (« Sein » und « Denken ») nous avons pris racine dans « ce monde ici-bas » ; il n'existe un « autre monde » (« Jenseits ») que pour la religion, mais pas pour la philosophie. La philosophie et la science ne sont plus deux instances qui se combattent, mais elles travaillent toutes deux en se donnant réciproquement la main. Les rapports avec la religion seront dorénavant des rapports tout à fait pacifiques, attendu que les deux domaines n'auront plus de points de contact entre eux ; l'investigation inductive ne se livre plus à des recherches minutieuses et subtiles sur la dernière fin de toutes choses, attendu que pour cela les moyens lui font défaut.

A ces oppositions nettes et précises, l'auteur de cet article voudrait, de son côté, ajouter seulement les quelques observations suivantes : si les choses devaient en arriver à un point tel, que la philosophie dût perdre tout caractère d'une science quelconque, ou qu'elle dût perdre les marques distinctives d'une science spéciale par suite du manque d'un principe d'unité ou d'une base de recherches à elle propre, elle n'en conserverait pas moins sa situation au milieu de toutes les autres sciences ; son rôle consisterait à concilier et à noter les résultats les plus généraux qui sont à relier les uns aux autres et à utiliser en même temps pour servir rétroactivement de phare à l'avancement des sciences. Dans une situation semblable, la philosophie serait tout à la fois « servante » et « maîtresse » : servante, en ce qu'elle se soumet aux autres sciences pour ce qui a trait aux matériaux et qu'elle s'efforce à les relier les uns aux autres ; maîtresse, en ce qu'elle réunit en un même endroit les matériaux fournis, pour leur permettre de servir en commun à construire l'édifice de l'esprit et les rejette de celui-ci sur les différentes sciences spéciales. Il s'entend de soi-même que dans ce rôle, en donnant à ses recherches le point d'appui des connaissances acquises, elle se rapprochera autant que possible des questions relatives à ce qu'on appelle les « choses supérieures », antérieurement considérées comme son domaine particulier ou exclusif ; mais elle n'ira pas plus loin, sur ce chapitre, que ne le lui permettront chaque fois l'état actuel des sciences et l'intelligence humaine. Tout ce qui dépasse ces limites ne doit exister pour elle que comme faisant partie du domaine de la foi et non de celui de la science ; mais elle ne doit jamais se risquer à vouloir fixer, une fois pour toutes, une limite infranchissable ; elle doit, au contraire, chercher à reculer cette limite constamment aussi loin que possible, à mesure que les sciences avancent dans leur mouvement. Tout regard rétrospectif sur les systèmes qui sont derrière nous, surtout sur les systèmes de nature spéculative, est ici un mal, et la philosophie ne pourra reconquérir l'influence perdue que par une réforme radicale et franche dans le sens de l'expérience, de la méthode inductive et du bon sens, ainsi qu'en s'attachant plus étroitement aux sciences positives, avant tout à la nature et à l'histoire. Ce qu'on appelle le « retour à Kant », qu'on recommande ici de divers côtés à titre de remède, pourrait à peine avoir comme conséquence quelque chose de meilleur qu'une répétition, peut-être améliorée, des égarements qui se sont fait jour à la suite de Kant. Si la philosophie de Kant était réellement ce que l'on désire qu'elle soit, d'après cette recommandation, on ne saisit pas trop bien comment la philosophie a pu tellement dégénérer sous son influence. Schopenhauer lui-même, qui relie son système immédiatement à Kant, pour des raisons, il est vrai, plus extérieures qu'intrinsèques, Schopenhauer ne peut s'empêcher de fournir une critique écrasante de la philosophie de Kant et fait cet aveu intéressant qu'on peut accuser Kant d'avoir, lui le premier, donné la véritable impulsion à la naissance de ce « charlatanisme philosophique devenu si célèbre de nos jours, qui, au lieu de reconnaître les notions comme des pensées déduites des choses, opère d'une façon inverse, commence par faire les notions et apporte ainsi sur le marché le monde renversé comme une arlequinade philosophique ». Gruppe va jusqu'à appeler Kant tout crûment : celui qui le premier a rendu le mal incurable. Le seul mot de ralliement pour la philosophie du temps présent qu'on puisse accepter, c'est celui que l'auteur de cet article a proposé depuis des années déjà (dans un article intitulé : *Gegen Herrn Otto Ule, Auregugnen*, 1858, achtes Heft : *Contre monsieur Otto Ule* : Réveils d'idées ou encouragements, 8º livr.), avec cette devise : « Modifier la méthode et modifier le but mis en avant, ou restreindre les recherches à ce qui est humainement accessible ». Avec ce mot de ralliement, elle arrivera peut-être à réfuter l'opinion de ceux qui, en s'appuyant sur les expériences faites, prophétisent ou demandent la destruction de toute philosophie en général [1], et elle sera en mesure de prendre un rang dans lequel elle restera, malgré tout, le cœur et le centre de tout le savoir humain ! Spiess également parle dans le même sens (*Pathologische Physiologie, Psychologie pathologique*, 1857) : « Pour la philosophie enfin, la tâche s'imposerait d'elle-même ; au lieu de courir en vain après une connaissance plus élevée, personnelle, elle chercherait à réunir les connaissances expérimentales fournies par toutes les autres sciences dans un tout ou dans un ensemble conforme à la raison, « et c'est en s'imposant ainsi elle-même ses limites qu'elle arri- « verait à sa véritable élévation. »

---

[1]. Ainsi Julius Braun s'exprime de la façon suivante (*Deutsches Museum*, nº 12, 1860 : *Musée allemand*, nº 12) : « Toutes les branches qui se rattachent à la science de la civilisation ont adopté maintenant pour principe fondamental de ne plus accorder de valeur qu'aux connaissances expérimentales coordonnées par le bon sens. »

XVII

VOLONTÉ ET LOI NATURELLE

(1860)

> « L'expérience nous apprend réellement, avec toute l'évidence possible, ce qui au premier coup d'œil paraît absurde, à savoir que la société prépare le crime et que le criminel n'est que l'instrument qui l'accomplit ».
>
> (Quetelet, *Sur l'homme.*)

A toutes les époques, on a vu les penseurs, le plus souvent même les plus profonds et les plus instruits parmi eux, se déclarer plus ou moins contre la liberté de la volonté humaine et se mettre ainsi en opposition avec une des opinions les plus ordinaires de la vie journalière, qu'aucun raisonnement philosophique ne semble pouvoir renverser. Y a-t-il, en effet, une chose en apparence plus naturelle et plus incontestable pour l'intelligence ordinaire que d'attribuer les actions des hommes, chez l'individu comme chez les masses, à leur choix absolument libre, et d'admettre qu'ils auraient pu tout aussi bien se dispenser de les commettre que les accomplir? Et cependant, en pénétrant plus profondément dans les rapports intimes de la nature et de l'histoire, le penseur apprend de plus en plus le contraire et finit par reconnaître partout des lois et des nécessités, là où un regard superficiel ne lui faisait voir que le hasard ou l'arbitraire. Car, il en est des lois du monde moral absolument comme de celles du monde naturel. A mesure que nous avançons dans la connaissance de la nature, nous en voyons sortir le hasard ou l'arbitraire, et se mettre à leur place des lois avec leurs divers engrenages ou enchaînements (« Ineinanderspiel »). Pour une quantité de choses ou de phénomènes, dont les causes à l'heure qu'il est nous sont encore complètement inconnues, nous pouvons affirmer avec certitude qu'il doit y avoir à leur base des lois naturelles encore non approfondies; et, si nous connaissions d'une façon absolue toutes les lois de la nature, il ne pourrait en définitive plus être question du tout d'un hasard. Cette même expérience est faite par celui qui, en s'appuyant sur la science moderne, essaie de pénétrer dans les lois du monde moral, et celui-ci trouve, s'il s'entend à chercher, partout une nécessité, là où un premier regard ne lui faisait voir que de l'arbitraire. Rechercher ces lois et expliquer les actions des hommes autant que possible en les subordonnant à ces lois, c'est là naturellement la tâche du véritable historien, tout comme la tâche du véritable naturaliste consiste dans la recherche des lois de la nature. Malheureusement, cette voie a été jusqu'à présent très peu suivie dans l'histoire, et celle-ci a toujours été plus une énumération décousue d'événements qui se sont passés successivement qu'un examen de ces événements fait au point de vue de leurs rapports intimes et nécessaires. Cette absence dans l'historiographie, telle qu'elle a été faite jusqu'à présent, a été, pour l'Anglais aussi spirituel qu'érudit Henry Thomas Buckle, le mobile qui l'a poussé à écrire son *Histoire de la civilisation en Angleterre*, publiée tout récemment (traduite en allemand : *Geschichte der Civilisation in England*, A. Ruge ; Leipzig und Heidelberg, 1860). Dans ce livre est faite, pour la première fois et très consciencieusement, la tentative de dérouler l'histoire dans son rapport avec les sciences naturelles, en l'accompagnant de l'exposition des mobiles naturels et nécessaires qui ont exercé une influence sur le développement de l'esprit humain. D'après Buckle, la nature, comme l'histoire, ne connaît que la conformité aux lois; elle ne connaît pas le hasard, et, à mesure que s'élèvent nos connaissances, l'apparence du hasard s'évanouit de plus en plus. Ce qu'on nomme le hasard dans le monde extérieur est en nous la volonté libre. Suivant Buckle, on fait ordinairement dériver cette dernière de la « conscience de soi-même » (« Selbstbewusztsein »). Mais, d'après lui, il n'a « jamais » été prouvé que cette conscience est une faculté indépendante; on n'a pas prouvé davantage que ses décisions sont infaillibles. Au contraire, aux yeux de bien des gens, la conscience de soi-même n'est pas une faculté, mais seulement un état ou une disposition particulière de l'esprit. Toute l'histoire fournit des témoignages de son incertitude extraordinaire, et les opinions qui circulent sur elle sont des plus diverses et des plus contradictoires. « Et réellement, l'incertitude qui règne sur l'existence de la conscience de soi-même comme faculté indépendante, est-il dit à la page 16 du premier volume, et la contradiction avec ses propres manifestations, si elle existe comme telle, sont, de toutes les raisons si diverses, les deux principales qui m'ont depuis longtemps convaincu que la métaphysique, avec la méthode qu'elle suit dans sa manière de considérer l'esprit individuel, ne s'élèvera jamais à la hauteur d'une véritable science »! D'après Buckle, nous ne pouvons pas agir sans motifs; mais ces motifs, à leur tour, sont la suite ou la conséquence d'un fait qui s'est passé antérieurement, et si nous étions au courant de tous les faits qui se sont passés antérieurement, ainsi que de toutes les lois dont ils sont issus, nous pourrions prédire tout. Combien de fois ne peut-on pas dire d'avance, à propos d'un homme dont on connaît parfaitement le caractère, comment il se comportera dans certaines circonstances données! Dans des conditions pareilles, les actions des hommes doivent produire un résultat constamment pareil. L'histoire tout entière doit être le résultat d'influences extérieures exercées sur nous et d'influences intérieures s'exerçant ou s'étant exercées au dehors. Il y a des peuples chez lesquels la nature exerce de préférence une influence sur eux ou sur leur esprit. Mais il existe toujours un lien intime entre les actions des hommes et les lois de la nature; de là résultent l'importance considérable et la valeur des sciences naturelles également pour l'histoire. « L'histoire de l'esprit humain ne peut être comprise que si on la réunit à l'histoire et aux phénomènes de l'univers naturel ». C'est pour se conformer à ce point de vue que Buckle, dans un chapitre spécial de son introduction générale, examine en détail l'influence que le climat, la nourriture, le sol et les phénomènes naturels exercent dans leur ensemble sur l'homme aussi bien que sur l'État, la religion et la société, et à cette occasion il fait déborder une masse d'observations et de considérations aussi fines qu'excellentes. Les conditions favorables de climat, de nourriture et de sol produisent la richesse et l'essor, tandis que l'extrême Nord de même que l'extrême Sud, privés de conditions semblables, ne sont susceptibles de rien produire. Dans leur patrie aride et sablonneuse, les Arabes sont restés constamment un peuple barbare, sans culture, ne valant pas mieux que des sauvages nomades; mais, lorsqu'ils eurent conquis la Perse, l'Espagne et l'Inde, quelle transformation s'est opérée en eux ! Et quelle différence dans la civilisation se montre, par exemple, entre les pays arrosés par le Nil et les déserts immédiatement voisins ! En Europe également, la civilisation a été déterminée dans son origine par le climat. Le climat et le sol amènent la richesse, et la richesse constitue la source la plus immédiate de la puissance. L'influence de la « nourriture » sur l'homme et sur le développement de son caractère trouve aussi dans ce livre une appréciation approfondie et éclairée par des exemples frappants. Il est montré d'une façon détaillée quelles sont les raisons, en rapport avec les conditions de la nature, pour lesquelles une civilisation durable n'était possible nulle part ailleurs qu'en Europe. Si la pauvreté de la nature est un obstacle à la civilisation comme en Afrique (l'Egypte exceptée), cette dernière rencontre un obstacle non moins grand dans une fertilité démesurée de cette même nature, par suite de laquelle la puissance de l'homme se trouve comprimée et paralysée dans une lutte inégale. Un exemple de ce dernier rapport nous est fourni par le Brésil, pays qui, douze fois aussi grand que la France, ne compte cependant que 6 millions d'habitants. Une civilisation pareille, non destinée à durer, comme l'Asie, a été présentée par l'Amérique centrale, le Mexique et le Pérou, et, chose remarquable, l'ancienne civilisation du Mexique et du Pérou, déterminée par des conditions naturelles égales ou semblables, paraît être tout à fait analogue à celle de l'Inde et de l'Egypte, à en juger notamment par l'institution des castes et la tendance à élever des ouvrages d'architecture colossaux que l'auteur mentionne comme des preuves à l'appui. Dans toutes les conditions, il faut que, pour ne pas entraver la marche de la civilisation, les phénomènes de la nature ne soient ni trop considérables ni trop puissants, et qu'ils n'excitent pas l'imagination d'une manière trop vive. Dans les pays où les tremblements de terre, le voisinage d'animaux sauvages, les ouragans, les tempêtes, les conditions d'insalubrité et autres éléments semblables exercent sur l'homme une influence trop puissante, la superstition, la terreur, etc., trouvent des points d'appui trop solides, et l'imagination se développe d'une façon démesurée aux depens de l'intelligence. C'est ainsi que, dans les pays civilisés autres que l'Europe, toute la nature était en quelque sorte conjurée pour élever la puissance de l'imagination et affaiblir l'intelligence. Il suffit de penser à l'imagination licencieuse qui se déploie dans la poésie de l'Inde ancienne, au caractère despotique et tranchant de l'histoire de l'Orient, ainsi qu'à ce fait que dans ces contrées les dieux et les rois « les plus populaires » ont toujours été les plus terribles et les plus despotiques. Nous rencontrons des rapports tout opposés en Europe, et par suite aussi, tout d'abord en Grèce, un développement de l'humanité tout à fait différent, et même diversement contraire en ce qui concerne l'Etat, la religion, les mœurs, etc. Tandis que dans l'Asie la nature l'emporte sur l'homme, en Europe c'est l'homme qui l'emporte sur la nature, et, en progressant dans son développement, ce dernier a appris constamment davantage à devenir maître de la nature. C'est une superstition de croire qu'autrefois les hommes étaient plus vertueux, plus forts, mieux portants et plus capables d'atteindre un âge avancé; au contraire, nous possédons même aujourd'hui tous ces avantages à un degré plus élevé, et la vénération démesurée qu'on porte à l'antiquité n'est pas autre chose qu'un préjugé. Il en résulte en définitive qu'en Europe il faut étudier l'esprit humain lui-même plus que la nature.

C'est avec raison que Buckle accorde une valeur particulière, dans la question de la liberté de la volonté, à la « statistique », cette science cultivée surtout en Angleterre, comme on sait, qui démontre l'existence d'une uniformité dans tous les phénomènes et prouve que les mauvaises actions des hommes prennent une tournure différente selon les changements de la société qui les entoure. Le meurtre, par exemple, est commis, selon lui (dans des conditions données), avec autant de régularité que s'accomplissent le flux et le reflux et la succession des saisons; il en est de même du suicide, bien que de celui-ci on dût le penser le moins. Les crimes reparaissent dans un ordre déterminé; il en est de même des mariages, au sujet desquels la statistique a démontré qu'ils sont dans un rapport déterminé avec l'élévation du prix du blé ainsi que de celle des salaires.

Celui qui, en philosophie, ne part pas d'opinions préconçues, mais prend pour règle de sa pensée l'expérience et la réalité, doit arriver à des résultats semblables. Mais ce lien nécessaire entre le monde « moral » et le monde « naturel » a été relevé d'une façon encore supérieure, si possible, à celle de Buckle, par un penseur allemand (Frauenstädt, dans un article intitulé : *Les lois naturelles du monde moral. Die Naturgesetze der sittlichen Welt* », et qui a paru il y a peu de temps. Il n'existe pas, pour lui, de différence entre la « loi morale » et la « loi naturelle », et, en face de la manière moderne de concevoir le monde, le dualisme entre ces deux doit disparaître absolument comme le dualisme entre le corps et l'âme. L'impératif catégorique de Kant, d'après lequel la loi morale n'a pas de source empirique, mais jaillit au contraire *à priori* de la raison, n'est pas autre chose, selon Frauenstädt, qu'un énorme préjugé que l'on a jusqu'ici répété machinalement d'une façon absurde. Il n'existe pas un impératif catégorique « unique », mais il existe des impératifs divers et purement relatifs; il en résulte aussi qu'il n'existe pas « une seule et même loi morale » pour tous, et par conséquent pas ce que l'on appelle un « homme normal ». Une règle de conduite morale qui pourrait servir à tous, dans toute situation, ne conduirait qu'à l'immoralité. Aussi ne pouvons-nous arriver à la « connaissance » de la loi morale qu'en suivant la voie de l' « expérience » : le « naturel » et le « moral » se confondent, et le sentiment ainsi que l'inclination sont les sources de la vertu. Dire que dans la nature il faut toujours que cela se fasse (« nur Müssen »), et que dans le monde moral il ne s'agit que de « devoir » — « on doit le faire » (« Sollen »), c'est obéir à un préjugé traditionnel; les deux mondes sont dominés par un « falloir sous condition ». Il n'existe pas de modèles de vertu, pas plus que d'hommes exclusivement scélérats (semblables à ceux que représentent parfois des poètes exaltés et n'ayant pas une connaissance réelle du cœur humain), mais seulement des êtres « mixtes », qui agissent de telle ou telle façon, suivant les conditions dans lesquelles ils vivent. Si donc nous changeons ces conditions, nous changeons également le résultat, et nous sommes à même de diminuer ainsi le « péché », qui se trouve être bien plutôt une maladie ou une erreur qu'une réelle culpabilité. La société, qui poursuit le crime avec tant de dureté et un tel manque d'indulgence, ferait mieux de rentrer de temps en temps en elle-même et de se demander par suite de quelles circonstances et de fautes elle peut être elle-même responsable du crime commis envers elle. Ce ne sont pas seulement des catégories entières de crimes, tels que l'infanticide, les crimes politiques, etc., qu'on peut considérer comme une conséquence immédiate d'états sociaux déterminés ; mais, dans l'histoire des souffrances endurées par chaque criminel pris individuellement, on peut démontrer également l'action de ces influences jusqu'à une évidence presque incroyable. Dût-on même ne pas pouvoir se représenter un état de la société dans lequel on serait arrivé à rendre « tous » les crimes impossibles, on ne pourra cependant guère nier qu'il est possible de se représenter au moins un état tel, que le « nombre » des crimes soit réduit à un minimum, en supprimant autant que possible les moments qui les provoquent. Il en résulte qu'une philosophie qui pousse à la réalisation de ces idées ne doit pas, ainsi qu'on l'entend soutenir si souvent par des hommes stupides, « ramener l'humanité à l'état sauvage », mais au contraire l' « humaniser ».

XVIII

UNE NOUVELLE THÉORIE DE LA CRÉATION

(1860)

> « A travers tout l'ensemble du monde vivant se déroule depuis le commencement une procession de métamorphoses, jamais interrompue, mais d'après une mesure de temps telle, que, dans chaque moment donné, le mouvement semble se reposer, comme le firmament dans lequel cependant tous les astres se rapprochent et s'éloignent réellement les uns des autres, et que les classes, familles et espèces du règne animal se présentent à nos yeux comme des constellations nettement circonscrites, et le monde animal microscopique semblable à des nébuleuses. »
> (*Morgenblatt*, n°s 1 et 2, 1862.

Quelques années à peine se sont écoulées, depuis que l'auteur de cet article, dans une exposition traitant de l'accroissement du monde organique sur la terre, exprimait l'espoir que des recherches ultérieures viendront répandre une lumière plus précise sur cette question éminemment importante ainsi que sur les causes naturelles de ce phénomène remarquable, et déjà nous avons sous les yeux un travail qui semble pouvoir répandre réellement cette lumière et vouloir résoudre, au moins en partie, le grand problème de l'histoire naturelle, le secret des secrets, comme le nomme un philosophe anglais. Un Anglais, savant, plein d'esprit et indépendant, Charles Darwin, l'illustre naturaliste ayant fait partie du voyage de circumnavigation du *Beagle*, a consacré vingt années de son existence à approfondir une question dont la solution scientifique semblait avoir épuisé en vain les plus grands efforts des savants, et il a élevé une théorie au sujet de laquelle on se demande ce qu'il faut admirer le plus, ou la sagacité et l'érudition de son auteur, ou bien la simplicité qu'elle nous dévoile dans les opérations de la nature. Il est vrai que déjà avant Darwin de nombreuses tentatives de ce genre ont été faites dans le but d'éclaircir l'histoire de la création naturelle; mais, ainsi que s'exprime, en des termes trop mordants sans doute, le traducteur de Darwin, professeur Bronn, de Heidelberg, c'étaient « des idées extravagantes, des saillies sans fondement et ne pouvant supporter un examen d'après l'état actuel de la science ». — « Cependant, dit Bronn plus loin, chaque naturaliste a senti qu'admettre une activité chaque fois personnelle du Créateur pour appeler à la vie les innombrables espèces de végétaux et d'animaux ainsi que pour les adapter à leurs conditions d'existence nécessaires, c'est se mettre en contradiction avec tous les phénomènes de la nature inorganique, qui sont réglés par un petit nombre seulement de lois immuables, par des forces imprimées à la matière elle-même ». Ce fut d'abord le Français Lamark qui, dans deux ouvrages sur la zoologie, 1809 et 1812, exprima ouvertement son opinion en soutenant que les formes actuellement vivantes ont pris naissance, par voie de transformation, de formes antérieures, et cela par suite de conditions vitales extérieures, croisement, exercice ou manque d'exercice des organes, habitude, et par suite enfin, d'une loi réelle de développement progressif en vertu de laquelle il admit que les formes de la vie les plus inférieures sont des formations constamment nouvelles ou récentes s'effectuant par voie de génération équivoque (spontanée). Son opinion, bien des fois mal comprise, parut pendant un long temps vouée à la malédiction du ridicule, bien que son illustre contemporain Geoffroy Saint-Hilaire eût aussi des soupçons analogues, mais ne les ait avoués ouvertement qu'en 1828, et encore avec une grande circonspection. Après eux apparut Darwin avec son livre dont il est ici question et qui est intitulé : « Sur l'origine des espèces dans le règne animal et dans le monde végétal par voie de sélection naturelle, ou la conservation des races perfectionnées dans la lutte pour leur existence » (traduit en allemand par Bronn, de Stuttgard). Dans la préface de ce livre, il présente toute une liste d'écrivains anglais et français des années 1837-1859, parmi lesquels même des théologiens, qui se déclaraient avec plus ou moins d'énergie partisans de l'opinion que l'introduction d'espèces nouvelles dans la création ne peut pas être l'effet d'un miracle, mais seulement un phénomène de la nature. L'hypothèse d'actes de création spéciaux, continus, disait le professeur Huxley en 1859, est en contradiction avec les faits inscrits dans la Bible ainsi qu'avec l'analogie générale existant dans la nature, tandis que l'hypothèse d'après laquelle les formes ou espèces d'êtres vivants, telles que nous les connaissons, ont pris naissance par suite d'une modification graduelle de types ayant existé antérieurement, est la seule à laquelle la physiologie fournisse quelque point d'appui; aussi est-elle l'hypothèse la plus admissible et au moins une hypothèse de nature telle, qu'elle gagne actuellement l'approbation provisoire des meilleurs penseurs de l'époque.

Arrivé à son introduction, Darwin exprime sa conviction très nette que l'opinion, suivant laquelle chaque espèce a été créée indépendamment de toutes les autres, est absolument inexacte; que les espèces ne sont pas invariables, bien que, en raison de l'imperfection de nos connaissances, beaucoup de choses ici doivent rester encore dans l'obscurité et sans explication. Il est facile, dit-il, d'arriver à la conclusion que chaque espèce n'a pas été créée dans une véritable indépendance, mais qu'elle dérive au contraire d'autres espèces. Mais ceci n'est pas suffisant, tant que l'on ne pourra pas démontrer la nature de la modification ni le mode suivant lequel s'est effectuée cette modification. Comme moyen et comme moment principal produisant la transformation des espèces, il désigne d'après cela un procédé auquel il donne le nom de « sélection naturelle dans la lutte pour l'existence ». Chaque espèce d'organisme, selon lui, est susceptible de modification dans de certaines limites : c'est là un fait qui est généralement reconnu. Si cette modification est « inutile », elle se perd de nouveau ou bien n'entraîne pas de conséquences. Par contre, si elle est « utile », elle procure à l'individu qui en est l'objet un avantage sur ses congénères, avantage par suite duquel il acquiert une espérance plus grande en faveur de sa conservation personnelle ainsi que de celle de sa postérité. Il en résulte, de cette manière, une variété ou une espèce dérivée, et, si le même phénomène continue à se produire dans le cours de 100, 1000, 10,000 générations, cette première espèce dérivée aura été en définitive l'origine ou la souche de nouvelles espèces, familles, classes, etc., tandis que les formes intermédiaires ou les formes moins favorisées auront disparu sous l'influence de causes diverses. Ce principe n'a pas de limites ; il ne lui faut que le « temps », et l'on sait que dans l'histoire de la terre celui-ci ne fait en aucune façon défaut. (Le géologue Volger évalue à 648 millions d'années le temps qu'il a fallu à la terre seulement pour former les dépôts successifs qui constituent l'édifice de ses couches stratifiées.) De cette façon, Darwin finit par arriver à sa doctrine qui fait dériver tous les êtres vivants d'un petit nombre seulement de formes ou d'espèces créées à l'origine (environ quatre ou cinq pour le règne animal et autant pour le règne végétal), ou qui, pour être plus conséquente dans la poursuite de sa pensée d'après les lois de l'analogie, admet une seule forme créée primitivement, peut-être une cellule, une vésicule germinative, ou bien, selon l'expression plus précise du traducteur, professeur Bronn, une algue cellulaire, une algue filiforme, à partir de laquelle, en vertu d'une grande oi de développement et de perfectionnement, la série de création s'est élevée peu à peu à la hauteur qu'elle a atteinte aujourd'hui. Cette pensée fondamentale, que nous avons reproduite seulement dans ses traits principaux, Darwin la développe dans quatorze chapitres, en se servant d'une logique serrée et en s'appuyant sur toute une armée de faits, d'observations personnelles et de réflexions pleines de sagacité. Bien loin de se dissimuler les grandes difficultés de sa théorie, il les expose plutôt lui-même ouvertement dans quatre chapitres spéciaux et sait aller au-devant d'elles d'une façon souvent surprenante. Cependant Darwin veut faire considérer son livre seulement comme une publication provisoire et comme un extrait incomplet, auquel il doit se contenter de joindre un petit nombre de faits explicatifs, tandis que son ouvrage proprement dit, armé de tous les faits recueillis, ne pourra paraître que quelques années plus tard. (Cette publication provisoire a lieu en raison de la santé délicate de l'auteur, et parce que, dans l'archipel des îles Malaises, M. Wallace est arrivé à des résultats tout à fait semblables qu'il est en train de publier.) — « Si l'on admet les idées émises par moi ainsi que par M. Wallace, ou d'autres idées analogues, sur l'origine des espèces, — c'est ainsi que Darwin s'exprime dans le chapitre qui renferme sa conclusion, — on peut s'attendre à ce que l'histoire naturelle soit menacée d'un grand bouleversement. Les esprits systématiques se sentiront soulagés de grands soucis et cesseront de chercher inutilement une chose inconnue et impossible à découvrir, la nature ou l'essence des espèces. Les autres branches de l'histoire naturelle, d'un caractère plus général, gagneront beaucoup en intérêt ; les termes de parenté, type, morphologie, etc., etc., au lieu d'être « métaphoriques » comme jusqu'à présent, recevront une signification « objective », un sens se rapportant à l'objet même, et de cette façon, l'étude de l'histoire naturelle en général deviendra infiniment plus attrayante (l'auteur de cet article voudrait ajouter : plus philosophique). On verra s'ouvrir un champ large et encore presque vierge pour les recherches à entreprendre sur les transformations des organismes, et l'étude des produits de la civilisation augmentera de valeur d'une façon incommensurable. Les classifications reçues jusqu'ici deviendront des généalogies et présenteront alors seulement le véritable plan de la Création. La géologie sera mise en mesure de tracer dans un tableau complet les migrations antérieures des habitants de la terre, et toute l'histoire du monde organique, aussi loin que vont nos connaissances, se déroulera devant nos yeux avec une longueur absolument insaisissable, ne formant cependant qu'un petit fragment du temps qui a dû s'écouler depuis la production de la première créature, de la souche de tous les êtres ». — Enfin Darwin prévoit encore une influence puissante exercée sur la « physiologie », qui devra peu à peu s'appuyer sur une base fondamentale nouvelle et reconnaître que toute faculté et toute aptitude de l'esprit ne peuvent être acquises que « graduellement » ou par « voie de gradation ». (C'est là une idée aussi remarquable que féconde sur laquelle, ainsi que Darwin le rapporte dans sa préface, Herbert Spencer s'appuyait déjà en l'année 1855 [1] lorsqu'il essaya de retravailler la psychologie en se plaçant sous un point de vue nouveau.) Enfin l'auteur, si rempli de vues ingénieuses, jette un regard prophétique dans l'avenir et montre la loi de perfectionnement ouvertement posée par sa théorie, d'après laquelle on peut prévoir que des êtres existant actuellement se développeront

---

[1]. Herbert Spencer, homme de lettres anglais, a écrit une série d'ouvrages importants, parmi lesquels certainement un ouvrage de la plus grande valeur, intitulé : *Principles of psychologie*, *Principes de psychologie*, Londres, Williams et Norgate, 1855.

des formes toujours plus belles, plus élevées et plus parfaites.

Le botaniste anglais Hooker, qui, immédiatement après Darwin, fit paraître un livre sur la flore de l'Australie dans lequel il applique à la botanique les principes de Darwin, développe ces dernières pensées en les rapportant à l'homme et montre comment les races humaines les plus récentes, par conséquent aussi les mieux douées, la « race caucasienne » et la « race nègre », semblent destinées par la nature à vaincre dans la lutte pour l'existence et à déloger de la terre les races plus anciennes, notamment les « Polynésiens » et les « Peaux-Rouges », la première dans les climats tempérés, la seconde dans les pays chauds, et par là à conduire en même temps l'humanité même au-devant d'un perfectionnement continu. Outre Hooker, qui appelle la « doctrine du progrès » la plus profonde de toutes les doctrines qui aient jamais mis en émoi les écoles d'histoire naturelle, et outre Wallace déjà cité, l'Angleterre a vu dans l'intervalle les illustres naturalistes Lyell et Owen se déclarer « en faveur » de Darwin et de sa doctrine. Son traducteur, Bronn, en parlant de la manière dont Darwin traite son sujet, trouve que c'est un modèle d'étude de philosophie naturelle et exprime l'opinion que, depuis les *Principes de géologie* de Lyell (*Principles of geology*), il n'a paru aucun ouvrage qui laisse prévoir une aussi profonde transformation dans tout l'ensemble de la science de l'histoire naturelle. Il le nomme un livre merveilleux, dans lequel on ne trouve pas de découvertes télescopiques, pas de nouveaux corps simples, pas de découvertes anatomiques faites à l'aide d'un microscope grossissant dix mille fois les objets, ou autres choses semblables, mais seulement des points de vue nouveaux sous lesquels on considère des faits anciens, rassemblés pendant une période de vingt ans. C'est avec clarté, esprit et logique que l'auteur cherche à démontrer « une » loi fondamentale de l'existence présente et de l'existence future pour le monde organique (« Sein » und « Werden »), et c'est parce que sa théorie permet de donner une explication, aussi simple qu'unitaire, d'un monde de phénomènes resté jusqu'ici à l'état d'énigme qu'elle possède et exerce une aussi grande force d'attraction. Elle ne périra pas non plus, car elle fraie une voie nouvelle et montre au moins le chemin qu'il faut suivre pour arriver à découvrir la grande loi du développement et du perfectionnement du monde organique. Cependant, il ne faut pas se dissimuler que la nouvelle théorie rencontrera toujours encore sur son chemin des hésitations et des objections aussi sérieuses qu'importantes, dont il n'est pas sûr que l'auteur même de la théorie ait réussi complètement à les invalider. L'auteur, qui porte lui-même un nom illustre précisément sur ce domaine de l'étude théorique de la nature, fait ressortir ces objections avec autant d'exactitude que de sagacité, et elles s'opposeront encore considérablement à ce que l'on reconnaisse généralement la théorie de Darwin qui renverse tant d'idées tenues jusqu'à présent pour exactes. Peut-être aussi, comme Bronn le pense assez franchement, ne voyons-nous jusqu'ici qu'à travers des verres colorés; peut-être la solution du grand problème est-elle déjà réellement trouvée; mais, comme nous sommes depuis longtemps habitués à d'autres points de vue, nous ne sommes pas en état de l'apercevoir, et nos descendants en jugeront autrement dans quelques générations. Dans tous les cas, nous pouvons nous attendre pour un avenir très prochain à une lutte irritante provoquée dans le monde savant par la nouvelle théorie; dans cette lutte, les savants auront à décider si la loi naturelle trouvée par Darwin suffit pour expliquer par la voie naturelle un phénomène aussi merveilleux que l'accroissement du monde organique sur la terre, ou bien, ce qui paraît plus probable à l'auteur de cet article, s'il faut y joindre encore d'autres moments encore inconnus ou seulement soupçonnés, moments qui sont peut-être en rapport avec les remarquables phénomènes de l'échange de génération chez les animaux, mieux connus depuis peu seulement, et avec les transformations de certains germes organiques produites par des causes inconnues. Dans tous les cas, ainsi que Bronn le reconnaît formellement, Darwin a donné beaucoup trop peu de valeur à la puissante influence exercée par les conditions vitales extérieures sur les êtres de la nature déjà existants ou en voie de prendre naissance; par contre, il s'est préparé, d'un autre côté, une difficulté qui peut-être n'existe pas réellement. En effet, lorsqu'il représente le tout premier début de la vie organique sur la terre comme un commencement incompréhensible ou qu'il le revêt de la forme d'un miracle, il faudrait rappeler à ce sujet : premièrement, que la question si discutée de la « génération spontanée » n'est absolument pas encore vidée, qu'au contraire précisément dans notre temps des voix très autorisées s'élèvent de nouveau « en faveur de ce mode de génération », circonstance qui, ainsi que Bronn le raconte, a probablement engagé l'Académie française à faire instituer de nouvelles expériences dans cette direction, et, deuxièmement, que la direction la plus nouvelle de la géologie ne veut plus rien savoir en général d'un commencement, à nous inconnu, de la vie organique sur la terre. Au reste, ceci ne touche pas toute la théorie d'une façon immédiate, attendu que ce qui lui importe, c'est le « développement » plus que le « commencement »; et, admettre que l'ensemble du monde organique a pu prendre naissance d'une première forme élémentaire, excessivement petite (cellule), et s'élever à la hauteur et à la perfection que nous constatons aujourd'hui, après avoir passé par d'innombrables degrés intermédiaires avec l'aide d'espaces de temps infinis, c'est, suivant Bronn lui-même, exprimer une idée qui n'est pas plus surprenante ou plus étrange qu'un phénomène bien réel que nous observons tous les jours sous nos yeux : nous voulons dire le développement graduel d'un être organique sortant de sa première cellule germinative.

Au reste, ceux qui veulent se faire sur la théorie de Darwin une opinion personnelle doivent lire eux-mêmes ce livre remarquable, attendu que nous ne pouvions reproduire ici que la pensée fondamentale dans ses traits les plus généraux et que nous livrer à un examen plus approfondi pour en apprécier la valeur nous eût conduit trop loin. Abstraction faite même de la théorie, le livre renferme tant de choses belles, instructives et fécondes pour la science en général, qu'aucun lecteur attentif ne regrettera le temps qu'il lui aura consacré. Ainsi, par exemple, les arguments et les faits produits par Darwin contre la manière « téléologique » d'envisager la nature, ou contre la conception basée sur des notions de conformité au but, sont tellement exacts et frappants, que celui qui n'a pas d'opinions préconçues doit en être convaincu; et l'on peut ainsi s'attendre à ce que ce livre en général ne tardera pas à exercer également une influence sur la direction de la culture intellectuelle de notre époque. « Dans tous les cas, » des directions de philosophie naturelle pareilles à celles que l'auteur de cet article a combattues dans sa lutte contre le professeur Agassiz ont reçu de lui un coup dont elles ne se relèveront pas, et la nécessité, pour la science, de se rendre d'une manière quelconque maîtresse du fond des phénomènes en question, nous saute aux yeux d'une façon évidente et immédiate. Il est un fait certain : c'est que des espèces organiques s'éteignent continuellement, sans que le monde se désemplisse ; il résulte déjà de cette circonstance, avec une nécessité logique, que, par un procédé naturel quelconque, des espèces nouvelles doivent se mettre à leur place. Mais les lois de ce procédé doivent être trouvées, en supposant bien entendu qu'elles n'aient pas été trouvées déjà par Darwin. Ce qu'il y a, sans doute, de plus probable, c'est qu'en définitive sa théorie, tout en étant exacte en elle-même, est cependant une théorie « exclusive », et qu'elle sera reconnue insuffisante pour le résultat qu'elle veut obtenir. Après son exposition, l'on ne peut plus guère mettre en doute que la lutte pour l'existence, en connexion avec la transmission héréditaire de forces et de particularités acquises, (un grand nombre d'exemples et d'expériences sont sous nos yeux) a dû être, dans le sens de Darwin, « une » des causes de l'accroissement du monde organique sur la terre. Mais, que cela ait été la « seule et unique » cause, on ne peut l'admettre, et dans les faits on ne découvre nulle part une nécessité d'accepter cette opinion. Ainsi, par exemple et surtout, l'influence exercée par les circonstances et les conditions vitales extérieures sur la transformation des êtres de la nature est, ainsi que nous l'avons déjà mentionné, bien plus considérable que ne le pense Darwin, et presque chaque nouvelle découverte ou observation de la science nous fournit de nouvelles preuves de la puissante action de cette influence que Darwin n'a peut-être estimée à une si faible valeur que par amour pour sa théorie [1].

1. Celui qui veut s'instruire plus exactement sur la théorie de Darwin et sur l'influence considérable qu'elle a, depuis, exercée sur le développement des sciences naturelles organiques, sans vouloir prendre en main l'ouvrage capital de Darwin même, en trouve l'occasion dans le mémoire récemment paru de l'auteur de cet article, avec le titre : *Six conférences sur Darwin*, etc., etc. (*Sechs Vorlesungen über Darwin*), Leipzig, Thomas, I-III édit, 1868-1872.
(*Rem. pour la deuxième édition*).

XIX

ESPRIT ET CORPS

(1860)

Geist und Körper in ihren Wechselbeziehungen, mit Versuchen naturwissenschaftlicher Erklärung, von K. Reclam, Docent an der Universität Leipzig. Leipzig und Heidelberg, 1859. *Le corps et l'esprit dans leurs rapports réciproques, avec des essais d'explication au point de vue de l'histoire naturelle*, par K. Reclam, Leipzig et Heidelberg, 1859.

J. G. Fichte, *Anthropologie oder Lehre der menschlichen Seele, neubegründet auf naturwissenschaftlichem Wege*, etc., 2ᵉ Aufl. 1860. J. G. Fichte, *Anthropologie ou théorie de l'âme humaine, établie sur de nouvelles bases tirées des sciences naturelles*, 2ᵉ éd., 1860.

Dans le premier ouvrage cité, l'auteur, connu du grand public surtout comme rédacteur du *Cosmos*, un journal pour les sciences appliquées, se propose de discuter, au point de vue des sciences naturelles, une des questions scientifiques les plus brûlantes de l'époque actuelle, « la question du rapport existant entre l'esprit et le corps », entreprise d'autant plus digne de mériter une attention reconnaissante, que les hommes de science réels ont plus rarement élevé la voix pour exprimer d'une façon plus approfondie leur opinion sur cette question éminemment importante. Le désir ardent d'arriver à découvrir la vérité — désir qui distingue partout les esprits nobles et solides — a été, comme le dit l'auteur dans l' « introduction », le mobile qui l'a poussé à prendre cette résolution. A l'exemple des véritables naturalistes, il commence tout d'abord par désigner certaines limites que la science actuelle n'est pas encore en mesure de franchir, et il prend l'engagement de tourner son attention plus du côté des questions dites « préliminaires » que du côté d'un véritable jugement ou d'une véritable décision qu'il n'est pas encore possible de prononcer. Ces limites sont naturellement reconnues par quiconque veut se mouvoir sur le terrain scientifique; la contestation ne peut porter que sur l'étendue de ces limites et sur le plus ou moins de cette étendue.

Dans un premier chapitre, l'auteur s'occupe de l' « empire des nerfs sur la matière et de leur dépendance », et il nous fournit de suite quelques preuves intéressantes du caractère exclusif imprimé, presque toujours encore, à la manière générale d'envisager le monde ou la nature, presque immédiatement à la suite de chaque grande découverte faite dans les sciences naturelles. De pareils points de vue exclusifs ne manquent pas d'une profonde signification historique et sont la plupart du temps nécessaires pour placer la nouvelle découverte dans tout son jour, tandis que la marche de la science, dans sa totalité et son ensemble, n'en est pour cela ni arrêtée ni embarrassée. L'auteur montre ensuite en détail comment les nerfs dominent les échanges de matière et comment ils sont aussi réciproquement sous la dépendance de ces échanges, — toutes choses, au reste, qui n'ont qu'un rapport très éloigné avec la véritable question qui forme le sujet du livre. A la fin de ce chapitre, faisant allusion à une parole de Huscke, qui appelle « philosophes de la nature » ceux qui « maintiennent solidement l'unité légale ou conforme aux lois de l'esprit et du corps », l'auteur s'écrie : « Si c'est cela que veut et fait la philosophie naturelle, son nom, il y a peu de temps encore si décrié, ne tardera pas à être de nouveau honoré et cela plus que jamais. »

Le deuxième chapitre traite de la « dépendance de l'esprit vis-à-vis du corps et de la puissance qu'il exerce sur celui-ci », sans que, dit l'auteur, les sciences naturelles puissent savoir quelque chose de précis sur la manière dont s'effectue ce rapport réciproque. Une difficulté presque insurmontable pour les recherches résulte ici de ce que les appareils nerveux centraux sont pour nous inaccessibles pendant la vie, circonstance à laquelle il faut ajouter encore leur structure délicate et difficile à poursuivre. Néanmoins, toutes les expériences, selon Reclam, tendent à prouver que « le cerveau et la moelle épinière sont absolument nécessaires (chez l'homme et chez l'animal) pour l'exercice des facultés spirituelles ». Personne ne cherche plus le siège des

forces spirituelles dans le sang ou dans la glande pinéale, etc.
Il est prouvé, de plus, que les races d'hommes les plus
inférieures, de même que les animaux doués de l'intelligence
la plus faible possèdent le cerveau relativement le plus petit
et le plus simple, de telle sorte que « nous reconnaissons chez
l'homme le cerveau de beaucoup le plus développé et organisé de la façon la plus achevée dans toutes ses différentes
parties ». De même, les hommes particulièrement doués possèdent aussi un cerveau particulièrement développé; les idiots
et les crétins, par contre, ont un cerveau incomplet. Nous savons en outre que les fonctions spirituelles, pour pouvoir s'accomplir sans trouble, exigent absolument un certain état de
« santé » du cerveau, notamment une « nutrition » régulière
et abondante de cet organe. C'est pour cela que l'appauvrissement du sang entrave l'exercice de la pensée, de même
que l'état de digestion pendant lequel le sang afflue plus vers
d'autres organes que vers le cerveau. Des troubles apportés à la
circulation du sang dans les organes abdominaux exercent une
influence sur les fonctions spirituelles et peuvent même provoquer des maladies mentales. Une mauvaise nourriture, le
manque d'air, etc., diminuent ou affaiblissent également la faculté de penser, tandis que des substances narcotiques introduites dans le corps modifient le travail de la pensée de la façon
la plus essentielle. Certains états momentanés d'organes du
corps, comme par exemple de l'estomac par suite de nausées,
interrompent sur-le-champ la suite des idées, et les privations
amènent le découragement, une diminution de l'aptitude au
travail et la perte du sentiment de sa propre dignité. Certains
états du corps provoquent encore des perceptions particulières
de l'esprit; l'auteur en cite quelques exemples, entre autres les
effets si connus du haschich ou chanvre indien, les hallucinations morbides, les fata morgana (visions du palais de la fée
Morgane), le ragle, etc., etc. Nous trouvons mentionnée ici l'observation intéressante, faite par le comte Escayrac, que les illusions optiques dans le ragle présentent sans doute de l'analogie
entre elles chez les différents membres d'une société, mais sont
néanmoins différentes suivant le caractère et le degré de culture
des personnes qui en sont atteintes. Un Bédouin, qui n'a jamais
vu d'arbres, ne se figurera pas être entouré d'une forêt; là où
nous voyons une voiture, l'Arabe verra un chameau; au lieu

d'un clocher d'église, il apercevra un minaret, etc. C'est de la même manière que les visions nocturnes dans l'état de santé, les hallucinations des individus en proie à la fièvre ou des personnes atteintes d'aliénation mentale, prennent des formes diverses suivant les différents degrés de culture et suivant les notions qui ont été acquises dans le courant de l'existence. Toutes ces expériences prouvent que, même là où l'âme sort de ses conditions ordinaires, elle reste toujours solidement liée aux impressions qu'elle a chaque fois reçues dans le passé ainsi qu'aux lois de leur origine sensualiste. Reclam cite encore d'autres exemples, comme preuves de l'influence rétrograde exercée par l'esprit sur le corps : ainsi, les manifestations de la « volonté », qui n'arrive cependant à sa domination entière que peu à peu par l'exercice; les agitations et les sécrétions provoquées par la crainte, la frayeur, la convoitise, etc.; les influences du chagrin ou de la joie sur l'appétit et la nutrition; les effets évidents de l'imagination ou d'une excitation violente de l'esprit, etc., etc. Viennent ensuite encore quelques exemples de lésions du cerveau, dont l'auteur tire la conclusion « que le concours général des différentes parties du cerveau constitue un intermédiaire indispensable pour l'exercice régulier des fonctions spirituelles de l'homme ».

Le troisième chapitre contient la « réponse » à cheval « à une attaque dirigée contre la science de la physiologie » par M. Frohschammer, professeur de philosophie à Munich, dans les *Suppléments de la Gazette d'Augsbourg* (*Beilagen zur Augsb. Allgemeinen Zeitung*) du 25 mai au 17 juin 1855. Comme, d'après Reclam, F. n'insulte pas seulement son adversaire K. Vogt, mais encore les sciences naturelles comme telles, c'est un devoir de lui répondre. Reclam prouve que M. F., dans ses lettres sur « l'âme humaine et la physiologie » (« Menschenseele und Physiologie »), parle comme l'aveugle parle de la couleur, et que ses objections n'ont pour le naturaliste que la valeur d'une « dispute de mots ». L'auteur démontre que chez M. F. toute la manière de concevoir la physiologie et les sciences naturelles, en général, est de telle nature, qu'il se montre comme absolument incapable de prononcer un jugement solide sur les questions qui s'y rapportent et semble avoir parfaitement mérité la vigoureuse remontrance de Reclam.

Le quatrième chapitre est intitulé : *Somme ou Tout?* et traite une des différences les plus importantes qui existent entre les conceptions de la philosophie et celles des sciences naturelles, attendu que la première prend toujours plus le « tout » comme point de départ, et les dernières toujours plus les « parties ». L'hypothèse philosophique ordinaire que le « tout » est encore un peu plus que la « somme » de ses différentes parties a sans doute, d'après Reclam, quelque chose de prodigieusement piquant et insinuant; mais elle est cependant inexacte et contraire aux manières de comprendre l'étude de la nature. Pour prouver les rapports de causalité qui relient entre elles les différentes parties d'un organisme, il n'est donc besoin ni d'un « principe vital » ni d'une « force vitale »; il n'est pas non plus besoin d'admettre une différence entre le « tout » et la « somme ». Lorsque les philosophes, qui se tiennent en dehors des sciences naturelles, considèrent les êtres vivants, il leur arrive la même chose qu'à l'individu non cultivé lorsqu'il considère une locomotive; il la regarde avec étonnement comme un prodige dont il voit les effets, mais dont il ne saisit pas les forces motrices. Si, pour le moment, les sciences naturelles ne peuvent pas encore prouver que « toutes » les activités de l'homme ne peuvent se réaliser que par la somme des différentes parties; si elles ne peuvent pas davantage prouver qu'au delà de ces parties il n'existe « aucun tout », on peut cependant prouver, par la voie de l' « analogie », qu'il est inutile d'admettre un « tout » différent de la « somme ». Quant à la preuve directe, une époque ultérieure pourra seule la fournir.

Le cinquième chapitre a pour suscription : *Essentiellement différent ou non ?* et s'efforce d'exposer l'influence irrésistible des preuves fournies par les sciences naturelles sur le point de vue de la philosophie. « Personne ne s'avise plus guère aujourd'hui, est-il dit, de contester l'état d'activité du cerveau lorsqu'on pense. Les adversaires même de la physiologie accordent que l'action de penser est principalement une fonction du cerveau ». La question ne consiste donc plus qu'à savoir si le cerveau suffit à lui tout seul pour produire ces fonctions, c'est-à-dire pour faire naître les pensées, ou bien s'il faut admettre outre cela l'existence d'une « force agissant du dehors sur le cerveau, tenant celui-ci sous sa dépendance, comme une cause immatérielle, ayant une existence propre ». Les sciences naturelles se contentent du « premier » mode de l'explication; mais la philosophie, au contraire, ne s'en contente pas et « refuse en même temps aux sciences naturelles le droit de chercher à résoudre la question à leur manière, en se servant des ressources dont elles peuvent disposer, parce que la manière de fonctionner du cerveau est « essentiellement différente » de celle des autres organes ». L'auteur examine donc de plus près cette affirmation de la « différence essentielle » et démontre en détail que cette différence n'existe et ne peut pas exister, pas plus comme différence anatomique et chimique que comme différence fonctionnelle. Lorsque l'on écarte le cerveau ou une partie du cerveau, sa fonction disparaît ou se perd comme perception, représentation et jugement, absolument comme la fonction du muscle, qui consiste dans le mouvement, se perd lorsqu'on le coupe ou qu'on l'écarte. Réciproquement, par l'habitude de la réflexion, le cerveau du savant se fortifie, de même que les muscles du forgeron ou du serrurier se fortifient par le travail. Le poids du cerveau s'accroît à mesure que la force de l'intelligence augmente, de même que dans un âge avancé il diminue avec l'abaissement de cette force. Chez les hommes les mieux doués au point de vue de l'intelligence, on a trouvé les cerveaux les plus pesants; Reclam cite comme exemples les cas de Dupuytren, Cuvier, Cromwell, Byron. De même, les races d'hommes supérieures se distinguent des races inférieures constamment par des cerveaux plus volumineux et mieux organisés. De plus, chez toutes les races, l'homme a un cerveau plus volumineux que la femme. Cette même loi se montre à travers toute la série animale, de telle sorte que « plus un animal est élevé dans cette série, plus son cerveau est volumineux ». Après tout cela, il est impossible de contester le rapport entre la « masse du cerveau » et le degré des « capacités intellectuelles ». Il y a quelque dix ans déjà, Magendie disait qu' « on trouvera rarement un homme remarquable par ses capacités intellectuelles, qui ne possède pas aussi une forte tête. »

Mais ce volume ne montre naturellement toujours qu'une disposition et une aptitude à la culture, mais non le degré de culture présent, ni par là, celui de la capacité productrice. Le volume du corps influe également sur le volume du cerveau. On met presque involontairement une petitesse anormale du cerveau en connexion avec une faiblesse de capacités intellectuelles, tandis qu'un front très saillant produit sur chacun l'impression du penseur profond. L' « atrophie du cerveau » est, dans le langage de la science, synonyme de l'incapacité dans les fonctions intellectuelles. La chimie, elle aussi, a fourni quelques points d'appui intéressants, et montré « que dans le système nerveux se trouve accumulée une matière d'une instabilité chimique telle (selon l'expression de Lehmann), d'une mobilité telle dans ses parties constituantes les plus intimes, qu'on aurait de la peine à trouver son analogue dans un autre organe du corps animal ». Relativement à la graisse renfermée dans le cerveau, Bibra a démontré que cette substance semble être d'autant plus abondante qu' « un animal possède une organisation plus élevée et une intelligence plus développée ». Il est également prouvé que la substance nerveuse est sous la dépendance de sa combinaison chimique, et que sa capacité productrice est d'autant plus grande qu'elle peut enlever au sang une plus grande quantité de substances nutritives qui lui conviennent, — compensation de matière qui ne peut s'effectuer que par la voie chimique. Appuyé sur des raisons suffisantes, l'illustre Ludwig, dans son *Traité de physiologie* (*Lehrbuch der Physiologie*), admet que la « cause productrice » du développement de la force dans les nerfs, ainsi que dans tous les autres organes du corps, doit être cherchée dans la transformation ou l'échange « chimique » des substances. La pathologie, à son tour, montre que les nerfs dépendent de la constitution chimique du sang, et que chaque changement dans la composition du sang se révèle aussi dans la fonction des nerfs, ainsi qu'on peut l'observer chez les individus « chlorotiques ». Les nerfs sont, de plus, le réactif chimique le plus subtil qui existe. Par des considérations de ce genre et d'autres analogues, Reclam est amené à conclure « que le nerf et le muscle ne sont pas différents l'un de l'autre d'une manière essentielle », et il accompagne cette conclusion de ces paroles : « Quelles injures les philosophes n'ont-ils pas prononcées et écrites dans les dix dernières années ! Quel traitement ordurier et ignoble certains théologiens n'ont-ils pas infligé aux sciences naturelles à cause précisément de cette thèse ! Et cependant, c'est pour nous un devoir de la répéter, parce que la puissance de la vérité et la force des faits sont pour nous supérieures au vacarme produit par quelques esprits bornés » !

Le sixième chapitre a pour objet l' « état ou le point de vue

actuel des sciences naturelles et les reproches qui lui sont adressés ». Ce n'est pas à la légère ou d'une manière frivole, comme le démontre Reclam, que les naturalistes sont arrivés à leurs opinions appelées d'ordinaire, mais très à tort, « matérialistes », mais bien, conduits par les « faits scientifiques » acquis à l'aide d'une observation froide et réfléchie. Tandis que pour eux c'est un besoin et un principe fondamental de rechercher les « causes » de tous les phénomènes, la supposition des philosophes dits « spiritualistes », en ce qui concerne la nature de l'âme, dépasse sur tous les points les ressources de l'intelligence humaine et appelle à son secours un miracle inexplicable, pour expliquer quelque chose d'obscur, de non expliqué. D'après la conviction de Reclam, la notion, comprise d'une façon raisonnable, du « matérialisme dans les sciences naturelles », ne peut avoir qu'une extension limitée et doit se borner à l'interprétation de la capacité de l'esprit en considérant celle-ci comme une fonction du cerveau, c'est-à-dire comme dépendant et étant, pour la perception humaine, impossible à séparer de la base fondamentale matérielle de l'organe corporel, tandis que le « matérialisme comme système philosophique » va plus loin, et tire des conséquences qui dépassent la limite des sciences naturelles et par là ne peuvent plus être jugées par celles-ci d'une façon immédiate. C'est manquer absolument de réflexion que de confondre ce qu'on appelle la « direction matérielle de l'époque » avec le « matérialisme dans les sciences naturelles », et, ce qu'il y a de pire, d'imputer la faute de cette direction à ces dernières ! Le point de vue actuel des sciences naturelles est bien moins un point de vue matérialiste que plutôt un point de vue « réaliste ».
— « A qui, demande l'auteur, à qui, dans de pareilles conditions, revient davantage le reproche de sentiments « frivoles », c'est-à-dire légers, au « naturaliste » qui se tient ferme aux faits réels, ou bien au « philosophe » qui cherche à réduire au silence les hommes poussés par le désir ardent de connaître, en « décrétant » une possibilité quelconque et en s'efforçant de la défendre avec plus ou moins de sagacité par le moyen de la dialectique » ?

En ce qui concerne quelques conséquences générales récemment tirées des résultats fournis par l'étude de la nature, notamment la « continuité d'existence de l'âme », l'auteur déclare pour son compte que les sciences naturelles ne sont pas autorisées à se prononcer sur ce sujet. D'après lui, l'expérience ne nous fournit pas de matériaux sur une vie future ni sur l'éternité. Les sciences naturelles ne peuvent pas plus nier que prouver ce qui s'élève au-dessus des sens, mais elles doivent laisser non décidée la question de son existence. Il est bien permis de louer cette modestie de la part d'un naturaliste isolé, et l'on doit regretter seulement de « ne pas » rencontrer la même modestie chez les théologiens et les philosophes. Au lieu d'imiter l'exemple de ceux qui se livrent à l'étude de la nature et de laisser dans le doute l'existence d'un surnaturel, ils se promènent bien plutôt sur le domaine de ce surnaturel avec le plaisir le plus large. Bien plus : il n'y aurait rien de mieux à désirer pour eux et pour leur direction si réactionnaire que de voir les sciences naturelles abandonner toutes les positions qui dépassent le simple champ de l'observation, et, si l'on voulait poursuivre dans toutes ses conséquences la manière de voir de l'auteur, tout ce que la science expérimentale a fourni de grand serait de nouveau mis en question au point de vue de sa signification scientifique générale, et tout le champ si vaste du surnaturel et extra-naturel, du « miracle » dans la foi et la science, serait donné en propriété non contestée aux adversaires de l'étude de la nature. Tout ceci est ce que l'auteur lui-même avait le moins en vue; cela ressort suffisamment de ses propres assertions que nous avons citées plus haut, et il voulait sans doute dire seulement que l'objet « immédiat » des recherches ne peut être que ce qui nous est fourni par les sens. Mais la chose se présente tout autrement, dès que l'on entreprend d'examiner au point de vue de leur signification philosophique les résultats obtenus dans cette voie. Il est certain qu'alors on abandonne le terrain immédiat des sciences naturelles et que l'on pénètre dans le domaine de la science générale, à l'édification de laquelle toutes les branches du savoir humain doivent fournir pareillement leur contingent. Mais aucune de ces branches ne peut, précisément à l'heure présente, être plus appelée à jouer ce rôle, que les sciences naturelles, dont les progrès ont été si considérables dans les dix dernières années, et toutes les voix crient après elles comme après une libératrice qui doit nous faire sortir du chaos philosophique et théologique existant jusqu'à ce jour. « L'assertion si souvent entendue que la philosophie et l'étude de la nature n'ont rien de commun entre elles (c'est ainsi qu'écrivait déjà l'auteur de cet article dans une occasion antérieure), parce que celle-là s'occupe de la « nature », de l' « essence » des choses, et celle-ci exclusivement de leur « apparition » ou « manifestation réelle », cette assertion repose tout simplement sur une confusion de l' « étude de la nature » avec les « sciences naturelles ». Le « naturaliste » peut avoir raison lorsqu'il ne s'attache qu'à son « objet » et qu'il considère tout ce qui est en dehors comme « n'étant pas son affaire »; mais les « sciences naturelles » enregistrent tous les résultats trouvés par le naturaliste, « les relient les uns aux autres et les mettent en rapport avec les intérêts généraux de l'humanité ». On ne peut poser à personne une limite jusqu'à laquelle il veut ou croit devoir aller dans l'interprétation des résultats fournis par la science, et les lois éternelles qui président à l'action de penser juste constituent le juge unique qui puisse prononcer sur la vérité ou l'inexactitude de ses interprétations. Celui qui voudrait ici retenir sans nécessité ou poser aux recherches certaines limites qu'elles ne doivent pas franchir n'arriverait qu'à tomber sur les bras du progrès de la vérité et des connaissances humaines, sans réussir cependant à le retarder à la longue. Ce résultat, M. Reclam l'a d'autant moins voulu que plus loin, dans le chapitre dont il est ici question, il prend les sciences naturelles sous sa protection de la façon la plus énergique contre un certain nombre d'imputations aussi ridicules que fausses auxquelles elles ont été en butte dans les discussions des dernières années, ainsi, par exemple, contre les reproches d'être préjudiciables aux mœurs et à la morale, ou de provoquer la frivolité, etc.; etc. Au contraire, selon lui, par suite de l'influence ennoblissante de la science en général, elles encouragent les véritables vertus et provoquent un développement pareil du corps et de l'âme, bien mieux que toute théologie. Il y a plus : si l'on voulait même accorder toutes les conséquences matérialistes et athées tirées tout récemment des sciences naturelles et les introduire dans la vie pratique, l'exemple cité par Reclam d'un grand peuple civilisé sur la terre devrait cependant prouver que ces préjudices tant redoutés ne sont qu' « imaginaires ». D'après lui, les Japonais se sont tellement approprié la manière de voir « matérialiste », qu'ils nient généralement la continuité d'existence après la mort et professent l'athéisme. Cependant on ne trouve pas que sous n'importe quel rapport ils soient, en ce qui concerne les mœurs et la morale, inférieurs à l'un quelconque des peuples appelés civilisés. Les arts et les sciences fleurissent chez eux à un point tel, que, même dans les corps de garde, les soldats ne passent pas leur temps, comme chez nous, à boire, à fumer et à jouer, mais à se livrer à la lecture de poésies et de mémoires, ainsi qu'à des discussions savantes. « Tous les voyageurs sont d'accord sur ce fait : c'est qu'ils n'ont vu aucun peuple qui leur ait paru dans toutes les couches de la population plus cultivé et plein d'égards dans ses manières, plus sagace et loyal dans ses transactions, et dont le mécanisme gouvernemental eût une organisation plus ponctuelle, que tout ceci n'est le cas chez les Japonais ». — « Et cependant, s'écrie l'Américain Burrow, qui visita leur « nécropole » magnifiquement distribuée, les Japonais sont une nation d'athées ! »

Dans sa polémique contre Moleschott, que l'auteur intercale ici, il aurait pu accorder un peu moins d'attention à quelques faiblesses de détails et être un peu plus juste vis-à-vis des grands mérites et des capacités supérieures de ce savant.

Dans le septième et dernier chapitre, il traite, d'une façon approfondie et en s'appuyant sur des observations réelles et personnelles, l'une des questions les plus intéressantes et les plus importantes relatives à l'examen philosophique de la nature, c'est-à-dire la question de l' « âme des bêtes » et de ce que l'on appelle l' « instinct ». Vu l'importance et la position indépendante de cette question, qui jusqu'à ce jour était comme enterrée dans les systèmes de philosophie spéculative et ne commence que maintenant à être traitée philosophiquement à des points de vue réellement conformes à l'expérience, on nous excusera peut-être si dans notre analyse critique nous ne nous appesantissons pas davantage sur ce chapitre et si provisoirement nous renvoyons le lecteur à un examen spécial ultérieur qui figurera dans un article à part, réuni à quelques autres écrits relatifs au même sujet.

Ainsi donc, le livre de M. Reclam est un travail riche en faits et digne d'être apprécié, susceptible de contribuer à la solution ou du moins à l'éclaircissement de questions et de choses que l'époque actuelle a le plus à cœur, et toute personne cultivée qui s'intéresse à ces questions pourra y puiser de l'instruction pour le cœur autant que pour l'esprit. Le livre — chose assez significative — est dédié à Son Altesse le duc Ernest de

Saxe-Cobourg-Gotha, ce qui prouve que le libre examen ne manque pas de partisans sur les trônes. Quant aux points de vue de l'auteur, dans leurs rapports avec les points de vue généraux de la science psychologique même, le lecteur attentif aura remarqué par lui-même que, malgré l'affirmation contraire de l'auteur, ils sont originairement plutôt de « nature dualiste », attendu que, dès le commencement, il oppose l'un à l'autre les « nerfs » et la « matière », l' « esprit » et le « corps », et que, le titre seul l'indique, il veut les décrire dans « leurs rapports de réciprocité mutuelle » (Gegenseitige Wechselbeziehungen). Plus tard cependant, poussé par la force des faits et par sa propre logique, l'auteur arrive davantage à des opinions « monistes-matérialistes » et parle textuellement de la « fonction spirituelle » du cerveau, d'une « exécution de la pensée », etc., etc. Avec cela, il évite cependant de pénétrer plus profondément dans le rapport du corps et de l'esprit ou d'en fournir une explication proprement dite, — et cela avec raison, attendu que l'état actuel de nos connaissances nous offre encore trop peu de points d'appui pour une pareille explication, et que les véritables rapports intimes de ce que nous appelons « corps » et « esprit » resteront probablement toujours pour nous à l'état d'énigme. Ou bien, il faudrait admettre que le problème a été récemment résolu d'une manière satisfaisante par les expositions de M. Emmanuel Hermann Fichte, professeur à Tubingue, dont l'*Anthropologie* (ou théorie de l'âme humaine nouvellement établie sur la voie des sciences naturelles, pour les naturalistes, les médecins psychologistes et en général les personnes possédant une certaine culture scientifique, 2ᵉ éd., 1860) forme sur presque tous les points une contradiction intéressante avec le livre de M. Reclam. Sur le chemin de la vieille philosophie spéculative, M. Fichte a fait, en pleine conscience, la découverte que ni les opinions « dualistes », ni les opinions « monistes » ne sont dans le vrai, mais qu'il existe une « pénétration parfaite du corps et de l'âme l'un dans l'autre », une complète identité de nature entre les deux; ce sont des substances différentes, mais dans l'état de combinaison et de pénétration le plus intime. Après avoir, en poursuivant plus loin la conséquence, affirmé « l'identité d'esprit et de nature, d'âme et de corps », et appelé, à côté de cela, l'âme un être réel, mais individuel, il arrive, par un revirement subit et un retour sur ses propres pas, au spiritualisme le plus extrême, en soutenant que l'âme s'est elle-même constitué son corps et que les événements de la vie sont des opérations de l'âme. « Le corps, est-il dit, n'est que l'âme elle-même, tournée vers l'extérieur, se montrant sous la forme de l'espace et du temps, l'expression de son aptitude psychique particulière ou de son caractère spécial distinctif ». Avec cela, il faut aussi bien nier l'existence de l'âme dans l'espace et dans le temps qu'admettre cette même existence sans espace ni temps!! — « L'exercice des fonctions organiques s'explique par une activité de l'âme restant à l'état d'inconscience ». Ici, nous trouvons encore l'hypothèse d'un « rapport trinitaire entre l'esprit, la force organique, et les substances matérielles du corps », de sorte que l' « unité », la « dualité » et la « trinité » trouvent chacune à jouer un rôle, et que l'auteur a soigné pour les besoins de toutes les écoles. Mais le perfide pied de cheval se découvre, dès que la barque philosophique de M. Fichte s'engage dans une passe un peu plus étroite et arrive à s'occuper de questions plus concrètes. Alors en effet il démontre, au point de vue philosophique-théologique, que la vie est un simple « état de préparation » pour l'autre monde, et que dans la mort l'âme se débarrasse du « monde de la matière chimique » (Chemische Stoffwelt). Dans les choses relatives à la continuité d'existence de l'âme, il démontre philosophiquement et empiriquement l'existence d'une âme pareillement générale pour les animaux et pour l'homme; mais, comme cela ne serait pas suffisant pour l'homme, il accorde encore à celui-ci une âme particulière, individuelle. Cette âme se manifeste empiriquement dans la « clairvoyance » et dans l' « extase », deux états auxquels il consacre un chapitre spécial, regorgeant des affirmations les plus incroyables et d'une logique véritablement antédiluvienne. Ces états reposent, selon Fichte, sur une « mort passagère relative », sur des « anticipations ou premiers degrés de la mort », qui, lorsqu'on les examine plus exactement, « peuvent nous fournir un aperçu presque voisin de la certitude sur notre état futur après la mort ». Bien plus, pendant la vie déjà, par l'ascétisme ou la mortification du corps, ce que Fichte appelle le « corps interne » ou l' « organisme pneumatique » qu'il distingue du corps ordinaire ou externe, et la « force visuelle » de ce corps, se déploient, suivant lui, d'une façon telle, qu'il s'établit une communauté entre ceux qui existent matériellement et les trépassés, ne fût-ce que par une clairvoyance intérieure ou un rêve à l'état de veille! Dans cet état s'effectue une « contemplation » supérieure, dépassant les limites ordinaires des connaissances acquises au moyen des sens corporels. Dans la mort, il ne nous reste que le « corps interne », et l'état futur est un état dans lequel nous sommes complètement débarrassés de tout ce qui tient aux sens (Entsinnlichung). La clairvoyance même est un rêve divinatoire dans l'état de veille et se passe sans l'intervention des nerfs, attendu que, selon Fichte, l'âme, placée dans des conditions particulières, peut agir également sans l'intervention des organes qui lui servent d'ordinaire! Dans ces conditions, l'union ordinaire du corps et de l'âme est supprimée, la conscience se dégage plus librement, la force spirituelle est augmentée, et il en résulte, comme conséquence rétroactive, que, même sans corps ni appareil nerveux, l'âme doit pouvoir également acquérir cette espèce de conscience que l'on désigne sous le nom de « conscience de l'autre monde ». La conséquence forcée de tout ceci, c'est que, — tout à fait contradictoirement avec les théories mentionnées dans la partie générale, — le corps n'est considéré par Fichte que comme un lien, une restriction, imposée aux contemplations et opérations de l'esprit. Il y a plus : M. Fichte paraît croire très sérieusement aux « esprits » et à la « possession »; — et il est seulement étonnant que les « tables tournantes » ne jouent pas aussi un rôle parmi les exemples cités par lui. Et l'on ose encore débiter du haut de la chaire des choses pareilles et les faire passer pour de la philosophie, bien mieux encore, pour une philosophie « fondée sur la voie des sciences naturelles », — dans un siècle où a vécu un A. de Humboldt et où les sciences naturelles ont prouvé jusqu'à l'évidence que tous les phénomènes de la nature sont conformes à des lois inviolables! M. Fichte se plaint de la « physiologie », parce qu'elle n'accorde pas à ses « états » une attention plus approfondie. S'il avait voulu se donner la peine d'apprendre à connaître un peu plus exactement cette science, ainsi que les sciences préparatoires qui s'y relient, il aurait pu se convaincre de trois choses : 1° des raisons pour lesquelles la physiologie a pris l'attitude qu'il lui reproche, elle qui certainement se lasse le moins de faire les efforts les plus inouïs pour découvrir la vérité; 2° que le « calorique », contre lequel M. Fichte polémise, n'existe plus aujourd'hui que dans sa propre opinion, mais que la science ne le connaît plus ; 3º que, contrairement aux regrets de l'auteur, on pourrait réellement remplir des pages entières avec l'énumération des exemples d'anomalies ou non-conformités au but dans l'organisme, que M. Fichte lui-même réclame pour rendre, après son propre aveu, insoutenable toute sa théorie des phénomènes de la vie considérés comme des opérations de l'âme. Peut-être que des doutes modestes se seraient également élevés dans son esprit sur la « force organique », ainsi que sur l' « ubiquité dynamique de l'âme » dans toutes les parties du corps. Mais, comme M. Fichte s'est dispensé de cette étude, nous ne devons pas non plus nous étonner de ce que, dans ses déductions qui suivent sur la « production » ou « naissance temporaire de l'âme », sur l' « origine des âmes individuelles », et sur la « génération », il produise en général des choses qui rappellent les plus mauvais temps de la philosophie, et qu'il suppose chez les adversaires de ses opinions un « sens endurci par l'empirisme ». L' « animal » aussi, grâce à M. Fichte, rentre enfin dans son droit, car celui-ci considère l'organisme de l'animal comme n'étant que l'image réalisée extérieurement de sa propriété psychique, ou comme l'âme de l'animal symbolisée par son corps, et il admet des transitions de l'animal à l'homme. Néanmoins l'animal reste un être « naturel », l'homme par contre un être « surnaturel », dont l'esprit se caractérise par le sujet *à priori* de ses idées. Tout homme est un génie — une découverte excessivement remarquable — que, pour le dire en passant, l'auteur, « éternellement Fichte le cadet », n'a dans tous les cas jamais pu faire sur lui-même.

Celui qui met encore en doute que, malgré sa grande assurance et sa confiance en soi réellement inébranlable, la philosophie spéculative « ne possède pas » les moyens de nous fournir sur le rapport du corps et de l'esprit une explication même tant soit peu satisfaisante, répondant en même temps aux faits et aux résultats de la science positive, celui-là verra se dissiper ces doutes à une lecture critique du livre de Fichte, tandis que les expositions modestes, fondées sur des faits, d'un homme comme Reclam, lui inspireront au moins du respect pour la science et le conduiront jusqu'à un point où, sans doute, les moyens lui feront défaut pour acquérir une connaissance plus étendue, mais où du moins, mis en possession d' « une » vérité, il pourra sentir le sol ferme sous ses pieds.

XX

L'ÉCHELLE GRADUÉE ORGANIQUE

ou

LE PROGRÈS DE LA VIE

(1861)

> « Toutes les formes se ressemblent ; cependant il n'en est pas une qui soit semblable à une autre, et c'est ainsi que le chœur indique l'existence d'une loi mystérieuse. »
>
> « Alle Gestalten sind ähnlich ; doch keine gleichet der andern, und so deutet der Chor auf ein geheimes Gesetz. »
>
> (GÖTHE).

A chaque pas que nous faisons sur la terre, notre Mère à tous, nous foulons les tombes de millions d'êtres qui ont vécu et sont morts des millions d'années avant nous, en laissant leurs traces, leurs restes ou leurs empreintes dans les roches qui s'étendent sous nos pieds. Les savants des siècles d'autrefois prirent ces images remarquables pour des « jeux de la nature », sans acquérir seulement un soupçon de leur signification profonde et mystérieuse, bien qu'ils eussent été précédés, comme meilleur exemple à suivre, par le philosophe grec Xénophane, 2400 ans déjà avant notre ère (Xénophane, le terrible adversaire des Dieux grecs). Il déclara que les animaux pétrifiés étaient des « créatures ayant vécu autrefois », et la découverte de coquilles marines trouvées sur les montagnes, ainsi que celle d'empreintes présentant la forme de poissons et de phoques sur des pierres, que l'on trouva dans les carrières de Smyrne, de Paros et de

Syracuse, l'amenèrent à la conclusion qu'autrefois la terre avait été recouverte par de l'eau!! Aujourd'hui, la science, qui a fait tant de progrès, lit dans ces pierres et ces images, comme dans une vieille chronique historique, l'histoire d'un passé presque sans fin et d'une longue, très longue série d'êtres vivants qui ont peuplé la terre déjà « bien avant » nous, qui sur cette terre ont vécu, lutté et souffert, absolument de la même manière que ses habitants actuels. Comment ces êtres se comportent-ils vis-à-vis de ceux qui vivent sur la terre aujourd'hui? Ont-ils été toujours les mêmes dans tous les temps, ou bien se sont-ils élevés peu à peu par un perfectionnement ascensionnel jusqu'à leur hauteur actuelle, dont le dernier sommet est constitué par notre propre espèce, par l'homme? Ce sont là autant de questions de nature à exciter de la façon la plus profonde le sentiment de tout homme qui médite et s'efforce de découvrir la vérité. Aussi la science s'est-elle livrée à de nombreux efforts pour y répondre et à des essais multiples pour trouver une solution satisfaisante. Un des essais les plus récents et les plus intéressants de ce genre est celui de l'Américain Tuttle [1], qui, avec sagacité et en connaissance de cause, cherche à mettre de côté les objections que l'on pourrait opposer à l'adoption d'une échelle graduée organique ou d'un progrès graduel des êtres vivants effectué par eux à travers les temps primitifs jusqu'à leur hauteur actuelle. La chose tout entière a été bien souvent mal comprise par les savants et les profanes, et interprétée de telle façon, que l'on devrait pouvoir démontrer qu'il existe une série de développement « simple » depuis la créature la plus inférieure jusqu'à la plus élevée, ainsi depuis la monade ou l'éponge de mer, en montant jusqu'à l'homme, parcourant toutes les périodes géologiques et suivant dans le temps un ordre de succession rigoureux. Or, une pareille manière de voir, qui, à vrai dire, trahit d'emblée un caractère « artificiel », est en opposition non seulement avec une quantité de faits tirés de l'histoire de la terre et des êtres disparus, mais encore avec cette circonstance que beaucoup d'animaux et de végétaux appartenant à des divisions séparées ne se laissent comparer entre eux que difficilement ou pas du tout, en ce qui concerne leur degré plus ou moins grand de perfection. La gradation organique n'est pas

---

1. Hudson Tuttle, *Histoire et lois du phénomène de la Création* (*Geschichte und Gesetze des Schöpfungsvorganges*, trad. en allemand par Achner, 1860).

une gradation simple, mais bien plutôt une gradation composée, à ramifications multiples, souvent difficile à déchiffrer. On sait que l'intelligence de l'homme, avec sa tendance à séparer et à établir des distinctions, a divisé le règne animal actuellement vivant en quatre ou cinq grands embranchements, appelés, comme tels, « radiés » ou « rayonnés », « mollusques », « articulés » ou « insectes », et « vertébrés »; ce dernier embranchement, le plus élevé aussi, renferme les animaux de beaucoup les plus grands, les plus forts et les plus perfectionnés dans leur espèce; mais on ne peut cependant pas dire d'eux qu'ils sont placés graduellement les uns au-dessus des autres. Chacun de ces grands embranchements existe bien plutôt plus ou moins pour lui-même, et ils sont tous, selon l'expression caractéristique de Tuttle, semblables aux branches d'un arbre, issus il est vrai d'une racine commune, mais continuant alors à se développer chacun de son côté. Aussi ne devons-nous pas être étonnés d'un fait qui joue le premier rôle parmi les preuves produites « contre » l'adoption d'une gradation; ce fait, c'est que, déjà dans les terrains dits « siluriens », c'est-à-dire dans les plus anciennes roches considérées par nous comme particulièrement fossilifères, nous trouvons représentés côte à côte les quatre embranchements principaux nommés plus haut, ainsi notamment l'embranchement le plus élevé et le plus parfait, celui des vertébrés, qui est représenté par la classe la plus inférieure, les « poissons ». Mais en réalité la vie, d'après Tuttle, n'a pas du tout commencé là où nous trouvons pour la première fois des restes organiques réunis ensemble en grande quantité; elle doit, au contraire, avoir existé dans ses formes les plus inférieures des milliers de siècles avant d'avoir pu seulement laisser dans les roches une trace durable. Le début de la formation est donc inaccessible à notre observation. (Il est possible également qu'on découvre ultérieurement des couches fossilifères encore plus anciennes que les plus anciennes de celles que nous connaissons. *L'auteur*[1].) Le système silurien est pré-

---

[1]. Ici encore, l'espérance que nous avions exprimée s'est déjà réalisée, depuis que les lignes précédentes ont été écrites. A la fin de son remarquable discours d'ouverture, prononcé au congrès des naturalistes anglais à Bath, en septembre 1864, l'illustre géologue anglais sir Charles Lyell fit sur ce point le rapport qui suit : « Dans le cours d'une exploration géologique sous l'habile direction de sir William E. Logan (E. W. Logan, *Geological Survey of Canada*; Montréal, Dawson, 1863), il fut reconnu qu'au nord du fleuve Saint-Laurent (au Canada, dans

cédé de celui qu'on appelle « cambrien », qui avec une épaisseur de près de 1000 pieds a dû employer des millions d'années à sa formation. Dans ses couches les plus inférieures, on ne trouve pas la moindre trace d'une vie ancienne, attendu que des animaux à coquilles calcaires auraient pu seuls se conserver et que des coquilles semblables faisaient défaut aux animaux qui vivaient alors. Par contre, les époques ultérieures de cette période se caractérisent par les restes de quelques coquilles, ce qui indique le progrès accompli depuis les mollusques nus jusqu'à l'acquisition d'organes protecteurs. On y trouve aussi déjà des traces confuses d'une vie végétale, comme par exemple des « varechs ». Selon Tuttle, la vie végétale et la vie animale firent leur apparition simultanément. Déjà, à cette époque si reculée, les différents embranchements principaux paraissent avoir été représentés par des créatures montrant les formes les plus inférieures et avoir chacun d'eux, à partir de là, continué à suivre pour son compte sa voie particulière de développement. Pendant la période silurienne même, succédant à la période cambrienne, les grandes branches des animaux non vertébrés ne

---

l'Amérique septentrionale) il existe une série ou une succession colossale de roches stratifiées et cristallines, formées par du gneiss, du schiste micacé, du quartz et de la pierre calcaire, d'une épaisseur d'environ 4000 pieds et à laquelle on a donné le nom de formation « laurentienne ». Ces roches sont plus anciennes que les plus anciennes couches fossilifères d'Europe, ou que celles qui ont reçu prématurément le nom de couches primordiales ou primitives. Tout d'abord, la partie la plus récente de cette grande succession de séries cristallines n'est pas conforme aux anciennes roches fossilifères ou roches dites primitives qui sont placées au-dessus, de sorte qu'elle a dû avoir déjà subi des modifications de gisement avant que ces dernières couches ou couches primitives eussent été formées. De plus, la moitié « la plus ancienne » de la formation laurentienne elle-même n'est pas non plus conforme à la moitié « la plus récente ». Or, c'est dans ce plus profond et plus ancien système de couches cristallines qu'on a découvert une « roche calcaire » d'une épaisseur d'environ 1000 pieds et renfermant des « restes organiques ». Ces fossiles furent examinés par le D^r. Dawson, de Montréal, et celui-ci y découvrit, à l'aide du microscope, la forme évidente d'une grande espèce de « Rhizopode ». Cinq exemplaires de ce fossile, appelé « Eozoon Canadense », furent envoyés par M. W. Logan à Bath pour être examinés par les membres du congrès. Nous avons toutes les raisons de supposer que les roches contenant ces restes d'animaux sont pour le moins aussi anciennes, sinon plus anciennes, que l'une quelconque des formations d'Europe dites « azoïques » (c'est-à-dire sans fossiles), de sorte que, comme date, elles sont antérieures aux roches que l'on croyait jusqu'ici avoir été formées « avant toute création d'êtres organiques ». Les « rhizopodes » sont des animalcules excessivement petits, vivant d'ordinaire au fond de la mer, renfermés dans des coquilles calcaires microscopiques, et formant un ordre de la classe « la plus inférieure » de tous les animaux, de ceux qu'on appelle « animaux primitifs » ou « protozoaires ». *(Rem. de l'auteur pour la deuxième édition.)*

sont représentées que par des prototypes de leurs formes les plus inférieures, ce qui, d'après Tuttle, prouve d'un côté clairement en faveur de la gradation, mais d'un autre côté semble rendre absolument insoutenable la théorie d'une ligne ascendante « unique » et de la transformation d'une classe principale dans une autre. Les mollusques ne sont pas les ancêtres des poissons, mais tous les embranchements principaux se tiennent « côte à côte » avec leurs formes les plus inférieures et les plus élevées ; et chaque prototype, pris isolément, s'efforce non pas de se transformer en un type immédiatement supérieur, mais de continuer à se développer et à se perfectionner selon sa propre disposition. Ainsi, par exemple, les « céphalopodes », une subdivision des mollusques, sont, dans leur genre, des animaux parfaits et, comme tels, se tiennent bien au-dessus de beaucoup de groupes de « poissons », quoique ces derniers occupent une place bien supérieure dans la gradation « générale » des animaux. En général, le fait d'une organisation compliquée ne peut pas encore être considéré comme le signe d'un développement plus élevé ; au contraire, le composé précède souvent le simple, et il n'est pas rare de trouver des animaux doués d'une structure très embrouillée et très ingénieuse faisant partie des animaux les plus inférieurs. Ainsi, par exemple, le magnifique « lis de mer » (« Seelilie »), qui vivait à l'époque des formations dites perméenne et triasique, et dont la coquille était composée de plus de 30.000 segments séparés, si remarquablement disposés qu'il était pourvu à tous les besoins de l'animal qui y était enfermé, ce lis de mer a été souvent cité comme une preuve de la perfection des animaux primitifs, et l'on a, bien à tort, voulu en tirer la conclusion que le monde, au lieu de progresser, se trouve à l'état stationnaire, ou mieux, encore compris dans une marche rétrograde. Pendant la période silurienne, l'embranchement principal le plus inférieur ou celui des mollusques formait en général le prototype prédominant, de sorte que l'on a désigné aussi cette période sous le nom de « règne des mollusques ». A ce règne succéda, pendant que se déposaient les couches du vieux grès rouge, le « règne des poissons », représenté d'abord par des espèces qui se rapprochaient d'un côté du prototype des poissons et de l'autre de celui des insectes ou des crustacés placés au-dessous d'eux. Ce n'est que bien des siècles plus tard que ces deux prototypes se séparèrent en formes caractéristiques spéciales. Lorsque, la formation de l'écorce terrestre suivant son cours ultérieur, la terre s'éleva de plus en plus au-dessus du niveau de la mer, ce fut la « période houillère » qui prit naissance ou le « règne des végétaux »; pendant cette période, avec l'aide d'une forte chaleur, de l'humidité et d'une grande quantité d'acide carbonique contenue dans l'air, l'accroissement des végétaux atteignit une hauteur jusqu'alors inconnue et qu'on ne revit plus depuis, et il s'accumula dans des forêts immenses ces richesses incommensurables de charbon qui aujourd'hui sont tellement utiles à l'homme. Dans l'intervalle, les poissons, d'abord petits et informes, de l'époque silurienne, prirent en se développant des formes toujours plus élevées, et la famille contemporaine des animaux appelés « sauriens » fit son apparition, comme à moitié issus des poissons, sous la forme de « reptiles » ou « amphibies ». — « Pendant que des requins aussi monstrueux qu'insatiables, ainsi que des sauriens gigantesques, est-il dit dans ce livre dans un style un peu emphatique, se livraient à la chasse de leur proie au sein du vaste Océan, les coraux et des zoophytes apparentés construisaient tranquillement leurs demeures autour des îles, continuant à travailler siècle par siècle aux fondements de ce qui un jour devait former des continents. A proximité des rivages recouverts déjà d'une flore continentale luxuriante, les varechs balançaient les formes déliées de leur feuillage, protégeant d'innombrables formes de poissons et de mollusques », etc. Dans les périodes perméenne et triasique qui vinrent alors, il se produisit entre la terre et la mer un échange plus fréquent qui permit à la vie des reptiles d'acquérir une prépondérance ultérieure. Des commotions volcaniques violentes modifièrent la surface de la terre, et, après qu'une rétrogradation temporaire eût eu lieu pendant l'époque perméenne chez les animaux et les végétaux, nous rencontrons pour les êtres organiques des conditions vitales nouvelles et modifiées. A la surface des couches de roches sablonneuses déposées alors au bord de la mer, nous apercevons les traces des tortues associées aux empreintes des pattes d'oiseaux gigantesques qui, non conditionnés pour le vol, occupaient un rang inférieur au point de vue de leur organisation générale, conformée en même temps pour la vie sur la terre ferme et pour la vie aquatique. A côté se trouvent des empreintes de pattes, semblables à celles d'une main de géant, provenant d'un quadrupède gigantesque, du fameux « labyrothodonte » intermédiaire entre le poisson, la grenouille et le lézard. Le « phytosaure », par contre, avec sa forme de lézard, était en même temps parent de l'oiseau et du mammifère, et le « dycinodonte » montrait même des rapports de parenté avec les serpents venimeux, les quadrupèdes carnassiers, les tortues et les lézards. — « Ces sauriens ainsi que leurs congénères forment un groupe singulier et remarquable dans lequel nous apercevons une fusion d'êtres qui maintenant s'écartent beaucoup les uns des autres. Ils fournissent pour cette période un indicateur fidèle, permettant de poursuivre le développement de la vie qui, poussée en avant d'une manière lente mais visible, par des conditions de perfectionnement, s'est élevée des formes inférieures aux organisations plus élevées ». On passe alors par la formation dite « jurassique » pour rencontrer le merveilleux « âge des reptiles » dans lequel les formes fabuleuses des « plésiosaures » et des « ichthyosaures » — intermédiaires entre poisson, serpent et lézard — animaient les vagues écumantes ; dans lequel aussi, les « sauriens terrestres », annonçant l'approche graduelle du type des mammifères, poursuivaient leur proie à travers les forêts, tandis que le « ptérodactyle » ou lézard volant, aussi bien chez lui sur les vagues de la mer que dans l'air, franchissait l'espace par un vigoureux coup d'aile au-dessus de la mer, et que l' « iguanodonte », avec une longueur de vingt-cinq pieds, parcourait les forêts épaisses où il arrachait les feuilles pour s'en former une litière et broutait les tendres pousses des arbres. La période suivante, ou période de la « craie », était, de même que la période perméenne, une période de transition, et, pendant que les gigantesques reptiles se précipitaient au devant de leur destruction, les conditions vitales qui leur avaient permis de se soutenir se modifièrent peu à peu pour s'approprier ou s'accommoder aux « mammifères ». Le changement considérable de climat qui se produisit alors dans la grande période suivante, ou « période des formations tertiaires », fut le coup de mort pour la grande famille des sauriens ; elle s'éteignit, et à sa place vinrent se mettre les « quadrupèdes » de cette période, les gigantesques pachydermes, prédécesseurs de l'éléphant et de l'hippopotame, et l'existence qui allait poindre pour des formes animales plus élevées se révéla par des symptômes remarquables. Plus nous nous élevons dans les couches de cette période, plus les formes des animaux fossiles se rapprochent de celles des animaux existant actuellement. En Europe, à l'époque des formations tertiaires récentes, les plaines étaient habitées par l'hippopotame, le rhinocéros, le mastodonte, le mammouth, différentes espèces d'éléphants, de bœufs, de chevaux, de chevreuils et d'antilopes, et les fleuves étaient fouillés par le colossal « dinothérium », le plus volumineux de tous les animaux terrestres qui aient jamais habité la terre. Dans l'Amérique du Sud vivaient alors des paresseux gigantesques, et la plupart des animaux que nous connaissons et qui existent actuellement étaient déjà à cette époque représentés par leurs prototypes sur la terre. Pendant la période suivante ou « période diluviale » eut lieu l' « époque glaciaire » avec une durée d'environ mille ans; celle-ci détermina de nouveau dans la création organique un long temps d'arrêt, auquel succéda l'importante période d'éclat dans laquelle apparut sur la scène de l'existence, comme dernier anneau de la grande série de développement, l'homme, le souverain du monde de la nature [1]. Les formes de transition et les raccordements que nous n'apercevons pas entre les êtres organiques actuellement vivants sont par conséquent enterrés dans les roches ou sont éteints; et ce n'est pas dans une série simple, mais semblables aux branches d'un arbre, que les innombrables générations d'êtres organiques se sont élevées peu à peu des mêmes commencements et points d'origine simples jusqu'à leur hauteur actuelle — le tout, bien entendu, avec l'aide d'espaces de temps qui ne peuvent se compter que par bien des millions d'années. Ainsi par exemple, dans l'embranchement le plus élevé, celui des « animaux vertébrés », le progrès et la présence d'une loi de développement sont tellement évidents qu'ils ne peuvent être méconnus par personne. Partout nous sommes en mesure, dans cet embranchement, de ramener l'origine de formes plus récentes à des formes plus anciennes et de démontrer la souveraineté de ces « grands principes », qui

---

1. Les raisons et les faits qui, d'après les recherches les plus récentes, parlent même en faveur de l'existence de l'homme sur la terre « avant » l'époque « glaciaire » et semblent démontrer que cette existence remonte même jusqu'à l'époque tertiaire la plus récente, sont exposés dans Lyell : *L'âge du genre humain sur la terre*, etc. (*Das Alter des Menschengeschlechts auf Erden*, allem. avec annot. de l'auteur, Leipzig, Thomas, 1864), ainsi que dans : *L'homme et sa situation dans la nature (Der Mensch und seine Stellung in der Natur)*, par l'auteur (ici même), deuxième édition, 1872.

dominent la nature sous la forme d'un ordre légal. C'est à l'examen d'un chacun qu'il faut laisser le soin de les reconnaître. — « On peut se passer d'éloquence, là où des faits simples, sur lesquels repose la théorie des lois naturelles, parlent d'eux-mêmes. » — « C'est dans l'homme que s'exprime l'achèvement personnifié du grand type primordial de la Création », et l'histoire du développement de son corps parcourt les phases principales du monde animal placé au-dessous de lui : zoophyte, poisson, reptile, mammifère ; « il traverse pendant son développement tout le vaste espace de temps que la vie de la nature organique a parcouru depuis sa toute première apparition », et « il parcourt tous les degrés de la vie animale depuis le plus inférieur jusqu'au plus élevé ». Lui-même, « lors de sa première apparition dans la nature, n'a pu être qu'un homme sauvage ». Aujourd'hui encore, les races d'hommes les plus inférieures n'ont pas d'autres demeures que les crevasses de rochers, et ils ne possèdent même pas la prévoyance de l'écureuil, de se créer un magasin pour des provisions de nourriture. Ce n'est qu'à l'aide de longs espaces de temps qu'il parvint peu à peu à s'élever hors de cet état, car les témoignages géologiques les plus indubitables prouvent que l'âge réel de l'homme dépasse de beaucoup celui de l'histoire. « Dans tous les cas, nous devons faire remonter sa première apparition sur la terre à au moins cent mille ans avant la date historique de l'époque actuelle ». — « Comparée à cette période, la durée du temps de l'histoire authentique se réduit à un moment ».

C'est ainsi que, d'après Tuttle, se trouve composée cette grande loi de progrès et de développement dans la vie ou le monde organique qui, en supposant qu'elle existe réellement de cette façon, nous donne en main des indications remarquables pour comprendre également l'ordre « moral » établi dans l'univers. Car le monde « physique » est réglé d'après les mêmes lois que le monde « moral » ; ici également, le développement successif, l'éducation graduelle constituent la loi fondamentale. Quand même le progrès dans l'histoire avance encore souvent avec tant de lenteur, quand même il arrive par moments des temps d'arrêt et même des mouvements rétrogrades, et quand même on a de la peine à découvrir la trace de ce progrès dans cette masse de misères et d'horreurs contre lesquelles a à lutter le genre humain ; bien plus, quand même des peuples entiers ou des races entières restent stationnaires ou bien, après être arrivés à un certain degré de civilisation, reculent de nouveau et disparaissent; quand même des contrées jadis florissantes ont été converties en déserts, et quand même, parmi les nations dites civilisées, les mauvais esprits de l'intolérance et du retour en arrière semblent pendant des siècles remporter une victoire apparente; malgré tout cela, le progrès existe néanmoins dans le tout et dans l'ensemble, ainsi notamment dans les domaines de la science et de la vie matérielle, et ce progrès, impossible à méconnaître, finira par triompher. Aujourd'hui comme autrefois, l'existence universelle semble marcher, dans ses efforts, au devant d'un raffinement incessant de la matière, d'un perfectionnement éternel. Quel sera le terme de ces efforts? Cela reste certainement caché à notre connaissance intime; la seule chose que nous puissions dire, c'est que pendant le court espace de temps, appartenant à l'infini, sur lequel nous sommes en mesure de jeter les yeux, il se produit un mouvement ascendant semblable de l'inférieur au supérieur; peut-être ce mouvement est-il en partie déterminé par des raisons et des causes pareilles à celles que l'ingénieux naturaliste anglais Darwin a développées tout récemment dans son livre célèbre sur l'origine des espèces. Il faut constamment que le meilleur ou le plus fort refoule le plus mauvais ou le plus faible et se mette à sa place. Dût cette règle souffrir encore dans le détail autant d'exceptions qu'on voudra, elle finira cependant toujours par se montrer parfaitement exacte pour ce qui regarde l'ensemble.

XXI

LE GORILLE

(1861)

Parmi les espèces de singes appelés « anthropoïdes » ou ressemblant à l'homme, connus jusqu'à présent, celui qui s'en rapproche le plus, c'est le « gorille » ou l' « homme sauvage des forêts, » ainsi que le nomment les Africains eux-mêmes et qui est connu depuis 1847. C'est là ce que déclare l'explorateur hardi de l'Afrique, Paul du Chaillu, dans sa grande relation de voyages : *Explorations and aventures in Equatorial Africa*, London, 1861 : *Recherches et aventures dans l'Afrique équatoriale* [1]. Dans tous les cas, il est « le plus grand » de tous les

---

[1]. Malgré le prix élevé de ce livre, une édition de 8000 exemplaires a été épuisée en peu de temps en Angleterre ! Sa véracité a, comme on le sait, été l'objet de vives attaques ; cependant ces attaques paraissent avoir été exagérées et n'ont pas fait perdre aux communications de du Chaillu toute leur valeur. En supposant que cet explorateur n'ait pas pénétré aussi profondément dans l'intérieur de l'Afrique qu'il le dit, il est certain cependant qu'il a vécu pendant de longues années sur la côte occidentale de l'Afrique équatoriale, qu'il a chassé dans les forêts, qu'il a eu des relations avec les indigènes, qu'il a appris leur langue, et que, pour ce qu'il n'a pas vu de ses propres yeux, il a eu de très bonnes cautions. De plus, ses communications paraissent être complètement d'accord avec celles qui ont été faites récemment sur la même contrée par le voyageur français de Braouzec. Au reste, Murchison, un des premiers savants de l'Angleteterre, directeur général et vice-président de la *Royal geograph. Society, in London* dans son *Adress at the anniversary Meeting* de cette Société du 27 mars 1861, à la page 215, s'exprime sur ce point de la façon suivante : « Mais, malgré ces défauts, aucun de ceux qui lisent le livre de du Chaillu ne peut douter qu'il n'ait chassé et tué le gorille dans les terrains boisés et rocheux de l'intérieur, qu'il n'ait vécu au milieu d'anthropophages, et qu'il n'ait décrit les traits physiques ainsi que la végétation d'étendues de pays qu'avant lui aucun Européen n'avait jamais explorées. La vérité

singes que nous connaissions, car le mâle adulte atteint une taille de 5-6 pieds et même davantage, ainsi une taille d'homme ; tandis que la femelle ne va que jusqu'à 4-5 pieds. C'est en partie cette taille, en partie sa force considérable ainsi que la circonstance qu'il marche « debout » plus longtemps et plus facilement que tous les autres singes qui ont donné lieu aux nombreuses fables et histoires que les indigènes racontent sur son compte. D'après eux, il doit attaquer l'éléphant et le léopard et les tuer à coups de bâton, guetter sur les arbres et attirer à lui les passants pour les étrangler, enlever les femmes et les violer, cons-

de ses récits est réellement garantie par les rapports imprimés de l'éminent ornithologiste M. Cassin, dans les *Comptes rendus de l'Académie des sciences de Philadelphie*, sur l'invitation de laquelle il entreprit, il y a trois ans et huit mois, sa deuxième et très longue expédition, et également par le recours au témoignage des missionnaires dont les résidences lui ont servi de points de départ pour ses excursions ». A cela viennent se joindre encore des remerciments adressés à du Chaillu et une note dans laquelle il est dit : « Pendant que ces lignes se trouvent sous presse, un témoignage inattendu et non cherché en faveur de la vérité contenue dans les récits de du Chaillu, a été déposé par M. P. Lund Simmonds, et cela dans deux lettres de son beau-frère, le missionnaire Walker, qui en 1858 et 1859 lui écrivait du pays du Gabon et qui lui-même était au courant des découvertes de notre explorateur, dont les faits et le caractère sont exprimés par lui dans les termes de la plus haute estime ». (Voyez, pour les lettres de M. Walker à M. Simmonds, le *Critic*, journal hebdomadaire, 6 juillet 1861, page 17.) Le savant anglais Malte-Brun s'exprime de la même manière que Murchison dans son rapport sur les travaux de la Société de géographie et les progrès des sciences géographiques dans l'année 1861 (voy. *Bulletin de la Société de géographie*, Paris, 1861. n⁰ˢ 11 et 12). Dans le numéro du 7 juin 1862 la gazette de Cologne, *Kölnische Zeitung*, rapporte également qu'un certain Walker a apporté récemment à Londres quelques restes de gorille, de même qu'un exemplaire complet d'un jeune gorille, qui avait été pris vivant, mais qui était mort en route. Parmi ces restes figure la tête d'un gorille adulte qui mesure 14 pouces depuis le menton jusqu'à la nuque. Le tout est destiné au Musée britannique. — Un autre rapport encore plus récent de la même gazette (n° 177 de l'année 1862) raconte que, dans la Société de géographie de Londres, on a lu une lettre du géographe Petermann, de Gotha, dans laquelle cette illustre autorité déclare que du Chaillu a rendu à la science géographique des services aussi grands que n'importe qui dans ce siècle. Au reste, dans un article inséré au *Bulletin de la Société de géographie*, Paris, mars 1862, Paul du Chaillu déclare lui-même que, seul, un défaut involontaire dans l'arrangement de son livre a donné lieu à des contradictions apparentes et lui a attiré par là les attaques inattendues que nous connaissons. « Dans l'édition française que je prépare, est-il dit à la fin de cet article, j'éviterai les confusions qui m'ont échappé dans la précipitation de la première rédaction, confusions qui ont donné lieu à une polémique que je ne cherchais pas ». Le même journal produit deux mois plus tard un rapport de la commission française pour les examens de géographie dans lequel il est dit textuellement qu'un examen très exact, étranger à tout intérêt de parti, autorise la commission à déclarer que les préventions contre du Chaillu ne sont pas fondées, au moins pas dans la mesure et avec le caractère qu'on leur a donnés.

truire des maisons, vivre en troupes, réunir dans les champs les cannes à sucre en faisceaux et les emporter, etc., etc. Les indigènes croient également à l'existence de gorilles qui sont habités par des esprits humains, en se figurant qu'après leur mort certains hommes se sont transformés en gorilles. Aussi quelques tribus refusent de manger de sa chair et se montrent même offensées lorsqu'on leur en offre, parce que, dans la pensée de du Chaillu, elles supposent une parenté entre l'animal et elles-mêmes. Elles ont aussi cette croyance singulière et superstitieuse que, lorsqu'une femme enceinte ou seulement son mari aperçoit un gorille, vivant ou mort, peu importe, cette rencontre doit avoir pour conséquence la naissance d'un petit gorille au lieu d'un être humain! Cela explique pourquoi des femmes dans cet état, ainsi que leurs maris, se tenaient dans la plus grande inquiétude à distance d'un jeune gorille vivant que du Chaillu avait en cage.

Celui qui a découvert le gorille, dont la connaissance personnelle était un des principaux buts de son voyage, le décrit comme un être d'une force et d'une férocité extraordinaires, « moitié homme, moitié animal », et comme le roi des forêts africaines, incontesté dans son empire. Sa voix a quelque chose de la voix humaine, et sa force est si considérable qu'il brise une arme à feu entre ses terribles mâchoires ou étend un homme mort d'un seul coup de sa patte vigoureuse. Les premières nouvelles certaines sur le gorille arrivèrent dans l'année 1847 du fleuve Gabon, dans l'Afrique occidentale, où l'on avait découvert des parties de son squelette et où il était connu des indigènes sous le nom de « Engeena [1]. »

D'après les notes de du Chaillu, ce furent alors le Dr Savage et le professeur Jeffries Wyman, à Boston, qui, en 1847, donnèrent les premiers connaissance du gorille au monde savant et fournirent une description de son squelette qui détermina les illustres naturalistes Owen et Geoffroy Saint-Hilaire à entreprendre des recherches plus précises sur l'animal nouvellement découvert. Wyman et Savage l'appelèrent « Gorille », d'après l'ancien

---

1. Engeena, Ingena, Ngea, Ngina, D'Ina, tous autant de noms sous lesquels le gorille fut alternativement désigné par différents voyageurs; mais ce ne sont, d'après du Chaillu, que des variations du nom de « Mpongwe », qui est « Ngena ». Les traités l'indiquent sous le nom de « Troglodytes gorilla » ou « Gorilla gina ».

Carthaginois Hannon, qui doit avoir donné ce nom aux hommes sauvages et velus qu'il rencontra sur la côte d'Afrique lors de son voyage d'exploration. Le rapport sur le voyage de Hannon, qui doit avoir eu lieu au sixième siècle avant Jésus-Christ, est, d'après du Chaillu, un des fragments les plus remarquables qui nous soient parvenus de l'antiquité. Hannon avait été envoyé par le gouvernement de Carthage pour faire par mer le tour de l'Afrique continentale. Il mit à la voile avec soixante navires, et le troisième jour il rencontra une île remplie d'hommes sauvages que les interprètes appelaient « gorilles ». Trois femelles furent prises, tuées, et leurs peaux suspendues dans le temple de Junon, à Carthage, où l'on en trouva encore deux, selon Pline, lors de la prise de Carthage par les Romains. Cependant du Chaillu est tenté de croire, pour différentes raisons, que ce n'est pas le « gorille », mais le « chimpanzé », qui avait été rencontré et pris par Hannon, de sorte que la gloire de la première découverte du remarquable animal resterait cependant aux temps modernes. Bodwitsch, en 1819, apporta par « ouï-dire » le premier rapport acceptable sur le gorille, et le missionnaire américain Wilson fut alors le premier qui fournit au monde savant des preuves réelles de l'existence de cet animal remarquable. Cependant aucun voyageur, à l'exception de du Chaillu, n'a encore pénétré dans les régions inconnues de l'intérieur ni poursuivi l'animal jusque dans ses repaires, et n'a trouvé l'occasion de rectifier par une observation personnelle les fables qui couraient sur son compte parmi les indigènes; il est, comme il l'affirme, le premier « blanc » qui puisse parler du gorille d'après une connaissance « personnelle », et dont les rapports ne reposent ni sur des ouï-dire, ni sur des nouvelles fournies par des indigènes superstitieux. Or, d'après lui, ce n'est pas une vérité, mais bien un conte, que l'histoire du gorille vivant en troupes, guettant sur les arbres, enlevant et violant les femmes, etc. Il se tient au contraire le plus volontiers « par couple », dans les jungles les plus profondes et dans les retraites les plus reculées des vallées boisées; il voyage beaucoup de côté et d'autre et se nourrit exclusivement de végétaux. De plus, on le trouve constamment sur la terre plane et non sur les arbres. Les petits seuls dorment sur les arbres pour se protéger contre les animaux sauvages, tandis que les vieux reposent sur le sol, le dos appuyé contre un arbre ou un rocher. L'organisation de la main et du pied, chez le gorille, n'est pas non plus faite pour grimper, comme chez le chimpanzé, et ils se rapprochent davantage de la forme humaine; le pied, notamment, est bien mieux organisé pour la marche que chez n'importe quel autre singe. Cependant, marcher debout est toujours encore pour lui assez difficile, en raison de la disproportion qui existe entre les jambes et le corps. Aussi court-il d'ordinaire à quatre pattes; mais, dans cette position également, la partie supérieure du corps est tellement élevée à cause de la longueur des bras que les jeunes gorilles, en s'enfuyant lorsqu'ils étaient poursuivis, ressemblaient assez, à une certaine distance, avec leur corps à moitié redressé, à des nègres qui s'enfuyaient en courant. Les pieds se mouvaient entre les bras légèrement recourbés en dehors. Mais, dès qu'il est attaqué, le gorille mâle adulte se dresse de toute sa longueur sur ses pieds de derrière et marche droit au chasseur en balançant les bras et en présentant un aspect terrible, tandis que la femelle, plus petite et plus faible, cherche à se sauver avec ses petits. A l'approche d'un danger, ils poussent tous deux un cri d'angoisse particulier; et, lorsque la mère veut appeler à elle son enfant, elle le fait avec un son grave, pareil au gloussement. Par contre, le mâle élève la voix jusqu'à en faire un rugissement terrible, faisant trembler les forêts et remplissant de terreur les hommes les plus courageux. Avec cela, il se donne de temps en temps de vigoureux coups de poing sur sa poitrine colossale et produit ainsi un son sourd, qui s'entend à de grandes distances. Lorsqu'il marche en avant, il le fait par reprises. De cette façon, le chasseur gagne du temps pour envoyer une balle sûre à son ennemi, en lui permettant de se rapprocher le plus possible. S'il le manque, c'en est à peu près fait de sa vie. Le gorille heureusement, lorsqu'il est bien touché, meurt facilement et ressemble en cela plus à l'homme qu'à l'animal. Son cri de mort ou d'agonie a quelque quelque chose d'humain, comme en général toute la scène de sa mort; la chasse elle-même prend par là un caractère repoussant. « Le gorille, comme le raconte du Chaillu à la page 352 de son livre, tombe par terre en avant sur la face, ses longs bras musculeux étendus, et pousse à son dernier souffle un cri de mort terrible, moitié hurlement, moitié cri, qui, tout en annonçant au chasseur sa sécurité, chatouille néanmoins ses oreilles en lui rappelant un souvenir effrayant de l'agonie humaine. C'est en vérité ce rappel au souvenir de l'humanité qui constitue un des principaux stimulants susceptibles d'émouvoir le chasseur lorsqu'il attaque le gorille ». Cette même impression a été ressentie par le chasseur encore plus fortement dans une autre occasion (voy. pages 434 et 435) : « Il existe chez cet animal assez de ressemblance avec l'homme pour rendre affreuse la vue d'un gorille tué, même pour des yeux habitués à ce spectacle, comme l'étaient les miens à cette époque. Je n'ai jamais complètement éprouvé cette demi-indifférence, ou ce sentiment de triomphe. qui saisit le chasseur lorsqu'un bon coup de fusil lui a apporté la tête de son gibier de choix. C'était, pour moi, comme si j'avais tué une créature difforme, qui avait encore en elle quelque chose de l'humanité. Même alors que je savais que c'était une erreur, je ne pouvais cependant pas me défendre de ce sentiment ». Quant à la « femelle » du gorille, notre auteur raconte ce qui suit : « C'est une chose charmante de voir une pareille mère et de l'observer avec son petit jouant autour d'elle. Je l'ai suivie à pas de loup dans les forêts, et, malgré tout mon désir d'en obtenir des exemplaires, je n'avais cependant pas le courage de tirer. Mais, dans des cas semblables, mes chasseurs nègres ne montraient pas la moindre sensibilité; au contraire, ils tuaient leur gibier, sans perdre de temps ».

Du Chaillu décrit quelques chasses au gorille, qui se passèrent toutes à peu près de la même manière et dont l'une est ainsi racontée à la page 301 : « Il y avait là deux gorilles, un mâle et une femelle. Grâce à une jungle dans laquelle ils étaient cachés, ce furent eux qui nous virent les premiers. La femelle poussa un cri d'alarme et prit la fuite, avant que nous eussions pu tirer un coup de fusil, pour se dérober à nos regards en se cachant dans le fourré. Le mâle au contraire ne songea pas à fuir. Il se leva lentement de sa couche et nous regarda en poussant un hurlement pour protester contre notre irruption manifestement inopportune. Dans le sombre demi-jour du ravin, ses yeux faux et sombres, son regard méchant, ses traits de satyre bouillonnant de fureur, présentaient un aspect si terrifiant qu'on eût pu croire avoir devant soi un démon sorti de l'enfer. Il marcha droit à nous, selon leur habitude, par saccades, se frappant la poitrine avec ses poings, et fit trembler la forêt avec un hurlement dont l'écho ressemblait à un véritable roulement de tonnerre. A la fin, il s'arrêta devant nous à une distance de six aunes et recommença à hurler et à se frapper la poitrine. Juste au moment où il fit encore un pas en avant, nous fîmes feu ; après avoir chancelé, il tomba mort à nos pieds, la face contre terre. Sa hauteur mesurait 5 pieds 9 pouces ; les bras étendus mesuraient 9 pieds ; sa poitrine avait une circonférence de 62 pouces, le gros orteil une circonférence de 6 pouces. Ses mains en forme de griffes, dont un seul coup suffit pour arracher les intestins à un homme ou lui casser les bras, étaient de véritables tenailles, et je pus voir combien pouvait être terrible un coup porté par une pareille main et dirigé par un bras semblable ». Peu de temps auparavant, dans une autre chasse au gorille, l'animal avait abattu et blessé mortellement un des compagnons indigènes de du Chaillu, qui avait osé avancer seul et l'avait seulement blessé ; mais l'arme était cassée et brisée en morceaux. Du Chaillu réussit également, à deux reprises, à prendre vivants de jeunes gorilles dont il donne une description exacte. Malheureusement, il ne put les conserver en vie, l'un à cause de sa férocité indomptable, l'autre parce qu'il était trop jeune et manquait de lait. Ce dernier avait été enlevé du sein de sa mère tuée, et transporté, séparé d'elle, dans le village. Lorsque là le petit aperçut de nouveau le corps de sa mère, « il rampa vers elle et se jeta sur son sein. Ici, il trouva sa nourriture accoutumée et remarqua, je le vis bien, qu'il s'était passé quelque chose avec la vieille. Il rampa sur son corps, le flaira et poussa de temps en temps un cri plaintif : « Hoo, hoo, hoo, » qui me remua le cœur ».

La coloration générale du gorille est noire ; sa chevelure, d'un gris de fer. Dans la vieillesse, tout le corps paraît gris. Le cou manque, et la tête est placée presque immédiatement au-dessus des puissantes épaules. Les mâchoires sont extraordinairement fortes ; les bras très-développés, atteignent jusqu'aux genoux ; les jambes sont courtes. Dans l'organisation de son corps, le gorille présente un certain nombre de particularités anatomiques qui le rapprochent beaucoup de l'homme (ainsi, par exemple, le nombre des os du carpe et la conformation du pouce) ; par contre, il se trouve de nouveau beaucoup de choses qui le font ressembler à l'animal plus que d'autres singes, par exemple le chimpanzé. En ce qui concerne notamment la « conformation du crâne », il vient après ce dernier. C'est ce qui explique pourquoi beaucoup de naturalistes le placent, au point de vue de la ressemblance avec l'homme, un degré au-dessous du chimpanzé.

tandis qu'Owen et du Chaillu, prenant tout en ligne de compte, assignent au gorille la place la plus rapprochée de l'homme. Il est certain que l'abîme qui sépare les deux est toujours encore assez grand, ce qui ressort clairement, entre autres, des mesures comparatives de la capacité crânienne établies par le professeur Wymann à Boston et d'autres, et communiquées par du Chaillu sous forme de tableau synoptique. Si la mesure « la plus élevée » que l'on ait trouvée, en général, chez le singe (gorille) donne 35 pouces cubes, elle reste cependant toujours encore de 28 pouces cubes en arrière de la mesure « la plus basse » qu'on a trouvé chez l'homme (Hottentot et Australien), qui est de 63 pouces cubes. La mesure « moyenne » de cette capacité donne : chez différents singes du genre chimpanzé, 24-26 pouces cubes; chez le gorille (dont il faut prendre en ligne de compte le volume du corps plus considérable), 26-29 pouces; par contre, chez le nègre et l'Australien, déjà 75 pouces cubes! La capacité crânienne du Caucasien même atteint en moyenne jusqu'à 92-114 pouces cubes. Dans la « jeunesse », tous les crânes de singes se ressemblent davantage entre eux et rappellent plus celui de l'homme, ce qui concorde avec l'expérience connue que le chimpanzé et l'orang-outang, sous le rapport de la conformation de la face et de la tête, ressemblent dans leur jeunesse à l'homme bien plus que dans leur vieillesse [1].

Une ressemblance avec l'homme encore plus grande que celle du chimpanzé, du gorille ou de l'orang-outang, doit au reste, sous le rapport de l'aspect général, être présentée par une autre espèce de singe de l'Afrique occidentale, le « kooloo-kamba », que du Chaillu a également découverte le premier. Sa tête arrondie, avec une capacité crânienne « relativement » plus grande que celle du gorille, se rapproche le plus de la tête de l'homme. Sa face lisse avec un front élevé et de grands yeux doit avoir l'expression d'un Esquimau ou d'un Chinois. Il porte une barbe autour du menton et des joues, et ses oreilles ressemblent beaucoup à celles de l'homme. Par contre, sous d'autres rapports, il reste en arrière du gorille. Celui qui l'a découvert est tenté de ne le regarder que comme une variété du chimpanzé.

Au reste, du Chaillu affirme que dans son voyage il a cherché

---

1. Le meilleur travail ou mémoire qui ait été écrit jusqu'à présent sur le gorille nous paraît être celui du docteur-médecin R. Meyer, à Offenbach, daté de l'année 1863. (*Obs. pour la nouvelle édition.*)

en vain un raccordement ou une forme intermédiaire entre l'homme et le gorille, forme qui, dans sa pensée, devrait exister, « is man had come from ape » (« si l'homme est descendu du singe »).

Une troisième espèce de singe extrêmement remarquable, découverte par du Chaillu dans l'Afrique occidentale et appelée par lui « Troglodytes calvus », c'est le « Nschiego-Mbouvé » ou le singe constructeur de nid. Il construit un nid ou un toit entre les arbres, à 15-20 pieds au-dessus du sol, un nid qui lui offre un abri complet contre la pluie, et il le fait si bien, si artistement, que du Chaillu pouvait difficilement se persuader qu'il n'était pas dû à des mains humaines. Le mâle et la femelle y travaillent ensemble, le mâle en construisant, la femelle en lui tendant les matériaux.

Lorsque du Chaillu eut tué une mère appartenant à cette espèce de singe, le petit qui avait, chose remarquable, un visage « blanc », se mit à caresser le cadavre, comme s'il voulait le rappeler à la vie. Puis il sembla perdre tout espoir. Ses petits yeux devinrent tout tristes, et, en jetant un regard désespéré, il fit entendre un long et touchant gémissement (Ooee, Ooee). Du Chaillu éleva ce petit, qui se laissa apprivoiser, devint docile, mais à côté de cela montra une grande disposition à voler. Le singe découvrit peu à peu que le moment le plus favorable pour voler, c'était le matin, lorsque son maître dormait. Il allait alors vers le lit de ce dernier et observait la figure du dormeur. Trouvait-il les yeux fermés et les traits immobiles, il en profitait pour voler la banane; dans le cas contraire, il faisait l'innocent et caressait son maître. Il ne manquait jamais au déjeuner ni au dîner; avant ce dernier repas, il se hissait sur une des perches qui soutenaient le toit de la cabane et passait la revue, afin de bien voir ce qui pourrait lui convenir. Puis il descendait et se plaçait à côté de son maître. S'il recevait quelque chose qui ne lui convenait pas, il se jetait en colère par terre, comme un enfant méchant. Il affectionnait beaucoup le café, mais ne le buvait pas sans sucre. On lui donna un oreiller, dont il apprit vite à très apprécier l'usage et qu'il emportait constamment avec lui. S'il lui arrivait de le perdre, il poussait un hurlement formidable. Lorsque survint le froid, il ne voulut plus se coucher seul; mais aussi personne ne voulut coucher avec lui. Il attendait donc jusqu'à ce que tout le monde dormît, puis se glissait le plus près possible d'un des nègres, afin de pouvoir, le matin de bonne heure, s'échapper avec le moins de risque possible d'être découvert. Il avait une passion pour les liqueurs spiritueuses et s'enivra une fois si complètement, qu'il offrait tout à fait l'aspect d'un homme ivre. Il se mettait à table avec les nègres et mettait la main dans le plat, quand il le leur voyait faire; il se plaçait de la même façon au coin du feu. Son œil intelligent prenait une expression de tristesse lorsqu'on le laissait seul. Il acquit peu à peu un renom formel dans la contrée; à mesure qu'il avançait en âge, son visage, d'abord clair, devint toujours plus foncé. Un matin, on le trouva mort sans qu'on pût en découvrir une cause précise.

XXII

MATÉRIALISME ET SPIRITUALISME [1]

(1862)

Le débat sur le matérialisme et le spiritualisme, bien que le premier vacarme soit rentré dans le silence et que la plus vive ardeur se soit refroidie, semble cependant en réalité vouloir plutôt gagner que perdre en profondeur et en étendue. Le livre dont le titre se trouve au bas de la page, écrit avec autant de calme et de compétence que de clair bon sens, nous paraît destiné à prendre dans cette lutte une des places les plus saillantes. Il est encore d'autant plus intéressant que l'auteur est partisan de la philosophie de Schopenhauer et qu'il cherche à baser son jugement sur les règles de celle-ci ainsi que sur celles de la philosophie de Kant. Aussi, comme tel, juge-t-il nécessaire de faire précéder son analyse, pour laquelle il a choisi l'épigraphe significative : *Simplex veri sigillum*, de l'exposition de sa « théorie de l'entendement » à la manière de Kant-Schopenhauer. D'après cette théorie, l'opinion ordinaire, que les choses sont au dehors à l'état d'accomplissement et n'ont besoin pour être reconnues que d'être reçues par les sens, est « absolument fausse ». Ce qui est exact, au contraire, c'est que les choses ne deviennent l'objet qu'elles représentent dans le phénomène que par le fait d' « être représentées ». Cela paraît absurde, mais cela n'en est pas moins comme cela. Les propriétés ne sont pas inhérentes aux choses mêmes; elles ne prennent, au contraire, naissance

---

1. D[r]. A. Mayer : *Zur Verständigung über Materialismus und Spiritualismus*, Giessen, 1861. **Pour l'entente du débat sur le matérialisme et le spiritualisme.**

que dans les organes des sens et les organes centraux des sujets qui se les représentent. De la « sensation » on s'élève à la « représentation » (perception), et celle-ci contient beaucoup plus que la première. Or, Kant a trouvé qu'à toutes les représentations (objets représentés) reviennent quelques désignations ou formes communes sans lesquelles elles seraient impossibles et qui existent dans l'esprit *à priori*, c'est-à-dire précédant l'expérience. Ici viennent en première ligne les notions d' « espace » et de « temps », raison pour laquelle aussi dans les sciences qui reposent sur l'espace et le temps, comme la « géométrie » et l' « arithmétique », domine une certitude apodictique qu'on n'atteindra jamais dans les sciences expérimentales. Il est certain que le caractère *à priori* de ces formes de la pensée est nié par un grand nombre d'empiriques s'occupant de philosophie, comme par exemple Krause, Moleschott, Wundt (ce dernier veut même « prouver » que la conception de l'espace a une origine empirique). Tout aussi innée que les notions d'espace et de temps, est la propriété que possède l'esprit humain de rechercher pour chaque changement une cause, ou ce qu'on appelle la « loi de causalité », et il faut qu'il existe d'avance dans les organes présidant à l'entendement une disposition particulière qui autorise l'homme à poser la question du « pourquoi ».

D'accord avec ce qui précède, l'auteur, plus loin, se déclare « contre la liberté de la volonté ». D'après lui, c'est Schopenhauer qui a le mieux prouvé le contraire de la plupart des opinions professées sur ce sujet. En face d'une cause suffisante, c'est-à-dire en face ici de « motifs » suffisants, l'action qui s'effectue ou se manifeste est une action « nécessaire ». Cependant le conflit entre différents motifs est souvent si violent, qu'il n'existe absolument aucun rapport « direct » entre le motif et l'action. L'auteur admet également une sorte de force vitale ou *qualitas occulta*, revenant aux opérations organiques qui se passent lors de cette action, de même qu'on admet pour les phénomènes organiques des propriétés inconnues. Ce n'est pas, d'après lui, par l'expérience que nous connaissons le fait de l'immortalité de la matière; mais nous en avons la conscience, grâce à une forme innée de la pensée!

Quant à ce que les choses peuvent encore être, outre l'objet qu'elles nous représentent, nous n'en savons rien, et cela ne nous regarde non plus en rien. Nous laissons aux philosophes le soin de déchiffrer la « chose en soi ». Les choses peuvent avoir des propriétés que nous ne connaissons pas encore; mais nous sommes dans l'impossibilité de les reconnaître, parce que les organes appropriés nous font défaut. Ce n'est que dans les organes de l'entendement qu'une chose arrive à être l'objet qu'on a l'habitude erronée d'admettre comme ayant déjà au dehors une existence indépendante des organes. C'est ainsi que la vue simple avec deux yeux repose sur des dispositions innées, ayant pour base l'organisation : c'est une opération cérébrale ou mentale ; l'aptitude à cette opération est innée en partie dans le cerveau, en partie dans les organes des sens.

L'axiome : « Pas d'objet sans sujet, » reste donc solidement établi et inébranlable ; d'après Schopenhauer aussi : « Le monde est ma représentation » (l'idée que je m'en fais). Toutefois les choses ne sont ni des apparences ni des illusions; au contraire, elles deviennent véritablement réelles précisément par la représentation. Il faut définir l' « intelligence » : l' « entendement intuitif » ; lui seul procure une certitude complète sur ce qui est reconnu. « Des assertions qui ne s'appuient pas sur l'intuition ou l'observation ne font que planer dans les airs ». Les philosophes de l'époque de Hégel opéraient avec des assertions de ce genre : aussi leurs philosophèmes « n'ont-ils aucun sens ». Ce n'est que par un entendement intuitif que nous apprenons un peu à élargir le cercle de nos connaissances : les représentations intuitives forment la base de tout entendement. Mais ceci ne suffit pas pour constituer la nature de l' « homme », car tout cela l' « animal » le possède également; l'homme possède, en outre, la « raison » ou la « faculté de former des notions », faculté qui le distingue de l'animal. Dans la raison, il n'existe ni science, ni histoire, ni maximes, ni État! Au moyen de la raison ce qu'il y a de « commun » dans une série de représentations intuitives est saisi, compris, retenu et reproduit par la mémoire. C'est là ce que l'on appelle « juger », — ce que l'animal ne peut pas faire. Or, plus les notions deviennent générales et s'étendent, plus elles perdent en sujet et en importance. Les idées, les notions abstraites ne se laissent pas, comme telles, saisir ou comprendre : telles sont, par exemple, les notions d' « éducation », de « maladie », etc. La puissance spirituelle qui ne constitue réellement entre l'homme et l'animal qu'une différence de « degré », c'est l'intelligence seule; par contre, l'animal, ainsi que nous l'avons dit, ne possède pas la raison, c'est-à-dire qu'il ne peut pas former de notions, ni généraliser. Des actions dictées en apparence par la raison le sont par l'« instinct », comme, par exemple, les constructions des animaux, les toiles d'araignée et autres choses semblables. Mais, avec la faculté de former des notions, commence aussi pour l'homme le danger de l'« erreur », qui prépare souvent d'indicibles souffrances tant à l'homme pris individuellement qu'aux peuples. Mais les notions ou les idées abstraites dépendent toujours de l'intuition et sont déterminées par elles. Les animaux ne vivent que dans le « présent », l'homme vit encore dans l'« avenir ».

Après cet exposé d'introduction de la théorie de l'entendement qu'il a adoptée, l'auteur arrive à traiter son thème proprement dit, le point de controverse sur le matérialisme et le spiritualisme. Il sépare, tout d'abord, le matérialisme comme conception du monde du « matérialisme basé sur la théorie de l'entendement », dont il se déclare lui-même partisan et qui, pour lui, a seul de la valeur. Il ne forme pas, comme on l'admet à tort, le contraire de l'« idéalisme », mais seulement l'opposé du « spiritualisme ». Le mot de « réalisme », par contre, désigne le véritable contraire de l'idéalisme, tandis qu'une théorie de l'entendement matérialiste peut être tout aussi bien idéaliste que réaliste. La question, autour de laquelle tout tourne ici, se pose pour lui de la manière suivante : Les activités spirituelles se laissent-elles considérer comme des fonctions des organes des sens et du système nerveux, ou bien faut-il admettre comme étant leur base un « quelque chose » inconnu, immatériel ? Or, tout ce que l'on peut produire ici comme faits réels et positifs parle « en faveur » de la première manière de voir et « contre » la dernière. Il est certain que le « volume » du cerveau à lui seul ne peut pas servir de mesure pour la capacité intellectuelle, et que chez l'homme ainsi que chez l'animal la masse cérébrale et l'intelligence ne sont absolument pas dans un rapport « direct » entre elles. Mais ceci s'explique en partie par ce fait : c'est que le cerveau n'est pas simplement un organe central pour les fonctions spirituelles, mais aussi pour le mouvement, et que les parties situées à sa base n'ont rien à faire avec l'intelligence. C'est la « substance grise » des grands hémisphères qu'il faut regarder comme le véritable support de la fonction intellectuelle, et sous ce rapport le cerveau de l'homme domine tous les autres d'une manière relative et d'une manière absolue. Il est probable que le « cervelet » participe également dans une certaine mesure aux opérations intellectuelles. Dans tous les cas, il existe un parallélisme déterminé entre l'organisation du cerveau et la vie de l'âme, et les lacunes apparentes, les exceptions, etc., que nous constatons ne reposent, sans doute, que sur l'imperfection de nos connaissances, notamment en ce qui concerne l'anatomie fine ou délicate du cerveau dans l'état de santé comme dans l'état de maladie. Il faut donc admettre comme une chose solidement établie que l'activité de l'âme est sous la dépendance de son organe, le cerveau, et que l'hypothèse d'un « quelque chose » (Etwas) immatériel est absolument contraire aux faits. Les activités spirituelles, quels que soient leur nature et leur caractère, ne peuvent cependant pas être autre chose que l'accomplissement d'opérations organiques déterminées, tandis que, en faveur de l'existence d'un être immatériel qui aurait établi son siège uniquement dans le cerveau et de sa propre autorité pousserait les organes à entrer en activité, on ne peut pas produire même l'ombre d'une preuve. Quelques faits tirés de la pathologie ou étude des maladies, que l'on a cherché à faire valoir dans l'intérêt d'une manière de voir opposée, doivent être interprétés tout autrement : ainsi, par exemple et surtout, les troubles de l'esprit, qui ne sont absolument pas autre chose que l'effet d'une modification ou d'un changement survenu dans la nutrition de certaines parties du cerveau; dans ces circonstances, les cellules cérébrales subissent une altération telle, que leur activité normale en est influencée ou pervertie. Ainsi, notamment, le fait que les émotions sont suivies souvent de désordres de l'esprit, « ne » parle absolument « pas » en faveur du spiritualisme; le rapport de causalité trouve son explication suffisante dans le trouble apporté à la circulation du sang et par suite dans le trouble qu'a subi la nutrition du cerveau.

Le « sensorium commun », que l'on a souvent cherché et sur lequel on a de nouveau beaucoup insisté dans ces derniers temps, autrement dit un centre commun ayant son siège dans l'intérieur du cerveau et devant être le point de réalisation où se concentrent toutes les sensations, n'existe pas; il n'en existe pas davantage pour les excitations de la volonté. Il faut au reste distinguer entre « arbitraire » et « volonté libre ». Phrénologie et crânioscopie sont deux choses qui n'ont pas de sens.

Avec tout ce qui précède, la seconde partie de la question posée plus haut se donne d'elle-même la réponse. L'existence d'un « quelque chose » (Etwas) particulier, immatériel, ou d'une âme, d'un éther d'âme (ou âme éthérée), d'une substance psychique, qui doit être sans espace, sans corps, simple, pensante et impérissable, est quelque chose qui n'a pas de sens, une absurdité ; et, quand des milliers d'années auraient cru à l'existence d'un être semblable, une erreur âgée de plusieurs milliers d'années ne pourra cependant jamais devenir une vérité. Il en résulte, comme conséquence, qu'il ne peut pas non plus y avoir d'autre continuité d'existence après la mort que dans les substances matérielles dont nous nous trouvons composés.

Dans un chapitre à part, ou supplément, « Complément des preuves », l'auteur donne une critique ou rectification des opinions contraires professées par un certain nombre d'écrivains de renom, tels que Volkmann, Lotze (qui veut donner satisfaction simultanément à la foi et au savoir, à la religion et à la science et qui, sans raison, sépare la conscience de la sensation et de la perception), Beneke, qui croit à l'existence d'une âme immatérielle, mais sur le siège de laquelle il ne sait absolument rien dire, et fait suivre de nouveau d'autres thèses diamétralement opposées à cette opinion ; R. Wagner, qui a en quelque sorte provoqué tout ce débat ; R. Virchow, qui, au moins dans quelques-unes de ses assertions, cherche également à se maintenir sous un point de vue à moitié spiritualiste et se fait le champion de l'« unité de la conscience », tandis qu'aux yeux de l'auteur il est solidement établi que la conscience, de même que l'entendement, se rattache à « différentes » parties du cerveau, et que par là tombe aussi le postulat (ou proposition désidérative) servant de base unitaire à la conscience ; enfin le professeur J.-H. Fichte, à Tubingue, qui, partant de points de vue « philosophiques », tombe certainement dans des erreurs encore bien plus grossières que les physiologistes ci-dessus mentionnés, et qui se meut sous des points de vue tout à fait transcendants et métaphysiques, bien qu'il affirme bien singulièrement ne vouloir prendre pour point de départ que l'« expérience ». Si l'auteur dit, en parlant de Fichte, qu'il se meut continuellement dans un « dogmatisme spiritualiste transcendant », que la mesure du vrai et du juste semble faire chez lui complètement défaut, et que chez lui à une « arrogance inconceyable » se joignent une « spéculation tout à fait arbitraire et sans fond » et une « création imaginative qui se raille de tous les faits », chacun de ceux qui auront lu Fichte sans prévention ne pourra certainement pas lui refuser son assentiment le plus complet. Lotze lui-même ne voit dans les assertions de Fichte que de « pitoyables fioritures ».

A la fin, l'auteur résume toutes ses idées en déclarant que la théologie et l'étude de la nature ne peuvent pas marcher côte à côte sans se gêner. Celui qui ne peut pas se rassurer près de la vérité nue n'a qu'à se tenir à la « foi »; mais, pour les recherches scientifiques, la « vérité » est le seul guide qu'on puisse admettre. Du reste, la vérité n'est ni solitaire ni désolée; car il est dans la nature du vrai savoir que ce que ce dernier semble détruire ou ravir d'un côté, il le remplace, et au delà, de l'autre. On pourrait en citer des exemples sans nombre. Dans « ce » cas également, à la place de motifs égoïstes, on verra s'en produire d'autres, issus de la vérité, de même qu'on constatera un accroissement de la sympathie; le calme et la consolation se trouveront dans la bonne cause elle-même. Les véritables œuvres de la religion, telles que justice et amour du prochain, au lieu de restrictions, trouveront des encouragements dont la source sera tirée d'un motif bien plus pur, plus noble que celui qui procède de la bigoterie. En ce qui concerne la justice criminelle, toute cette doctrine lui est absolument indifférente; seulement celle-ci désire vivement que le châtiment agisse comme remède et non comme poison, qu'il rende meilleur, mais non qu'il excite et aigrisse encore davantage contre la société. Au lieu donc de supprimer le droit criminel, le matérialisme, suivant l'opinion de l'auteur, lui donne une base plus rationnelle, par là plus solide et plus conforme à la nature. Tous les préjudices que l'on fait dériver du matérialisme ne touchent pas celui-ci, mais seulement une fausse manière de le comprendre. Il en est de même de la prétendue « frivolité » du matérialisme, qui n'est qu'une fiction. Il se peut qu'en toutes choses il reste encore une partie insuffisante pour notre entendement tel qu'il nous est fourni par les sens; mais nous n'en savons rien et ne pouvons rien en savoir; aussi cela doit-il rester pour nous hors de compte. La « chose en soi », le matérialisme ne peut pas la construire. Qu'on cesse donc, une bonne fois, de condamner une doctrine qui à la place d'un bâton vermoulu met un pilier solide comme un roc ; qu'on ne lui reproche plus de miner l'ordre de la société, alors qu'elle contribue à lui donner une base plus solide ; qu'on n'accuse plus enfin cette doctrine de pousser aux jouissances sensuelles, tandis qu'elle en dissuade de la manière la plus énergique.

Celui qui désire apprendre à connaître plus exactement le fondement logique de toutes ces propositions n'a qu'à prendre en main le livre même. Le style clair et simple ainsi que l'absence de tout verbiage en faciliteront beaucoup la lecture, et la conviction mâle, solide, déposée dans le livre ne manquera pas de produire son impression bienfaisante. Maintenant, tout ce qui, ici, est soutenu très résolûment comme étant seul exact, doit-il aussi être admis comme tel? C'est là une autre question, sur laquelle on pourrait beaucoup s'étendre. L'auteur se place beaucoup trop sous un point de vue mixte, l'empirisme des sciences naturelles et la théorie philosophique, pour pouvoir être regardé comme un juge impartial, qui ne cherche que la vérité ; et le caractère *à priori* des formes de l'entendement admis par lui aurait encore besoin d'autres preuves que celles qu'il produit pour pouvoir servir de base fondamentale à toute son argumentation. Au contraire, une philosophie naturelle saine et conséquente aura bien de la peine à jamais s'entendre avec une pareille doctrine, — abstraction faite de ce que celle-ci oppose des difficultés insurmontables à l'application de la loi de causalité que l'auteur lui-même a fait tant ressortir [1]. De même, son opinion sur le rapport du cerveau et de l'âme est sans

---

1. Les notions d'espace et de temps (comme le développe Radenhausen dans son excellente *Isis* [Hambourg, Meissner], au 4ᵉ vol., page 173) sont des hypothèses ou suppositions arbitraires de l'homme, auxquelles il est arrivé en comparant et en arrangeant les diverses impressions qu'il a reçues du monde extérieur. La notion « espace » a pris naissance dans l'esprit de l'homme lorsque celui-ci s'est mis, individuellement, à décomposer les formes diverses sous lesquelles l'espace lui apparaissait rempli dans le monde extérieur : il distingua alors les impressions, donna à chacune d'elles une étendue particulière dans l'espace, selon la mesure de longueur choisie par lui (pouce, pied, mille), mais les réunit ensuite toutes ensemble en pensée et donna à « cela » le nom d' « espace ». Il forma la notion du « temps » en décomposant les formes diverses du changement dans l'espace (mouvement) sous lesquelles le monde extérieur agit sur l'homme pris individuellement ; il sépara les impressions reçues, donna à chacune d'elles une durée temporelle suivant la mesure du temps adoptée par lui (seconde, jour, année), les réunit ensuite ensemble et appela « cela » « temps ». Mais, en dehors de nous, il n'existe pas de distinction entre le remplissage de l'espace et le changement dans l'espace, attendu que toute chose est dans un état de transformation perpétuelle, etc., etc.

doute rigoureusement matérialiste ; mais elle ne peut pas se prouver « par elle-même », tandis que l'opinion qu'il s'est formée, d'après Schopenhauer, sur la distinction entre l'âme de l'homme et celle de l'animal, n'est pas du tout d'accord avec elle. Schopenhauer, malgré tout son génie et son mérite, ne peut cependant absolument pas, selon nous, servir de guide dans une manière de comprendre la nature qui suit le bon chemin, et la direction seule du commandement est sujette à caution. Que l'auteur, au lieu de prendre pour chef de file un membre quelconque de la grande école des philosophes, se laisse guider à l'avenir bien plutôt seulement par son intelligence lucide ! Mais, abstraction faite de ces scrupules, le livre fournit cependant des éléments importants qui pourront contribuer à éclaircir et à saisir d'une façon exacte les questions discutées, si difficiles ici à traiter, et, pour chacun de ceux qui désirent s'orienter dans ces questions, sa lecture sera de la plus grande utilité.

XXIII

ÉTERNITÉ ET DÉVELOPPEMENT

(1862)

A. Bühler, *Theokrisis : Ideen über Gott und Welt zur Versöhnung des Theismus und Pantheismus*, Berlin, 1861.

A. Bühler, *Theokrisis : Idées sur Dieu et l'univers pour servir à la réconciliation du théisme et du panthéisme*.

Encore un de ces essais innombrables et cependant toujours infructueux pour démontrer, pour prouver l'« absolu », la « chose » qu'on ne peut pas prouver ! Si le présent essai, à l'imitation de la plupart de ceux qui l'ont précédé, était fait exclusivement sur la voie de la philosophie théorique, il mériterait certes à peine qu'on lui accorde plus d'attention et qu'on l'examine plus profondément ; mais l'auteur constitue une exception, en ce sens que, du moins au commencement de son analyse, il cherche autant que possible à se mouvoir sur un terrain « réel », et qu'il construit ses thèses en partant de là ainsi que de points de vue suivis par la manière moderne de considérer la nature. C'est surtout le rapport réciproque entre l'« éternité » et le « développement » qui lui sert de point de départ pour ses recherches et qui, dans son opinion, doit nécessairement conduire à faire admettre l'existence d'un « absolu ». Tout d'abord c'est pour lui, un « fait avéré » « que l'univers entier est un immense ensemble dans lequel tout se tient, qui dans le cours de milliers d'années, par le moyen de forces résidant en lui-même, a passé d'un état où il n'était pas encore développé à un état de développement plus prononcé, c'est-à-dire plus parfait et qui, selon toute probabilité, marchera au-devant de degrés encore plus élevés de développement ». L'ensemble de l'univers est relié dans ses parties par des lois organiques, et, en se basant sur l'analogie, on peut supposer que dans les autres corps célestes règnent les mêmes rapports que ceux qui existent chez nous. — « L'univers entier constitue un tout unique, immense; animé, et relié de la façon la plus intime dans toutes ses parties, depuis ces gigantesques astres étincelants jusqu'à la perle de rosée qui brille sur le brin d'herbe; et tout se trouve compris dans un développement perpétuel ». Les différents degrés de développement sont des « fonctions du tout terrestre », reliées les unes aux autres par une chaîne continue de cause et d'effet. La « terre » également, dans l'enfance de laquelle l'action réciproque de force et matière était incomparablement plus simple, plus brutale, moins compliquée qu'aujourd'hui, est un organisme compris dans un développement incessant.

Pour prouver cette thèse, l'auteur donne un abrégé de l'histoire de la terre, dans laquelle le simple précède toujours le composé, l'imparfait le parfait, l'ensemble la multiplicité du particulier.

C'est avec cela qu'il démontre, tout d'abord, la « vie temporelle » de l'univers ou le développement, dans le cours du temps, de l'univers sorti de l'état d'embryon. Mais, pourrait-on objecter, tout cela n'est peut-être qu'une phase isolée dans la circulation éternelle de l'univers! L'embryon de l'univers s'épanouit, comme la plante sort de la semence, et ne meurt que pour laisser de nouveau une semence derrière lui, etc. Aussi faut-il probablement ne regarder tout le développement dans lequel nous sommes compris actuellement que comme une période isolée, une époque de la circulation de l'ensemble.

Eh bien, l'auteur cherche à démontrer que cette opinion est inadmissible, à cause de l' « infinité » hors de doute de l' « univers ». Une cessation et une rechute de ce qui est une fois développé dans ses états élémentaires antérieurs sont impossibles, et il faut se représenter l'origine de l'univers comme la sortie de celui-ci d'un « germe universel » (de l'univers) ou d'un chaos sans limite et sans forme, dont tout a été fait, tout est issu. Mais — ainsi vient maintenant cette autre question — d'où provient ce germe de l'univers? Il y eut un temps où il n'y avait encore rien de ce qui existe actuellement, donc également pas de matière, ce qui, soit dit en passant, doit servir à réfuter le matérialisme. La matière également a une existence « temporelle » ; car elle ne peut pas être éternelle, précisément à cause du développement, lequel développement devrait sans cela être aussi éternel, attendu qu'on ne peut pas se figurer les atomes de la matière dans un état d'indifférence les uns vis-à-vis des autres.

Par conséquent, pour arriver à résoudre le problème de l'origine de l'univers tel qu'il est, il ne reste pas autre chose à faire qu'à poursuivre le connu en remontant en arrière le plus loin possible. En procédant ainsi, l'on finit par arriver à un point où il existait d'abord tout simplement un espace ou une étendue sans forme et sans fin. Or, comme au fond cette étendue n'est pas une « chose », mais seulement une « propriété », la question suivante se pose : En quoi consiste la « chose » de cette propriété ? Cela ne peut pas être la matière, à cause des raisons ci-dessus indiquées. Il faut qu'il y ait eu de l'espace avant que la matière fût; mais cet espace ne peut cependant pas avoir existé sans contenu et sans limites ; ou, en d'autres termes, l'étendue ne peut pas être la propriété d'un « rien », d'un « néant ». Il faut donc nécessairement qu'il existe une autre quantité ou grandeur (Grösse) qui ne soit ni le néant ni un x devenu quelque chose (ein Gewordenes) et à qui revienne la propriété de l'étendue infinie.

Mais, si l'on ne peut se figurer l'« espace » sans une base ou une charpente, il en est de même pour le « temps », qui représente la durée éternelle, l'infini, ce qui assure pour toujours et pour l'éternité l'existence de l'espace et de sa charpente. Ce n'est pas le temps qui « deviendra » (das Werdende), mais nous, qui sommes « le fini » (das Endliche) ; quant au temps, il constitue une unité d'une étendue continue et infinie. Il en résulte encore que le temps indique aussi une quantité (Grösse) ou une charpente (Substrat) en dehors de l'existence finie (Seien), différente de celle-ci et dont le temps lui-même est la propriété. Cette base ou charpente n'est pas une « chose qui deviendra » (Werdendes), mais une chose qui « est » (Seiendes), sans commencement ou sans fin, qui embrasse l'éternité comme son présent continuel, et possédant une réalité intrinsèque. C'est donc dans ces deux charpentes (Substraten) qu'il faut chercher la condition de l'existence cosmique (des kosmischen Seiens), et ces deux quantités, admises d'avance, de temps et d'espace, ne peuvent pas en réalité représenter deux quantités différentes, mais représentent une seule et unique quantité, qui dans le temps et l'espace est sans restriction, absolue ou éternelle, et infinie. Or, comme « ce qui existe » (das Sein) n'est pas autre chose que « ce qui continue toujours à devenir » (ein stetes Werden), il faut que l'existence (das Bestehen) actuelle des choses ait une cause aussi bien que leur « origine (ihr Enstehen), et ce fait de « devenir » suppose par conséquent d'une façon immédiate et nécessaire une cause continuellement agissante. Cette cause détermine le commencement de l'existence finie, son existence actuelle, son développement pour devenir, existe encore maintenant, est toujours à l'état présent, etc., et toutes les conditions de l'existence finie se basent exclusivement sur elle, tandis qu'elle-même est sans base.

Avec cela, l'athéisme, d'après l'auteur, est mis de côté, et l'idée de l' « Absolu » rayée de la catégorie des simples hypothèses.

Mais, à l'aide de cette connaissance ainsi acquise, ce n'est pas simplement l'athéisme qui doit être mis de côté, il faut également que les deux autres conceptions philosophiques de l'univers, le « théisme » et le « panthéisme », soient vaincues et transformées dans une idée plus élevée, ce que l'auteur développe ou essaie de développer plus loin en détail. Dans cette nouvelle conception, l'Absolu se présente sous la forme d'une force ayant conscience d'elle-même, ne connaissant pas de barrière ou d'obstacle, se déterminant elle-même librement, exerçant sur elle-même une influence qui se traduit par l'action, la pensée et la volonté raisonnable, une force dont l'activité continue est synonyme de l'existence de l'être cosmique et dont la conscience embrasse toute l'éternité comme son présent perpétuel, « une conscience éminente », ajoute l'auteur, en quelque sorte étonné devant ses propres yeux. L'esprit et la matière, la force et la matière, deux choses qui ne peuvent être séparées, mais sont identiques et ne produisent conséquemment que « vie » partout dans la nature, et qui ne souffrent ni repos, ni mort, ni anéantissement, se trouvent à l'état d'unité dans cette force ou dans « Dieu » (notion qui est ici synonyme); Dieu, pour tout dire en un mot, c'est la « substance vivante ». C'est ainsi qu'est résolu le dilemne entre l'idéal et le réel : aussi, tandis que notre âme reste toujours esprit, Dieu reste toujours Dieu. La « matière » également, suivant l'auteur, n'est absolument pas une chose opposée ou contraire à la nature divine et qu'à cause de cela il faille mépriser.

Dans ce sens, donc, la Création elle-même est considérée comme une activité continue, incessante de l' « Absolu », à des degrés toujours plus élevés de développement, comme une action créatrice libre de l'Absolu à ses propres dépens, pendant laquelle cet Absolu constitue en même temps l'identité de l'existence spirituelle et de l'existence matérielle, et son activité en même temps une activité idéale et une activité réelle. La Création n'est pas non plus la pensée à l'état d'accomplissement, à l'état achevé, mais l' « action même de penser » de la part de Dieu (das Denken), le développement d'une idée de Dieu, l'action permanente de se reconnaître soi-même, comme incommensurable dans ce qui est mesuré, comme éternel dans ce qui est temporel, comme existant déjà dans ce qui deviendra, comme unique dans ce qui est multiple, comme parfait dans ce qui se trouve à tous les degrés d'achèvement. L'éternité n'est pour Dieu qu'un présent unique incommensurable, et ce n'est que nous, êtres finis et devant devenir, qui apercevons toutes choses avec les attributs de l' « espace » et du « temps ». Il existe un Dieu vivant, et l'univers infini est sa pensée réelle !

C'est de cette manière que le vieux dilemne est résolu, comme le pense l'auteur, et le théisme réconcilié avec le panthéisme. Toute cette colossale idée de l'univers est la représentation que Dieu se fait de lui-même ; car penser ou être actif de la part de Dieu, c'est se reconnaître soi-même. Dans ce système, l'univers du « présent » est la représentation que Dieu se fait de lui-même, mais réelle et développée jusqu'à un certain degré, tandis que l'univers à l'état « potentiel » ou « embryonnaire » est cette même représentation non développée, mais susceptible de développement. Mais, dans cette hypothèse, la divinité serait donc un être susceptible de se développer, par conséquent aussi « temporel », et, comme ceci ne peut pas être, la chose se comporte en réalité de la façon suivante : la puissance de l'univers (Weltpotenz) ou la représentation générale que Dieu se fait de lui-même est en quelque sorte « fécondée » par l' « idée de l'universalité » (Idee der Allheit) et reçoit ainsi l'aptitude à se développer. L'idée de l'universalité est donc le principe du développement de l'univers, et sans cette fécondation l'existence cosmique serait un repos absolu, une indécision absolue où Dieu se reconnaissant lui-même dans l'universalité de ses déterminations. Mais la représentation elle-même qui se développe, c'est l'univers, et celui-ci est le résultat de l'activité créatrice libre de l'Éternel. Sans l'univers, Dieu serait sans doute réellement existant, mais un Dieu inconscient; cependant ce n'est pas seulement « au contact » de l'univers que Dieu arrive à la conscience. Penser, de la part de Dieu, c'est à la fois créer et se reconnaître soi-même, et c'est pour cela que Dieu et l'univers ne font qu' « un ». Le développement qui s'effectue dans cet univers est un processus perpétuel ou continu de développement ou le développement réel de l'idée de Dieu, etc., etc.

Notre propre pensée, enfin, est une image de la pensée de Dieu et continue aussi après la mort. L'animal n'a pas encore de sujet parfaitement égoïste, et avec la mort il retombe dans l'universalité, tandis que l'homme se présente comme le degré le plus élevé du développement, comme une spécialité dont l'expression est l'achèvement de la forme et de la substance, comme une « personne », enfin, devant Dieu et devant ses frères. Nous sommes des « pensées de Dieu » ou le « Toi » de Dieu (das Du). Notre destinée consiste à devenir ce « Toi de Dieu » accompli en lui-même, ou le « miroir bienheureux de son ravissement » (selige Spiegel seiner Seligkeit).

> Dort über jenen Sternen
> Halt die Liebe Wort.
>
> Là-haut, au delà de ces étoiles,
> L'amour tient sa promesse.

Telle est en substance la suite des idées chez l'auteur de la *Théocrisis;* mais un point certainement devra troubler celui qui en poursuivra la filière : « On marque le but, et l'on est mis de mauvaise humeur ». Sans doute l'auteur, au commencement de son examen, sait bien se donner pour un homme qui cherche la vérité loyalement et se trouve amené au but pour ainsi dire tout à fait de lui-même; mais, en continuant son argumentation, la logique dont il se sert et au moyen de laquelle il veut atteindre à tout prix le but connu d'avance, cette logique fait des bonds qui sont cependant par trop forts. Enfin, ce but est conquis, pris d'assaut au pas de charge, pour ..... crever dans la main du conquérant comme une bulle de savon chatoyante ! Comment l'infini se comporte-t-il avec le temporel ? comment la matière peut-elle naître de « rien », du néant ? Pourquoi la pensée divine procède-t-elle avec tant de lenteur ? Comment en général la perfection peut-elle trouver occasion de se reconnaître et de se retrouver dans l'imperfection, l'éternel dans le temporel, ce qui existe déjà dans ce qui deviendra ? etc., etc. ? Ce sont là toutes des questions qu'en chemin l'auteur n'aura sans doute pas eu le temps de se poser, car sans cela il se serait probablement dispensé d'écrire son livre. Cette « idée de l'universalité », qui par sa fécondation doit certainement provoquer la puissance de l'univers (Weltpotenz) à se développer, n'est au fond cependant pas autre chose qu'une idée personnelle à l'auteur de la *Théocrisis;* et, dût-elle même être réelle, on demanderait cependant en vain pourquoi un « Parfait », un « Éternel », un « Absolu » qui n'arrive pas même à la conscience par son » contact avec » l'univers, a encore besoin de « se développer ». Eternité et développement sont deux notions certainement difficiles à concilier entre elles, si l'on ne veut pas considérer le développement comme une phase isolée d'une circulation éternelle. En attendant, toutes les questions de ce genre dépassent nos moyens de connaissance, notre intelligence, au moins autant que la connaissance de l'Absolu même, que l'auteur nous décrit d'une manière si détaillée. Ne voit-il donc pas lui-même que toutes les catégories d'après lesquelles il mesure et juge la nature de l'Absolu sont seulement abstraites de la nature humaine propre, et que de cette façon il n'arrive qu'à l' « anthropomorphisme » le plus évident ? Il est en réalité difficile de comprendre comment, du côté philosophique, on peut toujours retomber dans la faute de rapporter à ce qu'on appelle un « Absolu » les expériences relatives à l'existence, à la pensée, etc., faites sur le moi humain, directement, personnellement, et, après les avoir ajustés tous deux, d'en fabriquer une chose imaginaire (Gedankending), creuse, n'ayant aucune base réelle ! En fin de compte, cette chose imaginaire n'a jamais pris racine dans le « savoir «, mais toujours seulement dans la « foi » qui, pour exister, n'a certainement pas besoin de semblables démonstrations théoriques. Si donc, on vient nous dire que notre action de penser est une image de la pensée divine, c'est en réalité précisément le « contraire », et lorsque l'Athée pense : « Il n'y a pas de Dieu », il est cependant absolument impossible que cette pensée soit une image de la pensée divine dans le sens de l'auteur. Enfin, comment peut-il même arriver qu'après la mort nous devenions le « Toi de Dieu » et le « miroir bienheureux de son ravissement », et que cependant avec cela nous venions à nous tenir devant Dieu comme une personne particulière ? Inutile d'approfondir une question pareille ; contentons-nous, en considération du sujet, de la recouvrir avec le manteau de l'amour chrétien ! Au bout du compte, on ne peut pas contester à la « foi » le droit de substituer une notion hypothétique se passant de toute explication ultérieure, pour compenser l'imperfection de nos connaissances, ainsi que pour fournir une explication générale et dernière de tout ce qui nous est ou de tout ce qui nous paraît incompréhensible, ni le droit de se représenter ensuite cette notion sous la figure d'une personne, de la prendre pour juge de tout notre savoir faire, de l'adorer, etc., etc. ; mais alors elle ne doit plus avoir d'autre prétention que celle d'être précisément la « foi », tandis que la « science » ne connaît pas d'autre tâche que de rechercher pour tous les phénomènes ou effets qui nous entourent des raisons qui sont du domaine de nos connaissances, et là où celles-ci nous font défaut, de se tranquilliser à cause de leur imperfection ou de leur insuffisance. L'histoire de l'esprit humain a cependant suffisamment montré à quels résultats tout à fait contraires à la science et même absurdes tout autre procédé conduit et a déjà conduit. « La science, dit Apelt (*Théorie de l'induction*, 1854), non seulement ne gagnerait rien, mais elle deviendrait même la proie du principe de la « raison pourrie » (fauligen Vernunft), si, au lieu de rechercher des lois, on voulait s'en rapporter exclusivement aux décrets impénétrables de la divinité ». — « Les idées de l'Absolu n'ont en général rien à partager avec les connaissances scientifiques ; au contraire, c'est précisément à la nature des choses que nous pouvons connaître par la science qu'elles opposent l'éternel comme au fini. Ces idées sont les principes de la foi, mais dans la science elles ne sont d'aucun usage ».

Que M. Bühler dirige donc désormais ses efforts vers d'autres buts ; car personne ne croira jamais qu'en suivant cette voie il réussisse, ainsi qu'il le pense, à concilier entre eux l'athéisme, le théisme et le panthéisme, attendu que le but auquel il vise est en général un but inaccessible. S'il « n'existe pas » de Divinité, ses efforts sont condamnés d'avance; mais, s'il existe une Divinité, il faut cependant qu'elle soit inaccessible à notre entendement, à notre intelligence; car, dès l'instant qu'elle serait reconnaissable pour nous, elle cesserait d'être précisément une Divinité !

XXIV

PHILOSOPHIE ET EXPÉRIENCE [1]

(1862)

> « Dire que des vérités nécessaires ne peuvent pas être acquises par l'expérience, c'est nier le témoignage le plus clair de nos sens et de notre raison. »
> (JOBERT. *New System of Philosophie*. [*Nouveau système de philosophie*].)

« Le destin de la philosophie elle-même, tel qu'il s'est montré dans la personne de Schelling, a été le suivant : être regardée avec étonnement comme une prophétesse, utilisée et employée comme un instrument docile, persécutée et redoutée comme un instrument nuisible, à la fin ridiculisée et mise de côté comme une rêveuse sans cervelle. Elle est arrivée à ce singulier résultat que l'ignorance et ce qui se donne le nom de science se sont déclarés contre elle; que l'Église à laquelle elle a, comme à souhait, servi d'appui pendant le moyen âge, l'État qui, dans ce siècle encore, s'est appuyé sur elle, et le progrès qui, dans tous les temps, a trouvé en elle un soutien bienvenu, sont devenus ses adversaires communs, réunis dans une alliance contre nature. Il vaut la peine d'examiner si c'est la philosophie elle-même, ou bien, ce qui nous semble au moins plus probable, si ce n'est qu'une direction fourvoyée de la philosophie, qui a été la cause de cette aversion ».

1. *Philosophie und Erfahrung* (*Philosophie et expérience*, discours d'ouverture du Dr Robert Zimmermann, professeur de philosophie; Vienne, 1861).

A l'appui de cet examen, l'auteur de l'écrit mentionné, et auquel nous avons emprunté les propositions que nous venons de citer, constate que c'est la lutte engagée contre ce qu'il y a de défectueux, de contradictoire, d'insuffisant dans toute connaissance basée « exclusivement » sur une perception extérieure ou dans l'empirisme simple, qui a d'abord donné naissance à « toute » philosophie, en ce que la tendance de celle-ci est de créer une science dans laquelle tout est connexe et qui se trouve en harmonie avec les lois de la pensée. Elle oppose, par conséquent, à la source « extérieure » de nos connaissances, une source « interne »; à l' « expérience », une « pensée pure »; à l'intuition « sensualiste », une intuition pure, intellectuelle, « transcendante », absolue; il en résulte ainsi deux mondes, celui du savoir « empirique », qui persiste à ne s'occuper que des faits réels, et celui du savoir « philosophique », divisé systématiquement et aspirant à former un tout ou un ensemble intérieur. Mais cette pensée pure peut, à son tour, être d'une nature double : ou bien elle réfléchit (ou « élabore » : l'auteur) d'après les lois de la pensée ce qu'elle a vu extérieurement, c'est-à-dire les matériaux de l'expérience; ou bien, en se contemplant elle-même, elle se met à la place de l'expérience, c'est-à-dire la remplace et imite le ver à soie qui file de son propre corps. Le premier procédé conduit à une « science d'intuition », le deuxième à une « philosophie d'intuition ». Entre les deux se trouve la philosophie expérimentale, qui se rattache à l'expérience et se réfléchit sur elle.

C'est entre ces deux oppositions de la philosophie intuitive et de la philosophie expérimentale (dont la première prétend posséder d'avance déjà, grâce à sa pensée pure, tout ce qu'en général peut fournir l'expérience, et dont la seconde s'efforce de rectifier à l'aide de la pensée l'expérience imparfaite) que la philosophie s'est agitée depuis son origine et continuera à s'agiter aussi longtemps que la nature spirituelle de l'homme et son intelligence resteront les mêmes. Platon compare l'âme à un attelage composé d'un cheval blanc s'efforçant de monter vers le ciel et d'un cheval noir tiré en bas vers la terre; ce qui peut être mis en rapport avec le double sentiment qu'éprouve l'homme d'être une créature restreinte à côté de son ardeur inextinguible qui le pousse vers l'infini : « Là où le pouvoir n'arrive pas, le plaisir impatient le précède sur un char ailé ».

L'antiquité déjà connaissait (« ressentait » : l'auteur) cette opposition et en caractérisait les deux côtés par la philosophie de l' « idéal » ou de Platon, et la philosophie de l' « intelligence » ou d'Aristote (Verstandesphilosophie). Dans le néo-platonisme déjà se montra la conséquence de la première, en ce que ses sectateurs regardèrent comme possible une union immédiate, temporaire, des privilégiés avec l'être ou le principe primitif divin; de plus, les théosophes et les mystiques du moyen âge embrassèrent la philosophie intuitive des néo-platoniciens, tandis que les scolastiques proprement dits s'écartèrent davantage de Platon et se tournèrent du côté d'Aristote. Bacon, bien que parent de ce dernier par ses idées, le combattit cependant. Descartes et Spinoza pensèrent de nouveau plus dans le sens de Platon. La critique pleine de sagacité de Locke fit disparaître les idées innées de Descartes, tandis que Leibnitz, en s'appuyant sur les épaules de ses prédécesseurs, s'efforça de réconcilier les deux partis. Il ne tint pas les idées pour innées, ni l'âme pour une « tabula rasa » (table rase), et (selon Zimmermann, sans doute contradictoirement avec son propre système) il prépara une direction qui était destinée à conduire à une « philosophie de l'expérience » pouvant concilier entre elles la philosophie et l'expérience.

Le fil que Leibnitz avait laissé tomber, Kant le ramassa, quoique d'une façon toute particulière. Il prend pour point de départ l'expérience externe, mais cherche à lui donner, par la pensée pure, les propriétés de la connaissance d'après la « forme », de telle sorte que le phénomène ou la chose manifestée (Erscheinung) ne prend chez le sujet que la figure spéciale que la nature de son intelligence l'oblige à adopter. Si elle est « réaliste » au point de vue de la matière, l'expérience est « idéaliste » au point de vue des formes, auxquelles appartiennent avant tout l' « espace » et le « temps ». Avec cela était de nouveau franchi un Rubicon fatal; avec cela également était accordée une intuition « pure » à côté de l'intuition « sensualiste »; avec cela, enfin, était posée la base de la continuation idéaliste de la philosophie kantienne par Fichte, qui démontra qu'il y a une inconséquence dans l'opinion de Kant et admit que l'expérience du sujet est le produit personnel de ce dernier non seulement au point de vue de la « forme », mais encore au point de vue de la « matière ». La victoire de la philosophie d'intuition pure parut dès lors décidée. L'imagination qui crée prit la place du sens qui perçoit; l'expérience « formée d'elle-même » s'empara de la place de l'expérience « acquise » (gegeben).

Mais qui voudrait garantir qu'une expérience ainsi formée n'est pas simplement une expérience « imaginaire » (d'imagination)? Déjà Fichte lui-même sentait et avouait que les produits de l'imagination sont enfermés (sic)! dans des limites incompréhensibles (!) et trahissait ainsi le besoin d'un fond matériel. C'est pour donner satisfaction à ce besoin que l'idéalisme de Fichte construisit un point d'arrêt, une station du sujet où l'intelligence finie et l'intelligence infinie, le moi et le moi primitif, l'objectif et le subjectif, se rencontrent pour former une unité, et à partir de laquelle l'expérience formée doit être égale à l'expérience réelle. Ce point d'arrêt ne peut évidemment pas être démontré; il peut seulement « être saisi au vol », ou « escaladé » par un procédé phénoménologique, consistant dans l'élévation graduelle et successive de la conscience. — « Le bois dont étaient construites les formes d'intuition pures de l'esthétique transcendantale de Kant servit de charpente pour le char de course sur lequel les nouveaux phaétons s'élevèrent jusqu'au siège du soleil. Était-on une fois arrivé à pouvoir contempler avec les yeux de l'esprit, qu'aucun psychologue empirique n'était en mesure de découvrir dans l'âme, alors il n'existait évidemment plus de limites à l'horizon, et la source inépuisable de l'imagination spéculative devait produire une fontaine jaillissant à profusion. Nous ne nous arrêterons pas aux châteaux en Espagne par lesquels les philosophies idéalistes de la nature et de l'histoire ont cru avoir remplacé pour nous la nature et l'histoire. Quelques combinaisons audacieuses ont été plus tard confirmées par l'observation; mais il n'en est aucune à côté de laquelle l'expérience n'eût pas fait bien mieux en se noircissant d'encre dans le secret (!). Si l'idéalisme a réagi sur l'étude de la nature et de l'histoire en la fécondant, c'est parce que la nature et l'histoire avaient commencé par exercer une action fécondante sur la spéculation. L'orgueilleux désaveu du puits auquel les cruches spéculatives venaient puiser n'a pas empêché ces dernières de finir par se casser. »

« La réaction ne pouvait pas tarder à se produire. Une philosophie ignorant l'expérience fut suivie de près par une science expérimentale niant la philosophie; la méthode infaillible de l'idéalisme, se servant de la dialectique pour se remuer, s'agiter dans des contradictions, appela à l'existence, pour se faire octroyer une confirmation ironique, précisément son contraire exterminateur, l'empirisme ».

Ces deux excès sont défectueux : celui-là voudrait nier l'influence de l'« objet », celui-ci l'influence du « sujet ». Mais si, là, la pensée pure voit se placer en face d'elle l'expérience qui ne se laisse « remplacer » par rien, ici l'expérience nue voit se placer devant elle la loi de la pensée qui ne se « courbe » devant rien. Établir un accommodement, un équilibre entre les deux, telle est la tâche de la « philosophie expérimentale ». La thèse de Kant déclarant que le sujet produit par lui-même la forme de toute expérience doit être abandonnée, et la forme de toute expérience doit être reconnue comme étant « donnée », sans refus possible, absolument comme la « matière » de cette expérience. De cette façon, la véritable philosophie expérimentale se place, d'un côté, comme « réalisme » en face de « l'idéalisme », de l'autre côté en face de la non-philosophie en soutenant la loi de la pensée. Elle est « empirique », en ce qu'elle s'attache à ce qui est « donné » (gegeben) comme à son unique point de départ, mais elle est en même temps « critique »; de plus, elle est « idéaliste », en ce qu'elle reconnaît la modalité subjective de la matière de l'expérience sensualiste; mais elle est ici en même temps « réaliste »; en ce qu'elle n'étend cette modalité ni à la mystérieuse « chose en soi » (Ding an Sich) ni aux formes du phénomène. Ainsi, dans l'école et sur le terrain d'un « criticisme épuré », elle est à la fois l'adversaire et la médiatrice des deux manières opposées d'envisager l'univers. « La philosophie sans l'expérience devient une exaltation ou une rêverie creuse, et l'expérience sans la philosophie devient une opinion sans critique. La marche du développement périodique a, en quelque sorte naturellement, ramené la philosophie à une méthode qui, moins bavarde avec ses nombreuses promesses et peut-être moins brillante dans ses résultats les plus immédiats, pourra, quant à l'accomplissement des premières et à la confirmation des derniers, se montrer plus positive, plus authentique que tant d'autres de ses devancières orgueilleuses. Aussi éloignée de vouloir exercer une domination vaniteuse « sur » les faits réels donnés que de se « soumettre » à ces faits par une condescendance vénale, elle ne veut ni remplacer ni renverser l'expérience externe, mais aussi elle entend ne pas la conserver telle qu'elle est donnée, si les lois de la pensée ne s'accordent pas avec elle. Aussi incapable de vouloir laisser tomber la raison pure au profit de l'expérience que l'expérience au profit de la raison pure, elle ne cherche dans les contradictions possibles ou existant réellement dans les deux que les impulsions, saluées avec joie, qui doivent pousser à des recherches ultérieures plus approfondies ». — « Mille et mille tentatives infructueuses ne peuvent pas (dans ce cas) détruire la joyeuse fierté qui remplit le cœur de l'homme à la pensée qu'il lui est permis de se poser des tâches dont la solution se trouve dans un lointain infini. Il serait certainement, moins pénible et pour des esprits faibles plus séduisant de recevoir la « vérité » pleine et entière au vol ou de la main bienveillante du Dispensateur éternel; mais, avec Lessing, nous professons pour la déesse sérieuse une estime beaucoup trop haute pour vouloir la mériter autrement que par le « travail incessant de notre pensée », et, si les forces nous abandonnent, nous relèverons notre courage en méditant la noble parole du poète :

> Celui-là seul jouit de la liberté et de la vie
> Qui est obligé de les conquérir jour par jour.
>
> Nur der geniesst die Freiheit und das Leben
> Der täglich sie erobern muss.

Telles sont les exigences sérieuses et approfondies qu'adresse à la philosophie moderne l'auteur du travail que nous venons d'analyser et dont la réalisation lui semble ne plus être éloignée. Si les avertissements ne sont pas trompeurs, l'époque de sa naissance n'est plus lointaine (l'époque où verra le jour une science aussi juste envers la pensée qu'envers l'expérience). L'investigation, fatiguée par l'abondance de faits empiriques isolés et disséminés par cette abondance même, commence à soupirer après des principes et une liaison logique intérieure. De même qu'au commencement de notre siècle nous avons vu des philosophes se tourner vers l'étude de la nature, de même nous voyons aujourd'hui des naturalistes célèbres se retourner avec esprit du côté de la philosophie. S'ils espéraient autrefois que la philosophie « inventerait », « découvrirait » des faits, ils lui tendent la main aujourd'hui pour passer les faits rassemblés « au crible de leur examen ». La tâche philosophique du temps présent consiste dans la « critique de toute expérience donnée ».

C'est là une tâche dont la « grandeur » ne peut certainement être comparée qu'à sa « difficulté » et qui pourrait dépasser de beaucoup les forces d'un seul homme. Cependant cette exigence est en elle-même tellement justifiée, que de nos jours elle ne peut guère s'attendre à rencontrer une contradiction sérieuse et approfondie ; et il est réjouissant de voir que désormais les philosophes spécialistes eux-mêmes non seulement la reconnaissent, mais encore la posent. Et ce n'est pas seulement en Allemagne, la patrie proprement dite de la philosophie, que ce mouvement se fait sentir, c'est pareillement aussi en Angleterre et en France. Nous avons indiqué déjà dans un article antérieur la manière dont le savant anglais Buckle s'exprime sur la métaphysique et sur sa méthode. On lit en même temps qu'en France, à l'occasion d'une conférence faite sur le livre de E. Vacherot : *La métaphysique et la science ou principes de métaphysique positive*, qui lui sert de base à une étude sur l'avenir de la métaphysique, le célèbre orientaliste E. Renan s'exprime à peu près de la manière suivante : De même qu'on a abandonné Hegel en Allemagne, de même en France on a peu à peu fait défection à Cousin, le chef de l'école philosophique de ce pays. Toute spéculation philosophique conduit au dogmatisme. Une science qui commence par le sommet au lieu de commencer par la base n'est pas une science. La vraie science n'est jamais « achevée », mais elle est toujours relative, incomplète ; un dogme absolu, au lieu de faire avancer la science, ne ferait que lui couper la route qui doit la conduire à son développement ultérieur. Une métaphysique ne peut exister qu'à la condition de chercher à reconnaître dans les faits les lois de la raison, de l'harmonie, de la poésie, de la beauté, etc., et de s'opposer à un empirisme irréfléchi, mécanique ; mais il ne peut pas exister de métaphysique comme science particulière dans le sens qu'on lui avait donné jusqu'à présent. Tout ce que nous savons, nous ne le savons que par expérience, c'est-à-dire par la « nature » et l'« histoire ». La discussion de certaines notions fondamentales de l'esprit humain, de certaines formes de l'entendement, donne tout au plus une logique, mais pas de métaphysique. Néanmoins

Renan ne nie pas que la philosophie se rattache par « un » côté à toutes les sciences.

Il semble donc décidé que la philosophie ne peut pas se passer de l'expérience, pas plus que l'expérience ne peut se passer de la philosophie. Mais émettre cette assertion, ce n'est qu'indiquer la chose dans ses traits les plus généraux, et tout dépend de la manière dont on procédera dans le détail. Locke déjà montrait que toutes les notions d'où part la philosophie sont tirées de l'expérience, que par conséquent aussi la philosophie ne peut jamais aller au delà de l'expérience, ou qu'une métaphysique est impossible. Cependant, cette démonstration n'empêchera pas la philosophie de continuer à commettre, et cela plus que jamais, la faute qui lui était reprochée. Et déjà « avant » Locke, Bacon, le père de la science inductive et de la philosophie expérimentale, comme aussi à vrai dire du matérialisme et de tout le progrès philosophique qui se produisit après lui en Angleterre et en France, Bacon qui vis-à-vis de l'époque « précédente » observait la même attitude que la direction matérialiste actuelle, vis-à-vis de la direction philosophique idéaliste du passé le plus récent, Bacon avait formulé la tâche de la science philosophique de la même manière que cela a de nouveau lieu aujourd'hui. Il connaissait les défauts de la méthode empirique aussi bien que ceux de la méthode spéculative et se servait de la spéculation là où l'autre méthode ne lui suffisait plus. D'après lui, la méthode empirique ne peut jamais fournir la preuve qu'il n'existe plus de faits contradictoires, car la nature est plus riche que l'expérience, et par la voie d'induction les instances dites « négatives », qui dans l'expérience et les sciences naturelles ont plus de valeur que les instances « positives », ne se laissent pas épuiser jusqu'à faire rubis sur l'ongle. La connaissance du « tout », de l' « ensemble » est toujours le dernier but de toute science ; une simple accumulation de détails, de faits a peu de valeur. Mais, d'après Bacon, l'intelligence humaine ne doit pas s'élever immédiatement du fait isolé aux axiomes les plus généraux pour rechercher à partir de ces derniers les axiomes intermédiaires ; il doit au contraire monter lentement, et par degré, du plus inférieur jusqu'au plus élevé ; nous devons attacher ou appliquer à l'esprit une surcharge de poids afin de modérer son vol. L'expérience et le syllogisme doivent se compléter réciproquement l'un l'autre. Les théories n'ont pas une valeur « définitive », mais seulement « provisoire »; aussi faut-il que la philosophie avance avec le temps et se laisse porter par son courant. La science des causes « surnaturelles », c'est la théologie révélée ; celle des causes « naturelles », c'est la philosophie, de telle sorte que la limite qui sépare la théologie et la philosophie, la science et la foi, est indiquée d'une façon très précise. Toutes les choses, depuis la plus inférieure jusqu'à la plus élevée, forment une « échelle graduée » etc. La philosophie est incapable d'expliquer l'esprit : il est incompréhensible.

On sait quel ascendant les principes de Bacon ont pris dans les sciences naturelles et expérimentales, tandis que jusqu'à présent ils semblent avoir passé à peu près sans laisser de trace à côté de la philosophie scolastique proprement dite, au moins en Allemagne ; et l'erreur perpétuelle, qu'il est possible de penser d'après des notions sans expérience, a été la base, le point de départ de la philosophie idéaliste qui ne put et ne peut pas résister à la tentation séduisante de résoudre le problème de l'existence par le simple moyen des opérations de la pensée. Mais, au fond, elle n'a en définitive toujours servi qu'à la théologie, qui, en suivant un chemin beaucoup plus court et plus commode, est arrivée depuis longtemps au point que la philosophie n'a toujours atteint qu'au prix d'efforts multiples et cependant infructueux. Si l'on arrive aujourd'hui à reconnaître généralement que l'action de penser est impossible sans expérience, et que toute opération de la pensée doit avoir été précédée d'une expérience et d'une perception ; que toutes les choses n'existent que l'une pour l'autre et ne sont rien s'il n'y a pas entre elles de rapports réciproques ; que par conséquent une « chose en soi » (Ding an Sich) ou bien n'existe pas, ou bien ne peut cependant pas être reconnue par nous, attendu qu'elle n'est nullement en rapport avec d'autres choses, et qu'il n'existe que des choses au milieu d'autres choses ; alors certainement la philosophie prendra un tout autre caractère que celui qu'elle avait jusqu'à présent ; mais aussi, son domaine se trouvera restreint d'une façon réellement digne d'une sérieuse réflexion. Car ce qui paraissait être jusqu'ici la tâche de la philosophie deviendra de plus en plus la tâche et l'objet des différentes sciences, attendu que tout ce qui est déduit d'une expérience solide à l'aide de conclusions exactes porte en soi plus ou moins le caractère de la « certitude » et par là ne peut plus être l'objet de la philosophie proprement dite, mais signifie au contraire un enrichissement de nos connaissances positives. Loin de pouvoir être regardé comme un « préjudice », cela ne peut au contraire que signifier une marche toute naturelle du développement des recherches. Car, dès le principe, les conditions ne pourraient pas avoir été différentes ; et, à mesure que chacune des sciences fait des progrès, on voit son domaine s'étendre constamment aux dépens de la philosophie. Les « anciens » philosophes, par exemple, ont cependant examiné ou introduit dans le cercle de leurs discussions une quantité de sujets dont aujourd'hui personne ne s'attend plus à trouver la solution dans la philosophie, mais seulement dans les différentes sciences : entre autres, la constitution du ciel et des étoiles, la configuration de la terre, la cause de certains phénomènes géologiques, tels que les inondations, les tremblements de terre, etc., les sujets relatifs à la géographie, les questions relatives à la composition intime ou chimique des corps, les conditions de la vie organique, etc. Ce que l'on appelle « philosophie d'Aristote » embrasse même tout le domaine des connaissances théoriques et pratiques de son époque. Mais, à mesure que les connaissances elles-mêmes avancent sous le rapport de leur sujet et de leur étendue, elles s'éloignent d'autant du centre philosophique et commencent à se partager entre les différentes branches spéciales. Si la philosophie perd ainsi pas à pas du terrain comme science particulière, elle en regagne certainement d'un autre côté, en ce que les matériaux de l'expérience mis à sa disposition pour être élaborés prennent une étendue toujours plus grande, un avantage dont il faudra faire d'autant plus de cas que la philosophie se rapproche davantage de l'expérience dans le sens des opinions exprimées ici et s'efforce aussi davantage de se réunir à elle. Ce qu'elle perd donc ainsi en notions situées en dehors de l'expérience, elle le regagne de nouveau abondamment dans l'expérience et dans la réalité même, puisque cette réalité, sans limite et sans fin, comme nous le savons, offre à nos recherches un champ inépuisable et ouvert dans toutes les directions. Si l'on se rappelle les progrès extraordinaires accomplis par les sciences positives dans les dernières dix années, la multiplication presque incroyable de nos connaissances dans une foule de questions et de sujets de la plus haute importance, qui semblaient auparavant absolument inaccessibles à nos recherches, on ne peut en réalité regarder dans l'avenir qu'avec un sentiment d'orgueil et d'espérance, et l'on n'a pas à déplorer la perte des systèmes de philosophie idéaliste en comparaison des résultats déjà obtenus et de ceux que l'on obtiendra encore.

Apelt (*Théorie de l'induction*, 1854 : *Theorie der Induction*), dans un examen approfondi de la méthode à employer dans les recherches philosophiques, arrive également à des résultats absolument pareils à ceux que nous venons d'exposer.

« Nous ne pouvons pas, dit-il dans sa préface, construire *à priori* la nature des choses par le moyen de principes philosophiques ; mais nous pouvons seulement appliquer des principes philosophiques à l'expérience, pour expliquer la connexion des faits donnés empiriquement ». Les notions ne sont, d'après Apelt, que le reflet de la chose perçue (des Angeschauten), et sans cette dernière elles sont nues et sans valeur, tandis qu'une chose perçue possède une substance, autrement dit, « est », même sans notions. Le pouvoir magique de l' « induction » consiste, suivant lui, en ce que celle-ci permet de reconnaître la loi par la réunion des observations et des faits ; elle constitue la méthode qui ramène les connaissances à leurs principes, et le pont qui conduit des faits à la loi, des vérités accidentelles aux vérités nécessaires de la raison. Elle donne l'impulsion à la contemplation dite « combinante » de la nature, qui recherche l'homogénéité dans la diversité des phénomènes hétérogènes de la nature, et se trouve réellement bien chez elle dans la physiologie de l'organisme et dans l'histoire de la terre. « Les lois naturelles, est-il dit à la page 106, sont les dernières raisons explicatives, les derniers principes de notre examen sur la nature des choses. Nous ne devons par conséquent jamais nous en rapporter à la volonté de Dieu, ou à une théologie conforme à cette dernière, lorsqu'il s'agit d'expliquer les phénomènes de la nature. Des raisons explicatives basées sur la téléologie sont inadmissibles dans les sciences naturelles. »

Tout ce qui précède ne doit pas nous égarer et nous amener à la croyance, devant laquelle reculera l'empirique même le plus endurci, que l'expérience est déjà par elle-même une science et une philosophie, et qu'elle se suffit à elle-même pour en fonder une semblable. Zimmermann, aussi bien qu'Apelt, dirigent tous leurs efforts à montrer que l'expérience doit commencer par être élaborée, réfléchie en raison de la loi de la pensée, pour rendre possible l'établissement de principes et par là celui d'une science et d'une philosophie. Il existe donc cependant déjà, dans ce que nous appelons expérience, les premiers germes d'une semblable élaboration, et l'expérience ne consiste pas, ainsi que le pense un certain nombre, dans une simple accumulation ou juxtaposition de faits établie sans plan, mais dans une liaison, dans un enchaînement de ces faits entre eux, opération qui doit se faire d'après les lois de la logique et l'emploi de la raison. Un tel procédé est déjà absolument indispensable pour fonder une expérience véritable, par cette seule considération que dans la nature même les faits ne sont pas juxtaposés sans règle ou ne le sont qu' « en apparence », mais que dans la réalité ils sont partout sous la dépendance de « lois » générales qui leur servent de base. Ici donc commence déjà la possibilité ou le danger de l'erreur, et les sciences expérimentales, ainsi que leur histoire, montrent assez clairement combien ce danger est grand. La difficulté de faire une science exacte, en d'autres termes, de tirer de simples perceptions des sens des faits généraux et répandus, est souvent hérissée d'obstacles bien plus grands que l'élaboration, par la voie spéculative, de faits une fois solidement établis, et donne assez souvent lieu aux erreurs les plus lourdes et suivies des plus graves conséquences. Combien de choses n'a-t-on pas essayé d'introduire par contrebande dans la science ou dans la connaissance générale sous le nom respectable et sous le masque de l'expérience! Quelle est l'absurdité même la plus épaisse, quelle est la superstition si palpable qu'elle fût, qui ne se soit pas réclamée et ne continue pas de se réclamer d'elle! Ainsi, dès le premier moment où a été solidement établi ce que l'on se croit autorisé à appeler « expérience », commence l'activité de l'intelligence humaine qui règle et examine, qui sépare le vrai du faux ; combien ce travail de l'intelligence ne doit-il pas être plus énergique encore, alors qu'elle se met à régler suivant des points de vue d'ensemble les matériaux fournis par l'expérience et à poursuivre leur élaboration pour arriver à des conclusions de plus en plus générales dans le sens de la science systématique! Or ici, comme on sait, l'on se dispute beaucoup sur la « méthode » à employer pour tirer les conclusions, et l'on veut, dans les temps les plus récents, préférer la manière dite « inductive » des sciences naturelles, ou l'argumentation par laquelle on s'élève du particulier au général, à la manière « déductive » de la philosophie ou à l'argumentation par laquelle on descend du général au particulier ; bien que, comme nous le pensons désormais, cette dispute n'ait pas de véritable raison d'être, attendu que ce qui importe le plus ici, c'est moins la méthode employée pour conclure que la matière qui sert de base à cette méthode. Car, lorsqu'on est une fois arrivé au point où les matériaux fournis par l'expérience se trouvent être élaborés par la spéculation, suivant la loi de la pensée, dans l'intérêt de la philosophie ou dans celui d'une science spéciale, peu importe, la méthode particulière employée n'offre plus cependant aucun intérêt, et l'on ne peut pas, sans nécessité, imposer à l'esprit humain une chaîne restrictive ; mais il faut au contraire lui laisser l'usage libre de toutes les méthodes, pourvu seulement qu'elles conduisent au but, c'est-à-dire à la recherche et à un fondement plus solide de la vérité. De fait, l'expérience elle-même montre aussi qu'à chaque occasion de ce genre toutes ces méthodes en réalité sont d'ordinaire employées alternativement ; qu'à chaque examen scientifique ou philosophique elles jouent indifféremment les rôles les plus variés, et que l'expérimentation même la moins importante ne peut pas être faite sans qu'on se livre à une opération de la pensée, dépassant de beaucoup la simple expérience, ou sans qu'on établisse une hypothèse. Pour arriver sur la trace de la vérité, l'on utilise l'induction et la déduction, la synthèse et l'analyse, l'explication et l'hypothèse, l'analogie et l'abstraction, la théorie, la critique et l'histoire ; on peut également, en cas de besoin, les employer dans la philosophie, mais avec la condition de ne pas perdre de vue le rapport de cette dernière avec l'expérience, et de ne pas employer ces méthodes pour opérer en dehors de l'expérience ou, encore moins, se mettre en conflit avec elle, en prenant pour base des notions par trop étendues ou non expérimentales. Il est parfaitement clair que le danger ou la tentation de tomber dans cette faute se présente bien plus facilement dans la manière déductive de la philosophie que dans la manière inductive des sciences naturelles, et que de ce côté (danger ou tentation) la philosophie est menacée même là où originairement elle avait pris l'expérience pour point de départ ; mais cette faute peut être évitée sitôt que, même dans le cours de chaque examen, nous nous rappelons que l'expérience est constamment la source primitive à laquelle nous devons boire; et que toutes ces méthodes doivent nous servir plus à interpréter les faits de l'expérience et à les mettre en rapport les uns avec les autres qu'à les construire de notre propre autorité suivant la manière de la philosophie spéculative. Dans ce sens et sous cette condition, quiconque n'entreprend ou n'institue en général que des recherches scientifiques est déjà, à proprement parler, un philosophe, et comme tel, il ne peut non plus réellement savoir d'emblée jusqu'à quel point un examen de ce genre ne l'entraînera pas peut-être, dans ses conséquences plus lointaines, sur le terrain de la philosophie même. Sous cette condition également, il ne pourra plus être question de l' « opposition entre la philosophie et l'expérience » admise jusqu'à présent, puisque ces deux ne se combattent plus, mais au contraire se soutiennent mutuellement; et même l'opposition entre l'expérience et le syllogisme, ou l'opposition entre l' « empirisme » et la « spéculation » qu'on lui a substituée sans doute à dessein, tombe pour ainsi dire d'elle-même, puisqu'ils doivent reconnaître tous deux que leur intérêt repose sur leur union réciproque et que l'un n'est rien sans l'autre. Cela est cependant reconnu déjà depuis longtemps dans les sciences expérimentales! Combien plus cela ne doit-il donc pas être reconnu dans la philosophie, à laquelle incombe particulièrement, dans le sens moderne, l'élaboration des matériaux de l'expérience par les différentes voies des opérations de la pensée! La « spéculation » par elle-même ne peut être rien de nuisible; au contraire, elle est indispensable dans les sciences et la philosophie, et ce n'est que sur la manière fausse dont elle a été jusqu'à présent employée dans la philosophie que doit, semble-t-il, retomber tout le blâme qu'on a accumulé sur elle! Il est hors de doute qu'il doit aussi lui être permis, lors de l'élaboration des matériaux de l'expérience mis à sa disposition, d'aller, en s'appuyant sur des maximes appelées « conductrices », bien au delà de ces matériaux, et de chercher la conciliation, sous des lois, entre les phénomènes de la nature et ceux de l'esprit, ou la connexion et l'explication de ces phénomènes, là où les recherches expérimentales n'ont pas encore pénétré et n'ont même pas la perspective de jamais pouvoir pénétrer. Pour donner une idée du degré auquel la spéculation peut de cette façon prendre les devants sur l'expérience, nous citerons, par exemple, les systèmes des anciens philosophes, notamment des philosophes appelés « cosmologues », qui, s'appuyant sur la connaissance la plus insuffisante de la nature, établirent déjà sur la formation de l'univers, etc., des théories très rapprochées de nos opinions actuelles basées sur des recherches vieilles de plusieurs milliers d'années. Et l'histoire des sciences elles-mêmes montre que, sur la base de matériaux d'expérience très peu nombreux, on éleva continuellement des théories qui n'attendaient leur confirmation que de l'expérience de l'avenir, confirmation qu'elles reçurent aussi, complètement ou seulement en partie. Bien plus, une grande partie même de nos sciences expérimentales, et peut-être la meilleure, n'est pas la conquête ni l'émanation de l'expérience et de l'observation, mais est acquise comme le résultat d'une contemplation de la nature, tantôt spéculative, tantôt faisant des combinaisons : ainsi, par exemple, ce que nous savons sur l'histoire de la terre ou sur les phénomènes physiologiques qui se passent dans l'intérieur de l'organisme. Nos connaissances là-dessus seraient presque égales à zéro, si nous étions obligés de nous tenir exclusivement à une expérience et une observation immédiates. Ainsi la spéculation, comme telle, ne peut pas être une propriété exclusive ou principale de ce qu'on appelle la « philosophie idéaliste »; au contraire, elle peut et doit être utilisée par la « philosophie expérimentale » aussi bien, si ce n'est à un plus haut degré, que par la première. Car, si l'on considère la chose dans son véritable jour, on arrive à ce résultat, en apparence singulier, que la philosophie idéaliste porte en définitive un caractère beaucoup moins spéculatif que la philosophie expérimentale, attendu qu'elle ne demande et ne recherche pas partout, comme celle-ci, les rapports réellement intimes des choses, mais qu'au contraire elle se met superficiellement et sans scrupule au-dessus d'une foule de difficultés des plus sérieuses, au moyen de quelques hypothèses générales non prouvées ou impossibles à prouver, — ou, en d'autres termes, en déclarant tout simplement qu'une grande quantité de faits d'expérience sont inexplicables par eux-mêmes, en les faisant dériver conséquemment de causes absolument inconnues en elles-mêmes, surnaturelles, arbitrairement établies, et finalement en s'épargnant, d'une façon commode, la peine de réfléchir et de pénétrer plus profondément dans le sujet même. Car, tandis que la philosophie expérimentale ne recule pas devant cette action d'approfondir et ne se tient pas pour satisfaite de semblables hypothèses générales, non tirées de l'expérience, mais s'efforce au contraire, ou bien de ramener tous les phénomènes qu'elle rencontre à des lois connues, ou bien de découvrir des lois nouvelles pareilles, la philosophie idéaliste croit avoir fait assez lorsque, pour expliquer des rapports inconnus, elle intercale un mot ou une notion, mais qui n'explique rien, précisément parce que ce mot ou cette notion même a besoin tout d'abord d'une explication et ne contient en définitive qu'une périphrase ou une manière apparente de masquer notre ignorance. Des mots ou des notions de ce genre sont, par exemple, « instinct », « force vitale », l' « âme », l' « absolu », la « loi morale », etc. Ce qu'il y a d'obscur ne devient pas plus clair par ces expressions, mais au contraire encore plus obscur, attendu qu'en séduisant des esprits faibles cela les amène à croire qu'ils sont en présence d'une explication là où cette explication fait en réalité complètement défaut, et à se tranquilliser auprès de certaines locutions sur les problèmes les plus difficiles de l'investigation, tandis que la philosophie expérimentale ne s'écarte pas de son chemin en face de ces problèmes, mais au contraire cherche ou bien à les résoudre, ou bien, là où elle est impuissante, à les poser comme des lacunes dans nos connaissances, lacunes qui sont à combler ultérieurement. Malgré cela, ces lacunes ne peuvent pas s'opposer à ce que, s'appuyant sur les faits d'expérience, on mette en rapport entre eux et en connexion des objets ou des phénomènes qui, à une simple contemplation extérieure, semblent s'écarter beaucoup les uns des autres, quand même l' « explication » de ces rapports ou de cette connexion (Zusammenhang) est encore aujourd'hui absolument impossible ou qu'on ne peut même pas espérer de pouvoir y arriver. Si, par exemple, — pour appliquer ce qui précède à un point de controverse très-important, bien à sa place ici, — on objecte d'ordinaire au matérialisme psychologiste (avec l'approbation des masses ignorantes et les criailleries des écrivains salariés) que « l'esprit ne peut pas trouver son explication dans la matière », ceux qui font une objection pareille se mettent à peu près dans la situation de ce voiturier qui ne voulait pas se laisser persuader que la locomotive, passant rapidement devant ses yeux, ne devait pas renfermer, caché dans ses flancs, « un cheval » comme véritable moteur, ou aussi dans celle de ces anciens qui croyaient devoir attribuer le mouvement des planètes à des êtres célestes invisibles qui les conduisaient en quelque sorte par la lisière. Car, de même qu'un homme, absolument étranger aux lois de la mécanique, et ne possédant pas la moindre notion sur la construction intérieure d'une pareille machine et de ses ressorts conducteurs, ne peut pas, lorsqu'il se trouve placé tout à coup devant elle, considérer son mouvement comme provenant de la machine elle-même, mais doit croire à une puissance quelconque, secrète et invisible, cachée dans son intérieur et la prendre pour la cause évidente de sa manifestation vitale, — de même l'intelligence humaine, en face de ce rapport merveilleux nommé plus haut, et ne possédant aucune lumière sur ses ressorts cachés, ne peut pas se décider à « ne pas » croire à une cause semblable, secrète et invisible. Bien plus, si l'on voulait permettre à cet homme d'examiner avec la plus grande précision la machine et ses différentes parties ; si l'on voulait lui montrer que, par la destruction d'une seule de ces parties, l'activité de cette machine se trouve supprimée ou rendue défectueuse ; — tout cela modifierait difficilement son impression, ne le ferait guère revenir sur son opinion, si on ne lui met pas en main la clef de l'énigme, ou si l'on ne lui fournit pas la connaissance systématique des principes sur lesquels la machine est construite ; de même absolument que tous les faits d'expérience sur les rapports existant entre le corps et l'âme ne peuvent pas convaincre le spiritualiste que ses opinions sont erronées. L'auteur n'ignore certes pas qu'il existe des savants très-distingués et n'appartenant pas précisément à la philosophie idéaliste, qui, de même par exemple qu'Apelt, déjà nommé, sont convaincus que « le corporel et le spirituel sont séparés par un abîme impossible à combler, par-dessus lequel la science humaine sera toujours dans l'impuissance de jeter un pont » ; mais cela ne peut pas empêcher le philosophe expérimental de ne pas regarder cet abîme comme un abîme de la réalité, mais au contraire de le regarder seulement comme une lacune existant dans nos connaissances. Car, si c'était un abîme ou une lacune de la réalité, cela constituerait une déchirure à travers la nature et l'univers même, déchirure irréparable, et rendant impossible toute science positive ; et l'homme avec sa vie, moitié corporelle, moitié spirituelle, descendrait à l'état d'être hybride ou bâtard, misérable, alternativement ballotté entre le ciel et la terre, sans but et sans conseil, semblable à ces marionnettes électriques qui montent et descendent en dansant entre deux pôles opposés, ou à ces anges déchus qui, tout en ayant dans le cœur la conscience du ciel, n'en sont pas moins rivés aux enfers [1]. L' « expérience » heureusement tient un tout autre langage, et, à la philosophie qui s'appuie sur elle pour ses recherches, elle donne en main des maximes conductrices, qui ne sont pas, comme la philosophie idéaliste, empruntées au domaine de la foi ou de l'ignorance, mais au contraire sont puisées dans celui de la science. Pour lui en témoigner sa reconnaissance, la philosophie s'institue le guide de l'expérience, sotte et maladroite par elle-même, lui indique les voies qu'elle doit suivre dans ses recherches ultérieures et réunit les résultats qu'elle a obtenus, dans un ordre systématique et sous des points de vue d'unité ou d'ensemble. Au lieu de nous livrer à d'autres considérations encore, qui pourraient trouver ici leur place, sur la valeur positive et négative de l'expérience et sur ses intéressants rapports avec la science et la philosophie, nous aimons mieux terminer cet article avec les paroles suivantes de Whewell, le célèbre historiographe des sciences inductives : « Sans lois, les faits n'ont entre eux ni lien ni connexion ; sans faits, la loi n'a pas de réalité. Ce n'est que dans la réunion des deux que consiste la connaissance ».

[1] « L'homme, ainsi que s'exprime textuellement le grand chimiste, mais le petit philosophe Liebig, dans son mémoire sur Bacon de Verulam (Munich, 1863), à la page 54, l'homme est précisément un être double, un animal qui loge un esprit ; l'animal a à soigner pour la maison et pour le ménage ; aussi longtemps qu'il manque quelque chose à ces derniers, l'esprit ne peut pas vaquer à ses propres affaires ». Il est clair que là où des conceptions pareilles, prises à la superficialité la plus nue, règnent encore parmi les grands savants, il est difficile de compter sur une amélioration de situation dans le domaine de l'esprit.

XXV

SUR L'ORIGINE DE L'AME [1]

(1862)

Qui ne serait pas désireux et impatient de mettre la main sur un écrit qui, d'après son titre, nous promet de fournir des éclaircissements sur un sujet aussi important et obscur que l' « origine de l'âme » ? Sans doute, à un pareil désir vient tout aussitôt se mêler la crainte, qui n'est que trop fondée par des expériences antérieures, que l'espoir éveillé par le titre ne puisse pas être réalisé. Mais nous sommes déjà content si l'on nous offre ne fût-ce qu'un grain de vérité, quelque petit qu'il soit, sur des choses qui semblent se railler à un si haut degré de toute investigation exacte. Et, réellement, l'auteur du travail dont nous allons parler prend, dans l' « introduction » de son étude psychologique, un élan tel, qu'il ne nous coupe pas cet espoir, au moins pas d'emblée. Dans l'homme « fait », c'est-à-dire « devenu tel » (geworden), ainsi que l'auteur l'explique dans son introduction, nous rencontrons seulement des moments d'une action simultanée unitaire (visant à l'unité) de deux forces, ou de la nature particulière de l'homme et du monde extérieur, et dans ce concours il n'est plus possible de découvrir la part qui revient spécialement à chacun de ces deux moments. Il en résulte que, pour approfondir la « nature intime de l'homme », il ne reste pas autre chose que de jeter son re-

---

1. *Zur Enstehung der Seele*, eine psychologische Untersuchung, von Dᵣ Heinrich von Struve, Tübingen, 1862. *Sur l'origine de l'âme*, étude psychologique, par le Dᵣ Henri de Struve, Tubingue, 1862.

gard dans les profondeurs de la vie « au moment où elle prend naissance » (« werdendes Leben »). Comme en effet toute connaissance psychologique de soi-même repose avant tout sur la conscience de soi-même, mais que celle-ci signifie seulement un degré de développement dans la vie de l'homme, et que, par là, la connaissance de soi-même n'est que la connaissance d'un moment isolé dans ce progrès du développement, il faut que l'anthropologie tout entière soit de plus en plus refoulée dans l' « histoire du développement ». De même que le chimiste remonte aux matières premières, de même celui qui s'occupe d'anthropologie doit remonter aux derniers éléments, aux éléments les plus simples de la formation de l'homme. C'est ainsi qu'a pris naissance la question de l'origine de l'âme, et l'homme a toujours rattaché la question de la « nature ». de l'âme à celle de sa « provenance » (« Woher »?). Malheureusement les recherches empiriques ou les sciences naturelles, auxquelles — certainement avec raison — l'auteur reproche le manque d'un avancement systématique, n'ont ici, selon lui, presque rien produit dans les derniers temps; elles sont dirigées par trop sur le « réel » et oublient qu'elles doivent, elles aussi, fournir leur contingent pour la connaissance « essentielle » (!) (« wesentlich ») de la nature et de l'homme, tandis que l'explication empirique des phénomènes ne constitue cependant que le « moyen » d'arriver à la connaissance essentielle de ces deux. Mais un examen de ce genre doit cependant être fait; car, dans la vie « arrivée à l'état de fait » (geworden), nous ne trouvons aucun point d'appui qui nous permette de résoudre le « dualisme » abstrait entre le corps et l'âme, dans lequel cette dernière se comprend par elle-même et se distingue elle-même de l'autre; il en résulte que, si une telle solution est possible, elle ne peut être trouvée que dans le processus commun et inséparable du développement du corps et de l'âme. Et les sciences exactes nous ont déjà fourni au moins de beaux « travaux préparatoires » pour favoriser la solution de la question. Comme étude préliminaire pour cette solution, l'auteur distingue et critique trois directions philosophiques données à la manière de considérer la nature de l'âme : le « matérialisme », le « spiritualisme » et une direction médiatrice dont il se déclare le partisan, la direction « idéaliste-réaliste » ou « réaliste-idéaliste ». En deux pages, il expédie avec des expressions du plus profond mépris le « matérialisme », cet enfant d'un autre lit (« Stiefkind ») ou ce souffre-douleur (« Aschenbrödel ») de la philosophie, et il exige de la part des matérialistes que, pour prouver l'exactitude de leurs thèses, ils produisent des êtres pensants en les faisant sortir de cornues comme par enchantement! Avec cette remarquable exigence, qui trahit certainement chez notre philosophe un point de vue légèrement enfantin et n'éveille pas une opinion préconçue favorable à ses capacités critiques, celui-ci n'a sans doute pas songé qu'on aurait absolument le même droit d'exiger de la part des philosophes que, pour prouver l'exactitude de leurs thèses, ils fassent sortir comme par enchantement de leurs notions philosophiques des êtres qui mangent, digèrent, se promènent sur les pieds, etc., — et ici les philosophes auraient encore cet avantage : c'est que, dans l' « exercice de la magie » en général, ils ont l'avance sur les matérialistes. En cela seulement nous sommes d'accord avec l'auteur : c'est lorsqu'il pense que le matérialisme ne peut rien répliquer à ses thèses, attendu qu'il y a, comme on sait, des assertions auxquelles aucune personne sensée ne peut répliquer autre chose que — Rien !

L'auteur accorde un peu plus d'attention au « spiritualisme », qu'il caractérise comme l'expression d'un « dualisme » d'esprit et de matière. Mais ce dualisme, suivant lui, ne peut pas se justifier empiriquement, attendu que nous ne trouvons nulle part ces notions abstraites réalisées dans leur isolement et que déjà leur définition elle-même ne se laisse pas établir d'une manière isolée ; combien donc sommes-nous moins en mesure de le faire pour la nature même ! « La séparation entre extérieur et intérieur, est-il dit à la page 15, n'est en général qu'une capacité ou aptitude logique de l'homme, qui, sans aucun doute, fait avancer ces connaissances d'une manière essentielle, mais qui souvent l'entraîne à s'abandonner à l'illusion de croire que cette séparation abstraite qui a pris racine en lui est une séparation existant réellement aussi dans le monde extérieur ». Et plus bas, dans d'autres passages : « Le dualisme croit voir se manifester avec l'organisme une force essentiellement nouvelle dans la nature, mais il oublie avec cela que si la nature doit être une unité parfaitement séparée en elle-même, comme elle l'est au reste empiriquement, il ne peut absolument rien exister en elle d'essentiellement différent : car la différence essentielle supprime la possibilité de tout rapport réciproque ».

— « Mais ces nouveaux rapports et ces nouvelles causes qui donnent naissance à l'organisme ne tombent pas sous la notion d'une force vitale se manifestant nouvellement, essentiellement différente de toutes les autres forces ; nous y voyons au contraire une augmentation de puissance et une intensité de développement des forces de la nature déjà existantes ; c'est essentiellement une seule et même vie absolue, inhérente à la nature entière, qui seulement se manifeste là dans des lois chimiques et physiques, et ici dans des lois organiques et psychiques ». — « Si la matière, ou, pour éviter les équivoques, si l'être possède la faculté de se résumer dans un être conscient, il faut de toute évidence le distinguer de celui qui ne possède pas cette faculté ; mais cette distinction ne fournit absolument pas encore une différence « essentielle » ; mais c'est le propre de cette faculté de se distinguer soi-même, comme être, de tout autre être, mais cette distinction de soi-même ne suffit encore pas du tout pour permettre de conclure que l'être qui se distingue « doit » être essentiellement différent de l'être qui ne possède pas cette faculté ». — Et enfin : « Si nous saisissons ces deux choses ou notions exclusives (« Einseitigkeiten ») dans leur rapport avec l'esprit de la philosophie d'aujourd'hui, nous sommes obligés de convenir que toute la marche de la spéculation actuelle nous paraît bien plutôt tendre à réunir ces deux oppositions si raides qu'à continuer à les développer chacune de son côté, etc. »

Ici, l'auteur caractérise de conception au moins « à moitié dualiste » la théorie connue de J. H. Fichte de l' « un dans l'autre » (« Ineinander ») et de l' « identité de nature intrinsèque » (« innere Wesensgleichheit ») entre le corps et l'âme, théorie dans laquelle, malgré cette identité, ces deux doivent être encore des « substances différentes » et avoir une origine séparée, etc. ; et il veut par contre, au moyen de sa propre direction, opérant une fusion de l'idéalisme et du réalisme en « un » système, — ou de son « idéalisme-réalisme », comme il l'appelle, — il veut, disons-nous, démontrer empiriquement que « l'on peut séparer l'âme dans ses facteurs générateurs », de même aussi que l'âme prend naissance empirement et réellement dans le corps et avec le corps phénomène, dans lequel l'élément « physique » et l'élément « psychique » exercent l'un sur l'autre une action réciproque telle, qu'il faut rejeter une séparation des deux sous quelque forme que ce soit, et se représenter leur connexion non pas comme un rapport extérieur et fragile, mais comme une union essentielle et organique.

Maintenant ces hypothèses, saines en elles-mêmes et se rapprochant beaucoup du matérialisme si méprisé, n'empêchent certainement pas l'auteur, en poursuivant ses explications ou expositions, de tomber de plus en plus dans les vieilles et éternelles fautes de la philosophie spéculative et de transporter dans la nature ses opinions catégoriques préconçues, au lieu de déduire ces opinions de la nature avec circonspection et graduellement. Le deuxième chapitre a pour objet l' « origine du nouveau en général et de l'homme en particulier », et de nouveau, comme il nous l'assure, en s'attachant à ce qui est donné empiriquement. Ici, suivant l'auteur, nous rencontrons dans toute la nature une loi profonde, irréfutable, d'après laquelle aucune vie nouvelle ne peut tirer son origine d'elle-même, mais surgit comme une troisième vie de deux différences (« Verschiedenheiten ») déjà existantes. Il n'existe absolument pas de génération spontanée, directe et individuelle (?), et les expériences ou observations contradictoires sont pour le philosophe faciles à interpréter d'une tout autre manière.

Or, l'action réciproque exercée par ces deux différences l'une sur l'autre peut, suivant l'auteur, s'opérer, dans les différents règnes de la nature, de trois manières : par « jonction » (« Zusammenfügung »), par « combinaison » (« Mischung ») et par « pénétration » (« Durchdringung »), la jonction représentant le degré le plus inférieur, et la pénétration le degré le plus élevé. Dans le monde « organique », l'union s'opère par le moyen de deux « facteurs générateurs » (« genetische Factoren ») qui par leur réunion forment le troisième. « L'origine de l'homme est due à une pénétration réciproque de ses deux facteurs générateurs, et cela de telle façon, que déjà le premier moment de son origine dans l'acte de la génération exige la pénétration réciproque de ses facteurs et de leurs éléments ou principes constitutifs ».

Dans le troisième chapitre enfin, le sujet est serré d'un peu plus près, et l'auteur examine d'une manière plus approfondie les « facteurs générateurs qui déterminent l'apparition de l'homme », tout d'abord les facteurs corporels, ou le « sperme » et l' « ovule », qui, d'après les recherches les plus récentes, ne se juxtaposent pas seulement, mais au contraire « se pénètrent » formellement. Ici, M. de Struve a pénétré si profondément dans la véritable intimité de cet intéressant phénomène, et cela en suivant la voie philosophique, que, pour lui, « l'union du sperme et de l'ovule, en général, n'est plus un processus ou phénomène mystérieux, dont le but nous serait encore inconnu, mais elle nous apparaît comme la réunion, l'union des notions de la « mobilité » (« Beweglichkeit ») et de l' « activité » (« Activität ») réalisées d'une manière concrète dans une matière avec les notions de la « conservation » (« Erhaltung ») et de la « réceptivité » (« Receptivität »), également réalisées d'une manière concrète dans une autre matière, et la réunion de ces deux groupes de notions forme précisément ce que par abstraction l'on appelle organisme et vie, c'est-à-dire qu'elle constitue entre la mobilité et la conservation, entre l'activité et la réceptivité, des rapports tels, que ces quatre sont enchevêtrées l'une dans l'autre d'une façon particulière ». (Très particulière, en effet, tellement particulière que la « réceptivité », pour cette espèce de philosophie, suppose encore d'avance un appareil de réception tout particulier!) Mais écoutons encore plus loin! La « formation de liquides » et la « formation de cellules » se montrent à nous désormais comme les deux principes qui, représentés par les deux substances génératrices, engendrent l'organisme et déterminent aussi sa composition ultérieure. L'âme aussi prend naissance comme tout ce qui est fini, c'est-à-dire empiriquement et d'après les lois générales de la naissance, en ce qu'elle se forme aux dépens de deux facteurs originels, sans que cependant dans ce phénomène il soit nécessaire d'admettre une « séparation » proprement dite des deux âmes génératrices. Il faut ici « regarder, comme un fait empirique acquis, que les deux facteurs formant l'âme doivent être contenus dans les substances génératrices physiologiques en qualité de contenu particulièrement psychique de la partie physique; que dans les substances génératrices seules se manifeste l'action des forces qui appellent l'âme à l'existence empirique », — doctrine ou théorie avec laquelle l'auteur, cela ne fait pas de doute, se fourvoie profondément dans le « matérialisme brutal ». Il faut, suivant lui, considérer comme une « abstraction fantastique » l'âme générique (« Gattungsseele ») sur laquelle, pour échapper à cette conséquence, on avait autrefois basé l'âme nouvelle à sa naissance comme sur une force créatrice de développement, indépendante des âmes provenant des parents. Car, « les deux parents, individus de sexe différent, ainsi que les substances génératrices qui en proviennent, sont les seuls moyens par lesquels l'union sexuelle produit l'âme nouvelle ; la copulation indépendante de ces deux moyens est un « rien », une « inanité », et « les conceptions spéculatives préconçues sur l'âme considérée comme un être inséparable, simple, conceptions qui de plus s'opposent à ce qu'on admette la possibilité, pour l'âme, de prendre naissance empiriquement, ces conceptions ne peuvent pas le moins du monde suspendre les recherches commencées sur la genèse de l'âme, etc. »

En quoi consistent maintenant ces deux facteurs générateurs de l'âme si souvent nommés, qui appellent le « moi » à la vie comme une apparition empirique? L'auteur cherche à résoudre cette question en écartant d'abord toutes les théories, dites dialectiques, du développement du moi qui ne fournissent pas d'explication, mais éludent seulement le véritable problème, puis en admettant un « moi » dit « subjectif » et un « moi » dit « objectif », dont l'union organique réciproque représente le moi empirique composé d'une dualité de « moi » ou l'âme. Il est certain que de notre état de développement il nous est impossible de tirer une conception plus profonde et plus précise de ces différents « moi » dans leur isolement, et pour la spéculation abstraite cela reste un « problème insoluble de comprendre comment un « quelque chose » (« Etwas ») peut arriver à un état d'isolement (« Abgeschlossenheit ») intérieur tel, que non seulement il possède la connaissance de cet isolement, mais en même temps la connaissance de son isolement intérieur en opposition avec l'extérieur ». — « Moi » et « non-moi » sont deux notions qui sont tout simplement sans corrélation, et cependant dans le « moi » empirique elles sont mises entre elles dans un rapport réel intime, ce qui, d'après l'auteur, se reconnaît seulement par ce fait : c'est que cette opposition « même » forme le moi empirique; ou, en d'autres termes, « deux moi dictincts, séparés, sont les facteurs générateurs du moi empirique ». — « Ceci étant appliqué aux « sexes », il se trouve tout d'abord que chez l'homme c'est le « moi subjectif » qui prédomine, chez la femme le « moi objectif » et, qu'ainsi, les deux acteurs générateurs psychiques se répètent en eux, celui de l'homme comme activité prédominante de la pensée, celui de la femme comme activité prédominante du sentiment, etc., etc. Il faut attribuer ici à la substance particulière du sperme et de l'ovule une vie réellement psychique, et les matières génératrices ne sont pas seulement des produits physiques, mais aussi des produits psychiques fournis par les organismes des parents, dans lesquels la « force sexuelle » (« Geschlechtskraft ») se réalise comme une puissance issue organiquement de la vie psychique des parents, spontanée, exerçant son action de l'intérieur de son propre centre vital vers l'extérieur ». (11). C'est aussi dans cette vie psychique des matières génératrices qu'il faut chercher la seule explication de l'instinct sexuel (Geschlechtstrieb)! Les âmes du sperme et de l'ovule sont en quelque sorte le moi subjectif et le moi objectif, etc. Mais, avec cela, l'âme ne possède pas de force productrice idéale inconsciente à l'égard du corps, ainsi que le veut J.-H. Fichte, au contraire; l'élément physique et l'élément psychique se développent en commun, ensemble et côte à côte, comme deux puissances ayant absolument les mêmes droits. Cette « force productrice » ne doit son origine qu'à une abstraction contraire à l'expérience.

De quelle manière, en fin de compte, l'organisme psychique se construit-il à l'aide de ces facteurs générateurs et « donnés » (par M. de Struve)? Déjà, dans l' « acte de la copulation », les deux facteurs se mettent entre eux dans un rapport réciproque particulier, et dans cet acte le moi subjectif de l'homme trouve, pour ainsi dire, une ouverture (« Oeffnung ») (sic!) par laquelle il se précipite comme un torrent (« hervorströmt »), sans entraves, hors de l'organisme psychique »; mais, en se précipitant ainsi, il s'est affaibli « réellement », de telle sorte qu'il redevient un moi tout à fait objectif; tandis que le moi subjectif isolé, détaché, devient sans doute indépendant par son isolement, mais perd sa conscience et sa clarté et doit désormais reparaître comme une force consciente, capable de distinguer, par le moyen d'une union nouvelle quelconque. Cette union nouvelle lui est fournie par la « femme », chez laquelle le moi objectif désire ardemment l'activité et ne trouve pas une satisfaction complète ou suffisante dans son union avec le moi subjectif, mais ressent en lui un vide indéfini qu'il cherche à combler de toutes les manières possibles. Toutefois ce désir ardent n'est concentré que sur un point « par lequel l'étranger doit pénétrer dans l'organisme », etc. (Déjà notre vieux maître Gœthe fait entendre cette plainte: « Cette souffrance éternelle et ces soupirs lamentables ne peuvent être guéris que d'*un seul* point » (« Es ist ihr ewig Weh und Ach, aus « einem » Punkte zu curiren »). Aussi est-ce par ce désir ardent que le moi objectif ou ovule, en sa qualité d' « avant-poste » le plus extérieur de l'organisme psychique féminin, « parvient à attirer à lui le facteur mâle, qui en lui résistant et en lui montrant de la répulsion, s'oppose à toute union pour conserver son indépendance, et c'est ainsi qu'il réussit à faire surgir de l'attraction et de la répulsion un seul tout harmonieux dans lequel les deux forces opposées, qui sont en lutte entre elles, se trouvent, malgré leur opposition, cependant unies de telle façon, qu'elles ne perdent rien de leur particularité, et que l'attraction et la répulsion restent conservées comme vie spécifique du tout.

Ce procédé d'union réelle entre ces deux oppositions réelles est donc, suivant M. de Struve, le problème profond et mystérieux de la vie à sa naissance (des Enstehens), et le développement de l'âme est ainsi un acte simultanément physique et psychique, résultant d'une lutte entre le principe masculin et le principe féminin, lutte dans laquelle aucun des deux ne peut triompher complètement, mais acquérir seulement la prépondérance. L'âme doit ultérieurement, ainsi que le corps, continuer à se développer dans l'organisme maternel : c'est ce que l'auteur démontre d'une manière frappante à l'aide d'une exposition sur le « sentiment pur » et la « pensée pure », et ce qui devrait être d'autant plus reconnu que cette prétention connue, adressée parfois par des femmes déraisonnables au moi subjectif de s'emparer des fonctions du moi objectif, n'est pas simplement contraire à la nature, ainsi qu'on le sait désormais, mais aussi en contradiction avec l'instance supérieure de la philosophie. L'auteur démontre encore, plus loin, comment les deux « moi » se fondent peu à peu l'un dans l'autre et forment le « mouvement de la volonté » (Willensbewegung), comme un troisième moi, ou le moi immédiat de l'action, dont le siège doit être placé dans la « moelle épinière », etc. Le « caprice » (Eigensinn) est l'expression spécifique du moi « subjectif », l' « avidité » (Habsucht) celle du moi « objectif »; l' « amour » est un rapport réciproque entre le moi objectif et l'extérieur; la « douleur », c'est le sentiment de la dépendance subjective vis-à-vis de l'objectivité; « conscience » et « conscience de soi-même » veulent dire l' « état d'existence réelle du moi subjectif par rapport à l'organisme psychique », et en fin de compte, après tout cela, l'âme, arrivée à son état d'existence (gewordene Seele), se trouve être « l'unité organique de trois organes psychiques reliés entre eux d'après une loi objective, ayant de plus une activité propre et placés entre eux dans un état de connexion intime ». Cette triade correspond à l'état empirique d'activité d' « intelligence », de « sentiment » et de « volonté », ainsi qu'aux bases physiologiques de « cerveau », de « cœur » et de « moelle épinière ». C'est ce qui explique aussi, suivant l'auteur, la « double vie » de l'homme, si particulière, qui se manifeste dans le sommeil, le rêve, la clairvoyance et la mort, en ce que, par exemple, dans le « sommeil », le moi objectif acquiert la prépondérance, et que l'organisme psychique a le sentiment de n'être plus une unité absolue, existant par elle-même ou distincte de l'extérieur; tandis que dans le « rêve » le moi subjectif se révolte contre la domination du moi objectif, et que, si dans cet acte de révolte il ne réussit pas à revenir complètement à lui, il produit la « clairvoyance » ou le « songe », et qu'enfin dans la « mort » ce moi subjectif succombe entièrement sous les efforts du moi objectif, sans passer cependant par là au « néant ».

Toute cette manière de voir, finalement, paraît donc aux yeux de l'auteur comme « la seule fondée » et conforme à l'expérience, bien que l'expérience ici ne joue en réalité que le rôle d'une enseigne trompeuse, promettant à l'acheteur des marchandises qui n'existent pas dans la boutique, et bien que le lecteur, après s'être dépêtré péniblement des abstractions arides de l'auteur, n'en retire pas d'autre bénéfice que la conviction renouvelée du vide absolu du formalisme philosophique. C'est, il est vrai, un sentiment juste qui a amené l'auteur à vouloir épier l'être spirituel au moment de sa naissance, qui se compose en effet de deux facteurs différents, et à vouloir déduire, des résultats obtenus, des conclusions sur cette naissance ; et une méthode semblable, si elle pouvait seulement avoir à sa disposition des matériaux plus complets, conduirait certainement à des résultats analogues à ceux auxquels elle a conduit aussi dans les sciences physiologiques. Car ici également, après qu'on eût reconnu que tout ce qui est organique repose sur un développement graduel, les recherches se sont tournées avec une ardeur particulière vers l'histoire de la génération et du développement, ou vers les points de l'origine première, et ont ainsi produit au jour une série d'éclaircissements très remarquables qui devraient être aussi posés désormais comme base à des recherches analogues dans une direction psychologique, en supposant bien entendu que ces recherches soient entreprises avec l'intention d'amener au jour une vérité bien réelle. Or, l'auteur, malgré tous les efforts qu'il se donne pour faire parade de l' « expérience », n'a pas rempli ce programme, et il ne le pouvait pas, attendu que ces recherches et ces éclaircissements lui étaient inconnus. En supposant même qu'ils lui eussent été connus, ils ne lui auraient été d'aucune utilité et ne lui auraient peut-être servi que pour donner à ses constructions philosophiques un relief traîné péniblement ; car il n'applique pas ses efforts à tirer l'explication et la compréhension de la réalité elle-même, mais il cherche au contraire à lui imposer ses idées philosophiques ou, pour mieux dire, ses règles de pensée à courte vue et ses lois créées arbitrairement suivant la manière déductive bien connue de la spéculation philosophique. Aussi son livre ne nous apprend-il absolument rien sur l' « origine de l'âme », mais seulement sur la manière dont M. de Struve comprend ou se représente cette origine ; il nous apprend encore que, sur cette origine, d'autres philosophes (Herbart, Fichte) pensent tout différemment, et que, par exemple, J.-H. Fichte, sous les auspices duquel, au moins à moitié, le livre semble avoir pris naissance, va jusqu'à attribuer à l'âme personnelle une « préexistence », et par là soustrait presque complètement les recherches à tout contrôle réel et à toute véritable expérience. Ainsi donc, l'auteur, de même que la plupart de ses collègues en philosophie sur des sujets du même genre, ne fournit pas d' « explications » réelles ou positives, mais seulement des « circonlocutions » diffuses et fatigantes, composées d'une quantité de « mots » qui n'éclaircissent pas la chose elle-même, mais au contraire la rendent plus obscure encore, si c'est possible.

Cette « philosophie de mots » a été, dans les dernières dix années, si souvent stigmatisée et mise au pilori, qu'il faut avoir beaucoup de courage ou être très myope pour se présenter constamment de nouveau devant un public qui a perdu depuis longtemps la foi dans l'abracadabra des sorciers philosophiques. En réalité, si une façon de penser brutale, déréglée, jointe à un arbitraire effronté dans la construction et une prétention impudente de savoir mieux que la nature et la réalité ne savent elles-mêmes ; si un jeu de balle, digne d'un acrobate, auquel on se livre avec des mots et des notions, qui ne sont tout simplement que des constructions et des étalages de mots, si tout cela doit encore à l'avenir servir de recommandation dans le monde savant allemand pour obtenir le nom de philosophie, il faut espérer cependant que le bon sens et l'intelligence du public cultivé finiront par apprendre à distinguer ces pseudo-philosophes des amis véritables et sincères de la sagesse dont tous les efforts tendent à découvrir la vérité.

XXVI

HÉRITAGES PHYSIOLOGIQUES

(1862)

> « Die Entstehung und Entwickelung der Eizelle im mütterlichen Körper, die Uebertragung körperlicher und geistiger Eigenthumlichkeiten der Vaters durch den Samen auf dieselbe berühren alle Fragen, welche der Menschengeist je über des Menschen Sein aufgeworfen hat ».
>
> (Virchow, *Das Weib und die Zelle*.)

> « La formation et le développement de la vésicule germinative dans l'organisme maternel, la transmission à celle-ci, par le sperme, de particularités corporelles et spirituelles appartenant au père, touchent à toutes les questions que l'esprit humain a jamais posées sur l'existence de l'homme ».
>
> (Virchow, *La femme et la cellule*.)

L'époque moderne nous a fait connaître de plus près, sur la transmission héréditaire de qualités et de particularités, tant corporelles que spirituelles, une quantité de faits et d'expériences qui sont de nature à jeter une lumière extrêmement remarquable et merveilleuse sur les lois de développement non seulement du monde physique, mais encore du monde intellectuel. L'intérêt qui s'attache à ces questions a reçu également dans les temps les plus récents une impulsion particulière grâce à l'œuvre de Darwin, dont l'auteur, comme on sait, prend en partie les lois de l' « hérédité » pour base de sa fameuse théorie sur l' « origine des espèces ». Il est vrai, d'après lui, que ces lois sont encore entièrement inconnues ; mais on connaît d'autant mieux le fait de l'hérédité même qui s'étend parfois à des caractères ou particularités tellement extraordinaires et insolites qu'on ne peut mettre en doute l'hérédité des caractères ou particularités ordinaires, ce dont au reste il existe des exemples sans nombre. En réalité, c'est un des faits d'expérience les plus fréquents et depuis longtemps connus des médecins, que certaines « maladies » ou « prédispositions morbides » des parents, voire même des grands-parents et des bisaïeuls (après avoir sauté les générations intermédiaires), se transmettent aux enfants par voie d'hérédité, et que ces maladies peuvent être de nature « corporelle » aussi bien que « spirituelle » (maladies dites mentales). C'est encore un fait de la vie journalière, que personne ne révoque en doute, que les enfants sont semblables ou ressemblent à leurs parents sous le rapport du corps et de l'intelligence, de même aussi que l'être procréé est ordinairement un produit mixte des qualités et particularités des deux êtres qui l'ont procréé, ou bien, comme le dit Lewes, que « l'organisation des descendants ressemble toujours et nécessairement à celle des parents dans ses caractères « généraux ». Le résultat devient sans contredit souvent obscur par le fait que deux facteurs différents concourent à cette procréation et que, par là, certaines qualités de l'une des parties peuvent et doivent être neutralisées ou modifiées par la réaction de l'autre; mais l'observateur attentif sera cependant, dans chaque cas isolé, en mesure de faire dériver cet être procréé, dans le détail et dans l'ensemble, comme un troisième être issu de ces deux moments générateurs. Ceci ne s'applique pas seulement à l'homme, mais aussi à tous les êtres appartenant au monde organique, et les principes appliqués à ce qu'on appelle la « culture » des plantes et l' « élevage » des animaux reposent en grande partie sur des expériences analogues, indubitables, faites sur la transmission héréditaire ainsi que sur l'art d'obtenir, par le croisement et le rapprochement de bonnes qualités qui se complètent l'une l'autre, un résultat aussi avantageux que possible [1]. Mais ce n'est pas seulement cette loi, toujours présente et se faisant toujours valoir, de la

---

1. « Verrait-on jamais un acheteur payer un taureau reproducteur 1000 livres sterling, s'il n'était pas sûr d'en obtenir des descendants semblables ? ou pour un cochon 400 thalers s'il ne transmettait pas ses qualités à ses petits avec une grande précision ? Le célèbre coureur King Hérold, qui dans une course gagna plus de 200,000 livres sterling, n'eut pas moins de 497 descendants, qui tous sortirent vainqueurs, et le célèbre coureur Eklipse procréa 334 vainqueurs. » (Dr G. Seidlitz : *Die Darwin'sche Theorie*; Dorpat, 1871.)

ressemblance des enfants avec leurs parents ou grands-parents, qui montre jusqu'où s'étend la puissance de la transmission héréditaire ; elle nous est démontrée d'une manière bien plus frappante encore par les exemples, fréquemment observés, de la transmission à des descendants de particularités des parents tout à fait spéciales, différentes des particularités ordinaires. En effet, chaque individu, en naissant, outre les caractères de l'espèce à laquelle il appartient, apporte en même temps une somme de dispositions ou de particularités spéciales, qui se transmettent, en totalité ou en partie, aux descendants, parfois d'une manière permanente, parfois pour quelques générations seulement. Des exemples de ce genre, très remarquables et même très frappants, ont été publiés en assez grand nombre. Ainsi, entre autres, d'après une observation de Draper-Mackinder (*Brit. med. Journal*, 1857), l'absence de la première, resp. de la deuxième phalange de plusieurs doigts, s'est transmise héréditairement pendant « sept » générations. L'enfant examiné n'avait pas de deuxième phalange à huit doigts, et la grand'-mère de la bisaïeule était la première qui eût présenté cette anomalie. Les doigts dits « surnuméraires » ne sont pas rares dans certaines familles, et C. Willis (*Lancet*, 1857) a pu poursuivre un de ces cas pendant six générations ; Carlisle, de son côté, a vu pendant quatre générations la transmission héréditaire de six doigts à chaque main et de six orteils à chaque pied. N. de Carolis a observé des doigts surnuméraires avec adhérence entre eux pendant quatre générations (*Gazz. Sarda.* 47, 1860), et J.-P. Morris rapporte (*Anthropol. Review*, mai 1865) le même fait de quatre générations, dont trois ont été constatés par lui-même. Dans la troisième génération cinq enfants sur six offraient cette même particularité, qui, on peut le prévoir, continuera à s'étendre à des générations ultérieures. Des cas analogues sont racontés par Burdach (*Physiologie*, vol. I, page 512), qui soutient avec beaucoup de justesse que « la descendance ou l'origine exerce sur notre caractère corporel et intellectuel une action plus grande que toutes les influences extérieures, matérielles et psychiques », et par d'autres écrivains [1]. On sait que l'aptitude à atteindre un « âge avancé » est héréditaire, et d'après Burdach,

---

1. On peut trouver encore d'autres exemples d'hérédité dans Seidlitz (*l. c.*) et Darwin : *Das Variiren der Thiere und Pflanzen, etc.*, Stuttgart, 1868 (*Des variations qui s'effectuent chez les animaux et les plantes, etc.*, 1868.)

l'expectative la plus certaine d'une grande longévité réside dans le fait de descendre d'une famille dans laquelle cette longévité est en quelque sorte un phénomène naturel, tandis qu'au contraire dans certaines familles une mort prématurée est tellement ordinaire, que très exceptionnellement un membre isolé parvient à atteindre un âge avancé. La « surdi-mutité » même est héréditaire et peut être poursuivie à travers des générations entières. Une femme sourde-muette, qui sur six enfants mit au monde trois sourds-muets, descendait, il est vrai, de parents sains, mais avait un frère également sourd-muet (voy. *Bernhardi's Zeitschrift für wissenschaftliche Therapie*). Dans d'autres familles, on voit se transmettre par hérédité la maladie connue sous le nom de « hémophilie », c'est-à-dire cette disposition à être atteint, pour la moindre blessure, d'hémorrhagies impossibles à arrêter, tandis que des parents anglais qui ont vécu longtemps dans les Indes transmettent à leurs enfants la tendance aux maladies de foie, ainsi que Bell l'a observé en Angleterre. Mais des particularités de ce genre ne se transmettent pas seulement pendant quelques générations ; il est au contraire avéré par d'autres expériences qu'elles peuvent aussi devenir permanentes et donner aussi lieu à la formation de races ou de variétés tout à fait nouvelles. Ainsi tous les « hêtres rouges » proviennent de quelques hêtres chez lesquels la chlorophylle a pris d'elle-même la coloration rouge sous l'influence de causes inconnues ; et les « marronniers d'Inde », connus depuis 1824, proviennent tous d'une seule et unique branche sur laquelle avaient apparu accidentellement des fleurs doubles. Waitz (*Anthropologie des peuples primitifs, Anthropologie der Naturvölker*, vol. I, page 92) raconte : « Un des exemples de ce genre les plus connus est celui des « moutons-loutres », qui, dans le Massachussett (1794), furent tirés d'un mouton à tronc particulièrement allongé et à membres très courts et qui se répandirent rapidement partout dans l'Amérique du Nord, car on prenait soin de leur élevage, attendu qu'ils ne pouvaient pas sauter par-dessus les clôtures. (*Philos. Transact.*, 1813). Non seulement cette race s'est conservée, mais encore elle se montre si durable, que les métis produits par le croisement de ces moutons avec des moutons ordinaires rappellent toujours l'une ou l'autre de ces races. C'est d'une manière analogue que le pied fendu est devenu héréditaire chez les porcs hongrois. De même dans le Paraguay, en 1770, un taureau sans cornes procréa des veaux qui tous étaient dépourvus de cornes (Azara) ; un bouc dont la portion osseuse du nez était recourbée en bas, cartilagineuse, saillante, en forme de bosse, transmit ces particularités à ses descendants (Pallas) ; des aigrettes ou huppes produites accidentellement chez certaines espèces d'oiseaux se transmettent héréditairement, et leur accroissement rapide donne lieu à une maladie dangereuse (*id.*). Des exemples analogues ont été rassemblés par Jarrole, Poissac (*l. c.*), Knight. On sait également que certaines particularités de tempérament se transmettent par hérédité, par exemple, chez les chevaux l'humeur hargneuse (disposition à mordre) et la tendance à ruer (comme les chevaux polonais), ou la docilité et la douceur ».

Cependant il existe des cas plus importants encore et plus significatifs que ceux de la transmission héréditaire, temporaire ou permanente, de caractères et de particularités apportées en « naissant », ou « originaires » : ce sont les cas dans lesquels des descendants héritent de particularités de ce genre dont on peut prouver qu'elles se sont produites ou ont été « acquises » pendant la vie ; l'importance de ces faits consiste en ce que la simple preuve de leur existence fournit la possibilité d'un progrès sans fin, ou du moins d'une transformation sans fin du monde organique sous le rapport du corps aussi bien que de l'esprit, et cela sans qu'il soit nécessaire de recourir à des forces et à des influences surnaturelles ou incompréhensibles. L' « acquisition » elle-même a pu se faire de différentes manières, et la particularité a pu s'être produite tantôt accidentellement, tantôt artificiellement ou à dessein ; elle peut se rapporter tantôt à des écarts corporels de la règle, tantôt à des instincts, des dispositions, des aptitudes psychiques. Nous trouvons notamment des exemples très nombreux et frappants de ce qu'on appelle les « instincts inculqués » ou les « impulsions inculquées » chez les animaux, ainsi que des tendances ou dispositions inculquées chez l'homme, et ces faits expliquent avec facilité une quantité de phénomènes que l'on ne croyait jusqu'ici pouvoir regarder que comme l'émanation d'un arrangement supérieur incompréhensible et d'idées ou impulsions innées. C'est ainsi que la tendance, bien connue et souvent citée, des chiens de chasse à se mettre en arrêt devant le gibier, qu'ils montrent déjà avant d'avoir été dressés, ou qu'ils apprennent rapidement à la suite d'un court apprentissage, cette tendance s'explique par la transmission héréditaire de la disposition à une tendance ou aptitude inculquée artificiellement aux parents ou ancêtres. C'est d'une manière analogue que les chiens de berger héritent de leurs ancêtres la tendance à tourner autour du troupeau et la disposition à exercer leur vigilance. En général, tous les animaux dressés produisent des petits plus faciles à élever que ceux des animaux non dressés, et les éleveurs de chevaux savent très bien que les poulains de chevaux bien dressés montrent une docilité bien plus grande que ceux de chevaux moins bien dressés ou pas dressés du tout. Les descendants d'animaux de trait (bœufs, chevaux, etc.) tirent mieux que des animaux sauvages ou que les descendants de ces derniers. Chez les chats, c'est aussi par hérédité que se transmet la tendance à attraper des rats au lieu de souris, et Leroy raconte que, dans les localités où l'on chasse fréquemment le renard, les petits renardeaux montrent, dès leur première sortie, beaucoup de ruse et une grande prudence. Les petits de bassets qui ont été fréquemment à la chasse aux putois montrent beaucoup d'excitation ou d'inquiétude dès qu'ils sentent l'odeur du putois; tandis que les chiens de chasse se comportent de la même manière lorsqu'ils se trouvent dans le voisinage de bécasses, etc. Le cheval de l'Amérique espagnole, auquel on a appris un pas d'une espèce particulière, c'est-à-dire le « pas de l'amble », a transmis cette propriété aux générations suivantes, et le mouton anglais, après l'importation du turneps, n'a pu s'accommoder à cette nourriture qu'à la troisième génération. Le « pigeon culbuteur », en Angleterre, a l'habitude « héréditaire » de s'élever en masses compactes et puis de se laisser tomber à terre en faisant la culbute. Selon Burdach, « on maintient volontiers de jeunes chiens dans les mêmes usages que ceux auxquels étaient employés leurs parents, parce qu'ils y montrent plus d'adresse et de bonne volonté que pour d'autres tâches; les chiens d'arrêt ont été dressés pour entrer dans l'eau, et plus l'eau est devenue leur élément, plus leurs petits montrent de tendance à entrer dans l'eau spontanément ». Waitz (*l. c.* page 93) raconte, d'après Lyell, qu'à une altitude de 9000 pieds au-dessus du niveau de la mer, au Mexique, les lévriers pouvaient encore à peine être utilisés pour la chasse au lièvre, mais que leurs petits s'y laissaient employer sans difficulté; il raconte encore que les oies importées à Bogota ne pondaient au commencement qu'un petit nombre d'œufs, qu'un quart seulement de ces œufs pouvait être couvé, et que la moitié des jeunes oies mourait prématurément, tandis qu'à la deuxième génération elles prospérèrent déjà mieux. La fourniture du lait, chez la vache, après le sevrage du veau ; l'aboiement du chien domestique, ainsi que le miaulement du chat domestique, appartiennent également, selon Waitz, à la même catégorie. On trouve encore, suivant lui, d'autres exemples de transmission héréditaire d'instincts inculqués dans l'ouvrage complet de Lucas (*Traité de l'hérédité*, 1847). Lewes (*Physiologie de la vie journalière*, 1860, vol. II : *Physiologie des täglichen Lebens*) raconte : « J'avais un petit chien qu'on avait enlevé à sa mère à l'âge de six semaines, par conséquent avant qu'il eût pu apprendre à demander (exprimer un désir), et qui se mit de lui-même à demander dès qu'il avait besoin de quelque chose ; un jour, je le trouvai devant un clapier à lapins, ayant l'air d'inviter les lapins à venir jouer avec lui. Girou cite le cas d'un homme qui avait l'habitude de dormir, la jambe droite croisée par-dessus la gauche ; une de ses filles présenta cette particularité dès sa naissance et dans son berceau prenait constamment cette attitude ». Le même écrivain prétend que l'ivrognerie, la passion du jeu, le penchant au vol, à la piété et autres dispositions analogues se transmettent héréditairement. C'est un fait bien connu et avéré par de nombreux exemples que chez les hommes il existe réellement une transmission par hérédité de dispositions ou de talents acquis originairement et que certains talents mécaniques ou artistiques se conservent chez certaines familles « dans lesquelles aucune dégénération ne s'est produite par croisement ». Lewes rappelle, entre autres, l' « esprit des Mortemarts » devenu proverbial, la « malice des Sheridans », le fils du Tasse, les familles Hirschel, Coleman, Kemble, Coleridge, ainsi que l'exemple bien connu de la famille Bach, dans laquelle le génie musical était partagé entre 300 de ses membres. Waitz raconte que les missionnaires de l'Hindoustan trouvèrent les enfants des brahmanes bien mieux doués et plus susceptibles de culture que ceux des classes inférieures et que des observations analogues ont été faites également ailleurs. « L'histoire des artistes et des savants, ainsi que celle des maisons royales, apprend qu'une vivacité d'esprit générale plus considérable, une persévérance et une aptitude à acquérir une instruction plus profonde, plus complète et variée, ou une activité plus énergique, ne se conservent pas rarement dans certaines familles pendant une longue série de générations, tandis que d'autres familles se distinguent d'une façon aussi tranchée par les qualités contraires. Le même fait est également confirmé par un regard pénétrant un peu plus profondément dans l'histoire des familles en les observant dans la vie bourgeoise ordinaire » et — nous pourrions ajouter — dans la différence si colossale existant dans les conditions « sociales » des peuples civilisés en Europe, au point de vue du corps aussi bien qu'à celui de l'esprit. — « Une culture intellectuelle chez les parents, dit Burdach, donne aux enfants une plus grande aptitude à l'instruction; le jeune sauvage, à de rares exceptions près, est peu susceptible de se faire à la civilisation européenne, ou bien il en prend seulement l'apparence et ne s'en trouve pas heureux ». On peut ajouter ici l'observation connue qu'en Amérique les nègres dits « nègres-créoles », c'est-à-dire ceux qui sont nés dans le pays même, montrent des capacités bien plus grandes que les nègres importés et s'améliorent en général beaucoup, au point que les premiers se payent infiniment plus cher que les derniers. Un certain nombre de phénomènes remarquables dans l'histoire des peuples même s'expliquent aussi par cette loi de la nature d'une manière tout aussi facile que naturelle : ainsi, par exemple, le génie commercial des Juifs, qui chez ce peuple est héréditaire depuis des milliers d'années ; la mollesse ou le caractère belliqueux de certaines nations, comme les Français; la disposition innée aux sentiments et à la tenue aristocratiques dans la noblesse; l'aptitude particulière de certains peuples ou certaines communautés pour des occupations déterminées; la disposition à être atteint de nostalgie ou d'idiotisime, etc. S'il vient s'y joindre encore l'influence persistante de certaines circonstances extérieures agissant dans le même sens, il peut se développer dans de semblables communautés — au sein même d'une société qui en diffère du tout au tout — un type déterminé, facile à reconnaître. Ainsi, un correspondant du *Times*, au regard pénétrant, écrit du nord de l'Italie, à propos de l'armée autrichienne, qu'on aurait de la peine à trouver une armée où existent en aussi grand nombre ce qu'il appelle des « familles de soldats », qui regardent comme un droit de faire partie de l'armée. « Les membres de ces familles acquièrent peu à peu une physionomie très prononcée et sont faciles à reconnaître au milieu des autres ». De même, les remarquables « instincts artistiques » des animaux, qui jusqu'à présent constituaient pour la philosophie un problème si merveilleux et ne paraissant pouvoir s'expliquer que par une influence surnaturelle; ces instincts se laissent difficilement comprendre comme le résultat nécessaire d'une éducation et d'une habitude tout à fait graduelles, produites par les circonstances elles-mêmes, par suite de la loi en vertu de laquelle des capacités, des tendances et des dispositions acquises se transmettent héréditairement aux descendants. La même chose s'applique à la migration des oiseaux, au penchant des jeunes oiseaux nageurs pour l'eau, à l'habitude qu'ont certains oiseaux de laisser couver leurs œufs dans des nids étrangers, ou à l'impulsion qui pousse les insectes parasites à déposer leurs œufs dans le corps d'autres animaux, et à beaucoup d'autres faits analogues.

Sous le rapport « corporel », on peut citer comme transmission héréditaire de particularités « acquises » tout ce qui a été publié sur la sélection naturelle et artificielle des animaux, sur la sélection naturelle et artificielle des plantes, sur la transmission héréditaire à des descendants de maladies ou de prédispositions morbides, sur l'ennoblissement de la taille et des traits du visage dans certaines professions ou vocations, et réciproquement sur une éducation méthodiquement appropriée à des occupations déterminées, etc. On n'a qu'à se rappeler l'amélioration des fruits, etc., obtenue par la culture, qui, d'un sauvage on fait, dans l'espace de quinze à vingt ans, un bon arbre fruitier, et qui de la racine pivotante, grêle et sèche de la carotte jaune sauvage a fait sortir la carotte jaune savoureuse; le grand nombre des variétés magnifiques de fleurs que l'on a obtenues par des croisements artificiels, et cette circonstance que ce procédé constitue le côté principal de l'horticulture florale de nos jours; la manière dont certains insectes, par exemple les abeilles, élèvent pour le rôle de reines des larves d'abeilles ouvrières ordinaires, en les soumettant à une alimentation particulière et en les soignant elles-mêmes dans des cellules spéciales; ou bien, comment les fourmis parviennent à amener des ouvrières neutres à un développement complet au moyen d'une alimentation particulière; les monstres et les formes anormales qu'on arrive à produire artificiellement en traitant les œufs des poules d'une manière spéciale pendant l'incubation; les résultats remarquables de l'élevage du bétail en Angleterre, où l'on traite les bœufs pour les faire engraisser et leur faire acquérir un gros ventre, des jambes grêles et une petite tête, voire même « sans cornes » [1]; où l'on élève des chevaux types de trait ou de course; où l'on traite les moutons d'une façon particulière en vue de la production de la laine; où l'on élève des porcs pur sang, etc.; où même certains hommes sont soumis à un régime spécial pour devenir boxeurs, coureurs, jockeys, etc. L'hérédité peut même quelquefois porter sur des difformités, mutilations, etc., corporelles, s'écartant de l'idée de l'espèce ou lui étant contraires, et produites artificiellement ou par hasard. Ainsi des chevaux que, pendant plusieurs générations consécutives, on brûle avec un fer rouge appliqué toujours sur la même partie du corps, laissent, dit-on, à leurs descendants la marque ainsi produite, et des chevaux, des chiens, etc., auxquels on a coupé la queue, doivent procréer des descendants à courte queue. Il en est de même, dit-on, de la déformation artificielle du crâne usitée chez certaines peuplades; de la circoncision chez les Orientaux et les Juifs, dont fréquemment les nouveau-nés sont dépourvus de prépuce; de la petitesse des orteils chez les enfants des Européens comparativement à ceux des peuples primitifs, etc. Waitz (*l. c.*) rapporte ceci : « Williamson a vu, dans la Caroline, des chiens auxquels la queue a manqué pendant trois ou quatre générations, parce qu'un de leurs aïeux avait perdu cet appendice accidentellement. Une vache âgée de trois ans, qui avait perdu sa corne gauche par suite d'une affection purulente, mit bas trois veaux qui au lieu de la corne gauche ne présentaient que quelques tubercules cutanés. (Thaer.) Des chevaux et des chiens auxquels on raccourcit la queue ou les oreilles (comme, par exemple : les chiens de trait au Kamtschatka, Langsdorff : *Observations recueillies dans un voyage autour du monde, Bemerkungen auf einer Reise um die Welt*, 1812, II, 236), transmettent souvent cette défectuosité à leurs descendants, soit complètement, soit en partie (Blumenbach, d'après beaucoup d'observateurs). D'autres exemples de

---

1. Si l'on accouple une vache dépourvue de cornes par suite d'une disposition individuelle avec un taureau également dépourvu de cornes, les descendants n'auront pas non plus de cornes. Une lapine qui par hasard était née avec une seule oreille eut une postérité qui n'avait qu'une seule oreille.

difformités et de mutilations héréditaires ont été recueillis par R. Wagner (*Histoire naturelle de l'homme, Naturgeschichte des Menschen*, II, 245 et suiv.), ainsi que par Lucas (*l. cit.*, II, 490), suivant le même écrivain, qui s'en réfère également à une observation (Guyon, *l'Institut*, 1848, II, 92, et *Nouv. ann. des voyages*, 1848, II, 390) d'après laquelle, chez les Berbères-Chaouia, l'absence du lobule de l'oreille, qu'on rencontre aussi chez les cagots en Espagne, est devenue générale, indubitablement par la transmission héréditaire de cette particularité survenue un jour accidentellement. Lewes aussi (*loc. cit.*) rapporte une quantité d'exemples analogues et fait, entre autres, allusion aux faits si souvent observés de la transmission héréditaire de certaines marques ou particularités corporelles dans des familles isolées, par exemple à la « lèvre inférieure autrichienne », au « nez bourbonien », aux noms de famille romains des « Nasons » et des « Buccons », au cas cité par Haller de la famille Bentivoglio, dans laquelle une petite tumeur externe s'est constamment transmise héréditairement du père au fils, et à d'autres faits analogues, tandis que Waitz rappelle encore la forte race d'hommes engendrée par la grande garde royale de Frédéric Ier de Prusse, l'hérédité du genre de chevelure, du tempérament, de la finesse ou qualité opposée de l'un ou l'autre des sens, etc. On pourrait même facilement remplir des pages entières avec les exemples de transmission héréditaire de maladies ou de prédispositions morbides qui, d'une manière ou d'une autre, ont dû être « acquises » des ancêtres à une époque quelconque. Waitz cite à l'appui de ce genre de transmission les exemples bien connus des hommes dits « porcs-épics », les individus pourvus de doigts surnuméraires ou adhérents entre eux, la transmission héréditaire de la cécité, de la surdi-mutité, du goitre, du crétinisme, de l'albinisme, etc. Il est certain que le principe de l'hérédité se manifesterait ici en général comme sous tous les autres rapports, avec bien plus d'énergie et de clarté, s'il ne rencontrait pas continuellement une opposition ou résistance due, particulièrement chez les hommes, aux irrégularités du croisement. « Les différences produites par la voie ci-dessus indiquée, dit Waitz (*loc. cit.*), se fixent particulièrement lorsque les individus seuls qui les possèdent s'unissent entre eux, circonstance qui certainement ne se produira que très rarement dans les États civilisés de l'Europe moderne, avec la grande densité de la population, l'étendue considérable des relations, et la séparation relativement si peu tranchée des classes sociales, mais par contre plus fréquemment là où ces conditions se présentent avec un caractère primitif plus prononcé, comme par exemple lorsque des familles vivant isolées se développent peu à peu, sans adjonction très sensible d'éléments extérieurs, au point d'arriver à former un peuple ». Une particularité, disposition, tendance, corporelle ou spirituelle, du père, qui aurait continué à se transmettre héréditairement dans des conditions favorables, peut être annulée ou supprimée d'une façon absolue par l'influence de la mère, et réciproquement. Les circonstances extérieures défavorables, en général, s'opposent très souvent à ce que des particularités nouvellement produites deviennent permanentes ou se transmettent seulement pour un certain temps, tandis que l'élevage artificiel des animaux et la culture artificielle des plantes montrent clairement que, là où l'on a travaillé avec intention par le croisement et des conditions favorables au profit de la transmission héréditaire, les résultats désirés arrivent aussi à se manifester. Et si, comme l'expose Darwin, des anomalies aussi insolites et extraordinaires que l'albinisme, la peau de porc-épic, les doigts surnuméraires, etc., qui se présentent peut-être une fois sur un million d'individus, sont capables de se transmettre héréditairement, combien plus ne doivent pas s'hériter des modifications ordinaires ! Bien plus, il faut dire, ainsi qu'on l'a déjà rapporté et que cela ressort indubitablement de milliers d'exemples, que l'hérédité de tout caractère est la « règle ». Mais c'est certainement Virchow qui a trouvé le vrai point pour expliquer et comprendre exactement la connexion intime de tout ce phénomène, lorsqu'il admet que dès l'origine l'organisme du père et celui de la mère transmettent simultanément une espèce déterminée de mouvement matériel aux deux substances génératrices, mouvement qui continue d'une manière déterminée pendant tout leur développement ultérieur et ne cesse qu'avec la mort des individus qui en sont issus. Ces deux substances génératrices sont, comme on le sait, l' « ovule » et le « sperme », et, si la physiologie moderne a démontré d'une façon indubitable que la production d'un nouvel individu exige impérieusement un contact matériel et une pénétration réciproque de ces deux substances génératrices, quiconque n'a pas d'idée préconçue comprendra facilement de quelle manière une semblable transmission s'effectue. Comme en effet les substances génératrices (ovule et sperme) forment elles-mêmes une partie intégrante des organismes qui les ont fournies et qu'elles répètent ainsi en petit toute la composition matérielle et le mouvement vital de ces organismes, il doit arriver nécessairement que désormais, dans leur déploiement ultérieur, elles continuent à répéter avec une extension toujours croissante la direction du mouvement qu'elles possèdent et qui leur a été communiqué dès l'origine, et que finalement elles donnent naissance à un être qui, en substance, n'est que la répétition de ceux qui l'ont procréé. Mais, comme ces êtres générateurs eux-mêmes ne sont pas des êtres absolument invariables, que pendant leur existence au contraire, par suite d'influences de toute nature, ils changent, modifient leur propre mouvement vital, lui impriment sous tel ou tel rapport un caractère particulier qui se reflète aussitôt dans la composition matérielle et influe sur cette dernière, il n'y a rien d'étonnant à ce qu'à côté des particularités et des caractères naturels, originaires, il s'en hérite également d'autres qui ont été acquis ou inculqués seulement pendant la vie. Mais il s'entend de soi-même que cette transmission, à son tour, n'est possible qu'à l'aide et par l'intermédiaire des substances génératrices, et cela par une voie tout à fait matérielle, « attendu qu'il n'existe pas d'autre chemin pour la transmission » et qu'il est absolument impossible d'en découvrir un autre. Bien que ces substances soient très petites, en apparence insignifiantes, et qu'elles paraissent différer peu ou pas du tout entre elles, dans leur forme et leur composition, il faut cependant que leur composition intime et leur mouvement vital soient d'une délicatesse et d'une précision infinies et qu'elles possèdent un caractère propre qui les différencie entre elles, de même que dans leur essence intime elles doivent être modifiées et influencées d'une manière sensible par des anomalies ou des dispositions particulières de l'organisme auquel elles appartiennent. Or, tandis que de cette manière, par leur développement ultérieur toujours rigoureusement lié au mouvement qui leur avait été tracé, elles produisent un être qui ressemble généralement et individuellement au générateur à peu près au même degré que la feuille d'une plante ressemble à une autre feuille de la même plante, il n'y a naturellement que les dispositions corporelles proprement dites de forme, grandeur, dessin, etc., qui puissent se transmettre, pour ainsi dire, comme une conséquence immédiate de la particularité matérielle des substances génératrices, tandis que les déterminations plutôt psychiques ne se révèlent dans les substances génératrices que sous forme de tendances, prédispositions, aptitudes, et n'acquièrent leur véritable contenu, leur teneur particulière que par suite de l'influence exercée par le monde extérieur sur l'être une fois achevé. C'est, ainsi que s'exprime Lewes, « une particularité de l'organisme qui se transmet héréditairement, une tendance, une susceptibilité générale du système nerveux » pour des impressions d'une certaine espèce, mais non une idée ayant un contenu (inhaltliche Idee); car, admettre la transmission héréditaire d'une idée semblable voudrait dire : croire à l'existence des idées innées. Les « maladies » également semblent se transmettre d'ordinaire plutôt comme des « prédispositions morbides » que comme des maladies réelles, et il ne dépend très souvent que des conditions vitales extérieures que la prédisposition acquise arrive à se développer ou non. Ceci devient très clair dans celles des maladies acquises héréditairement qui n'apparaissent qu'à un âge déterminé, mais qui auparavant ne trahissent leur existence par aucun symptôme; cela devient plus clair encore dans les maladies qui se transmettent des parents aux petits-enfants ou aux arrière-petits-enfants, ou bien encore seulement à des parents collatéraux, et qui sautent les générations intermédiaires. Ce qu'on appelle l' « atavisme » ou « contre-coup » par suite duquel l'enfant présente souvent une ressemblance plus frappante avec le grand-père ou la grand'mère, mais moins avec son père ou sa mère; par suite duquel, de plus, des particularités ou maladies restent souvent latentes pendant plusieurs générations pour faire subitement leur réapparition sur une ligne quelconque [1]; cet atavisme de même que le phénomène si remarquable, nouvellement observé sur des plantes et chez des animaux, de la « Parthénogénèse » (dans laquelle « une seule » union sexuelle suffit souvent pour la procréation d'une descendance féconde pendant plusieurs générations), montre la grande distance que peut parcourir le

---

[1]. Suivant Girou, souvent des animaux blancs procréent des petits tachetés de noir, parce que leurs parents étaient tachetés (Burdach, *loc. cit.*, p. 507). Cette disposition à l'atavisme ou contre-coup porte souvent même sur des caractères frappants à travers beaucoup de générations, ce dont Darwin (*loc. cit.*) rapporte des exemples extrêmement remarquables.

mouvement vital une fois imprimé, ainsi que la puissance avec laquelle les lois de l'hérédité sont capables de se faire sentir et se font aussi réellement sentir. Il est certain, malheureusement, que ces lois elles-mêmes nous sont encore presque complètement inconnues, et il nous faudrait des matériaux d'expérience infiniment plus nombreux que ceux que nous possédons actuellement pour pouvoir les étudier à fond et arriver à les découvrir ; aussi ne devons-nous plus être étonnés de rencontrer, dans la transmission héréditaire, une quantité de phénomènes singuliers et encore absolument inexplicables en ce qui concerne leur connexion intime. Ainsi, notamment, il règne encore une obscurité complète sur la question de savoir jusqu'à quel degré les influences exercées par les deux êtres générateurs sur l'être qu'ils engendrent se font valoir entre elles, et tout ce que nous savons avec certitude, c'est que tantôt elles se contrebalancent et tantôt pas. Tantôt c'est l'influence du père qui l'emporte, tantôt c'est celle de la mère ; ce sont tantôt telles qualités qui sont acquises, tantôt telles autres, provenant plus du père ou plus de la mère ; tantôt ces qualités peuvent se déployer sans entraves, tantôt ce sont des influences perturbatrices d'une nature quelconque qui viennent mettre un obstacle à ce déploiement. En général, cependant, on peut dire que les deux parents sont représentés pareillement dans les descendants et que l'enfant offre dans la plupart des cas un mélange assez égal des attributs appartenant à ses deux parents. Ceci peut s'observer très clairement dans le croisement de deux races d'hommes ou d'animaux différentes : ainsi, par exemple, celui du cheval et de l'âne, de l'Européen et du nègre, etc., dans lequel le bâtard forme chaque fois quelque chose d'intermédiaire entre les qualités des deux générateurs et ne laisse reconnaître que suivant les circonstances une influence prépondérante tantôt de l'un, tantôt de l'autre des facteurs. Ici cependant, les particularités de races des deux facteurs ne doivent pas s'écarter par trop les unes des autres ; autrement l'absence ou le défaut de concordance réciproque aura pour conséquence la dégradation, voire même l'extinction des générations suivantes, tandis que réciproquement aussi une concordance par trop grande et une parenté trop rapprochée entre les qualités des deux parents déterminent un résultat analogue, et que les « mariages entre consanguins », le fait est avéré par des observations des temps récents aussi nombreuses qu'indubitables, produisent chez les enfants un développement défectueux ou incomplet, la surdi-mutité, la stérilité, les fausses couches, l'albinisme, l'imbécillité, l'aliénation mentale et d'autres résultats analogues. Il semble donc que les deux facteurs générateurs doivent, pour produire un bon résultat, posséder une certaine opposition d'origine et de qualités, mais qui ne dépasse pas une mesure déterminée ; et ce résultat sera naturellement d'autant meilleur que ces facteurs apportent une organisation individuelle plus vigoureuse et plus excellente, se complètent davantage réciproquement l'un l'autre dans leurs bonnes qualités et se neutralisent par contre dans leurs mauvaises. Il en résulte que le fruit d'une union parmi les hommes n'est absolument pas, comme beaucoup de personnes le pensent, une simple affaire de hasard ou d'arbitraire, mais bien un fait lié à des lois parfaitement déterminées et dépendant même jusqu'à un certain degré du libre choix de l'homme lui-même, attendu que, du moins jusqu'à un certain degré, l'on peut calculer d'avance jusqu'à quel point une union aura un résultat bon ou moins bon, quant à la production de la descendance. Mais, bien que déjà Platon, dans sa *République*, introduisant la communauté des femmes, exige que l'on unisse entre eux seulement les meilleurs individus avec les meilleurs individus, et cela à l'époque la plus propice ainsi que dans les meilleures années, afin d'obtenir ainsi la production du meilleur homme, des considérations physiologiques semblables auraient aujourd'hui de la peine à fixer l'attention lorsqu'il s'agit de conclure un mariage, et l'on ne fera peut-être une exception que par-ci par-là, en considération seulement d'une prédisposition morbide évidente. Sans doute, ainsi que nous l'avons déjà dit, nos expériences sont encore beaucoup trop insuffisantes, et les lois naturelles qui agissent ici sont encore beaucoup trop peu connues pour nous permettre de prononcer un jugement déterminé dans chaque cas isolé, et l'on sait qu'il ne manque pas d'exemples qui, dans la pratique, semblent plutôt contredire que suivre la règle établie, ou dans lesquels se manifeste une grande dissemblance entre parents et enfant. Il est certain néanmoins que la faute n'en est pas à une absence ou à une défectuosité des lois ici agissantes, mais tient seulement à ce que nous ne connaissons pas ces lois et que nous ne sommes pas au courant de « toutes » les influences secondaires qui concourent à ce phénomène d'une manière nécessaire ou accidentelle. Dans l'énumération de semblables influences secondaires perturbatrices, parmi lesquelles l'atavisme déjà cité joue un certain rôle, Lewes mentionne une observation qui appartient réellement aux faits les plus remarquables et les plus importants, au point de vue de la pratique ou de la vie, que nous connaissions sur l'hérédité et sur la transmission héréditaire. C'est un fait d'expérience qu'une mère, après avoir eu un premier enfant, communique à tous les enfants ultérieurs procréés avec un autre père quelque chose des particularités provenant du premier générateur. Ainsi une jument, saillie une fois par un âne et devenue par là mère d'un mulet, produit, par la saillie ultérieure d'étalons, des chevaux qui ont quelque chose de l'âne. Sir Everard Home avait une jument anglaise pur sang qui fut saillie en 1816 par un étalon « quagga » (âne africain tacheté) et donna le jour à un bâtard qui répétait complètement le type du père. Cette même jument fut saillie en 1817, 1818 et 1823 par des étalons pur sang; mais tous les trois poulains présentaient les dessins si remarquables de la robe du quagga, bien que la jument n'eût plus revu l'étalon quagga depuis 1816. « Meckel observa des faits analogues lors du croisement d'un sanglier mâle avec une truie domestique; à la première portée, quelques-uns des jeunes avaient les soies brunes du père, et à chacune des portées suivantes de la truie provenant de verrats domestiques on pouvait facilement distinguer quelques-uns des jeunes par leur ressemblance avec le sanglier. Orton confirme ce fait pour des chiens, des porcs et des poules[1] ». (Lewes.) « Lorsqu'une chienne, dit Burdach (*loc. cit.*, p. 507), a été fécondée pour la première fois par un chien de race étrangère, elle met bas, ultérieurement, chaque fois un petit de la race étrangère, bien qu'elle ne se soit accouplée qu'avec des chiens de sa propre race. C'est ainsi également que, dans l'espèce humaine, nous voyons parfois des enfants du deuxième lit ressembler, au point de vue du corps et de l'esprit, plus au premier mari, mort depuis longtemps, qu'à leur véritable père. De même, une négresse qui a eu un premier enfant d'un « blanc » (mulâtre) produit plus tard

1. « Des faits analogues, dit Darwin (*loc. cit.*), se sont produits si fréquemment que les éleveurs attentifs, scrupuleux, évitent de rapprocher un jeune mâle de peu de valeur, ou insignifiant, d'une jeune femelle de choix, parfaite, à cause du préjudice qui pourrait en résulter pour les descendants issus de leur accouplement. »

par son union avec des « blancs » des enfants qui deviennent
de plus en plus clairs et ressemblants au père, tandis que par
son union avec des « noirs » elle ne produira plus jamais des
enfants entièrement noirs, mais des enfants « bruns », qui, constamment, porteront sur eux quelque chose du type du blanc. Il
en résulte que, lorsqu'un homme veut épouser une veuve dont
le premier mariage a été fécond, ou une fille qui a déjà eu un
enfant, il fera bien de s'informer qui a été le premier mari ou le
premier père, attendu que, selon toutes probabilités, ses propres
enfants auront en eux quelque chose du type du premier générateur, que peut-être même ils recevront de ce dernier, par héritage, la transmission de prédispositions morbides ou autres.
Dans tous les cas, ce fait, quelque difficile qu'il soit de l'interpréter ou de l'expliquer, prouve une fois de plus l'influence
puissante de l'hérédité ; il fournit un exemple montrant de
quelle manière le mouvement vital qui se passe dans l'organisme peut être modifié par des influences étrangères, et comment cette modification, une fois devenue stable, peut également
se transmettre à tous les descendants ultérieurs. Mais le résultat
général de tout l'examen auquel nous venons de nous livrer sur
les rapports de l'hérédité réside, ainsi que s'exprime Waitz,
provisoirement « dans la preuve de cette proposition que, dans
des conditions favorables, il s'effectue une transmission héréditaire régulière de particularités qui dans l'origine étaient simplement individuelles », et que cette transmission héréditaire peut
se produire « aussi bien pour un grand nombre de caractères
seulement acquis que pour des caractères apportés en naissant ». — « Les faits qui parlent en faveur de la transmission,
même de caractères corporels et spirituels acquis, ou plutôt en
faveur d'une influence prédisposante exercée par la formation
acquise sur le degré d'aptitude de la descendance, ces faits ouvrent en même temps un point de vue, excessivement intéressant
pour la psychologie et l'histoire de la civilisation, qui fournit un
argument d'une valeur particulière pour la transformation et le
développement graduellement progressif d'un peuple, tant au
point de vue du corps qu'au point de vue de l'esprit ». (*Ibid.*,
p. 94.)

En réalité, l'on ne peut apprécier à une trop haute valeur la
fécondité de ce point de vue pour une psychologie basée sur
l'expérience, de même que pour une manière exacte de com-

prendre le développement historique de la civilisation des peuples, et toute cette affaire fournit une nouvelle preuve en faveur de cette vieille expérience, que dans la nature les causes en apparence les plus faibles et les plus insignifiantes peuvent, par une accumulation de leurs effets très étendue dans le temps et dans l'espace, produire les résultats les plus grandioses et les plus incompréhensibles à un premier coup d'œil. La haute importance de cette loi de la nature récemment découverte n'a certes pas échappé à d'autres ; c'est ce qui est prouvé non seulement par la théorie de Darwin, pour laquelle cette loi forme une partie constitutive nécessaire, mais encore par la remarque que fait Darwin lui-même dans la préface de son célèbre ouvrage, qu'un écrivain anglais, Herbert Spencer, en 1855, a élaboré la psychologie d'une façon nouvelle, en lui donnant pour base le principe d'une acquisition nécessairement graduelle de toute force et de toute aptitude spirituelles, ainsi que par une citation de Waitz d'après laquelle Nott et Gliddon ont fait valoir l'opinion que toute l'histoire du développement de la civilisation des peuples repose non sur la poursuite de buts connus d'avance et encore moins sur l'enchaînement de circonstances extérieures, mais bien d'une manière essentielle sur des instincts apportés en naissant et transmis uniformément par voie d'hérédité, etc. Dans tous les cas, cela nous permet de comprendre, provisoirement jusqu'à un certain degré, d'après les lois de la nature, la possibilité, pour les individus comme pour les peuples, de se transformer et de se développer sous le rapport du corps et de l'esprit avec l'aide de longs espaces de temps et de circonstances favorables ; et c'est ici que se trouve manifestement la clef au moyen de laquelle on éclaircira une quantité assez considérable de problèmes difficiles à résoudre dans l'anthropologie, la psychologie et l'histoire des peuples. Nous ne pourrons certainement formuler des conclusions d'ensemble et d'un profit réel pour la science que lorsque notre expérience sur ce sujet se sera enrichie encore davantage et nous aura par là fourni l'occasion d'apprendre à connaître d'une manière plus précise la loi naturelle en question même, en examinant les différents côtés où elle manifeste son action efficace ainsi que ceux où son action se trouve limitée ou restreinte.

XXVII

INSTINCT ET VOLONTÉ LIBRE [1]

(1862)

Tant que la science ne sera pas arrivée à comprendre l'homme comme une pièce ou une parcelle du grand ensemble de la nature, les « sciences naturelles » ne pourront prendre, comparées aux « sciences de l'esprit », c'est-à-dire ne s'occupant que des choses de l'esprit (Geisteswissenschaften), qu'une place assez subordonnée, et, si l'on fait abstraction de leur utilité matérielle, elles serviront, dans leurs parties principales, plutôt de jouet pour des esprits désœuvrés que d'occupation sérieuse pour des cerveaux qui pensent. Car si, comme le croient malheureusement encore la plupart des gens instruits et même un grand nombre de savants; si, disons-nous, l'homme constitue une « exception » de la nature et se distingue « systématiquement » de celle-ci par le côté spirituel de son être, il en résulte que la nature elle-même n'est en quelque sorte que la toile sur laquelle se trouve dessiné le portrait de la plus noble et de la plus élevée des créatures, c'est-à-dire de l'homme, et que celui qui considère le portrait peut assez bien se permettre de négliger la toile. Une manière aussi mesquine de considérer le rapport de l'homme avec la nature trouve heureusement peu de soutien dans les faits; et plus la connaissance de ces faits, systématique et coordonnée d'après des principes, fait des progrès, plus aussi sont nombreux

---

[1]. *Instinkt und freier Wille oder das Seelenleben der Thiere und des Menschen. Eine vergleichend psychologische Studie*, von J. P. Gleisberg, Leipzig, 1861. — *Instinct et volonté libre, ou la vie psychique des animaux et de l'homme. Une étude de psychologie comparée*, par J. P. Gleisberg, Leipzig, 1861.

les points d'appui que gagne une manière de voir scientifique opposée à celle dont nous venons de parler. C'est aussi d'une pareille manière de voir qu'est sorti l'opuscule indiqué de Gleisberg, qui sans doute traite ce sujet difficile d'une façon un peu chaotique (confuse) et s'appuie « par trop » sur des recherches étrangères, mais qui cependant mérite une certaine attention, à cause de sa tendance et d'un certain nombre de preuves réelles qui y sont contenues. Il n'existe pas de mot, suivant lui, dont on ait fait un abus plus fréquent et auquel on ait plus souvent donné une fausse valeur que le mot « instinct », par lequel on veut, sans façon, pouvoir expliquer tous les problèmes de la vie psychique de l'homme et des animaux, qui ne se laissent pas ramener à une intention et à une volonté libre. Mais combien n'y a-t-il pas de faits que l'on veut expliquer de cette façon et qui indiquent très certainement l'existence de la réflexion et l'appel au secours d'expériences faites antérieurement, comme, par exemple, lorsque des chiens se servent du bouton de la porte pour se procurer le moyen d'entrer; lorsque, dans le comté de Staffordshire, les chevaux piaffent sur les buissons de genêts jusqu'à ce qu'ils en aient brisé les épines, afin de pouvoir les manger sans s'écorcher la bouche; lorsqu'une guêpe, emportant une mouche, veut partir à la hâte, mais, arrêtée par le vent, lui arrache d'abord les ailes pour pouvoir s'envoler sans entraves; lorsque des hirondelles enferment comme dans un mur des moineaux qui ont fait irruption dans leur nid, etc. Vouloir expliquer les actions instinctives par des notions « téléologiques » est une chose tout à fait insoutenable; car, si l'on considère sans façon le résultat d'un événement quelconque comme le but même de cet événement, l'on est toujours obligé de poursuivre une cause déterminante plus éloignée — (ici, une force devant laquelle ou suppose que tous les problèmes de la physique se trouvent résolus, etc.), qui, tout en n'étant pas présente dans cet évènement même, n'en est pas moins active. Aucun physicien éclairé ne croit plus à ces forces naturelles mystiques; elles sont aujourd'hui rejetées comme un bousillage d'une école transcendante spiritualiste, etc. Si dans le système des muscles volontaires ou involontaires les « activités réflexes » produisent des mouvements ou réactions réellement ou en apparence seulement conformes à un but, la faute en est au « mécanisme » même de l'organisme et ne tient pas du tout à ce que « la nature se méfie » (Misstrauen der Natur) de l'esprit d'invention de l'âme, méfiance dont Lotze se sert pour parler en faveur d'une téléologie extrême. De même, lorsque nous analysons certains mouvements déterminés de l'âme ou certaines excitations psychiques particulières, ne dépendant pas des idées d'un but, et cependant d'une opportunité réelle, mouvements ou excitations qui ont leur fondement dans certaines dispositions ou dans une certaine structure anatomique des centres nerveux, nous ne voyons de nouveau régner qu'un mécanisme opportun « dans l'activité duquel l'âme « qui veut » ou « qui témoigne sa volonté » (wollende Seele) n'a pas même le mérite de lui avoir donné l'impulsion ». Certaines idées aussi provoquent involontairement des mouvements, ce dont on peut rapporter de nombreux exemples tirés de la vie journalière et de l'histoire (la migration des peuples, les croisades, le tarentisme, la manie prédicante, l'esprit du siècle, les mouvements qui se produisent pendant les rêves, etc.). « Les idées qui prennent naissance dans les rêves » ou « les idées innées assimilables à des rêves » (Angeborene Traumideen), au moyen desquelles l'illustre Cuvier croyait devoir expliquer les actions des animaux, appartiennent, selon notre auteur, ainsi que les idées innées en général, aux productions des philosophes scolastiques et aux hypothèses mystiques d'idéalistes transcendants qui sont étrangers à l'étude des sciences naturelles exactes. La prédisposition et l'habitude, au contraire, déterminent bien plutôt un mécanisme de mouvement diversement articulé, dont la capacité de développement ou de perfectionnement se trouve dans un rapport direct avec le degré de spiritualité de la créature et qui devient un mouvement réel en partie sous l'influence d'excitations extérieures, en partie sous celle d'états de l'âme déterminés ou de dispositions particulières du cerveau. Il en résulte qu'il faut rejeter complètement l'assimilation faite par Cuvier entre les actions instinctives et les états somnambuliques. Rien ne se passe dans la nature conformément à des buts supérieurs, conscients, mais tout obéit au contraire à une nécessité coercitive. Au surplus, nous rencontrons dans la nature un nombre infini d' « inutilités », de « choses sans but » (Zwecklosigkeiten); et « il ne peut en être autrement, si tout ce que les personnes ancrées dans des idées de but regardent comme conforme à un but n'est pas autre chose que le résultat des influences exercées par les circonstances naturelles extérieures et les conditions vitales sur les êtres de la nature en voie de formation et sur ceux qui existent déjà. » Il ne manque pas davantage de phénomènes précisément « contraires au but », ou « inopportuns » (Zweckwidrige) et troublant l'ordre naturel des choses, ce dont on peut également citer des exemples nombreux. La « force médicatrice de la nature », qu'on admire si souvent, consiste en ce que la nature a donné en dot au corps une quantité extraordinaire de circonstances favorables au moyen desquelles elle arrive à résoudre le problème suivant : « contraindre les troubles amenés de l'extérieur à se briser eux-mêmes contre les réactions qu'ils provoquent mécaniquement, etc. », ce dont nous pouvons citer comme exemples le vomissement, la toux, la diarrhée, etc. « Si nous admettons que ces mécanismes protègent souvent le corps contre des influences nuisibles, il tombe également sous les sens, et la notion même du mécanisme implique qu'ils n'exerceront une action conforme au but (zweckmässig) que dans des conditions parfaitement déterminées, c'est-à-dire, seulement en vue de la guérison de l'individu, mais qu'ils peuvent aussi être mis en mouvement par toute autre cause qui les atteindra, même dans le cas où, dans les circonstances données, leur activité serait sans but, inopportune (zwecklos), voire même nuisible. Il en résulte que cette résistance (de l'organisme) n'a pas toujours lieu pour le bien du corps, etc., ce qui est le meilleur argument à l'appui de la thèse que les procédés de guérison n'obéissent ni à une volonté ni à une réflexion . »

Plus loin, l'auteur, en s'appuyant sur quelques-uns des écrivains les plus éminents, se déclare très nettement « contre » les idées innées de l'homme, contre la substance psychique de R. Wagner, contre l'hypothèse émise par Lotze d'un être psychique abstrait qui se manifesterait comme une représentation de l'instinct ou comme une idée. « Car, abstraction faite de ce qu'avec l'hypothèse de forces pareilles, comme celle de l'idée innée, de l'idée de l'espèce, on n'arrive à rien pour notre but, puisqu'on ne comprend pas du tout comment s'y prennent des forces de ce genre pour agir sur la matière, mais qu'on y perd au contraire, en se figurant qu'on comprend désormais les procédés ou les phénomènes qui se passent, il nous est absolument impossible de découvrir, dans les idées morales admises par Lotze, ce principe inaliénable de notre âme qui, en sa qualité de germe de la substance psychique à nous communiquée primitivement par la nature subjective et devant se déployer ultérieurement, est censé déterminer d'avance toutes nos actions avec une nécessité impulsive et les diriger toutes vers un but certain. Comment, en effet, voudrait-on trouver compréhensible l'existence de tant de millions d'hommes à l'état barbare, appartenant soit à des races éteintes, soit à des races encore vivantes? » L'auteur ne peut pas davantage accepter l'opinion exprimée par Lotze, que l'âme des bêtes et celle des hommes sont d'une qualité complètement différente, etc. En général, l'hypothèse d'une substance psychique, ou d'une qualité psychique primitive, ayant une origine absolument différente de celle du corps et ne se servant de ce dernier que pour se manifester au monde réel, cette hypothèse est peu solide et trouve sa réfutation dans les paroles de Virchow.

Ceci conduit l'auteur à un chapitre spécial, traitant de la « nature de l'âme », dans lequel il expose que les activités psychiques (de l'âme) proprement dites ne peuvent pas être séparées des activités des nerfs. « L'âme a son siège uniquement dans l'encéphale », et ici le cerveau proprement dit possède le pouvoir législatif, le cervelet le pouvoir exécutif. Physiologiquement, il est impossible de séparer le principe psychique du principe vital; une activité vitale, la « procréation », transmet le principe psychique et le multiplie; les impressions produites par les sens, que certainement personne ne songe à séparer de l'âme, sont des actes opérés par les organes des sens que l'on ne peut pas plus méconnaître que les mouvements musculaires reconnus comme des manifestations vitales des muscles. Si l'on se refuse avec une telle opiniâtreté à reconnaître ces vérités, cela tient en partie à ce que la plupart des gens instruits sont des idéalistes et adhèrent à la doctrine reproduite sous forme mythique dans le *Timée* de Platon, d'après laquelle l'âme, étant une émanation de la Divinité, doit retourner à la source dont elle était sortie lors de la création des êtres doués d'une âme. — « L'intérêt que porte le « moi propre » (eigene Ich) à la continuité d'existence de son individualité personnelle rassure et fortifie cette croyance et conduit à admettre la continuité d'existence de sa personne même au delà de la tombe ». Les preuves les plus solides qui puissent nous permettre de porter un jugement exact sur le rapport du cerveau et de l'âme sont fournies par l' « anatomie comparée », dont l'auteur énumère en substance les résultats l'un après l'autre, les expériences sur le crétinisme et l'imbécillité chez l'homme, la comparaison des races humaines entre elles ainsi que celle des rapports entre leurs différents crânes, les expériences fournies par la pathologie chez l'homme et les animaux, etc. S'élevant contre les systèmes cranioscopiques de Gall et Carus, l'auteur observe — abstraction faite d'une énumération de faits contradictoires — qu'il faut considérer comme faisant complètement fausse route celui qui veut localiser de cette façon les différentes facultés psychiques, attendu que pendant le cours des opérations psychiques ces facultés n'agissent pas d'une manière tellement isolée l'une de l'autre, et qu'à cet état d'abstraction les facultés de l'âme ne figurent que dans nos systèmes artificiels, mais ne se présentent pas ainsi dans la réalité. Après avoir encore passé en revue, dans ce même chapitre, quelques opinions divergentes professées par divers écrivains sur le rapport du cerveau et de l'âme, opinions tantôt plus matérialistes, tantôt plus spiritualistes, tantôt également un peu mixtes, et après avoir encore une fois mis radicalement de côté la substance psychique de Lotze, l'auteur termine en disant : « C'est donc dans le cerveau que se trouve le temple des choses les plus élevées qui nous intéressent. Toutes nos jouissances corporelles et spirituelles ont leur sol effectif dans le cerveau, et c'est ici, pour parler avec Herder, Treviranus et Reil, que toutes nos actions, tout ce qu'il y a de grand et de noble, comme aussi de petit et de mauvais, pousse ses premières racines. Oui, la destinée de tout le genre humain est étroitement liée à une masse cérébrale de 65-70 pouces cubes, et l'histoire de l'humanité y est inscrite comme dans un grand livre rempli de signes hiéroglyphiques. A travers chaque pli du manteau colossal dans lequel se trouve enveloppée notre planète, nous voyons briller le doigt de cet organe qui forme le dernier fruit, et le fruit le plus élevé, en même temps que la couronne des révolutions qui ont accompagné son développement dans le cours de plusieurs milliers d'années. Ce qui reçoit ici son existence (dans le cerveau) saisit même la nature par la bride, introduit le libre arbitre dans la nécessité, et l'oblige à accueillir les poèmes produits par l'imagination de l'homme comme des séries nouvelles à ajouter au tableau de son propre développement. C'est ici que jaillit l'idée de l'Apollon du Belvédère. Sans cette voûte de marbre blanc, qui élève ses arceaux bien au-dessus des sources de la vie matérielle, l'*Iliade* d'Homère n'existerait point, pas plus que la *Zoonomie des astres* de Képler. Ce qui oscille au-dessus d'eux dans ces galeries méandriques passe avec la rapidité de l'éclair d'un objet isolé à l'ensemble et plonge l'âme dans l'univers ainsi que l'univers dans l'âme. C'est ainsi que parmi les hommes naissent les colosses qui saisissent le gouvernail des États ou qui, de même qu'Alexandre, font à eux seuls face à toute une partie du monde. »

Dans un troisième chapitre qui s'occupe plus spécialement de l' « âme des bêtes », l'auteur fait ressortir encore une fois vigoureusement qu'il n'existe pas d' « instinct » dans le sens des anciens, et que chez les naturalistes ce mot ne signifie toujours que l'x inconnue qu'ils posaient à propos de la question touchant les causes des activités psychiques en apparence énigmatiques déployées par les animaux. L'âme des bêtes ainsi que celle de l'homme, qui ne diffèrentrentre elles que par le « degré », ne sont pas seulement le produit de circonstances extérieures données, mais encore le produit de certaines qualités matérielles intérieures; et il faut ici penser tout d'abord à une organisation spéciale du système nerveux, puis à cette circonstance que le développement typique du corps se transmet à celui de l'esprit. Dans ce qu'on appelle les « instincts artistiques » des animaux, nous devons apercevoir une somme d'arrangements purement mécaniques, ayant leur base solide, profonde dans l'organisation, ce qui fait que les prémisses posées dans cette organisation pour la production d'idées dominant involontairement les actions du sujet sont d'une puissance bien plus coercitive chez l'animal que chez l'homme. Sans doute l'obscurité règne encore ici sur beaucoup de choses; mais ceci on peut l'affirmer hardiment, c'est que le procédé au moyen duquel les animaux arrivent à l'idéal de leurs productions artistiques n'est pas plus obscur que la manière dont prennent naissance, chez l'homme, les formes primitives de l'entendement. Mais l'animal, de même que l'homme, réfléchit également, pense, sent, recueille des expériences, soigne pour l'avenir et la famille, juge, conclut, compare, forme des idées, ressent de l'amour, de l'affection, de la haine, de la reconnaissance, etc., etc.; c'est ce qui est prouvé par les faits et les exemples les plus frappants; et c'est absolument sans raison que l'on regarde, chez les animaux, comme les conséquences des impulsions innées de la nature des actions que l'on considère chez l'homme comme le mérite moral le plus élevé (par exemple, l'amour maternel poussé jusqu'au sacrifice). « L'homogénéité des actions dites instinctives et des instincts artistiques chez les insectes s'explique par les besoins, les exigences (Bedürfnisse) qui ont provoqué ces actions ; si nous venons à changer les conditions dans lesquelles s'accomplissent d'ordinaire les actions instinctives, celles-ci subiront également une modification ; si nous les rendons inutiles au moyen d'un arrangement ou d'une disposition quelconque, elles ne se produiront pas ». C'est de l'expérience et de la réflexion qu'il faut faire dériver la conduite des coléoptères lorsqu'ils font le mort, absolument comme la ruse du renard qui, dans une basse-cour, fait semblant de dormir attaché à la chaîne, afin d'attraper une des poules qui s'approche de lui sans méfiance. Le « langage » et la « raison » ne motivent pas non plus une distinction entre l'homme et l'animal. Le premier, les animaux le possèdent indubitablement ; et, quant à la dernière, l'auteur fait l'observation suivante : « La plupart du temps, on a cru vider la question de la distinction entre l'âme de l'homme et celle des bêtes, en affirmant aussi, tout bonnement, que l'animal possède, il est vrai, l'intelligence, mais pas la raison, attendu que celle-ci est une propriété exclusive de l'homme. Ainsi un disciple de Hegel dirait : « L'homme est l'idée morale qui se connaît elle-même, « les animaux sont différentes idées de la nature qui se connais- « sent elles-mêmes ». Si nous nous demandons ce que l'on comprend par le mot « raison », sous cette personnalité métaphysique des philosophes, il faut faire ressortir tout d'abord que la raison n'est pas du tout une activité psychique *sui generis*, mais seulement une intelligence élevée à l'état de puissance ; c'est, en substance, le rapport de notre moi individuel avec le monde des idées, avec l'ordre supérieur du monde ; c'est la faculté, le pouvoir de former des notions, d'abstraire, de déterminer nos actions d'après des règles certaines, soit traditionnelles, soit établies par l'expérience personnelle. Il est certain que nous chercherions en vain chez l'animal une pareille élévation d'activités spirituelles, et cependant il faut que je proteste solennellement contre ceux qui soutiennent que la raison est un bien appartenant « généralement » à l'homme. Celui qui souvent a été en relation avec des gens sans culture ne cherchera que trop souvent en vain, comme chez les animaux, à découvrir ce qu'on appelle l' « étincelle divine », cette « personnalité métaphysique », ce « moi pur se concentrant en lui-même », etc. Il en résulte aussi que l'éducation classique moderne a raison de demander pour l'administration de la justice qu'on admette ce qu'on appelle des « degrés » dans la responsabilité, suivant le degré de culture de l'accusé.

Dans un dernier chapitre sur la « volonté », l'auteur parle des influences extérieures et intérieures qui opposent des barrières à la volonté de l'homme et des animaux, ou bien l'annulent complètement, ou bien encore la conduisent dans des directions déterminées. Il ne se fait pas faute d'en rapporter des exemples nombreux et instructifs. « Le caractère psychique du chien, primitivement sauvage, dit-il entre autres, s'est tellement modifié par ses rapports continuels avec l'homme, que nous le voyons souvent accomplir des actions qui ont certainement une valeur « morale » (comme la fidélité, l'attachement, la reconnaissance). Et qu'est-il advenu, faut-il que je demande, qu'est-il advenu dans les bas-fonds marécageux avoisinant la mer du Nord, du cheval de l'Orient, plein d'intelligence et de feu, dont les poètes de l'antiquité déjà célébraient avec enthousiasme les qualités du corps et de l'esprit ? Un animal également lourd sous le rapport de l'intelligence et du corps, avec une disposition innée à l'imbécillité (Dummkoller). Cependant, malgré toutes les conditions qui annulent la liberté de la volonté d'une façon durable ou temporaire et qui mettent une restriction à la responsabilité, on ne peut pas nier l'existence chez l'homme civilisé d'une âme qui se détermine moralement elle-même ; et ces conditions ne peuvent être que d'une nature telle, que chez l'individu en question la possibilité était annulée soit d'agir, en général, suivant son libre arbitre, soit de déterminer son libre arbitre d'une manière conforme aux lois morales ». Comme conditions de ce genre, l'auteur cite, entre autres, le jeune âge, la minorité, l'ignorance, la faiblesse d'intelligence, les troubles de l'âme, les émotions, l'ivresse, le sommeil, les hallucinations, les tourments, le danger, etc., etc. ; — toutes conditions qui n'ont pas encore été « suffisamment » prises en considération dans l'étude du droit ! « Car celui-là seul peut être condamnable et responsable chez lequel existait, au moment de l'action, la puissance pleine et entière de l'arrêter ou bien d'y consentir ». En réalité, l'administration de la justice doit s'attendre, pour l'avenir, quelque peu que cela puisse aussi porter atteinte à son propre principe, à une révolution non médiocre qui sera produite par une manière, réellement conforme à la nature, de comprendre le châtiment et la responsabilité; et les procès de l'époque actuelle ne ressembleront pas peu, aux yeux de nos descendants, aux procès criminels remontant à un passé déjà très lointain, tels qu'ils apparaissent à nos propres yeux !

XXVIII

UNE VOIX VENUE DE LA FRANCE

SUR LE SPIRITUALISME ET LE RÔLE ACTUEL DE LA PHILOSOPHIE

(1868)

Dans un excellent article sur un livre du professeur Nourrisson : (*Spinoza et le naturalisme actuel*) [1], le Dr Eugène Véron s'exprime ainsi : « Lorsque l'on ouvre les livres d'un des partisans de cette école philosophique qui s'est donné le nom de « spiritualiste », ce qui vous frappe tout d'abord, c'est l' « absence d'esprit philosophique ». En réalité, l'esprit philosophique est-il autre chose que la recherche absolue de la vérité, sans intention ou idée préconçue? Or, ce dont les spiritualistes ont besoin pour leur système, ce n'est pas la « vérité » en elle-même, mais « des vérités » appelées « consolantes », c'est-à-dire des vérités qui correspondent à leurs désirs et à leur éducation; ils élèvent des théories qu'ils appellent modestement « l'honneur et le bonheur du genre humain »; ils aimeraient bien, s'ils l'osaient, distinguer des vérités « saines » et malsaines », de la même façon que les hommes politiques distinguent une liberté saine et une liberté dangereuse, et ils se livrent régulièrement à des accès de mauvaise humeur vertueuse contre quiconque ne se déclare pas satisfait de leurs affirmations empruntées aux Grecs. Ils se figurent avoir renversé les doctrines de leurs adversaires, parce qu'ils les représentent comme des « théories subversives, qui se détruisent d'elles-mêmes, grâce à la répulsion

[1]. *Revue des cours littéraires de la France et de l'étranger*, n° 22, 1867.

insurmontable qu'elles inspirent ». Mais cela ne les empêche pas de parler de « discussions pacifiques de la science », comme si les discussions scientifiques n'avaient pas précisément pour but de rechercher purement et simplement la vérité, sans qu'on y mêle des expressions ou des qualifications blessantes qui ne font que trahir l'intolérance et les jugements préconçus, et irritent sans convaincre.

Pour ma part, je concède très volontiers qu'une école ou secte « religieuse » puisse être intolérante, sinon vis-à-vis des hommes, du moins vis-à-vis des idées. Cette intolérance est inhérente à son origine et à toute sa nature, parce qu'elle croit à une vérité absolue et supérieure et se considère elle-même comme destinée par la Providence à répandre cette vérité sur la terre.

Mais cette excuse fait défaut aux philosophes intolérants. Un homme qui demande pour lui-même la liberté dans ses recherches ne peut pas interdire cette liberté aux autres. Il ne parle, lui, qu'au nom de sa propre connaissance, humaine et faillible, et cette considération devrait suffire, me semble-t-il, pour empêcher les discussions philosophiques de prendre ce ton de condamnation orgueilleuse qui n'est permis qu'à la polémique religieuse. Malheureusement ce but paraît être encore assez éloigné.

Sans doute le spiritualisme officiel est plus une « religion » qu'une « philosophie ». Il est vrai qu'il ne parle plus au nom d'une révélation extérieure et écrite; mais il n'en possède pas moins la vérité éternelle et absolue dans ce trésor de principes *à priori* qu'il a découverts au fond de l'intelligence humaine. Il a même, vis-à-vis des doctrines de la révélation, cet avantage incontestable de n'avoir pas besoin de puiser sa sagesse dans des textes anciens et sujets à caution. Le livre dans lequel puise le spiritualisme est constamment ouvert devant lui, c'est sa propre raison qui constitue pour lui une révélation incessante. On peut, il est vrai, se demander si ces principes *à priori* ne sont pas tout simplement le résultat des expériences inconscientes et de l'éducation de la première jeunesse; mais les spiritualistes ne s'arrêtent pas à ces minuties, qui ne feraient que les embrouiller. Il est bien plus simple de déclarer que ceux qui n'ajoutent pas foi à leurs assurances n'y comprennent rien, et que leurs objections sont « peu consolantes », de même qu'elles sont contraires à tout ordre philosophique et social.

J'avoue que, pour ma part, je comprends tout autrement le

rôle de la philosophie. J'accorde qu'elle a le droit, comme toutes les sciences, d'avancer par voie d'hypothèses, mais je ne puis reconnaître ces hypothèses pour des vérités, tant que leur exactitude ne m'a pas été démontrée. La philosophie restera à l'état de badinage, et sans contenu, aussi longtemps qu'elle ne se décidera pas, comme le font toutes les sciences sérieuses, à se tourner du côté de l'observation et de l'expérience et à renoncer aux affirmations sans preuves, ainsi qu'aux échafaudages arbitraires. Il faut qu'elle se dise modestement : « Ceci je le sais, ceci je ne le sais pas », au lieu de faire, comme les spiritualistes, un mélange du connu et de l'inconnu, et d'en tirer des systèmes bâtards, qui échappent à la risée du public uniquement parce qu'ils reproduisent toutes les naïvetés et ignorances de ce qu'on appelle le « sens commun » et qu'ils présentent certaines théories ridicules ainsi que des absurdités de toute sorte comme des vérités démontrées, seulement parce que, le jour où ils ont commencé à philosopher, ils les ont trouvées implantées dans leur cerveau par l'habitude.

Aussi faut-il voir comment ils traitent les philosophes qui avaient l'audace de penser par eux-mêmes, au lieu de s'en tenir aux anciens modèles de Platon et Aristote, comme par exemple Spinoza.

Le sens commun de l'école à laquelle appartient M. Nourrisson signifie précisément le contraire de philosophie, parce qu'il érige les choses les plus contradictoires en points de doctrine, sans se préoccuper de leur explication ou de leur conciliation entre elles : ainsi, par exemple, l'opposition radicale de « l'esprit et de la matière » qu'il déclare être deux négations absolues s'excluant réciproquement l'une l'autre et pour lesquelles il admet en même temps l'influence réciproque la plus intime de l'une sur l'autre ; — ou bien « l'invariabilité et l'infinité de Dieu », qu'il affirme sans hésitation, sans nous expliquer comment ces attributs essentiels de la Divinité se laissent concilier avec la Création et avec l'existence de l'univers et des choses corporelles ; — ou bien « la toute-puissance et la science infinie de Dieu », qu'il décrit de sang-froid en même temps que la « liberté de la volonté humaine ». Certains esprits peuvent se contenter de rester sur ces questions au même niveau que la foule, et ils peuvent se regarder comme des philosophes, parce qu'ils ont donné le nom d' « un système » à une série d'affirmations qui se contredisent réciproquement et n'ont pour elles que la foi ou le jugement préconçu de la foule.

Mais certainement ils ne peuvent et ne doivent pas refuser à d'autres esprits le droit de ne pas se contenter d'une marchandise aussi légère. Je suis, quant à moi, aussi convaincu que M. Nourrisson, bien que pour d'autres motifs, que Spinoza s'est trompé avec son système, mais en tout cas son hypothèse hardie trahit plus d'esprit philosophique et porte de meilleurs fruits pour le développement spirituel de l'homme que la rumination métaphysique des écoles qui se contentent de revêtir de belles phrases le bégaiement d'une philosophie à l'état d'enfance. En tout cas, Spinoza savait parfaitement ce que signifie un véritable système philosophique, et il a cherché la vérité avec une indépendance d'esprit qui ne peut lui être reprochée que par ceux qui veulent imposer à la science le devoir de s'accommoder à « leurs » jugements préconçus et qui assurera toujours à ce penseur libre et profond la considération de tous ceux qui n'admettent pas comme signe distinctif et essentiel de vérités scientifiques le fait d'être généralement répandues (« banales ») et « consolants ».

XXIX

MATIÈRE, ORGANISATION ET ESPRIT

(1869)

« Être créé, comme on le comprend habituellement, c'est-à-dire être issu sans loi précise d'un état précédent qui représente les conditions préliminaires du développement, ou bien sans aucune cause, par hasard, ou par le fait d'une cause arbitraire, être ainsi créé, ne se voit nulle part dans tout l'univers. Toutes les soi-disant Créations ne sont que des développements naturels, des changements déterminés par des lois. »

« Nous considérons ces développements comme des « phénomènes particuliers », seulement d'après les signes qui nous paraissent particulièrement importants, nous leur donnons des noms propres, nous les séparons ainsi « artificiellement » les uns des autres, nous laissons échapper le lien qui les rattache aux degrés de développement qui ont précédé ainsi qu'à ceux qui suivront, et, dans cet état artificiel d'isolement ou d'indépendance, nous leur donnons le nom de « Créations ».

Dans « ce » sens, il est vrai que chaque homme ainsi que toute l'espèce humaine, le règne animal, végétal et minéral, le globe terrestre, le système solaire et notre firmament, sont « créés », c'est-à-dire issus d'un état antérieur de la matière universelle locale, d'après des lois universelles et par l'action des forces universelles ».

Le contraire de cette « Création » ou « naissance », c'est « la mort, le passage à un autre degré de développement » ; mais ce n'est pas la « destruction », le « néant ». Rien ne peut être détruit dans l'univers; il n'existe pas de fin absolue du mouvement; chaque chose a sa continuité, son effet consécutif. Mais, s'il est vrai que rien ne disparaît sans laisser de trace, il est aussi vrai que rien n'échappe au changement, au développement, « à la mort ». Toute chose a sa « limite d'existence » : l'individu, l'espèce, les matières inorganiques, le globe terrestre, le firmament. Toute activité dans la nature est « périodique »; elle est soumise à la « naissance », « au point culminant de la vie » et à la « mort ».

« Chez les « individus » ou dans les « organismes », ce rapport « frappe à première vue », tandis qu'il « échappe facilement » lorsqu'il s'agit de corps terrestres « inorganiques », à cause de la lenteur du mouvement. Depuis le premier moment de son origine, chaque être pris isolément marche avec une diminution progressive de ses propres forces vers la fin, vers la dissolution. Ceci ne s'applique pas seulement à l'homme pris isolément, mais aussi à « l'espèce humaine », qui à son origine première était « indubitablement faible et pauvre », sous le rapport de ses forces et de ses ressources, et qui, après avoir atteint le « degré le plus élevé » de son développement, devra disparaître de la terre, de même que le reste de la Création ; cela s'applique également à la terre elle-même, dont les diverses parties constituantes devront, par une action réciproque ininterrompue des unes sur les autres, se dissoudre peu à peu dans l'éther et les forces de l'univers et disparaître dans l'espace, s'évaporer, « lorsque la force qui sommeillait dans la matière sera arrivée à un degré de déploiement supérieur » et que le souffle de vie que la matière a reçue par la formation de systèmes de mondes et d'êtres organiques et spirituels aura continué à agir en vue de produire un nouvel ordre de choses ».

Car la « matière » est, d'après l'auteur du livre auquel nous empruntons les considérations précédentes (Herrmann Scheffer, *Körper und Geist. Betrachtungen über den menschlichen Organismus und sein Verhältniss zur Welt in physiologischer, pathologischer und kosmologischer Beziehung*, Braunschweig, Westermann, 1862), l'essence de toutes les choses dont les « propriétés » sont équivalentes aux « forces de la matière ». « Pas de matière sans force » et aussi « pas de force sans matière ». Les deux constituent des notions inséparables et se déterminant l'une l'autre. Par le mot matière, il faut comprendre non seulement la substance « pondérable », mais aussi la substance

« impondérable », l' « éther » qui remplit tous les espaces. Il ne peut donc pas être question d'un « dualisme » basé sur la séparation de ces deux notions, et il en résulte que la représentation d'un corps doué de forces est une représentation parfaitement « simple et unitaire ».

« Les lois auxquelles est soumise la matière constituent une sorte de « joug ou de pression inaliénable ou naturelle » qui se manifeste avec une intensité proportionnée aux masses agissant réciproquement les unes sur les autres, et dépendant des circonstances extérieures. Il est clair ici que les phénomènes que la nature est capable de produire doivent être soumis à un « échange » perpétuel, et que par suite de ces divers changements de rapports bien des formations pourront se produire peu à peu, prendre corps et donner lieu à des produits réels ».

C'est ainsi que s'accomplit l' « organisation de la matière », dans laquelle résident, outre les forces « ordinairement » faciles à constater, encore « d'autres » forces, telles que la « force organisatrice ou de cristallisation », qui conduit au minéral, à la plante, à l'animal, à l'homme. Ce que « les combinaisons « organiques » ont ainsi gagné, quant à la « composition » et à la « diversité » des rapports matériels, elles le perdent sous le rapport de l'énergie de leur cohésion ; elles se désagrègent plus facilement, durent moins longtemps, etc. » Mais, en même temps que la vie terrestre entre dans une phase où surgit une nouvelle classe de créatures mieux douées, « les forces de la matière qui tendent à faire éclore ces nouveaux produits ne seront pas à proprement parler « augmentées » ; seulement les obstacles seront « réduits », « affaiblis », qui s'opposent à la réalisation de ces produits, par suite de l'abaissement progressif de la température, de la dissolution des minéraux fixes par voie de désagrégation, pénétration ou infiltration d'eau et d'air, etc. »

« Entre le moment où fut vaincu pour la première fois l'obstacle qui s'opposait à la réalisation du règne végétal, et celui où cet obstacle fut vaincu « partout », il a dû naturellement se passer un temps « considérable », et il est naturel que la différence des conditions dans lesquelles les nouveaux produits arrivent au jour produise une grande diversité chez les différents êtres créés ». Au début, le « règne végétal » n'a pu surgir que « peu à peu » et se composer des « individus les moins apparents » ; en d'autres termes, une « véritable transition » doit avoir lieu entre le minéral et la plante, caractérisée par des êtres d'une organisation tellement rudimentaire qu'ils se distinguent à peine des formations inorganiques, êtres qui n'existent peut-être plus aujourd'hui. « Quant à la cause qui déterminera la transformation et le changement ultérieurs du type primitif, il faudra, d'après l'auteur, la chercher moins dans une transformation intérieure que dans des influences et conditions « extérieures ». On ne peut non plus, même aujourd'hui, nier d'une façon « absolue » la possibilité de la création de « nouvelles » plantes, en supposant bien entendu « que l'on puisse placer la matière dans des conditions semblables à celles qui existaient lors de la Création ». L'expérience seule pourra apprendre si l' « art » est capable de produire un pareil résultat. La « floraison » de chaque espèce était alors réservée à une époque plus tardive que celle de la naissance, « à une époque qui pour certaines espèces a été depuis longtemps dépassée, de telle sorte que leur développement se trouve déjà dans la voie rétrograde, comme par exemple c'est le cas pour les « fougères », tandis que d'autres espèces n'ont peut-être pas maintenant encore atteint le plus haut degré de leur développement ou se trouvent, dans les conditions actuelles, dans une sorte d'état « stationnaire ».

Tandis que les minéraux, en naissant dans l'état le plus primitif de la terre, unissaient les éléments simples pour en former des combinaisons chimiques plus compliquées et donnaient ainsi l'impulsion au déploiement de « nouvelles » forces, ils formaient également de nouveaux corps, doués de nouvelles propriétés, qui originairement ne reposaient qu'à l'état de « tension » ou de « disposition » dans les éléments plus simples. Il est très douteux que nous connaissions ces éléments primitifs dans leur plus grande simplicité, et il est possible que ce que les chimistes appellent « éléments » soit composé de substances encore bien plus simples, que nous ne connaissons pas. Il est possible que la chimie ne parvienne à séparer que les combinaisons formées par voie chimique, tandis que les différentes parties constituantes de ces dernières sont elles-mêmes encore des corps composés, dont la composition est subordonnée non à une action chimique, mais à une « force essentielle plus simple », une force qui ne se laisse pas vaincre par des forces « chimiques ». Peut-être les parties constituantes plus simples des « éléments » chimiques tiennent-elles ensemble par une force extraordinaire et ne permettent-elles pas du tout à l'art humain de les séparer. Les substances élémentaires, si elles existent, doivent aussi être douées des « forces les plus simples », tandis que les forces de la matière, en général, se modifient et s'élèvent avec le degré de combinaison des éléments matériels ; et, de même que « la substance mieux douée n'est qu'une combinaison plus compliquée des éléments essentiels simples, de même les qualités, les propriétés ou les forces supérieures ne sont que des réunions ou compositions compliquées des forces primitives simples ».

« Les combinaisons chimiques simples donnent naissance à la force de cristallisation, les combinaisons végétales à la force vitale, les combinaisons animales à la force de l'esprit. » — « Tout acte, toute formation, tout phénomène, est, d'après sa véritable nature, « travail », c'est-à-dire, mouvement sous la pression de certaines forces. « Vivre » c'est « travailler », et, comme dans le travail il y a des obstacles à surmonter, la vie est une lutte perpétuelle que chaque créature ne peut soutenir que dans des limites déterminées et qui constituent pour chaque espèce la durée moyenne de l'existence. La mort, c'est la suspension de travail du système, c'est le retour à l'état de « tension ».

Or, à mesure que dans le cours de son développement la terre parvint à surmonter les obstacles extérieurs, la « tendance organisatrice » se fit aussi sentir davantage par suite de combinaisons chimiques plus élevées. Après que le règne végétal se fût élevé sur les cadavres du règne minéral, la simple existence du règne végétal développa l'impulsion qui devait douer la matière de propriétés ou qualités supérieures et fonda ainsi la naissance du règne animal, dont on peut admettre, à l'exception peut-être des classes d'animaux les plus rudimentaires, qu'il est issu d'éléments végétaux. Maintenant, dans l'organisme animal, les forces de la matière s'élèvent à un degré d'organisation supérieur et plus compliqué pour devenir « esprit ». — « On ne peut jamais concevoir l'esprit sans la matière et surtout sans la matière organisée », pas plus qu'on ne peut concevoir, par exemple, la force d'attraction sans la matière. Réciproquement, l'on ne peut concevoir aucune matière sans la tendance à engendrer l'esprit, tendance qui apparaît effectivement ou arrive à se manifester lors de son union avec un organisme animal normal. Or, de même qu'on ne peut parler d'une « combinaison » de la matière et de la force, de même on ne peut dire que l'animal est un être « composé » et que cette composition consiste dans l'union du « corps animal » avec l' « esprit animal ». Ces deux notions sont dépendantes l'une de l'autre, on ne peut les séparer ; l'une n'existe que par l'autre. « Au début, imparfait et d'une vitalité médiocre, le règne animal ne pouvait arriver que peu à peu à un développement supérieur et à manifester des capacités spirituelles spéciales (telles que intelligence, sentiment) ». On a très tort de donner aux capacités spirituelles des animaux le diminutif « instinct ». Si l'on prend le mot dans le sens de « impulsion de la nature », « la plante et l'animal n'ont pas plus d'instinct que l'homme. » En admettant même que les classes inférieures d'animaux vivent plus instinctivement, « il n'y a cependant aucune raison de contester la conscience aux classes supérieures ». — « La nature de l'esprit qui réside dans chaque animal, bien qu'à des degrés divers, reste toujours spécifiquement une ; c'est la fonction supérieure de l'organisation animale ; et de cette façon l'impulsion de la nature chez toutes les créatures, comme chez l'homme, reste cette même impulsion des forces naturelles originairement non spirituelle qui amène à sa suite, par voie d'induction, des mouvements spirituels, et parfois la conscience ».

« Enfin surgit l' « homme », c'est-à-dire l'animal le plus parfait, avec le degré le plus élevé de l'intelligence, de la force des idées, de la raison, et avec le degré le plus développé de la conscience de lui-même ; à l'origine, il était faible de corps et d'esprit ; plus tard corps et esprit se développèrent ». — « Il est indubitable qu'à une certaine époque beaucoup de régions de la terre ont vu naître de nombreux individus qui se propagèrent et furent l'origine de diverses races ». Néanmoins on ne peut pas affirmer qu' « avec l'apparition de l'homme la création du règne animal ait atteint sa dernière limite ».

Quant à l' « esprit », l'auteur l'examine dans ses deux sphères d'activité essentielles (« intelligence » et « sentiment », qu'on ne peut comparer l'une à l'autre et qui sont unies entre elles par des lois naturelles, absolument incompréhensibles à l'homme) ; or, à ce point de vue, « l'esprit est d'une part soumis à des lois sévères, mais de l'autre, il est cependant « complètement libre », malgré ces barrières légales ou naturelles. L'organe de l' « intelligence », c'est le cerveau, tandis que les mouvements qui tiennent au « sentiment » doivent avoir leur siège dans les autres parties de l'encéphale, dans le cervelet, la moelle allongée et la moelle épinière. Peut-être existe-t-il un rapport particulier entre le sentiment et le sang et le cœur, qui comprendrait les organes de la sanguification ainsi que leurs appareils nerveux spéciaux ; cette supposition serait aussi en harmonie avec le langage usuel qui, on le sait, donne comme siège aux sentiments affectifs la « poitrine » ou le « cœur », tandis qu'elle relègue dans la « tête » les propriétés de l'intelligence. Quoi qu'il en soit, de toute façon, l'émotion n'arrive à l'état de « conscience » que dans le cerveau, et « alors a lieu dans cet organe un processus matériel tout particulier ». L'activité spirituelle se manifeste sous un « état » particulier qui se répand à travers tout le cerveau et la moelle épinière et donne aux diverses impulsions de cet organe le caractère de l' « unité ». Cet état, c'est la « conscience de soi-même », etc.; c'est une sorte d'état de tension, mais pas de mouvement. La « volonté » en diffère complètement; c'est une « fonction propre de l'intelligence », ou bien la puissance en vertu de laquelle on peut mettre en activité certaines parties du cerveau et du système nerveux »; la « volonté » se borne à briser les obstacles qui empêchent de faire passer un état de « tension » à celui de « travail », sans que cependant « cet état exerce la moindre influence sur la valeur relative de ce travail ». Tout processus qui s'accomplit dans le corps est lié à un « mouvement de l'esprit » qui est transmis au cerveau par les « sens », pour être reçu là à l'état de conscience. « Toute activité sensorielle devient, immédiatement après l'impression, une « sensation », et cependant il y a un lien tellement intime entre le cerveau et les sens supérieurs, que le siège de l'intelligence s'en trouve affecté immédiatement et que des activités intellectuelles, des pensées, des idées sont aussitôt éveillées. L'organe destiné à ces activités est exclusivement le « cerveau », dont la masse subit un changement matériel lors de chaque pensée, et ce changement ne consiste pas seulement en un mouvement mécanique, mais aussi en une modification organique. Il est impossible de donner une idée exacte de cette modification; mais on peut admettre que les molécules organiques de la masse nerveuse se groupent dans des directions ou formes déterminées et modifient organiquement leur configuration. « De cette manière, partout où une pensée, une émotion, une impression sensorielle, en général une activité spirituelle quelconque produit un « effet persistant », là se manifestent la « mémoire » et le « souvenir », de même que se montre la possibilité, pour chaque homme, d'être à tout instant le maître d'une « certaine propriété spirituelle », qui peut s'augmenter par un exercice approprié et s'affaiblit ou se réduit par des anomalies et par suite de l'âge ». Comparons le cerveau à un « arbre », dont les branches et les feuilles ne cessent de se développer par les activités spirituelles »; lorsque le courant nerveux se trouve poussé dans une branche déterminée de cet arbre, soit par la force de la volonté, soit involontairement par des procédés d'induction, l'activité vitale éveillée en ce point aura pour résultat de rappeler le souvenir des « anciennes » pensées en rapport avec l'organisme de cette branche, et, si ce courant nerveux se trouve être suffisamment renforcé, cette branche se développe pour de « nouvelles » pensées qui deviennent alors une propriété « permanente » de l'homme. L'esprit humain acquiert son « unité » par le fait que les différentes impressions, actions des organes, sensations, se réunissent en une « impression totale d'ensemble » dans la « conscience », de la même manière que les diverses parties du corps réunies ensemble ne constituent aussi qu'un seul organisme ».

La constitution spéciale du cerveau, quant à la forme, grandeur, composition intérieure, distribution de sang, conductibilité, etc., imprime à chaque homme un cachet particulier et détermine en partie ce qu'on appelle son « individualité ». Au reste, la constitution du cerveau est « inconstante »; elle est soumise à une transformation perpétuelle, tantôt avantageuse, tantôt préjudiciable, de telle sorte que l'homme ne reste jamais identique à lui-même, mais subit des changements incessants, bien que, comme nous l'avons dit, l'activité totale du cerveau pendant l'existence humaine, ainsi que tout le passé de l'homme, s'emmagasine dans son cerveau comme une chose acquise, une propriété individuelle, dont il a la possession permanente. « Or cette possession devient permanente par le fait de ce que lors de l'échange moléculaire les éléments qui sont éliminés sont remplacés par des éléments nouveaux, absolument identiques quant à la forme, la distribution et la constitution. »

« La constitution du cerveau et la propriété spirituelle de l'homme sont individuelles, souples et durables, absolument de la même manière que la constitution matérielle du corps extérieur; sous ce rapport, le cerveau n'est pas autre chose que n'importe quel autre organe du corps, l'esprit pas autre chose que la puissance dynamique d'un tel organe. »

La conséquence de tout cela, c'est la nécessité du « développement », de la « culture » de l'espèce humaine, qui développe ce qui se trouve en elle en fait de forces et d'aptitudes, et réalise simultanément le bien corporel ainsi que le bien spirituel.

Quant à ce qui concerne maintenant « les rapports de l'homme avec l'univers, et l'univers en lui-même », on se trouve tout d'abord en face de deux questions : l' « immortalité de l'âme » et l' « existence ou la nature de Dieu », questions qui de tout temps ont captivé l'intérêt de l'humanité au plus haut degré, et qu'on a cherché à résoudre de bien des manières différentes. Or, ni la philosophie spéculative, ni la théologie, ni les sciences naturelles n'offrent des « points d'appui suffisants » pour fournir là-dessus « quelque chose de sûr », et il faut laisser au « sentiment » seul la liberté de se former sur ces questions une vue claire ou une conviction déterminée. S'il existe, en général, une science dont le témoignage ici possède une valeur scientifique, ce ne peut être que la « science de la nature » ou les « sciences naturelles ». Or, celles-ci nous enseignent que « dans l'esprit la matière arrive à l'état de conscience de soi-même, et que déjà dans les conditions les plus simples, ainsi d'une façon constante, la matière renferme en elle la tendance à arriver à la connaissance d'elle-même »; d'où il suit que « la connaissance de soi-même est une destination de la nature ». Sans doute ce but final de la nature arrive à être atteint dans l'esprit humain, à un certain degré, mais cependant seulement dans une mesure « très incomplète », puisque cet esprit est enfermé dans des bornes infranchissables et que ces barrières ne s'abaisseront jamais. Ainsi, par exemple, l' « infini » ou l' « éternité » sont des choses d'une existence bien « réelle », bien qu'il soit interdit à notre esprit de les concevoir ou de s'en faire une idée bien nette. « Nous ne pouvons nous représenter un « tout » que par l'assemblage ou la réunion de ses parties. » Nous ne pouvons pas plus nous représenter ou concevoir une réunion infinie qu'une « divisibilité à l'infini », etc. Cette imperfection ou impuissance de l'esprit humain se montre d'une façon évidente dans l'imperfection des « méthodes mathématiques », qui en est un miroir fidèle. « L'édifice si remarquablement fier des mathématiques, dont la plupart des hommes ne soupçonnent même pas l'élévation, parce que, en réalité, il cache en lui les lois de notre esprit, n'est cependant, si on le compare à l' « atelier de la nature », qu'une ruine peu apparente, dont l' « insignifiance relative » et l' « absence de fin absolue » ne sont pas, à leur tour, soupçonnées par la plupart des hommes. Le calcul mathématique d'un système planétaire ou solaire est un calcul très insignifiant, comparé aux difficultés que l'on rencontrerait si l'on voulait, au lieu de compter les quelques planètes et satellites agissant les uns sur les autres, supputer les milliards d'atomes qui sont contenus dans un petit caillou d'une épaisseur bien différente et mis en mouvement de toutes les façons possibles par le choc d'un autre corps. Aussi est-ce une chose « absolument impossible » que de vouloir traiter avec une « exactitude mathématique » des phénomènes semblables, tout ordinaires, qui se passent dans la vie de chaque jour. On peut donc continuer à soutenir que la « nature » crée ou agit avec une facilité et une perfection bien plus grandes que l' « esprit », et « d'ailleurs nous tombons trop souvent sur une image voilée derrière laquelle la vérité se soustrait éternellement à nos regards ». Jamais un esprit humain ne pensera à un rapport de nombres irrationnel, etc.; les équations générales supérieures resteront toujours insolubles, etc.; les calculs transcendants se soustrairont toujours au développement rigoureux; la plupart des figures de la réalité, notamment les figures irrégulières et brisées, ne pourront jamais être revêtues d'une formule certaine; nous ne pourrons jamais comprendre clairement la valeur d'une série sans fin. Et la cause de toutes ces difficultés et imperfections, c'est tout simplement que l'esprit n'est pas capable de ramener la nature de la « croissance » à l'état de « notion claire », impuissance, incapacité qui comprend en même temps l'impossibilité de se représenter l' « infini », « tant pour l'infiniment grand que pour l'infiniment petit ».

La réalisation d'une pensée, d'une notion, d'une opération quelconque de l'esprit diffère absolument du travail de la nature quant au procédé et à la qualité, en ce qu'elle se compose d'actes élémentaires isolés auxquels ne correspond dans la nature aucun acte ou aucune phase analogue. L'esprit a besoin, pour se former une notion, d'une concentration instantanée et d'un temps excessivement court, il accomplit l'association des pensées en quelque sorte « par bonds », au moyen de courants nerveux isolés et instantanés, procédé qui manifestement ne correspond en rien à la nature d'un « développement incessant » de la réalité. « La série des nombres, ce modèle de tous les rapports de grandeur produit par l'esprit, restera toujours une série discrète et incomplète, quel que soit le nombre de fractions par lequel on cherchera à la compléter, tandis que le représentant géométrique naturel de cette dernière, la ligne droite qui commence et s'étend, est continue et entière ».

« Nous ne pouvons nous représenter que ce qui est à l'état d'« accomplissement », ce qui est à l'état de repos, ce qui est devenu « effet », et ceci même pas dans la plus complète généralité, mais seulement à des degrés discrètement éloignés les uns des autres ; tandis que ce qui se trouve à l'état de croissance, de mouvement, de tendance à devenir quelque chose de réel, nous ne pouvons pas nous le représenter. Quand nous pensons, nous faisons un « saut » ; nos pensées forment les anneaux d'une série discrète. Au contraire, dans le monde « extérieur », rien n'est en repos, mais tout est en « mouvement » ; toute l'activité de la nature consiste dans une « croissance » ou une « diminution progressive » ; tous les objets de la réalité sont incessants ».

Des considérations sur la base des mathématiques éveillent la conviction que, « de même que nos pensées reçoivent « leur objet » du « monde extérieur », il doit y avoir toujours, quant à l'« objet », le rapport le plus exact entre nos pensées et la réalité, comme entre l' « arithmétique » et la « géométrie », tandis que les différences tiennent simplement à la manière dont l'esprit « s'applique à façonner cet objet », etc. « L'auteur est convaincu qu'un temps viendra où l'on envisagera certaines parties essentielles des mathématiques tout autrement qu'aujourd'hui et où l'on ne tombera plus dans l'embarras « de créer dans la marche de développement naturelle de son propre esprit des résultats que cet esprit même ne comprend pas et qu'il doit étaler comme des contradictions avec lui-même ».

Ainsi le fait que l'esprit humain est « imparfait », qu'il ne réalise pas complètement la tendance provoquée en lui par la matière à arriver à la « connaissance de soi-même », à la « conscience », et la circonstance que de l'existence réelle de cette tendance on peut conclure à la « possibilité » de sa réalisation, tout cela autorise l'auteur à admettre qu'il doit exister des « fonctions encore supérieures, surhumaines », et par conséquent aussi des « êtres supérieurs, mieux doués que l'homme ». Mais que ces êtres, dont l'existence en tout cas doit être liée à la matière, existent sur d'autres corps célestes, ou bien, que leur présence dépende de tout autres conditions dont nous ne possédons pas le moindre soupçon, cela n'a pas d'importance pour le fait en lui-même. Certaines considérations nous obligent également à admettre que « l'échelle graduée des êtres doués de capacités, de qualités de plus en plus élevées est une échelle sans fin ». Mais sur la « terre » il n'existe qu' « une seule » espèce de créatures qui soient sur le même échelon que l'homme, et dont la faculté la plus élevée consiste « à penser avec conscience d'elles-mêmes ».

La force de la matière dans sa plus haute perfection, l'échelon le plus élevé de cette échelle de développement, c'est « Dieu », dont cependant nous ne pouvons nous faire la moindre idée à cause de l'imperfection de nos facultés. Ses rapports avec l'univers, nous nous les représentons de la même manière que les rapports de l'esprit humain avec le corps : « Dieu est l'âme de l'univers », etc. L'homme lui-même, à tous les points de vue, est une « partie de Dieu », son esprit une « pensée de Dieu ». « Alors que l'homme pense, Dieu pense en lui ». Dans ce sens également, l'homme est immortel, et cela avec conscience de lui-même et spontanéité, « de telle sorte que l'activité de l'esprit humain, après la mort, ne reste pas « passive », mais continue à « agir » dans les conditions d' « une liberté encore supérieure ». Il est certain que nous ne pouvons concevoir ou nous représenter d'une façon claire une pareille continuation d'existence ayant pour base une substance matérielle et perfectionnée, puisque nous ne savons rien quant à la nature de la matière elle-même et que nous ne sommes pas plus avancés « lorsque nous voulons nous représenter d'une façon exacte la manière dont se produit la désagrégation de cette matière ». Peut-être cette désagrégation lors de la mort n'est-elle qu'une séparation « chimique », et, en affectant ce qu'on appelle l' « éther absolu », laisse-t-elle subsister dans celui-ci des « mouvements et processus spécifiques » ; peut-être cet éther aurait-il alors été tellement excité par l'activité vitale de l'homme, qu'après la mort il continuerait à rester, d'une façon, il est vrai, incompréhensible pour nous, le véhicule en quelque sorte du processus vital futur qui s'y rattachera. Que les choses se passent effectivement de cette manière ou d'une autre, de toute façon cette manière de voir permet d' « admettre comme possible l'immortalité de l'âme basée sur la matière et d'après les lois de la nature ».

L'esprit, qui est une force de la nature et, comme toute autre force de la nature, soumis à des « lois », n'est « libre » qu'en un sens, c'est-à-dire « en tant qu'il est capable d'imprimer volontairement à son activité une direction déterminée et de choisir à volonté le terrain de ses opérations »; sous tout autre rapport, il est « non libre », c'est-à-dire soumis à des lois mathématiques qui découlent immédiatement de la « constitution matérielle du corps humain ». Ainsi l'on peut bien fixer à volonté sa pensée sur un objet déterminé; mais le résultat de cette activité, de ce travail dépend de la constitution de l'organe pensant. On peut prendre la détermination de commettre une mauvaise action, mais la possibilité d'accomplir cette action dépend d'une disposition particulière du sentiment, etc. Mais le sentiment et la pensée sont à leur tour le résultat déjà d'une longue série de causes matérielles qui ont précédé, etc. Ainsi nous sommes, quoique soumis dans toutes nos actions à des lois supérieures, cependant libres et responsables vis-à-vis de nous-mêmes (« ce qui suffit complètement pour le fondement de la morale »). Une influence directe de la puissance divine sur les actions et les facultés de l'homme doit au reste être considérée comme « une contradiction vis-à-vis des lois de l'univers ». Néanmoins il ne faut pas rejeter la « vénération de Dieu » et la « prière », si on leur donne le sens d'une « manifestation des sentiments » ou d'une influence subjective, ennoblissante, produite sur le sentiment.

Si maintenant, à la suite de ces considérations ou appréciations, nous arrivons à cette question si souvent entendue du « pourquoi » appliquée à tout ce jeu des phénomènes qui se passent dans l'univers, ou bien au « but de l'univers », nous dirons que cette question n'est pas applicable à l'univers en général comme tel, mais seulement à ses phénomènes pris isolément. « L'univers est un but pour lui-même, Dieu se suffit à lui-même ». Les deux existent par « nécessité et ne peuvent pas non plus, comme nous le comprenons, exister d'une autre manière, c'est-à-dire autrement que comme « activité des forces de l'univers » ou comme « activité de Dieu d'après les lois universelles ».

Ainsi les hommes pris isolément peuvent, jusqu'à un certain point, être considérés comme des pensées de l'esprit universel, isolées, ne s'évanouissant pas, et un enfant mourant, par exemple, se trouve vis-à-vis de Dieu dans les mêmes rapports qu'une pensée humaine « vis-à-vis de l'esprit humain alors qu'elle aura été interrompue dans la première phase de son développement ». Quelque chose d'analogue a lieu pour l'âme des bêtes, des vieillards, des aliénés. etc., à laquelle est ainsi toujours conservée, même après la mort, la possibilité de continuer à vivre et à se développer, c'est-à-dire une nouvelle vie dans la marche de l'univers. Ce que l'on appelle si souvent l' « imperfection » de l'univers ne se rapporte qu'aux parties de cet univers prises isolément et à leur corrélation, mais non à l'univers pris dans son ensemble. « La somme de ces parties dans leur totalité infinie est une somme absolument parfaite ». — « On devrait, par conséquent, ne pas parler d'un univers imparfait, mais seulement » d'imperfections dans l'univers ». Mais ces imperfections même deviennent dans leurs rapports avec le plan universel des arrangements absolument parfaits et font que celui-ci est un plan absolument parfait. Elles constituent en même temps « les moyens de compléter les diversités, les variétés infinies des phénomènes de l'univers et « l'échange éternel » des choses entre elles, ainsi que les « séries de développement » qui s'acheminent vers une perfection absolue ». « C'est l'état d'imperfection de la matière qui seul détermine ou occasionne le changement et le développement dans toutes choses, etc., tandis que pour l'univers, dans sa totalité, les impressions, les oscillations que le jeu des phénomènes isolés de l'univers produit sur la résultante de la force universelle, peuvent être considérées comme égales à zéro ; on peut comparer cette situation à celle de la « mer », qui à sa surface est en proie à une agitation incessante, variable à l'infini, sans cesser de jouir d'une paix éternelle dans les profondeurs du sein de ses eaux ». — « Neptune jouit dans un repos olympien des mêlées furieuses, des combats à outrance que se livrent ses créatures ».

Il est vrai que, d'après l'auteur, nous n'obtiendrons jamais la « certitude » sur toutes ces choses, particulièrement sur celles qui se rapportent à « Dieu » et à « l'immortalité ». Tout n'est que foi et supposition, et les « doutes » dureront éternellement. Mais il est bon qu'il en soit ainsi ; car la « certitude » sur tel objet ou sur tel autre ne pourrait être que « préjudiciable » à l'homme. Dans tous les cas, un état de perfection pourrait tout aussi peu, après la mort, exister sans maux ou sans les contradictions auxquelles l'existence est aussi sujette ici-bas.

Mais une chose est certaine : c'est qu'on ne peut parler ni d'une « cause » ni d'une « origine » de l'univers ; au point de vue du temps et de l'espace, cet univers est infini, ne reconnaît aucune cause première et existe ainsi avec ses forces (de même que Dieu) « d'une façon telle, que la conception en échappe « absolument » à l'intelligence humaine ».

L'auteur du livre, à la quatrième partie ou partie terminale duquel nous avons emprunté par fragments les considérations précédentes, apparaît dans sa « préface » comme un dilettante, pour la plupart des objets qu'il traite ; et en réalité cela est suffisamment visible pour beaucoup de ses assertions, notamment celles qui se rapportent à la physiologie proprement dite et à la médecine, tandis que d'un autre côté beaucoup d'autres trahissent un esprit profond et cultivé. Bien que, poussé par sa tendance à ne pas vouloir qu'une méthode d'observation matérialiste, ouvrant des horizons nouveaux et intéressants, entre en conflit avec les désirs et les exigences du sentiment, il ait pu se laisser parfois entraîner trop loin dans les dangereuses confusions de la spéculation et à des conclusions prématurées, il n'en sortira pas moins pour le lecteur ce résultat intéressant : c'est que « matérialisme » et « idéalisme » ne sont pas des ennemis jurés, et que même en considérant l'univers à un point de vue non spiritualiste on peut nourrir certaines espérances que l'on regardait jusqu'ici comme la propriété exclusive de la foi religieuse. Dans tous les cas, il en ressort que le point de vue matérialiste ne se « cramponne » absolument pas, ainsi qu'on le croit si souvent, à l'idée de vouloir rejeter ces espérances, mais seulement que pour lui, comme pour toute autre direction scientifique, les questions spéciales qui se rattachent à ces espérances sortent du domaine de l'expérience. En réalité, nos connaissances, en ce qui concerne les objets de l'expérience même, sont si bornées, si superficielles et dans un certain sens si élémentaires, que l'on peut permettre au matérialisme, en se plaçant à son point de vue matériel d'appréciation, de se livrer à certaines hypothèses planant au-dessus de l'expérience, absolument comme on le permet au spiritualisme à sa manière ; et précisément plus le matérialisme s'efforce de pénétrer dans les secrets de la matière et des forces matérielles de l'univers, plus l'horizon s'élargit devant lui, plus ses regards plongent dans les profondeurs infinies, incalculables de ces forces, plus il aperçoit aussi la possibilité de phénomènes ou de manifestations dont nous n'avons pas le premier soupçon, à cause de la faiblesse de nos ressources et de la limite imposée à notre point de vue. Il est vrai qu'un pareil point de vue, déduit en quelque sorte de principes réels et de l'imperfection même de nos connaissances, diffère absolument du point de vue spiritualiste ou dogmatique-théologique, dont les tendances à « expliquer » d'une façon claire la raison humaine tout entière ainsi que la science » sont combattues par l'auteur sur un ton décidé et tranchant dans sa préface si vigoureusement écrite. Délivrance de la raison, liberté et travail incessant appliqué à la recherche de la vérité, tels sont les principes qui lui tiennent à cœur. Son Dieu panthéiste ou son « âme universelle » diffère aussi absolument du Dieu surnaturel de la théologie, et il n'est en quelque sorte que le déploiement le plus élevé des forces (toujours matérielles) qui agissent dans la nature et l'univers. Si l'on veut admettre un semblable déploiement d'après l'analogie des phénomènes de la nature qui nous sont connus, on trouvera dans ces phénomènes certainement plus de points d'appui pour une pareille manière de voir que pour l'existence du Dieu « extra-mondain » des théologiens, qui constitue un obstacle aux recherches de la science et dans la vie un obstacle au développement naturel.

XXX

SUR L'ORIGINE ET L'UNITÉ DE LA VIE

Georges Pennetier, *L'origine de la vie*, préface par F.-A. Pouchet. Paris, 1868.

Au nombre des plus grands problèmes de l'existence appartient la « question de l'origine et de la première apparition de la vie » sur la terre. Ainsi que Georges Pennetier le montre d'une manière parfaite dans l'introduction du livre ci-dessus mentionné, on demanda la solution de cette question d'abord à la « théologie », plus tard à la « métaphysique », tandis qu'aujourd'hui l'on ne s'attend plus à la trouver que sur le terrain de la science positive. Le règne des hypothèses arbitraires est passé, le temps de l'observation et de l'expérience est arrivé. Nous entrons dans un siècle où, suivant la belle expression de Dusmenil, « la plus grande poésie se trouvera dans la vérité ». La reine de l'univers, c'est aujourd'hui la « science », qui dorénavant parcourra son chemin à travers la théologie, sans obstacle de la part de celle-ci. Ces deux sciences suivent des sentiers séparés, et à l'avenir aucune des deux ne pourra plus et ne devra plus se laisser arrêter ou embarrasser par l'autre.

La matière qui se présente à nous sous les états les plus divers a la force, dans certaines conditions et grâce à certaines influences, de passer de l'état inorganique ordinaire à celui de la vie, du mouvement, de l'organisation, et cela en « dehors » de tout corps organique au sein d'une masse organique amorphe, laquelle masse est, de son côté ou à son tour, susceptible de tirer son origine, par voie chimique, de la matière minérale brute.

Pour toute intelligence pensante, dit F.-A. Pouchet dans sa préface citée plus haut, l' « hétérogénie » (nom que les naturalistes français donnent à l' « origine primordiale » de formes et d'espèces diverses) est une conséquence logique de l'apparition et de l'accroissement progressif ou successif des êtres organiques sur la surface du globe terrestre. On ne comprend dès lors pas comment tant de savants de premier ordre mettent en question encore aujourd'hui, dans l'état actuel de la science, cette apparition incontestable, et peuvent, comme preuves à l'appui de leurs opinions, invoquer quelques gouttes de liquide renfermées dans des vases hermétiquement clos et qu'ils tourmentent de toutes les manières possibles. La succession des créations organiques est un fait fondamental de la géologie, et, vis-à-vis de ce fait, la science ne peut s'appuyer que sur des générations incessantes, spontanées, ou bien sur une création continuelle. Il n'y a pas d'autre choix : « Être » ou « n'être pas », comme dit Hamlet.

Il en est qui rejettent l'hétérogénie, la génération spontanée, à cause du voile mystérieux qui la recouvre. Mais en réalité elle n'est pas plus miraculeuse que la génération « normale » ou reproduction; et le petit infusoire, ou animalcule d'infusion, qui apparaît peu à peu sous ses enveloppes, n'est pas aussi merveilleux que le développement d'un homme au sortir de son premier œuf ou cellule germinative. Les hétérogénistes ou partisans de la génération primordiale ont poursuivi la vie jusqu'au point de sa première manifestation; ils ont vu la semence se développer et donner naissance à une plante déterminée; ils ont observé l'œuf, la manière dont il se formait sous leurs yeux et donnait naissance à des animaux microscopiques.

Ce mérite, ils l'ont certes payé par de nombreuses persécutions. Si le génie scientifique n'est plus, de nos jours, exposé à endurer les cachots comme aux temps de R. Bacon ou Galilée, par contre d'autres dangers menacent la tête de celui qui a l'audace de franchir les limites étroites de la science « officielle » : on imprime sur son front le cachet du « mépris ». Ses partisans les plus ardents osent à peine élever la voix, et leur réserve craintive provoque et excite d'autant plus l'audace de ses adversaires, etc.

Les animaux appelés « microscopiques » (protozoaires, microzoaires, animaux primitifs) ont de tout temps joué un rôle immense dans la géologie, comme nous l'apprend G. Pennetier dans le cours de son opuscule, et des montagnes entières sont formées de leur agrégation; ils sont même un des éléments constituants les plus importants de notre écorce terrestre. Souvent ils présentent une anatomie déjà très complexe, bien qu'on n'y découvre encore rien en fait de nerfs ou de système nerveux. Ils se multiplient par le procédé connu et très simple de la « séparation »; cependant, d'après Pouchet et Pennetier, la reproduction proprement dite, sexuelle, doit être encore plus fréquente.

Dans un vase rempli de matière organique, mais contenant en même temps de l'eau, apparaît bientôt une quantité d' « infusoires » ou « animalcules d'infusion » qui sont simples au début et peu à peu font place à des formes plus compliquées. Ces formes et productions sont innombrables et extrêmement variées. Le degré le plus inférieur est constitué par les « monades », qui sont tellement petites qu'une seule goutte d'eau en contient plus de cinq cents millions; puis viennent les « bactéries », les « vibrions », les « anguillules », les « paramécies », les « vorticelles » qui ressemblent à des fleurs animées, les « rotifères », etc.

La même chose a lieu pour les formes végétales les plus inférieures telles que les « algues », les « lichens », les « mousses », les « champignons », etc.

L' « hétérogénie » ou « génération primordiale » ne peut produire que ces formes simples et très inférieures; toutes les formes d'une organisation un peu plus élevée sont le produit d'un développement lent, ayant commencé par des formes inférieures et exigeant pour s'accomplir des intervalles de temps plus longs. Dans les temps antérieurs, on ne connaissait pas cette circonstance, et l'on étendait la génération spontanée ou primordiale, que toute l'antiquité considérait comme un article de foi [1], jusqu'à des animaux très fortement organisés, tels que les insectes, les poissons, les grenouilles, les serpents, les rats, etc., etc. Aujourd'hui, au contraire, on ne peut, d'après

---

[1]. Aristote croyait que l'anguille naît du sein des marais; Ovide attribuait la même origine aux grenouilles, et Pline, dans son *Histoire naturelle*, fait provenir tous les insectes de la poussière des cavernes. Au moyen-âge même, on croyait encore pouvoir produire des serpents et des souris dans les laboratoires, et l'on se disputait très sérieusement sur la question de savoir si la macreuse venait du bois pourri des vieux navires ou du sein d'une coquille marine (Lepas anatifera). (*Obs. de l'auteur.*)

Pennetier, concevoir la génération spontanée que de la manière suivante : « En dehors » de tout corps vivant, il peut, dans certaines conditions, se former une matière organique amorphe, dans laquelle apparaissent spontanément les éléments primitifs d'une quantité de plantes et d'animaux très inférieurs. »

Déjà, à partir de l'année 1638, on vit se produire un affaiblissement considérable de la croyance si généralement répandue jusqu'alors à la génération spontanée ou primordiale. Needham (1745) et Buffon étaient au siècle dernier ses principaux défenseurs, tandis que Spallanzani et Bonnet la combattirent et produisirent la fameuse théorie de la « panspermie universelle » ou de la doctrine d'après laquelle l'air atmosphérique est partout rempli d'œufs ou de germes de toutes sortes, animaux et végétaux (formés antérieurement) qui peuvent donner lieu à la naissance des animalcules d'infusion. Mais, déjà le célèbre Treviranus découvrit que les formes des animalcules d'infusion varient selon les substances que l'on avait arrosées ou infusées, et fournit ainsi l'un des arguments les plus importants et aujourd'hui encore en vigueur « en faveur » de la génération spontanée, dont au reste le cercle se resserra de plus en plus, d'année en année, par suite de découvertes toujours nouvelles. Comme défenseurs de la panspermie, on peut citer les noms illustres de Gervais, Schwann, Schultze, Ehrenberg, etc., etc.

En 1858, F.-A. Pouchet, l'ingénieux et savant professeur d'histoire naturelle à Rouen, fit connaître ses premiers essais en faveur de la génération spontanée ; peu à peu, il vit se joindre à lui, en France : Joly et Musset; en Italie : Mantegazza ; en Allemagne : Schaaffhausen ; en Angleterre : W. Child ; en Amérique : J. Wyman, etc. Son principal adversaire en France même, il le rencontra dans l'illustre chimiste Pasteur, qui eut le bonheur de pouvoir constater à l'aide du microscope l'existence dans l'air atmosphérique de corpuscules organisés. En 1861 parut le célèbre traité de Pasteur sur les organismes contenus dans l'air. Contrairement aux assertions émises par lui, Joly et Musset constatèrent la grande « pauvreté » de l'air en fait de germes vivants et arrivèrent aux mêmes conclusions que Pouchet lui-même, qui, en examinant la « poussière » collectionnée et ramassée par lui dans les localités les plus diverses de la terre, y a bien trouvé toutes sortes de choses, telles que poussière de charbon, corpuscules d'amidon, petits fi soie, particules terreuses, etc., mais rarement et « très exceptionnellement » des corpuscules organisés qu'on eût pu prendre pour des germes d'infusoires ou des spores de végétaux. Enfin Pasteur, poussé par ses adversaires, inventa sa théorie de la « panspermie limitée », d'après laquelle certaines parties seulement ou certaines tranches de l'air atmosphérique contiendraient ces corpuscules qui sous la forme, en quelque sorte, de veines ou de nuages, traverseraient l'air dans telle ou telle direction. De cette façon, Pasteur délivra lui-même son passeport à la théorie de la « panspermie universelle », qu'il avait auparavant si vivement défendue, et la déclara fausse.

Contrairement à la nouvelle théorie de Pasteur, les hétérogénistes, ou défenseurs de la génération spontanée, obtiennent, d'après Pennetier, des ballons de verre féconds toujours et partout, ou avec « toute espèce » d'air; et ce n'est qu'en détruisant les conditions « essentielles, fondamentales » de la génération spontanée ou primordiale, dont il va être question tout à l'heure, qu'on arrive aussi aux résultats obtenus et décrits par Pasteur. On n'a même pas besoin, pour la génération spontanée, d'un corps organisé, comme le croit M. Trekül, qui a vu des spores surgir spontanément dans l'intérieur de cellules végétales ou de vaisseaux, et cela en grande quantité; mais il suffit d'une matière organique. Enfin le Dr Onimus et Victor Meunier ont fait tout récemment des expériences bien imaginées et très décisives en faveur de l'hétérogénie, et Musset a pu faire l'observation intéressante de bactéries en quantité innombrable prenant naissance dans l'intérieur de cellules végétales parfaitement closes.

Quant aux « conditions de la génération primordiale » dont il est question plus haut, les plus essentielles sont l' « air », l' « eau » et une « matière organique » susceptible de décomposition. Plus cette décomposition est rapide, ou plus la substance employée met de précipitation à se putréfier, plus rapidement aussi naissent les organismes. Au contraire, plus on emploie de temps à la « bouillir », moins elle devient susceptible de produire des organismes. Ceci explique bien des choses dans les expériences de Pasteur qui n'a opéré que sur des infusions bouillantes. « Si l'on prend des substances diverses, on obtient aussi des organismes divers », qui ne varient pas seulement avec la diversité de la matière infusée, mais aussi avec la diversité des conditions extérieures dans lesquelles se trouve cette substance, telles que lumière, température, saison, pression barométrique, espèce ou genre du liquide, etc. Il n'y a même pas jusqu'à l'état de division ou distribution mécanique du corps en putréfaction, le moment de la journée où l'on expérimente, la forme ou dimension des vases employés, qui n'exercent une grande influence.

La deuxième condition indispensable, c'est l'« eau », mais en communication ou contact avec l'« air ». Du reste, dans l'air, c'est l'« oxygène » seul qui a de l'importance, d'après Pouchet, de sorte qu'on pourrait substituer à l'air de l'oxygène produit artificiellement sans nuire au résultat. « Le même air » mis en contact avec des substances diverses produit, suivant Pouchet, des résultats également divers, par exemple avec la viande : des « monades »; avec des asperges : des « bactéries »; avec du foin : des « colpodes »; avec de la colle : des « pénicilles ». L'air rendu impur par de l'acide carbonique ou des gaz putrides, ne produit pas d'organismes.

A ces conditions il faut ajouter une « température » déterminée, la « lumière » et « l'électricité »; l'action de ces deux dernières est « très favorable ». Par contre, la « chaleur » est absolument indispensable, et même l'espèce des organismes varie avec les degrés de cette chaleur. La « chaleur humide » est la plus productive, la « lumière blanche » la plus favorable; l'« électricité » également double la force de production. On peut encore favoriser cette action ou production en ajoutant certaines substances chimiques, telles que du carbonate ou du phosphate de soude, etc. Une réaction « acide » du liquide est plus favorable à la production de végétaux, une réaction alcaline ou « neutre » à celle d'animaux.

Des infusions que l'on « bouillit » et conserve dans des vases clos ne produisent jamais que les formes les plus inférieures : des « monades » ou tout au plus des « vibrions », mais jamais les animalcules qu'on appelle « ciliés », comme les paramécies, les colpodes ou les vorticelles. Par contre, les protozoaires une fois formés peuvent souvent supporter des températures énormes. Néanmoins, suivant Pouchet, aucun infusoire « vivant » ne peut supporter plus de 55° C. de « chaleur humide », ou plus de 100° C. de « chaleur sèche ». Les rotifères meurent déjà à 90-100°, les tardigrades à 80-85°, les anguillules à 70-75°. Des températures « au-dessous » de zéro peuvent également être supportées jusqu'à 10, 20 ou 30° ; et sous ce rapport les rotifères et les tardigrades possèdent une ténacité vitale presque incroyable. Certains infusoires ou semences végétales, renfermés dans des kystes ou capsules, ont une enveloppe tellement imperméable à l'eau que, grâce à leur coque, ils peuvent être mis dans de l'eau bouillante et subir une température de 100° « sèche » pour eux, sans pour cela perdre de leur puissance germinative. Par contre, aucun infusoire cilié ne résiste à la température de l'eau bouillante. Les spores ou grains de semence des végétaux inférieurs n'y résistent pas davantage. Les « œufs » possèdent une force de résistance un peu plus grande que les animaux vivants.

Quant aux phénomènes qui se passent lors du « développement par voie de génération spontanée ou primordiale », il faut, selon Pennetier, tout d'abord se persuader que la vie et l'organisation sont les propriétés immanentes de la matière, peu importe qu'elles tirent leur origine d'un corps vivant ou d'une agrégation de substances inorganiques ; et il faut, de plus, être bien convaincu que la matière, placée dans des conditions appropriées indispensables, est susceptible d'acquérir tant la force de se mouvoir que celle de penser. La nature ne connaît pas de mort ; tout en elle est simplement « transformation ». La matière, que nous ne connaissons même que par ses manifestations vitales, est sans commencement et sans fin. Elle se présente à nous sous les « trois » états de « minéral », « substance organique » et « corps organisé », et ces états ne forment que des transitions. Dans un certain état et dans certaines conditions, la matière possède ou déploie une force d'organisation grâce à laquelle elle s'organise et prend la forme cellulaire, mais ceci toujours et seulement dans les formes élémentaires les plus inférieures, ou formes de début, qui alors, une fois qu'elles sont constituées, continuent à se développer par leur force propre. Ainsi la « génération spontanée » et la « transformation » sont les deux grandes phases réciproquement complémentaires de ce processus par lequel la matière organique tire son origine de substances inorganiques.

Ce développement peut même être obtenu « artificiellement », comme l'ont montré les expériences de Wöhler, Berthelot, Smée et autres. Si ces derniers ont obtenu artificiellement des substances organiques, d'un autre côté Pouchet et d'autres ont vu la substance organique s'organiser spontanément, phénomène qui n'est pas plus merveilleux et ne paraît pas moins mystérieux que la formation de « cristaux » tirant leur origine d'une substance inorganique.

En poursuivant sous le microscope ce remarquable processus à travers toutes ses diverses phases, cet observateur a, selon Pennetier, déchiré un coin du voile qui, jusqu'à présent, nous avait caché l' « origine » ou la première apparition de la vie. L'œuf et l'embryon des animalcules d'infusion se forment sous ses yeux, etc.

« Pineau, Nicolet, Pouchet, Joly, Musset, Wyman, Montegazza et d'autres ont vu cette génération spontanée s'effectuer sous leurs yeux. Nous-mêmes nous l'avons poursuivie plusieurs fois à travers toutes ses phases et nous pouvons affirmer, avec Schaaffhausen, que l'on peut voir se former les animalcules d'infusion aussi sûrement que l'on voit les cristaux se former dans un liquide qui en renferme les éléments ».

Spectacle merveilleux, que celui de voir sous nos yeux un animal se constituer dans toutes ses parties, et ainsi la vie et le mouvement sortir d'une matière morte et inanimée!

Au commencement n'apparaissent que des « bactéries », des « monades » ou des « vibrions », qui se présentent à l'œil de l'observateur sous la forme de petits points, de petites lignes ou de petits fils tordus. Plus tard seulement, de ces formes élémentaires se développent des formes plus élevées et plus compliquées qui s'en distinguent tout autant que les animaux supérieurs en général se distinguent des animaux inférieurs. « Il y a une plus grande distance, dit Pennetier, entre un « colpode » (infusoire cilié d'une espèce supérieure) et une « bactérie », qu'entre un éléphant et un mammifère de l'espèce la plus inférieure ». Les animalcules d'infusion « ciliés », en général, forment l'échelon le plus élevé et sont à une aussi grande distance des formes les plus inférieures que les animaux vertébrés des invertébrés. La transformation des animalcules dans une infusion s'opère toujours de telle façon que les formes plus élevées et plus compliquées succèdent « par degrés » aux formes plus simples, ainsi absolument de la même manière que dans le règne animal, en général, dans le cours des périodes géologiques. Cette circonstance particulière constitue, selon P., une preuve capitale en faveur de l'hétérogénie ou génération primordiale, aussi bien que cette autre circonstance, que l'observateur est en mesure de produire des formes à volonté, en changeant la nature des substances ainsi que les conditions extérieures. Comment peut-on accorder avec ces faits la vieille doctrine de la perpétuité des espèces? Et comment serait-il possible, d'après la doctrine des panspermistes, que l'air atmosphérique puisse contenir les germes de ces innombrables organismes qui peuplent les diverses infusions? D'où doivent-ils provenir? De quelle source pourraient-ils surgir? Si les germes sont dans l'air, ainsi que le disait le professeur Joly dans une conférence sur l'hétérogénie, tenue à Paris le 1er mars 1865 devant un public considérable, il faut aussi que la levûre de bière [1], qui est un spore et non un végétal, s'y trouve contenue, comme tous les autres. Mais c'est en vain que nous l'avons cherchée dans l'air des brasseries. En supposant même qu'il y en eût, elle ne pourrait cependant faire que dans un litre de moût de bière qui a cuit pendant cinq heures, qu'on aura mis en contact avec un litre d'air et alors placé à l'abri des influences extérieures, il se produise au bout de quelques jours une fermentation qui dépose aussitôt au fond du vase 10 à 15 grammes de levûre de bière. D'où doivent provenir ces innombrables spores d'espèce particulière? Où étaient-ils et que faisaient-ils alors que la bière n'était pas encore inventée?

Contrairement à la doctrine du panspermisme, Pennetier nous affirme qu'en général l'air, à l'état normal, ne contient « pas » d'œufs d'infusoires ou de spores, et que leur présence est un fait « exceptionnel ». Ce n'est qu'une échappatoire, quand Pasteur prétend que ces germes sont parfois trop transparents et trop petits pour pouvoir être aperçus, ou bien quand on parle même de leur nature d'après des « germes » inconnus, qui pourraient être contenus dans l'air; car des germes « sans » œufs ou spores, on n'en connaît pas jusqu'à présent.

---

[1]. La levûre de bière, comme en général toute levûre, est, d'après P., le résultat d'une génération spontanée ou primordiale; elle prend souvent naissance subitement et par masse, sans adjonction de germes ou d'une autre levûre. La fermentation et la production de levûre dans un liquide approprié peuvent être provoquées par des parcelles de cerveau humain, de l'urine, du venin de serpent, etc. Il y a aussi des fermentations « sans » développement d'organismes. Les ferments ou substances fermentescibles ne font que placer les liquides dans une disposition ou dans des conditions favorables à la génération primordiale.

La théorie de la « panspermie » est donc une chimère, et la théorie, érigée par Pasteur, de la « panspermie limitée » a été également réfutée par Pouchet, de la façon la plus complète. Il a rassemblé de l'air de tous les côtés possibles, dans des crevasses de glaciers, dans des grottes, sur le sommet des montagnes les plus élevées, et l'a trouvé « partout fécond ». D'après ce que Joly raconte dans sa conférence citée plus haut, il est allé à la suite de Pasteur, avec toutes sortes de difficultés et de sacrifices personnels, sur les hauteurs du Jura et dans les crevasses de la Mer de glace ; il a escaladé les raides pentes de la Maladetta, est monté encore à mille pieds plus haut que lui, pour remplir, au sein même des glaciers, sans autres témoins que son guide et le ciel, pour remplir, disons-nous, les fioles de verre qu'il avait apportées avec lui, de cet air qui, d'après Pasteur, doit être libre de germes et par conséquent non susceptible de produire des organismes, et que dans ses propres expériences il trouva néanmoins fécond à un haut degré ! ! Le nombre de corpuscules organisés que l'on rencontre de temps à autre dans l'air et que l'on serait tenté de prendre pour des germes d'infusoires ou des spores de végétaux est relativement si restreint, qu'il est impossible de les regarder comme la cause de la riche fécondité des liquides employés dans nos expérimentations. Car, déjà « un demi-centimètre cube » d'air permet à une décoction de farine de froment, mise à l'abri du contact de l'air atmosphérique, de donner naissance, au bout de quelques jours, à des millions et millions de bactéries qui surgissent presque toutes en même temps !

M. Pennetier termine son intéressant opuscule par les conclusions suivantes qui résument encore une fois l'ensemble de la théorie de la génération primordiale :

1° L'air atmosphérique ne contient qu' « exceptionnellement » des œufs d'infusoires ou des spores de cryptogames, et, en dehors de ces corpuscules, pas de « germes » particuliers, invisibles.

2° Des animaux et des végétaux primitifs peuvent prendre naissance dans des solutions qui ne renferment aucune trace d'organismes vivants.

3° La naissance des organismes primitifs a lieu parallèlement à la quantité et à la nature de la substance putrescible, « mais pas à celles de l'air ».

4° Avec le « même air », on produit dans des infusions différentes les faunes et les flores les plus variées (espèces animales et végétales).

5° La naissance d'organismes plus élevés ou plus compliqués est toujours précédée de la naissance de formes inférieures et des plus élémentaires; à l'aide du microscope, on peut en poursuivre le développement degré par degré.

6° La génération primordiale perd de son intensité en proportion de ce qu'on augmente artificiellement les obstacles qui s'y opposent et cesse complètement lorsque les phénomènes ou processus de fermentation et de putréfaction ont été rendus absolument impossibles.

7° La génération primordiale produit toujours des formes très simples. Dans l'intérieur des tissus vivants, elle ne donne naissance qu'à des éléments anatomiques, en dehors seulement aux animaux primordiaux les plus inférieurs. Le reste est affaire de transformation et de développement ultérieurs.

8° Par la mort et la putréfaction, la matière « organisée » retourne à l'état simplement « organique » et de celui-ci à l'état « inorganique » ou « minéral »; c'est ainsi que se complète le cercle dans lequel elle se meut sans discontinuer. Toute vie n'est que transformation; il n'y a pas de repos ou de mort dans la nature.

9° Il n'y a pas d'abîme entre la matière « vivante » et la matière « morte »; sous un certain état et dans certaines conditions, la matière s'organise, adopte la forme cellulaire et donne naissance à la vie. La génération « primordiale » est l'état primordial de la vie; la « transformation des espèces » en est la continuation.

Telle est la substance de l'opuscule de Pennetier, qui a pour objet l'une des questions scientifiques « les plus brûlantes », et qui s'efforce loyalement d'atteindre à la première origine de l'existence organique, à l'origine primordiale de la vie, en prenant pour guide et pour appui les principes scientifiques. Il est difficile, presque impossible même de se prononcer sur la valeur positive ou négative, et sur la force démonstrative des expériences innombrables et très subtiles qu'ont instituées les partisans ainsi que les adversaires de la génération spontanée pour donner de la solidité à leur doctrine, si l'on n'est pas en mesure de faire soi-même ces expériences ou de les contrôler. Mais, dans tous les cas, il ressort d'écrits pareils à celui de Pennetier que le cri de triomphe poussé de tous côtés par les adversaires de la génération spontanée à la suite ou à l'occasion des travaux de Pasteur a été un cri « prématuré », et que plus d'une goutte de sueur aura encore à couler du front des savants et des observateurs jusqu'à ce que cette importante question soit résolue d'une façon définitive. Il est possible, pour nous-même très probable, que l'on n'arrivera pas à résoudre cette question par la voie des expériences telles qu'elles ont été instituées jusqu'ici, et que nous n'arriverons à ce résultat qu'en imprimant à nos recherches une direction toute différente, à laquelle on n'a pas encore songé jusqu'à présent. De toute façon, Pennetier et son maître Pouchet sont dans le vrai et ont raison en ceci, c'est qu'ils présentent la « génération spontanée, primordiale » ou l' « hétérogénie » comme une conséquence logique non seulement de la manière dont nous envisageons aujourd'hui le monde et la nature en nous plaçant au point de vue de la philosophie naturelle, mais encore de toute la marche actuelle des sciences naturelles. Séparer et opposer l'une à l'autre une nature inorganique et une nature organique, une nature morte et une nature vivante, est un procédé vieux et démodé, que l'on se place au point de vue « biologique », « chimique » ou « physique », et ce que l'on appelle « l'unité de la nature organique et inorganique, et par elle l'unité de la vie même », peut être aujourd'hui regardé comme un principe scientifique solidement établi. La matière est partout animée et pleine de vie ; et ce n'est qu'une différence dans les circonstances ou dans les conditions qui fait qu'elle se présente à nous sous la forme « minérale », « organique » ou « organisée ». Aussi est-il nécessaire de trouver ou d'établir quelque part un trait d'union entre ces trois états ; et de même que la chimie est déjà parvenue à trouver ce trait d'union par les résultats remarquablement étonnants de sa synthèse, et qu'elle le fixera toujours plus solidement, de même il appartient également à la « biologie » ou à la science de la vie, et elle finira par y arriver avec succès, de déchirer le voile qui malheureusement recouvre encore aujourd'hui les origines premières ou primordiales de la « vie », dans le sens ordinaire du mot. Dans tous les cas, M. Pennetier a fourni, par son intéressant opuscule, un « appoint », dont il faut lui être reconnaissant, à la solution progressive de l'énigme qui trouvera finalement son tombeau dans la grande notion reconnue de « l'unité dans l'ensemble de la nature et de l'unité dans ses lois de développement ». — « Développement », voilà le grand mot magique, avec lequel nous dévoilons aujourd'hui et résolvons l'un après l'autre les secrets de la nature; il ne nous laissera pas non plus désarmés, ou plutôt il ne nous laissera pas dans l'embarras en face de « ce problème » !

XXXI

MONSIEUR ARNOLD RUGE

ET

LE MATÉRIALISME

(1868)

Dans un numéro que j'ai reçu de la *Westl. Post* du 27 juillet de cette année je trouve un article de A. Ruge contre le matérialisme, d'après lequel je constate avec un certain étonnement que les actes du procès sur le matérialisme, qui jusqu'à présent s'est débattu avec tant de vivacité en Allemagne et en Europe, se meuvent encore dans les premiers commencements en Amérique. Les objections présentées par M. Ruge comme valables sont d'une nature si primitive, et ont été en Europe réfutées si souvent et d'une façon si solide, qu'une ignorance profonde de ces actes ainsi qu'un certain aveuglement volontaire peuvent seuls permettre de les livrer de nouveau à la publicité. Qu'un homme comme Ruge, qui est encore chaussé jusque pardessus les oreilles de la néo-philosophie hégélienne et croit candidement à la possibilité d'une « métaphysique », qu'un tel homme ne puisse pas s'accorder avec une direction aussi énergique et émancipatrice que celle de la philosophie matérialiste actuelle, cela n'a absolument rien d'étonnant, ou plutôt on ne peut s'attendre à autre chose. Mais il ne doit pas être permis, néanmoins, qu'à l'aide de pareilles attaques on arrête ou déroute le public dans la marche en avant de ses connaissances.

Toute la tendance de la philosophie naturelle moderne et, l'on peut ajouter, des sciences naturelles elles-mêmes, consiste à chercher à mettre de côté ce dualisme erroné ou cette antithèse de spirituel et matériel, de corporel et immatériel, de sensible et surnaturel, en un mot de force et matière, et à mettre à sa place l'unité de vue dans la manière de comprendre ou d'observer l'univers, basée sur la vérité naturelle et sur la réalité. Or, ceci ne s'obtient pas par voie de raisonnements théoriques, mais bien au moyen de l'interprétation logique des faits innombrables fournis par la science moderne, qui montrent le tout dans une direction unique et qui parlent un langage parfaitement clair, ne laissant aucune place à une fausse interprétation. Si donc M. Ruge, dans sa critique, passe complètement sous silence (intentionnellement ou par ignorance) tous ces faits, ainsi que les travaux intellectuels véritablement gigantesques auxquels ils ont donné naissance dans la dernière dizaine d'années, il se place absolument au point de vue du philosophe spéculatif et subjectif qui, suivant la manière commode d'autrefois, se considère comme trop supérieur pour apprendre quelque chose de positif et déroule tous ses résultats de sa propre et étroite cervelle. Mais notre « idéalisme subjectif » en philosophie, dans le cadre historique duquel entre aussi comme l'un de ses principaux représentants le maître de Ruge, l'illustre sophiste Hégel, cet idéalisme compte maintenant en Allemagne, heureusement, au nombre des points de vue antiques ou détrônés; et les temps ne sont plus où du haut de la chaire on présentait l'abracadabra de ces petits dieux comme le *nec plus ultra* de la sagesse humaine. La toge philosophique est râpée, elle laisse percer ses fils, et derrière elle on a découvert la forme sèche, aride, épuisée de cette pédagogie philosophique qui malheureusement s'était approprié trop longtemps le nom d'une science et avait promené les gens en les conduisant par le bout du nez. Mais cette pédagogie n'a jamais été réellement une science, bien que M. Ruge la considère encore aujourd'hui comme telle, et n'a été qu'une manière de voir subjective, soumise parfois à des oscillations et à des contorsions plus ou moins désordonnées, et ce qu'il y a de plus fâcheux, c'est que cette opinion était basée sur un dualisme foncièrement erroné et pernicieux de force et substance, d'esprit et matière, dualisme qui avait sa source non dans la philosophie proprement dite, mais principalement dans les influences religieuses. On peut regarder la philosophie de Hégel et tout ce qui y tient comme les derniers rejetons de la scolastique du moyen-âge, qui est destinée à s'en aller en fumée devant la culture scientifique moderne. Car, ainsi que le remarque très bien M. Ruge, « la science ne peut être arbitrairement bannie par l'effronterie et l'ignorance : celui qui ne la comprend pas reste exclu de son sanctuaire ».

Or, cette science réelle (pas celle de Hégel ou de Ruge) nous apprend de la façon la moins équivoque que ce que les philosophes appellent « esprit » ou « raison » n'est pas quelque chose de surnaturel, d'inné, d'abstrait ou de métaphysique, mais que c'est le produit nécessaire du développement lent, progressif de la nature. Si par conséquent M. Ruge s'imagine, dès le début de son travail, combattre et réfuter le matérialisme, parce qu'il lui réserve le sort de passer un jour à l'idéalisme, sans s'en douter, à force de chercher à expliquer la nature d'une façon conforme à la raison, il faut plaindre un philosophe qui croit obtenir quelque résultat vis-à-vis d'un adversaire aussi puissant, et cela au moyen d'une dialectique composée de pareils sauts de danseur de corde. En réalité, le matérialiste trouve dans la nature, à côté de beaucoup de raison, également beaucoup de déraison ; mais cela n'est pour lui qu'une des nombreuses preuves que la nature n'est pas un « système », comme s'exprime M. Ruge, ou quelque chose de « fait », mais seulement quelque chose qui « est devenu » (« geworden »).

M. Ruge aurait pu se dispenser de nous apprendre magistralement que le matérialisme n'est pas une chose nouvelle ou une « invention de nos jours » ; nous le savions depuis longtemps, et nous en avons même tiré profit pour notre objet. Mais pourquoi et comment le matérialisme a-t-il acquis, de nos jours, une importance tout autre, plus grande et plus profonde qu'autrefois ? C'est ce qu'il pourrait apprendre dans mes écrits, qu'il me paraît connaître à peine, ou seulement d'une manière superficielle. Comment a-t-il pu me prêter une assertion que je n'ai jamais avancée ?

Pour M. Ruge, qui, avec une véritable rage concentrée, se ronge aussi profondément que possible dans les absurdités de la philosophie spéculative et ne veut absolument rien voir de ce qui se passe au dehors, ce qu'il y a de plus élevé, c'est la métaphysique ; elle seule « apprend à l'homme à penser et à parler humainement ». Je ne sais pas si M. Ruge considère le Français Voltaire comme tel, comme un homme qui s'y entendait lorsqu'il s'agit de penser et de parler humainement ; je sais seulement que Voltaire a dit en parlant de la métaphysique ce qui suit : « Lorsque celui qui parle commence à ne plus se comprendre lui-même, et lorsque ceux qui l'écoutent ne le comprennent pas du tout, alors commence la métaphysique ».

Celui qui se promène constamment sur ces hauteurs métaphysiques perd de vue naturellement le détail, les petites choses, le positif, et de plus il apprend à mépriser les règles du simple sens commun. Il trouve, comme M. Ruge, que le langage est quelque chose de surnaturel et de transcendant, bien que la science ait prouvé jusqu'à l'évidence l'origine naturelle de ce langage ainsi que son développement successif, les commencements en ayant été grossiers ; il trouve que la lumière est une chose sans corps, immatérielle, bien que la physique ait depuis longtemps enseigné que la lumière n'est constituée que par des oscillations ou vibrations des atomes de l'éther, très matérielles, dues à des influences corporelles ; il croit à un espace vide, sans corps, bien qu'aujourd'hui chaque écolier sache qu'un pareil vide n'existe pas, et bien qu'il y a quelques siècles déjà Newton ait montré qu'une action à grande distance des corps à travers l'espace vide est une impossibilité ; et sur toutes ces choses il marche résolûment sur les traces de son maître Hégel, qui, on le sait, déclarait dans sa philosophie naturelle, en prenant pour base des raisons spéculatives, que dans l'intervalle astronomique connu entre les planètes Mars et Jupiter il ne peut pas exister d'autres planètes, bien qu'on en connaisse aujourd'hui plus d'une centaine, et qui, en parlant des étoiles, ne savait rien dire de mieux, sinon qu'elles sont une « éruption, » une « gale » du ciel. Enfin M. Ruge fait cette découverte certainement très remarquable et foncièrement spéculative, que le temps et l'espace sont à la fois sensibles et non sensibles, ou bien matériels-immatériels.

Or, il est clair que nous autres pauvres matérialistes qui, d'après M. Ruge, nous trouvons dans une illusion perpétuelle vis-à-vis de nous-mêmes, et ne sommes que des idéalistes dissimulés, nous ne pouvons pas comprendre une chose aussi étonnante : pour cela, il faut posséder une intelligence philosophique hégélienne.

Enfin M. Ruge, de son côté, nous lance également à la face le reproche, si souvent entendu, de ne pouvoir dire nous-mêmes ce que nous entendons proprement par la matière et son activité. Si seulement les gens qui vous jettent des pavés voulaient réfléchir auparavant et se demander s'ils ne sont pas eux-mêmes assis dans une maison de verre ! Messieurs les spiritualistes peuvent-ils donc nous dire ce que c'est que l'esprit et son activité ? Certainement non ; et dans tous les cas nous autres matérialistes nous avons cet avantage, c'est que nous pouvons cependant raconter bien des choses sur la matière et les manifestations de son activité, ce qui certainement pour les spiritualistes rentre encore aujourd'hui dans le domaine des villages bohémiens (c'est-à-dire que c'est pour eux de l'algèbre ou de l'hébreux), tandis que nos adversaires ne savent absolument rien de ce que c'est que l'esprit. Ce que la matière est en elle-même, nous ne pouvons pas le savoir, et nous n'avons pas non plus besoin de le savoir, puisque messieurs les philosophes ont également inventé une « chose en soi », qu'ils reconnaissent être inexplicable. Pour nous, nous nous contentons de savoir comment ce que nous appelons matière se comporte dans des circonstances diverses, comment elle est composée, comment elle se manifeste ; qu'elle est indestructible et sans fin, qu'il n'existe aucune force, aucun mouvement, aucune manifestation d'activité, aucun acte ou fonction, sans matière, etc. Celui qui ne veut pas se contenter de ce programme et trouve plus de satisfaction à construire des « châteaux en Espagne spéculatifs » ou à se livrer à des disputes de mots dialectiques, qu'à « chercher la vérité dans la réalité », celui-là n'a qu'à marcher avec M. Ruge et se laisser endoctriner par lui au moyen de son hégélianisme réchauffé, de la même manière qu'il a voulu nous endoctriner nous autres matérialistes, sans la moindre apparence de justification. Mais il ferait bien de se rappeler parfois la belle parole de notre poète, si parfaitement applicable, croyons-nous, à la vie matérielle douée de pulsations si énergiques de la république américaine : « Un individu qui spécule est comme un animal dans une lande desséchée, qu'un esprit malin fait tourner dans un cercle, alors que tout autour de lui s'étend un pâturage gras et vert ».

« Ein Kerl, der speculirt,
Ist wie ein Thier, auf dürrer Haide,
Von einem bösen Geist im Kreis herumgeführt,
Und rings um her, liegt grüne, fette Weide ».

XXXII

PHYSICIENS ET MÉTAPHYSICIENS

(1870)

Toute la marche du développement moderne de la philosophie et de la science en général peut être regardée comme une lutte incessante de domaine et de limites entre les « physiciens » et les « métaphysiciens », ou bien entre la philosophie proprement dite et les sciences positives. Ces dernières tendent constamment à élargir et à étendre leur domaine aux dépens de la première, tandis que celle-ci ne recule qu'à contre-cœur et fait de temps à autre des irruptions ou des excursions désespérées sur le domaine des sciences, afin de reconquérir par une brusque attaque le terrain qu'elle avait perdu pas à pas et de rétablir au moins en partie la domination qu'elle exerçait autrefois sur le domaine général des connaissances. Il est vrai que dans la règle cela ne réussit pas du tout ou d'une manière très imparfaite, et les phalanges serrées de la science positive marchent chaque année lentement, sûrement, avançant toujours, sans trop se préoccuper des tirailleries de leurs adversaires autrefois si puissants. En même temps, elles fournissent à la philosophie naturelle ou positive, à laquelle elles ont elles-mêmes donné naissance, une si grande quantité de faits et de preuves, que la vieille métaphysique, ou philosophie scolastique, est obligée, ne fût-ce que pour sauver son existence, de se retirer toujours davantage sur des hauteurs métaphysiques inaccessibles ou dans les déserts et solitudes impénétrables du chaos spéculatif. Personne encore n'a défini d'une façon plus tranchante et avec moins de parti pris cette opposition si importante pour notre époque ainsi que pour son développement scientifique, que le professeur G. Tait dans le discours d'ouverture qu'il a prononcé à Edimbourg sur « les caractères d'une science véritable »; vous me permettez bien d'en présenter à vos lecteurs le rapport succinct qui va suivre.

« Le métaphysicien, dit Tait, qui élève la prétention de découvrir des lois physiques, peut être, à mon avis, parfaitement comparé à un de ces misérables indigènes de l'Amérique du Sud, ou bien à un de ces sauvages anthrophobes qui habitent le désert. Il est difficile de dire quel but ils remplissent dans le plan gigantesque de la Création. Incapables par eux-mêmes de faire aucun progrès, et par leur nature même hostiles à toute influence civilisatrice, ils fuient devant le colon civilisé; et, lorsque la contrée qu'ils habitaient a été complètement civilisée, ils ont disparu sans laisser derrière eux la moindre trace. On voit absolument de même, de nos jours, des expérimentateurs et des mathématiciens entreprenants s'avancer de tous côtés sur les terrains qui jusqu'alors avaient été soumis à la domination exclusive du métaphysicien. Au fur et à mesure qu'ils avancent, lui, il recule; il évite la lumière, et l'on entrevoit à peine ce qui pourra lui rester, et dans quelle direction il pourra encore s'efforcer de trouver une veine heureuse qu'il puisse exploiter. Quelque utile que cela puisse être pour l'objet du progrès, il est cependant triste de voir ainsi s'éteindre une race tout entière; il est surtout triste de penser que nous sommes en train de perdre avec les métaphysiciens une source inépuisable de jouissances innocentes, mais bien réelles. Les mots sarcastiques de Méphistophélès, dans le *Faust* de Gœthe, sur l'enseignement philosophique, ne caractérisent que trop bien la métaphysique, même celle de nos jours, et l'on peut réellement, sans exagération, regarder cette dernière comme une dispute de mots incessante et pleine d'acrimonie sur le sens plus exact d'une expression nouvellement trouvée, pour la fabrication de laquelle l'esprit de la langue si belle de la Grèce classique a été outragé de la façon la plus colossale ».

« Il m'a toujours semblé, continue Tait dans ce même discours, que chaque homme possède une certaine tendance innée à faire de la spéculation sans but ni utilité. S'il ne parvient pas de bonne heure, par une attention sévère, à vaincre les effets de cette tendance, les conséquences pourront en être tout aussi pernicieuses pour la suite de son développement spirituel que ses passions pour le développement de sa nature morale plus élevée. Une spéculation sans but ou sans fin, comme celle dont je parle, est extraordinairement facile à s'effectuer ; elle produit un éblouissement frappant même sur l'esprit habituellement indolent qu'elle excite et étourdit alternativement par des résultats apparents, et les exemples brillants, lumineux d'une célébrité péniblement acquise. Enfin arrive un moment où le malheureux qui en est la victime se persuade lui-même d'une façon naïve qu'il ne fait pas seulement un travail réel, mais aussi un travail qui s'occupe des sujets les plus élevés, en général proportionnés à ses capacités ».

En opposition avec cette philosophie métaphysique ou spéculative, Tait caractérise ce qu'il appelle la « philosophie naturelle » ou la philosophie des physiciens, comme une science ayant pour objets la « matière, » la « force » et la « tension ».

« Il est possible, voire même très vraisemblable, dit-il textuellement, que, grâce aux progrès futurs de la science, la notion de la « force », aujourd'hui encore si extraordinairement utile et indispensable, perdra peu à peu de son importance et qu'on la mettra de côté comme inutile. Les notions de « matière » et « tension » constitueront seules alors la base fondamentale de la physique, et c'est par conséquent sur elles qu'il me faut attirer votre attention. Les chimistes, dont toute la science n'est qu'une petite branche des sciences naturelles, ont prouvé par des expériences rigoureuses que la matière est indestructible. De leur côté, les physiciens, dans le dernier quart de siècle, ont également prouvé, par voie d'expériences, que la tension est aussi indestructible. Il en résulte que tous les phénomènes de l'univers physique, avec leurs innombrables changements, doivent être ramenés à des changements non de la « quantité », mais de l' « arrangement » dans la matière, et à des changements non de l' « intensité », mais de la « distribution » dans la tension ».

« Comment a-t-on pu arriver à des résultats aussi grandioses ? Certainement pas à l'aide de spéculations abstraites sur ce qui aurait pu être, ni à l'aide d'affirmations sans preuves, mais en interrogeant la nature avec patience et fatigue, à l'aide d'une observation attentive et d'expériences convaincantes ».

La « philosophie » proprement dite de notre époque se trouve encore, selon Tait, dans ses rapports avec les sciences naturelles, à peu près au même point de vue où ces dernières se trouvaient au moyen-âge, et où l'on croyait encore à l'immobilité de la terre, à la terreur devant l'espace vide, au principe de la chaleur, à l'eau comme élément, etc. D'après Hégel, le mouvement des « corps célestes » n'est pas dû à la force de l'attraction, mais à des causes toutes différentes, et les lois ordinaires du choc, de la résistance, du frottement, de l'attraction, etc., ne leur sont nullement applicables. Ainsi, pour ce grand philosophe, la gravité n'est qu'une conception creuse !!

Certainement beaucoup de nos lecteurs penseront que M. Tait a peint trop en noir et a exagéré d'une façon monstrueuse cette contradiction entre science et philosophie spéculative. Et cependant des expériences presque journalières nous apprennent le contraire, et nous constatons que, du moins en Allemagne, la philosophie n'a de longtemps pas encore renoncé à vouloir servir de maître également aux sciences positives, alors qu'elle devrait se contenter de recueillir consciencieusement les résultats qu'un travail pénible a su en tirer, ainsi que les notions solidement fixées qui en sont sorties, et de les utiliser, les élaborer dans la mesure du besoin philosophique. Grâce à l'inobservance de cette règle, par exemple, une toute nouvelle apparition de la littérature philosophique, qui paraît vouloir faire quelque sensation, la « philosophie de l'inconnu », de Hartmann, doit être vigoureusement désabusée partout où elle met le pied sur le terrain des sciences positives. Un spécialiste, le docteur médecin G.-L. Stiebeling, à New-York, s'est donné la peine, dans ce but, de soumettre ce livre à une analyse précise et approfondie, dans un travail reproduit par la *Neue Zeit*, qui se publie dans cette ville ; il a réussi à découvrir chez l'auteur des erreurs et des malentendus véritablement révoltants, qui s'expliquent dans leur ensemble par les efforts (purement spéculatifs) auxquels celui-ci se livre, pour se servir de certains faits d'expérience au profit d'une idée ou théorie philosophique établie d'avance (reposant au fond sur les principes de Schopenhauer). Certes, cette idée ou théorie est déjà en elle-même si paradoxale, que M. Stiebeling donne au but que s'est proposé l'auteur le nom de peine complètement, absolument vaine et inutile, un véritable travail de Sisyphe. Quelque chose qui agit conformément au but proposé et d'une manière infaillible, avec cela, un « inconnu » d'une science absolue, mais qui, chose remarquable, malgré sa science absolue, ne sait rien de soi-même, cette chose doit être le principe final et supérieur de toute philosophie et toute activité vitale! « Celui qui peut concevoir une chose pareille, dit notre critique, doit posséder un cerveau dans lequel les molécules de la substance grise se trouvent dans un état de vibrations très anormal ». Mais l'absurdité de toute la théorie arrive seulement à la pleine lumière là où, comme nous l'avons dit, elle essaie d'employer dans son intérêt et d'expliquer au profit de sa cause les résultats fournis par les sciences positives ou par l'anatomie, la physiologie, la zoologie, la psychologie animale, etc. La « notion du but », depuis longtemps expulsée des sciences naturelles, l'auteur la retire ici de nouveau de la « pièce à décharge », parce qu'elle peut lui être utile, et il en donne une application qui contredit de la façon la plus grossière toutes les expériences et les principes fondamentaux de ces sciences. Alors il affirme que l'existence d'une « volonté inconnue ».réside dans les fonctions spontanées, directes de la moelle épinière et des ganglions, bien que la physiologie ou la biologie n'en sache absolument rien et que l'opinion erronée de l'auteur repose manifestement sur une ignorance relative au mécanisme de ce qu'on appelle les « actions réflexes » et aux faits de l'anatomie comparée. Encore plus insensée que la théorie de la volonté inconnue, se trouve être la théorie de la « représentation inconnue ou inconsciente », qui, d'après l'auteur de la philosophie de l'inconnu, doit servir de base à tous les actes de la volonté, théorie qui partout laisse percer les malentendus les plus grossiers sur l'anatomie et la physiologie du système nerveux. Mais là où le philosophe s'égare le plus, c'est lorsqu'il invoque les actions d' « instinct » des animaux à titre de secours pour sa théorie et cherche à les interpréter dans son sens. Il oublie avec cela que la notion absolument inadmissible de l' « instinct », dans le sens de l'explication scientifique de certaines actions des animaux, autrement incompréhensibles, a été réfutée depuis longtemps, et que tout ce qu'il avance à ce sujet peut ou bien s'expliquer très facilement sans le secours de l'instinct, ou bien a été mal observé et faussement interprété, et par conséquent n'a pas la force d'une preuve. Lorsqu'enfin l'auteur, s'appuyant sur son maître Schopenhauer, invoque les phénomènes de la clairvoyance, du somnambulisme, des visions, des songes, de la seconde vue, etc., bien qu'il ne le fasse qu'avec une circonspection craintive, cela suffirait déjà pour briser, devant les yeux de tout homme instruit, sa théorie, basée sur la spéculation, mais nullement sur des faits réels. « Il faut, dit le D' Stiebeling, après avoir pris l'un après l'autre tous les exemples, cités par Hartmann, d'actions instinctives, et après avoir démontré chaque fois l'inadmissibilité de ses explications, il faut, quand il s'agit de faits scientifiques en apparence inexplicables, ne pas regarder à travers la lunette d'une opinion préconçue, mais chercher à les ramener à des phénomènes connus, en se dégageant de tout jugement anticipé; alors on ne sera pas obligé, comme l'auteur, d'entreprendre des excursions spéculatives, sans guide, hasardées, en vue de résoudre les problèmes, et pour découvrir le principe de l'inconnu ».

Ces mots caractérisent de nouveau parfaitement l'opposition que nous avons déjà dépeinte entre physique et métaphysique, entre empirisme et spéculation, entre science et imagination, entre philosophie naturelle et philosophie dialectique. Le philosophe cherche des notions et forme des mots, pour exécuter avec eux un jeu dialectique; l'observateur cherche des faits et la vérité. Le philosophe crée des théories et se sert des faits pour les adapter à la théorie et pour construire avec eux l'édifice de ses pensées, de la même manière que l'architecte décore sa maison avec des ornements. L'observateur prend les faits comme base et élève sur eux sa modeste habitation en s'appuyant sur des conclusions logiquement déduites. Qui pourrait être dans le doute et ne pas voir de quel côté se trouve la vraie et bonne méthode?

XXXIII

LES SCIENCES ET LA PHILOSOPHIE

(1871)

Plus les différentes sciences avancent dans leur développement (et cela a lieu dans notre siècle dans une mesure qu'on n'aurait pu soupçonner), plus s'attache à l'esprit de tous les penseurs la question de leur rapport avec la science de toutes les sciences ou de la « philosophie », si diversement jugée de nos jours, cette question qui, d'après l'auteur de cet article, atteindra de la façon la plus profonde toute la marche du développement intellectuel de l'avenir. Or, on peut distinguer « trois » manières très divergentes de répondre à cette question : La « première » se tient, en principe, solidement fixée à la notion que l'on avait, jusque dans les temps modernes, l'habitude d'associer au mot de « philosophie »; elle regarde cette dernière comme une science d'une espèce particulière, qui cherche et trouve en elle-même et le matériel et le résultat de son travail, absolument comme toute autre science; elle la considère en même temps comme la première et la plus élevée de toutes les sciences, laquelle n'est pas seulement à la tête de toutes les autres, mais doit encore, grâce à cette situation supérieure, exercer sur elles une influence plus ou moins décisive. En face de cette opinion un peu antique s'en dresse une « deuxième » qui n'accorde pas précisément à la philosophie une place plus élevée ou le premier rang, mais plutôt une position « centrale » au milieu des autres sciences et veut lui fixer comme objet principal de réunir ensemble les résultats fournis par celles-ci, de les ramener à des points de vue exclusivement scientifiques et de répondre aux questions qui s'y rattachent, autant que le permet l'état actuel de nos connaissances à chaque moment donné. La « troisième », ou dernière manière de voir, enfin, considère même ce but mitigé, restreint, de la philosophie, comme un but illusoire, et croit qu'avec l'avancement des sciences positives c'en est fini, en général, de la philosophie. La masse des connaissances humaines, ainsi raisonne-t-on ici, est devenue tellement énorme par suite de cet avancement, qu'il n'est plus donné à aucun cerveau humain, quelque grande que soit sa capacité, de pouvoir les embrasser toutes; et toute tentative faite en vue d'arriver à une possession semblable doit nécessairement dégénérer en dilettantisme et fabrique d'hypothèses. Il vaut mieux que chaque observateur continue à travailler tranquillement dans la sphère de sa science spéciale; réunir dans un ensemble les lois qui auront été trouvées est un travail qui alors ira déjà de soi.

D^r med. G.-L. Stiebeling, à New-York, peut revendiquer le nom de digne représentant ou défenseur de cette dernière manière de voir, lui qui s'est fait connaître par une excellente réfutation de la « philosophie de l'inconnu » de Hartmann, devenue en peu de temps si célèbre. Cette réfutation, qui parut d'abord dans un journal hebdomadaire allemand de New-York, existe à l'heure qu'il est sous la forme d'un mémoire peu étendu, mais d'une lecture singulièrement attachante [1]. Celui qui veut se convaincre rapidement et d'une façon évidente de la facilité et de la solidité avec lesquelles les armes d'une science véritable et d'une connaissance précise ou d'une appréciation exacte des faits permettent à la fantasmagorie d'une imagination philosophique de se fondre dans son propre néant, n'a qu'à lire cet opuscule, qui ne se contente pas du reste d'enlever à la majesté de la nouvelle philosophie la toge qui l'enveloppe, mais encore traite, dans une courte préface, d'une manière générale, des rapports de la science avec la philosophie et adopte très-catégoriquement l'opinion que c'en est fini avec toute philosophie.

« La philosophie, dit l'auteur à la fin de son travail, a terminé son rôle et se précipite vers sa ruine à pas de géant. Elle

---

[1]. *Naturwissenschaft gegen Philosophie. Eine Widerlegung u. s. w.*, von D^r med. Geo. L. Stiebeling; New-York, L. W. Schmidt, 1871. *Sciences naturelles contre philosophie. Une réfutation, etc.*, par le docteur-médecin Geo. L. Stiebeling; New-York, L. W. Schmidt, 1871.

mérite ce sort, car sa raison d'être a disparu, depuis que les sciences naturelles ont démontré qu'il n'existe pas d'esprit immatériel, que l'action de penser n'est pas possible sans substance nerveuse, et que l'homme ne peut résoudre les problèmes de l'existence que par voie d'induction avec le secours de l'expérience et de l'observation, mais non par voie de déduction, de lui-même, par pure abstraction ». Avec cette exposition et les arguments cités précédemment, l'auteur se livre en même temps, dans sa préface, à une polémique contre l'auteur de cet article « qui dans ses conférences sur le rapport de la théorie darwinienne avec le matérialisme du passé et du présent espère voir une renaissance de la philosophie sous le nom de « réalisme », et se représente ainsi une science qui ne puise pas en elle-même ses principes fondamentaux et ses résultats, mais forme un point de réunion, de rassemblement où les différentes sciences viendront déposer leurs résultats en vue de produire une œuvre d'élaboration commune ». Mais déjà les expressions dont se sert M. Stiebeling dans ses phrases dirigées contre la justification de la philosophie auraient dû le rendre attentif à ceci : c'est qu'il lui était impossible de frapper juste partout. Car ce ne sont pas les « sciences naturelles », comme telles, qui ont fourni la preuve, si fortement accentuée par lui, de la matérialité des fonctions de l'esprit, mais bien la philosophie empirique ou matérialiste élevée sur les résultats de ces sciences, qui, au su de tous les gens instruits, n'est rien de nouveau, mais seulement la continuation historique nécessaire, c'est-à-dire le complément d'une direction philosophique très ancienne. M. Stiebeling, en sa qualité de physiologiste instruit, doit au reste le mieux savoir que précisément cette science, qui tient ici tout sous sa dépendance, la « physiologie », a jusqu'ici tenu une attitude presque absolument passive vis-à-vis de toutes ces questions effleurant la philosophie, sur le rapport entre l'esprit et la matière, entre le cerveau et l'âme, etc., et que seulement à l'apparition de la philosophie empirique on vit se produire certains changements. La « psychologie » en tant que science plus philosophique était tout aussi peu en état, ou se contenta d'essayer de combler ce gouffre béant, qui pour tout penseur philosophique était continuellement comme un pieu enfoncé dans ses chairs. L'expression de « problème de l'existence », dont se sert M. Stiebeling, montre encore mieux combien peu il est sûr de son affaire. Ou bien à quelle science voudrait-il avoir recours, la philosophie étant une fois rejetée, pour obtenir sur ces problèmes les éclaircissements tant désirés par lui-même ?

Aucune science isolée ne peut fournir ces éclaircissements, en tant qu'ils soient en général possibles ; cela ne peut être donné qu'à une discussion logique, bien coordonnée, des résultats complexes fournis par toutes ces sciences et ramenés alors à des points de vue d'unité ou d'ensemble. Cette discussion n'est pas seulement nécessaire et rationnelle en elle-même, mais elle exerce aussi à son tour l'influence rétroactive la plus bienfaisante sur la marche des sciences prises isolément, — ce dont nous avons aujourd'hui et partout, sous les yeux, les exemples les plus frappants. M. Stiebeling a certes parfaitement raison lorsqu'il déclare qu'il est impossible à un seul cerveau d'embrasser la totalité des connaissances humaines actuelles. Mais ceci, on ne l'exige pas non plus ; on ne demande que la connaissance des résultats généraux et les plus généraux. Or, ces résultats ne deviendront pas plus compliqués ou plus difficilement compréhensibles avec l'avancement des sciences prises isolément ; au contraire, ils se simplifieront, et on les comprendra mieux, à mesure que chaque science se rapprochera davantage de son but ou de la recherche de la vérité. Si l'on voulait abandonner à elle-même chaque science isolée, il en résulterait finalement qu'aucune science ne s'informerait plus des autres, et que le dernier résultat serait un épouvantable chaos de connaissances, de faits acquis, d'excellentes et utiles applications, mais sans le but véritable, le plus élevé de toute science humaine, c'est-à-dire sans la concentration intellectuelle et l'ennoblissement de l'humanité. Au reste, pour être plus clair et plus intelligible, nous allons très succinctement soumettre à l'examen ce qui vient d'être dit, en l'appliquant à un exemple concret ! Il ne peut certainement pas y avoir de question plus importante pour l'humanité, et en même temps en rapport plus étroit avec les « problèmes de l'existence » déjà cités par M. Stiebeling, que celle de la situation de l'homme sur la terre, de son âge, de son origine et de sa naissance, de son développement successif tant corporel que spirituel, de ses rapports avec le monde organique et inorganique qui l'entoure, ainsi que celle de sa destinée finale et de la continuation de son développement futur dans la mesure de celui qui s'est réalisé dans le passé. Laquelle des sciences actuellement existantes pourrait, même de loin, avoir l'idée de répondre à ces questions, alors que ces questions précisément sont une objection sérieuse pour un sujet à traiter scientifiquement, ainsi que nous avons défini le but ou le rôle de la philosophie réaliste? Le mot « philosophie » signifie « amour de la sagesse »; or, le nom de « sage » ne pourra de longtemps pas être réclamé par celui qui montre son intelligence exclusivement dans une seule science, quelque grands résultats qu'il ait pu y produire, mais seulement par celui qui « nulle part » n'est complètement ignorant, et intelligent « partout ». Ainsi une « philosophie », dans le sens exact du mot, peut seule s'attaquer à ces sujets, en s'appuyant sur les résultats fournis par un grand nombre de sciences particulières, qui en partie ne présentent que peu ou pas de points de contact du tout entre elles, comme par exemple la géologie, la paléontologie, l'archéologie, l'anatomie, la physiologie, la psychologie, la zoologie, l'histoire du développement, la science du langage ou philologie, l'ethnologie, l'histoire, la sociologie, la politique, etc., etc. Il faut avec cela (et ceci est véritablement philosophique) qu'elle soit guidée par un principe d'unité qu'elle aura acquis en reliant logiquement les faits à des principes scientifiques solidement établis : or, une pareille exigence serait insensée, si pour un tel but on ne voulait l'appliquer qu'à une science isolée. Ainsi l'on ne peut, d'emblée, se passer de la philosophie; en tout cas, on ne le pourra pas avant que, grâce à un développement jusqu'ici encore inconnu des différentes sciences isolées et la constitution de nouvelles sciences d'embranchement, le domaine philosophique, déjà suffisamment resserré dans le cours des siècles, n'ait tout à fait ou presque complètement perdu le terrain qu'il possédait jusqu'ici. De cette manière, il est possible ou admissible qu'avec le temps, ainsi que cela est déjà arrivé pour beaucoup d'autres sujets, l'étude de celui-ci disparaisse du domaine de la philosophie et se transporte tout entière ou à peu près sur le terrain d'une science aujourd'hui encore en voie de formation, l' « anthropologie » ou l'étude de l'homme. Il faudrait pour cela, il est vrai, que tout ce qui, dans l'étude de l'homme, porte encore plus ou moins le caractère de l'hypothèse ou de la spéculation, soit élevé à la hauteur de certitude scientifique. De toute façon, il faut que la philosophie précède la science en quelque sorte comme un guide ou conducteur, et il en sera probablement toujours ainsi, par la raison que, ce que la philosophie perd d'un côté avec l'avancement des sciences, elle sera en état de le regagner par l'augmentation du matériel de la pensée, par l'élargissement des points de vue et par l'accroissement des capacités spéculatives ou logiques. Avec cette analyse ou exposition que nous soumettons, plein de confiance, au jugement du lecteur pensant, nous voulons prendre congé de ce dernier ainsi que de M. Stiebeling, et rappeler seulement en terminant que, dans son livre « sur la situation de l'homme dans la nature », l'auteur du présent article a essayé de traiter les questions citées plus haut, en se plaçant au point de vue philosophique réaliste tel qu'il l'a décrit. Jusqu'à quel point cet essai lui a-t-il réussi? Et, pourra-t-il servir d'exemple ou de preuve à citer, comme exactitude de sa manière de voir sur le rapport existant entre la science et la philosophie? C'est ce que le lecteur bienveillant pourra le mieux apprécier, et dans son jugement il sera d'autant plus porté à l'indulgence qu'il réfléchira davantage à ceci : c'est que l'étendue d'une pareille tâche ne pouvait plus être surpassée que par le nombre des difficultés qu'il y avait à vaincre.

XXXIV

FORCE ET MATIÈRE

UNE CRITIQUE DE L'AUTEUR PAR LUI-MÊME

Kraft und Stoff : Empirisch-naturphilosophische Studien, von Dr Ludwig Büchner. zwölfte Auflage. Leipzig, 1872.

Force et matière : Études de philosophie naturelle empirique, par le Dr Louis Büchner. Douzième édition. Leipzig, 1872.

Un livre philosophique qui, en Allemagne, a eu « douze » grandes éditions dans le court espace de dix-sept ans, qui de plus a été, dans ce même espace de temps, traduit et imprimé dans « quinze » ou « seize » langues différentes, et dont l'apparition (bien que l'auteur fût jusqu'alors absolument inconnu) a provoqué dans la presse un orage presque sans exemple, un flot de répliques, et finalement toute une littérature, un livre pareil ne peut pas être une chose ordinaire; il doit justifier la réputation universelle, qu'il possède actuellement, par des qualités ou des mérites particuliers, inhérents à son contenu, ainsi que par la forme sous laquelle il est présenté. Il est certain que le succès seul d'un livre ne peut ni ne doit, par lui-même, servir à mesurer le degré de sa valeur. On a vu parfois un succès très grand, mais d'ordinaire rapidement passager, être obtenu par de mauvais livres, des livres qui spéculent sur les passions, la curiosité ou la bêtise des grandes masses. Mais, au point de vue des causes de ce succès, ils ne supportent pas la comparaison avec celui dont il s'agit; car l'intérêt qu'y trouve le public qui le lit paraît non seulement ne pas diminuer, mais au contraire augmenter avec les années. Il faut d'ailleurs ne pas oublier que son contenu, c'est un « sujet philosophique », ainsi précisément opposé à ce qui, en général, excite le plus le goût du plus grand nombre des lecteurs. Oui, pour un ouvrage philosophique, le succès de : *Force et matière* peut être considéré comme un succès sans exemple; au moins ne saurions-nous montrer aucun exemple de ce genre dans l'histoire de la littérature, excepté peut-être la célèbre Encyclopédie française, dont le sujet n'était pas, au reste, « exclusivement » philosophique. Quoique son contenu ne soit guère compréhensible qu'aux personnes cultivées, ce livre est devenu, avec le temps, non seulement chez celles-ci, mais encore dans presque toutes les classes de la société, « populaire » dans la meilleure acception du mot, et son titre est devenu tout simplement proverbial.

Il est certain que la première apparition de : *Force et matière* eut lieu à une époque où l'on souffrait à un haut degré du besoin d'apprendre quelque chose de nouveau et de meilleur en fait de philosophie. L'ancienne philosophie spéculative ou scolastique, qui pendant si longtemps avait exercé sa domination sur la science et la vie en Allemagne pour le malheur de ce pays, était tombée peu à peu dans le discrédit, par suite de l'inanité de ses efforts. La foi dans l'abracadabra des sorciers philosophiques et dans leurs assurances dénuées de preuves commença à disparaître de plus en plus, tandis que simultanément, d'un autre côté, les idées ou notions « religieuses » qu'on nourrissait jusqu'alors étaient arrivées à l'état de contradictions insolubles vis-à-vis des conquêtes des sciences, dont la marche en avant était comme fiévreuse, notamment des sciences naturelles. C'était certes une chose de la plus grande difficulté que d'aider la philosophie à reprendre ses droits précisément sur ce dernier terrain. L'ancienne philosophie naturelle, avec ses nombreuses conceptions erronées, avait tout gâté à un tel point, et avait jeté un tel discrédit sur une contemplation de la nature par voie de spéculation ou de théorie, qu'à partir des trente ou quarante dernières années les savants de la jeune école regardèrent précisément comme une chose du bon ton, ou comme signe d'un esprit véritablement scientifique, de se tenir le plus éloignés possible de toutes les spéculations et théories, et de limiter le travail scientifique, qui ne devait dès lors plus consister qu'à observer, collectionner, expérimenter, décrire, mesurer, peser, etc. De cette manière, on recueillit d'année en année un matériel scientifique colossal, mais qui se ressentit d'un double défaut : c'est que, d'une part, ce fut précisément un véritable pêle-mêle ou chaos, et que, d'une autre, il manqua presque absolument la moindre liaison entre le matériel des différents embranchements scientifiques au moyen de quelque pensée de synthèse. Aussi fallait-il une audace peu ordinaire pour se présenter en quelque sorte comme un ordonnateur et un juge, et, en réintroduisant une méthode d'observation philosophique dans les sciences naturelles, arriver à des résultats importants et conciliants. La contradiction des savants spécialistes, le mépris et les sarcasmes des marchands de détail scientifiques ne pouvaient pas tarder à venir; mais le temps a triomphé de ces résistances et rendu pleinement justice à cette audace. Comme délivré d'un lien, l'esprit philosophique reprit de nouveau son vol et reparut peu à peu sur presque tous les domaines des sciences empiriques, et sous ce rapport le succès est actuellement un succès presque complet. En s'appuyant sur la théorie du développement si longtemps oubliée et méprisée, les sciences naturelles avancent dès maintenant dans la direction d'une voie nouvelle et brillante, et vers leur véritable destinée, qui est d'être les libératrices spirituelles de l'humanité.

Certes, l'auteur de : *Force et matière* n'élève pas la moindre prétention à avoir amené cet important résultat à « lui tout seul »; d'autres circonstances et des travaux scientifiques de la plus grande valeur y ont fourni leur part de collaboration. Mais, dans tous les cas, c'est lui qui, le premier, a donné une impulsion vigoureuse et systématique. Tout ce qui a été produit « avant » lui dans cette direction, c'étaient plutôt des assertions isolées et occasionnelles, ou bien des allusions, des indications fournies par quelques savants isolés, qui provoquèrent parfois une sensation considérable, mais passagère. La voie ne fut aplanie que par l'apparition de : *Force et matière*; la lutte fut alors ouverte de telle façon que l'on vit y prendre part, de tous côtés, le monde savant et le monde profane, et qu'elle ne pouvait plus s'endormir sans avoir produit un résultat positif. Aussi est-ce dans ce sens qu'on peut et que l'on doit appeler : *Force et matière* un ouvrage qui réellement « fait époque »; ce livre devra être et sera cité et discuté dans l'histoire des sciences, aussi longtemps qu'en général il existera une telle histoire.

La principale objection que souleva le livre dès son apparition, du côté du monde savant, c'est que l'auteur, dans ses conclusions générales, dépasse de beaucoup le matériel empirique ou d'expérimentation sur lequel cependant il prétend exclusivement élever ses assertions, et qu'au moyen de ce matériel il cherche à prouver « plus » qu'on ne peut tirer de conclusions rigoureusement déduites ; ou bien, en d'autres termes, qu'il lâche la bride à son imagination plus que ne le permet la méthode d'induction des sciences naturelles ; et que son désir et les efforts qu'il fait pour fournir une explication d'ensemble du « tout universel » basée sur des connaissances positives le portent à couvrir les grands vides et défauts de ces connaissances positives à l'aide de considérations théoriques, et à les faire paraître aux yeux des laïques moins grands qu'ils ne sont dans la réalité.

Il est de fait que le matériel positif dont disposait l'auteur de : *Force et matière*, quelque riche qu'en fût l'amoncellement dans certaines parties isolées, présentait néanmoins dans son ensemble un nombre assez grand de ces vides et défauts, que l'auteur était obligé de chercher et chercha à combler ou à relier par un pont, au moyen de la spéculation et de l'hypothèse. Bien plus, un assez grand nombre de contradictions en apparence incompatibles ont dû être ainsi ramenées à une connexion en apparence plus ou moins forcée ou à une sorte d'accord et de concordance, puisque l'auteur prenait son point de départ, en premier lieu, de l'unité nécessaire de la force et de la matière comme base fondamentale de tout l'examen, en second lieu de la légalité tout aussi nécessaire de la connexion de tous les phénomènes naturels entre eux par le moyen de la loi inviolable de cause et d'effet, et qu'il comptait voir ses affirmations vérifiées par les recherches ultérieures. Si, maintenant, cela ne fut pas complètement conforme à la méthode d'induction, mais aboutit en partie à la « déduction », cela ne peut cependant être regardé comme une faute réelle de tout l'examen que par celui qui ignore que la science ne doit pas avancer « exclusivement » par voie d'induction et d'expérience, mais également au moyen du syllogisme et de l'hypothèse, et que précisément l'hypothèse, sous sa bonne forme, a de tout temps véritablement frayé le chemin aux progrès scientifiques et a été le prodrome de grandes transformations dans nos appréciations scientifiques.

Il est vrai que toute hypothèse n'est pas une hypothèse bonne ou admissible. Pour émettre une hypothèse valable, c'est-à-dire qui ait la perspective de devenir, dans la suite des temps, une vérité scientifique, il ne suffit pas de posséder une connaissance de faits riche et systématiquement coordonnée, mais il faut encore presque davantage une certaine dose d'imagination, ainsi qu'une intelligence vigoureuse et pénétrante. Car, déjà dans une série petite ou incomplète de faits exactement compris et justement appliqués, le cerveau intelligent ou de génie voit briller, éclater une loi générale, que n'aperçoit pas le cerveau borné, quand bien même on lui placerait devant le nez toute une montagne de faits. Une pareille loi est-elle maintenant formulée, tout dépend si elle se montre comme une loi exacte lors de son application rétroactive à d'autres domaines où des domaines plus éloignés de la science, et si des connexions et explications jusqu'ici inconnues ou incomprises y trouvent une déduction logique et exacte. Mais la meilleure pierre de touche pour la vérité ou la valeur des affirmations énoncées, c'est naturellement le « temps », ainsi que la question de savoir si, oui ou non, les découvertes faites et les progrès accomplis dans les sciences dans le cours des années suivantes seront venus au secours de ces affirmations; en d'autres termes, si, oui ou non, l'hypothèse qui a été émise aura trouvé une confirmation basée sur des faits? Or, ici l'auteur de : *Force et matière* peut, avec la plus complète satisfaction et avec un sentiment légitime d'orgueil, jeter un regard rétrospectif sur les « dix-huit » années qui se sont écoulées depuis la première publication de son livre et qui permettent à bon droit qu'on leur applique les célèbres paroles du poète : « Les grandes destinées sont toujours précédées de leurs esprits ».

Car il sera difficile de trouver dans l'histoire de la science une théorie philosophique ou scientifique qui dans son ensemble ait « tellement » devancé et prévu l'avenir scientifique, comme celle de l'auteur de : *Force et matière*. A peine le livre avait-il paru, qu'il se produisit coup sur coup toute une série de découvertes scientifiques des plus importantes, qui toutes sans exception confirmèrent ou justifièrent les vues qu'il renferme et dont chacune, prise isolément, eût autrefois suffi pour qu'un siècle tout entier atteigne au plus grand honneur. Et maintenant, ces découvertes que la science a faites, ces progrès qu'elle a réalisés dans une mesure qu'on ne soupçonnait pas, se pressent dans l'intervalle remarquablement court de deux dizaines d'années à peine. Nous voulons essayer de le démontrer au lecteur d'une façon claire dans le résumé suivant, aussi succinct que possible.

L'unité et l'inséparabilité de la « force » et de la « matière », la première comprenant avec elle la « forme » et le « mouvement », constituaient la pensée fondamentale de tout l'examen. Cette relation ou connexion est « éternelle » ou a dû exister de tout temps; c'est ce qu'a démontré l'immortalité ou l'éternité de la matière mise par la chimie absolument hors de doute. Quelques années après (le chapitre sur l'immortalité de la force a été ajouté pour la première fois dans la « cinquième » édition de : *Force et matière*), cette immortalité de la matière reçut son corollaire nécessaire ou son complément indispensable dans la démonstration devenue depuis si célèbre, de l' « immortalité ou conservation de la force », principe qui, actuellement, pénètre à travers l'ensemble des sciences naturelles comme une pluie fécondante. Ce principe, dans le court espace de temps écoulé depuis sa découverte, a déjà conduit à une quantité d'éclaircissements des plus grandioses sur l'action générale et éternelle des forces de la nature; il a montré notamment que « force » et « mouvement » doivent être regardés comme absolument identiques, et que ces deux choses ne peuvent, dans le « grand Tout » ni se multiplier ni se réduire. Il n'existe donc pas dans la nature de mouvement « nouveau » ou « nouvellement » engendré, mais seulement un changement et une transformation du mouvement qui existait de toute éternité.

Tout aussi importante et grandiose que la découverte de l'immortalité de la force est la découverte remarquable, faite il y a quelques années, de l' « analyse spectrale », qui a fourni la confirmation la plus éclatante des assertions contenues dans : *Force et matière*, aux chapitres sur l'infinité de la matière et l'universalité des lois de la nature. Elle a notamment élevé à la hauteur de certitude irrévocable, incontestable, ce qui avait été soutenu sur l'identité fondamentale de la matière, des forces et des lois naturelles dans les parties de l'univers que nous connaissons; et, quand même peut-être certaines substances ou certains groupements de substances peuvent être particuliers à certains corps célestes, il n'en est pas moins aujourd'hui prouvé d'une façon positive que (selon l'expression du professeur Kirchhoff, l'illustre savant qui a découvert l'analyse spectrale),

« les matières et les forces sont en substance les mêmes dans tout l'univers ».

Cette même analyse spectrale a conduit également à la découverte importante que ce qu'on appelle les « nébuleuses » dans les espaces célestes, dont on croyait auparavant qu'elles sont toutes constituées par des « groupes d'étoiles » que le télescope ne parvenait plus, à cause de leur distance colossale, à ramener à des étoiles isolées, que ces nébuleuses, disons-nous, sont en partie des nébuleuses « réelles » ou primitives, c'est-à-dire des systèmes énormes de soleils et de planètes en voie de développement, dont les états nous donnent une image claire, impossible à méconnaître du développement ancien de notre propre système planétaire. De cette manière également a été confirmée la description que dans son chapitre « sur le ciel » l'auteur de : *Force et matière* avait donnée sur l'origine et le développement successif de notre système solaire produits par des causes naturelles et sans le secours d'une activité créatrice en dehors de l'univers; justifiée aussi a été l'attente, exprimée dans le même chapitre, qu'avec le temps la science arrivera à dévoiler le mystère qui recouvre l'origine première des différents corps célestes.

De cette façon aussi, l'on reconnut de plus en plus l'histoire de notre propre planète ou de la terre même, comme étant sous la dépendance ou domination d'un développement lent et successif, et par là se trouva confirmée de tous côtés la polémique que l'auteur de : *Force et matière* avait entretenue dans son chapitre sur les périodes de création de la terre contre l'ancienne géologie des catastrophes et des révolutions.

Or, quelque importants et significatifs que soient aussi les progrès et découvertes de la science, ils sont encore presque surpassés en importance et force de confirmation pour la doctrine matérialiste contenue dans : *Force et matière* par les événements qui se sont produits dans les dix ou douze dernières années, sur le terrain des « sciences naturelles organiques » et par les recherches qui ont été faites depuis sur l'origine et la formation du règne organique sur la terre. Lorsque l'auteur de ce livre écrivit en 1855 son important chapitre sur « la génération primordiale » (« Urzeugung »), il avait le monde scientifique presque tout entier contre lui; il était obligé de tenir, dans cette question épineuse. bien moins à présenter des faits ou autorités qu'à fournir la preuve que les choses « ne pouvaient pas » se passer « autrement », et il devait rester fixé au triple et fameux parallélisme de la paléontologie ou science du monde primitif, de l'anatomie comparée, et de l'histoire du développement. Pour cela, il avait constamment devant les yeux « l'unité » de la nature, ainsi que la nécessité logique d'une liaison naturelle et conforme à des lois. Mais ce que l'auteur écrivait alors, plus comme expression d'un besoin philosophique et d'une appréciation générale et théorique des phénomènes organiques de la nature dans leur ensemble, qu'en suite d'une connaissance réelle et positive, a trouvé depuis lors, de tous les côtés, la plus complète justification et confirmation, lorsque l'on admit de nouveau presque généralement la « théorie du développement » dans les sciences naturelles organiques. Cette théorie du développement qui explique l'origine progressive et graduellement ascensionnelle des espèces organiques, végétales et animales, en les faisant surgir des commencements les plus simples et se suivre à travers des périodes de temps immenses et d'innombrables générations, par voie naturelle, et sans le moindre secours extra-mondain ou autrement mystérieux, cette théorie est aujourd'hui presque généralement admise ; elle est devenue pour le monde savant, et elle le deviendra de jour en jour davantage, un article de foi basé non seulement sur des faits innombrables et mieux compris, mais encore sur une saine logique ! En même temps, ce qu'on appelle la « théorie cellulaire », en rapport si étroit avec la théorie du développement, et qui nous montre que l'ensemble du monde organique surgit, se forme et se compose d'une forme élémentaire primitive, unique, et partout identique, cette théorie fut, peu après la première apparition de : *Force et matière*, grâce à Virchow et d'autres, tellement développée et si bien reconnue applicable également au « règne animal », (on ne l'avait jusqu'alors admise que pour le « règne végétal ») que de ce « côté » aussi rien n'empêcha plus d'admettre, de reconnaître enfin généralement l' « unité » grandiose dans la nature organique. Enfin, cette importante question de l' « hétérogénie » proprement dite ou de l'origine de cette première forme élémentaire, la plus primitive, de laquelle l'ensemble du monde organique a pris son point de départ, cette question, qui jusqu'alors était pour les savants un véritable casse-tête et pendant longtemps parut absolument insoluble au moyen des ressources ordinaires de la science, cette question, disons-nous, a été résolue de la façon la plus simple par la découverte de ces êtres primordiaux, de ces animalcules de la plus grande simplicité, auxquels le professeur Häckel, à Iéna, a donné, comme on le sait, le nom de « monades », et sur lesquels il a élevé sa fameuse théorie des monades; formations primordiales, encore « au-dessous » du degré de la cellule et qui recouvraient le fond des mers primitives, comme elles recouvrent encore aujourd'hui les plus grandes profondeurs de nos mers.

On sait que la théorie du développement organique a été de nouveau exhumée et remise en honneur par l'illustre savant anglais Charles Darwin (dont l'ouvrage, couronné, sur l'origine des espèces, n'a d'ailleurs paru dans la première édition anglaise qu'en 1859, ainsi « quatre » années plus tard que: *Force et matière*); la philosophie matérialiste lui doit pour cela sa reconnaissance la plus profonde. Mais cette reconnaissance doit encore devenir presque plus profonde, lorsqu'on pense aux services que Darwin a rendus en rejetant en arrière la « téléologie », cette théorie ou doctrine pernicieuse et faite pour dérouter même les plus fortes têtes, et qui naturellement se trouve vis-à-vis du matérialisme dans un état de contradiction irréconciliable. Néanmoins, lorsque l'auteur de : *Force et matière* écrivit pour la première fois son article sur la « conformité au but » dans la nature, il ne pouvait aussi, comme en beaucoup d'autres choses, s'appuyer que sur des principes généraux et n'opposer à tant de faits normaux dans la nature que juste autant de faits anormaux ou sans but. Mais, quant à la manière dont ces conformités ou dispositions conformes au but se sont établies, il ne pouvait exprimer que des suppositions générales et les représenter comme un résultat général et nécessaire produit par les innombrables phénomènes du développement lui-même, ainsi que par la délimitation et les conditions de dépendance réciproque de ces mêmes phénomènes. Mais il n'était pas en mesure de montrer aussi en détail ces liens et ces rapports, puisque ces phénomènes du développement eux-mêmes étaient inconnus dans leur individualité. Or, depuis Darwin et grâce à lui, ce rapport s'est modifié si complètement en faveur de la doctrine matérialiste, et la démonstration de causes purement naturelles ou accidentelles, capables de produire dans la nature quelque chose de conforme à un but, a été fournie d'une manière tellement convaincante que de nos jours aucun homme cultivé ne peut plus parler de conformité à un but dans la nature, comme suite d'un plan intentionnel ou formé d'avance.

En connexion nécessaire avec la théorie du développement, on a enfin découvert aussi l'origine naturelle ou animale de notre propre espèce, ou de l'homme sur la terre, et cette origine a été démontrée aussi loin que le permettent les ressources actuelles de la science. Il va de soi que l'origine naturelle de l'homme est une exigence indispensable de la philosophie matérialiste, avec laquelle celle-ci doit rester debout ou tomber. Mais cette question si importante était « avant » Darwin enveloppée, cachée dans une obscurité scientifique si complète, que lorsque : *Force et matière* fit sa première apparition, il fallait la plus grande audace de la part de l'auteur pour exprimer publiquement une pensée qui renversait toutes les croyances reçues jusqu'alors, et qu'il devait s'attendre à des sarcasmes et à des contradictions de toutes sortes. Aussi les a-t-il essuyés dans la mesure la plus riche; mais l'effet obtenu a été plus ou moins contraire à celui qu'on voulait produire, depuis que, dans un si court espace de temps, l'origine animale de l'homme est devenue un article de foi scientifique admis presque généralement. Il est clair qu'une origine pareille n'est possible ou ne peut être imaginée que si l'existence « temporelle » de l'espèce humaine est tellement ancienne ou d'une durée tellement longue qu'on ne puisse absolument pas la concilier avec des traditions historiques ou avec les espaces de temps embrassés par l'historiographie de l'homme. Mais d'un âge aussi ancien de l'espèce humaine la science, à cette époque, n'avait ni connaissance ni soupçon déterminé; et l'on considérait comme une affaire décidée qu'il n'existait pas d'hommes appelés « fossiles » ou primitifs, puisqu'on admettait généralement que l'espèce humaine n'avait pas pu faire son apparition sur la terre avant l'époque de l' « alluvion », c'est-à-dire pendant la dernière période de formation de la terre, période qui se continue encore aujourd'hui. Mais il a suffi de quelques années, au commencement de la dernière période de dix ans, pour renverser jusqu'à sa base ce préjugé auquel on tenait avec tant d'opiniâtreté depuis l'époque de Cuvier, et pour apporter un grand nombre de preuves positives en faveur du contraire. On admet donc aujourd'hui avec certitude que l'homme a vécu non seulement dans la période de formation terrestre qui a précédé l'alluvion ou à l'époque appelée « diluvienne », mais également dans les dernières divisions de la grande époque tertiaire, peut-être même encore plus tôt, et que dans tous les cas son existence sur terre doit embrasser des espaces de temps extraordinairement longs, qu'on ne peut absolument pas concilier avec des traditions historiques. Simultanément, on a trouvé des crânes et des ossements humains ainsi que des débris de l'activité humaine provenant des temps primitifs, qui fournissent un témoignage irrécusable du profond développement physique et spirituel de l'homme primitif; tandis que d'un autre côté on a découvert ou appris à mieux connaître de grandes espèces de singes ressemblant à l'homme dont auparavant on ne savait rien ou peu de chose, par exemple le « Gorille ».

Tout cela rétrécit de plus en plus le profond abîme ou vide entre l'homme et le règne animal qui s'en rapproche le plus, et ne laisse plus guères de place aujourd'hui à un doute sérieux sur ce fait, que l'homme n'est pas, ainsi que le raconte la Bible, le résultat d'une pensée de Création divine, mais qu'il est, ainsi que l'enseigne la philosophie matérialiste, un enfant de la nature, comme tous les autres êtres organisés, et qu'il doit son existence à un développement successif, lent et graduel. Il eût été difficile à cette philosophie de trouver une confirmation plus brillante et de plus de poids que celle-ci, due aux progrès réalisés dans les recherches.

Il nous faut ici rappeler en même temps que les remarquables révélations de l' « histoire de la reproduction et du développement », une branche également très jeune des sciences naturelles organiques, sont, elles aussi, venues de tous côtés au secours de la doctrine matérialiste, et cela d'une façon très essentielle, pour ce qui concerne la parenté animale de l'homme.

Dès lors, l'auteur de : *Force et matière* fut plus en mesure, qu'avec les rapports décrits jusqu'ici, de s'appuyer sur une série de faits solidement établis, dans la question relative à l'existence spirituelle ou à ce qu'on appelle « l'âme » de l'homme, au sujet de laquelle on était habitué à admettre, jusqu'au réveil de la doctrine matérialiste, que c'est une chose existant par elle-même, plus ou moins indépendante de la nature, et réunie au corps d'une façon incompréhensible. Mais aussi ces faits, à l'époque où écrivit B., manquaient encore absolument de liaison logique intérieure, et les physiologistes les plus en renom avaient l'habitude de laisser la question de l'âme complètement de côté, ou d'exprimer leur opinion dans ce sens, que les points de vue physiologistes ne permettent de rien énoncer sur la nature de l'âme humaine, et que l'union du corps et de l'âme, ou du cerveau et de l'esprit, paraît être une union plus « accidentelle » que « nécessaire ». Sans doute la connaissance exacte de la vérité se heurtait à une quantité de faits en apparence contradictoires qui déconcertaient les physiologistes à un tel point, que dans un article devenu très célèbre sur le cerveau, paru dans le *Dictionnaire de la physiologie* de R. Wagner, le professeur Volkmann osa déclarer, avec l'assentiment du monde scientifique, qu'il n'existe pas de parallélisme entre le développement matériel du cerveau chez l'homme et l'animal, et une force immatérielle, et que l'affirmation du contraire est une affirmation superficielle. Seul l'illustre naturaliste Karl Vogt avait déjà, à cette époque, dans ses *Livres physiologiques*, **Physiologische Bücher** (il est vrai, au moyen d'une comparaison un peu malheureusement choisie), eu le courage d'exprimer des vues matérialistes sur le rapport du cerveau avec l'âme; mais on sait qu'il avait aussi été attaqué, à cause de cela, de tous les côtés, avec la dernière violence. La « psychiatrie » également, ou la thérapeutique de l'âme, aussi loin qu'elle fut cultivée par des médecins, avait été de plus en plus forcée en quelque sorte, par des expériences sans nombre, de s'engager dans la voie matérialiste ou, comme on dit, « somatique »; cependant, de ce côté, les progrès dans les connaissances restèrent limités à des cercles scientifiques plus étroits.

Or, depuis ce court espace de temps, la physiologie et la pathologie, ainsi que l'anatomie comparée du cerveau (probablement stimulées et dirigées par le mouvement matérialiste même), ont réalisé de tels progrès et gagné des points d'appui si solides que désormais, ici également, le point de vue matérialiste paraît comme le seul admissible et le seul scientifiquement possible. Cela est d'autant plus le cas qu'en même temps l'application, au rapport du cerveau et de l'âme, du grand principe de l'unité ou de la conservation de la force, n'admet ou ne permet absolument plus une explication « autre » qu'une explication matérialiste, et qu'une quantité de rapports ou connexions jusqu'alors incompréhensibles n'arrivent que par cette voie à leur véritable lumière. Ce que nous appelons l'âme ou l'esprit de l'homme ou des animaux est à présent assez généralement considéré par les gens réellement instruits, comme synonyme de fonction ou d'exercice de la substance cérébrale ou du système nerveux en général, et si nous ne connaissons pas encore assez intimement les processus de l'esprit pour savoir comment les ramener à la nature corporelle, le matérialisme n'en a pas moins, dans cette direction, remporté une victoire telle, qu'on ne peut pas s'en figurer une plus décisive. Et dire que c'étaient précisément les propriétés de l'esprit humain et l'impossibilité de les expliquer par des causes matérielles qui avaient été de tout temps l'un des plus fermes soutiens des systèmes spiritualiste et théologique!! La « véritable explication » fait certes encore aujourd'hui défaut; mais le fait que cerveau et activité spirituelle sont aussi indissolublement liés entre eux que force et matière, et que cette activité, en fin de compte, n'est et ne peut être autre chose qu'un résultat des transformations de forces (particulièrement une suite des phénomènes d'oxydation qui se passent dans l'intérieur du corps dans toutes les directions), ce fait ne perd pas pour cela de sa valeur; et cette impossibilité d'expliquer disparaîtra avec le temps au fur et à mesure qu'on pénétrera davantage dans la physiologie du cerveau et du système nerveux. Il est très probable que finalement la nature de notre mécanisme spirituel apparaîtra comme une chose bien plus simple et plus facile à comprendre qu'on ne le croit ou le soupçonne à l'heure présente. L'union ou l'unité de force et de matière ne développe pas seulement des phénomènes mécaniques, chimiques, électriques ou autres semblables, mais encore des phénomènes « spirituels », et elle permet à ceux-ci de se manifester dès qu'elle se trouve placée dans des états et des conditions semblables à ceux qui se présentent dans le cerveau de l'homme et des animaux supérieurs.

En même temps, à la suite d'investigations plus profondes et d'observations mieux dirigées, on a jeté des regards dans l' « âme des animaux », ce qu'autrefois l'on regardait comme impossible, et de ce côté également, grâce à ces regards, il n'est plus possible de méconnaître ce lien intime exigé par la philosophie matérialiste et qui unit l'homme avec le reste du monde organique. Par suite de cette circonstance, nous obtiendrons, avec le temps, une psychologie comparée ou étude des âmes, de la même manière que nous possédons déjà depuis longtemps une anatomie comparée ou étude des corps.

Cette psychologie animale, ou étude de l'âme des bêtes, ainsi que l'étude de l'âme en général, aura désormais bien plus de facilité que n'en avait l'auteur de : *Force et matière*, en 1855, à s'émanciper complètement et pour toujours de la théorie des « idées innées » et des « instincts », qui jouaient un si grand rôle dans l'ancienne psychologie et philosophie et furent constamment regardés comme la preuve inviolable de notre dépendance vis-à-vis d'une puissance ou intelligence supérieure dont on admettait qu'elle avait intentionnellement déposé ces idées et instincts dans notre âme et dans celle des bêtes, pour notre bien et pour celui des bêtes. Il était prodigieusement difficile d'enlever sa force à cette manière de voir, aussi longtemps qu'on n'était pas en mesure d'appliquer la raison (« das Moment ») de l' « hérédité », dont « avant » Darwin l'on ne connaissait presque pas du tout la haute signification. Mais maintenant l'état de la question est devenu tout autre ; et lorsque, dans la vie spirituelle de l'homme ou des animaux, nous rencontrons un fait quelconque qui ne peut pas s'expliquer par l'éducation, l'expérience, l'étude, l'exemple, etc., nous pouvons être certain qu'il repose sur l' « hérédité » ou sur la transmission par les ancêtres. Car l'hérédité, comme on le sait, ne s'étend pas seulement à des propriétés « corporelles », mais aussi, comme cela paraît, presque davantage encore, aux propriétés ou capacités de l' « esprit ». Les notions, notamment, de « temps », d' « espace » et de « causalité », qui encore aujourd'hui sont regardées par tant de philosophes comme des règles ou des formes de la pensée innées à notre esprit, et ont été déclarées des notions *à priori*, c'est-à-dire existant avant toute expérience et indépendantes de celle-ci, ces notions ne sont pas originairement implantées dans notre esprit, mais reposent sur une disposition ou habitude de notre esprit, acquise peu à peu par hérédité, de témoigner son activité dans la mesure de ces notions fournies d'abord par l'expérience. Les « fameux instincts artistiques » des animaux ne sont également pas autre chose que des habitudes spirituelles, héréditaires, qui se sont produites peu à peu.

Ainsi donc, de ce côté également, la doctrine matérialiste et la polémique soutenue dans : *Force et matière* contre les idées innées et contre l'instinct des animaux ont obtenu, grâce aux progrès de la science, la confirmation la plus complète et un appui du côté auquel, autrefois, on se serait le moins attendu.

Enfin, et pour terminer, il faudrait encore mentionner la « force vitale », tant célébrée ou tant décriée, sans laquelle on ne croyait pas, autrefois, pouvoir se tirer d'affaire dans l'explication des phénomènes de la vie, et contre laquelle l'auteur de : *Force et matière*, partant de son point de vue matérialiste ou plaidant la cause de l' « unité » de la nature, lutta déjà dans la première édition de son écrit de la façon la plus énergique et accompagné par les cris de rage de la secte entière des philosophes ; or, cela se passait à une époque où les résultats grandioses de la chimie dite « synthétique » n'étaient pas encore connus ou ne l'étaient que partiellement, et où même un homme du renom et du prestige scientifiques pareils à ceux de Liebig croyait encore devoir se présenter publiquement comme champion de la force vitale. Mais, depuis, la chimie et la physiologie ont fait de tels progrès que cette séparation brusque et contre nature qu'on avait autrefois autorisée entre la chimie « organique » et la chimie « inorganique » n'existe plus aujourd'hui, et que toute la distinction n'est plus regardée que comme une distinction extérieure ou de convention. Ce que l'on appelait autrefois chimie organique, on le nomme aujourd'hui plus exactement et d'une façon plus caractéristique la « chimie des combinaisons du carbone » ; et c'est dans les forces particulières du « carbone » et de ses combinaisons que désormais repose (au point de vue chimique) tout l'ancien secret de la vie, qui ne peut pas plus créer une matière nouvelle ou une nouvelle force qu'en détruire une ancienne. Quand une fois on connaîtra toutes les conditions dans lesquelles s'accomplissent des activités vitales chimiques, on se convaincra d'une façon évidente qu'il n'existe pas de différence entre ces activités et celles que l'on est à même de produire « en dehors » du corps. Chaque force que l'organisme déploie ou perd vient ou s'en va avec les substances pondérables qui s'unissent à lui ou en sont éliminées ; et déjà les principes généralement admis, les principes éternels de l'indestructibilité de la matière et de la conservation de la force, excluent toute force organique particulière, autrement dit force vitale (vulgo « Lebenskraft »).

Telles sont, à grands traits, les confirmations qu'ont obtenues la doctrine matérialiste et les assertions contenues dans : *Force et matière*, grâce aux progrès des sciences positives. L'adversaire même le plus aigri sera obligé de convenir que, pour le court intervalle de dix-sept ou dix-huit années, ces confirmations ont acquis plus d'importance et sont devenues plus nombreuses que n'osait l'espérer l'attente la plus audacieuse, et que l'on aurait de la peine à citer une doctrine philosophique qui puisse montrer un sort semblable, aussi propice.

Il faut encore ajouter ici que la condamnation prononcée par l'auteur en faveur du matérialisme contre l'ancienne philosophie spéculative et sectaire des systèmes et écoles a reçu dans le cours de ces années sa justification complète, et même son approbation de la part de certains philosophes. Cela est d'autant plus remarquable qu'en Allemagne, ce véritable pays de la philosophie, les systèmes spéculatifs et la méthode spéculative jouissaient encore à cette époque d'une haute considération chez un certain nombre de savants et chez une partie, aussi, du monde profane, et que dans tant de cercles on ne croyait pas qu'il fût possible de vivre spirituellement « sans » ces systèmes. Mais il n'en est pas moins constant que dans un si court espace de temps la philosophie spéculative ou philosophie de secte a perdu presque tout son crédit ou prestige d'autrefois. Telle est la puissance de pression exercée par les faits, lorsqu'une fois on les a reconnus comme tels et qu'on les a réunis les uns aux autres par un lien philosophique exact. Si l'histoire de la philosophie, jusqu'à nos jours, a été une histoire de l'erreur humaine avec quelques lueurs disséminées, comme le remarque si judicieusement O.-L. Gruppe, il faut espérer que la philosophie matérialiste, en continuant à se développer, mettra une fin à ce triste état, qu'elle fera cesser ces perpétuelles disputes d'écoles et de systèmes, et que « par elle » la philosophie sera pour la première fois élevée à la hauteur d'une science véritable. Mais c'est à l'auteur de: *Force et matière* que revient le mérite d'avoir par ses travaux contribué dans une bonne mesure à amener cet important résultat, qui sera en partie décisif pour tout l'avenir spirituel-intellectuel de l'humanité, ainsi que d'avoir renouvelé, perfectionné et solidement fixé sur la base de la science moderne et de la connaissance de la nature l'ancienne philosophie matérialiste, qui désigne les tout premiers commencements de la pensée philosophique et se déroule, depuis, comme un fil rouge à travers l'histoire de tout le travail de la pensée humaine. Ceci détermine en même temps une réforme radicale dans toute notre manière d'envisager l'univers et la vie, tels que nous les comprenions jusqu'ici au point de vue philosophique-théologique, et marque un de ces grands moments critiques dans la vie spirituelle de l'humanité, comme il ne s'en présente d'ordinaire qu'après des intervalles longs et remplis de difficultés.

Aussi rien ne paraît plus ridicule et ne trahit un plus grand défaut de jugement et de connaissance que lorsque tant de ses critiques (et il en possède un choix assez respectable) ont adressé à l'auteur de : *Force et matière* le reproche de manquer d'originalité ; d'après eux, il ne serait qu'un « compilateur » et ne s'appuierait continuellement que sur les recherches et les opinions des autres. Ces ingénieux messieurs exigent-ils donc qu'il eût dû faire « lui-même » et mener jusqu'au bout les recherches scientifiques sur lesquelles repose l'édifice de sa philosophie?? Mais « pour cela » il lui eût fallu posséder plus de mille existences, et les facultés d'un Dieu ou d'un clairvoyant. Il a préféré, comme devra faire et fera chaque observateur loyal et instruit, relier ses propres recherches dans le domaine de l'esprit à ce qui avait été fourni, produit « avant » lui, et n'a fait lui-même que suivre ainsi la marche générale et nécessaire de la science. Si à côté de recherches positives il a également reproduit des assertions générales et des jugements d'autres observateurs reconnus ou d'hommes de la science, il a en cela aussi très bien fait, puisque par là il a montré au public qu'il n'était pas complètement seul ou isolé avec ses déductions à l'aide desquelles il ébranle si profondément ce qui existait et attaque d'anciens préjugés d'une façon aussi tranchante. L'originalité de : *Force et matière* ne repose pas sur les recherches contenues dans le livre ou dans le matériel qui y a été employé et utilisé, mais bien sur les déductions ou conclusions qui en ont été tirées et qui parurent à tant de personnes si nouvelles et si fabuleuses, qu'elles se livrèrent, pour cela, aux éclats les plus violents de leur sentiment offensé. Il est vrai que l'auteur du livre n'a pas découvert de nouvelle étoile ou de nouveau muscle, qu'il n'a pas fait danser des cuisses de grenouilles, qu'il n'a pas fait de calculs mathématiques, qu'il n'a pas publié d'analyses chimiques et pas décrit une nouvelle espèce d'acarus ; mais il n'en a pas moins accompli dans le domaine de l'esprit un travail qui, au point de vue de son importance générale, laisse bien loin derrière lui ces recherches de détail, et qui continuera encore à exercer son influence dans ses suites, à une époque où l'on se souviendra à peine de ces recherches et de leurs auteurs. Si ce livre n'était réellement qu'une simple compilation, comme on le prétend si souvent, il lui eût été impossible de produire tant de sensation et notamment de causer un tel scandale. Et c'est précisément ce scandale qui lui a été si souvent reproché par des gens qui ne songent pas qu'un livre qui ne produit ni sensation ni scandale ne peut non plus donner la moindre impulsion au progrès ou au mouvement. De même, un homme qui se trompe sur certaines choses de détail et ne se corrige pas en reconnaissant son erreur ne pourra jamais atteindre à la vérité ; c'est le cas notamment de celui qui, comme l'auteur de : *Force et matière*, recherche partout des chemins nouveaux, non encore parcourus, et que son penchant effréné aux découvertes ou sa passion pour la vérité conduit le plus souvent juste aux points de l'investigation dans lesquels la forêt de l'ignorance et des préjugés est encore le plus épaisse. Ce genre de soucis est naturellement inconnu de ceux qui parcourent les chemins anciens et largement foulés de la science ou ceux qui ont été tracés par les doctrines de l'école, et qui sur ces chemins font d'ordinaire une récolte de fruits dorés, après s'être donné une peine relativement médiocre. Si l'auteur de : *Force et matière* avait voulu parcourir ces mêmes chemins et appliquer ses facultés à ajouter à ces chemins, par-ci par-là, une petite correction, une amplification gracieuse ou d'autres choses semblables, il y a longtemps qu'une belle place de professeur lui permettrait d'être bien assis en fonctions et dignités ; de plus, on le regarderait avec étonnement comme une lumière de la science, et les gens qui aujourd'hui aboient contre lui seraient les premiers à lui faire des courbettes. Mais, comme son ardeur pour les recherches et sa passion pour la vérité étaient plus grandes que son amour pour des avantages personnels, il ne dut pas seulement s'éloigner violemment de sa place de professeur, mais il lui faut encore accepter d'être, presque journellement, accablé sous le poids des soupçons, des insultes et des persécutions de toute nature. Celui qui accuse les partisans et défenseurs du matérialisme philosophique de se livrer d'ordinaire aussi au matérialisme de la vie, celui-là n'a pas le moindre soupçon de cette force idéaliste et stimulante en même temps qu'ennoblissante de l'amour de la vérité, force qui fait peu de cas de tout le reste, lorsqu'il s'agit de rechercher la vérité et de combattre le mensonge ou l'ignorance. Mais lorsque ceux qui sacrifient leur existence et le prix de cette existence à une pareille aspiration idéale récoltent d'ordinaire de la part de leurs contemporains plus de basse calomnie que de reconnaissance, plus de persécution que de récompense, plus de dédain que d'élévation, il ne leur reste plus autre chose qu'à se consoler avec les magnifiques paroles du poète :

« Qui aime la vérité doit déjà tenir son cheval par la bride !
Qui pense la vérité doit déjà avoir le pied dans l'étrier !
Qui parle la vérité doit avoir des ailes au lieu de bras !
Et cependant Mirza-Schaffy dit :
Celui qui ment ici doit recevoir des coups de bâton. »

« Wer die Wahrheit liebt, der muss
Schon sein Pferd am Zügel haben !
Wer die Wahrheit denkt, der muss
Schon den Fuss im Bügel haben !
Wer die Wahrheit spricht, der muss
Statt der Arme Flügel haben !
Und doch spricht Mirza-Schaffy :
Wer da lügt, muss Prügel haben.

FIN

CATALOGUE

DES

LIVRES DE FONDS

OUVRAGES HISTORIQUES

ET PHILOSOPHIQUES

TABLE DES MATIÈRES

	Pages.
COLLECTION HISTORIQUE DES GRANDS PHILOSOPHES	2
Philosophie ancienne	2
Philosophie moderne	2
Philosophie écossaise	3
Philosophie allemande	3
Philosophie allemande contemporaine	4
Philosophie anglaise contemporaine	5
Philosophie italienne contemporaine	5
BIBLIOTHÈQUE DE PHILOSOPHIE CONTEMPORAINE	6
BIBLIOTHÈQUE D'HISTOIRE CONTEMPORAINE	10
BIBLIOTHÈQUE HISTORIQUE ET POLITIQUE	12
PUBLICATIONS HISTORIQUES PAR LIVRAISONS	12
BIBLIOTHÈQUE SCIENTIFIQUE INTERNATIONALE	13
OUVRAGES DIVERS NE SE TROUVANT PAS DANS LES BIBLIOTHÈQUES	15
ENQUÊTE PARLEMENTAIRE SUR LES ACTES DU GOUVERNEMENT DE LA DÉFENSE NATIONALE	21
ENQUÊTE PARLEMENTAIRE SUR L'INSURRECTION DU 18 MARS	22
ŒUVRES D'EDGAR QUINET	24
BIBLIOTHÈQUE UTILE	25
REVUE POLITIQUE ET LITTÉRAIRE	27
REVUE SCIENTIFIQUE	28
REVUE PHILOSOPHIQUE	30
REVUE HISTORIQUE	30
TABLE ALPHABÉTIQUE DES AUTEURS	31

PARIS

LIBRAIRIE GERMER BAILLIÈRE ET Cie

108, BOULEVARD SAINT-GERMAIN, 108

Au coin de la rue Hautefeuille

SEPTEMBRE 1881

COLLECTION HISTORIQUE DES GRANDS PHILOSOPHES

PHILOSOPHIE ANCIENNE

ARISTOTE (Œuvres d'), traduction de M. BARTHÉLEMY SAINT-HILAIRE.
— **Psychologie** (Opuscules), trad. en français et accompagnée de notes. 1 vol. in-8.......... 10 fr.
— **Rhétorique**, traduite en français et accompagnée de notes. 1870, 2 vol. in-8.......... 16 fr.
— **Politique**, 1868, 1 v. in-8 10 fr.
— **Traité du ciel**, 1866; traduit en français pour la première fois. 1 fort vol. grand in-8........ 10 fr.
— **Météorologie**, avec le petit traité apocryphe : *Du Monde*, 1863. 1 fort vol. grand in-8........ 10 fr.
— **La métaphysique d'Aristote**. 3 vol. in-8, 1879........ 30 fr.
— **Poétique**, 1858. 1 vol. in-8. 5 fr.
— **Traité de la production et de la destruction des choses**, trad. en français et accomp. de notes perpétuelles. 1866, 1 v. gr. in-8. 10 fr.
— **De la logique d'Aristote**, par M. BARTHÉLEMY SAINT-HILAIRE. 2 volumes in-8.......... 10 fr.
— **Psychologie**, Traité de l'âme, 1 vol. in-8........ (*Épuisé.*)
— **Physique**, ou leçons sur les principes généraux de la nature. 2 forts vol. in-8.......... (*Épuisé.*)
— **Morale**, 1856; 3 vol. grand in-8. (*Épuisé.*)
— **La logique**, 4 vol. in-8. (*Épuisé.*)

SOCRATE. **La philosophie de Socrate**, par M. Alf. FOUILLÉE. 2 vol. in-8.......... 16 fr.
PLATON. **La philosophie de Platon**, par M. Alfred FOUILLÉE. 2 volumes in-8.......... 16 fr.
— **Études sur la Dialectique dans Platon et dans Hegel**, par M. Paul JANET. 1 vol. in-8... 6 fr.
PLATON et ARISTOTE. **Essai sur le commencement de la science politique**, par VAN DER REST. 1 vol. in-8.......... 10 fr.
ÉPICURE. **La Morale d'Épicure et ses rapports avec les doctrines contemporaines**, par M. GUYAU. 1 vol. in-8.......... 6 fr. 50
ÉCOLE D'ALEXANDRIE. **Histoire critique de l'École d'Alexandrie**, par M. VACHEROT. 3 vol. in-8. 24 fr.
— **L'École d'Alexandrie**, par M. BARTHÉLEMY SAINT-HILAIRE. 1 v. in-8. 6 fr.
MARC-AURÈLE. **Pensées de Marc-Aurèle**, traduites et annotées par M. BARTHÉLEMY SAINT-HILAIRE. 1 vol. in-18.......... 4 fr. 50
RITTER. **Histoire de la philosophie ancienne**, trad. par TISSOT. 4 vol. in-8.......... 30 fr.
FABRE (Joseph). **Histoire de la philosophie, antiquité et moyen âge.** 1 vol. in-18........ 3 50

PHILOSOPHIE MODERNE

LEIBNIZ, **Œuvres philosophiques**, avec introduction et notes par M. Paul JANET. 2 vol. in-8. 16 fr.
— **La métaphysique de Leibniz et la critique de Kant**, par D. NOLEN. 1 vol. in-8..... 6 fr.
— **Leibniz et Pierre le Grand**, par FOUCHER DE CAREIL. In-8. 2 fr.
— **Lettres et opuscules de Leibniz**, par FOUCHER DE CAREIL. 1 vol. in-8.......... 3 fr. 50
— **Leibniz, Descartes et Spinoza**, par FOUCHER DE CAREIL. 1 vol. in-8.......... 4 fr.
— **Leibniz et les deux Sophie**, par FOUCHER DE CAREIL. 1 vol. in-8.......... 2 fr.
DESCARTES. **Descartes, la princesse Élisabeth et la reine Christine**, par FOUCHER DE CAREIL. 1 vol. in-8.......... 3 fr. 50

SPINOZA. **Dieu, l'homme et la béatitude**, trad. et précédé d'une introduction par M. P. JANET. 1 vol. in-18.......... 2 fr. 50
LOCKE. **Sa vie et ses œuvres**, par M. MARION. 1 vol. in-18. 2 fr. 50
MALEBRANCHE. **La philosophie de Malebranche**, par M. OLLÉ-LAPRUNE. 2 vol. in-8...... 16 fr.
VOLTAIRE. **Les sciences au XVIIIe siècle.** — Voltaire physicien, par M. Em. SAIGEY. 1 vol. in-8.. 5 fr.
BOSSUET. **Essai sur la philosophie de Bossuet**, par Nourrisson, 1 vol. in-8.......... 4 fr.
RITTER. **Histoire de la philosophie moderne**, traduite par P. Challemel-Lacour. 3 vol. in-8. 20 fr.

FRANCK (Ad.). **La philosophie mystique en France** au XVIIIe siècle. 1 vol. in-18.... 2 fr. 50
DAMIRON. **Mémoires pour servir à l'histoire de la philosophie au XVIIIe siècle.** 3 vol. in-8. 15 fr.

MAINE DE BIRAN. **Essai sur sa philosophie**, suivi de fragments inédits, par Jules Gérard. 1 fort vol. in-8. 1876............ 10 fr.
BERKELEY. **Sa vie et ses œuvres**, par Penjon. 1 v. in-8 (1878). 7 fr. 50

PHILOSOPHIE ÉCOSSAISE

DUGALD STEWART. **Éléments de la philosophie de l'esprit humain**, traduits de l'anglais par L. Peisse. 3 vol. in-12............ 9 fr.

W. HAMILTON. **Fragments de philosophie**, traduits de l'anglais par L. Peisse. 1 vol. in-8.. 7 fr. 50
— **La philosophie de Hamilton**, par J. Stuart Mill. 1 v. in-8. 10 fr.

PHILOSOPHIE ALLEMANDE

KANT. **Critique de la raison pure**, trad. par M. Tissot. 2 v. in-8. 16 fr.
— Même ouvrage, traduction par M. Jules Barni. 2 vol. in-8.. 16 fr.
— **Éclaircissements sur la critique de la raison pure**, trad. par J. Tissot. 1 volume in-8... 6 fr.
— **Examen de la critique de la raison pratique**, traduit par M. J. Barni. 1 vol. in-8..... (*Epuisé*.)
— **Principes métaphysiques du droit**, suivis du *projet de paix perpétuelle*, traduction par M. Tissot. 1 vol. in-8.......... 8 fr.
— Même ouvrage, traduction par M. Jules Barni. 1 vol. in-8... 8 fr.
— **Principes métaphysiques de la morale**, augmentés des *fondements de la métaphysique des mœurs*, traduct. par M. Tissot. 1 v. in-8. 8 fr.
— Même ouvrage, traduction par M. Jules Barni. 1 vol. in-8:.. 8 fr.
— **La logique**, traduction par M. Tissot. 1 vol. in-8..... 4 fr.
— **Mélanges de logique**, traduction par M. Tissot. 1 vol. in-8. 6 fr.
— **Prolégomènes à toute métaphysique future** qui se présentera comme science, traduction de M. Tissot. 1 vol. in-8... 6 fr.
— **Anthropologie**, suivie de divers fragments relatifs aux rapports du physique et du moral de l'homme, et du commerce des esprits d'un monde à l'autre, traduction par M. Tissot. 1 vol. in-8..... 6 fr.
KANT. **La critique de Kant et la métaphysique de Leibniz.** Histoire et théorie de leurs rapports, par D. Nolen. 1 vol. in-8. 1875. 6 fr

FICHTE. **Méthode pour arriver à la vie bienheureuse**, traduit par Francisque Bouillier. 1 vol. in-8................. 8 fr.
— **Destination du savant et de l'homme de lettres**, traduit par M. Nicolas. 1 vol. in-8. 3 fr.
— **Doctrines de la science.** Principes fondamentaux de la science de la connaissance, traduit par Grimblot. 1 vol. in-8..... 9 fr
SCHELLING. **Bruno** ou du principe divin, trad. par Cl. Husson. 1 vol. in-8................ 3 fr. 50
— **Écrits philosophiques** et morceaux propres à donner une idée de son système, trad. par Ch. Bénard. 1 vol. in-8......... 9 fr.
HEGEL. **Logique**, traduction par A. Véra. 2e édition. 2 volumes in-8.................. 14 fr.
— **Philosophie de la nature**, traduction par A. Véra. 3 volumes in-8.................. 25 fr.
    Prix du tome II..... 8 fr. 50
    Prix du tome III..... 8 fr. 50
— **Philosophie de l'esprit**, traduction par A. Véra. 2 volumes in-8.................. 18 fr.
— **Philosophie de la religion**, traduction par A. Véra, 2 vol. 20 fr.
— **Introduction à la philosophie de Hegel**, par A. Véra. 1 volume in-8................ 6 fr. 50
— **Essais de philosophie hegelienne**, par A. Véra. 1 vol. 2 fr. 50
— **L'Hegelianisme et la philosophie**, par M. Véra. 1 volume in-18.............. 3 fr 50.

HEGEL. **Antécédents de l'Hegelianisme dans la philosophie française**, par BEAUSSIRE. 1 vol. in-18............ 2 fr. 50
— **La dialectique dans Hegel et dans Platon**, par Paul JANET. 1 vol. in-8............ 6 fr.
— **La Poétique**, traduction par Ch. BÉNARD, précédée d'une préface et suivie d'un examen critique. Extraits de Schiller, Gœthe, Jean Paul, etc., et sur divers sujets relatifs à la poésie. 2 vol. in-8... 12 fr.
Esthétique. 2 vol. in-8, traduit par M. BÉNARD.......... 16 fr.
RICHTER (Jean-Paul). **Poétique ou Introduction à l'esthétique**, traduit de l'allemand par Alex. BUCHNER et Léon DUMONT. 2 vol. in-8. 15 fr.
HUMBOLDT (G. de). **Essai sur les limites de l'action de l'État**, traduit de l'allemand, et précédé d'une Étude sur la vie et les travaux de l'auteur, par M. CHRÉTIEN. 1 vol. in-18.......... 3 fr. 50
— **La philosophie individualiste**, étude sur G. de HUMBOLDT, par CHALLEMEL-LACOUR. 1 vol. 2 fr. 50
STAHL. **Le Vitalisme et l'Animisme de Stahl**, par Albert LEMOINE. 1 vol. in-18.... 2 fr. 50
LESSING. **Le Christianisme moderne**. Étude sur Lessing, par FONTANÈS. 1 vol. in-18.. 2 fr. 50

PHILOSOPHIE ALLEMANDE CONTEMPORAINE

L. BUCHNER. **Science et nature**, traduction de l'allemand, par Aug. DELONDRE. 2 vol. in-18.... 5 fr.
— **Le Matérialisme contemporain**, par M. P. JANET. 3ᵉ édit. 1 vol. in-18............ 2 fr. 50
HARTMANN (E. de). **La Religion de l'avenir**. 1 vol. in-18.. 2 fr. 50
— **La philosophie de l'inconscient**. 2 vol. in-8. 20 fr.
— **Le Darwinisme**, ce qu'il y a de vrai et de faux dans cette doctrine, traduit par M. G. GUÉROULT. 1 vol. in-18, 2ᵉ édit......... 2 fr. 50
HÆCKEL. **Hæckel et la théorie de l'évolution en Allemagne**, par Léon DUMONT. 1 vol. in-18. 2 fr. 50
— **Les preuves du transformisme**, trad. par M. SOURY. 1 vol. in-18............... 2 fr. 50
— **Essais de psychologie cellulaire**, traduit par M. J. SOURY. 1 vol. in-12........ 2 fr. 50
O. SCHMIDT. **Les sciences naturelles et la philosophie de l'inconscient**. 1 v. in-18. 2 f. 50
LOTZE (H.). **Principes généraux de psychologie physiologique**, trad. par M. PENJON. 1 vol. in-18. 2 fr. 50
STRAUSS. **L'ancienne et la nouvelle foi de Strauss**, étude critique par VÉRA. 1 vol. in-8. 6 fr.
MOLESCHOTT. **La Circulation de la vie**, Lettres sur la physiologie, en réponse aux Lettres sur la chimie de Liebig, traduction de l'allemand par M. CAZELLES. 2 volumes in-18. Pap. vélin............ 10 fr.
SCHOPENHAUER. **Essai sur le libre arbitre**. 1 vol. in-18... 2 fr. 50
— **Le fondement de la morale**, traduit par M. BURDEAU. 1 vol, in-18............... 2 fr. 50
— **Essais et fragments**, traduit et précédé d'une vie de Schop., par M. BOURDEAU. 1 vol. in-18. 2 fr. 50
— **Aphorisme sur la sagesse dans la vie**, traduit par M. CANTACUZÈNE. In-8.................. 5 fr.
— **Philosophie de Schopenhauer**, par Th. RIBOT. 1 vol. in-18. 2 fr. 50
RIBOT (Th.). **La psychologie allemande contemporaine** (HERBART, BENEKE, LOTZE, FECHNER, WUNDT, etc.). 1 vol. in-8. 7 fr. 50

PHILOSOPHIE ANGLAISE CONTEMPORAINE

STUART MILL. **La philosophie de Hamilton**. 1 fort vol. in-8. 10 fr.
— **Mes Mémoires**. Histoire de ma vie et de mes idées. 1 v. in-8. 5 fr.
— **Système de logique déductive et inductive**. 2 v. in-8. 20 fr.
STUART MILL. **Essais sur la Religion**. 1 vol. in-8........ 5 fr.
— **Le positivisme anglais**, étude sur Stuart Mill, par H. TAINE. 1 volume in-18............ 2 fr. 50

ERBERT SPENCER. **Les premiers Principes.** 1 fort vol. in-8. 10 fr.
— **Principes de psychologie.** 2 vol. in-8............ 20 fr.
— **Principes de biologie.** 2 forts volumes in-8.......... 20 fr.
— **Introduction à la Science sociale.** 1 v. in-8 cart. 5ᵉ éd. 6 fr.
— **Principes de sociologie.** 2 vol. in-8............... 17 fr. 50
— **Classification des Sciences.** 1 vol. in-18.......... 2 fr. 50
— **De l'éducation intellectuelle, morale et physique.** 1 vol. in-8.................. 5 fr.
— **Essais sur le progrès.** 1 vol. in-8................ 7 fr. 50
— **Essais de politique.** 1 vol. 7 fr. 50
— **Essais scientifiques.** 1 vol. 7 fr. 50
— **Les bases de la morale.** In-8. 6 f.
BAIN. **Des Sens et de l'Intelligence.** 1 vol. in-8. 10 fr.
— **La logique inductive et déductive.** 2 vol. in-8.. 20 fr.
— **L'esprit et le corps.** 1 vol. in-8, cartonné, 2ᵉ édition.. 6 fr.
— **La science de l'éducation.** In-8................. 6 fr.
DARWIN. **Ch. Darwin et ses précurseurs français**, par M. de QUATREFAGES. 1 vol. in-8.. 5 fr.
— **Descendance et Darwinisme**, par Oscar SCHMIDT. In-8, cart. 6 fr.
DARWIN. **Le Darwinisme**, ce qu'il y a de vrai et de faux dans cette doctrine, par E. DE HARTMANN. 1 vol. in-18............... 2 fr. 50
DARWIN. **Le Darwinisme**, par ÉM. FERRIÈRE. 1 vol. in-18.. 4 fr. 50
— **Les récifs de corail**, structure et distribution. 1 vol. in-8. 8 fr.
CARLYLE. **L'idéalisme anglais**, étude sur Carlyle, par H. TAINE. 1 vol. in-18........... 2 fr. 50
BAGEHOT. **Lois scientifiques du développement des nations** dans leurs rapports avec les principes de la sélection naturelle et de l'hérédité. 1 vol. in-8, 3ᵉ édit. 6 fr.
RUSKIN (JOHN). **L'esthétique anglaise**, étude sur J. Ruskin, par MILSAND. 1 vol. in-18... 2 fr. 50
MATTHEW ARNOLD. **La crise religieuse.** 1 vol. in-8.... 7 fr. 50
FLINT. **La philosophie de l'histoire en France et en Allemagne**, traduit de l'anglais par M. L. CARRAU. 2 vol. in-8. 15 fr.
RIBOT (Th.). **La psychologie anglaise contemporaine** (James Mill, Stuart Mill, Herbert Spencer, A. Bain, G. Lewes, S. Bailey, J.-D. Morell, J. Murphy), 1875. 1 vol. in-8, 2ᵉ édition...... 7 fr. 50
LIARD. **Les logiciens anglais contemporains** (Herschell, Whewell, Stuart Mill, G. Bentham, Hamilton, de Morgan, Beele, Stanley Jevons). 1 vol. in-18.......... 2 fr. 50
GUYAU. **La morale anglaise contemporaine.** Morale de l'utilité et de l'évolution. 1 vol. in-8. 7 fr. 50
HUXLEY. **Hume, sa vie, sa philosophie.** 1 vol. in-8...... 5 fr. d'une préface par M. G. COMPAYRÉ.
JAMES SULLY. **Le pessimisme**, traduit par M. A. BERTRAND. 1 vol. in-8. (*Sous presse.*)

PHILOSOPHIE ITALIENNE CONTEMPORAINE

SICILIANI. **Prolégomènes à la psychogénie moderne**, traduit de l'italien par M. A. HERZEN. 1 vol. in-18......... 2 fr. 50
ESPINAS. **La philosophie expérimentale en Italie**, origines, état actuel. 1 vol. in-18. 2 fr. 50
MARIANO. **La philosophie contemporaine en Italie**, essais de philos. hegelienne. In-18. 2 fr. 50
TAINE. **La philosophie de l'art en Italie.** 1 vol. in-18. 2 fr. 50
FERRI (Louis). **Essai sur l'histoire de la philosophie en Italie au XIXᵉ siècle.** 2 vol. in-8. 12 fr.

BIBLIOTHÈQUE
DE
PHILOSOPHIE CONTEMPORAINE

Volumes in-18 à 2 fr. 50

Cartonnés... 3 fr. — Reliés... 4 fr.

H. Taine.
LE POSITIVISME ANGLAIS, étude sur Stuart Mill. 2ᵉ édit.
L'IDÉALISME ANGLAIS, étude sur Carlyle.
PHILOSOPHIE DE L'ART. 3ᵉ édit.
PHILOSOPHIE DE L'ART EN ITALIE. 3ᵉ édition.
DE L'IDÉAL DANS L'ART. 2ᵉ édit.
PHILOSOPHIE DE L'ART DANS LES PAYS-BAS.
PHILOSOPHIE DE L'ART EN GRÈCE.

Paul Janet.
LE MATÉRIALISME CONTEMPORAIN, 2ᵉ édit.
LA CRISE PHILOSOPHIQUE. Taine, Renan, Vacherot, Littré.
LE CERVEAU ET LA PENSÉE.
PHILOSOPHIE DE LA RÉVOLUTION FRANÇAISE.
SAINT-SIMON ET LE SAINT-SIMONISME.
DIEU, L'HOMME ET LA BÉATITUDE. (Œuvre inédite de Spinoza.)

Odysse Barot.
PHILOSOPHIE DE L'HISTOIRE.

Alaux.
PHILOSOPHIE DE M. COUSIN.

Ad. Franck.
PHILOSOPHIE DU DROIT PÉNAL. 2ᵉ édit.
PHILOS. DU DROIT ECCLÉSIASTIQUE.
LA PHILOSOPHIE MYSTIQUE EN FRANCE AU XVIIIᵉ SIÈCLE.

Charles de Rémusat.
PHILOSOPHIE RELIGIEUSE.

Charles Lévêque.
LE SPIRITUALISME DANS L'ART.
LA SCIENCE DE L'INVISIBLE.

Émile Saisset.
L'AME ET LA VIE, suivi d'une étude sur l'Esthétique française.
CRITIQUE ET HISTOIRE DE LA PHILOSOPHIE (frag. et disc.).

Auguste Laugel.
LES PROBLÈMES DE LA NATURE.
LES PROBLÈMES DE LA VIE.
LES PROBLÈMES DE L'AME.
LA VOIX, L'OREILLE ET LA MUSIQUE.
L'OPTIQUE ET LES ARTS.

Challemel-Lacour.
LA PHILOSOPHIE INDIVIDUALISTE.

Albert Lemoine.
LE VITALISME ET L'ANIMISME DE STAHL.
DE LA PHYSION. ET DE LA PAROLE.
L'HABITUDE ET L'INSTINCT.

Milsand.
L'ESTHÉTIQUE ANGLAISE, étude sur John Ruskin.

A. Véra.
ESSAIS DE PHILOSOPHIE HÉGÉLIENNE.

Beaussire.
ANTÉCÉDENTS DE L'HEGÉLIANISME DANS LA PHILOS. FRANÇAISE.

Bost.
LE PROTESTANTISME LIBÉRAL.

Francisque Bouillier.
DE LA CONSCIENCE.

Ed. Auber.
PHILOSOPHIE DE LA MÉDECINE.

Leblais.
MATÉRIALISME ET SPIRITUALISME.

Ad. Garnier.
DE LA MORALE DANS L'ANTIQUITÉ.

Schœbel.
PHILOSOPHIE DE LA RAISON PURE.

Tissandier.
DES SCIENCES OCCULTES ET DU SPIRITISME.

Ath. Coquerel fils.
PREMIÈRES TRANSFORMATIONS HISTORIQUES DU CHRISTIANISME. 2ᵉ édit.
LA CONSCIENCE ET LA FOI.
HISTOIRE DU CREDO.

Jules Levallois.
DÉISME ET CHRISTIANISME.
Camille Selden.
LA MUSIQUE EN ALLEMAGNE. Étude sur Mendelssohn.
Fontanès.
LE CHRISTIANISME MODERNE. Étude sur Lessing.
Stuart Mill.
AUGUSTE COMTE ET LA PHILOSOPHIE POSITIVE. 2e édition.
Mariano.
LA PHILOSOPHIE CONTEMPORAINE EN ITALIE.
Saigey.
LA PHYSIQUE MODERNE, 2e tirage.
E. Faivre.
DE LA VARIABILITÉ DES ESPÈCES.
Ernest Bersot.
LIBRE PHILOSOPHIE.
A. Réville
HISTOIRE DU DOGME DE LA DIVINITÉ DE JÉSUS-CHRIST. 2e édition.
W. de Fonvielle.
L'ASTRONOMIE MODERNE.
C. Coignet.
LA MORALE INDÉPENDANTE.
Et. Vacherot.
LA SCIENCE ET LA CONSCIENCE.
E. Boutmy.
PHILOSOPHIE DE L'ARCHITECTURE EN GRÈCE.
Ém. de Laveleye.
DES FORMES DE GOUVERNEMENT.
Herbert Spencer.
CLASSIFICATION DES SCIENCES. 2e édit.
Gauckler.
LE BEAU ET SON HISTOIRE.
Max Müller.
LA SCIENCE DE LA RELIGION.
Léon Dumont.
HAECKEL ET LA THÉORIE DE L'ÉVOLUTION EN ALLEMAGNE.

Bertauld.
L'ORDRE SOCIAL ET L'ORDRE MORAL.
DE LA PHILOSOPHIE SOCIALE.
Th. Ribot.
PHILOSOPHIE DE SCHOPENHAUER.
LES MALADIES DE LA MÉMOIRE.
Al. Herzen.
PHYSIOLOGIE DE LA VOLONTÉ.
Bentham et Grote.
LA RELIGION NATURELLE.
Hartmann.
LA RELIGION DE L'AVENIR. 2e édit.
LE DARWINISME. 3e édition.
H. Lotze.
PSYCHOLOGIE PHYSIOLOGIQUE.
Schopenhauer.
LE LIBRE ARBITRE. 2e édit.
LE FONDEMENT DE LA MORALE.
PENSÉES ET FRAGMENTS. 3e édit.
Liard.
LES LOGICIENS ANGLAIS CONTEMP.
Marion.
J. LOCKE. Sa vie, son œuvre.
O. Schmidt.
LES SCIENCES NATURELLES ET LA PHILOSOPHIE DE L'INCONSCIENT.
Haeckel.
LES PREUVES DU TRANSFORMISME.
ESSAIS DE PSYCHOLOGIE CELLULAIRE.
Pi y Margall.
LES NATIONALITÉS.
Barthélemy Saint-Hilaire.
DE LA MÉTAPHYSIQUE.
A. Espinas.
PHILOSOPHIE EXPÉR. EN ITALIE.
P. Siciliani.
PSYCHOGÉNIE MODERNE.
Léopardi.
OPUSCULES ET PENSÉES.
Roisel.
LA SUBSTANCE.

Les volumes suivants de la collection in-18 sont épuisés; il en reste quelques exemplaires sur papier vélin, cartonnés, tranche supérieure dorée :

LETOURNEAU. **Physiologie des passions.** 1 vol. 5 fr.
MOLESCHOTT. **La Circulation de la vie.** 2 vol. 10 fr.
BEAUQUIER. **Philosophie de la musique.** 1 vol. 5 fr.

———————>>><<<———————

BIBLIOTHÈQUE DE PHILOSOPHIE CONTEMPORAINE

FORMAT IN-8

Volumes à 5 fr., 7 fr. 50 et 10 fr.; cart., 1 fr. en plus par vol.; reliure, 2 fr.

JULES BARNI.
La morale dans la démocratie. 1 vol. — 5 fr.

AGASSIZ.
De l'espèce et des classifications, traduit de l'anglais par M. Vogeli. 1 vol. — 5 fr.

STUART MILL.
La philosophie de Hamilton, trad. par M. Cazelles. 1 fort vol. — 10 fr.
Mes mémoires. Histoire de ma vie et de mes idées, traduit de l'anglais par M. E. Cazelles. 1 vol. — 5 fr.
Système de logique déductive et inductive. Traduit de l'anglais par M. Louis Peisse. 2 vol. — 20 fr.
Essais sur la Religion, traduit par M. E. Cazelles. 1 vol. — 5 fr.

DE QUATREFAGES.
Ch. Darwin et ses précurseurs français. 1 vol. — 5 fr.

HERBERT SPENCER.
Les premiers principes. 1 fort vol., traduit par M. Cazelles. — 10 fr.
Principes de psychologie, traduit de l'anglais par MM. Th. Ribot et Espinas. 2 vol. — 20 fr.
Principes de biologie, traduit par M. Cazelles. 2 vol. in-8. 1877-1878. — 20 fr.
Principes de sociologie :
    Tome Ier, traduit par M. Cazelles. 1 vol. in-8. 1878. — 10 fr.
    Tome II, traduit par MM. Cazelles et Gerschel. 1 vol. in-8. 1879. — 7 fr. 50
    Tome III, traduit par M. Cazelles. 1 vol. in-8. (Sous presse.)
Essais sur le progrès, traduit par M. Burdeau. 1 vol. in-8. — 7 fr. 50
Essais de politique. 1 vol. in-8, traduit par M. Burdeau. — 7 fr. 50
Essais scientifiques. 1 vol. in-8, traduit par M. Burdeau. — 7 fr. 50
De l'éducation physique, intellectuelle et morale. 1 volume in-8, 2e édition. 1879. — 5 fr.
Introduction à la science sociale. 1 vol. in-8, 5e édit. — 6 fr.
Les bases de la morale évolutionniste. 1 vol. in-8. — 6 fr.
Classification des sciences. 1 vol. in-18. 2e édit. — 2 fr. 50

AUGUSTE LAUGEL.
Les problèmes (Problèmes de la nature, problèmes de la vie, problèmes de l'âme). 1 fort vol. — 7 fr. 50

ÉMILE SAIGEY.
Les sciences au XVIIIe siècle. La physique de Voltaire. 1 vol. — 5 fr.

PAUL JANET.
Histoire de la science politique dans ses rapports avec la morale. 2e édition, 2 vol. — 20 fr.
Les causes finales. 1 vol. in-8. 1876. — 10 fr.

TH. RIBOT.
De l'hérédité. 1 vol. in-8. — 10 fr.
La psychologie anglaise contemporaine (école expérimentale). 1 vol. in-8, 3e édition. 1881. — 7 fr. 50
La psychologie allemande contemporaine (école expérimentale). 1 vol. in-8. 1879. — 7 fr. 50

HENRI RITTER.
Histoire de la philosophie moderne, traduction française, précédée d'une introduction par M. P. Challemel-Lacour. 3 vol. in-8. — 20 fr.

ALF. FOUILLEE.
La liberté et le déterminisme. 1 vol. in-8.　　　　　7 fr. 50

DE LAVELEYE.
De la propriété et de ses formes primitives. 1 vol. in-8.
2ᵉ édit. 1877.　　　　　7 fr. 50
Le socialisme contemporain. 1 vol. in-8 (1881).　　　　　7 fr. 50

BAIN (ALEX.).
La logique inductive et déductive, traduit de l'anglais par
　M. Compayré. 2 vol. 2ᵉ édit.　　　　　20 fr.
Les sens et l'intelligence. 1 vol., traduit par M. Cazelles.　　10 fr.
L'esprit et le corps. 1 vol. in-8, 4ᵒ édit.　　　　　6 fr.
La science de l'éducation. 1 vol. in-8, 2ᵉ édit.　　　　　6 fr.
Les émotions et la volonté. 1 fort vol. (Sous presse.)

MATTHEW ARNOLD.
La crise religieuse. 1 vol. in-8. 1876.　　　　　7 fr. 50

BARDOUX.
Les légistes et leur influence sur la société française. 1 vol.
　in-8. 1877.　　　　　5 fr.

HARTMANN (E. DE).
La philosophie de l'inconscient, traduit par M. D. Nolen, avec pré-
　face de l'auteur pour l'édition française. 2 vol. in-8. 1877.　20 fr.
La philosophie allemande du XIXᵉ siècle, dans ses principaux
　représentants, traduit par M. D. Nolen. 1 vol. in-8. (Sous presse.)

ESPINAS (ALF.).
Des sociétés animales. 1 vol in-8, 2ᵉ édition.　　　　　7 fr. 50

FLINT.
La philosophie de l'histoire en France, traduit de l'anglais par
　M. Ludovic Carrau. 1 vol. in-8. 1878.　　　　　7 fr. 50
La philosophie de l'histoire en Allemagne, traduit de l'anglais
　par M. Ludovic Carrau. 1 vol. in-8 1878.　　　　　7 fr. 50

LIARD.
La science positive et la métaphysique. 1 v. in-8. 1879.　7 fr. 50

GUYAU.
La morale anglaise contemporaine. 1 vol. in-8. 1879.　　7 fr. 50

HUXLEY
Hume, sa vie, sa philosophie, traduit de l'anglais et précédé d'une
　introduction par M. G. Compayré. 1 vol. in-8.　　　　　5 fr.

E. NAVILLE.
La logique de l'hypothèse. 1 vol. in-8.　　　　　5 fr.

VACHEROT (ET.).
Essais de philosophie critique. 1 vol. in-8.　　　　　7 fr. 50
La religion. 1 vol. in-8.　　　　　7 fr. 50

MARION (H.).
De la solidarité morale. 1 vol. in-8.　　　　　5 fr.

COLSENET (ED.).
La vie inconsciente de l'esprit. 1 vol. in-8.　　　　　5 fr.

SCHOPENHAUER.
Aphorismes sur la sagesse dans la vie. 1 vol. in-8.　　　　5 fr.

BERTRAND (A.).
L'aperception du corps humain par la conscience. 1 vol.
　in-8.　　　　　5 fr.

JAMES SULLY.
Le pessimisme, traduit de l'anglais par MM. Humbert et Gérard.
　1 vol. in-8. (Sous presse.)

BUCHNER.
Science et nature. 1 vol. in-8, 2ᵉ édition. (Sous presse.)

BIBLIOTHÈQUE
D'HISTOIRE CONTEMPORAINE

Vol. in-18 à 3 fr. 50.

Vol. in-8 à 5 et 7 fr.; cart., 1 fr. en plus par vol.; reliure, 2 fr.

EUROPE

Histoire de l'Europe pendant la Révolution française, par *H. de Sybel*. Traduit de l'allemand par Mlle Dosquet. 3 vol. in-8... 21 »
   Chaque volume séparément ... 7 »
Histoire diplomatique de l'Europe depuis 1815 jusqu'à nos jours, par *Debidour*. 1 vol. in-8. (*Sous presse.*)

FRANCE

Histoire de la Révolution française, par *Carlyle*. Traduit de l'anglais. 3 vol. in-18; chaque volume ... 3 50
Napoléon Ier et son historien M. Thiers, par *Barni*. 1 vol. in-18. 3 50
Histoire de la Restauration, par *de Rochau*. 1 vol. in-18, traduit de l'allemand ... 3 50
Histoire de dix ans, par *Louis Blanc*. 5 vol. in-8 ... 25 »
   Chaque volume séparément ... 5 »
— 25 planches en taille-douce. Illustrations pour l'*Histoire de dix ans*. 6 »
Histoire de huit ans (1840-1848), par *Elias Regnault*. 3 vol. in-8.. 15 »
   Chaque volume séparément ... 5 »
— 44 planches en taille-douce. Illustrations pour l'*Histoire de huit ans*. 4 fr.
Histoire du second Empire (1848-1870), par *Taxile Delord*. 6 volumes in-8 ... 42 fr.
   Chaque volume séparément ... 7 »
La Guerre de 1870-1871, par *Boert*, d'après le colonel fédéral suisse Rustow. 1 vol. in-18 ... 3 50
La France politique et sociale, par *Aug. Laugel*. 1 volume in-8. 5 fr.
Histoire des colonies françaises, par *P. Gaffarel*. 1 vol. in-8... 5 fr.

ANGLETERRE

Histoire gouvernementale de l'Angleterre, depuis 1770 jusqu'à 1830, par sir *G. Cornewal Lewis*. 1 vol. in-8, traduit de l'anglais ... 7 fr.
Histoire de l'Angleterre, depuis la reine Anne jusqu'à nos jours, par *H. Reynald*. 1 vol. in-18 ... 3 50
Les quatre Georges, par *Thackeray*, trad. de l'anglais par Lefoyer. 1 vol. in-18 ... 3 50
La Constitution anglaise, par *W. Bagehot*, traduit de l'anglais. 1 vol. in-18 ... 3 50
Lombart-Street, le marché financier en Angleterre, par *W. Bagehot*. 1 vol. in-18 ... 3 50
Lord Palmerston et lord Russel, par *Aug. Laugel*. 1 volume in-18 (1876) ... 3 50
Questions constitutionnelles (1873-1878). — Le Prince-Époux. — Le Droit électoral, par *E. W. Gladstone*. Traduit de l'anglais, et précédé d'une introduction, par *Albert Gigot*. 1 vol. in-8 ... 5 fr.

ALLEMAGNE

La Prusse contemporaine et ses institutions, par *K. Hillebrand*. 1 vol. in-18 ... 3 50
Histoire de la Prusse, depuis la mort de Frédéric II jusqu'à la bataille de Sadowa, par *Eug. Véron*. 1 vol. in-18 ... 3 50
Histoire de l'Allemagne, depuis la bataille de Sadowa jusqu'à nos jours, par *Eug. Véron*. 1 vol. in-18 ... 3 50
L'Allemagne contemporaine, par *Ed. Bourloton*. 1 vol. in-18...

AUTRICHE-HONGRIE

Histoire de l'Autriche, depuis la mort de Marie-Thérèse jusqu'à nos jours, par *L. Asseline.* 1 volume in-18. . . . . 3 50
Histoire des Hongrois et de leur littérature politique, de 1790 à 1815, par *Ed. Sayous.* 1 vol. in-18. . . . . 3 50

ESPAGNE

L'Espagne contemporaine, journal d'un voyageur, par *Louis Teste.* 1 vol. in-18. . . . . 3 50
Histoire de l'Espagne, depuis la mort de Charles III jusqu'à nos jours, par *H. Reynald.* 1 vol. in-18. . . . . 3 50

RUSSIE

La Russie contemporaine, par *Herbert Barry*, traduit de l'anglais. 1 vol. in-18. . . . . 3 50
Histoire contemporaine de la Russie, par *M. Créhange.* 1 volume in-18. . . . . (*Sous presse.*) 3 50

SUISSE

La Suisse contemporaine, par *H. Dixon.* 1 vol. in-18, traduit de l'anglais. 3 50
Histoire du peuple suisse, par *Daendliker*, traduit de l'allemand par madame *Jules Favre*, et précédé d'une Introduction de M. *Jules Favre.* 1 vol. in-8. . . . . 5 fr.

AMÉRIQUE

Histoire de l'Amérique du Sud, depuis sa conquête jusqu'à nos jours, par *Alf. Deberle.* 1 vol. in-18. . . . . 3 50
Histoire de l'Amérique du Nord (États-Unis, Canada, Mexique), par *Ad. Cohn.* 1 vol. in-18. . . . . (*Sous presse.*)
Les États-Unis pendant la guerre, 1861-1864. Souvenirs personnels, par *Aug. Laugel.* 1 vol. in-18. . . . . 3 50

Eug. Despois. Le Vandalisme révolutionnaire. Fondations littéraires, scientifiques et artistiques de la Convention. 1 vol. in-18. . . . . 3 50
Victor Meunier. Science et Démocratie. 2 vol. in-18, chacun séparément. 3 50
Jules Barni. Histoire des idées morales et politiques en France au XVIIIe siècle. 2 vol. in-18, chaque volume. 3 50
— Napoléon Ier et son historien, M. Thiers. 1 vol. in-18. . . . 3 50
— Les Moralistes français au XVIIIe siècle. 1 vol. in-18. . . . 3 50
Émile Montégut. Les Pays-Bas. Impressions de voyage et d'art. 1 vol. in-18. . . . . 3 50
Émile Beaussire. La guerre étrangère et la guerre civile. 1 vol. in-18. . . . . 3 50
J. Clamageran. La France républicaine. 1 volume in-18. . . . 3 50
E. Duvergier de Hauranne. La République conservatrice. 1 vol. in-18. . . . . 3 50

ÉDITIONS ÉTRANGÈRES

Éditions anglaises.

Auguste Laugel. The United States during the war. In-8. 7 shill. 6 p.
Albert Réville. History of the doctrine of the deity of Jesus-Christ. 3 sh. 6 p.
B. Taine, Italy (Naples et Rome). 7 sh. 6 p.
H. Taine. The Philosophy of art. 3 sh.

Paul Janet. The Materialism of present day. 1 vol. in-18, rel. 3 shill.

Éditions allemandes.

Jules Barni. Napoléon I. In-18. 3 m.
Paul Janet. Der Materialismus unsere Zeit. 1 vol. in-18. 3 m.
H. Taine. Philosophie der Kunst. 1 vol. in-18. 3 m.

BIBLIOTHÈQUE HISTORIQUE ET POLITIQUE

Volumes in-8 à 5, 7 fr. 50

ALBANY DE FONBLANQUE. **L'Angleterre, son gouvernement, son institution.** Traduit de l'anglais sur la 14ᵉ édition par F. Dreyfus, avec introd. par H. Brisson. 1 vol. in-8.   5 fr.

BENLOEW. **Les lois de l'Histoire.** 1 vol. in-8.   7 fr. 50
E. DESCHANEL. **Le peuple et la bourgeoisie.** 1 vol. in-8.   5 fr.
MINGHETTI. **L'État et l'Église.** 1 vol. in-8.   5 fr.

PUBLICATIONS HISTORIQUES PAR LIVRAISONS

HISTOIRE ILLUSTRÉE du **SECOND EMPIRE** PAR TAXILE DELORD	HISTOIRE POPULAIRE de **LA FRANCE** *Nouvelle édition*
Paraissant par livraisons à 10 cent. deux fois par semaine, depuis le 10 janvier 1880.	Paraissant par livraisons à 10 cent. deux fois par semaine, depuis le 16 février 1880.
Tomes I et II. Chaque vol.. 8 fr.	Tomes I et II. Chaque vol.. 5 fr.

CONDITIONS DE SOUSCRIPTION.

L'*Histoire du second empire* et l'*Histoire de France* paraissent deux fois par semaine par livraisons de 8 pages, imprimées sur beau papier et avec de nombreuses gravures sur bois.

Prix de la livraison.......................... 10 c.
Prix de la série de 5 livraisons, paraissant tous les 20 jours, avec couverture.............. 50 c.

ABONNEMENTS :

Pour recevoir *franco*, par la poste l'*Histoire du second empire* ou l'*Histoire de France* par livraisons, deux fois par semaine, ou par séries tous les 20 jours :

Un an..... **16** francs. | Six mois... **8** francs.

BIBLIOTHÈQUE SCIENTIFIQUE
INTERNATIONALE

VOLUMES IN-8, CARTONNÉS A L'ANGLAISE, A 6 FRANCS

1. J. TYNDALL. **Les glaciers et les transformations de l'eau**, avec figures. 1 vol. in-8. 3e édition. 6 fr.

2. MAREY. **La machine animale**, locomotion terrestre et aérienne, avec de nombreuses fig. 1 vol. in-8. 3e édition. 6 fr.

3. BAGEHOT. **Lois scientifiques du développement des nations** dans leurs rapports avec les principes de la sélection naturelle et de l'hérédité. 1 vol. in-8. 4e édition. 6 fr.

4. BAIN. **L'esprit et le corps**. 1 vol. in-8. 4e édition. 6 fr.

5. PETTIGREW. **La locomotion chez les animaux**, marche, natation. 1 vol. in-8, avec figures. 6 fr.

6. HERBERT SPENCER. **La science sociale**. 1 v. in-8. 5e éd. 6 fr.

7. SCHMIDT (O.). **La descendance de l'homme et le darwinisme**. 1 vol. in-8, avec fig. 3e édition. 6 fr.

8. MAUDSLEY. **Le crime et la folie**. 1 vol. in-8. 4° édit. 6 fr.

9. VAN BENEDEN. **Les commensaux et les parasites dans le règne animal**. 1 vol. in-8, avec figures. 2e édit. 6 fr.

10. BALFOUR STEWART. **La conservation de l'énergie**, suivi d'une étude sur la nature de la force, par *M. P. de Saint-Robert*, avec figures. 1 vol. in-8. 3e édition. 6 fr.

11. DRAPER. **Les conflits de la science et de la religion.** 1 vol. in-8. 6e édition. 6 fr.

12. SCHUTZENBERGER. **Les fermentations**. 1 vol. in-8, avec fig. 3e édition. 6 fr.

13. L. DUMONT. **Théorie scientifique de la sensibilité**. 1 vol. in-8. 2e édition. 6 fr.

14. WHITNEY. **La vie du langage**. 1 vol. in-8. 3e édit. 6 fr.

15. COOKE ET BERKELEY. **Les champignons**. 1 vol. in-8, avec figures. 3e édition. 6 fr.

16. BERNSTEIN. **Les sens**. 1 vol. in-8, avec 91 fig. 3e édit. 6 fr.

17. BERTHELOT. **La synthèse chimique**. 1 vol. in-8. 4e éd. 6 fr.

18. VOGEL. **La photographie et la chimie de la lumière**, avec 95 figures. 1 vol. in-8. 2e édition. 6 fr.

19. LUYS. **Le cerveau et ses fonctions**, avec figures. 1 vol. in-8. 4e édition. 6 fr.

20. STANLEY JEVONS. **La monnaie et le mécanisme de l'échange**. 1 vol. in-8. 2e édition. 6 fr.

21. FUCHS. **Les volcans**. 1 vol. in-8, avec figures dans le texte et une carte en couleur. 2ᵉ édition. 6 fr.

22. GÉNÉRAL BRIALMONT. **Les camps retranchés et leur rôle dans la défense des États**, avec fig. dans le texte et 2 planches hors texte. 2ᵉ édit. 6 fr.

23. DE QUATREFAGES. **L'espèce humaine**. 1 vol. in-8. 6ᵉ édition. 6 fr.

24. BLASERNA ET HELMHOLTZ. **Le son et la musique**, et les Causes physiologiques de l'harmonie musicale. 1 vol. in-8, avec figures. 2ᵉ édit. 6 fr.

25. ROSENTHAL. **Les nerfs et les muscles**. 1 vol. in-8, avec 75 figures. 2ᵉ édition. 6 fr.

26. BRUCKE ET HELMHOLTZ. **Principes scientifiques des beaux-arts**, suivi de **l'Optique et la Peinture**, avec 39 figures dans le texte, 2ᵉ édition. 6 fr.

27. WURTZ. **La théorie atomique**. 1 vol. in-8. 3ᵉ édition. 6 fr.

28-29. SECCHI (le Père). **Les étoiles**. 2 vol. in-8, avec 63 fig. dans le texte et 17 pl. en noir et en coul. hors texte. 2ᵉ édit. 12 fr.

30. JOLY. **L'homme avant les métaux**. 1 vol. in-8, avec fig. 3ᵉ édit. 6 fr.

31. A. BAIN. **La science de l'éducation**. 1 vol. in-8. 3ᵉ édit. 6 fr.

32-33. THURSTON (R.). **Histoire des machines à vapeur**, précédé d'une introduction par M. HIRSCH. 2 vol. in-8, avec 140 fig. dans le texte et 16 pl. hors texte. 12 fr.

34. HARTMANN (R.). **Les peuples de l'Afrique** (avec figures). 1 vol. in-8. 6 fr.

35. HERBERT SPENCER. **Les bases de la morale évolutionniste**. 1 vol. in-8. 6 fr.

36. HUXLEY. **L'écrevisse**, introduction à l'étude de la zoologie. 1 vol. in-8, avec figures. 6 fr.

37. DE ROBERTY. **De la sociologie**. 1 vol. in-8. 6 fr.

38. ROOD. **Théorie scientifique des couleurs**. 1 vol. in-8 (avec figures). 6 fr.

39. DE SAPORTA et MARION. **L'évolution du règne végétal** (les cryptogames). 1 vol. in-8 avec figures. 6 fr.

OUVRAGES SUR LE POINT DE PARAITRE :

CHARLTON BASTIAN. **Le cerveau, organe de la pensée**. 2 vol. in-8, avec figures.

CARTAILHAC (E.). **La France préhistorique d'après les sépultures**.

PERRIER (Ed.). **La philosophie zoologique jusqu'à Darwin**. 1 vol. in-8, avec figures.

POUCHET (G.). **Le sang**. 1 vol. in-8, avec figures.

SEMPER. **Les conditions d'existence des animaux**. 1 vol. in-8, avec figures.

RÉCENTES PUBLICATIONS

HISTORIQUES, PHILOSOPHIQUES ET SCIENTIFIQUES

Qui ne se trouvent pas dans les Bibliothèques

ALAUX. **La religion progressive.** 1869. 1 vol. in-18. 3 fr. 50
ARRÉAT. **Une éducation intellectuelle.** 1 vol. in-18. 2 fr. 50
AUDIFFRET-PASQUIER **Discours devant les commissions de réorganisation de l'armée et des marchés.** 2 fr. 50
BARNI. Voy. KANT, pages 3, 10, 11 et 25.
BARNI. **Les martyrs de la libre pensée.** In-18. 3 fr. 50
BARTHÉLEMY SAINT-HILAIRE. Voy. ARISTOTE, pages 2 et 7.
BAUTAIN. **La philosophie morale.** 2 vol. in-8. 12 fr.
BÉNARD (Ch.). **De la philosophie dans l'éducation classique.** 1862. 1 fort vol. in-8. 6 fr.
BELLECOMBE (André de). **Histoire universelle**, *première partie* : Chronologie universelle. 4 vol. gr. in-8 ; *deuxième partie* : Histoire universelle. 18 vol. gr. in-8 (sera continué).
    Prix, les 22 volumes, 110 fr. ; le tome XVIII, séparément, 7 fr.
BERTAULD (P.-A.). **Introduction à la recherche des causes premières.—De la méthode.** Tome Ier. 1 vol. in-18. 3 fr. 50
BLANCHARD. **Les métamorphoses, les mœurs et les instincts des insectes,** par M. Émile BLANCHARD, de l'Institut; professeur au Muséum d'histoire naturelle: 1 magnifique volume in-8 jésus, avec 160 figures intercalées dans le texte et 40 grandes planches hors texte. 2e édition. 1877. Prix, broché. 25 fr. — Relié en demi-maroquin. 30 fr.
BLACKWELL. **Conseils aux parents,** sur l'éducation de leurs enfants au point de vue sexuel. 1 vol. in-18. 2 fr.
BLANQUI. **L'éternité par les astres.** 1872. In-8. 2 fr.
BORÉLY (J.). **Nouveau système électoral, représentation proportionnelle de la majorité et des minorités.** 1870. 1 vol. in-18 de XVIII-194 pages. 2 fr. 50
BOUCHARDAT. **Le travail,** son influence sur la santé (conférences faites aux ouvriers). 1863. 1 vol in-18. 2 fr. 50
BOURDON DEL MONTE. **L'homme et les animaux.** In-8. 5 fr.
BOURDET (Eug.). **Principe d'éducation positive,** précédé d'une préface de M. Ch. ROBIN. 1 vol. in-18. 3 fr. 50
BOURDET (Eug.). **Vocabulaire des principaux termes de la philosophie positive.** 1 vol. in-18 (1875). 3 fr. 50
BOUTROUX. **De la contingence des lois de la nature.** In-8. 1874. 4 fr.
BROCHARD (V.). **De l'Erreur.** 1 vol. in-8. 1879. 3 fr. 50
BUSQUET. **Représailles,** poésies. 1 vol. in-18. 3 fr.
CADET. **Hygiène, inhumation, crémation.** In-18. 2 fr.
CARETTE (le colonel). **Études sur les temps antéhistoriques.** Première étude : *Le Langage.* 1 vol. in-8. 1878. 8 fr.
CHASLES (Philarète). **Questions du temps et problèmes d'autrefois.** 1 vol. in-18, édition de luxe. 3 fr.
CLAVEL. **La morale positive.** 1873. 1 vol. in-18. 3 fr.
CLAVEL. **Les principes au XIXe siècle.** 1 v. in-18. 1877. 1 fr.
CONTA. **Théorie du fatalisme.** 1 vol. in-18. 1877. 4 fr.
CONTA. **Introduction à la métaphysique.** 1 vol. in-18. 3 fr.
COQUEREL (Charles). **Lettres d'un marin à sa famille.** 1870. 1 vol. in-18. 3 fr. 50

COQUEREL fils (Athanase). **Libres études** (religion, critique, histoire, beaux-arts). 1867. 1 vol. in-8. 5 fr.
COQUEREL fils (Athanase). **Pourquoi la France n'est-elle pas protestante ?** 2ᵉ édition. In-8. 1 fr.
COQUEREL fils (Athanase). **La charité sans peur.** In-8. 75 c.
COQUEREL fils (Athanase). **Évangile et liberté.** In-8. 50 c.
COQUEREL fils (Athanase). **De l'éducation des filles**, réponse à Mgr l'évêque d'Orléans. In-8. 1 fr.
CORBON. **Le secret du peuple de Paris.** 1 vol. in-8. 5 fr.
CORMENIN (DE)- TIMON. **Pamphlets anciens et nouveaux.** Gouvernement de Louis-Philippe, République, Second Empire. 1 beau vol. in-8 cavalier. 7 fr. 50
Conférences de la Porte-Saint-Martin pendant le siège de Paris. Discours de MM. *Desmarets et de Pressensé.* — *Coquerel* : sur les moyens de faire durer la République. — *Le Berquier* : sur la Commune. — *E. Bersier* : sur la Commune. — *H. Cernuschi* : sur la Légion d'honneur. In-8. 1 fr. 25
Sir G. CORNEWALL LEWIS. **Quelle est la meilleure forme de gouvernement ?** 1 vol. in-8. 3 fr. 50
CORTAMBERT (Louis). **La religion du progrès.** In-18. 3 fr. 50
DANICOURT (Léon). **La patrie et la république.** In-18. 2 fr. 50
DANOVER. **De l'esprit moderne.** Essai d'un nouveau discours sur la méthode. 1 vol. in-18. 1 fr. 50
DAURIAC (Lionel). **Des notions de force et de matière dans les sciences de la nature.** 1 vol. in-8, 1878. 5 fr.
DAVY. **Les conventionnels de l'Eure** : Buzot, Duroy, Lindet, à travers l'histoire. 2 forts vol. in-8 (1876). 18 fr.
DELBŒUF. **La psychologie comme science naturelle.** 1 vol. in-8, 1876. 2 fr. 50
DELEUZE. **Instruction pratique sur le magnétisme animal.** 1853. 1 vol. in-12. 3 fr. 50
DESTREM (J.). **Les déportations du Consulat.** 1 br. in-8. 1 fr. 50
DOLLFUS (Ch.). **De la nature humaine.** 1868, 1 v. in-8. 5 fr.
DOLLFUS (Ch.). **Lettres philosophiques.** In-18. 3 fr. 50
DOLLFUS (Ch.). **Considérations sur l'histoire.** Le monde antique. 1872, 1 vol. in-8. 7 fr. 50
DOLLFUS (Ch.). **L'Âme dans les phénomènes de conscience** 1 vol. in-18 (1876). 3 fr.
DUBOST (Antonin). **Des conditions de gouvernement en France.** 1 vol. in-8 (1875). 7 fr. 50
DUFAY. **Études sur la Destinée.** 1 vol. in-18, 1876. 3 fr.
DUMONT (Léon). **Le sentiment du gracieux.** 1 vol. in-8. 3 fr.
DUMONT (Léon). **Des causes du rire.** 1 vol. in 8. 2 fr.
DU POTET. **Manuel de l'étudiant magnétiseur.** Nouvelle édition. 1868, 1 vol. in-18. 3 fr. 50
DU POTET. **Traité complet de magnétisme**, cours en douze leçons. 1879, 4ᵉ édition, 1 vol. in-8 de 634 pages. 8 fr.
DUPUY (Paul). **Études politiques**, 1874. 1 v. in-8. 3 fr. 50
DUVAL-JOUVE. **Traité de Logique**, 1855. 1 vol. in-8. 6 fr.
Éléments de science sociale. Religion·physique, sexuelle et naturelle. 1 vol. in-18. 3ᵉ édit., 1877. 3 fr. 50
ÉLIPHAS LÉVI. **Dogme et rituel de la haute magie.** 1861, 2ᵉ édit., 2 vol. in-8, avec 24 fig. 18 fr.
ÉLIPHAS LÉVI. **Histoire de la magie.** In-8, avec fig. 12 fr.

ÉLIPHAS LÉVI. **La science des esprits.** In 8. 7 fr.
ÉLIPHAS LÉVI. **Clef des grands mystères.** In-8. 12 fr.
EVANS (John). **Les âges de la pierre.** Grand in-8, avec 467 fig. dans le texte. 15 fr. — En demi-reliure. 18 fr.
EVELLIN. **Infini et quantité.** Étude sur le concept de l'infini dans la philosophie et dans les sciences. 1 vol. in-8. 5 fr.
FABRE (Joseph). **Histoire de la philosophie.** Première partie : Antiquité et moyen âge. 1 vol. in-12, 1877. 3 fr. 50
FAU. **Anatomie des formes du corps humain**, à l'usage des peintres et des sculpteurs. 1866, 1 vol. in-8 et atlas de 25 planches. 2e édition. Prix, fig. noires. 20 fr. ; fig. coloriées. 35 fr.
FAUCONNIER. **La question sociale.** In-18, 1878. 3 fr. 50
FAUCONNIER. **Protection et libre échange** In-8. 2 fr.
FAUCONNIER. **La morale et la religion dans l'enseignement.** 1 vol. in-8 (1881). 75 c.
FAUCONNIER. **L'or et l'argent**, essai sur la question monétaire. 1 br. in-8 (1881). 2 fr. 50
FERBUS (N.). **La science positive du bonheur.** 1 v. in-18. 3 fr.
FERRI (Louis). **Essai sur l'histoire de la philosophie en Italie au XIXe siècle.** 2 vol. in-8. 12 fr.
FERRIÈRE (Em.). **Le darwinisme.** 1872, 1 v. in-18. 4 fr. 50
FERRIÈRE (Em.). **Les apôtres**, essai d'histoire religieuse, d'après la méthode des sciences naturelles. 1 vol. in-12. 4 fr. 50
FERRON (De). **Théorie du progrès.** 2 vol. in-18. 7 fr.
FONCIN. **Essai sur le ministère de Turgot.** Gr. in-8. 8 fr.
FOX (W.-J.). **Des idées religieuses.** In-8, 1876. 3 fr.
FRÉDÉRIQ. **Hygiène populaire.** 1 vol. in-12, 1875. 4 fr.
GALTIER-BOISSIÈRE. **Sématotechnie**, ou Nouveaux signes phonographiques. 1 br. in-8. 50 c.
GASTINEAU. **Voltaire en exil.** 1 vol. in-18. 3 fr.
GAUCKLER. **Les poissons d'eau douce et la pisciculture.** 1 vol. in-8 avec figures. 8 fr.
GÉRARD (Jules). **Maine de Biran, essai sur sa philosophie.** 1 fort vol. in-8, 1876. 10 fr.
GILLIOT (Alph.). **Études sur les religions et institutions comparées.** 1 vol. in-12. 3 fr. 50
GOUET (Amédée). **Histoire nationale de France**, d'après des documents nouveaux :
Tome I. Gaulois et Francks. — Tome II. Temps féodaux. — Tome III. Tiers état. — Tome IV. Guerre des princes. — Tome V. Renaissance. — Tome VI. Réforme. — Tome VII. Guerres de religion. (*Sous presse.*) Prix de chaque vol. in-8. 8 fr.
GRAD (Charles). **Études statistiques sur l'industrie de l'Alsace.** 2 vol. gr. in-8. 20 fr.
GUICHARD (V.). **La liberté de penser.** In-18. 3 fr. 50
GUILLAUME (de Moissey). **Nouveau traité des sensations.** 2 vol. in-8 (1876). 15 fr.
GUYAU. **Vers d'un philosophe.** 1 vol. in-18. 3 fr. 50
HAYEM (Armand). **L'être social.** 1 vol. in-18. 3 fr. 50
HERZEN. **Récits et Nouvelles.** 1 vol. in-18. 3 fr. 50
HERZEN. **De l'autre rive.** 1 vol. in-18. 3 fr. 50
HERZEN. **Lettres de France et d'Italie.** 1871, in-18. 3 fr. 50
ISAURAT. **Monuments perdus de Pierre-Jean**, observations, pensées. 1868, 1 vol. in-18. 3 fr.

ISSAURAT. **Les alarmes d'un père de famille**, suscitées par les faits et gestes de Mgr Dupanloup. In-8. 1 fr.

JACOBY. **Études sur la solution dans ses rapports avec l'hérédité chez l'homme.** 1 vol. gr. in-8 (1881). 14 fr.

JOZON (Paul). **De l'écriture phonétique.** In-18. 3 fr. 50

JOYAU. **De l'invention dans les arts et dans les sciences.** 1 vol. in-8. 5 fr.

LABORDE. **Les hommes et les actes de l'insurrection de Paris** devant la psychologie morbide. 1 vol. in-18. 2 fr. 50

LACHELIER. **Le fondement de l'induction.** 1 vol. in-8. 3 fr. 50

LACOMBE. **Mes droits** 1869, 1 vol. in-12. 2 fr. 50

LA LANDELLE (de). **Alphabet phonétique universel.** 1881. 1 vol. in-18. 2 fr. 50

LANGLOIS. **L'homme et la Révolution.** 2 vol. in-18. 7 fr.

LA PERRE DE ROO. **La consanguinité et les effets de l'hérédité.** 1 vol. in-8. 5 fr.

LAUSSEDAT. **La Suisse.** Études médicales et sociales. 2e édit., 1875. 1 vol. in-18. 3 fr. 50

LAVELEYE (Em. de). **De l'avenir des peuples catholiques.** 1 brochure in-8. 21e édit. 1876. 25 c.

LAVELEYE (Em. de). **Lettres sur l'Italie (1878-1879).** 1 vol. in-18. 3 fr. 50

LAVELEYE (Em. de). **L'Afrique centrale.** 1 vol. in-12. 3 fr.

LAVELEYE (Em. de). **La question monétaire en 1881.** 1 vol. in-8. 5 fr.

LAVERGNE (Bernard). **L'ultramontanisme et l'État.** 1 vol. in-8 (1875). 1 fr. 50

LE BERQUIER. **Le barreau moderne.** 1871, in-18. 3 fr. 50

LEDRU (Alphonse). **Organisation, attributions et responsabilité des conseils de surveillance des sociétés en commandite par actions.** Grand in-8 (1876). 3 fr. 50

LEDRU (Alphonse). **Des publicains et des Sociétés vectigaliennes.** 1 vol. grand in-8 (1876). 3 fr.

LEDRU-ROLLIN. **Discours politiques et écrits divers.** 2 vol. in-8 cavalier (1879). 12 fr.

LEMER (Julien). **Dossier des Jésuites et des libertés de l'Église gallicane.** 1 vol. in-18 (1877). 3 fr. 50

LIARD. **Des définitions géométriques et des définitions empiriques.** 1 vol. in-8. 3 fr. 50

LITTRÉ. **Conservation, révolution et positivisme.** 1 vol. in-12. 2e édition (1879). 5 fr.

LITTRÉ. **De l'établissement de la troisième république.** 1 vol. gr. in-8 (1881). 9 fr.

LUBBOCK (sir John). **L'homme préhistorique**, suivi d'une Description comparée des mœurs des sauvages modernes, 526 figures intercalées dans le texte. 1876. 2e édition, suivie d'une conférence de M. P. Broca sur *les Troglodytes de la Vezère*. 1 beau vol. in-, br. 15 fr.
    Cart. riche, doré sur tranche. 15 fr.

LUBBOCK (sir John). **Les origines de la civilisation.** État primitif de l'homme et mœurs des sauvages modernes. 1877, 1 vol. grand in-8 avec figures et planches hors texte. Traduit de l'anglais par M. Ed. Barbier. 2e édition. 1877. 15 fr.
    Relié en demi-maroquin avec nerfs. 18 fr.

MAGY. **De la science et de la nature.** In-8. 6 fr.

MENIÈRE. **Cicéron médecin.** 1 vol. in-18. 4 fr. 50

MENIÈRE. **Les consultations de madame de Sévigné**, étude médico-littéraire. 1864, 1 vol. in-8. 3 fr.
MESMER. **Mémoires et aphorismes**, suivi des procédés de d'Eslon. 1846, in-18. 2 fr. 50
MICHAUT (N.). **De l'imagination**. 1 vol. in-8. 5 fr.
MILSAND. **Les études classiques** et l'enseignement public. 1873, 1 vol. in-18. 3 fr. 50
MILSAND. **Le code et la liberté**. 1865, in-8. 2 fr.
MIRON. **De la séparation du temporel et du spirituel**. 1866, in-8. 3 fr. 50
MORIN. **Du magnétisme et des sciences occultes**. 1860, 1 vol. in-8. 6 fr.
MORIN (Frédéric). **Politique et philosophie**, précédé d'une introduction de M. Jules Simon. 1 vol. in-18, 1876. 3 fr. 50
MUNARET. **Le médecin des villes et des campagnes**. 4º édition, 1862, 1 vol. grand in-18. 4 fr. 50
NOLEN (D.). **La critique de Kant et la métaphysique de Leibniz**. 1 vol. in-8 (1875). 6 fr.
NOURRISSON. **Essai sur la philosophie de Bossuet**. 1 vol. in-8. 4 fr.
OGER. **Les Bonaparte** et les frontières de la France. In-18. 50 c.
OGER. **La République**. 1871, brochure in-8. 50 c.
OLLÉ-LAPRUNE. **La philosophie de Malebranche**. 2 vol. in-8. 16 fr.
PARIS (comte de). **Les associations ouvrières en Angleterre** (trades-unions). 1869, 1 vol. gr. in-8. 2 fr. 50
 Édition sur pap. de Chine : Broché, 12 fr. ; rel. de luxe. 20 fr.
PELLETAN (Eugène). **La naissance d'une ville** (Royan). 1 vol. in-18. 2 fr.
PENJON. **Berkeley**, sa vie et ses œuvres. In-8, 1878. 7 fr. 50
PEREZ (Bernard). **L'éducation dès le berceau**, essai de pédagogie expérimentale. 1 vol. in-8, 1880. 5 fr.
PETROZ (P.). **L'art et la critique en France** depuis 1822. 1 vol. in-18, 1875. 3 fr. 50
POEY (André). **Le positivisme**. 1 fort vol. in-12 (1876). 4 fr. 50
POEY. **M. Littré et Auguste Comte**. 1 vol. in-18. 3 fr. 50
POULLET. **La campagne de l'Est** (1870-1871). 1 vol. in-8 avec 2 cartes, et pièces justificatives, 1879. 7 fr.
RAMBERT (E.) et P. ROBERT. **Les oiseaux dans la nature**, description pittoresque des oiseaux utiles. 3 vol. in-folio contenant chacun 20 chromolithographies, 10 gravures sur bois hors texte, et de nombreuses gravures dans le texte. Chaque volume, dans un carton, 40 fr. ; relié, avec son spécimen. 50 fr.
 Les tomes I et II sont en vente.
RÉGAMEY (Guillaume). **Anatomie des formes du cheval**, à l'usage des peintres et des sculpteurs. 6 planches en chromolithographie, publiées sous la direction de Félix Régamey, avec texte par le Dr Kuhff. 8 fr.
REYMOND (William). **Histoire de l'art**. 1874, 1 vol. in-8. 5 fr.
RIBOT (Paul). **Matérialisme et spiritualisme**. 1873, in-8. 6 fr.
SALETTA. **Principes de logique positive**. In-8. 3 fr. 50
SECRÉTAN. **Philosophie de la liberté**, l'histoire, l'idée. 3º édition, 1879, 2 vol. in-8. 10 fr.
SIÉGFRIED (Jules). **La misère, son histoire, ses causes, ses remèdes**. 1 vol. grand in-18. 3º édition (1879). 2 fr. 50

SIÈREBOIS. **Autopsie de l'âme.** Identité du matérialisme et du vrai spiritualisme. 2ᵉ édit. 1873, 1 vol. in-18. 2 fr. 50

SIÈREBOIS. **La morale fouillée dans ses fondements.** Essai d'anthropodicée. 1867, 1 vol. in-8. 6 fr.

SMEE (A.). **Mon Jardin,** géologie, botanique, histoire naturelle, 1876, 1 magnifique vol. gr. in-8, orné de 1300 fig. et 52 pl. hors texte. Broché, 15 fr. Cartonn. riche, tranches dorées.. 20 fr.

SOREL (ALBERT). **Le traité de Paris du 20 novembre 1815.** 1873, 1 vol. in-8. 4 fr. 50

TÉNOT (Eugène). **Paris et ses fortifications,** 1870-1880. 1 vol. in-8. 5 fr.

THULIÉ. **La folie et la loi,** 1867, 2ᵉ édit., 1 vol. in-8. 3 fr. 50

THULIÉ. **La manie raisonnante du docteur Campagne,** 1870, broch. in-8 de 132 pages. 2 fr.

TIBERGHIEN. **Les commandements de l'humanité.** 1872. 1 vol. in-18. 3 fr.

TIBERGHIEN. **Enseignement et philosophie.** In-18. 4 fr.

TIBERGHIEN. **La science de l'âme.** 1 v. in-12, 3ᵉ édit. 1879. 6 fr.

TIBERGHIEN. **Éléments de morale univ.** 1 v. in-12, 1879. 2 fr.

TISSANDIER. **Études de Théodicée.** 1869, in-8 de 270 p. 4 fr.

TISSOT. **Principes de morale.** In-8. 6 fr.

TISSOT. Voy. KANT, page 3.

TISSOT (J.). **Essai de philosophie naturelle,** tome I. 1 vol. in-8. 12 fr.

VACHEROT. **La science et la métaphysique.** 3 vol. in-18. 10 fr. 50

VACHEROT. Voyez pages 2 et 7.

VAN DER REST. **Platon et Aristote.** In-8, 1876. 10 fr.

VÉRA. **Strauss et l'ancienne et la nouvelle foi.** In-8. 6 fr.

VÉRA. **Cavour et l'Église libre dans l'État libre.** 1874, in-8. 3 fr. 50

VÉRA. **L'Hegelianisme et la philosophie.** In-18. 3 fr. 50

VÉRA. **Mélanges philosophiques.** 1 vol. in-8. 1862. 5 fr.

VÉRA. **Platonis, Aristotelis et Hegelii de medio termino doctrina.** 1 vol. in-8. 1845. 4 fr. 50

VÉRA. **Introduction à la philosophie de Hegel.** 1 vol. in-8. 2ᵉ édition. 6 fr. 50

VILLIAUMÉ. **La politique moderne,** 1873, in-8. 6 fr.

VOITURON (P.). **Le libéralisme et les idées religieuses.** 1 vol. in-12. 4 fr.

WEBER. **Histoire de la philos. europ.** In-8; 2ᵉ édit. 10 fr.

YUNG (EUGÈNE). **Henri IV, écrivain.** 1 vol. in-8. 1855. 5 fr.

ZEVORT (Edg.). **Le Marquis d'Argenson,** et le Ministère des affaires étrangères de 1744 à 1747. 1 vol. in-8. 6 fr.

ENQUÊTE PARLEMENTAIRE SUR LES ACTES DU GOUVERNEMENT
DE LA DÉFENSE NATIONALE

DÉPOSITIONS DES TÉMOINS :

TOME PREMIER. Dépositions de MM. Thiers, maréchal Mac-Mahon, maréchal Le Bœuf, Benedetti, duc de Gramont, de Talhouët, amiral Rigault de Genouilly, baron Jérôme David, général de Palikao, Jules Brame, Dréolle, etc.

TOME II. Dépositions de MM. de Chaudordy, Laurier, Cresson, Dréo, Ranc, Rampont, Steenackers, Fernique, Robert, Schneider, Buffet, Lebreton et Hébert, Bellangé, colonel Alavoine, Gervais, Bécherelle, Robin, Muller, Boutefoy, Meyer, Clément et Simonneau, Fontaine, Jacob, Lemaire, Petetin, Guyot-Montpayroux, général Soumain, de Legge, colonel Vabre, de Crisenoy, colonel Ibos, etc.

TOME III. Dépositions militaires de MM. de Freycinet, de Serres, le général Lefort, le général Ducrot, le général Vinoy, le lieutenant de vaisseau Farcy, le commandant Amet, l'amiral Pothuau, Jean Brunet, le général de Beaufort-d'Hautpoul, le général de Valdan, le général d'Aurelle de Paladines, le général Chanzy, le général Martin des Pallières, le général de Sonis, etc.

TOME IV. Dépositions de MM. le général Bordone, Mathieu, de Laborie, Luce-Villiard, Castillon, Debusschère, Darcy, Chenet, de La Taille, Baillehache, de Grancey, L'Hermite, Pradier, Middleton, Frédéric Morin, Thoyot, le maréchal Bazaine, le général Boyer, le maréchal Canrobert, etc. Annexe à la déposition de M. Testelin, note de M. le colonel Denfert, note de la Commission, etc.

TOME V. Dépositions complémentaires et réclamations. — Rapports de la préfecture de police en 1870-1871. — Circulaires, proclamations et bulletins du Gouvernement de la Défense nationale. — Suspension du tribunal de la Rochelle; rapport de M. de La Borderie; dépositions.

ANNEXE AU TOME V. Deuxième déposition de M. Cresson. Événements de Nîmes, affaire d'Aïn Yagout. — Réclamations de MM. le général Bellot et Engelhart. — Note de la Commission d'enquête (1 fr.).

RAPPORTS :

TOME PREMIER. M. *Chaper*, les procès-verbaux des séances du Gouvernement de la Défense nationale. — M. *de Sugny*, les événements de Lyon sous le Gouv. de la Défense nat. — M. *de Rességuier*, les actes du Gouv. de la Défense nat. dans le sud-ouest de la France.

TOME II. M. *Saint-Marc Girardin*, la chute du second Empire. — M. *de Sugny*, les événements de Marseille sous le Gouv. de la Défense nat.

TOME III. M. *le comte Daru*, la politique du Gouvernement de la Défense nationale à Paris.

TOME IV. M. *Chaper*, de la Défense nat. au point de vue militaire à Paris.

TOME V. *Boreau-Lajanadie*, l'emprunt Morgan. — M. *de la Borderie*, le camp de Conlie et l'armée de Bretagne. — M. *de la Sicotière*, l'affaire de Dreux.

TOME VI. M. *de Rainneville*, les actes diplomatiques du Gouv. de la Défense nat. — M. *A. Lallié*, les postes et les télégraphes pendant la guerre. — M. *Delsol*, la ligne du Sud-Ouest. — M. *Perrot*, la défense en province (1re *partie*).

TOME VII. M. *Perrot*, les actes militaires du Gouv. de la Défense nat. en province (2e *partie* : Expédition de l'Est).

TOME VIII. M. *de la Sicotière*, sur l'Algérie.

TOME IX. Algérie, dépositions des témoins. Table générale et analytique des dépositions des témoins avec renvoi aux rapports (10 fr.).

TOME X. M. *Boreau-Lajanadie*, le Gouvernement de la Défense nationale à Tours et à Bordeaux (5 fr.).

PIÈCES JUSTIFICATIVES :

TOME PREMIER. Dépêches télégraphiques officielles, première partie.

TOME DEUXIÈME. Dépêches télégraphiques officielles, deuxième partie. — Pièces justificatives du rapport de M. Saint-Marc Girardin.

PRIX DE CHAQUE VOLUME. . . . . **15 fr.**

PRIX DE L'ENQUÊTE COMPLÈTE EN 18 VOLUMES. . . . **241 fr.**

Rapports sur les actes du Gouvernement de la Défense nationale, se vendant séparément :

E. RESSÉGUIER. — Toulouse sous le Gouv. de la Défense nat. In-4.	2 fr. 50
SAINT-MARC GIRARDIN. — La chute du second Empire. In-4.	4 fr. 50
Pièces justificatives du rapport de M. Saint-Marc Girardin. 1 vol. in-4.	5 fr.
DE SUGNY. — Marseille sous le Gouv. de la Défense nat. In-4.	10 fr.
DE SUGNY. — Lyon sous le Gouv. de la Défense nat. In-4.	7 fr.
DARU. — La politique du Gouv. de la Défense nat. à Paris. In-4.	15 fr.
CHAPER. — Le Gouv. de la Défense à Paris au point de vue militaire. In-4.	15 fr.
CHAPER. — Procès-verbaux des séances du Gouv. de la Défense nat. In-4.	5 fr.
BOREAU-LAJANADIE. — L'emprunt Morgan. In-4.	4 fr. 50
DE LA BORDERIE. — Le camp de Conlie et l'armée de Bretagne. In-4.	10 fr.
DE LA SICOTIÈRE. — L'affaire de Dreux. In-4.	2 fr. 50
DE LA SICOTIÈRE. — L'Algérie sous le Gouvernement de la Défense nationale. 2 vol. in-4.	22 fr.
DE RAINNEVILLE. Actes diplomatiques du Gouv. de la Défense nat. 1 vol. in-4.	3 fr. 50
LALLIÉ. Les postes et les télégraphes pendant la guerre. 1 vol. in-4.	1 fr. 50
DELSOL. La ligue du Sud-Ouest. 1 vol. in-4.	1 fr. 50
PERROT. Le Gouvernement de la Défense nationale en province. 2 vol. in-4.	25 fr.
BOREAU-LAJANADIE. Rapport sur les actes de la Délégation du Gouvernement de la Défense nationale à Tours et à Bordeaux. 1 vol. in-4.	5 fr.
Dépêches télégraphiques officielles. 2 vol. in-4.	25 fr.
Procès-verbaux de la Commune. 1 vol. in-4.	5 fr.
Table générale et analytique des dépositions des témoins. 1 vol. in-4.	3 fr. 50

LES ACTES DU GOUVERNEMENT
DE LA
DÉFENSE NATIONALE
(DU 4 SEPTEMBRE 1870 AU 8 FÉVRIER 1871)

ENQUÊTE PARLEMENTAIRE FAITE PAR L'ASSEMBLÉE NATIONALE
RAPPORTS DE LA COMMISSION ET DES SOUS-COMMISSIONS

TÉLÉGRAMMES

PIÈCES DIVERSES — DÉPOSITIONS DES TÉMOINS — PIÈCES JUSTIFICATIVES
TABLES ANALYTIQUE, GÉNÉRALE ET NOMINATIVE

7 forts volumes in-4. — Chaque volume séparément 16 fr.

L'ouvrage complet en 7 volumes : 112 fr.

Cette édition populaire réunit, en sept volumes avec une Table analytique par volume, tous les documents distribués à l'Assemblée nationale. — Une Table générale et nominative termine le 7ᵉ volume.

ENQUÊTE PARLEMENTAIRE
SUR
L'INSURRECTION DU 18 MARS

1° RAPPORTS. — 2° DÉPOSITIONS de MM. Thiers, maréchal Mac-Mahon, général Trochu, J. Favre, Ernest Picard, J. Ferry, général Le Flô, général Vinoy, colonel Lambert, colonel Gaillard, général Appert, Floquet, général Cremer, amiral Saisset, Schœlcher, amiral Pothuau, colonel Langlois, etc. — 3° PIÈCES JUSTIFICATIVES.

1 vol. grand in-4°. — Prix : 16 fr.

COLLECTION ELZÉVIRIENNE

MAZZINI. **Lettres de Joseph Mazzini** à Daniel Stern (1864 1872), avec une lettre autographiée. 3 fr. 50

MAX MULLER. **Amour allemand**, traduit de l'allemand. 1 vol. in-18. 3 fr. 50

CORLIEU (le D^r). **La mort des rois de France**, depuis François Ier jusqu'à la Révolution française, études médicales et historiques. 1 vol. in-18. 3 fr. 50

CLAMAGERAN. **L'Algérie**, impressions de voyage. 1 vol. in-18. 3 fr. 50

STUART MILL (J.). **La République de 1848**, traduit de l'anglais, avec préface par M. Sadi Carnot. 1 vol. in-18 (1875). 3 fr. 50

RIBERT (Léonce). **Esprit de la Constitution** du 25 février 1875. 1 vol. in-18. 3 fr. 50

NOEL (E.). **Mémoires d'un imbécile**, précédé d'une préface de *M. Littré*. 1 vol. in-18, 3e édition (1879). 3 fr. 50

PELLETAN (Eug.). **Jarousseau, le Pasteur du désert**. 1 vol. in-18 (1877). Couronné par l'Académie française. 6e édit. 3 fr. 50

PELLETAN (Eug.). **Élisée, voyage d'un homme à la recherche de lui-même**. 1 vol. in-18 (1877). 3 fr. 50

PELLETAN (Eug.). **Un roi philosophe, Frédéric le Grand**. 1 vol. in-18 (1878). 3 fr. 50

PELLETAN (Eug.). **Le monde marche** (la loi du progrès). 1 vol. in-18. 3 fr. 50

E. DUVERGIER DE HAURANNE (Mme). **Histoire populaire de la Révolution française**. 1 v. in-18, 2e édit., 1879. 3 fr. 50

ÉTUDES CONTEMPORAINES

BOUILLET (Ad.). **Les bourgeois gentilshommes. — L'armée d'Henri V**. 1 vol. in-18. 3 fr. 50
— **Types nouveaux et inédits**. 1 vol. in-18. 2 fr. 50
— **L'arrière-ban de l'ordre moral**. 1 vol. in-18. 3 fr. 50

VALMONT (V.). **L'espion prussien**, roman anglais, traduit par M. J. Dubrisay. 1 vol. in-18. 3 fr. 50

BOURLOTON (Edg.) et ROBERT (Edmond). **La Commune et ses idées à travers l'histoire**. 1 vol. in-18. 3 fr. 50

CHASSERIAU (Jean). **Du principe autoritaire et du principe rationnel**. 1873. 1 vol. in-18. 3 fr. 50

NAQUET (Alfred). **La République radicale**. In-18. 3 fr. 50

ROBERT (Edmond). **Les domestiques**. In-18 (1875). 3 fr. 50

LOURDAU. **Le sénat et la magistrature dans la démocratie française**. 1 vol. in-18 (1879). 3 fr. 50

FIAUX. **La femme, le mariage et le divorce**, étude de sociologie et de physiologie. 1 vol. in-18. 3 fr. 50

PARIS (le colonel). **Le feu à Paris et en Amérique**. 1 vol. in-18. 3 fr. 50

OEUVRES COMPLÈTES
DE
EDGAR QUINET

Chaque ouvrage se vend séparément :

Édition in-8, le vol... 6 fr. | Édition in-18, le vol. 3 fr. 50

I. — Génie des Religions. — De l'origine des dieux. (Nouvelle édition.)
II. — Les Jésuites. — L'Ultramontanisme. — Introduction à la Philosophie de l'histoire de l'Humanité. (Nouvelle édition, avec préface inédite.)
III. — Le Christianisme et la Révolution française. Examen de la Vie de Jésus-Christ, par STRAUSS. — Philosophie de l'histoire de France. (Nouvelle édition.)
IV. — Les Révolutions d'Italie. (Nouvelle édition.)
V. — Marnix de Sainte-Aldegonde. — La Grèce moderne et ses rapports avec l'Antiquité.
VI. — Les Romains. — Allemagne.— Italie. — Mélanges.
VII. — Ashavérus. — Les Tablettes du Juif errant.
VIII. — Prométhée. — Les Esclaves.
IX. — Mes Vacances en Espagne. — De l'Histoire de la Poésie. — Des Épopées françaises inédites du XIIe siècle.
X. — Histoire de mes idées.
XL. — L'Enseignement du peuple. — La Révolution religieuse au XIXe siècle. — La Croisade romaine. — Le Panthéon. — Plébiscite et Concile. — Aux Paysans.

Viennent de paraître :

Correspondance. Lettres à sa mère. 2 vol. in-18....	7 »
Les mêmes, 2 vol. in-8......................	12 »
La révolution. 3 vol. in-18...................	10 50
La campagne de 1815. 1 vol. in-18...........	3 50
Merlin l'enchanteur, avec une préface nouvelle, notes et commentaires, 2 vol. in-18.....................	7 fr.
Le même, 2 vol. in-8......................	12 fr.
La création. 2 vol. in-18...................	7 fr.
L'esprit nouveau. 1 vol. in-18...............	3 fr. 50
La république. 1 vol. in-18.................	3 fr. 50
Le siège de Paris. 1 vol. in-18..............	3 fr. 50
Le livre de l'exilé. 1 vol. in-18.............	3 fr. 50

BIBLIOTHÈQUE POPULAIRE

BARNI (Jules). **Napoléon Ier.** 1 vol. in-18.	1 fr.
BARNI (Jules). **Manuel républicain.** 1 vol. in-18.	1 fr.
MARAIS (Aug.). **Garibaldi et l'armée des Vosges.** 1 vol. in-18.	1 fr. 50
FRIBOURG (E.). **Le paupérisme parisien.**	1 fr. 25

BIBLIOTHÈQUE UTILE

LISTE DES OUVRAGES PAR ORDRE D'APPARITION

Le vol. de 190 p., br., 60 cent. — Cart. à l'angl., 1 fr.

Le titre de cette collection est justifié par les services qu'elle rend chaque jour et la part pour laquelle elle contribue à l'instruction populaire.

Les noms dont ses volumes sont signés lui donnent d'ailleurs une autorité suffisante pour que personne ne dédaigne ses enseignements. Elle embrasse *l'histoire, la philosophie, le droit, les sciences, l'économie politique et les arts*, c'est-à-dire qu'elle traite toutes les questions qu'il est aujourd'hui indispensable de connaître. Son esprit est essentiellement démocratique; elle s'interdit les hypothèses et n'a d'autre but que celui de répandre les saines doctrines que le temps et l'expérience ont consacrées. Le langage qu'elle parle est simple et à la portée de tous, mais il est aussi à la hauteur du sujet traité.

I. — **Morand**. Introd. à l'étude des Sciences physiques. 2ᵉ édit.
II. — **Cruveilhier**. Hygiène générale. 6ᵉ édition.
III. — **Corbon**. De l'enseignement professionnel. 2ᵉ édition.
IV. — **L. Pichat**. L'Art et les Artistes en France. 3ᵉ édition.
V. — **Buchez**. Les Mérovingiens. 3ᵉ édition.
VI. — **Buchez**. Les Carlovingiens.
VII. — **F. Morin**. La France au moyen âge. 3ᵉ édition.
VIII. — **Bastide**. Luttes religieuses des premiers siècles. 4ᵉ éd.
IX. — **Bastide**. Les guerres de la Réforme. 4ᵉ édition.
X. — **E. Pelletan**. Décadence de la monarchie française. 4ᵉ éd.
XI. — **L. Brothier**. Histoire de la Terre. 4ᵉ édition.
XII. — **Sanson**. Principaux faits de la chimie. 3ᵉ édition.
XIII. — **Turck**. Médecine populaire. 4ᵉ édition.
XIV. — **Morin**. Résumé populaire du Code civil. 2ᵉ édition.
XV. — **Zaborowski**. L'homme préhistorique. 2ᵉ édition.
XVI. — **A. Ott**. L'Inde et la Chine. 2ᵉ édition.
XVII. — **Catalan** Notions d'Astronomie. 2ᵉ édition.
XVIII. — **Cristal**. Les Délassements du travail.
XIX. — **Victor Meunier**. Philosophie zoologique.
XX. — **G. Jourdan**. La justice criminelle en France. 2ᵉ édition.
XXI. — **Ch. Rolland**. Histoire de la maison d'Autriche. 3ᵉ édit.
XXII. — **E. Despois**. Révolution d'Angleterre. 2ᵉ édition.
XXIII. — **B. Gastineau**. Génie de la Science et de l'Industrie.
XXIV. — **H. Leneveux**. Le Budget du foyer. Economie domestique.
XXV. — **L. Combes**. La Grèce ancienne.
XXVI. — **Fréd. Lock**. Histoire de la Restauration. 2ᵉ édition.
XXVII. — **L. Brothier**. Histoire populaire de la philosophie.
XXVIII. — **E. Margollé**. Les Phénomènes de la mer. 4ᵉ édition.
XXIX. — **L. Collas**. Histoire de l'Empire ottoman. 2ᵉ édition.
XXX. — **Zurcher**. Les Phénomènes de l'atmosphère. 3ᵉ édition.
XXXI. — **E. Raymond**. L'Espagne et le Portugal. 2ᵉ édition.
XXXII. — **Eugène Noël**. Voltaire et Rousseau. 2ᵉ édition
XXXIII. — **A. Ott**. L'Asie occidentale et l'Egypte.
XXXIV. — **Ch. Richard**. Origine et fin des Mondes. 3ᵉ édition.
XXXV. — **Enfantin**. La Vie éternelle. 2ᵉ édition.

XXXVI. — **L. Brothier**. Causeries sur la mécanique. 2e édition.
XXXVII. — **Alfred Doneaud**. Histoire de la marine française.
XXVIII. — **Fréd. Lock**. Jeanne d'Arc.
XXXIX. — **Carnot**. Révolution française. — Période de création (1789-1792).
XL. — **Carnot**. Révolution française. — Période de conservation (1792-1804).
XLI. — **Zurcher et Margollé**. Télescope et Microscope.
XLII. — **Blerzy**. Torrents, Fleuves et Canaux de la France.
XLIII. — **P. Secchi, Wolf, Briot et Delaunay**. Le Soleil, les Étoiles et les Comètes.
XLIV. — **Stanley Jevons**. L'Économie politique, trad. de l'anglais par H. Gravez.
XLV. — **Em. Ferrière**. Le Darwinisme. 2e édit.
XLVI. — **H. Leneveux**. Paris municipal.
XLVII. — **Boillot**. Les Entretiens de Fontenelle sur la pluralité des mondes, mis au courant de la science.
XLVIII. — **E. Zevort**. Histoire de Louis-Philippe.
XLIX. — **Geikie**. Géographie physique, trad. de l'anglais par H. Gravez.
L. — **Zaborowski**. L'origine du langage.
LI. — **H. Blerzy**. Les colonies anglaises.
LII. — **Albert Lévy**. Histoire de l'air.
LIII — **Geikie**. La Géologie (avec figures), traduit de l'anglais par H. Gravez.
LIV. — **Zaborowski**. Les Migrations des animaux et le Pigeon voyageur.
LV. — **F. Paulhan**. La Physiologie d'esprit (avec figures).
LVI. — **Zurcher et Margollé**. Les Phénomènes célestes.
LVII. — **Girard de Rialle**. Les peuples de l'Afrique et de l'Amérique.
LVIII. — **Jacques Bertillon**. La Statistique humaine de la France (naissance, mariage, mort).
LIX. — **Paul Gaffarel**. La Défense nationale en 1792.
LX. — **Herbert Spencer** De l'éducation.
LXI. — **Jules Barni**. Napoléon Ier.
LXII. — **Huxley**. Premières notions sur les sciences.
LXIII. — **P. Bondois**. L'Europe contemporaine (1789-1879).
LXIV. — **Grove**. Continents et Océans (avec figures)
LXV. — **Jouan**. Les îles du Pacifique (avec 1 carte).
LXVI. — **Robinet**. La Philosophie.
LXVII. — **Renard**. L'homme est-il libre?
LXVIII. — **Zaborowski**. Les grands singes.
LXIX. — **Hatin**. Le journal.
LXX. **Gérard de Rialle**. Les peuples de l'Asie et de l'Europe.
LXXI. **Doneaud**. Histoire contemporaine de la Prusse.

SOUS PRESSE :

Dufour. Petit dictionnaire des falsifications
Henneguy. Histoire contemporaine de l'Italie.
Leneveux. Le travail manuel en France.

REVUE
Politique et Littéraire
(Revue des cours littéraires), 3ᵉ série.)

Directeur :
M. Eug. YUNG.

REVUE
Scientifique
(Revue des cours scientifiques, 3ᵉ série.)

Directeurs :
MM. A. BREGUET, et Ch. RICHET.

REVUE POLITIQUE ET LITTÉRAIRE

En 1871, après la guerre, la *Revue des cours littéraires*, agrandissant son cadre, est devenue la *Revue politique et littéraire*. Au lendemain de nos désastres, elle avait cru de son devoir de traiter avec indépendance et largeur toutes les questions d'intérêt public, sans diminuer cependant la part faite jusqu'alors à la littérature, à la philosophie, à l'histoire et à l'érudition. Le nombre de colonnes de chaque livraison fut alors élevé de 32 à 48.

Depuis le 1ᵉʳ janvier 1881, des raisons analogues nous ont décidé à agrandir encore le format de la *Revue*, et chaque livraison contient maintenant 64 colonnes de texte. Ce supplément est consacré à la littérature d'imagination qui répondait à un besoin souvent exprimé par nos lecteurs, et c'est surtout avec la *nouvelle*, ce genre charmant et délicat, que nous cherchons à lutter contre les tendances de plus en plus vulgaires auxquelles se laisse aller, sans trop y prendre garde, le goût contemporain.

Chacun des numéros, paraissant le samedi, contient : Un *article politique*, où sont appréciés, à un point de vue plus général que ne peuvent le faire les journaux quotidiens, les faits qui se produisent dans la politique intérieure de la France, discussions parlementaires, etc.

Une *Causerie littéraire* où sont annoncés, analysés et jugés les ouvrages récemment parus : livres, brochures, pièces de théâtre importantes, etc.; une *Nouvelle* et des articles géographiques, historiques, etc.

Parmi les collaborateurs nous citerons :

Articles politiques. — MM. de Pressensé, Ch. Bigot, Anat. Dunoyer, Anatole Leroy-Beaulieu, Clamageran, A. Astruc.

Diplomatie et pays étrangers. — MM. Van den Berg, C. de Varigny, Albert Sorel, Reynald, Léo Quesnel, Louis Leger, Jezierski, Joseph Reinach.

Philosophie. — MM. Janet, Caro, Ch. Lévêque, Véra, Th. Ribot, E. Boutroux, Nolen, Huxley.

Morale. — MM. Ad. Franck, Laboulaye, Legouvé, Bluntschli.

Philologie et archéologie. — MM. Max Müller, Eugène Benoist, L. Havet, E. Ritter, Maspéro, George Smith.

Littérature ancienne. — MM. Egger, Havet, George Perrot, Gaston Boissier, Geffroy.

Littérature française. — MM. Ch. Nisard, Lenient, Bersier, Gidel, Jules Claretie, Paul Albert, H. Lemaître.

Littérature étrangère. — MM. Mézières, Büchner, P. Stapfer, A. Barine.

Histoire. — MM. Alf. Maury, Littré, Alf. Rambaud, G. Monod.
Géographie, Economie politique. — MM. Levasseur, Bimly, Vidal-Lablache, Gaidoz, Debidour, Alglave.
Instruction publique. — Madame C. Coignet, MM. Buisson, Em. Beaussire.
Beaux-arts. — MM. Gebhart, Justi, Schnaase, Vischer, Ch. Bigot.
Critique littéraire. — MM. Maxime Gaucher, Paul Albert.
Notes et impressions. — MM. Louis Ulbach, Pierre et Jean.
Nouvelle et romans. — MM. Gustave Flaubert, Jules de Glouvet, Abraham Dreyfus, Ludovic Halévy, Francisque Sarcey, Tourgueneff, Arthur Baignières, Quatrelles.

Ainsi la *Revue politique* embrasse tous les sujets. Elle consacre à chacun une place proportionnée à son importance. Elle est, pour ainsi dire, une image vivante, animée et fidèle de tout le mouvement contemporain.

REVUE SCIENTIFIQUE

Mettre la science à la portée de tous les gens éclairés sans l'abaisser ni la fausser, et, pour cela, exposer les grandes découvertes et les grandes théories scientifiques par leurs auteurs mêmes ;

Suivre le mouvement des idées philosophiques dans le monde savant de tous les pays;

Tel est le double but que la *Revue scientifique* poursuit depuis plus de dix ans avec un succès qui l'a placée au premier rang des publications scientifiques d'Europe et d'Amérique.

Pour réaliser ce programme, elle devait s'adresser d'abord aux Facultés françaises et aux Universités étrangères qui comptent dans leur sein presque tous les hommes de science éminents. Mais, depuis deux années déjà, elle a élargi son cadre afin d'y faire entrer de nouvelles matières.

En laissant toujours la première place à l'enseignement supérieur proprement dit, la *Revue scientifique* ne se restreint plus désormais aux leçons et aux conférences. Elle poursuit tous les développements de la science sur le terrain économique, industriel, militaire et politique.

Comme la *Revue politique et littéraire*, la *Revue scientifique* a élargi son cadre depuis le 1er janvier 1881, en présence de la nécessité de donner une plus large place à chacune des sciences en particulier.

Parmi les collaborateurs nous citerons :

Astronomie, météorologie. — MM. Faye, Balfour-Stewart, Janssen, Normann Lockyer, Vogel, Laussedat, Thomson, Rayet, Briot, A. Herschel, Callandreau, Trépied, etc.
Physique. — MM. Helmholtz, Tyndall, Desains, Mascart, Carpenter, Gladstone, Fernet, Bertin, Breguet, Lippmann.
Chimie. — MM. Wurtz, Berthelot, H. Sainte-Claire Deville, Pasteur, Grimaux, Jungfleisch, Odling, Dumas, Truost, Peligot, Cahours, Friedel, Frankland.
Géologie. — MM. Hébert, Bleicher, Fouqué, Gaudry, Ramsay, Sterry-Hunt, Contejean, Zittel, Wallace, Lory, Lyell, Daubrée, Vélain.
Zoologie. — MM. Agassiz, Darwin, Haeckel, Milne Edwards, Perrier, P. Bert Van Beneden, Lacaze-Duthiers, Giard, A. Moreau, E. Blanchard.

Anthropologie. — MM. de Quatrefages, Darwin, de Mortillet, Virchow, Lubbock, K. Vogt, Joly.
Botanique. — MM. Baillon, Cornu, Faivre, Spring, Chatin, Van Tieghem, Duchartre, Gaston Bonnier.
Physiologie, anatomie. — MM. Chauveau, Charcot, Moleschott, Onimus, Ritter, Rosenthal, Wundt, Pouchet, Ch. Robin, Vulpian, Virchow, P. Bert, du Bois-Reymond, Helmholtz, Marey, Brücke, Ch. Richet.
Médecine. — MM. Chauveau, Cornil, Le Fort, Verneuil, Liebreich, Lasègue, G. Sée, Bouley, Giraud-Teulon, Bouchardat, Lépine, L. H. Petit.
Sciences militaires. — MM. Laussedat, Le Fort, Abel, Jervois, Morin, Noble, Reed, Usquin, X***.
Philosophie scientifique. — MM. Alglave, Bagehot, Carpenter, Hartmann, Herbert Spencer, Lubbock, Tyndall, Gavarret, Ludwig, Th. Ribot.

Prix d'abonnement :

Une seule Revue séparément			Les deux Revues ensemble		
	Six mois.	Un an.		Six mois.	Un an.
Paris	15f	25f	Paris	25f	45
Départements.	18	30	Départements.	30	50
Étranger	20	35	Étranger	35	55

L'abonnement part du 1er juillet, du 1er octobre, du 1er janvier et du 1er avril de chaque année.

Chaque volume de la première série se vend : broché...... 15 fr.
relié........ 20 fr.
Chaque année de la 2e série, formant 2 volumes, se vend :
broché...... 20 fr.
relié........ 25 fr.
Chaque année de la 3e série, formant 2 volumes, se vend :
broché...... 25 fr.
relié........ 30 fr.

Port des volumes à la charge du destinataire.

Prix de la collection de la première série :

Prix de la collection complète de la *Revue des cours littéraires* ou de la *Revue des cours scientifiques* (1864-1870), 7 vol. in-4. 105 fr.
Prix de la collection complète des deux Revues prises en même temps. 14 vol. in-4.................................. 182 fr.

Prix de la collection complète des deux premières séries :

Revue des cours littéraires et *Revue politique et littéraire*, ou *Revue des cours scientifiques* et *Revue scientifique* (décembre 1863 — janvier 1881), 26 vol. in-4.................................. 295 fr.
La *Revue des cours littéraires* et la *Revue politique et littéraire*, avec la *Revue des cours scientifiques* et la *Revue scientifique*, 52 volumes in-4.................................. 524 fr.

La troisième série a commencé le 1er janvier 1881.

REVUE PHILOSOPHIQUE
DE LA FRANCE ET DE L'ÉTRANGER

Dirigée par TH. RIBOT
Agrégé de philosophie, Docteur ès lettres

(5ᵉ *année*, 1881.)

La REVUE PHILOSOPHIQUE paraît tous les mois, par livraisons de 6 à 7 feuilles grand in-8, et forme ainsi à la fin de chaque année deux forts volumes d'environ 680 pages chacun.

CHAQUE NUMÉRO DE LA *REVUE* CONTIENT :

1° Plusieurs articles de fond ; 2° des analyses et comptes rendus des nouveaux ouvrages philosophiques français et étrangers ; 3° un compte rendu aussi complet que possible des *publications périodiques* de l'étranger pour tout ce qui concerne la philosophie ; 4° des notes, documents, observations, pouvant servir de matériaux ou donner lieu à des vues nouvelles.

Prix d'abonnement :

Un an, pour Paris, 30 fr. — Pour les départements et l'étranger, 33 fr.
La livraison.................. 3 fr.

REVUE HISTORIQUE

Dirigée par MM. Gabriel MONOD et Gustave FAGNIEZ

(5ᵉ *année*, 1881.)

La REVUE HISTORIQUE paraît tous les deux mois, par livraisons grand in-8 de 15 à 16 feuilles, de manière à former à la fin de l'année trois beaux volumes de 500 pages chacun.

CHAQUE LIVRAISON CONTIENT :

I. Plusieurs *articles de fond*, comprenant chacun, s'il est possibles un travail complet. — II. Des *Mélanges et Variétés*, composés de documents inédits d'une étendue restreinte et de courtes notices sur des points d'histoire curieux ou mal connus. — III. Un *Bulletin historique* de la France et de l'étranger, fournissant des renseignements aussi complet, que possible sur tout ce qui touche aux études historiques. — IV. Une *analyse des publications périodiques* de la France et de l'étranger, au point de vue des études historiques. — V. Des *Comptes rendus critiques* des ivres d'histoire nouveaux.

Prix d'abonnement :

Un an, pour Paris, 30 fr. — Pour les départements et l'étranger, 33 fr.
La livraison.................. 6 fr.

TABLE ALPHABÉTIQUE DES AUTEURS

Agassiz. 8	Bourdeau. 4	Duval-Jouve. 16
Alaux. 6, 15	Buchner (Louis). 4, 9	Duvergier de Hauranne
Aristote. 2	Busquet. 15	(E.). 11
Arnold (Matthew). 5, 9	Cadet. 15	Duvergier de Hauranne
Arrdat. 15	Carette. 15	(Mme E.). 23
Asseline (L.). 11	Carlyle. 5, 10	Egger. 9
Auber (Ed.). 6	Carnot. 26	Eliphas Lévi. 15, 16, 17
Audiffret-Pasquier(d'). 15	Carnot (Sadi). 23	Enfantin. 25
Bagehot. 5, 10, 13	Carthailac. 14	Espinas. 5, 7, 8, 9
Bain. 5, 9, 13, 14	Catalan. 25	Evans (John). 17
Balfour Stewart. 13	Cazelles. 4, 5, 8, 9	Evellin. 17
Barbier. 16, 19	Challemel-Lacour. 2, 4, 6, 9	Fabre (Joseph). 2, 17
Bardoux. 9	Chaper. 22	Fagniez. 30
Barni (J.). 3, 8, 10, 11, 15	Chasles (Phil.). 15	Faivre (E.). 7
24, 26	Chasseriau (Jean). 23	Fau. 17
Barot (Odysse). 6	Chrétien. 5	Fauconnier. 17
Barry (Herbert). 11	Clamageran (J.). 11, 23	Ferbus (N.). 17
Barth. St-Hilaire. 2, 7, 15	Clavel. 15	Ferrière (E.). 5, 16, 26
Bastian. 14	Coignet (C.). 7	Ferri. 5, 17
Bastide. 25	Collas (L.). 25	Ferron (de). 17
Bautain. 15	Colsenet. 9	Fiaux. 23
Beaussire. 4, 6, 11	Combes (L.). 25	Fichte. 3
Beauquier. 7	Conta. 15	Flint. 5, 9
Bénard (Ch.). 3, 4, 15	Cooke. 13	Foncin. 17
Beneden (Van). 13	Coquerel (Ch.). 15	Fontanès. 4, 7
Benlœw. 12	Coquerel fils (Ath.). 6, 16	De Fontblanque. 12
Bentham. 7	Corbon. 25	Fonvielle (W. de). 7
Berkeley. 3	Corlieu. 23	Foucher (de Careil). 2, 17
Bernstein. 13	Cormenin (de). 16	Fouillée. 2, 9, 17
Bersot. 7	Cornewal Lewis. 10, 16	Fox (W.-J.). 17
Bertauld. 7	Cortambert (Louis). 16	Franck. 3, 6
Bertauld (P. A.). 15	Créhange. 11	Frédériq. 17
Berthelot. 13	Cristal. 25	Fribourg. 24
Bertillon (Jacques). 26	Cruveilhier. 25	Fuchs. 14
Blanc (Louis). 10	Daendliker. 11	Gaffarel. 10, 26
Blackwell. 15	Damiron. 3	Garnier (Ad.). 6
Blanchard. 15	Danover. 16	Gastineau. 16, 25
Blanqui. 15	Daru. 22	Gauckler. 7
Biaserna. 14	Danicourt. 16	Geikie. 26
Blerzy. 26	Darwin. 5	Gilliot. 17
Boert. 10	Dauriac. 16	Gérard (Jules). 3, 17
Boillot. 26	Davy. 16	Girard de Rialle. 26
Bondois. 26	Deberle (Alf.). 11	Gladstone. 10
Boreau-Lajanadie. 22	Debidour. 10	Gouet (Amédée). 17
Borély. 15	Delaunay. 26	Grote. 7
Bossuet. 2	Delbœuf. 16	Grove. 26
Bost. 6	Deleuze. 16	Guéroult (G.). 4, 5
Bouchardat. 15	Delondre (Aug.). 4	Guichard (V.). 17
Bouillet (Ad.). 23	Delord (Taxile). 10, 12	Guillaume (de Moissey) 17
Bouillier (Francisque) 3, 6	Delsol. 22	Guyau. 2, 5, 9, 17
Bourbon del Monte. 15	Descartes. 2	Haeckel. 4, 7
Bourdeau. 4	Deschanel (E.). 12	Hamilton (W.). 3
Bourdet (Eug.). 15	Despois (Eug.). 11, 25	Hartmann (E. de). 4, 5, 7, 9
Bourloton (Ed.). 10, 23	Destrem (J.). 16	Hartmann. 14
Boutmy (E.). 7	Dixon (H.). 11	Hatin. 26
Boutroux. 15	Dollfus (Ch.). 16	Hayem. 17
Brialmont (le général). 14	Doneaud (Alfred). 26	Hegel. 2, 3, 4
Breguet. 27	Draper. 13	Helmholtz. 14
Briot. 26	Dubost (Antonin). 16	Henneguy. 26
Brothier (L.). 25, 26	Dufay. 16	Herbert Spencer. 5, 7
Brucke. 14	Dufour. 26	8, 13, 14, 26
Brunetière. 17	Dugald Stewart. 3	Herzen (Al.). 5, 7, 17
Buchez. 25	Dumont (L.). 4, 7, 13, 16	Hillebrand (K.). 17

Huxley. 5, 9, 14, 26	Minghetti. 12	Rustow. 10
Issaurat. 18	Miron. 18	Saigey (Em.). 2, 7, 8
Jacoby 18	Moleschott. 4, 7	Saint-Marc Girardin. 22
Janet. 2, 4, 6	Monod (Gabriel). 30	Saint-Robert (de). 12
Joly. 14	Montégut. 11	Saint-Simon. 6
Joyau. 18	Morand. 25	Saisset (Em.). 6
Jouan. 26	Morin (Fr.). 19, 25	Saporta (de). 14
Jourdan (G.). 25	Müller (Max). 7, 23	Saletta. 18
Jozon. 18	Munaret. 19	Sanson. 25
Kant. 2, 3	Naquet (Alfred). 23	Sayous (Ed.). 11
Laborde. 18	Naville (E.). 9	Schelling. 3
La Borderie (de). 22	Nicolas. 3	Schmidt (Osc.). 4, 5, 7, 13
Lachelier. 18	Noël (E.). 23, 25	Schœbel. 6
Lacombe. 18	Nolen (D.). 2, 3, 9, 19	Schopenhauer. 4, 7, 9
La Landelle. 18	Nourrisson. 2, 19	Schutzenberger. 13
Lallié. 22	Oger. 19	Secchi (le P.). 14, 26
Lange. 4	Ollé-Laprune. 2, 19	Secrétan. 18
Langlois. 18	Ott (A.). 25	Selden (Camille). 7
La Perre de Roo. 18	Paris (comte de). 19	Semper. 14
La Sicotière (de). 22	Paris (le colonel). 23	Siciliani. 5, 7
Laugel (Aug.). 6, 8, 10, 11	Paulhan. 26	Siegfried (Jules). 19
Laussedat. 18	Peisse (Louis). 3, 5, 8	Sièrebois. 20
Laveleye (E. de). 7, 9, 18	Pelletan (Eug.). 19, 23, 25	Smee (Alf.). 20
Lavergne (Bernard). 18		Socrate. 2
Le Berquier. 18	Penjon. 3, 4, 19	Sorel (Albert). 20
Leblais. 6	Perez (Bernard). 19	Spinoza. 2, 6
Ledru. 18	Perrier. 14	Stahl. 4
Ledru Rollin. 18	Perrot. 22	Stanley Jevons. 13, 26
Leibniz. 2, 3	Petroz (P.). 19	Stuart Mill. 3, 4, 6, 7, 8, 23
Lemer. 18	Pettigrew. 13	Sugny (de). 22
Lemoine (A.). 4, 6	Pichat (L.). 25	Sully (James). 5, 9
Leneveux (H.). 25	Poey (André). 19	Sybel (H. de). 10
Leopardi. 7	Pouchet. 14	Tackeray. 10
Létourneau. 7	Poullet. 19	Taine (H.). 4, 5, 6, 11
Levallois (J.). 7	Pressensé (de). 15	Ténot. 20
Lévêque (Ch.). 6	Quatrefages (de). 5, 8, 14	Teste (L.). 11
Lévi (Eliphas). 15	Quinet (Edgar). 24	Thulié. 20
Lévy (Albert). 25	Rainneville (de). 22	Thurston. 14
Liard. 5, 7, 9	Rambert. 19	Tiberghien. 20
Littré. 17, 23	Raymond (E.). 25	Timon. 15
Lock (Fréd.). 25	Régamey. 19	Tissandier. 6, 20
Locke (J.). 2, 7	Regnault (Elias). 10	Tissot. 2, 3, 20
Lotze (H.). 4, 7	Rémusat (Ch. de). 6	Tissot (J.). 20
Lourdau. 23	Renard. 26	Turck. 25
Lubbock (sir John). 18	Reséguier (de). 22	Tyndall (J.). 13
Luys. 13	Réville (A.). 7, 11	Vacherot. 2, 7, 9, 20
Magy. 18	Reymond (William). 19	Valmont (V.). 23
Maine de Biran. 3	Reynald (H.). 10, 11	Van der Rest. 2, 20
Malebranche. 2	Ribert (Léonce). 23	Véra. 3, 4, 6, 20
Marais. 24	Ribot (Th.) 4, 5, 7, 8, 9, 19, 30	Véron (Eug.). 10
Marc-Aurèle. 2		Villiaumé. 20
Marey. 13	Richard (Ch.). 25	Vogel. 13
Margall (Pi y). 7	Richet (Ch.). 27	Vogeli. 8
Margollé. 25, 26	Richter (J.-P.). 4	Voituron. 20
Mariano. 5, 7	Ritter. 2, 8	Voltaire. 2
Marion (Henri). 2, 7	Robert (Edmond). 23	Wahl. 10
Marion. 14	Robert (P.). 19	Weber. 20
Maudsley. 13	Roberty (de). 14	Withney. 13
Max Muller. 7, 22	Robinet. 26	Wolf. 26
Mazzini. 23	Rochau (de). 10	Wurtz. 14
Menière. 18, 19	Roisel. 7	Yung. 20, 27
Mesmer. 19	Rolland (Ch.). 25	Zaborowski. 25, 26
Meunier (V.). 11, 25	Rood. 14	Zevort. 19, 26
Michaut (N.). 19	Rosenthal. 14	Zimmermann. 19

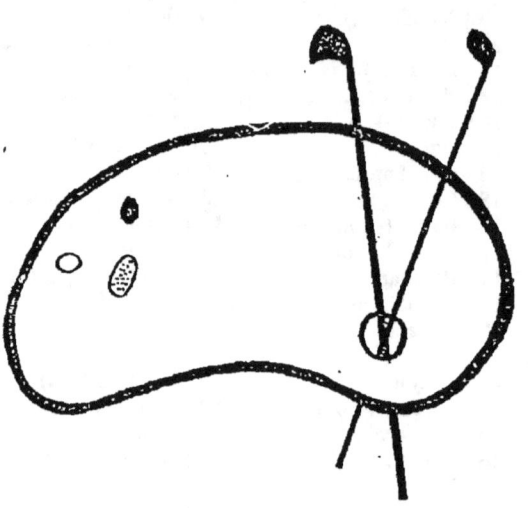

ORIGINAL EN COULEUR
NF Z 43-120-8

www.ingramcontent.com/pod-product-compliance
Lightning Source LLC
Chambersburg PA
CBHW070526230426
43665CB00014B/1582